ARCHIV FÜR SOZIALGESCHICHTE

Archiv für Sozialgeschichte

Herausgegeben von der
Friedrich-Ebert-Stiftung
in Verbindung mit dem
Institut für Sozialgeschichte
Braunschweig - Bonn

XX. Band · 1980

Verlag
Neue Gesellschaft
GmbH

REDAKTION: DIETER DOWE (Schriftleitung)

KURT KLOTZBACH

HANS PELGER

REDAKTIONSANSCHRIFT:

Institut für Sozialgeschichte
Braunschweig - Bonn
Dreizehnmorgenweg 10, D-5300 Bonn 2

ISBN 3-87831-333-0
© 1980 bei Verlag Neue Gesellschaft GmbH, Godesberger Allee 143, D-5300 Bonn 2
Alle Rechte vorbehalten
Nachdruck — auch auszugsweise — nur mit Genehmigung des Verlages
Umschlag- und Einbandgestaltung: Bruno Skibbe, Braunschweig
Herstellung: satz+druck, Düsseldorf
Printed in Germany 1980

Inhalt

Bernd-Jürgen Wendt
»Deutsche Revolution« — »Labour Unrest«. Systembedingungen der Streikbewegungen in Deutschland und England 1918—1921 1

Gerald D. Feldman/Irmgard Steinisch
Notwendigkeit und Grenzen sozialstaatlicher Intervention. Eine vergleichende Fallstudie des Ruhreisenstreits in Deutschland und des Generalstreiks in England 57

Wolfgang Krieger
Das gewerkschaftliche Unterstützungswesen in Großbritannien in den zwanziger Jahren 119

Klaus Schönhoven
Selbsthilfe als Form von Solidarität. Das gewerkschaftliche Unterstützungswesen im Deutschen Kaiserreich bis 1914 147

Dietmar Petzina
Gewerkschaften und Monopolfrage vor und während der Weimarer Republik .. 195

Gerald Crompton
Issues in British Trade Union Organization 1890—1914 219

Klaus J. Bade
Massenwanderung und Arbeitsmarkt im deutschen Nordosten von 1880 bis zum Ersten Weltkrieg. Überseeische Auswanderung, interne Abwanderung und kontinentale Zuwanderung 265

VI

Marina Cattaruzza

»Organisierter Konflikt« und »Direkte Aktion«. Zwei Formen des Arbeiterkampfes am Beispiel der Werftarbeiterstreiks in Hamburg und Triest (1880—1914) 325

Wolfgang W. Wittwer

Zur Entstehung und Entwicklung sozialdemokratischer Schulpolitik vor 1918. Programmatik und Agitation unter besonderer Berücksichtigung Preußens 357

Summaries 415

Résumés 422

Forschungsberichte und Rezensionen

Alfons Labisch, Zur Sozialgeschichte der Medizin. Methodologische Überlegungen und Forschungsbericht 431

Alf Lüdtke, Genesis und Durchsetzung des »modernen Staates«. Zur Analyse von Herrschaft und Verwaltung 470

Perry Anderson, Lineages of the Absolutist State, London 1974, 3. Aufl. 1977 474

The Formation of National States in Western Europe, ed.: Charles Tilly, Princeton 1975 . 479

John A. Armstrong, The European Administrative Elite, Princeton 1973 483

Histoire de l'administration française depuis 1800. Problèmes et Méthodes, Genf 1974 ... 485

Guy Thuillier, La vie quotidienne dans les ministères au XIXe siècle, Paris 1976 486

Bernd Wunder, Privilegierung und Disziplinierung. Die Entstehung des Berufsbeamtentums in Bayern und Württemberg (1780—1825), München/Wien 1978 487

Richard J. Evans, Modernization Theory and Women's History 492

Patricia Branca, Women in Europe since 1750, London 1978 496

Renate Bridenthal/Claudia Koonz (eds.), Becoming Visible: Women in European History, Boston 1977 504

Leila J. Rupp, Mobilizing Women for War: German and American Propaganda 1939—1945, Princeton 1978 508

Louise A. Tilly/Joan W. Scott, Women, Work and Family, New York 1978 509

Linda Gordon, Woman's Body, Woman's Right: A Social History of Birth Control in America, Harmondsworth 1977 512

Ann Douglas, The Feminization of American Culture, New York 1978 513

Bernd Ristau, Studien zur Agrarwirtschaft und Agrargesellschaft 515

Hanna Schissler, Preußische Agrargesellschaft im Wandel, Göttingen 1978 515

Herbert Pruns, Staat und Agrarwirtschaft 1800—1865, Hamburg/Berlin 1979 524

Rüdiger vom Bruch, Universität, Staat und Gesellschaft. Neuere sozial-, disziplin- und personengeschichtliche Beiträge zum deutschen Hochschulwesen vorwiegend im 19. und frühen 20. Jahrhundert 526

Raban Graf von Westphalen, Akademisches Privileg und demokratischer Staat. Ein Beitrag zur Geschichte und bildungspolitischen Problematik des Laufbahnwesens in Deutschland, Stuttgart 1979 531

Hans-Werner Prahl, Sozialgeschichte des Hochschulwesens, München 1978 532

Die Matrikel der Ludwig-Maximilians-Universität Ingolstadt-Landshut-München, hrsg. von Götz Freiherrn von Pölnitz, Teil I: Ingolstadt, Bd. III: 1700—1800, 2. Halbband: 1750—1800, bearb. von Rainer Albert Müller, München 1979 535

Harald Winkel, Die deutsche Nationalökonomie im 19. Jahrhundert, Darmstadt 1977 ... 536

Adolph Wagner. Briefe — Dokumente — Augenzeugenberichte 1851—1917, ausgew. und hrsg. von Heinrich Rubner, Berlin 1978 537

Folkert Haferkorn, Soziale Vorstellungen Heinrich von Sybels, Stuttgart 1976 539

Volker Dotterweich, Heinrich von Sybel. Geschichtswissenschaft in politischer Absicht (1817—1861), Göttingen 1978 539

Gerd Voigt, Otto Hoetzsch 1876—1946. Wissenschaft und Politik im Leben eines deutschen Historikers, Berlin [DDR] 1978 540

Bernd Weber, Pädagogik und Politik vom Kaiserreich zum Faschismus. Zur Analyse politischer Optionen von Pädagogikhochschullehrern von 1914—1933, Königstein/Ts. 1979 543

Dirk Stegmann, Quellenkunden und Quellensammlungen zur Geschichte des Kaiserreiches und der Weimarer Republik 545

Das Zeitalter des Imperialismus und des Ersten Weltkrieges (1871—1918). Erster Teil: Akten und Urkunden, Zweiter Teil: Persönliche Quellen, bearb. von Winfried Baumgart, Darmstadt 1977 545

Das Deutsche Kaiserreich 1871—1914. Ein historisches Lesebuch, hrsg. und eingel. von Gerhard A. Ritter, 2. Aufl., Göttingen 1975 547

Dokumente zur deutschen Geschichte, hrsg. von Dieter Fricke; 1897/98—1904, bearb. von Dieter Fricke; 1905—1909, bearb. von Dieter Fricke; 1910—1914, bearb. von Annelies Laschitza; 1914—1917, bearb. von Willibald Gutsche, Frankfurt 1977 549

Dokumente zur deutschen Geschichte, hrsg. von Wolfgang Ruge und Wolfgang Schumann; 1917—1919, bearb. von Joachim Petzold und Dagmar Zink; 1919—1923, bearb. von Heinz Habedank und Erwin Könnemann; 1924—1929, bearb. von Wolfgang Ruge unter Mitwirkung von Klaus Dichtl; 1929—1933, bearb. von Kurt Gossweiler unter Mitw. von Margarete Piesche, Frankfurt 1977 549

Weltherrschaft im Visier. Dokumente zu den Europa- und Weltherrschaftsplänen des deutschen Imperialismus von der Jahrhundertwende bis Mai 1945, hrsg. und eingel. von Wolfgang Schumann und Ludwig Nestler unter Mitw. von Willibald Gutsche und Wolfgang Ruge, Berlin [DDR] 1975 550

Adelheid von Saldern, Landwirtschaft und Politik 1890—1925 552

Jens Flemming, Landwirtschaftliche Interessen und Demokratie. Ländliche Gesellschaft, Agrarverbände und Staat 1890—1925, Bonn-Bad Godesberg 1978 552

Martin Schumacher, Land und Politik. Eine Untersuchung über politische Parteien und agrarische Interessen 1914—1923, Düsseldorf 1978 552

Wilfried von Bredow, »Das Deutsche Reich und der Zweite Weltkrieg«, eine Publikation des Militärgeschichtlichen Forschungsamtes 560

Das Deutsche Reich und der Zweite Weltkrieg, hrsg. vom Militärgeschichtlichen Forschungsamt, Bd. 1: Wilhelm Deist/Manfred Messerschmidt/Hans-Erich Volkmann/Wolfram Wette, Ursachen und Voraussetzungen der deutschen Kriegspolitik; Bd. 2: Klaus A. Maier/Horst Rohde/Bernd Stegemann/Hans Umbreit, Die Errichtung der Hegemonie auf dem europäischen Kontinent, Stuttgart 1979 560

Wolfgang Schlauch, Zur amerikanischen Deutschland- und Besatzungspolitik 566

Edward N. Peterson, The American Occupation of Germany: Retreat to Victory, Detroit 1977 566

John H. Backer, The Decision to Divide Germany: American Foreign Policy in Transition, Durham 1978 567

U.S. Occupation in Europe after World War II, ed. by Hans A. Schmitt, Lawrence 1978 569

David Jay Bercuson, The Present State of Canadian Labour History 572

Jürgen Kocka, Sozialstruktur und Arbeiterbewegung: die Entstehung des Leipziger Proletariats 584

Hartmut Zwahr, Zur Konstituierung des Proletariats als Klasse. Strukturuntersuchung über das Leipziger Proletariat während der industriellen Revolution, Berlin [DDR] 1978 ... 584

Klaus Tenfelde, Neue Forschungen zur Geschichte der Arbeiterschaft 593

Volker Hentschel, Wirtschaftsgeschichte der Maschinenfabrik Esslingen AG 1846—1918, Stuttgart 1977 596

Heilwig Schomerus, Die Arbeiter der Maschinenfabrik Esslingen. Forschungen zur Lage der Arbeiterschaft im 19. Jahrhundert, Stuttgart 1977 597

Peter Borscheid, Textilarbeiterschaft in der Industrialisierung. Soziale Lage und Mobilität in Württemberg (19. Jahrhundert), Stuttgart 1978 597

Rudolf Vetterli, Industriearbeit, Arbeiterbewußtsein und gewerkschaftliche Organisation. Dargestellt am Beispiel der Georg Fischer AG (1890—1930), Göttingen 1978 601

Günther Schulz, Die Arbeiter und Angestellten bei Felten & Guilleaume. Sozialgeschichtliche Untersuchung eines Kölner Industrieunternehmens im 19. und beginnenden 20. Jahrhundert, Wiesbaden 1979 604

Sozialgeschichtliche Probleme in der Zeit der Hochindustrialisierung (1870—1914), hrsg. von Hans Pohl, Paderborn/München/Wien/Zürich 1979 607

Ulrich Linse, Erich Mühsam: Neue Werk-Ausgaben 616

Fanal. Aufsätze und Gedichte von Erich Mühsam 1905—1932, hrsg. von Kurt Kreiler, Berlin 1977 617

Fanal. Anarchistische Monatsschrift, hrsg. von Erich Mühsam. Mit einer Einleitung von Heinz Hug (in Jg. 1), Jg. 1—5, 1926/27—1930/31, Glashütten im Taunus 1973 ... 617

Kain. Zeitschrift für Menschlichkeit, hrsg. von Erich Mühsam, Jg. 1—5, 1911/12—1918/19, Vaduz 1978 617

Erich Mühsam, Ausgewählte Werke, hrsg. von Christlieb Hirte unter Mitarbeit von Roland Links und Dieter Schiller, Bd. 1: Gedichte — Prosa — Stücke; Bd. 2: Publizistik — Unpolitische Erinnerungen, Berlin [DDR] 1978 619

Erich Mühsam, Bilder und Verse für Zenzl. Faksimileabdruck, hrsg. und mit einer Nachbemerkung von Johannes Mittenzwei, Düsseldorf 1975 619

Hermann Weber, Deutsche Kommunisten (II) 622

Wilhelm Eildermann, Als Wanderredner der KPD unterwegs. Erinnerungen an die ersten Jahre der KPD 1919—1920, Berlin (Ost) 1977 622

Franz Dahlem, Am Vorabend des zweiten Weltkrieges. 1938 bis August 1939. Erinnerungen, Bd. 1 und 2, Berlin (Ost) 1977 623

Klaus Drobisch, Widerstand in Buchenwald, Frankfurt/M. 1978 625

Max Seydewitz, Es hat sich gelohnt zu leben. Lebenserinnerungen eines alten Arbeiterfunktionärs, Bd. 1 und 2, Berlin (Ost) 1976/1978 626

Patrik von zur Mühlen, Literatur zu Revolution und Bürgerkrieg in Spanien 627

Gerald Brenan, Die Geschichte Spaniens. Über die sozialen und politischen Hintergründe des Spanischen Bürgerkrieges, Berlin 1978 627

Paul Preston, The Coming of the Civil War. Reform, Reaction and Revolution in the Second Republic 1931—1936, London 1978 629

Walther L. Bernecker, Anarchismus und Bürgerkrieg. Zur Geschichte der Sozialen Revolution in Spanien 1936—1939, Hamburg 1978 630

Kollektivismus und Freiheit. Quellen zur Sozialen Revolution im Spanischen Bürgerkrieg 1936—1939, hrsg. von Walther L. Bernecker, München 1980 631

Julián Gorkin, Les communistes contre la révolution espagnole, Paris 1978 632

El Campesino, Morgen ist ein anderer Tag. Memoiren. Unter Mitarbeit von Maurice Padiou, Köln 1979 633

Domingo Pastor Petit, Los dossiers secretos de la guerra civil, Barcelona 1978 634

Horst Kühne, Spanien 1936—1939. Proletarischer Internationalismus im national-revolutionären Krieg des spanischen Volkes, Berlin [DDR] 1978 636

Studien zur Geschichte der Arbeiterschaft und der Arbeiterbewegung 638

Barrington Moore, Jr., Injustice. The Social Bases of Obedience and Revolt, White Plains, N.Y., 1978 (Dick Geary) 638

Wahrnehmungsformen und Protestverhalten. Studien zur Lage der Unterschichten im 18. und 19. Jahrhundert, hrsg. von Detlev Puls, Frankfurt a. M. 1979 (Dieter Langewiesche) .. 640

Karl Dinklage, Geschichte der Kärntner Arbeiterschaft, Klagenfurt 1976 (Karl-Heinz Ludwig) 643

Bernd Schöne, Kultur und Lebensweise Lausitzer Handweber (1750—1890), Berlin [DDR] 1977 (Jürgen Kocka) 644

Fabrik — Familie — Feierabend. Beiträge zur Sozialgeschichte des Alltags im Industriezeitalter, hrsg. von Jürgen Reulecke und Wolfhard Weber, Wuppertal 1978 (Dieter Langewiesche) 646

Forschungen zur Lage der Arbeiter im Industrialisierungsprozeß, hrsg. von Hans Pohl, Stuttgart 1978 (Lothar Machtan) 650

Norman Longmate, The Hungry Mills. The Story of the Lancashire Cotton Famine, 1861—65, London 1978 (W. O. Henderson) 652

Karl Marx, Das Elend der Philosophie, neu hrsg. mit Kommentar und Annotationen von Hans Pelger, Berlin/Bonn 1979 (Maximilian Rubel) 653

Archives Bakounine/Bakunin-Archiv. Publiées par Arthur Lehning, tome VI: Michel Bakounine sur la guerre Franco-Allemande et la révolution sociale en France 1870—1871, Leiden 1977 (Marshall S. Shatz) 656

Cora Stephan, »Genossen, wir dürfen uns nicht von der Geduld hinreißen lassen!« Aus der Urgeschichte der Sozialdemokratie 1862—1878, Frankfurt 1977 (Lothar Machtan) .. 659

Heinrich Hirschfelder, Die bayerische Sozialdemokratie 1864—1914, Teil I und II, Erlangen 1979 (Klaus Schönhoven) 662

Wolfgang Bocks, Die badische Fabrikinspektion. Arbeiterschutz, Arbeiterverhältnisse und Arbeiterbewegung in Baden 1879 bis 1914, Freiburg/München 1978 (Klaus Schönhoven) 664

Wilhelm Heinz Schröder, Arbeitergeschichte und Arbeiterbewegung. Industriearbeit und Organisationsverhalten im 19. und frühen 20. Jahrhundert, Frankfurt/New York 1978 (Klaus Schönhoven) 666

Im Kampf um den revolutionären Charakter der proletarischen Partei. Briefe führender deutscher Arbeiterfunktionäre Dezember 1884 bis Juli 1885, hrsg. vom IML beim ZK der SED, Red. Ursula Herrmann (Leitung), Wilfried Henze und Gudrun Hoffmann, Berlin [DDR] 1977 (Ursula Mittmann-Schleiermacher) 667

Materialien zum politischen Richtungsstreit in der deutschen Sozialdemokratie 1890—1917, hrsg. von Peter Friedemann, Frankfurt/Berlin/Wien 1978 (Hans-Josef Steinberg) 670

J. S. Hurt, Elementary Schooling and the Working Classes 1860—1918, London/Toronto/Buffalo 1979 (W. O. Henderson) 672

Werner Wendorff, Schule und Bildung in der Politik von Wilhelm Liebknecht, Berlin 1978 (Helmut Trotnow) 673

Gotthold Krapp, Die Kämpfe um proletarischen Jugendunterricht und proletarische Jugendweihen am Ende des 19. Jahrhunderts, Berlin [DDR] 1977 (Helmut Trotnow) 675

Ottmar Meuser, Sozialdemokratische Arbeiterbildung in Köln vor dem 1. Weltkrieg, Wentorf/Hamburg 1979 (Helmut Trotnow) 676

Zum Kulturprogramm des deutschen Proletariats im 19. Jahrhundert. Eine Sammlung kulturpolitischer und ästhetischer Dokumente, zusammengetragen und hrsg. von Helmuth Barth, Dresden 1978 (Dieter Langewiesche) 678

Dietger Pforte, Von unten auf. Studie zur literarischen Bildungsarbeit der frühen deutschen Sozialdemokratie und zum Verhältnis von Literatur und Arbeiterklasse, Gießen 1979 (Dieter Langewiesche) 678

Ein Leben für Kunst und Volksbildung. Eduard Leisching 1858—1938. Erinnerungen, hrsg. von Robert A. Kann und Peter Leisching, Wien 1978 (Dieter Langewiesche) 679

Handbuch zur deutschen Arbeiterliteratur, hrsg. von Heinz Ludwig Arnold, 2 Bde., Bd. 2: Bibliographie (bearb. von M. Bosch), München 1977 (Nicola Avruscio) 680

Francesco Renda, I Fasci siciliani 1892—94, Turin 1977 (Christian Giordano) 682

Rivoluzione e reazione in Europa 1917/1924. Convegno storico internazionale — Perugia 1978, 2 Bde., Roma 1978 (Jens Petersen) 685

Paolo Spriano, Intervista sulla storia del PCI, a cura di Simona Colarizi, Bari 1979 (Jens Petersen) 686

Susanne Miller, Die Bürde der Macht. Die deutsche Sozialdemokratie 1918—1920, Düsseldorf 1978 (Claus-Dieter Krohn) 687

Freya Eisner, Das Verhältnis der KPD zu den Gewerkschaften in der Weimarer Republik, Köln/Frankfurt 1977 (Klaus Schönhoven) 688

Einhart Lorenz, Norwegische Arbeiterbewegung und Kommunistische Internationale 1919—1930, Oslo 1978 (Gerd Callesen) 689

Wilhelm Hoegner, Flucht vor Hitler. Erinnerungen an die Kapitulation der ersten deutschen Republik 1933, München 1977 (Hagen Schulze) 692

Ernst-Ulrich Huster, Die Politik der SPD 1945—1950, Frankfurt/New York 1978 (Wolfgang Jüttner) 694

Wilfrid Loth, Sozialismus und Internationalismus. Die französischen Sozialisten und die Nachkriegsordnung Europas, 1940—1950, Stuttgart 1977 (Henk Reitsma) 696

Allgemeine Untersuchungen zur Sozialgeschichte 701

Herbert G. Gutman, The Black Family in Slavery and Freedom, 1750—1925, New York 1976 (Gisela Bock) 701

Gertrud Schröder-Lembke, Studien zur Agrargeschichte, Stuttgart/New York 1978 (Corinne Beutler) 705

Jürgen Bücking, Michael Geismair: Reformer — Sozialrebell — Revolutionär. Seine Rolle im Tiroler »Bauernkrieg« (1525/32), Stuttgart 1978 (Angelika Urack) 709

A. E. Musson, The Growth of British Industry, London 1978 (W. O. Henderson) 711

Hanspeter Ruesch, Lebensverhältnisse in einem frühen schweizerischen Industriegebiet. Sozialgeschichtliche Studie über die Gemeinden Trogen, Rehetobel, Wald, Gais, Speicher und Wolfhalden des Kantons Appenzell-Außerrhoden im 18. und frühen 19. Jahrhundert, 2 Bde., Basel/Stuttgart 1979 (Wolfgang v. Hippel) 713

Peter Steinbach, Der Eintritt Lippes in das Industriezeitalter. Sozialstruktur und Industrialisierung des Fürstentums Lippe im 19. Jahrhundert, Lemgo 1976 (Volker Hentschel) 715

Peter Steinbach, Industrialisierung und Sozialsystem im Fürstentum Lippe. Zum Verhältnis von Gesellschaftsstruktur und Sozialverhalten einer verspätet industrialisierten Region im 19. Jahrhundert. Mit einem statistischen Anhang, Berlin 1976 (Volker Hentschel) 715

Arnold Esch, Pietismus und Frühindustrialisierung. Die Lebenserinnerungen des Mechanicus Arnold Volkenborn (1852), Göttingen 1978 (Jürgen Reulecke) 717

Aufbruch nach Amerika. Friedrich List und die Auswanderung aus Baden und Württemberg 1816/17. Dokumentation einer sozialen Bewegung, unter Mitarbeit von Ingrid Schöbert hrsg. von Günter Moltmann, Tübingen 1979 (Wolfgang v. Hippel) 718

Deutsche Amerikaauswanderung im 19. Jahrhundert. Sozialgeschichtliche Beiträge, hrsg. von Günter Moltmann, Stuttgart 1976 (Klaus J. Bade) 719

Soziale Innovation und sozialer Konflikt, red. und hrsg. von Otto Neuloh, Göttingen 1977 (Dieter Langewiesche) 722

Jürgen Reulecke (Hrsg.), Die deutsche Stadt im Industriezeitalter, Wuppertal 1978 (Dieter Langewiesche) 725

Heinz-Gerhard Haupt (Hrsg.), »Bourgeois und Volk zugleich?« Zur Geschichte des Kleinbürgertums im 19. und 20. Jahrhundert, Frankfurt/New York 1978 (David Blackbourn) . . 726

Karl Heinrich Kaufhold, Das Gewerbe in Preußen um 1800, Göttingen 1978 (Barbara Vogel) 728

Jörg Jeschke, Gewerberecht und Handwerkswirtschaft des Königreichs Hannover im Übergang 1815—1866, Göttingen 1977 (Barbara Vogel) 731

Edmund Brandt (Hrsg.), Die politische Treuepflicht. Rechtsquellen zur Geschichte des deutschen Berufsbeamtentums, Karlsruhe 1976 (Albrecht Funk) 734

Friedrich Wilhelm Graf, Die Politisierung des religiösen Bewußtseins. Die bürgerlichen Religionsparteien im deutschen Vormärz: Das Beispiel des Deutschkatholizismus, Stuttgart 1978 (Annette Kuhn) 735

Rüdiger Schütz, Preußen und die Rheinlande. Studien zur preußischen Integrationspolitik im Vormärz, Wiesbaden 1979 (Dieter Langewiesche) 738

Rheinische Briefe und Akten zur Geschichte der politischen Bewegung 1830—1850. Ges. und hrsg. von Joseph Hansen. Zweiter Band, zweite Hälfte (April-Dezember 1848). Unter Benutzung der Vorarbeiten von Joseph Hansen bearbeitet von Heinz Boberach, Bonn 1976 (Dieter Dowe) 739

Joachim Paschen, Demokratische Vereine und preußischer Staat. Entwicklung und Unterdrückung der demokratischen Bewegung während der Revolution von 1848/49, München/Wien 1977 (Toni Offermann) 740

Carsten Brodersen, Rechnungsprüfung für das Parlament in der konstitutionellen Monarchie. Ein Beitrag zu den Auseinandersetzungen um die Ausgestaltung des parlamentarischen Budgetrechts in Preußen-Deutschland 1848—1877, Berlin 1977 (Dieter Langewiesche) 743

Ursula E. Koch, Berliner Presse und europäisches Geschehen 1871. Eine Untersuchung über die Rezeption der großen Ereignisse im ersten Halbjahr 1871 in den politischen Tageszeitungen der deutschen Reichshauptstadt, Berlin 1978 (Eberhard Kolb) 744

Horst Müller-Link, Industrialisierung und Außenpolitik. Preußen-Deutschland und das Zarenreich von 1860 bis 1890, Göttingen 1977 (Hartmut Soell) 746

Society and Politics in Wilhelmine Germany, ed. by Richard J. Evans, London/New York 1978 (Juergen Doerr) 750

Fritz Stern, Gold und Eisen. Bismarck und sein Bankier Bleichröder, Berlin 1978 (Dieter K. Buse) 752

Karl Erich Born, Geld und Banken im 19. und 20. Jahrhundert, Stuttgart 1977 (Peter-Christian Witt) 753

Ludwig Quidde, Caligula. Schriften über Militarismus und Pazifismus. Mit einer Einleitung hrsg. von Hans-Ulrich Wehler, Frankfurt 1977 (Rüdiger vom Bruch) 754

Ernst Rudolf Huber, Deutsche Verfassungsgeschichte seit 1789, Band V: Weltkrieg, Revolution und Reichserneuerung 1914—1919, Stuttgart/Berlin/Köln/Mainz 1978 (Jürgen Kocka) 757

Jürgen Kocka, Angestellte zwischen Faschismus und Demokratie. Zur politischen Sozialgeschichte der Angestellten: USA 1890—1940 im internationalen Vergleich, Göttingen 1977 (Gerd Giesselmann) 760

Hans Speier, Die Angestellten vor dem Nationalsozialismus. Ein Beitrag zum Verständnis der deutschen Sozialstruktur 1918—1933, Göttingen 1977 (Gerd Giesselmann) 763

Jürgen C. Heß, »Das ganze Deutschland soll es sein«. Demokratischer Nationalismus in der Weimarer Republik am Beispiel der Deutschen Demokratischen Partei, Stuttgart 1978 (Ulrich Heinemann) 765

Konrad Adenauer. Oberbürgermeister von Köln, hrsg. von Hugo Stehkämper, Köln 1976 (Dieter Rebentisch) 769

Volker Hentschel, Weimars letzte Monate. Hitler und der Untergang der Republik, Düsseldorf 1978 (Claus-Dieter Krohn) 771

Klaus Schaap, Die Endphase der Weimarer Republik im Freistaat Oldenburg 1928—1933, Düsseldorf 1978 (Claus-Dieter Krohn) 773

George L. Mosse, Rassismus. Ein Krankheitssymptom in der europäischen Geschichte des 19. und 20. Jahrhunderts, Königstein/Ts. 1978 (Patrik von zur Mühlen) 775

Joachim Petzold, Konservative Theoretiker des deutschen Faschismus. Jungkonservative Ideologen in der Weimarer Republik als geistige Wegbereiter der faschistischen Diktatur, Berlin [DDR] 1978 (Patrik von zur Mühlen) 777

Keith W. Bird, Weimar, the German Naval Officer Corps and the Rise of National Socialism, Amsterdam 1977 (Detlef Bald) 778

Kriegswirtschaft und Rüstung 1939—1945. Für das Militärgeschichtliche Forschungsamt hrsg. von Friedrich Forstmeier und Hans-Erich Volkmann, Düsseldorf 1977 (Michael Geyer) 780

Klaus Wittmann, Schwedens Wirtschaftsbeziehungen zum Dritten Reich 1933—1945, München/Wien 1978 (Adelheid von Saldern) 781

Heinz Artzt, Mörder in Uniform. Organisationen, die zu Vollstreckern nationalsozialistischer Verbrechen wurden, München 1979 (Wilfried von Bredow) 783

Gilbert Badia/Françoise Joly/Jean-Baptiste Joly/Claude Laharie/Ingrid Lederer/Jean-Philippe Mathieu/Hélène Roussel/Joseph Rovan/Barbara Vormeier, Les barbelés de l'exil. Etudes sur l'émigration allemande et autrichienne (1938—1940), Grenoble 1979 (Patrik von zur Mühlen) 784

Hanna Schramm, Menschen in Gurs. Erinnerungen an ein französisches Internierungslager (1940—1941) mit einem dokumentarischen Beitrag zur französischen Emigrantenpolitik (1933—1944) von Barbara Vormeier, Worms 1977 (Patrik von zur Mühlen) 786

John Gimbel, The Origins of the Marshall Plan, Stanford, Cal., 1976 (Horst Lademacher) 787

Osteuropa-Handbuch. Begr. von Werner Markert. Sowjetunion. — Außenpolitik, Bd. II: 1955—1973, hrsg. von Dietrich Geyer, Köln/Wien 1976 (Hartmut Soell) 791

The Foreign Policies of West European Socialist Parties, ed. by Werner J. Feld, New York/London 1978 (Wolfgang Schlauch) 795

Wolfgang Gerß, Lohnstatistik in Deutschland. Methodische, rechtliche und organisatorische Grundlagen seit der Mitte des 19. Jahrhunderts, Berlin 1977 (Volker Hentschel) 797

Geschichtliche Grundbegriffe. Historisches Lexikon zur politisch-sozialen Sprache in Deutschland, hrsg. von Otto Brunner, Werner Conze und Reinhart Koselleck, Bd. 2: E-G, Bd. 4: Mi-Pre, Stuttgart 1975 und 1978 (Dieter Dowe) 797

Die Mitarbeiter dieses Bandes 800

Rezensierte Bücher in alphabetischer Reihenfolge

P. Anderson, Lineages of the Absolutist State 474 — Archives Bakounine VI 656 — J. A. Armstrong, The European Administrative Elite 483 — H. L. Arnold (Hrsg.), Handbuch zur deutschen Arbeiterliteratur 680 — H. Artzt, Mörder in Uniform 783 — J. H. Backer, Decision to Divide Germany 567 — G. Badia u. a., Les barbelés de l'exil 784 — H. Barth (Hrsg.), Zum Kulturprogramm des deutschen Proletariats 678 — W. Baumgart (Bearb.), Das Zeitalter des Imperialismus 545 — W. L. Bernecker, Anarchismus u. Bürgerkrieg 630 — W. L. Bernecker (Hrsg.), Kollektivismus u. Freiheit 631 — K. W. Bird, Weimar, the German Naval Officer Corps and the Rise of National Socialism 778 — W. Bocks, Die badische Fabrikinspektion 664 — K. E. Born, Geld u. Banken im 19. u. 20. Jh. 753 — P. Borscheid, Textilarbeiterschaft in der Industrialisierung 597 — P. Branca, Women in Europe since 1750 496 — E. Brandt (Hrsg.), Die politische Treuepflicht 734 — G. Brenan, Geschichte Spaniens 627 — R. Bridenthal/Cl. Koonz (ed.), Becoming Visible 504 — C. Brodersen, Rechnungsprüfung für das Parlament 743 — J. Bücking, Michael Geismair 709 — El Campesino, Morgen ist ein anderer Tag 633 — F. Dahlem, Am Vorabend des 2. Weltkrieges 623 — Das Deutsche Reich u. der 2. Weltkrieg I/II 560 — K. Dinklage, Geschichte der Kärntner Arbeiterschaft 643 — V. Dotterweich, H. v. Sybel 539 — A. Douglas, The Feminization of American Culture 513 — K. Drobisch, Widerstand in Buchenwald 625 — W. Eildermann, Als Wanderredner der KPD unterwegs 622 — F. Eisner, Das Verhältnis der KPD zu den Gewerkschaften 688 — A. Esch, Pietismus u. Industrialisierung 717 — R. J. Evans (Ed.), Society and Politics in Wilhelmine Germany 750 — W. J. Feld (Ed.), The Foreign Policies of West European Socialist Parties 795 — J. Flemming, Landwirtschaftl. Interessen u. Demokratie 552 — F. Forstmeier/H. E. Volkmann (Hrsg.), Kriegswirtschaft u. Rüstung 1939-45 780 — D. Fricke (Hrsg.), Dokumente zur deutschen Geschichte 1897/98-1917 549 — P. Friedemann (Hrsg.), Materialien zum polit. Richtungsstreit in der deutschen Sozialdemokratie 670 — W. Gerß, Lohnstatistik in Deutschland 797 — Geschichtliche Grundbegriffe II u. IV 797 — D. Geyer, Osteuropa-Handbuch: Sowjetunion. Außenpolitik II 791 — J. Gimbel, The Origins of the Marshall Plan 787 — L. Gordon, Woman's Body, Woman's Right 512 — J. Gorkin, Les communistes contre la révolution espagnole 632 — F. W. Graf, Die Politisierung des religiösen Bewußtseins 735 — H. G. Gutman, The Black Family in Slavery and Freedom 701 — F. Haferkorn, Soziale Vorstellungen H. v. Sybels 539 — J. Hansen (Hrsg.), Rheinische Briefe u. Akten ... 1830-50 II, 2 739 — H.-G. Haupt (Hrsg.), »Bourgeois und Volk zugleich?« 726 — V. Hentschel, Weimars letzte Monate 771 — V. Hentschel, Wirtschaftsgeschichte der Maschinenfabrik

Esslingen 596 — J. C. Heß, »Das ganze Deutschland soll es sein« 765 — H. Hirschfelder, Die bayerische Sozialdemokratie 1864-1914 662 — Histoire de l'administration française depuis 1800 485 — W. Hoegner, Flucht vor Hitler 692 — E. R. Huber, Deutsche Verfassungsgeschichte seit 1789, Bd. V 757 — J. S. Hurt, Elementary Schooling and the Working Classes 672 — E.-U. Huster, Die Politik der SPD 1945-50 694 — J. Jeschke, Gewerberecht u. Handwerkswirtschaft des Kgr. Hannover 731 — Im Kampf um den revolutionären Charakter der politischen Partei 667 — R. A. Kann/P. Leisching (Hrsg.), Ein Leben für Kunst und Volksbildung 679 — K. H. Kaufhold, Das Gewerbe in Preußen um 1800 728 — U. E. Koch, Berliner Presse u. europäisches Geschehen 1871 744 — J. Kocka, Angestellte zwischen Faschismus u. Demokratie 760 — G. Krapp, Die Kämpfe um proletar. Jugendunterricht 675 — K. Kreiler (Hrsg.), Fanal 617 — H. Kühne, Spanien 1936-39 636 — N. Longmate, The Hungry Mills 652 — E. Lorenz, Norweg. Arbeiterbewegung u. Kommunist. Internationale 689 — W. Loth, Sozialismus u. Internationalismus 696 — K. Marx, Das Elend der Philosophie 653 — Matrikel der Universität Ingolstadt-Landshut-München I, III 2 535 — O. Meuser, Sozialdemokrat. Arbeiterbildung in Köln 676 — S. Miller, Die Bürde der Macht 687 — G. Moltmann (Hrsg.), Aufbruch nach Amerika 718 — G. Moltmann (Hrsg.), Deutsche Amerikaauswanderung 719 — B. Moore, Jr., Injustice 638 — G. L. Mosse, Rassismus 775 — E. Mühsam, Ausgewählte Werke 619 — E. Mühsam, Bilder u. Verse für Zenzl 619 — E. Mühsam (Hrsg.), Fanal 617 — E. Mühsam (Hrsg.), Kain 617 — H. Müller-Link, Industrialisierung u. Außenpolitik 746 — A. E. Musson, The Growth of British Industry 711 — O. Neuloh (Hrsg.), Soziale Innovation u. sozialer Konflikt 722 — J. Paschen, Demokratische Vereine u. preußischer Staat 740 — D. Pastor Petit, Los dossiers secretos de la guerra civil 634 — E. N. Peterson, American Occupation of Germany 566 — J. Petzold, Konservative Theoretiker des deutschen Faschismus 777 — D. Pforte, Von unten auf 678 — H. Pohl (Hrsg.), Forschungen zur Lage der Arbeiter 650 — H. Pohl (Hrsg.), Sozialgeschichtl. Probleme ... 1870-1914 607 — H.-W. Prahl, Sozialgeschichte des Hochschulwesens 532 — P. Preston, The Coming of the Civil War 629 — H. Pruns, Staat und Agrarwirtschaft 1800-1865 524 — D. Puls (Hrsg.), Wahrnehmungsformen u. Protestverhalten 640 — L. Quidde, Caligula 754 — F. Renda, I Fasci siciliani 682 — J. Reulecke (Hrsg.), Die deutsche Stadt im Industriezeitalter 725 — J. Reulecke (Hrsg.), Fabrik — Familie — Feierabend 646 — G. A. Ritter (Hrsg.), Deutsches Kaiserreich 547 — Rivoluzione e reazione in Europa 1917/24 685 — H. Ruesch, Lebensverhältnisse in einem frühen schweizer. Industriegebiet 713 — W. Ruge/W. Schumann (Hrsg.), Dokumente zur deutschen Geschichte 1917-33 549 — L. J. Rupp, Mobilizing Women for War 508 — K. Schaap, Die Endphase der Weimarer Republik im Freistaat Oldenburg 773 — K. Schissler, Preußische Agrargesellschaft im Wandel 515 — H. A. Schmitt (Ed.), U.S. Occupation in Europe 569 — B. Schöne, Kultur u. Lebensweise Lausitzer Handweber 644 — H. Schomerus, Arbeiter der Maschinenfabrik Esslingen 597 — H. Schramm, Menschen in Gurs 786 — W. H. Schröder, Arbeitergeschichte u. Arbeiterbewegung 666 — G. Schröder-Lembke, Studien zur Agrargeschichte 705 — R. Schütz, Preußen u. die Rheinlande 738 — G. Schulz, Arbeiter u. Angestellte bei Felten & Guilleaume 604 — M. Schumacher, Land und Politik 552 — W. Schumann/L. Nestler (Hrsg.), Weltherrschaft im Visier 550 — M. Seydewitz, Es hat sich gelohnt zu leben 626 — H. Speier, Die Angestellten vor dem Nationalsozialismus 763 — P. Spriano, Intervista sulla storia del PCI 686 — H. Stehkämper (Hrsg.), K. Adenauer 769 — P. Steinbach, Der Eintritt Lippes in das Industriezeitalter 715 — P. Steinbach, Industrialisierung u. Sozialsystem in Lippe 715 — C. Stephan, »Genossen, wir dürfen uns nicht von der Geduld hinreißen lassen!« 659 — F. Stern, Gold u. Eisen 752 — G. Thuillier, La Vie quotidienne dans les ministères au XIXe siècle 486 — Ch. Tilly (Ed.), The Formation of National States 479 — L. A. Tilly/J. W. Scott, Women, Work and Family 509 — R. Vetterli, Industriearbeit, Arbeiterbewußtsein u. gewerkschaftl. Organisation 601 — G. Voigt, O. Hoetzsch 540 — A. Wagner, Briefe — Dokumente — Augenzeugenberichte 537 — B. Weber, Pädagogik u. Politik 543 — W. Wendorff, Schule u. Bildung in der Politik von W. Liebknecht 673 — R. Graf v. Westphalen, Akademisches Privileg u. demokratischer Staat 531 — H. Winkel, Deutsche Nationalökonomie im 19. Jh. 536 — K. Wittmann, Schwedens Wirtschaftsbeziehungen zum Dritten Reich 781 — B. Wunder, Privilegierung und Disziplinierung 487 — H. Zwahr, Zur Konstituierung des Proletariats als Klasse 584

Bernd-Jürgen Wendt

»Deutsche Revolution« — »Labour Unrest«
Systembedingungen der Streikbewegungen in Deutschland und England 1918—1921

1. HISTORIOGRAPHIE, BEGRIFFLICHKEIT, PERIODISIERUNG

In seiner bahnbrechenden Untersuchung über die »Betriebsräte in der Novemberrevolution[1]« und über die Möglichkeiten und Chancen eines sogenannten »dritten Weges« des demokratischen Sozialismus zwischen bürgerlich-parlamentarischem Repräsentativsystem und bolschewistischer Rätediktatur stellt Peter v. Oertzen die wichtige Frage, in welchem Umfang die betriebliche und wirtschaftliche Rätebewegung in der deutschen Revolution von 1918/19 »in den besonderen geschichtlichen Bedingungen des Krieges und Umsturzes der Jahre zwischen 1914 und 1919 wurzelt und in welchem Grade in den allgemeinen Bedingungen der industriellen Gesellschaft unserer Epoche[2]«. Nach seiner Ansicht kann dieses Problem »freilich nur durch eine vergleichende historische, soziologische und politikwissenschaftliche Strukturanalyse unserer gesamten industriellen Welt beantwortet werden[3]«. Einen ersten erfolgversprechenden Ansatz für eine solche vergleichende Strukturanalyse zweier Industriegesellschaften und ihrer sozialen Konfliktpotentiale im tiefgreifenden Umbruch eines allgemeinen Volkskrieges, die »einen gewissen Grad der Allgemeinheit« der Aussage verbürgt, glaubt er unter Verweis auf die (freilich inzwischen etwas veraltete) Untersuchung von Branko Pribićević[4] in einer Gegenüberstellung der deutschen Rätebewegung und des englischen Shop Steward Movement, beides als parallele historische Konkretion der Idee der Arbeiterkontrolle in Deutschland und der workers' control in England, gefunden zu haben. Die Rätebewegung entspringt nach v. Oertzen einer sich bereits in der Vorkriegsphase abzeichnenden »tiefgehenden Erschütterung der überkommenen sozialen Verfassung der Industrie[5]« in beiden Ländern unter den Einwirkungen des Krieges und der unmittelbaren Nachkriegszeit; in ihr meint er für die deutsche und die gleichzeitige englische Erscheinung »die strukturell bedingten von den historisch besonderen Momenten[6]« trennen zu können. Der Ver-

---

1 *Peter von Oertzen*, Betriebsräte in der Novemberrevolution. Eine politikwissenschaftliche Untersuchung über Ideengehalt und Struktur der betrieblichen und wirtschaftlichen Arbeiterräte in der deutschen Revolution 1918/19, Düsseldorf 1963, 2., [um Auszüge aus dem folgenden Titel] erw. Aufl., Berlin/Bonn-Bad Godesberg 1976; vgl. *ders.*, Die Probleme der wirtschaftlichen Neuordnung und der Mitbestimmung in der Revolution von 1918, unter besonderer Berücksichtigung der Metallindustrie, Frankfurt o. J.; *ders.*, Die großen Streiks der Ruhrbergarbeiterschaft im Frühjahr 1919, in: VfZG 6, 1958, S. 231—262.
2 *v. Oertzen*, Betriebsräte, S. 311.
3 *Ebda.*
4 *Branko Pribićević*, The Shop Stewards' Movement and Workers' Control, 1910—1922, Oxford 1959; heute teilweise überholt durch die neuere Arbeit von *Günther R. Degen*, Shop Stewards. Ihre zentrale Bedeutung für die Gewerkschaftsbewegung in Großbritannien, Frankfurt 1976.
5 *v. Oertzen*, Betriebsräte, S. 311.
6 *Ebda.*, S. 312.

gleich zwischen Deutschland und England ergibt, verkürzt dargestellt, folgende soziostrukturelle Gemeinsamkeiten: Konzentration beider Rätebewegungen in der metallverarbeitenden Industrie, im Bergbau und im Eisenbahnwesen; im Zuge einer Rationalisierung, Mechanisierung und Ausweitung der Produktion zur Massenfertigung eine fortschreitende Ersetzung gelernter durch an- oder ungelernte Arbeitskräfte oder Frauenarbeit (»dilution«) und, damit verbunden, ein sozialer und psychischer Umschmelzungsprozeß der Arbeiterschaft; entsprechende Rückwirkungen der »dilution« auf das Selbstverständnis und die Bedeutung der alten Berufsgewerkschaften (craft unions) und deren allmähliche Umwandlung in moderne Industriegewerkschaften; ein gravierender Vertrauens- und Legitimationsverlust der Gewerkschaftsbürokratien gegenüber der betrieblichen Basis und in Antwort darauf die Herausbildung autonomer, betriebsbezogener und lokalistischer, nicht selten auch syndikalistischer und industrieunionistischer Agitationszentren und Konfliktpotentiale; Betriebsräte und Shop Stewards als proletarische Kontrollorgane am Arbeitsplatz mit deutlich antiparlamentarischer und antipolitischer, vielfach sogar antistaatlicher Tendenz und als Ausdruck eines neuen sozialen Bewußtseins der Arbeiter und ihrer Überzeugung, »daß sie selbst ihre Interessen besser vertreten könnten als die traditionellen bürokratischen Führungsschichten in Staat, Parteien und Gewerkschaften[7]«; die Infragestellung und sogar zeitweilige Ablösung überkommener gewerkschaftlicher Organisations- und Kampfformen durch neue Formen der Partizipation und des sozialen Protestes wie direkte Demokratie, imperatives Mandat und nicht selten politisch akzentuierten Massenstreik (direkte Aktion). In der sorgfältig bilanzierenden gegenseitigen Abwägung der vergleichbaren und der abweichenden Elemente in den Sozialbeziehungen beider Länder überwiegen nach Ansicht v. Oertzens »bei aller Unterschiedlichkeit der konkreten historisch-sozialen Situation in der englischen und der deutschen Arbeiterbewegung von 1918 dieselben Grundstrukturen [...]: Eine Erschütterung des Vertrauens in den weiteren sozialen Fortschritt im Rahmen der überkommenen Organisationen und Praktiken der Gewerkschaften, der Parteien und des Staates. Damit verbunden ist die Aktivierung der um den Betrieb und seine Probleme sich konzentrierenden bewußten Selbsttätigkeit eines wichtigen Teils der Arbeiterschaft[8]«; v. Oertzen konstatiert »die Strukturgleichheit der deutschen und der englischen Rätebewegung trotz erheblicher Verschiedenheit ihrer konkreten historisch-politischen Umstände« und behauptet, »daß die deutsche und die englische Entwicklung in ihrem Ende fast völlig übereinstimmten, ohne daß die Frage, welchen geistigen und politischen Quellen sie entsprungen waren, dabei eine entscheidende Bedeutung gehabt hätte[9]«.

Bereits R. Rürup hat gegen v. Oertzen geltend gemacht, ihm sei »eine zwingende Beweisführung zugunsten der These von der strukturellen Bedingtheit der Rätebewegung als einer spezifischen, durch die Erschütterung der traditionellen Industrieverfassung bedingten Gestalt des Klassenkonflikts« nicht gelungen und der Vergleich mit dem Shop Steward Movement, auf den sich die Argumentation fast ausschließlich stütze, werde »doch allzu strapaziert[10]«. Vor allem bleibt v. Oertzen eine Erklärung dafür schuldig, daß das Shop Steward Movement typisches Produkt der Kriegszeit und der aus Burgfrieden, gewerkschaftlichem Streikverzicht und staatlicher Zwangsschlichtung resultierenden betrieblichen Basiskonflikte der Gewerkschaftsorganisationen mit einem Höhepunkt 1915/17 gewesen ist und 1919 als Massenbewegung bereits im wesentlichen abgeklungen war, die deutsche Rätebewegung jedoch, wenngleich vorbereitet schon während des Krieges in den großen Januarstreiks der

---

7 Ebda., S. 323.
8 Ebda., S. 326.
9 Ebda., S. 329.
10 *Reinhard Rürup*, Rätebewegung und Revolution in Deutschland 1918/19, in: NPL 12, 1967, S. 313.

Berliner Rüstungsindustrie 1918, als Träger proletarischer Massenaktionen und Ausdruck eines starken sozialen Konfliktpotentials unmittelbar auf der Produktionsebene ihren Höhepunkt erst im Winter und Frühjahr 1919 als Ergebnis der Nachkriegsentwicklung fand. Überdies weisen die englischen Shop Stewards höchstens eine gewisse Ähnlichkeit mit den deutschen Wirtschafts- und Betriebsräten der Revolutionszeit als lediglich einem Teil der sehr viel umfassenderen Rätebewegung auf.

Ungeachtet dieser grundsätzlichen Einwände zeigt v. Oertzen typische Konfliktfelder innerhalb der Sozialverfassung beider Länder wie etwa die Spannungen zwischen Gewerkschaftsbürokratie und Arbeitsplatz oder den Umstrukturierungsprozeß in der Arbeiterschaft selbst und daraus folgende gewerkschaftliche Erfassungs- und Organisationsprobleme auf; er mahnt uns schon mit diesen wenigen interessanten Ansätzen vergleichender sozialer Strukturbetrachtung, endlich einmal in der modernen Sozialgeschichte mit der internationalen Komparatistik Ernst zu machen und die offenkundige Diskrepanz zwischen theoriebezogen industriesoziologischen Erklärungsmustern mit nahezu universalem Geltungsanspruch einerseits und einer noch weitgehend im nationalen oder gar lokalen Rahmen sich bewegenden sozialempirischen Detailforschung andererseits wenigstens schrittweise abzubauen durch eine Vorgehensweise, in der ein mehr abstrakt formuliertes Frageraster über die konkrete Sozialentwicklung zumindest zweier Industriestaaten gelegt und damit in der Konfrontation gleichsam das jeweilige »Sozialprofil« beider Länder schärfer in der Scheidung nationalspezifischer und übernational strukturbedingter Ausprägungen akzentuiert wird. Unter diesen Anspruch stellt sich der folgende Versuch, die zeitlich parallelen sozialen Protestbewegungen und Massenstreiks in England und Deutschland zwischen Kriegsende und ihrem Abflauen 1920/21 zu vergleichen.

Zunächst seien drei Vorbemerkungen (a) zur geschichtlichen und historiographischen Einschätzung der Ereignisse, (b) zu ihrer begrifflichen Erfassung und (c) zur zeitlichen Eingrenzung des Untersuchungsfeldes vorausgeschickt.

(a) *Zur geschichtlichen Einschätzung:* Die sozialen Protestbewegungen in der englischen Nachkriegszeit bis zu ihrem raschen Abflauen unmittelbar nach ihrem letzten Höhepunkt, dem langdauernden Bergarbeiterstreik vom Frühjahr 1921, sind ausschließlich Gegenstand sozialgeschichtlichen Interesses, ihre Deutung und Gewichtung ist gleichsam als Vorgeschichte hingeordnet auf den Generalstreik von 1926. Nach der verhängnisvollen Auflösung der 1914 in der »Triple Alliance« zwischen Bergleuten, Transportarbeitern und Eisenbahnern begründeten proletarischen Solidarität am sogenannten »Black Friday« der englischen Arbeiterbewegung, dem 15. April 1921, und dem dadurch bedingten allgemeinen Zusammenbruch der Nachkriegsstreikbewegungen war der Generalstreik fünf Jahre später nach G. A. Phillips »in large measure, a kind of expiation for 1921[11]«. Als Folge dieses Scheiterns stellte sich nicht langfristig — wie in Deutschland — so etwas wie eine bis in die Forschung durchschlagende nationalpolitische Identifikation mit der einen oder anderen Seite ein, sondern mehr kurzfristig und pragmatisch eine selbstkritische Bestandsaufnahme innerhalb der gewerkschaftlichen Organisationen hinsichtlich der Ursachen des »Black Friday« und der aus ihm zu folgernden Lehren für künftige proletarische Strategien: War die »Triple Alliance« zerbrochen, wie die Bergleute meinten, mangels eines »natural desire for unity on the part of their associates«, an den organisatorischen Defekten innerhalb der Allianz selbst und vor allem an dem Autonomiebewußtsein ihrer Mitglieder, wie Bevin glaubte, oder — so die kommunistische Sicht — am Fehlen innerer Verbandsdemokratie, »to ensure the control of the rank and file over pusillanimous officials[12]«?

---

11 *Gordon A. Phillips,* The General Strike. The Politics of Industrial Conflict, London 1976, S. 13.
12 *Ebda.,* S. 13 f.

Sind also die sozialen Protestbewegungen der englischen Nachkriegsperiode perspektivisch wesentlich nur so etwas wie eine Art Präludium für 1926, so erhalten die gleichzeitigen Massenaktionen in Deutschland, ihre Träger, Zielsetzungen und vor allem ihre streckenweise blutige Niederschlagung durch die Freikorps sowie die mit als Reaktion auf diese Aktionen ausgelöste allgemeine Rechtsentwicklung ab 1920 ihr ungleich größeres Gewicht als ein wichtiges Stück Vorgeschichte für 1933 und den Aufstieg des Nationalsozialismus. R. Rürup hat stellvertretend für die jüngere deutsche Revolutionsforschung[13] mit Nachdruck ihre in diesem Fall ganz besonders notwendige Rückbindung an das »politische Kategoriensystem des Historikers« und sein »politisches Engagement« gefordert[14]: Das Scheitern der sozialen Protestbewegungen 1918/20 und die Konsequenzen ihrer vielfach gewaltsamen militärischen Unterdrückung, verbunden mit dem über Erwarten schnellen Wiedererstarken des alten Obrigkeitsstaates, waren »eine Niederlage für die Demokratie in Deutschland[15]«; sie birgt in sich nicht nur die Strukturdefekte der ersten deutschen Republik, sondern zugleich auch das gebrochene Verhältnis der deutschen Arbeiterführung in SPD und Gewerkschaften zu den Revolutionsereignissen bis heute. Dieses Dilemma hat beispielhaft ein sozialdemokratischer Zeitgenosse, Ernst Fraenkel, 1943 rückblickend aus der amerikanischen Emigration zum Ausdruck gebracht: »Die einen haben uns entrüstet vorgeworfen, daß wir Sozialdemokraten eine *Revolution*, die anderen ebenso entrüstet, daß wir *keine Revolution* gemacht hätten. In diesem Vorwurf spiegelt sich die Logik eines Umsturzes wider, der eine *politische Umwälzung* herbeiführte, aber eine *soziale Revolution* vermied. Und weil der Neunte November somit eine halbe Revolution war — unter den besonderen Verhältnissen des verlorenen Krieges damals nicht anders sein konnte — ist uns vierzehn Jahre später eine ganze Niederlage bereitet worden[16]«. Revolutionsgeschichte in Deutschland ist bis in die Gegenwart (freilich mit deutlich abnehmender politisch-emotionaler Färbung in den letzten Jahren) eingebettet in die Grundfrage nach den Möglichkeiten und verpaßten Chancen einer sozioökonomisch-politischen Fundamentaldemokratisierung nach 1918; von gewissen interpretatorischen Verkrampfungen, die eine überstarke politische Identifikation mit einem »Stück unbewältigter Vergangenheit«, die die Revolutionsgeschichte in Deutschland zumindest lange gewesen ist, leicht hervorbringt, weiß sich der englische Chronist bis heute weitgehend frei, selbst wenn auch er sich als Sozialist etwa mit dem »Black Friday« und dem Generalstreik von 1926 naturgemäß stärker identifiziert[17]. Die Tatsache, daß die Streik- und Rätebewegungen 1918/21 in der vielfältig gebrochenen jüngeren deutschen Geschichte im Bewußtsein der Mit- und Nachwelt doch ein stärkeres Eigengewicht haben, als dies bei den zeitlich parallel ablaufenden Massenaktionen in dem mehr von der traditionellen Beharrungskraft überliefer-

---

13 Für einen zusammenfassenden Überblick über die Revolutionsforschung vgl. u. a. *Helga Grebing*, Konservative Republik oder soziale Demokratie? Zur Bewertung der Novemberrevolution in der neueren westdeutschen Historiographie, in: *Eberhard Kolb* (Hrsg.), *Vom Kaiserreich zur Weimarer Republik*, Köln 1972, S. 386—403; *Hartmut Pogge-v. Strandmann*, Die Deutsche Revolution von 1918, in: Deutschlandstudien, Bd. 2, hrsg. von R. Picht, Bonn 1975, S. 49—74; *Wolfgang J. Mommsen*, Die deutsche Revolution 1918—1920. Politische Revolution und soziale Protestbewegung, in: Geschichte und Gesellschaft, Jg. 4, 1978, H. 3, S. 362—391; vgl. auch *Georg P. Meyer*, Bibliographie zur deutschen Revolution 1918/19, Göttingen 1977.
14 *Rürup*, Rätebewegung, a. a. O., S. 306.
15 *Reinhard Rürup* (Hrsg.), *Arbeiter- und Soldatenräte im rheinisch-westfälischen Industriegebiet*. Studien zur Geschichte der Revolution 1918/19, Wuppertal 1975, S. 31.
16 *Ernst Fraenkel*, November-Gedanken, in: Neue Volkszeitung, New York, 13. 11. 1943, S. 2, zit. nach *Rürup*, Arbeiter- und Soldatenräte, S. 13 (Hervorhebung im Original).
17 Vgl. dazu etwa die linkssozialistisch-kommunistische Aufsatzsammlung von *Jeffrey Skelley* (Ed.), *The General Strike*, London 1976.

ter Sozial- und Verfassungsstrukturen geprägten englischen Geschichtsbewußtsein der Fall ist, hat ihren Niederschlag auch gefunden in der
(b) *begrifflichen Erfassung.* Prominente Vertreter der jüngeren deutschen Räteforschung haben sich ausdrücklich dafür ausgesprochen, überkommene Begriffe wie »Novemberrevolution« oder »Novemberumsturz« zugunsten des umfassenderen Terminus »*Deutsche Revolution*« fallenzulassen, um damit auch terminologisch den unauflöslichen inneren Zusammenhang zwischen den Novemberereignissen 1918 und den Massenbewegungen der folgenden Monate bis zum Mai 1919 herzustellen[18]. Denn der Begriff »Novemberrevolution« sei nur geeignet, »die Diskussion über Charakter und Zielsetzung der revolutionären Bewegung in Deutschland 1918/19 zu verwirren«, da er die an den unmittelbaren politischen Umsturz anschließenden Ereignisse auf ein postrevolutionäres Nachspiel reduziere und damit in ihrer Eigendynamik bagatellisiere. »In Wirklichkeit bildete jedoch der Staatsumsturz im November nicht den Abschluß, sondern erst den Beginn des eigentlichen Revolutionsprozesses, der in dem Ringen zwischen einer revolutionären Massenbewegung und einer bürgerlich-sozialdemokratischen Ordnungs-Koalition bestand. Die erste Phase dieses Prozesses endete mit der Niederschlagung des Januaraufstandes in Berlin und den Wahlen zur Nationalversammlung. Ihr folgte im Frühjahr 1919 eine zweite, vielfach übersehene Phase: der äußerlich erfolgreichen, aber innerlich ungefestigten bürgerlich-demokratischen Revolution schloß sich — verursacht durch Verlauf und Ergebnis der ersten Phase — der unorganisierte und scheiternde Versuch einer proletarischen Revolution an, der nun auch eine deutlich antiparlamentarische Tendenz hatte[19].« Unbeschadet des wenig überzeugenden Versuches H.-A. Winklers, den Begriff »Deutsche Revolution von 1918/19« wieder auf die »Phase der revolutionären Legitimation der Zentralgewalt« bis zur Wahl Eberts zum vorläufigen Reichspräsidenten am 10. Februar 1919 zurückzunehmen und damit »die erfolglosen Revisionsversuche der folgenden dreizehn Monate — von den regionalen Räterepubliken über die großen Streiks vom Frühjahr 1919 und den Kapp-Putsch bis zum Ruhrkrieg« auf den Charakter von »Epiphänomene[n] dieses Vorgangs« zu reduzieren[20], auf der einen und der einleuchtenden Bemühung W. Mommsens auf der anderen Seite, den Begriff »Revolution« inhaltlich bis zum Ruhrkampf 1920 auszudehnen und damit die Generalstreikbewegung vom Frühjahr 1920 ausdrücklich an das Ende der revolutionären Nachkriegskontinuität zu stellen[21], erhalten die Streikbewegungen in Deutschland allein schon durch ihre Einbindung in eine als »Revolution« etikettierte umfassende politisch-gesellschaftliche Umsturzbewegung weit über ihre engeren sozioökonomischen Antriebskräfte und Zielsetzungen hinaus einen hochgradig politischen Akzent. Nach W. Mommsens zusammenfassendem Urteil handelte es sich bei der »Deutschen Revolution 1918—1920« um »die Überlagerung einer politischen Revolution, die eigentlich nur

---

18 Vgl. *Rürup*, Rätebewegung, a. a. O., S. 303 ff.; ders., Arbeiter- und Soldatenräte, S. 7 ff.; *Eberhard Kolb*, Rätewirklichkeit und Räte-Ideologie in der deutschen Revolution von 1918/19, in: ders. (Hrsg.), Vom Kaiserreich zur Republik, S. 165 ff.; *W. J. Mommsen*, Die deutsche Revolution, a. a. O.
19 *Rürup*, Rätebewegung, a. a. O., S. 309.
20 *Heinrich August Winkler*, Die Sozialdemokratie und die Revolution von 1918/19. Ein Rückblick nach sechzig Jahren, Berlin/Bonn 1919, S. 8, Anm. 4.
21 *W. J. Mommsen*, Die deutsche Revolution, a. a. O.; vgl. auch *Hans Mommsen*, Die Bergarbeiterbewegung an der Ruhr 1918—1933, in: *Jürgen Reulecke* (Hrsg.), *Arbeiterbewegung an Rhein und Ruhr.* Beiträge zur Geschichte der Arbeiterbewegung in Rheinland-Westfalen, Wuppertal 1974, S. 275—314; ders., Der Ruhrbergbau im Spannungsfeld von Politik und Wirtschaft in der Zeit der Weimarer Republik, in: Blätter für deutsche Landesgeschichte, Jg. 108, 1972, S. 160—175; *Gerald D. Feldman/Eberhard Kolb/Reinhard Rürup*, Die Massenbewegungen der Arbeiterschaft in Deutschland am Ende des Ersten Weltkrieges (1917—1920), in: PVS XIII, 1972, S. 84—105.

als Rebellion gegen die militärischen Autoritäten und das sie legitimierende monarchische Establishment mit durchaus begrenzter Zielsetzung begonnen hatte, von einer sozialen Protestbewegung von großer Intensität und erheblichem Ausmaß[22]«. Verglichen mit diesem stärker politisch befrachteten, in sich mehrschichtigen und recht schillernden Charakter der deutschen Streikbewegungen als eine der wichtigsten konkreten Ausformungen der »Deutschen Revolution von 1918/20«, die zugleich ein Reflex auf die militärische Niederlage und den durch sie bedingten Staatsumsturz war, nehmen sich die gleichzeitigen englischen Ereignisse schon von ihrer Sammelbezeichnung her relativ eindeutig und viel weniger politisiert aus: »*Labour Unrest*« oder »*Industrial Unrest*[23]«. Trotz aller demagogischen Versuche des britischen Premiers Lloyd George, die sozialen Unruhen und Protestbewegungen des Jahres 1919 im Bewußtsein der Öffentlichkeit in die ultralinke Ecke der beginnenden bolschewistischen Weltrevolution zu manövrieren und dadurch innenpolitisch die Arbeiterbewegung zu isolieren und als Machtfaktor zu neutralisieren[24] — Versuche übrigens, die von der Labour Party mit einer leidenschaftlichen Distanzierung vom »spirit of revolution« im Interesse der eigenen potentiellen Regierungsfähigkeit und Verfassungstreue als »His Majesty's Opposition« zurückgewiesen wurden[25] —, wäre doch im Ernst kein Engländer darauf gekommen, die Massenstreikaktionen und das gewiß zeitweise recht explosive soziale Klima der Jahre 1918/21 auch nur im Ansatz zu einer »British Revolution« hochzustilisieren und damit jenen seit der Französischen Revolution nur scheinbar eindeutig fixierten Begriff »Revolution« als analytische Kategorie in die Diskussion einzuführen, der in Deutschland schon unter den Zeitgenossen und erst recht dann in der späteren Geschichtsschreibung so viel Verwirrung gestiftet hat. Freilich waren auch die deutschen Sozialdemokraten und die Gewerkschaftsführer keineswegs unschuldig an dieser Begriffsverwirrung, wenn sie — teils aus Unkenntnis, teils aus übertriebenem legalistischen Profilierungs- und Abgrenzungsbedürfnis nach links — einer Entwicklung Vorschub geleistet haben, in der weite Teile der Arbeiterschaft zeitweise einem abwegigen Bolschewismusverdacht ausgesetzt wurden und der Begriff »Revolution« und mit ihm die sozialen Protestbewegungen der Nachkriegszeit für viele jene typische linksradikal-bolschewistische Einfärbung erhielten, die dann den harten militärischen Gegenschlag zu rechtfertigen schien. Mit einer für die Mehrheitssozialdemokratie so bezeichnenden Einsei-

---

22 *W. J. Mommsen*, a. a. O., S. 389 f.
23 Gewisse Bedenken gegenüber dem Begriff »Unrest« bei *Paul Barton Johnson*, Land Fit For Heroes. The Planning of British Reconstruction 1916—1919, Chicago/London 1968, S. 359: »[...] how pallid is the official term ›Unrest‹! Through a lifetime thereafter [i. e. after the strike movement of 1919] ministers would be likely to question whether that banal term was adequate to describe a situation where the cabinet, midway through its meeting, might be interrupted with the news that Glasgow, coal, and rails had all reached the strike stage in the last twenty minutes.«
24 Lloyd George am 21. Juli 1919 vor dem Kabinett: »The present situation was practical, and not theoretical Bolshevism, and must be dealt with with a firm hand [...] The whole of the future of the country might be at stake, and if the Government were beaten and the miners won, it would result in a Soviet government [...] although Parliament might remain, the real Parliament would be at the headquarters of the Miners' Federation in Russell Square«, zit. nach *Susan Armitage*, The Politics of Decontrol of Industry: Britain and the United States, London 1969, S. 124; vgl. auch *R. Page Arnot*, South Wales Miners. Glowyr de Cymru. A History of the South Wales Miners' Federation (1914—1926), Cardiff 1975, S. 160 ff., 198; *Charles Loch Mowat*, Britain between the Wars 1918—1940, London 1968, S. 5; zur Übergangswirtschaft in England vgl. auch den bahnbrechenden Aufsatz von *Richard H. Tawney*, The Abolition of Economic Controls, 1918—1921, in: Economic History Review 13, 1943, S. 1—30.
25 Vgl. die am 11. Febr. 1919 vor dem Unterhaus abgegebene Erklärung des Führers der Parliamentary Labour Party und früheren Bergarbeiterfunktionärs, William Adamson: »As a constitutionalist, I speak for a party that will not give encouragement either to revolution or to unofficial action in the Labour movement«, zit. nach *Arnot*, S. 162.

tigkeit charakterisierte der spätere Reichskanzler Hermann Müller die Massenbewegungen aus der Erinnerung: »Nach der Niederlage der Spartakisten im Berliner Januar-Putsch versuchten die Kommunisten immer wieder [...], Generalstreiks zu entfesseln mit der Parole: ›Sozialisierung der Schlüsselindustrien‹[26]«; Carl Severing wußte aus seiner Zeit als Reichs- und Staatskommissar im rheinisch-westfälischen Industriegebiet ganz ähnliche einseitige Eindrücke von der »spartakistischen Agitation« zu berichten: »Die radikale Phrase triumphierte. Die Bergarbeiterschaft war — wenigstens in einigen Bezirken — fast völlig in der Hand von Leuten, von denen kein Mensch wußte, woher sie kamen und was sie für die Arbeiterschaft bisher geleistet hatten. Aber in kühnen Versprechungen waren sie groß, wenn sie den Massen vorgaukelten, durch den Schlag des Generalstreiks gegen die Regierung Ebert-Scheidemann und den Kapitalismus die soziale Frage für die Bergarbeiter zur Lösung bringen zu können[27].«

Erst die konkrete Gegenüberstellung der Entwicklungen in Deutschland und England wird deutlich machen können, ob es sich bei ihrer je eigentümlichen Nomenklatur — hier »Deutsche Revolution«, dort »Labour Unrest« — wirklich um in ihrer Zielrichtung, ihrer Trägerschaft, ihren Kampfformen und ihren Wirkungen grundsätzlich gegeneinander abgehobene Massenaktionen gehandelt hat oder ob hier nicht vielmehr eine unterschiedliche Begrifflichkeit einen Abstand suggeriert, der in der Realität so gar nicht vorhanden gewesen ist, zumal da ja auch bei der Anwendung des Begriffes »Revolution« auf die deutschen Ereignisse 1918/20, wie angedeutet, eine erhebliche Unsicherheit in bezug auf die wirklich »revolutionären« sozioökonomischen und herrschaftsstrukturellen Umwälzungen damals besteht.

Gegenüber den Einwänden H. A. Winklers angesichts einer inhaltlichen und zeitlichen Ausweitung des Revolutions-Begriffes auf den Gesamtzeitraum 1918/20 sei hier jedoch festgehalten (c) *an der erweiterten zeitlichen Eingrenzung des Untersuchungsfeldes,* wie sie zuletzt entschieden von W. Mommsen vertreten worden ist. Ebenso wie die Sozialentwicklung Englands in der »Reconstruction«-Periode zwischen Kriegsende und dem großen Bergarbeiterstreik im Frühjahr 1921, dessen unrühmliches Ende nicht zufällig mit der voll einsetzenden Wirtschaftsdepression und der staatlichen Deflationspolitik zusammenfiel, gerade unter dem Aspekt der durch Krieg und Vorkriegszeit geschaffenen und aufgestauten gesellschaftlichen Konfliktpotentiale und ihrer allmählichen Entschärfung eine bemerkenswerte Einheit darstellt, waren auch in Deutschland die politische »Novemberrevolution« im engeren Sinne, die Massenstreikbewegungen in der ersten Jahreshälfte 1919 und der Ruhrkampf im Anschluß an den Kapp-Putsch im März/April 1920 (wenn man hier einmal den mitteldeutschen Aufstand unter Max Hölz 1921 als Nachspiel ausklammert) insofern ursächlich untrennbar miteinander verbunden, als sich auch in ihnen die schwere hypothekarische Belastung der Nachkriegszeit durch den gewaltigen sozialen Konfliktstau des ersten großen Volkskrieges der modernen Geschichte, in Deutschland noch im Gegensatz zu England verschärft durch die militärische Niederlage und den Zusammenbruch des politischen Systems, manifestierte.

Noch ein Wort zu dem *Begriff »Streik«:* Die in den Quellen und in der Literatur allgemein vorgenommene Differenzierung zwischen »legalen«, d. h. von den Gewerkschaften gebilligten und gewissen prozeduralen Normen unterworfenen, und sogenannten »wilden« oder »spontanen« Arbeitsniederlegungen sowie zwischen »wirtschaftlichen« und »politischen« Streiks hat insofern als objektives Bestimmungsmerkmal für die Aufschlüsselung der Protestbewegungen selbst nur einen sehr bedingten Wert, als sich die Grenzen in der Hitze der Arbeitskämpfe oft verwischten; hinter scheinbar rein »politischen« Forderungen (Vergesellschaftung der Produktionsmittel) verbargen sich oft auch hochgespannte ökonomische und

---

26 *Hermann Müller,* Die Novemberrevolution, Berlin 1928, S. 210.
27 *Carl Severing,* 1919/20 im Wetter- und Watterwinkel. Aufzeichnungen und Erinnerungen, Bielefeld 1927, S. 12 f.

soziale Erwartungen (Lohnaufbesserungen, Humanisierung der Arbeitsbedingungen), oder umgekehrt wurden eminent »politische« Ziele (wie die Nationalisierung des Bergbaus in England) nicht selten in »lohnpolitische« Strategien (Ablösung distriktbezogener durch nationale Tarifabschlüsse im englischen Bergbau) gekleidet; auch haben die Gewerkschaften bisweilen »wilde« Streiks dann nachträglich legalisiert, um die materielle Versorgung der Streikenden und insbesondere ihrer Familien sicherzustellen. Im übrigen ist das statistische Material für die Streikbewegungen in beiden Ländern in dieser Zeit nur sehr bedingt verwendbar, weil in der Regel unvollständig und, soweit es von den Gewerkschaften selbst stammt[28], naturgemäß in der strikten Erfassung von lediglich »legalen« Streiks auf eine Differenzierung hin angelegt, die, wie erwähnt, empirisch so nicht haltbar ist. Ganz anders liegt die Sache bei *beiden* Ländern gemeinsam dann, wenn es um die subjektive Einschätzung und programmatische Einbindung der Streiks, um ihre Interpretation als Instrument des Klassenkampfes und der gesellschaftlich-politischen Neuordnung sowohl seitens der Sozialparteien und vor allem der Gewerkschaften selbst als auch seitens der Regierung und ihrer gesellschaftspolitischen Öffentlichkeitsarbeit geht: Abgesehen von linksradikalen anarcho-syndikalistischen, unionistischen oder kommunistischen Protestbewegungen[29], die in Deutschland wie in England in bestimmten Branchen wie im Bergbau oder in der metallverarbeitenden Industrie zeitweilig 1919/20 eine gewisse Rolle in der Auflehnung der betrieblichen Basis gegen den Immobilismus der Gewerkschaftsbürokratien spielten und ausdrücklich den politischen Massenstreik (direct action[30]) als Mittel des Klassenkampfes zur Überwindung der kapitalistischen Ordnung propagierten, waren die Gewerkschaftsführungen in beiden Ländern peinlich darauf bedacht, ihre Streikbewegungen gegen »wilde« oder »spontane« Ausuferungen unter Kontrolle zu halten, ihnen jeden Anschein politischer Pression auf die autonome Entscheidungsgewalt der verfassungsmäßigen Organe zu nehmen und sich nicht von den politischen Führungen, wie dies Lloyd George in England[31] und auch die politische Rechte in Deutschland immer wieder mit nicht geringen Erfolgen versuchten, in die unpopuläre Ecke des Rechts- und Verfassungsbrechers und unter das Verdikt »gewerkschaftlicher Nebenregierung«, wie dies beim Kapp-Putsch zeitweise geschah[32], manövrieren zu lassen.

---

28 Vgl. Statistische Beilage des Correspondenz-Blatt, Nr. 4, 20. Dez. 1919, S. 77—92: Die Lohnbewegungen, Streiks und Aussperrungen im Jahre 1918; Statistische Beilage des Korrespondenzblatt, Nr. 5, 18. Dez. 1920, S. 105—124: Lohnbewegungen, Streiks und Aussperrungen im Jahre 1919; Nr. 4, 17. Dez. 1921, S. 85—103: Die Lohnbewegungen, Streiks und Aussperrungen im Jahre 1920; vgl. auch *Heinrich Potthoff*, Gewerkschaften und Politik zwischen Revolution und Inflation, Düsseldorf 1979, S. 52 ff.
29 Vgl. hierzu für Deutschland *Hans Manfred Bock*, Syndikalismus und Linkskommunismus von 1918—1923. Zur Geschichte und Soziologie der Freien Arbeiter-Union Deutschlands (Syndikalisten), der Allgemeinen Arbeiter-Union Deutschlands und der Kommunistischen Arbeiter-Partei Deutschlands, Meisenheim/Glan 1969; *v. Oertzen*, Betriebsräte, S. 207 ff.; *Manfred Dörnemann*, Die Politik des Verbandes der Bergarbeiter Deutschlands von der Novemberrevolution 1918 bis zum Osterputsch 1921 unter besonderer Berücksichtigung der Verhältnisse im rheinisch-westfälischen Industriegebiet. Ein Beitrag zur gewerkschaftlichen Auseinandersetzung mit den linksradikalen Strömungen nach dem Sturz des Kaiserreichs, Phil. Diss. Bochum 1966, S. 99 ff.; für England *Walter Kendall*, The Revolutionary Movement in Britain 1900—21. The Origins of British Communism, London 1969.
30 Zum Begriff vgl. *v. Oertzen*, Betriebsräte, S. 234 ff.
31 Vgl. *Armitage*, S. 122 ff.
32 Vgl. dazu die gereizte Reaktion des ADGB auf den im Zusammenhang mit dem Kapp-Putsch vielfach geäußerten Vorwurf einer zeitweiligen »gewerkschaftlichen Nebenregierung« in: Korrespondenzblatt, Jg. 30, Nr. 12/13, 27. März 1920, S. 155: »Durch die entschlossene Aufstellung ihres Aktionsprogramms haben sie [die Gewerkschaften] die Gewähr geschaffen für eine Neugestaltung der Regierung und für eine durchgreifende Neuordnung der militärischen und verwaltungsbehörd-

Allerdings haftete der Unterscheidung zwischen »politischen« und »wirtschaftlichen« Streiks während des Krieges und in der Nachkriegszeit insoweit etwas Künstliches an, als der Staat in beiden Ländern, wie er sich selbst verstand, als Sachwalter des Allgemeininteresses die Kontrolle der kriegswichtigen Industrien und des Verkehrswesens übernommen hatte und damit so tief in die Sozialbeziehungen als direkter oder indirekter Arbeitgeber und als Zwangsschlichter involviert war, daß er ohne Schwierigkeit jede Arbeitsverweigerung und jede Streikhandlung so lange als »politisch«, d. h. als gegen das Gemeinwohl und die staatlichen Organe gerichtet, denunzieren konnte, bis er — wie in England — im Zuge einer allgemeinen »decontrol« 1921 die Verfügungsgewalt über die Produktions- und Verkehrsmittel wieder in private Hand zurückgegeben hatte.

Ebenso wie sich die deutsche Gewerkschaftsführung spätestens seit der Massenstreikdebatte des frühen 20. Jahrhunderts einer Ausweitung der Streikziele über den Rahmen einer Verbesserung der Arbeits- und Lohnbedingungen in einem Tarifvertragsabschluß hinaus in den Bereich des Politischen, d. h. in den Entscheidungsbereich staatlicher Instanzen, mit Nachdruck schon im Interesse einer Erhaltung ihrer Organisationen entgegenstemmte, fehlte auch den englischen Gewerkschaften selbst in der explosiven Nachkriegsperiode eine wirklich prägende sozialrevolutionäre Ideologie und Tradition. »The movement [i. e. the trade-union movement] as a whole had [...] acquired a central representative body, in the General Council of the TUC, with wider responsibilities and greater pretensions than its predecessor. It had not, on the other hand, acquired a revolutionary ideology. The unions' fairly gradual progress towards political independence and collectivist principles since the 1880s had been accommodated by the establishment of a Labour Party which accepted almost without reserve the national institutions of parliamentary democracy[33].«

»The socialist movement had been formed by perspectives of gradualism. Whilst it saw this gradualism punctuated by peaks of high-class tension in the industrial and political field it had no ideological schema for dealing with the type of disjoined development which did in fact take place at the end of the war. [...] Similarly the absence of an effective organizational theory reduced socialists to endeavouring to influence development within the labour movement from without at times in which the only effective challenge could be mustered by active participation from within. The pace of events thus consistently outdistanced revolutionary consciousness which never came within striking distance of turning objective oppor-

---

lichen Verhältnisse, die eine Wiederkehr solcher reaktionärer Putsche für die Zukunft unmöglich macht. Sie haben endlich die Bahn freigemacht für eine Beschleunigung der Sozialisierung und für eine die Arbeitnehmerschaft wirklich befriedigende Sozialgesetzgebung. Sie konnten diese Forderungen nicht durchsetzen, ohne ernstlich an das parlamentarische Getriebe unserer Reichs- und Staatspolitik zu rühren. Sie mußten sich als einen neuen Faktor im politischen Leben einschalten, mit dem Regierung und Parlament sich vor allen entscheidenden Schritten zu verständigen haben. Es mag demokratische Doktrinäre geben, die eine solche Regelung als unvereinbar mit den verfassungsmäßigen Rechten der Volksvertretung empfinden. Ihnen können wir nur das eine sagen: Ein Parlamentarismus, der in äußeren Formen erstarrt, ohne sich um die lebendig wirkenden Kräfte des Volkes zu kümmern, ist eine Gefahr für das Gesamtwohl.« Vgl. auch Korrespondenzblatt, Jg. 30, Nr. 16, 17. April 1920, S. 193 ff.: Nachklänge zum Generalstreik. Zum Problem »gewerkschaftlicher Nebenregierung« eingehend *Potthoff*, S. 261 ff.; zum Kapp-Putsch vgl. weiter *Johannes Erger*, Der Kapp-Lüttwitz-Putsch. Ein Beitrag zur deutschen Innenpolitik 1919/20, Düsseldorf 1967; *Hans H. Biegert*, Gewerkschaftspolitik in der Phase des Kapp-Lüttwitz-Putsches, in: Hans Mommsen/Dietmar Petzina/Bernd Weisbrod (Hrsg.), *Industrielles System und politische Entwicklung in der Weimarer Republik*, Düsseldorf 1974, S. 190—205.

33 *Phillips*, S. 1; der 1921 gegründete General Council hatte seinen Vorläufer im Parliamentary Committee, einem relativ lockeren und machtlosen permanenten Koordinations- und Lenkungsorgan des TUC.

tunities to advantage. [...] The decision to found the Communist Party was thus based on a fundamental misunderstanding of the level of revolutionary consciousness of the British working class, an error from which the party itself never recovered[34].«

Für Arbeiterbewegungen wie die deutsche und die englische, die sich auf dem langen, steinigen Weg zum Sozialismus in ihrer überwältigenden Mehrheit so den demokratisch-parlamentarischen Spielregeln und dem fabianischen Dreiklang von Gradualism, Constitution und Parliament verpflichtet fühlten, mußte jede Grenzüberschreitung hin zum bewußt politischen Streik, wie dies in England im Sommer 1920 bei der Bildung von Aktionsausschüssen (Councils of Action) für die Solidarisierungskampagne und die Generalstreiksandrohung zugunsten des bolschewistischen Rußland gegen die außenpolitischen Interventionsabsichten der Regierung[35] und im März des gleichen Jahres in Deutschland zur Abwehr des Kapp-Putsches geschah[36], naturgemäß zu einer gewissen Belastung ihres legalistischen Selbstverständnisses werden, selbst wenn zumindest in Deutschland die demokratischen Intentionen des ADGB beim Generalstreik im März 1920 über jeden Zweifel erhaben waren.

2. Der Konfliktstau am Ende des Ersten Weltkrieges

Eine vergleichende Betrachtung der Streikbewegungen in Deutschland und England in der Nachkriegszeit, die besonders auf die charakteristischen Unterschiede und Gemeinsamkeiten abheben will, kann naturgemäß weder den genauen chronologischen Ablauf dieser Bewegungen noch ihre zahlreichen branchenmäßigen und regionalen Ausdifferenzierungen in jedem Land detailliert nachzeichnen; vielmehr sollen *die* drei gewerblichen Konfliktbereiche, in denen sich in Deutschland *und* England sicher nicht zufällig, da sie während des Krieges den stärksten Belastungen und Abnutzungsprozessen unterlagen, die wichtigsten Massenstreikbewegungen abspielten, d. h. der Bergbau (mining), die metallverarbeitenden und Maschinenbauindustrien (engineering) sowie Transport- und Eisenbahnwesen (transport and railways) gleichsam als exemplarisches Demonstrationsmaterial[37] für die komparative Klärung bestimmter systemimmanenter Strukturprobleme der Streikbewegungen im Überschneidungsbereich sozialer, ökonomischer und politisch-konstitutioneller Entwicklungslinien genutzt werden.

---

34 *Kendall*, S. 295; 298.
35 Vgl. *Phillips*, S. 8 f.; *Mowat*, S. 41; *Kendall*, S. 218; *Skelley*, S. 28 f.; *A. J. P. Taylor*, English History 1914—1945, Oxford 1965, S. 143 f. Zur Haltung der deutschen Gewerkschaften gegenüber dem polnisch-russischen Krieg und der Möglichkeit einer Intervention Englands und Frankreichs im Sommer 1920 vgl. *Potthoff*, S. 289 ff.
36 Zur Problematik des politischen Streiks beim Kapp-Putsch vgl. Anm. 32. Die Verbindung zwischen dem Kapp-Putsch und dem wesentlich von W. Churchill als Kriegsminister getragenen, wenn auch dann nicht verwirklichten Entschluß zur militärischen Intervention gegen die Sowjetunion zieht *M. Beer*, Die britische Arbeiterklasse und die osteuropäische Krisis. Ein Kapitel zur Zeitgeschichte, in der rechtssozialistischen »Glocke«, Jg. 6, H. 22, 28. Aug. 1920, S. 591 ff. Beer behandelt hier eingehend den in der zweiten Augustwoche von der Labour Party und den Gewerkschaften ins Leben gerufenen Aktionsrat sowie die Pläne für eine direkte Massenaktion, um »die Regierung zur Aufrechterhaltung des Friedens zu zwingen« und die Intervention zu vereiteln, und schlägt dann mit einem Zitat aus der Londoner linksliberalen »Nation« vom 14. 8. 1920 den Bogen zum Generalstreik der deutschen Gewerkschaften gegen den Kapp-Putsch: »Deutsche Arbeiter zeigten in der Kappwoche den Weg, wie man einem Putsch entgegentritt, und britische Arbeiter werden folgen und den Churchillputsch vereiteln.«
37 Für Deutschland vgl. vor allem die erwähnten Bücher und Aufsätze von *Dörnemann, Kolb, H. Mommsen, W. J. Mommsen, v. Oertzen, Potthoff, Rürup* sowie weiter *George Eliasberg*, Der Ruhrkrieg von 1920, Bonn-Bad Godesberg 1974; *Gerhard Laubscher*, Die Opposition im Allgemeinen

Diese Untersuchung geht aus von der generellen Beobachtung, daß sich während des Volks- und Materialkrieges, ausgelöst und verschärft durch die enormen materiellen und immateriellen Verschleißerscheinungen an Arbeits- und Produktionskräften und dann auch radikalisiert durch das sowjetische Vorbild, in allen kriegführenden Industrieländern ein hoher *Konflikt- und Erwartungsstau* in breitesten Bevölkerungsschichten gebildet hat, der unmittelbar nach Kriegsende gleichsam eruptiv, spontan und unorganisiert aufbrach und zunächst einmal in den ersten Wochen allen Versuchen der Gewerkschaften, der Parteien und der staatlichen Organe widerstanden hat, ihn in die bewährten Bahnen institutionalisierter Konfliktregelungsmechanismen und innergewerkschaftlicher Streikreglements, sofern diese damals — in England eher als in Deutschland[38] — überhaupt schon vorhanden waren, zu lenken und dort zu disziplinieren. Dabei wirkten sich allerdings zwei wichtige Faktoren für Großbritannien, verglichen mit Deutschland, spannungsmildernd aus: Dies war einmal der militärische Sieg. »That Britain emerged as a victorious and not defeated power greatly mitigated the acute tensions in both in civil and service life which by 1918—19 had risen to a very dangerous level indeed. The Government's unprecedented extension of the suffrage, the adroit, although dishonest coupon election, the great skill exercised in dealing with manifest discontent, served to carry authority over the dangerous re-adjustment period with a narrow, but as events proved, a sufficient margin of safety[39].« Zum anderen griffen die sozialen Unruhen und die allgemeine Politisierung kaum auf die Armee über; es kam hier mit einer kurzfristigen Ausnahme[40] nicht zur Bildung von Soldatenräten, und eine äußerst explosive Situation bei Jahresanfang in den Entlassungscamps in Nordfrankreich und Südengland konnte durch eine sehr flexible Demobilisierungspolitik Churchills im letzten Augenblick entschärft werden, sicher mit ein Beweis für die von Kendall herausgestellte »great skill exercised in dealing with manifest discontent«. »The isolation of striking and rebellious servicemen in 1918 and 1919, from both the labour movement and from one another was a consequence not of subjective weakness in the socialist camp, but of a process of development over decades which could not be remedied overnight[41].« Kendall begründet dieses Fehlen wirklicher politischer Radikalität mit dem Berufscharakter der Vorkriegsarmee, der relativ späten Einführung der allgemeinen Wehrpflicht und der Tatsache, daß die englischen Truppen während

---

Deutschen Gewerkschaftsbund (ADGB) 1918—1923, Frankfurt 1979; *Erhard Lucas*, Märzrevolution im Ruhrgebiet. Vom Generalstreik gegen den Militärputsch zum bewaffneten Arbeiteraufstand. März-April 1920, Frankfurt 1970; ders., Märzrevolution 1920. Der bewaffnete Arbeiteraufstand im Ruhrgebiet in seiner inneren Struktur und in seinem Verhältnis zu den Klassenkämpfen in den verschiedenen Regionen des Reiches, Frankfurt 1973; *Fritz Opel*, Der deutsche Metallarbeiterverband während des ersten Weltkrieges und der Revolution, Hannover/Frankfurt 1957; für England vgl. die Bücher von *Armitage, Arnot, Johnson, Kendall, Phillips, Skelley*. Eine Einschätzung der Streikbewegungen auf der Grundlage von Interviews bei *R. A. Leeson*, Strike. A Live History 1887—1971, London 1973, S. 51—83.
38 Für England vgl. *Ian G. Sharp*, Industrial Conciliation and Arbitration in Great Britain, London 1950; für Deutschland vgl. *Klaus Tenfelde*, Gewalt und Konfliktregelung in den Arbeitskämpfen der Ruhrbergleute bis 1918, in: *Friedrich Engel-Janosi/Grete Klingenstein/Heinrich Lutz* (Hrsg.), *Gewalt und Gewaltlosigkeit*. Probleme des 20. Jahrhunderts, Wien 1977, S. 185—236; *Heinrich Volkmann*, Modernisierung des Arbeitskampfes? Zum Formwandel von Streik und Aussperrung in Deutschland 1864—1975, in: *Hartmut Kaelble/Horst Matzerath/Hermann-Josef Rupieper/Peter Steinbach/Heinrich Volkmann* (Hrsg.), *Probleme der Modernisierung in Deutschland*. Sozialhistorische Studien zum 19. und 20. Jahrhundert, Opladen 1978, S. 110—170; zum Streik und Streikreglement allgemein vgl. *Potthoff*, S. 172 ff.; *Richard Hyman*, Strikes, London 1972.
39 *Kendall*, S. 293.
40 Zum Soldatenrat in Kempton Park Anfang Januar 1919 vgl. *Mowat*, S. 22.
41 *Kendall*, S. 295.

des Krieges mit den Unruhezentren in der Rüstungsindustrie viel weniger als ihre Kameraden auf dem Kontinent in Berührung gekommen sind.
Ungeachtet dieser grundsätzlich unterschiedlichen Ausgangssituation in Deutschland und England blieb aber ein umfangreiches vergleichbares soziales Konfliktpotential, das auch in England nicht sozialpsychologisch durch das Gefühl des militärischen Sieges kompensiert wurde. Im Gegenteil: auch der englische Arbeiter hatte das Empfinden, an der inneren Front des Klassenkampfes nach so vielen Leiden und Entbehrungen eines Volkskrieges eigentlich auf der Seite der Verlierer zu stehen.
Die in beiden Ländern ähnlich vielfältig gelagerten Gründe für die umfangreichen »wilden« und von den Gewerkschaften strikt abgelehnten Streikbewegungen der ersten Nachkriegswochen und -monate reichen von der unmittelbaren materiellen Not des einzelnen und seiner Familie über Fragen der Betriebs- und Unternehmensstruktur, gewerkschaftliche Organisations- und Erfassungsprobleme, den Wieder- resp. Neuaufbau von Tarifbeziehungen bis hinauf auf die gesamtvolkswirtschaftliche Ebene des sozialen Verteilungskampfes und der Demobilisierungsschwierigkeiten. Eine von Hunger, langjährigen Entbehrungen, schlechten Arbeitsbedingungen, Überstunden, Raubbau an der Arbeitskraft, sinkender Lebensqualität vor allem in den Massenelendsquartieren industrieller Ballungszentren, verschärften Disziplinierungsmaßnahmen am Arbeitsplatz, Produktionsdruck, Ausbeutung und in der Regel — mit Ausnahme kriegswichtiger Schlüsselindustrien — erheblich gesunkenen Reallöhnen (in Deutschland während des Krieges zwischen 20 und 30 Prozent!) gezeichnete und desillusionierte Arbeiterschaft mußte erleben, daß ihre hochgesteckten und gerade auch in England während des Krieges eifrig von der Regierung genährten Erwartungen auf mehr Mitbestimmung und Demokratie, auf einen Ausbau des Wohlfahrtsstaates und eine Humanisierung der Arbeitsbedingungen, auf eine gerechtere Verteilung des Sozialproduktes und eine Umstrukturierung der Besitzverhältnisse weit den bedrückenden Realitäten 1918/19 vorauseilten waren. Der Versorgungsmarkt war weiterhin durch Schleichhandel, Wucherei und Schiebertum der sogenannten Kriegsgewinnler blockiert; in Betrieb und Unternehmen — dies galt vor allem für den Bergbau in beiden Ländern — lähmten weiterhin autoritärer Sozialpatriarchalismus und abgestandenes Herr-im-Haus-Denken der Besitzer oder der während des Krieges mit der Leitung zeitweilig »nationalisierter« Industrien vom Staat Beauftragten jeden Impuls proletarischer Mit- und Selbstbestimmung; Strafandrohungen, Maßregelungen, disziplinierende Kontrollmaßnahmen und Willkürakte verhaßter Vorgesetzter etwa bei der Festsetzung des Gedinges im Bergbau oder des Stücklohns ließen den einzelnen seine Entfremdung, die er unter dem nationalen Zwang des Krieges und dem Eindruck betäubender patriotischer Sieges- und Durchhalteparolen noch zu ertragen bereit gewesen war, nunmehr nach dem Wegfall des äußeren Drucks nur noch härter fühlen. Die ungewisse Zukunft der Demobilisierungsphase mit der Notwendigkeit, Millionenheere entlassener Soldaten wieder in den Arbeitsprozeß einzugliedern und die Kriegs- auf Friedensproduktion umzustellen, ließ viele, insbesondere die während des Krieges neu in den Produktionsprozeß geströmten An- und Ungelernten, die Frauen und Jugendlichen um ihren Arbeitsplatz bangen; äußerst aktive Facharbeitergewerkschaften in England erzwangen zugunsten ihrer Mitglieder innerhalb von wenigen Wochen eine Aufhebung der »dilution« und eine uneingeschränkte Wiederherstellung ihrer restriktiven Praktiken bei der Besetzung von Facharbeiterstellen (restoration of pre-war restrictive practices), nach Churchill ein »reactionary anachronism[42]«, der inmitten allgemeiner Arbeitslosigkeit zusätzlich das Angebot von Arbeitsstellen verknappte, die Löhne hochtrieb und die allgemeine inflationäre Entwicklung noch anheizte, aber auch deutlich machte, wie heterogen das Konfliktpotential war und wie schwer es sich in das Schema »progressiv« — »reaktionär« im Sinne von »klassenkampfverschärfend« oder »-retardierend«

---

42 *Johnson*, S. 441.

hineinpressen läßt: auf der einen Seite die Vertreter eines klassen- und machtbewußten, in der Regel seit langem gewerkschaftlich organisierten, lokal und beruflich oft über Generationen verwurzelten Proletariats etwa im Bergbau, unter der Facharbeiterschaft der Klein- und Mittelbetriebe oder im Maschinenbau, die im Kriege in volkswirtschaftliche Schlüsselpositionen als umworbene Träger der kriegsnotwendigen Versorgung hineingewachsen waren, nunmehr ihre Dequalifikation durch neue, serielle Produktionsmethoden und das Einströmen angelernter Arbeitskräfte und damit das Absinken vom »berufsstolzen Industriehandwerker« zu einem »durch Großstadt, Großbetrieb und mechanisierte Massenfertigung geprägten Industrieproletarier[43]« fürchteten und deshalb ihre einmal gewonnene gesellschaftliche Stellung zu halten und auf behutsam evolutionärem Wege sozialer Reformen zu verbessern strebten; auf der anderen Seite die ungeduldigen, politisierten und radikalisierten Massenheere der sozial Entwurzelten und von Arbeitslosigkeit Bedrohten, der Deklassierten und Ungelernten insbesondere in den anonymen Großbetrieben und den großstädtischen Ballungszentren der Rüstungsindustrie, die entweder durch die allgemeine Verrohung des Krieges jeder gewerkschaftlichen Autorität, Organisation und Verbandstreue entwöhnt oder überhaupt nie durch sie erfaßt worden waren.

Zweifellos haben es sich insbesondere die deutschen Gewerkschaften mit ihrer — vielfach bis heute[44] vertretenen und ursprünglich stark apologetisch gefärbten — These zu einfach gemacht, die Konfliktträger der »wilden« Streikbewegungen nach dem Ersten Weltkrieg seien vor allem unter den bisher unorganisierten und vielfach sogar wirtschaftsfriedlichen »gelben« Arbeitern zu suchen gewesen und es habe eine direkte Korrelation zwischen »einem besonders starken Mitgliederzustrom« und einem »überdurchschnittlich großen Einfluß radikaler und rätefreundlicher Strömungen[45]« bestanden. Demgegenüber weist Potthoff gegen v. Oertzen einmal auf die großbetrieblichen Strukturen (Chemie, Metall, Bergbau) sowie auf die städtischen Ballungsräume als Nährboden für sozialrevolutionäre Radikalität, wie sie etwa in Berlin, im Ruhrgebiet, in Mitteldeutschland, in London, in Glasgow oder in Mittelengland bestanden, hin und zum anderen besonders auf das individuelle Sozialmilieu, das Alter und den Familienstand. »Die Versuche, vor allem die jüngeren Arbeitslosen zur Abwanderung aus der Großstadt zu bewegen und einer regelmäßigen Tätigkeit zuzuführen, trugen kaum zur Beruhigung bei. Diese aus alten Bindungen gerissenen, früh entwurzelten jungen Menschen waren das gegebene Reservoir für Protestbewegungen und Massenaktionen. Sie fügten sich nur schwer in die traditionellen Ordnungssysteme des Staates und der Gewerkschaften ein. [...] Der junge, unverheiratete Arbeiter in den Ballungsgebieten erschien als der Prototyp des risikofreudigen, vorwärtsdrängenden Protestlers, der sich in den Freien Gewerkschaften der Opposition zuwandte[46].« Diese allgemeine Aussage wird durch I. Steinisch empirisch für Mülheim/Ruhr bestätigt. »Der Krieg hatte Mülheim in ein übervölkertes Ballungszentrum der Rüstungsindustrie verwandelt, wodurch das soziale und wirtschaftliche Gefüge der Stadt zerstört wurde. Traditioneller Bindungen verlustig und höchsten physischen Belastungen ausgesetzt, mußte die Mülheimer Arbeiterschaft ihre politische Machtlosigkeit durch ihre wirtschaftliche Abhängigkeit von einigen wenigen Unternehmern doppelt schwer empfinden und sie für radikale Bewegungen anfällig machen. Mit zunehmender Verelendung der Arbeiterschaft setzte ein ständig fortschreitender Radikalisierungsprozeß ein, angeführt

---

43 *v. Oertzen*, Betriebsräte, S. 275.
44 *v. Oertzen*, Betriebsräte, S. 275 ff.; vgl. auch *Emil Lederer*, Kritische Übersichten der sozialen Bewegung. Die Gewerkschaftsbewegung 1918/19 und die Entfaltung der wirtschaftlichen Ideologien in der Arbeiterklasse, in: Archiv für Sozialwissenschaft und Sozialpolitik, Bd. 47, 1920/21, S. 230 ff.
45 *v. Oertzen*, Betriebsräte, S. 277.
46 *Potthoff*, S. 57 f.

von dem größten Rüstungsbetrieb am Ort, den Thyssenwerken, die den höchsten Prozentsatz zugewanderter Arbeiter wie den am besten organisierten Teil der Mülheimer Arbeiterschaft beschäftigten[47].« Die Bedeutung des Stadt-Land-Gefälles »eindeutig zuungunsten der oppositionellen Rekrutierungsmöglichkeiten« am Beispiel des Landarbeiterverbandes betont G. Laubscher[48].
So weitgefächert wie das Protestpotential und seine Träger, die sich überdies in beiden Ländern auf bestimmte Schlüsselbranchen und Betriebsgrößen konzentrierten, während weite gewerbliche Bereiche, vor allem die mittel- und kleinbetrieblich strukturierten oder auch das flache Land von den Streikwellen so gut wie unberührt blieben, waren auch die aufgestellten Streikforderungen. Während anfänglich überall nach der Aufhebung der Streikverbote und der staatlichen Zwangsschlichtung ungezügelte Lohnbewegungen dominierten und das Verlangen, die gesunkenen Reallöhne der kriegsbedingten Teuerung anzupassen, vorübergehende Kriegszuschläge in Schlüsselbetrieben (war bonus) zum dauernden Bestandteil der Friedenstarife zu machen und gesetzliche Mindestlöhne (minimum wages) sowie eine Höchstarbeitszeit von 48 Wochenstunden (im Untertagebau zunächst die Sieben-, dann die Sechsstundenschicht) festzulegen, erhielten die Massenaktionen schon bald mit der Jahreswende 1918/19 einen ausgesprochen politischen Akzent: die Forderung nach Nationalisierung der Grundstoffindustrien und des Transportwesens (Eisenbahnen und Bergbau waren in England nur für die Kriegs- und unmittelbare Nachkriegszeit bis 1921 vom Staat übernommen) verband sich in einer typischen Kombination von staatlich verbürgter Gemeinwohlbindung des öffentlichen Eigentums an Produktionsmitteln im Interesse des Konsumenten und betrieblicher Produzentendemokratie mit der nach einer grundlegenden Änderung der hierarchischen Betriebsverhältnisse vor allem im Bergbau durch die Einführung von Arbeiterkontrolle oder wenigstens -mitbestimmung (workers' control, joint control, workers' participation, democratic control). Träger dieser Betriebsdemokratie sollten je nach Gewerbezweig unmittelbar der Belegschaft verantwortliche gewerkschaftliche Vertrauensleute (Shop Stewards), Gruben- oder Zechenausschüsse (pit committees), Betriebs- oder Wirtschaftsräte (works committees) sein. Bezeichnenderweise gründeten sich die Sozialisierungsforderungen und das mit ihnen untrennbar gekoppelte Postulat der Arbeiterkontrolle, ohne daß hier die verschiedenen Sozialisierungs-, Räte- und Mitbestimmungsmodelle vor allem auf deutscher Seite damals vorgestellt werden können[49], in England noch weniger als in Deutschland auf bestimmte parteitheoretische Konzepte oder abstrakte ideologische Vorgaben, sondern überwiegend auf die ganz spontan entwickelte und unreflektierte, dafür aber aus den drückenden Erfahrungen der Kriegszeit gespeiste Zuversicht, nur eine Demokratisierung der betrieblichen Befehlsstruktur werde eine materielle Verbesserung der Arbeitsbedingungen, ein humaneres Betriebsklima und eine Aufhebung der proletarischen Entfremdung bewirken. Die konkrete Dispositionsgewalt über das »Kapital« war das Entscheidende, weniger die formalen Besitzverhältnisse. Die Gegenüberstellung zweier charakteristischer Quellen aus dem deutschen und dem englischen Gewerkschaftslager mag verdeutlichen, wie ähnlich, ja fast bis in die Wortwahl übereinstimmend in den Arbeiterbewegungen beider Länder nach Kriegsende der Erwartungshorizont in der Sozialisierungsfrage und seine ganz pragmatischen und erfahrungsgesättigten Ursprungsimpulse waren. In der Sozialisierungsdebatte auf der Reichskonferenz der Arbeiter-

---

47 *Irmgard Steinisch*, Linksradikalismus und Rätebewegung im westlichen Ruhrgebiet. Die revolutionären Auseinandersetzungen in Mülheim an der Ruhr, in: R. *Rürup* (Hrsg.), Arbeiter- und Soldatenräte, S. 216 f.
48 *Laubscher*, S. 168; vgl. auch S. 152 f.
49 Eine übersichtliche, wenn auch nicht unkritische zeitgenössische Darstellung der unterschiedlichen Rätemodelle bei *Rudolf Wissell*, Zur Räte-Idee, in: Die Neue Zeit, Jg. 37, Bd. 2, Nr. 9 vom 30. Mai 1919, S. 195—207; vgl. auch *v. Oertzen*, Betriebsräte, S. 297 ff. et passim.

und Soldatenräte in Berlin Mitte Dezember 1918 beklagte Heinrich Schliestedt, USPD-Mitglied und Geschäftsführer des zehn Monate später dann unter Dißmann in die linke Gewerkschaftsopposition abdriftenden Deutschen Metallarbeiter-Verbandes (DMV), die Sozialdemokraten hätten gegenwärtig zwar die politische, aber nicht die wirtschaftliche Macht in den Händen, und wenn die ökonomischen Grundlagen nicht geschaffen würden, werde »auch die politische Macht wieder zum Teufel gehen«, um dann fortzufahren: »Es kommt darauf an, daß wir auch in den Betrieben ganz anders zu arbeiten haben wie bisher, und das ist es, was die Nationalversammlung nicht leisten kann. Es kommt nämlich auf die Verwaltung der Betriebe an. Das kann nicht mehr so gehen, daß die Unternehmer und ihre Beamten allein die Verwaltung haben, sondern wir müssen die Arbeiter daran beteiligen durch ihre Arbeiterausschüsse, ihre Arbeiterräte. Die Arbeitsleitung muß also in die Hände der überwachenden Arbeiterausschüsse oder Arbeiterräte gelegt werden[50].« In einem für das paritätische »Provisional Joint Committee« der »National Industrial Conference« für die Gewerkschaftsvertreter von Arthur Henderson und dem Gildensozialisten G. D. H. Cole vorbereiteten »Memorandum on the Causes and Remedies for Labour Unrest« vom 26. März 1919 heißt es u. a.[51]: »The extent to which workers are challenging the whole system of industrial organisation is very much greater today than ever before, and unrest proceeds not only from more immediate and special grievances but also, to an increasing extent, from a desire to substitute a democratic system of public ownership and production for use with an increasing element of control by the organised workers themselves for the existing capitalist organisation of industry. [...] The mass of the working class is now firmly convinced that production for private profit is not an equitable basis on which to build, and that a vast extension of public ownership and democratic control of industry is urgently necessary. It is no longer possible for organised Labour to be controlled by force or compulsion of any kind. [...] It is not enough merely to tinker with particular grievances or to endeavour to reconstruct the old system by slight adjustments. [...] It is essential to question the whole basis on which our industry has been conducted and to endeavour to find [...] some other motive which will serve better as the foundation of a democratic system. [...] The motive of public service should be the dominant motive throughout the whole industrial system, and the problem in industry at the present day is that of bringing home to every person engaged in industry the feeling that he is the servant, not of any particular class or person, but of the community as a whole. This cannot be done so long as industry continues to be conducted for private profit, and the widest possible extension of public ownership and democratic control of industry is therefore the first necessary condition of the removal of industrial unrest.«

Die Frage, wie sich die Gewerkschaften in beiden Ländern gegenüber diesem sich wesentlich spontan in »wilden« Streiks entladenden Erwartungs- und Konfliktstau verhielten, ob und wie es ihnen gelang, ihn zu regulieren, abzubauen oder sich auch an seine Spitze zu setzen, hat wiederum, den Überlegungen v. Oertzens folgend, einen allgemein strukturellen, industriesoziologischen und einen konkret nationalspezifischen Aspekt; der letztere läßt sich etwa in die These fassen, daß sich die englischen Gewerkschaften 1918/21 voll mit dem Sozialisierungspostulat identifizierten, die deutschen dagegen wenigstens vorerst sichtlich in Distanz gingen; die Begründung für diese Aussage führt unmittelbar in die besondere geschichtliche Krisensituation in Deutschland und England im Winter 1918/19 und soll deshalb weiter unten geliefert werden. Die Strukturfrage dagegen zielt auf das zentrale und in der Räte- und Shop-Steward-Diskussion immer wieder angesprochene Problem, wie weit es unter den damaligen

---

50 *Allgemeiner Kongreß der Arbeiter- und Soldatenräte Deutschlands vom 16. bis 21. Dezember 1918.* Stenographische Berichte, eingeleitet von Friedrich Helm und Peter Schmitt-Egner, Glashütten/-Taunus 1972, S. 332 f.
51 Auszüge bei *Mowat*, S. 21 und *Johnson*, S. 378.

Bedingungen gewerkschaftlicher Organisationsbildung und im Rahmen der durch den Krieg geprägten Sozialverfassung überhaupt möglich war, Konfliktpotentiale an der Basis des Arbeitsplatzes in die verbürokratisierten Gewerkschaftshierarchien hinein zu vermitteln und umgekehrt sie von hier aus zu steuern. Hier unterlagen die Gewerkschaften in beiden Ländern, wenn auch branchenmäßig sehr unterschiedlich, insgesamt doch mit ihren überlieferten handwerklich-beruflichen Organisationsstrukturen enormen Anpassungsschwierigkeiten an die moderne Entwicklung der Produktivkräfte und die mit ihr gegebene Verlagerung und Veränderung der sozialen Konflikte. Zwar wird man sagen können, daß in dieser bedeutsamen Umbruchsphase vom alten Berufs- (craft unionism) zum modernen Industrieverbandsprinzip (industrial unionism) auf der gerade für eine solche Übergangsperiode recht breiten Skala von Entwicklungsstufen einige Verbände wie der britische Metallarbeiterverband ASE (Amalgamated Society of Engineers) noch dem überkommenen elitären Berufsprinzip verpflichtet waren, während andere Verbände wie der DMV und die vier Richtungsgewerkschaften des Bergbaus⁵² in Deutschland oder die MFGB (Miners' Federation of Great Britain) und die NUR (National Union of Railwaymen) in Großbritannien bereits im moderneren Sinne annähernd einen ganzen Industriezweig erfaßten, dennoch fiel es damals eigentlich allen Gewerkschaften außerordentlich schwer, ihre überlieferte organisatorische Grundform, die Erfassung nach Beruf und spezifischer fachlicher Qualifikation, dem modernen arbeitsteiligen, auf maschinelle Serienproduktion angelegten und zunehmend an- und ungelernte Arbeiter beschäftigenden Großbetrieb vor allem in der Metallbranche und in der Schwerindustrie, aber auch in neuen volkswirtschaftlichen Leitsektoren wie der Großchemie, der Elektroindustrie oder dem Fahrzeugbau anzugleichen. Eine Organisation, die herkömmlicherweise den berufsstolzen »Industriehandwerker« im Mittel- oder Kleinbetrieb über die jeweilige Zahl- oder Verwaltungsstelle oder — wie in England — über den Wohnbezirk (local branch) und nicht primär über seinen Arbeitsplatz erfaßte und eine Sozialstrategie verfolgte, in deren Mittelpunkt die Konservierung differenzierter, ausbildungs- und qualifikationsbezogener Lohnstrukturen und die Verteidigung berufsständischer Privilegien (restrictive labour practices) stand, sah sich einigermaßen hilflos der Aufgabe gegenüber, nunmehr einheitlich und ohne Ansehung der besonderen fachlichen Qualifikation, d. h. primär tätigkeitsbezogen, den Lohnarbeiter und klassenbewußten »Industrieproletarier« eines ganzen Betriebes oder Industriezweiges zu erfassen und eine Lohnpolitik zu vertreten, die statt auf den differenzierten Facharbeiter- mehr auf den nivellierten Betriebslohn abgestellt war. Außerdem waren die vergleichsweise jüngeren deutschen Gewerkschaften viel stärker zentralverbandlich organisiert als die älteren englischen, die infolge ihrer Entstehung in der vielfältig gegliederten frühindustriell-kleinbetrieblichen Produktionslandschaft Englands bis ins 20. Jahrhundert hinein wesentlich dezentralisiert mit einem hohen Grad lokaler Autonomie (localism, sectionalism) blieben, bis auch hier der Erste Weltkrieg und die Zwischenkriegszeit mit den großen Verschmelzungen und Zusammenschlüssen (amalgamations, federations) und vor allem der Erfassung der bisher unorganisierten Nicht-Facharbeiter (labourer) als Reflex auf die epochalen Veränderungen im Produktionsprozeß den wichtigen Modernisierungsschub brachten. Dies hatte Vor- und Nachteile: Während in den mehr zentralisierten deutschen Gewerkschaften die Gefahr einer Verselbständigung der Bürokratie von der betrieblichen Basis größer, dafür aber auch die Chancen einer einheitlichen nationalen Lohnkampfstrategie schon vom Aufbau her höher waren, taten sich die englischen Ge-

---

52 Gemeint sind der freigewerkschaftliche Verband der Bergarbeiter Deutschlands (Alter Verband), der Gewerkverein christlicher Bergarbeiter Deutschlands, die Polnische Berufsvereinigung, Abt. für Bergarbeiter, und der Gewerkverein der Fabrik- und Handarbeiter Hirsch-Duncker, Abt. Bergarbeiter, die zusammen mit dem Zechenverband im November 1918 eine Arbeitsgemeinschaft bildeten; vgl. dazu *Dörnemann*, S. 20 ff.

werkschaften, wie das Beispiel der MFGB eindeutig zeigt[53], oft noch nach dem Kriege, der an sich auch hier einen Durchbruch brachte, sehr schwer mit nationalen Tarifabschlüssen, zumal wenn die Ertrags- und Absatzlage und dementsprechend auch die Entlohnung so unterschiedlich wie in den acht einzelnen Bergbaudistrikten oder auch bei den erst 1921 auf vier reduzierten zahlreichen privaten Eisenbahnnetzen waren. Nationale Tarifabschlüsse und Standardisierung der Arbeitsbedingungen gegebenenfalls mit der Schaffung nationaler Gewinn- und Lohnpools (profit and wage pools) wie im Bergbau auf der Basis sozialisierter Industrien gehörten dann auch gegen den erbitterten Widerstand der Unternehmerschaft zu den bevorzugten gewerkschaftlichen Kampfzielen der MFGB und der NUR 1919/21, erst sie gaben den Nationalisierungsforderungen ihren eigentlichen materiellen Hintergrund, da zu befürchten stand, daß eine Reprivatisierung und »decontrol« des Bergbaus und des Transportwesens nicht nur zu einer erneuten Zersplitterung der Lohnstrukturen wie vor dem Kriege, sondern weit darüber hinaus zu einer verhängnisvollen Desolidarisierung und Desintegration innerhalb der Gewerkschaftsorganisationen selbst führen würden. Die Bergleute scheiterten im großen Frühjahrsstreik 1921 und dann im Generalstreik 1926 mit ihren Forderungen, die Eisenbahner setzten sich mit der Schaffung nationaler Verhandlungs- und Schlichtungsinstanzen (Central Wages Boards für jede der vier neuen Gesellschaften mit einem National Wages Board als Schiedsgericht) durch. Gegenüber dem deutschen Zentralismus verbürgte der traditionelle britische Lokalismus aber in der Regel, und dies zeigt wiederum der Bergbau mit aller Deutlichkeit, eine schnellere und flexiblere Reaktion etwa der gewerkschaftlichen Distrikt- und Revierorgane auf Basiskonflikte und ihre reibungslosere gewerkschaftliche Disziplinierung, ohne daß spontane Massenaktionen der MFGB etwa damals in einem Maße aus der Hand glitten wie zeitweilig den deutschen Bergarbeitergewerkschaften. Der unautorisierte Streik in Yorkshire im Juli/August 1919 war eine Ausnahme.
Waren also schon von der Organisationsstruktur der deutschen und englischen Gewerkschaften und von ihrem nicht selten noch zünftisch-elitären Selbstverständnis her oft fast unüberwindbare Schwierigkeiten gegeben, in den besonders unruhigen Großbetrieben mit ihren buntgewürfelten traditionslosen Riesenbelegschaften etwa der Rüstungsindustrie überhaupt Fuß zu fassen, so daß sich insbesondere hier gleichsam quer zu den Berufen in den Räten und Shop Stewards basisnahe Vertretungsorgane und Aktionsträger profilieren konnten, dann die »wilden« und spontanen Lohnbewegungen der jeder Autorität und gewerkschaftlichen Disziplin entwöhnten und oft auch desillusionierten Arbeitermassen gerade in diesen anonymen Großunternehmen unter Kontrolle zu bringen und schließlich noch das gewaltige Heer der unmittelbar nach Kriegsende neu hinzuströmenden Mitglieder[54] etwa der Staatsangestellten, der Eisenbahner, der Handlungsgehilfen oder Landarbeiter, die zum erstenmal das Koalitionsrecht bekamen, überhaupt organisatorisch und in ihrer Mentalität zu erfassen und gewerkschaftlich zu schulen, so wurden diese gewaltigen Aufgaben proletarisch-kollektiver Interessenvertretung in einer Umbruchs- und Krisenzeit noch zusätzlich erschwert durch die in gewisser Weise konfliktverschärfende Konstellation des »Burgfriedens« in beiden Ländern während des Krieges. Gewerkschafts- und Parteiführungen hatten sich, verbürgt in England

---

53 Vgl. *Phillips*, S. 36 ff. und *Arnot*, S. 182 ff.
54 In England stieg die Zahl der gewerkschaftlich Organisierten von 4 145 000 (1914) auf 6 533 000 (1918) und 8 334 000 (1920), in Deutschland betrug die Zahl der freigewerkschaftlich Organisierten 2 510 585 (1914), 2 866 012 (Ende 1918), 7 338 132 (Ende 1919) und erreichte ihren absoluten Höchststand in einem sich verlangsamenden Wachstumsprozeß im Juni 1920 mit 8 144 981 Mitgliedern. Der entscheidende Wachstumsknick nach oben lag also in beiden Ländern im Jahre 1919; zur branchenmäßigen und regionalen Aufschlüsselung in Deutschland vgl. *Laubscher*, S. 20 ff. und *Potthoff*, S. 40 ff.

durch das Schatzamtsabkommen vom März 1915 (Treasury Agreement) und in Deutschland durch die Erklärungen vom 4. August, freiwillig voll in den staatlichen Verwaltungs- und Kontrollapparat, wenn auch nur als »Juniorpartner«, integriert, auf ihre Streikwaffe verzichtet, der staatlichen Zwangsschlichtung und einer Verlagerung der Konfliktlösungsmechanismen von der betrieblichen Basis in die Zentralinstanzen zugestimmt und sich in einer Weise auch in Deutschland mit dem Ziel eines Siegfriedens identifiziert, die in weiten Teilen der Arbeiterschaft insofern auf Mißtrauen stoßen mußte, als die bekannte kapitalistische Klassenherrschaft auch hinter der verbal scheinbar so attraktiv aufgeputzten Fassade des »Kriegssozialismus« (war socialism[55]) ihr hartes und mitleidloses Profil um so schärfer zeigte[56]. Gewerkschafts- und Parteiführer schalteten sich nicht selten — so etwa beim Berliner Munitionsarbeiterstreik im Januar 1918 — im Zusammenspiel mit den Behörden und der Militärverwaltung bewußt in die Massenbewegungen ein, um sie von innen her lahmzulegen, Oppositionelle wurden denunziert, die notwendige regelmäßige Schulungs- und Organisationsarbeit unterblieb weitgehend während des Krieges, so daß sich bei Kriegsende vielfach ein hoher Wall von Mißtrauen unter den Arbeitern gegenüber dem kollaborierenden gewerkschaftlichen »Bonzentum« aufgetürmt hatte. Um so erstaunlicher war der hohe Grad von Loyalität, den die deutsche und die englische Arbeiterschaft ihren angestammten Organisationen und Parteien gegenüber — für die deutsche Mehrheitssozialdemokratie und die vier Bergarbeiterverbände galt das zumindest bis etwa Januar 1919, bis dann aus noch zu behandelnden Ursachen ein Radikalisierungs- und Erosionsprozeß einsetzte — allen linksradikal-utopistischen Anfechtungen zum Trotz doch am Ende bewahrt haben.

3. Unterschiedliches soziales Protestverhalten

Unbeschadet der unterschiedlichen politischen und militärischen Entwicklung in Deutschland und England hatte sich also nach Kriegsende als Hypothek des vierjährigen Völkerringens in beiden Ländern ein soziales Konflikt- und Spannungspotential angesammelt, das sich inhaltlich, in seiner Zielsetzung, seinen Trägern und Adressaten durchaus vergleichen läßt und auch zeitlich synchron hier wie dort im Januar/Februar 1919 einen Siedegrad erreicht hatte, der zur gewaltsamen revolutionären Entladung innerhalb von Tagen drängte. In diesem für die Nachkriegsgeschichte beider Staaten so entscheidenden Augenblick nahm die Sozialentwicklung in Deutschland und England für die nächsten Monate eine so auffallend unterschiedliche Richtung, daß sich nicht nur eine differenzierte Etikettierung — hier »Deutsche Revolution«, dort »Industrial Unrest« — geradezu aufdrängt, sondern auch eine Erklärung für das unterschiedliche Sozialverhalten der deutschen und der englischen Arbeiterschaft und ihrer Organisationen notwendig wird, die sich nicht nur mit der vorangegangenen militärischen Niederlage und der durch sie ausgelösten »politischen Revolution« vom November 1918 als den entscheidenden Determinanten und Ursachen des deutschen Weges zufriedengibt, sondern umfassender beim politisch-sozialen System ansetzt. Während es in England Ende Februar innerhalb von Stunden zu einer vorläufigen Entschärfung des Konfliktpotentials und einer bemerkenswerten allgemeinen Beruhigung des sozialen Klimas bis zum Herbst kam, folgte im Gegensatz dazu in Deutschland jene gewaltsame und oft blutige revolutionäre Entladung und Eigendynamik in den Massenstreikbewegungen des Winters und Frühjahrs 1919, die inzwischen so intensiv Gegenstand auch schon einer regional zentrierten For-

---

[55] Vgl. dazu *Bernd-Jürgen Wendt*, War Socialism — Erscheinungsformen und Bedeutung des Organisierten Kapitalismus in England im Ersten Weltkrieg, in: *H. A. Winkler* (Hrsg.), *Organisierter Kapitalismus. Voraussetzungen und Anfänge*, Göttingen 1974, S. 117—149.
[56] Vgl. *Jürgen Kocka*, Klassengesellschaft im Krieg. Deutsche Sozialgeschichte 1914—1918, Göttingen 1973.

schung geworden ist[57], daß hier wenige umrißhafte Andeutungen genügen sollen. Es gilt lediglich, die unterschiedlichen Begriffe »Deutsche Revolution« und »Industrial Unrest« für die ersten Monate des Jahres 1919 etwas näher zu konkretisieren, bevor sie dann zum Ausgangspunkt einer Strukturanalyse des jeweiligen politisch-gesellschaftlichen Systems genommen werden, in das sie eingebettet waren.

Die Massenstreikbewegungen der Monate Januar bis Mai 1919 mit ihren regionalen Schwerpunkten im rheinisch-westfälischen Industriegebiet (Generalstreik 19./21. 2.; 1./28. 4.), in Mitteldeutschland (Höhepunkt 24. 2./7. 3.), in Berlin (Höhepunkt 3./8. 3.) und in Oberschlesien und überwiegend getragen vom Stein- und Braunkohlenbergbau, von der Metallindustrie (Berlin), den neuen Chemiezentren in Leuna und Merseburg, von den Eisenbahnern und zeitweise auch von den Elektrizitätsarbeitern, markieren in dem heute allseits anerkannten Periodisierungsschema von Feldman/Kolb/Rürup[58] nach der ersten, überwiegend reformistischen und radikaldemokratischen Phase (November-Dezember 1918) der »Deutschen Revolution« ihren *zweiten, militanten und sozialrevolutionären Abschnitt*. Ihm schloß sich ab Frühsommer 1919 eine Periode der Beruhigung an mit einem »deutlichen Rückgang der Massenaktionen, insbesondere aller direkten politischen Umsturzversuche, nachdem der Ausgang der Frühjahrskämpfe und schließlich der Münchner Räterepublik unmißverständlich gezeigt hatte, daß unter den gegebenen Umständen eine erfolgreiche ›zweite‹ Revolution nicht im Bereich des Möglichen lag[59]«. Lang anhaltende Ausstände im Eisenbahnwesen, unter den Landarbeitern und in der Berliner Metallindustrie im Spätsommer und Herbst 1919 waren bereits weitgehend entpolitisiert und wieder auf das lohnpolitische »Normalmaß« reduziert. Der Generalstreik zur Niederschlagung des Kapp-Putsches Mitte März 1920 und der sich aus ihm entwickelnde Ruhrkampf, in dem sich die Konfliktlage des April 1919 noch einmal in verschärfter Form zu wiederholen schien[60], wurden »schließlich zum vorläufigen Schlußpunkt — und in [ihrem] Umfang auch zum Höhepunkt — der Massenbewegungen am Ende des Ersten Weltkrieges[61]«.

Die zweite, ansatzweise radikal sozialrevolutionäre und blutige Phase der »Deutschen Revolution«, auf deren Höhepunkt im April mit 300 000 Bergleuten 75 Prozent der Ruhrbelegschaft zeitweise ihre Arbeit niedergelegt hatten und die wesentlich verantwortlich ist für die 1919 durch sogenannte »politische Streiks« ausgefallenen 12,9 Millionen Arbeitstage (davon allein 50 Prozent in Berlin[62]), führte zu einer eindeutigen Überlagerung und Zurückdrängung der eher gemäßigten lohn- und arbeitspolitischen (Mindestlohn, Urlaubsgeld, Erhöhung des Kohlendeputats, Verkürzung der Schichtzeit im Untertagebau auf 7 und dann 6 Stunden, Lohnnachzahlung für die 1912 als »Strafe« gesperrten sechs Schichten, allgemeine Lohnanhebungen als Teuerungsausgleich, bevorzugte Lebensmittellieferungen für Bergleute) durch radikal gesellschaftsverändernde Forderungen weit über den engeren Arbeitsbereich der Streikenden hinaus: Demokratisierung der Betriebe und Beseitigung des Betriebsabsolutismus, Verankerung der Arbeiter- und Wirtschaftsräte als autonome Kontrollorgane auf allen Ebenen in der Verfassung (»Alle Macht den Räten«), Einblick in die Kalkulationen und die Geschäftsführung der Betriebe, Aufhebung der privaten Profite, Überführung zumindest der Grundstoffindustrien in Gemeineigentum, Entwaffnung der Freikorps und Aufbau prole-

---

57 Vgl. hier bes. *R. Rürup* (Hrsg.), Arbeiter- und Soldatenräte, sowie die Bücher und Aufsätze von *Dörnemann, Lucas, v. Oertzen, H. Mommsen* sowie die Zusammenfassung der Ergebnisse bei *Feldman/Kolb/Rürup*, a. a. O. und *W. Mommsen*, a. a. O.
58 *Feldman/Kolb/Rürup*, a. a. O.
59 *Feldman/Kolb/Rürup*, a. a. O., S. 101.
60 Vgl. dazu vor allem *Lucas*, Märzrevolution; ders. Märzrevolution 1920.
61 *Feldman/Kolb/Rürup*, a. a. O., S. 102.
62 Die Anzahl der durch Lohnstreiks ausgefallenen Arbeitstage betrug 1919 43,6 Millionen (davon 24,3 Millionen in Berlin), vgl. dazu *Potthoff*, S. 52 ff.

tarischer Volkswehren, Durchführung der »Sieben Hamburger Punkte« mit der Neuordnung der militärischen Kommandogewalt, Aufhebung der Militärgerichtsbarkeit, Niederschlagung der politischen Prozesse, Freilassung der politischen Gefangenen, sofortige Anknüpfung freundschaftlicher Beziehungen zur Sowjetunion, kurz: die erste, parlamentarisch-demokratische Revolution des Novembers 1918, die mit dem Zusammentritt der Weimarer Nationalversammlung am 9. Februar und der Übergabe der staatlichen Macht vom Zentralrat und dem Rat der Volksbeauftragten an die Regierung Scheidemann ihren Abschluß fand, sollte in eine zweite, proletarisch-sozialistische Revolution weitergetrieben werden und hier erst nach der formaldemokratischen ihre materielle Vollendung erreichen. Syndikalistisch-putschistischer Aktionismus »quer zu dem überkommenen Parteienspektrum innerhalb der Arbeiterbewegung[63]«, organisiert u. a. in der »Freien Vereinigung deutscher Gewerkschaften« und in der »Allgemeinen Bergarbeiter-Union«, entglitt nicht nur den etablierten gemäßigten Organisationen und Verbänden der Arbeiterschaft (der »Alte Verband« verlor 25 Prozent seiner Mitglieder an die im September 1919 durch Fusion entstandene syndikalistische »Freie Arbeiter-Union«), sondern am Ende auch der USPD und der KPD und überholte die Arbeiter- und Soldatenräte, die Ordnungsfaktoren der ersten Stunde, weit links; Zielscheibe der spontanen Massenbewegungen, die mit sowjetischen Drahtziehern zu identifizieren oft nur eine bequeme Ausrede von Gewerkschaften und Mehrheitssozialdemokraten zwecks Ablenkung von eigenen Versäumnissen war, bildeten bald nicht mehr nur die großindustriellen Eigentümer als traditionelle Klassengegner, sondern auch die Koalitionsregierung Scheidemann als deren vermeintliche Agentin und Wegbereiterin der Konterrevolution. »Tatsächlich handelte es sich um eine elementare Bewegung von großer Gewalt, die *alle* Richtungen der politischen Arbeiterbewegung gleichermaßen überrascht und unvorbereitet fand[64].« »Es handelte sich primär um eine, in ihren konkreten Zielen höchst amorphe, soziale Protestbewegung von beachtlichem Ausmaß, die immer weniger bereit war, sich der Führung der etablierten sozialistischen Parteien zu unterwerfen[65].« »Seit dem Dezember begann eine Radikalisierung, die nur als Reaktion auf den bisherigen Verlauf der Revolution verstanden werden kann[66].« Die vorwiegend emotional-erfahrungsbedingten, aus der tiefen Enttäuschung und Erbitterung über die blockierte Umgestaltung der politischen, sozialen und militärischen Kräfteverhältnisse gespeisten und mehr auf eine unmittelbare, kurzfristige Verbesserung der individuellen sozialen Lage und Arbeitsbedingungen als auf langfristige ideologische Perspektiven hin orientierten Impulse der spontanen Massenstreikbewegungen hebt auch einer der scharfsinnigsten Beobachter der damaligen Geschehnisse, Arthur Rosenberg, plastisch hervor: »Diese väterlichen Ermahnungen zum Fleiß und zum Gehorsam mit ihrer düsteren Schwarzmalerei«, heißt es über die Appelle der Volksbeauftragten und des Vorstandes der MSPD, nicht zu streiken, Ruhe und Ordnung zu halten und mehr zu arbeiten, »machten auf die deutsche Arbeiterschaft den denkbar schlechtesten Eindruck. Nach der siegreichen Revolution wollten die Arbeiter neue Wege sehen. Sie wollten aktiv an der Neugestaltung der Wirtschaft mitwirken. Die Streiks waren Ausdruck dieses Willens, sich neue ökonomische und gesellschaftliche Verhältnisse zu erkämpfen. Statt dessen sollte man nun mit hungrigem Magen und zerrissenen Stiefeln für die alten Unternehmer weiterarbeiten. Der radikale Teil der Arbeiterschaft legte die Proklamationen der Regierung so aus, daß die Volksbeauftragten nicht den Willen oder die Kraft hätten, an den bestehenden wirtschaftlichen Verhältnissen etwas Ernsthaftes zu ändern[67].«

---

63 W. *Mommsen*, a. a. O., S. 370.
64 W. *Mommsen*, a. a. O., S. 375.
65 W. *Mommsen*, a. a. O., S. 383.
66 *Feldman/Kolb/Rürup*, a. a. O., S. 98.
67 *Arthur Rosenberg*, Geschichte der Weimarer Republik, Frankfurt 1961, S. 32 f.

Im August 1918 bereits kündigte sich in England das *»Industrial Unrest«* mit einem Lohnstreik der Londoner Polizei — ein bisher unbekannter Vorgang — an, dem im Dezember Streikandrohungen und Ausstände der Eisenbahner, der Docker, der Londoner Elektrizitätsarbeiter, des U-Bahn-Personals und der Baumwollarbeiter folgten. Im Januar erreichten die Streikwellen einen ersten kritischen Höhepunkt, als die Beschäftigten der Schiffbauindustrie am Clyde, unterstützt von zahlreichen anderen Betrieben der Metall-, Maschinen- und Schiffbauindustrie in Schottland und geführt von einem ad hoc gebildeten Streikkomitee der Shop Stewards, gegen den Willen der offiziellen Metallarbeitergewerkschaft ASE Vorbereitungen für einen Generalstreik am 27. Januar zur Durchsetzung der 40-Stunden-Woche bei vollem Lohnausgleich trafen, um der bei der Demobilisierung befürchteten drohenden Arbeitslosigkeit durch eine radikale Arbeitszeitverkürzung zu begegnen. Eine Protestdemonstration von 50 000 Streikenden am 31. Januar in Glasgow beantwortete die Regierung, um eine Ausweitung der Unruhen auf andere Teile Schottlands, auf Belfast und auf die Industriegebiete Nord- und Mittelenglands schon im Keime zu ersticken, mit ungewöhnlicher Härte, indem sie das Kriegsrecht über die Hafenstadt verhängte, Truppen einmarschieren und die führenden Shop Stewards des Streikkomitees als Rädelsführer verhaften ließ. Das Ende dieses Konfliktes am 12. Februar nach der gewaltsamen staatlichen Intervention, ohne daß die Unternehmer nachgaben, »markierte für die Entwicklung der Shop Stewards in der Metall-, Maschinen- und Schiffbauindustrie einen tiefen Einschnitt[68]«. Sie waren fortan politisch weitgehend zur Bedeutungslosigkeit verdammt und wieder auf ihre alte wirtschaftliche Funktion als gewerkschaftliche Vertrauensleute in den Betrieben zurückgeworfen, soweit sie sich nicht radikalisierten und schließlich im Abseits der 1920 gegründeten Communist Party landeten. Eine weitaus gefährlichere Stufe der Konflikteskalation bedeuteten Mitte Februar die Reaktivierung der »Triple Alliance« von 1914 (Eisenbahner, Bergleute, Transportarbeiter) mit der Gefahr einer Lahmlegung des gesamten Wirtschaftslebens durch einen Generalstreik und am 22. Februar der in der Urabstimmung mit 6 : 1 getroffene Beschluß der MFGB, an den »Iden des März« für die gewerkschaftlichen Forderungen — Nationalisierung des Bergbaus, 6-Stunden-Schicht unter Tage, 30 Prozent Lohnerhöhung, voller Lohnausgleich bei Arbeitslosigkeit infolge der Demobilisierung — in einen nationalen Bergarbeiterstreik einzutreten, sofern die Regierung als verantwortliche Instanz für die während des Krieges verstaatlichten Gruben nicht vorher nachgab. Lloyd George reagierte blitzschnell mit der für ihn typischen Mischung aus Drohungen und Entgegenkommen: entweder Einsatz der gesamten Macht des Staates und Abschnürung des Bergbaus von der Lebensmittelversorgung oder gleichberechtigte Mitarbeit an einer vom Parlament am 24. Februar eingesetzten paritätischen »Coal Industry Commission« unter Oberrichter Sankey mit der Verpflichtung der Regierung, sich dem Votum dieser Untersuchungskommission »in spirit and letter« zu unterwerfen. Die MFGB entschied sich nach wenigen Tagen Bedenkzeit für die Teilnahme, vertagte den Streikbeginn auf den 22. März und begab sich damit freiwillig, zumal da die Sankey-Kommission Mitte März einen für die Bergleute recht günstigen Zwischenbericht vorlegte, für die nächsten eineinhalb Jahre ihres wichtigsten sozialen Sanktionsmittels, der Waffe des Generalstreiks. Dieser Verzicht wird unten in einem anderen Zusammenhang noch einmal zu problematisieren sein. Auf jeden Fall war der nationale Massenstreik durch taktisches Geschick Lloyd Georges damit, wie sich bald zeigen sollte, bis 1926 abgewandt und die proletarische Solidarität der »Triple Alliance« von 1914 in ihren Grundfesten erschüttert. Die Dramatik des damaligen Geschehens und die tiefe Besorgnis, mit der die staatlichen Organe die Explosivität der sozialen Situation um die Jahreswende 1918/19 — in einem Augenblick also, als sich zugleich in den Entlassungscamps Nordfrankreichs und Südenglands eine Militärrevolte größten Ausmaßes abzeichnete und das allgemeine Wirtschafts-

---

68 *Degen*, S. 86.

leben von einem Demobilisierungschaos bedroht war — einschätzten, schlagen auch noch bei der Gesamtbeurteilung der Krise durch Kendall durch, wobei der Zeitraum der Hochspannung sicher zu großzügig und undifferenziert angegeben ist. »On balance, the evidence shows that the crisis which British society faced between 1918 and 1920 was probably the most serious since the time of the Chartists. The Labour movement had emerged from the war stronger than ever in its history, its members encouraged to harbour quite inflated hopes of what the peace might bring, hopes quite at variance with what society, as constituted at that time, was either willing or able to offer. After demobilization the number of troops at the government's disposal was very limited in relation to its widespread obligations. [...] In the last months of 1918 and the spring and summer of 1919, the government was faced with widespread discontent in both Army and Navy. [...] The police force of the capital, a crucial element in maintaining security, had refused duty, almost as a single unit in August 1918. [...] The pillars of state coercion were thus less secure than for many decades. At the same time industrial tension and unrest were running very high. Miners, railwaymen and others had claims to make which, on occasion threatened serious conflict. The consequences of these claims were difficult to foresee, and the government, with the limited forces at its disposal, could expect to face difficulties in keeping them within bounds[69].«

Als Zwischenbilanz läßt sich angesichts des unterschiedlichen empirischen Befundes der Sozialentwicklung in Deutschland und England in den entscheidungsreichen Monaten des Winters 1918/19 schon jetzt festhalten, daß diese Unterschiedlichkeit offenbar sehr viel zu tun hat einmal mit dem Verhalten der staatlichen Organe gegenüber der unruhigen Arbeiterschaft (hier der Rat der Volksbeauftragten, dort die Regierung Lloyd George) und zum anderen damit, daß den sozialen Protestbewegungen in Deutschland, abweichend zu England, eine politische Revolution unter sozialistischer Führung vor- resp. parallelgeschaltet war, die den beschriebenen enormen Konflikt- und Erwartungsstau der Vorkriegs- und Kriegszeit nicht nur nicht abgebaut, sondern ihrerseits durch ihre betonte Brüskierung der unruhigen Arbeitermassen und ihre Hinhaltetaktik offenbar noch erheblich verschärft hatte. Damit aber zwingt der empirisch feststellbare Tatbestand der Sozialkonflikte und ihrer Träger zu einigen grundsätzlichen Überlegungen über ihre unterschiedlichen politisch-sozialen Entstehungs- und Handlungsbedingungen in beiden Ländern, die dann in einem weiteren Schritt zum Ausgangspunkt eines dreigefächerten Strukturvergleiches werden sollen.

Soziale oder auch politische Konfliktträger wie die Arbeiter-, Wirtschafts-, Betriebs- oder auch Zechen- und Revierräte in Deutschland, die Shop Stewards, workers' committees oder Streikausschüsse in England, aber auch die Gewerkschaften in beiden Ländern operieren unter bestimmten politisch-gesellschaftlich-ökonomischen Rahmenbedingungen, die sich als Produkt entwicklungsgeschichtlicher Determinanten in einem gegebenen Zeitraum zu einer in der Regel sehr verwickelten Konstellation verdichten und sie korrelativ konstituieren; derartige Konstellationen als Inbegriff geschichtlicher Bedingungsfaktoren und zugleich Resultante menschlichen Handelns können Konflikte produzieren, ein längst latent vorhandenes Konfliktpotential aktualisieren; in ihnen wird der Austrag dieser Konflikte institutionalisiert, reguliert oder kanalisiert, ent- oder verschärft; historische Rahmenbedingungen können Konfliktverhalten in seiner konkreten, individuellen Ausprägung innerhalb von bestimmten Branchen oder auch gesamtvolkswirtschaftlich entscheidend beeinflussen, Mentalitäten der Konfliktträger, ihre Strategien und ihren Erwartungshorizont formen, kurz: eine plausible Erklärung dafür liefern, warum ein offenbar gleich oder doch recht ähnlich gelagertes soziales Konfliktpotential in dem einen Land zur Entladung in sozialrevolutionären Massenaktionen drängt mit weitreichenden Rückwirkungen auf das politisch-soziale System dieses Landes, in einem anderen relativ schnell entschärft und, ohne das System einer systemgefährdenden Be-

---

69 *Kendall*, S. 187 f.

lastung auszusetzen, in eine mehr unpolitische Lohnbewegung übergeleitet werden kann. Soziale Protestaktionen, ihre Träger und Ziele, ihre Verlaufsformen und ursächlichen Bedingungsfaktoren und auch ihre Konfliktregelungsmechanismen sind eingebettet in vorwiegend drei Bezugsfelder, die ihrerseits wiederum langfristig entwicklungsgeschichtlich — in unserem Fall durch die unterschiedliche Herausbildung der modernen Industriegesellschaft in Deutschland und England — prädisponiert und überdies derartig miteinander verklammert sind, daß eine scharfe Prioritätensetzung als Basis und Überbau recht künstlich erscheint. Diese drei relevanten Bezugsfelder für die Interpretation der Streikbewegungen sind das politisch-konstitutionelle System (political system, constitution), die Sozialbeziehungen (industrial relations) sowohl zwischen den Sozialkontrahenten resp. -partnern von der Betriebs- bis hinauf zur gesamtvolkswirtschaftlichen Ebene als auch innerhalb der Arbeiterschaft etwa zwischen der Gewerkschaftsbürokratie und der betrieblichen Basis sowie das Wirtschaftssystem (economic system) und die aus ihm abgeleiteten Prinzipien staatlicher Wirtschafts- und Finanzpolitik. Eine sukzessive Betrachtung aller drei Untersuchungsebenen unter dem Aspekt ihrer Bedeutung für das soziale Klima in Deutschland und England nach dem Ersten Weltkrieg bietet sich aus analytischen Erwägungen an, ist jedoch von der Realität her durch ihre erwähnte gegenseitige Verzahnung kaum zu rechtfertigen.

4. RAHMENBEDINGUNGEN: DAS POLITISCH-KONSTITUTIONELLE SYSTEM

Rechtssozialisten wie Paul Lensch und Max Schippel, befangen in einem für die Mehrheitssozialdemokratie damals so typischen Ordnungsdenken, blickten neidvoll auf die vergleichsweise viel höhere politische und soziale Stabilität des damaligen England. »Vergleicht man mit den Methoden, wie sich zurzeit die deutsche Revolution vollzieht, die anderen, unter denen augenblicklich in England der entsprechende Vorgang vor sich geht, so wird man nicht umhin können, dieser englischen Methode den Vorzug zu geben[70].« Auch Max Schippel vermerkt in der Diskussion um die Sozialisierung des Bergbaus mit unterschwelliger Bewunderung einen »ruhigeren und stetigeren Verlauf des ganzen öffentlichen Lebens« in England, um dann im Blick auf die Sankey-Kommission fortzufahren: »Man theoretisiert in England überhaupt viel weniger als bei uns über Gemeinwirtschaft und Sozialisierung. Aber dennoch ist man im Handeln häufig viel zielbewußter und jedenfalls in dem Endergebnis viel zweckentsprechender als bei uns[71].« Hier sind durch einen sozialdemokratischen Zeitgenossen, der sehr aufmerksam damals die Vorgänge in England vor dem deutschen Erfahrungshintergrund reflektierte und sich besonders intensiv mit der Ausprägung der Arbeitsgemeinschaftsidee in beiden Ländern beschäftigte[72], zwei Stichworte — sozialistisches Theoretisieren auf der einen, zielbewußter Pragmatismus auf der anderen Seite — gegeben, die möglicherweise einen fruchtbaren Ansatz für den Vergleich vermitteln. Ungeachtet der gewaltigen Belastun-

---

70 *Paul Lensch,* Die deutsche und die englische Methode, in: Die Glocke, Jg. 5, Bd. 1, H. 4, 26. April 1919, S. 106.
71 *Max Schippel,* Die Verstaatlichung der Kohlenproduktion in England, in: Sozialistische Monatshefte, Jg. 25, Bd. 53, 29. Sept. 1919, S. 879, 882.
72 Vgl. *Max Schippel,* Gewerkschaften, Betriebsräte und Arbeitsgemeinschaften in England, in: Sozialistische Monatshefte, Jg. 25, Bd. 52, 24. März 1919, S. 236—243; *ders.,* Das Sozialprogramm der englischen Arbeitsgemeinschaften, ebda., Jg. 25, Bd. 52, 14. April 1919, S. 318—323; *ders.,* Betriebsräte, Arbeitsgemeinschaften und Gewerkschaften in England, ebda., Jg. 26, Bd. 54, 31. Mai 1920, S. 446—450; *ders.,* Arbeitsgemeinschaften, Betriebsräte und Gewerkschaften in England, Dresden 1920; *ders.,* Sidney Webb und die Frage des Wirtschaftsparlaments in England, in: Sozialistische Monatshefte, Jg. 27, Bd. 57, 15. Aug. 1921, S. 697—701.

gen und Anspannungen hatte der englische Parlamentarismus den Krieg in seiner Substanz ungebrochen überstanden und überdies — im Unterschied zu Deutschland — noch den militärischen Sieg als Plus auf dem Konto seiner Leistungs- und Funktionsfähigkeit bei der schrittweisen und erst relativ spät ab 1916 erfolgenden Entbindung umfassender nationaler Verteidigungsenergien verbuchen können. Das politische System zeigte in den Jahren nach Kriegsende noch einmal wie kaum vorher und auch später nicht mehr seinen krassen und ausgeprägten Klassencharakter: Das aus den Khaki-Wahlen im Dezember 1918 hervorgegangene Unterhaus, nach einem von Keynes weitergegebenen und dann häufig kolportierten Wort von Baldwin mehrheitlich besetzt mit »hard faced men who looked as if they had done well out of the war«, zeigte den höchsten Prozentsatz selbständiger Unternehmer in der Zwischenkriegszeit; mit ihm waren die Prioritäten, selbst wenn dies zwei Jahre mehr oder weniger geschickt hinter dem schillernden Begriff »Reconstruction« kaschiert wurde, eindeutig und unverrückbar gesetzt: Verzicht auf sozialistische Experimente, schnellster Abbau des Staatsinterventionismus und der Kriegszwangswirtschaft (decontrol), Rückkehr zur freien unternehmerischen Marktwirtschaft und zum Goldstandard der Vorkriegszeit, radikale Kürzung der staatlichen Ausgaben (deflation) und allgemeine Entlastung der öffentlichen Haushalte, Steuersenkung und Ankurbelung der privaten Investitionstätigkeit durch einen umgehenden Rückzug des Staates vom Kapitalmarkt. Dahinter stand als Ausdruck echt liberalen Wunschdenkens das Ziel, der Arbeiterschaft höhere Löhne und bessere Lebensbedingungen nicht durch eine kostspielige staatliche Wohlfahrtspolitik und einen aufwendigen Sozialhaushalt zu sichern, sondern durch wirtschaftliche Prosperität und eine günstige Ertrags- und Absatzlage, wie Churchill und der Schatzkanzler A. Chamberlain nicht müde wurden zu verkünden. Nun das Überraschende: Dieses geradezu aufreizend auf sozialen Konfrontationskurs gestimmte Klassensystem oder genauer: Klassenparlament mit seiner konservativen Mehrheit und die von ihm abhängige Regierung zeigten in der Neutralisierung und schließlichen Eindämmung des sozialen Konfliktpotentials Ende Februar 1919 und später ein hohes Maß von taktischer Flexibilität und pragmatischer Unvoreingenommenheit, ohne in der Sache, d. h. in der Verteidigung der überkommenen privatkapitalistischen Ordnung gegen den Ansturm der Sozialisierungsforderungen, auch nur einen Deut nachzugeben. Dies sollte sich im Herbst 1919 zeigen, als freilich — und das ist wichtig — die Konfliktbereitschaft innerhalb der Arbeiterschaft bereits auffallend im Abklingen war und sich die ersten großen Risse in der proletarischen Solidarität auftaten. Kendall bescheinigt der Regierung in den besonders kritischen Augenblicken der Nachkriegsgeschichte »skilful manoeuvres« in der Vermeidung unnötiger direkter Konfrontationen mit der Arbeiterbewegung und der »ruling élite« ein weit höheres Maß an sozialkonservativer als den Sozialisten an sozialrevolutionärer Reife[73]. »In fact, the old ruling classes proved to have both greater resilience and more ground for manoeuvre than had been foreseen [i. e. by the Marxists][74].«

Zwei eindrucksvolle Beispiele für diese pragmatische Elastizität in der Reaktion der englischen Führungsschichten auf die sozialen Spannungen — jenen flexiblen Pragmatismus, der zugleich Stärke und Selbstbewußtsein vor dem Hintergrund einer letztlich ungebrochenen und traditionsbewehrten politischen Stabilität dokumentierte — waren die *Sankey Commission*[75] und die Einberufung einer *National Industrial Conference*[76] zum 27. Februar 1919, also ebenfalls unmittelbar nach der Generalstreiksdrohung der Bergarbeiter vom 22. Februar.

---

73 *Kendall*, S. 194 f.
74 *Kendall*, S. 295.
75 Zur Sankey Commission vgl. *Armitage*, S. 116 ff.; *Johnson*, S. 359 f., 376, 384 f., 403, 454 ff., 478.
76 Vgl. *Rodger Charles*, The Development of Industrial Relations in Britain 1911—1939. Studies in the evolution of collective bargaining at national and industry level, London 1973, S. 229 ff.

Die durch das Unterhaus eingesetzte Untersuchungskommission über die Situation im Bergbau und die Möglichkeiten einer Nationalisierung, jenes in England so bewährte parlamentarische Mittel bis heute, um einen latenten sozialen Konfliktstoff vor der Entzündung durch eine oft langjährige Verzögerungstaktik des »keep them talking« erst einmal zu entschärfen[77], bot in ihrer paritätischen Zusammensetzung so profilierten Bergarbeiterführern wie Smillie, Hodges und Smith eine Plattform, um ihre Sache eindrucksvoll vor der breiten Öffentlichkeit vorzutragen und dadurch gleichzeitig der Anhängerschaft an der Basis über mehrere entscheidende Monate hinweg das beruhigende Gefühl zu vermitteln, daß ihre Interessen wirkungsvoll durch die eigenen Leute »da oben« vertreten würden. Dadurch, daß sich die offiziellen Arbeiterorganisationen im Gegensatz zu Deutschland so entschieden mit der Sozialisierungskampagne identifizierten, behielten sie ihre Massenanhängerschaft auch stets weitgehend unter Kontrolle. Als sich nach zwei längeren Beratungsphasen im März und April/Juni am Ende die Kommission in ihren vier Abschlußberichten vom Juni mit 7 : 6 Stimmen für die Nationalisierung entschied und Lloyd George dieses knappe Abstimmungsergebnis bei der erst zwei Monate späteren (!) Veröffentlichung der Empfehlungen am 18. August dann zum Anlaß nahm, von seiner ursprünglichen Zusage, das Kommissionsvotum »in spirit and letter« zu erfüllen, öffentlich abzurücken, erfolgte außer lauten Protesten seitens der MFGB keine Reaktion. Die Taktik des Premiers, massive Drohungen und Einschüchterungsversuche zu verbinden mit einem öffentlichkeitswirksamen Entgegenkommen in mehr zweitrangigen Fragen, hatte wieder einmal den allgemein erwarteten und seit Frühjahr mehrfach angedrohten Bergarbeiterstreik verhindert. Das Kalkül, mit Hilfe einer geschickten propagandistischen Verpackung den unmittelbar im Juli/August vorausgegangenen »wilden« Ausstand der Bergarbeiter in Yorkshire und mit ihm die Haltung der MFGB vor den Augen einer teils irritierten, teils langsam ermüdeten Öffentlichkeit wie üblich zur Bedrohung des parlamentarischen Systems durch eine politisch nicht legitimierte Interessengruppe hochzustilisieren, war wieder einmal aufgegangen; das kompensatorische Lockangebot an die Bergleute — Nationalisierung der »Royalties«, Zusammenfassung von Bergwerken auf Distriktbasis, 7-Stunden-Tag, bescheidene Mitberatungsrepräsentanz — wurde entschieden zurückgewiesen mit der Begründung, dann schon lieber zu den klaren Klassenfronten der Vorkriegszeit zurückkehren zu wollen. Der Dachverband TUC setzte fortan mit seiner »The Mines for the Nation«-Kampagne entschlossen auf eine erfolgreiche Öffentlichkeitsarbeit und wies die von den Bergleuten mehrfach auf ordentlichen und Sonderkongressen, zuletzt im März 1920 in London geforderte Massenstreikaktion für die Nationalisierung (direct action) immer wieder mehrheitlich zurück mit der Begründung, man dürfe der Regierung keinen Vorwand für eine vorzeitige Parlamentsauflösung und keinen Anlaß für einen billigen Wahltriumph gegen vermeintliche »Verfassungsbrecher« geben und könne im übrigen getrost auf das parlamentarische Erstarken der Labour Party und eine Übernahme der Regierung durch sie über kurz oder lang hoffen.

Auch die Einberufung der *National Industrial Conference* durch die Regierung mit hoher Beteiligung von Gewerkschaftsvertretern zum 27. Februar war wie die Sankey Commission als sozialpolitische Entlastungsoffensive sorgfältig abgestimmt auf die Generalstreikdrohung der »Triple Alliance«. »The threat from them [i. e. from the miners] and from the railwaymen remained as the Conference assembled. As it turned out, however, 27th February was the crucial date; after this whatever initiative had been in the hands of the industrial labour movement began to slip from its grasp[78].« Selbst wenn die »Triple Alliance«, die Baumwoll-

---

77 Vgl. die 1965 eingesetzte Royal Commission on Trade Unions and Employers' Associations unter Lord Donovan (Donovan Commission) und das 1975 eingesetzte Committee of Inquiry on Industrial Democracy unter dem Vorsitz von Lord Bullock (Bullock-Committee).
78 *Charles*, S. 230.

arbeiter, der Schiffbau und die ASE nicht offiziell vertreten waren und auch bei dieser Konferenz am Ende nicht mehr als die Einsetzung einer »Minimum Rates of Wages Commission« und eine gesetzliche Verankerung der 48-Stunden-Woche mit Ausnahmen für Landarbeiter und Seeleute herauskamen, hatte sie doch ebenfalls ihre konfliktdämpfende Funktion erfüllt: »The Sankey Coal Commission and the National Industrial Conference [...] had served their purpose, to get the leaders of the trade unions to talk rather than act, to restore to prominence the moderate leaders of the movement[79].« Tatsächlich war es ein Kernelement der sozialen »Appeasement«- und Konfliktvermeidungsstrategie der Regierung in den hektischen Winter- und Frühjahrswochen 1919 und auch später, die gemäßigten Gewerkschaftsführer an den runden Tisch zu bringen, mit ihnen über die Sorgen der Arbeiterschaft zu sprechen, Verständnis zu signalisieren, um sie von den linksradikalen Elementen (direct actionists) zu trennen — Bonar Law: »The Trade Union organisation was the only thing between us and anarchy, and if the Trade Union organisation was against us the position would be hopeless[80]« — und erst dann mit der »Peitsche« des denunziatorischen Bolschewismusvorwurfes und der öffentlichen Unterstellung staatsstreichähnlicher subversiver Ambitionen zu drohen, wenn das »Zuckerbrot« des Gespräches zu versagen schien. Die Gewerkschaften reagierten geschickt, indem sie ihrerseits durch den warnenden Hinweis, sie könnten bei unzureichenden Verhandlungsangeboten jederzeit von links überholt werden, ihre Position gegenüber der Regierung zu stärken suchten.

Obgleich bis heute heftig diskutiert wird, ob die nationale Industriekonferenz wirklich von der Regierung von Anfang an als »a gigantic hoax[81]« geplant war und ob nicht Churchill mit seiner zynischen Bemerkung, »the real answer of ordered society to Bolshevism was the frank recognition of minimum standards and open access to the highest posts in industry[82]«, den wirklichen Hintergrund des ganzen spektakulären Unternehmens richtig und prägnant umrissen hat, boten die beiden Vollsitzungen am 27. Februar und 4. April und die Diskussionen in dem bis Juni, als es sich dann von der Regierung eine endgültige Abfuhr holte, regelmäßig tagenden paritätischen »Provisional Joint Committee« wiederum eine ideale Plattform gerade auch für die Arbeitervertreter, um in der Öffentlichkeit und auch gegenüber den eigenen Mitgliedern publikumswirksam einen sehr populären sozialen Forderungskatalog zu vertreten: Maximalarbeitswoche von 48 Stunden, gesetzlicher Mindestlohn, Einsetzung staatlicher Lohnämter (Trade Boards) in gewerkschaftlich kaum organisierten Gewerbezweigen, Ausdehnung des »Wages (Temporary Regulation) Act, 1918« mit der staatlich garantierten Lohnfortzahlung der Kriegslöhne als Mindestlöhne bis Ende 1919 (das Gesetz blieb schließlich zwei Jahre bis Ende 1920 in Kraft), Arbeitslosenfürsorge und Verhinderung der Arbeitslosigkeit, Möglichkeiten einer Zusammenarbeit von »Kapital« und »Arbeit«. Alle weiteren Pläne für die gesetzliche Verankerung eines ständigen paritätischen nationalen Volkswirtschaftsrates (National Industrial Council) als Beratungsgremium für die Regierung, als Vermittlungsinstanz gesellschaftlich-ökonomischer Interessen und als so etwas wie eine »Feuerwehr« im sozialen Konfliktfall scheiterten primär am Desinteresse einer Regierung und einer Unternehmerschaft, die im Spätsommer/Herbst 1919 die der N.I.C. ursprünglich im Februar vor allem zugedachte Aufgabe einer sozialen Konfliktentschärfung als erfüllt ansahen. »Moderate labour leaders had put their trust in government promises that the N.I.C. would decide policy. On the testimony of the government itself their participation in the Conference had helped immeasurably to calm the situation. To be told to mind their own business was in effect an admission on the government's part that it no longer had use for

---

79 *Mowat*, S. 31.
80 Zitiert nach *Johnson*, S. 403.
81 *Johnson*, S. 379.
82 Zitiert nach *Johnson*, S. 382.

them now they had served their purpose[83].« »The part played by the Conference in quelling the unrest in the February-April of 1919 was crucial and, whether planned or not, combined with the manipulation of the Sankey Commission in what appears to be a very subtle strategy. The Commission and the Conference began work together: throughout March the Provisional Joint Commission was at work, convinced that its recommendations, if approved by the Conference, would become law. The first stage of the Sankey Commission's work was finished by March 20th and kept alive the miners' illusions that nationalisation was just around the corner. While the second stage got under way the National Industrial Conference met again with great pomp and circumstances on the 4th April and produced more false optimism. In the meanwhile the railwaymen were being persuaded not to persist with their claim for nationalisation or workers' control. As the government stalled on the N.I.C. Report and the second stage of the Sankey Commission hedged on nationalisation more and more of the initiative passed to it. While the miners hung on to their hopes of nationalisation despite the apathy of the rest of the trade unions, there was a further delay on the promised legislation on hours and minimum wages until in the last three months of the year the first attacks on the advances of wartime were made, in the attempt to force the definite offer on the unions. From now on, instead of trying to make advances in reconstruction, labour's efforts would be needed to hold what they had gained[84].«

Dieses hier in prägnanter Kürze zusammengefaßte »timing« im sozialen Krisenmanagement der Regierung Lloyd George kennzeichnet ein politisches System, das auf den Klassenkonflikt weniger nervös und hart, also nicht militärisch wie das deutsche, reagierte, sondern flexibel und anpassungsfähig mit dem Round Table, den bewährten und durch einen breiten öffentlichen Konsens legitimierten Spielregeln des Parlamentarismus, wie sie sich in einer langen Tradition herausgebildet hatten, und einer sehr geschickten Strategie der Konfliktverzögerung und damit schließlich -vertagung. Bemerkenswert aber ist, daß die Arbeiterschaft und ihre Organisationen dieses Spiel mitspielten, sich nicht, wie es Lloyd George immer wieder versuchte, in die linke Ecke »bolschewistischer Rechtsbrecher« oder auch auf das Glatteis putschistischer Heilslehren manövrieren ließen, sondern letztlich die Autorität des Parlamentarismus und die mit ihm gegebenen relativ hohen Demokratisierungs- und Partizipationschancen anerkannten. Wie die lang anhaltenden Diskussionen über die »direct action« und die mehrheitliche Ablehnung des politischen Massenstreiks am Ende durch den TUC beweisen, verloren die englischen Arbeiter niemals wirklich das Vertrauen in die evolutionäre Reform- und Modernisierungsfähigkeit des politisch-sozialen Systems mit Hilfe einer rasch wachsenden und dann bald mit der Mehrheit ausgestatteten Labour Party, die 1919 freilich erst im Aufbau war und sich gerade ein Jahr vorher erst mit »Labour and the New Social Order« ein Programm sowie ein Organisationsstatut gegeben hatte. Die parlamentarischen Gremien als Plattform für konsensfähige Lösungen auch gesellschaftlicher Konflikte und für die Durchsetzung proletarischer Emanzipations- und Partizipationschancen waren weder von links noch von rechts je wirklich in Frage gestellt und vor allem, ein Unterschied zu Deutschland: Selbst in der spannungsvollen und kritischen Übergangsphase 1918/19 vermochte die englische Arbeiterführung ihrer Massenbasis dieses Vertrauen auf eine friedlich-schiedliche Lösung sozialer Konflikte am »Runden Tisch« und letztendlich über den Wahlzettel zu vermitteln und damit ihre eigene Autorität zu wahren, ohne daß diese Basis ihr — wie zeitweilig in Deutschland — in spontanen Protestbewegungen das Vertrauen aufkündigte und damit in einer »unheiligen Allianz« mit den staatlichen Behörden und dem reaktionären Militärapparat jene verhängnisvolle Spirale von Revolution und Konterrevolution auslöste, die der ersten deutschen Republik schon in ihrer Geburtsstunde eine schwere Hypothek mitgab.

---

83 *Charles*, S. 247 f.
84 *Charles*, S. 249 f.

In Deutschland stand eine — im Gegensatz zu England tief gespaltene — Arbeiterführung vor der dreifachen Aufgabe des Neuaufbaus eines parlamentarisch-demokratischen Systems aus den Trümmern des nicht nur militärisch bankrotten Wilhelminischen Obrigkeitsstaates, einer Überleitung der Kriegs- in die Friedenswirtschaft und einer Rekonstruktion der Sozialbeziehungen. Die entscheidende Frage im Herbst 1918 lautete: Würde es den neuen Führungskräften, d. h. der MSPD-Führung und den Gewerkschaften, gelingen, den desillusionierten Arbeitermassen und den Kriegsheimkehrern Vertrauen gegenüber der neuen Ordnung zu vermitteln, Vertrauen auch in ihre Möglichkeiten, mehr soziale Gerechtigkeit und höhere demokratische Partizipationschancen am Arbeitsplatz und im Staat zu schaffen? Die Aussichten schienen am Anfang viel günstiger als in England: Das neue politische System stand zunächst im Zeichen einer eindeutigen sozialistischen Mehrheit und Führung, die Arbeiter- und Soldatenräte arbeiteten loyal an seiner Konsolidierung, die alten Gewalten schienen endgültig verspielt zu haben; die Erwartungen seitens der breiten Massen auf eine Fundamentaldemokratisierung und eine Ablösung der alten obrigkeitlichen Herrschaftsverhältnisse in Betrieb und Unternehmen, in der Kommune und in der Armee (vgl. die 7 Hamburger Punkte) und, damit verbunden, auf eine unmittelbare Besserung der Lohn- und Arbeitsverhältnisse waren naturgemäß in einer zunächst sozialistischen Ordnung ungleich höher noch als in England geschraubt. Dennoch waren es nach übereinstimmendem Urteil der Forschung gerade die sozialdemokratischen Repräsentanten dieser neuen Ordnung, die durch ihr restriktives und abwiegelndes Verhalten gegenüber den Massenforderungen die soziale Protestbewegung in der Arbeiterschaft um die Jahreswende 1918/19 entscheidend politisiert, radikalisiert und zu den großen Massenstreiks des Frühjahrs 1919 vorangetrieben haben. Während die politischen Gewalten sich in England gar nicht zu profilieren brauchten, da ihr Klassenprofil hinreichend bekannt war, und sich vielleicht gerade deshalb ein hohes Maß innenpolitischer Flexibilität an der Klassenfront gegenüber dem Erwartungsdruck der Massen leisten konnten — Flexibilität aus Stärke! —, unterlagen demgegenüber Parteiführung der MSPD und Gewerkschaftsführung in Deutschland offenbar einem ausgesprochen konservativen Profilierungs- und Legitimationsbedürfnis, das sich nur aus einem Gefühl der Schwäche und der fehlenden Verwurzelung in weithin akzeptierten Traditionen des parlamentarisch-demokratischen Konsenses erklären läßt. Denn die Profilierung ging vorwiegend in eine Richtung, in der die Mehrheit der Arbeiterschaft dies nach den hochgespannten Hoffnungen der ersten Revolutionswochen nicht erwartet hatte: in Richtung Unternehmerschaft, Wilhelminische Bürokratie und kaiserliche Armee. Durch diese unnötig offene und vielfach provozierend vorgetragene Solidarisierung nach rechts engten sich die neuen staatlichen Repräsentanten selbst im Gegensatz zur englischen Regierung ihren eigenen Handlungs- und Bewegungsspielraum nach links für die Entschärfung des sozialen Konfliktpotentials erheblich ein; aus der Unsicherheit dessen, der zu seiner eigenen politischen Identität in der kurzen Zeit der Bewährung an den Schalthebeln der Macht noch nicht hatte finden können, neigten sie zu nervösen Überreaktionen, zur taktischen Inflexibilität — Inflexibilität aus Schwäche! — und zum militärischen Gewalteinsatz und provozierten gerade damit erst jene sozialrevolutionäre Radikalität in der herkömmlicherweise durchaus gemäßigten und staatsloyalen Arbeiterschaft, die sie mit dem Einsatz der Freikorps hatten verhindern wollen.

Diese These der Inflexibilität aus Schwäche soll wiederum durch einen kurzen vergleichenden Blick auf die provozierend dilatorische Behandlung der Sozialisierungsfrage in Deutschland, die nachweisbar so viel zur Auslösung der Massenstreiks beigetragen hat, konkretisiert werden. Dabei waren sich die bürgerlich-konservative Regierung in London und die sozialistische in Berlin in ihrer Ablehnung der Sozialisierung und in ihrem Willen, möglichst umgehend die private Unternehmerschaft wieder ungehindert zu etablieren, wenn auch aus unterschiedlichen Beweggründen, durchaus einig. Bereits am 16. November 1918 schlug das freigewerkschaftliche »Correspondenzblatt« jenen strikt antirevolutionären Ton einer »Law and

Order«-Politik an, der sich in den folgenden Monaten wie ein Leitmotiv durch alle regierungsoffiziellen und -offiziösen Verlautbarungen ziehen und die Politik zunächst der Volksbeauftragten und dann der Regierung Scheidemann und ihrer Nachfolger entscheidend prägen sollte: »So erwünscht uns allen auch eine rasche und konsequente Vergesellschaftung der kapitalistischen Produktionsmittel als Verwirklichung des von der Arbeiterklasse so heiß ersehnten Sozialismus sein muß und so gern wir alle ernsthaften Schritte nach dieser Richtung hin unterstützen möchten, so gebietet uns doch die Rücksicht auf die materielle Existenz der Bevölkerung, zunächst einmal an das Vorhandene anzuknüpfen und mit den gegebenen Produktionsverhältnissen einen möglichst raschen und ungestörten Wiederaufbau des Wirtschaftslebens anzustreben. Es wäre für die Erhaltung der Massen des Volkes geradezu verhängnisvoll, wollte man jetzt die Zeit mit sozialistischen Experimenten verlieren, während die Bevölkerung nach Brot und Arbeit ruft, die in diesem Augenblick wahre Freiheit bedeuten[85]!«. Diese und viele ähnliche Aufrufe zur Mithilfe am Wiederaufbau der privatkapitalistischen Ordnung verbanden sich mit laufenden Aufforderungen zur strikten Wahrung gewerkschaftlicher Disziplin und zur Einstellung der »wilden« Streik- und Lohnbewegungen. »Die Regierung appelliert [...] an die Vernunft der Arbeiter, jetzt nicht zu streiken, weil durch Streiks der wirtschaftliche Zusammenbruch herbeigeführt würde, was verhütet werden muß[86].« Zweifellos mag es objektiv in der durch die alliierte Blockade bedingten verzweifelten Versorgungslage Deutschlands zahlreiche gewichtige Gründe gegeben haben, die gegen ökonomische Experimente zum damaligen Zeitpunkt sprachen, und zweifellos wird man auch den Gewerkschaftsführungen und den Volksbeauftragten ein ehrliches und verantwortungsbewußtes Bemühen um eine schnelle Besserung der Lebensmittelversorgung attestieren müssen, dennoch bleibt der Vorwurf an die Partei- und Gewerkschaftsführungen, durch eine energisch und provokativ zur Schau gestellte Hinhalte- und Verzögerungstaktik in der Sozialisierungsfrage, verbunden mit dem Einsatz der antidemokratischen Freikorps-Verbände, das soziale Klima unnötig vergiftet und die Massenstreikbewegungen erst mit verursacht zu haben. Im Gegensatz dazu haben sich die englischen Gewerkschaften, freilich nicht wie die deutschen eingebunden in den staatlichen Ordnungsapparat, stets voll mit der Notwendigkeit einer Sozialisierung solidarisiert und dadurch jenen für die deutschen Arbeiterorganisationen so charakteristischen zeitweiligen Autoritäts- und Vertrauensverlust unter den Mitgliedern als Ursache der »wilden« Protestbewegungen gar nicht erst aufkommen lassen.
Selbst wenn der erste Reichskongreß der Arbeiter- und Soldatenräte Mitte Dezember 1918 in Berlin mit seinem »mit großer Mehrheit« angenommenen Auftrag an die Regierung, »mit der Sozialisierung aller hierzu reifen Industrien, insbesondere des Bergbaus, unverzüglich zu beginnen[87]«, und selbst wenn die Regierung Scheidemann mit dem ihr und der Nationalversammlung vom Berliner Generalstreik der Metallarbeiter Anfang März 1919 abgetrotzten Sozialisierungsrahmengesetz und »Gesetz über Regelung der Kohlenwirtschaft[88]« die allge-

---

85 Correspondenzblatt, Jg. 28, Nr. 46, 16. Nov. 1918, S. 417; vgl. auch ebda., Jg. 28, Nr. 47, 23. Nov. 1918, S. 435 ff.; Nr. 48, 30. Nov. 1918, S. 439 ff.; Jg. 29, Nr. 17, 26. April 1919, S. 175 ff.; *Lederer*, a. a. O., S. 251; *Severing*, S. 42.
86 Correspondenzblatt, Jg. 28, Nr. 47, 23. Nov. 1918, S. 436; vgl. auch ebda., Jg. 28, Nr. 50, 14. Dez. 1918, S. 459 ff.; Jg. 29, Nr. 1, 4. Jan. 1919, S. 1 ff.; Nr. 2/3, 18. Jan. 1919, S. 22 f.; *Emil Kloth*, Die Ausschaltung der Gewerkschaften in der Revolution und ihre Folgen, in: Sozialistische Monatshefte, Jg. 25, Bd. 52, 20. Jan. 1919, S. 19 ff.; *Dörnemann*, S. 25, 91; *Laubscher*, S. 31, 129; *Potthoff*, S. 38, 162 f.
87 *Allgemeiner Kongreß* (vgl. Anm. 50), S. 344.
88 Vgl. *Hans Schieck*, Der Kampf um die deutsche Wirtschaftspolitik nach dem Novemberumsturz 1918, Phil. Diss. Heidelberg 1958, S. 153 ff.; *Ludwig Preller*, Sozialpolitik in der Weimarer Republik, unv. Nachdruck Düsseldorf 1978, S. 239 ff.

meinen Erwartungen und Hoffnungen auf eine Umgestaltung der privatkapitalistischen Wirtschaftsordnung immer wieder hochschraubten, waren doch im Grunde die entscheidenden Weichen *gegen* die Nationalisierung längst gestellt, wie exemplarisch an dem Schicksal der von den Volksbeauftragten im November 1918 eingesetzten und am 5. Dezember endlich konstituierten *Sozialisierungskommission*[89] und an dem der sogenannten *Essener Neunerkommission* im Januar/Februar 1919[90] deutlich wird.

Statt wie in England sofort über eine parlamentarische Untersuchungskommission und eine nationale Wirtschaftskonferenz für die Diskussion einer so außerordentlich explosiven und umstrittenen Frage wie der der Sozialisierung erst einmal volle politische Öffentlichkeit herzustellen und durch die Chance zum harten argumentativen Schlagabtausch bei »offenen Türen« unter gleichberechtigter und achtungsvoller Einbeziehung der Gewerkschafts- und Labourführungen einen allgemeinen Meinungs- und Willensbildungsprozeß in Gang zu setzen, der den sozialen Konfliktstoff so lange »von der Straße« auf den »Round Table« verlagerte, bis er entschärft war, taten die deutschen Sozialdemokraten alles, die von ihnen selbst eingesetzte Kommission, die bei der breiten Arbeiterschaft durchaus Autorität besaß, und mit ihr »die wirtschaftliche Kernfrage des Sozialismus« »aus der Sphäre des politischen Kampfes in die kühle Region der Wissenschaft« zu erheben und hinter verschlossenen Türen »Politik durch Wissenschaft« zu ersetzen[91]. »Ungeduldig erwartete die mobilisierte Arbeiterschaft schnelle Beschlüsse. Kritik erregte die Kommission durch die Exklusivität ihrer Beratungen und den mangelnden Kontakt zum politischen Leben[92].« Die Sozialisierungskommission, »von der man sich vornehmlich einen pazifizierenden Einfluß erhoffte[93]«, »ließ sich geschickt zur Agitation gebrauchen, ohne daß die Regierung zu einer Entscheidung gezwungen wurde[94]«. Nicht nur, daß es der Mehrheitssozialdemokratie gelang, »durch eine geschickte Verschleppungstaktik und durch die einfache Ignorierung der [...] Sozialisierungskommission die Sozialisierungsbewegung ins Leere laufen zu lassen[95]«, daß die Kommissionsvorarbeiten für den Vorläufigen Bericht über die Sozialisierung des Kohlenbergbaus vom 15. Februar 1919 »an einer latenten Sabotage der Bürokratie[96]« unter Führung des sozialdemokratischen Unterstaatssekretärs im Reichswirtschaftsamt, Dr. August Müller, litten und daß sich die Kommission schließlich Anfang April unter demütigendem Druck seitens des ebenfalls sozialdemokratischen Reichswirtschaftsministers Wissell selbst auflöste[97], ihr verdienstvolles Wirken war auch in der Öffentlichkeit stets begleitet von ausgesprochen entmutigenden, wenn nicht sogar beleidigend abschätzigen Bemerkungen führender Sozialdemokraten. »In grundsätzlichem sozialistischem Geiste«, erklärte Ebert in einer auch als Flugblatt veröffentlichten

---

89 Vgl. *Schieck*, S. 57 ff.; ders., Die Behandlung der Sozialisierungsfrage in den Monaten nach dem Staatsumsturz, in: E. Kolb (Hrsg.), Vom Kaiserreich, S. 138—164; *Peter Wulf*, Die Auseinandersetzungen um die Sozialisierung der Kohle in Deutschland 1920/21, in: VfZG 25, 1977, S. 46—98.
90 Zur Essener Neunerkommission vgl. u. a. *Dörnemann*, S. 32 ff.; *H. Mommsen*, Die Bergarbeiterbewegung, a. a. O., S. 292 f.; *v. Oertzen*, Betriebsräte, S. 113 ff.; *ders.*, Die großen Streiks, a. a. O., S. 241 ff.; *Potthoff*, S. 126 ff.; *Schieck*, Die Behandlung, a. a. O., S. 152 f.; *Rürup*, Arbeiter- und Soldatenräte, S. 24 ff.; 206 f., 281 f., 373; *J. Tempke*, The Rise and Fall of the Essen Model, January-February 1919, in: IWK, Jg. 13, 1977, S. 160—171.
91 *Schieck*, Die Behandlung, a. a. O., S. 148.
92 *Schieck*, Die Behandlung, a. a. O., S. 149.
93 *Erich Matthias*, Der Rat der Volksbeauftragten. Zu Ausgangsbasis und Handlungsspielraum der Revolutionsregierung, in: E. Kolb (Hrsg.), Vom Kaiserreich, S. 109.
94 *Schieck*, Die Behandlung, a. a. O., S. 147.
95 *Wulf*, a. a. O., S. 47.
96 *Preller*, S. 239.
97 *Schieck*, Der Kampf, S. 96.

Rede vom 1. Dezember 1918, »wollen wir Gebiete des Wirtschaftslebens vergesellschaftlichen, die dazu reif sind. Das soll nach wohlüberlegter wissenschaftlicher Einsicht unter Mitwirkung der Praktiker auf großangelegter zentraler Basis geschehen«, um dann mit eindeutiger Warnung gegen die »wilden« Sozialisierungen einzelner Betriebe fortzufahren: »Sozialistische Experimente in einzelnen Betrieben können nur zum Schaden der Arbeiter und Diskreditierung des Sozialismus ausschlagen. Sozialismus bedeutet die planmäßige Ordnung der Wirtschaft durch die Gesamtheit, zum Nutzen der Allgemeinheit. Sozialismus schließt jede Willkür aus, er ist Ordnung auf höchster Basis[98].« Ausgesprochen verletzend und politisch instinktlos distanzierte sich August Müller in einem Presseinterview vom 28. Dezember 1918 öffentlich von der Sozialisierungskommission und bezeichnete die Verstaatlichung des Kohlenbergbaus als ein »Verbrechen, beziehungsweise eine Dummheit[99]«. Emil Lederer beklagte die mangelnde Publizität der Arbeit der Sozialisierungskommission und der tiefgreifenden Auseinandersetzungen über die Sozialisierungsfrage überhaupt selbst in der Bergarbeiterzeitung. »Von allen den schweren, prinzipiellen, inneren Konflikten zwischen der Sozialisierungskommission und der Regierung würde man hier vergebens etwas suchen, wie auch alle, gerade für den Bergbau am besten durchgearbeiteten Einzelfragen, z. B. der Organisation, ganz im Dunkeln bleiben. Welch' ein Unterschied gegenüber der sachlichen Behandlung, welche diese Frage in England gefunden hat[100]!« Ein ähnliches Schicksal wie der Sozialisierungskommission war der von einer Konferenz der Arbeiter- und Soldatenräte des rheinisch-westfälischen Industriegebietes am 13. Januar 1919 zur Durchführung der Sozialisierung mit Hilfe von gewählten Zechenräten gebildeten Essener Neunerkommission beschieden. Die MSPD sah ihre drittelparitätische Mitwirkung in dieser Kommission neben drei USPD- und drei KPD-Vertretern vorwiegend als Mittel, um die gefährlich aufgeflammte Generalstreikbewegung zu dämpfen. Als dies innerhalb weniger Tage gelungen war, distanzierte sie sich sofort von dem von der Konferenz vorgelegten Sozialisierungsmodell auf der Grundlage von unten nach oben aufgebauter autonomer Steiger-, Zechen- und Bergrevierräte und gab durch die in Zusammenarbeit mit den Berliner Volksbeauftragten vorgenommene bewußte Verwässerung der Räteorganisation in Richtung auf die nur beratenden Arbeiter- und Angestelltenausschüsse des Hilfsdienstgesetzes von 1916 und der Verordnung vom 23. Dezember 1918 mit sehr begrenzten Rechten unmißverständlich zu erkennen, daß sie künftig entschlossen auf der Linie der wirtschaftspolitischen Konzeption des Reichswirtschaftsamtes mit sichtbarer Frontstellung gegen die Rätebewegung zu operieren gedachte: »Kooperation der Sozialpartner unter staatlicher Lenkung[101]«. Die Hinhaltetaktik der Mehrheitssozialdemokraten in der Neunerkommission, die demütigende Behandlung der Sozialisierungskommission und die seit Anfang März unter Führung insbesondere Leiparts massiv einsetzenden Versuche, das revolutionäre Rätemodell Schritt für Schritt bis zur Verabschiedung des Betriebsrätegesetzes am 2. Februar 1920 auf die Funktion sozialpartnerschaftlicher Mitbestimmungsgremien zu reduzieren, haben nachweisbar einen hohen Anteil am Ausbruch der Massenstreikbewegungen und an ihrer Radikalisierung zwischen Februar und April 1919 gehabt, bis sie dann am Ende wirklich vielfach in die Hände linksradikaler Führer aus dem kommunistischen und dem syndikalistisch-anarchistischen Lager gerieten. »Es kann nicht ignoriert werden, daß der Radikalisierungsprozeß, der den mehrheitssozialdemokratischen Volksbeauftragten seit der Jahreswende in zunehmendem Maße zu schaffen machte, zu einem guten Teil eine Konsequenz ihrer eigenen Politik war[102].« Ohne daß hier eine eindeutige Antwort darauf zu geben wäre, ob

---

98 Abgedruckt bei *Richard Müller*, Die Novemberrevolution, Neuauflage Berlin 1973, S. 286.
99 Zitiert nach *Schieck*, Der Kampf, S. 93.
100 *Lederer*, a. a. O., S. 254.
101 *Schieck*, Die Behandlung, a. a. O., S. 153.
102 *Matthias*, a. a. O., S. 116.

etwa die von M. Cohen und J. Kaliski innerhalb der SPD entwickelte Rätekonzeption einer Ergänzung der politisch-parlamentarischen Körperschaften durch einen gleichberechtigten zweiten Strang von durch paritätisch zusammengesetzte gewerbliche »Produktionsräte« beschickten sogenannten »Kammern der Arbeit« überhaupt eine Realisierungschance gehabt hätte oder ob sie nicht, wofür vieles spricht, sehr schnell an einer unpraktikablen Überbürokratisierung gescheitert wäre, bleibt doch der Vorwurf an die Sozialdemokratie und die Gewerkschaftsführung, die Rätebewegung, »die sich nicht in das geordnete Weltbild der alten Sozialdemokratie einfügte und gegenüber den hergebrachten Organisationen der Arbeiterbewegung als etwas Unkontrollierbares erschien«, in ihren Ursprüngen und ihrem Kern, wie er sich in der allgemeinen Resignation und Enttäuschung weiter Kreise der Arbeiterschaft darstellte, »auf groteske Weise« als »bolschewistisch« verkannt und aus dieser Fehleinschätzung der Kräfteverhältnisse in einer Art panischer Überreaktion zu schnell den Anschluß an die alten Gewalten, insbesondere des Militärs, und damit an die Kräfte der Konterrevolution gesucht zu haben[103]. Matthias sieht die Ursprünge der sozialrevolutionären Radikalisierung der »deutschen Revolution« im Frühjahr 1919 und damit auch der in Antwort auf diese Radikalisierung sich entfaltenden Gegenrevolution wesentlich mit in dem »statischen, konservierenden Grundzug« sozialdemokratischer Ordnungspolitik und dem »schroffe[n], aus der sozialdemokratischen Parteigeschichte vertraute[n] Vorgehen gegen offene — die Einheit der Organisation in Frage stellende — Häresien, als welche zumindest die mehrheitssozialdemokratischen Volksbeauftragten die in ihrer Potenz weit überschätzte radikale Linke der revolutionären Bewegung klassifizierten[104]«.

Mehrheitssozialdemokraten und Gewerkschaftsführer in Deutschland, die zur Zielscheibe einer geschichtlich verpackten und dadurch vielfach nur scheinlegitimierten allgemeinen Gesellschaftskritik zu machen, seit der Studentenrevolte von 1969 Mode geworden ist, mußten aber 1918/19 — damit wird der Blick auf die Ausgangsfrage nach dem politischen System und dem englischen Beispiel zurückgelenkt — im Gegensatz zur Londoner Regierung den sozialen Konflikt in einem politischen Ordnungsrahmen zu regulieren und zu entschärfen versuchen, der als solcher noch kaum institutionalisiert und durch breiten demokratischen Konsens legitimiert war und insofern all jener bewährten politisch-parlamentarischen und gesellschaftlichen Konfliktneutralisierungsmechanismen entbehrte, deren Autorität in England bis weit in die Arbeiterschaft hinein ungeachtet der schweren Belastungen von Kriegs- und Nachkriegszeit unangefochten blieb.

5. Rahmenbedingungen: die Sozialbeziehungen (industrial relations)

Dieser Abschnitt geht davon aus, daß der soziale Konfliktverlauf in einem Lande nicht nur durch das politische System, in das er eingebettet ist, sondern ganz wesentlich auch durch die geschichtliche Ausformung der gesellschaftlichen Beziehungen insbesondere zwischen »Kapital« und »Arbeit« determiniert wird. Die beiden wichtigsten und zugleich auch umstrittensten Strukturelemente dieser Sozialbeziehungen waren damals in Deutschland der *Tarifvertrag* und die *Arbeitsgemeinschaftsidee,* in England — ganz parallel gelagert — das *collective*

---

103 *Matthias,* a. a. O., S. 115.
104 *Matthias,* a. a. O., S. 113; vgl. auch *Susanne Miller,* Die Bürde der Macht. Die deutsche Sozialdemokratie 1918—1920, Düsseldorf 1978.

agreement und das *Whitley-System*[105]. Bemerkenswert für England ist, daß die Gewerkschaften hier unmittelbar nach Kriegsende zum autonomen und uneingeschränkten »collective bargaining«, das als Kern der »industrial democracy« in seinem Anwendungsbereich sehr viel weiter zielt als die deutschen Tarifverhandlungen, zurückkehrten, innerhalb von wenigen Wochen die bereits erwähnte »restoration of restrictive pre-war practices« durchdrückten und eine sozial- und vor allem auch lohnpolitische Konzeption verfolgten, die nach den vier Jahren des Burgfriedens wieder wie vor dem Krieg auf die Entfaltung von Gegenmacht und in der Ausübung sozialer Sanktionen (Streiks) auf eine klare Frontstellung gegenüber dem bürgerlichen Lager abgestellt war. In Anknüpfung an die gesellschaftspolitische Vorstellungswelt der Arbeiterbewegung aus der Vorkriegszeit von den »two nations« und dem »them and us« war diese Frontstellung ebenso wie in der linken Gewerkschaftsopposition in Deutschland damals von dem Axiom geprägt, »daß sich zwei säuberlich durch den Klassenkampf geschiedene Lager des Bürgertums und der Arbeiterschaft in harter Konfrontation gegenüberständen« und sich damit zumindest vom gewerkschaftlichen Selbstverständnis her »bürgerlich« (middle-class) als eine »Sammelbezeichnung für alle politisch-gesellschaftlichen Strömungen und Gruppen« außerhalb der Arbeiterbewegung anbot[106]. Diese klassenspezifische Abgrenzungs- und Abwehrhaltung gewann im Weltbild des englischen Arbeiters weit über den unmittelbaren lohnpolitischen Anlaß hinaus schon sehr schnell nach Kriegsende in dem Maße wieder Raum, wie er desillusioniert und verbittert feststellen mußte, daß das versprochene »land fit for heroes« weit eher eine propagandistische Fiktion im verbalen Schlagwortrepertoire Lloyd Georges geblieben war als eine konkrete Leitlinie regierungsoffizieller Politik in Richtung Wohlfahrtsstaat. Die tiefe Enttäuschung darüber, nach den schweren Opfern, die der Krieg gerade dem »kleinen Mann« abverlangt hatte, und nach den großzügigen Durchhalteversprechungen der Regierung auf eine »bessere Welt« nach dem Krieg (Reconstruction) nun doch nicht in dem erhofften Umfang an der »bürgerlichen Lebensqualität« (middle-class amenities), die sich u. a. in staatlich subventioniertem Hausbau, in Stadtteilsanierungen (slum-clearance), Stadtverschönerungen, Ausbau der Infrastruktur, Gesundheitsfürsorge, Familienpolitik, Erholungsplätzen, in Arbeitsplatzsicherheit sowie in einer Ausdehnung der Aus- und Fortbildungsmöglichkeiten manifestierte, teilzuhaben, im Grunde also um die Früchte des Sieges betrogen zu sein, ließ naturgemäß schon bald nach Kriegsende jedes Gefühl der Mitverantwortung für den Wiederaufbau der Friedenswirtschaft, d. h. jede Aussicht auf eine systemstabilisierende produktivitäts- und wachstumsorientierte gewerkschaftliche Lohnpolitik, relativ schnell sinken. »What was lacking was not so much goodwill as understanding. Nearly everyone, Labour and Conservative alike, regarded the wartime controls and directions as evils which should be got rid of as soon as possible. Union officials wanted to get back to their old defensive tasks; employers wanted their old freedom of enterprise. No Labour man sat on any of the committees for reconstruction, and none wanted to do so. Reconstruction of capitalism was a job for the bosses, not for Labour[107].« Entscheidend für das innergewerkschaftliche Basis-Überbau-Verhältnis zwischen Mitgliedschaft und Bürokratien nach dem Kriege war, daß sich die Führungen zumindest der stärksten und konfliktfreudigsten Gewerkschaften, der Triple Alliance und der ASE, voll mit

---

105 Vgl. *Bernd-Jürgen Wendt*, Whitleyism — Versuch einer Institutionalisierung des Sozialkonfliktes in England am Ausgang des Ersten Weltkrieges, in: *Dirk Stegmann/Bernd-Jürgen Wendt/Peter-Christian Witt* (Hrsg.), Industrielle Gesellschaft und Politisches System, Bonn 1978, S. 337—353; als zeitgenössische Analyse vgl. *Toni Kassowitz*, Die Entwicklung der englischen Betriebs- und Wirtschaftsverfassung, in: Archiv für Sozialwissenschaft und Sozialpolitik, Bd. 48, 1920/21, S. 148—191.
106 Vgl. für Deutschland *Potthoff*, S. 413.
107 *Taylor*, S. 139.

dem Unruhe- und Protestpotential ihrer Anhänger solidarisierten und in rascher Abkehr vom Burgfrieden jeder Arbeitsgemeinschaftsidee, also der Vorstellung einer natürlichen sozialpartnerschaftlichen »interclass harmony« zwischen »Kapital« und »Arbeit«, entschieden widersprachen. Gegenmachtentfaltung, Klassensolidarität und Sanktionsdrohungen seitens der Führungen ließen in der explosiven Lage des Winters und Frühjahrs 1919 jenen Basisverlust und Autoritätsverfall, der die deutsche Entwicklung vor allem im Bergbau und beim »Alten Verband« in diesen Monaten auszeichnete, gar nicht erst eintreten; sie wirkten nach unten innerhalb der Arbeiterschaft vertrauensbildend und hielten auch hier die Zuversicht wach, daß Leute wie Smillie oder Hodges »da oben« die Sache der Bergleute gut verträten, selbst dann noch, als die Bergarbeiterführer ihre Anhängerschaft Ende Februar in der Sozialisierungsfrage erst einmal zum Stillhalten aufforderten. R. Charles beurteilt die Chancen, daß sich die englischen Bergleute (wie die deutschen) nach dem Kriege einer Einladung seitens der Zechenherren zur Kooperation oder dem im Whitley-Report niedergelegten partnerschaftlichen Mitbestimmungsgedanken hätten öffnen können, mit Recht sehr skeptisch. »There were signs that the owners were a little more amenable to reason at the end of the war but they found it easy enough to return to their traditional belligerence when the unions challenged them. Industries like this then would have treated the invitation with the same scorn as they treated the Report [i. e. the Whitley-Report]. They did not want to help anyone to improve the system; they thought they wanted to replace it. In the meantime they were content with the conflict theory of bargaining and its practice accordingly[108].« Als Lloyd George am 9. Oktober 1919 einer Deputation der Miners' Executive und des TUC, in der u. a. Hodges und Smillie vertreten waren, als Kompensation für die abgelehnte Nationalisierung und umfassende workers' control einen gewissen Grad von Mitbestimmung in einem organisatorisch auf Distriktebene stärker vereinheitlichten Bergbau (»a voice given to the miners in the executive control of the area«) in Aussicht stellte, entschied sich Smillie ohne Zögern gegen diese Abschlagzahlung und für die Bewahrung der klaren Fronten der Vorkriegszeit: »I believe our people would prefer going on as we are at the present time, or at least as we were prior to the war rather than setting up trusts which might be trusts between the miners and the mineowners ... against the general public. We would prefer going on with the old system[109].« In seiner Entgegnung berührt Lloyd George eines der brennendsten Probleme Englands bis heute: gewerkschaftliches Streikverhalten in den nationalisierten Industrien. Offenbar sei Privateigentum an Produktivkapital ebensowenig die Hauptursache sozialer Konflikte wie seine Aufhebung ein sicherer Weg zum sozialen Frieden. Dies habe gerade der Eisenbahnerstreik Ende September/Anfang Oktober deutlich gemacht, in einem staatlich kontrollierten Industriezweig also »a contest between Labour and the community, not between Labour and Capital«.
Die Wiederherstellung autonomer Tarifpositionen im normierten Prozeß des »collective bargaining«, dessen Unterbrechung und weitgehende Aufhebung während des Krieges durch staatliche Zwangsschlichtung und Streikverbot nach einer Erkenntnis des Arbeitsministeriums vom Februar 1919 »the root cause of the industrial trouble« bildeten[110], war aber nicht nur gleichbedeutend mit der Reetablierung einer Plattform für gegenmacht- und konfliktorientierte lohnpolitische Gewerkschaftsstrategien; sie war innerhalb der Sozialbeziehungen auch ein wichtiges strukturbildendes und insofern durchaus stabilisierendes Element der organisierten Konfliktregulierung. Denn das »collective bargaining« unterlag mit branchenspezifischen Unterschieden oft schon seit Jahrzehnten, wenn nicht seit mehr als einem Jahrhundert (Druckereigewerbe), einem freiwillig eingegangenen (voluntarism), zwar in der Regel nicht

---

108 *Charles*, S. 217.
109 Zitiert nach *Johnson*, S. 478.
110 *Armitage*, S. 75.

rechtlich, aber doch moralisch für beide Seiten verbindlichen (binding in honour) Kodex von Verhaltens- und Schlichtungsnormen für den Konfliktfall (procedure agreements) mit einem sorgfältig abgestuften System von Regulierungsmechanismen (conciliation and arbitration boards) und verbürgte insofern nach deren Wiederingangsetzung nach dem Kriege für die Sozialkontrahenten wieder ein relativ hohes Maß an Kalkulierbarkeit und Rationalität.

Die Restaurierung der überkommenen traditionellen Tarifbeziehungen und Schlichtungsprozeduren auf der Grundlage einer gegenseitigen Anerkennung der Unabhängigkeit und Autonomie weitgehend ohne Einmischung des Staates und staatlicher Rechtsinstitutionen (abstention of State and of Law) eröffnete vor allem auch den Gewerkschaften die Möglichkeit, Konfliktpotentiale und -träger der betrieblichen Basis wie die Shop Stewards nach deren Verselbständigungsbestrebungen während des Krieges durch eine Straffung der innergewerkschaftlichen Disziplin wieder in die Organisationen zu integrieren und die Schlichtung akuter Streitfälle, sofern sie unmittelbar am Arbeitsplatz mit Hilfe der Shop Stewards nicht möglich war, umgehend auf die nächsthöhere, in der Regel nationale Ebene der Verbände und der von diesen getragenen Schlichtungsämter zu verlagern, bevor es innerhalb der Betriebe zu ungeregelten Protestbewegungen (wild cat strikes) kam. Daß dies bis heute nicht voll gelungen ist, beweisen die zahllosen illegalen und wilden Arbeitsniederlegungen und Schwerpunktstreiks. Das Bestreben, den Shop Stewards für die Zukunft durch klar abgegrenzte und vertraglich definierte Kompetenzen jeden Ausbruch aus der Gewerkschaftsdisziplin zu erschweren und damit die Basis unter Kontrolle zu halten, schlug sich auch nieder in dem sogenannten zweiten »Shop Stewards Agreement« im Bereich der ASE[111]. Diese »Regulations regarding the Appointment and Functions of Shop Stewards and Works Committees« vom 20. Mai 1919, vereinbart zwischen den verschiedenen Einzelgewerkschaften des Metall- und Maschinenbausektors und den Unternehmern, erkannten den Gewerkschaften erstmals vertraglich von Unternehmerseite das Alleinvertretungsrecht zu, garantierten ihnen direkte Repräsentanz in den Betrieben durch die Shop Stewards, stellten diese aber gleichzeitig unter die Kontrolle der offiziellen Organisationen und bedeuteten somit »für die zahlreichen Betriebe in der Metall-, Maschinen- und Schiffsbauindustrie, in denen sich starke Shop-Steward-Vertretungen herausgebildet hatten, [...] eine deutliche Einschränkung des bisher Erreichten [...]. Die Shop-Stewards hatten in vielen Bereichen durch einen hohen Organisationsgrad die ›De-facto-Anerkennung‹ ihrer Position in der täglichen Praxis schon seit langem durchgesetzt. Für die gewerkschaftlich Organisierten in den Zentren der Shop-Steward-Bewegung stand somit die formale Anerkennung in keinem Verhältnis zu den übrigen Bestimmungen, die praktisch auf eine Beseitigung der bisherigen Position der Shop Stewards abzielten[112]«.

Dem doppelten Ziel einer Wiederherstellung der Tarifbeziehungen nach dem Kriege, nunmehr aber überwölbt von einer harmonisierenden Sozialpartnerschaftsideologie zwischen »Kapital« und »Arbeit«, und einer Disziplinierung und Integration der Konfliktträger in den Betrieben in die übergeordneten Gewerkschaftsorganisationen diente auch jenes Bündel von fünf Berichten, die 1916/17 im Rahmen der »Reconstruction«-Planungen von einem paritätischen Parlamentsausschuß unter Leitung des liberalen Unterhausabgeordneten J. H. Whitley ausgearbeitet worden und in ihrer Quintessenz in die Geschichte als »*Whitleyism*« eingegangen sind. Die Grundzüge dieses Systems sind hier nur insoweit zu klären, als es sich gegen das gleichzeitig in Deutschland praktizierte System der Arbeitsgemeinschaften, mit dem es schon damals oft verglichen worden ist[113], absetzte[114]. Ein formal ähnlich wie in

---

111 *Degen*, S. 89 ff.
112 *Degen*, S. 91.
113 Vgl. Anm. 72 und 105.
114 Vgl. *Charles*, The Development, S. 77 ff. und *Wendt*, Whitleyism, a. a. O.

Deutschland — etwa niedergelegt im Art. 165 der Weimarer Reichsverfassung — gestaffeltes paritätisches Mitbestimmungsgebäude innerhalb der einzelnen Branchen von Works Committees über District Councils bis hinauf zu den eigentlichen nationalen Mitbestimmungsträgern, den Joint Industrial Councils, das konzeptionell, vergleichbar dem Reichswirtschaftsrat, schließlich überwölbt werden sollte durch einen gemeinsamen National Industrial Council, war auch in England damals bei Kriegsende ähnlich wie in Deutschland Ausdruck des Suchens nach einem sogenannten »dritten Weg« korporativ-gewerblicher Selbstverwaltung zwischen Staatssozialismus (State ownership) und staatlicher Reglementierung auf der einen und ungezügelter privater Unternehmerwirtschaft (unfettered private enterprise) auf der anderen Seite bei voller Garantie und Achtung des Privateigentums. In einer charakteristischen funktionalen Heterogenität und Widersprüchlichkeit wies der »Whitleyism« den einzelnen, paritätisch besetzten Committees und Councils als Aufgaben gleichzeitig das gegenmachtorientierte »collective bargaining«, eine mehr unverbindliche Beratungskompetenz gegenüber den Betriebs-und Unternehmensleitungen (consultation), eine partnerschaftliche Mitwirkung am Betriebszweck der Produktivitätssteigerung (participation), eine technische Erziehungs- und Trainingsfunktion (technical education and training) und vor allem Schlichtertätigkeit im Konfliktfall zu. Im Vergleich mit der *Arbeitsgemeinschaftsidee* — und hier sei die Brücke nach Deutschland geschlagen — trug der *»Whitleyism«*, an sich wie sie ein Versuch, das für die Übergangszeit befürchtete ökonomische und soziale Chaos bereits im Vorwege korporativ durch die Zusammenarbeit zwischen »Kapital« und »Arbeit« zu verhindern, die gesellschaftlichen Konflikte zu entschärfen und die allgemeine Forderung nach Arbeiterkontrolle (workers' control) durch die freiwillige Konzedierung der »halben Macht[115]« (joint control) aufzufangen, jedoch in echt englischer Manier einen ungleich weniger formalistischen und verbindlichen, viel stärker pragmatisch und flexibel an den Bedürfnissen jedes einzelnen Gewerbezweiges orientierten Charakter als die *Zentralarbeitsgemeinschaft* (ZAG) vom November 1918. Vor allem entzogen sich die »Triple Alliance« der Bergleute, Transporter und Eisenbahner[116] sowie die ASE und die Baumwollindustrie von Anfang an jedem Versuch einer partnerschaftlichen Einbindung und setzten auch weiterhin auf ihre erprobten Verhandlungs- und Schlichtungsgremien des »collective bargaining«. »Whitleyism« war nur attraktiv für Bereiche wie die Landwirtschaft, den öffentlichen Dienst, den Tertiärsektor, kurz: für all jene Gewerbe, die entweder noch um ihre gewerkschaftliche Organisierung und Anerkennung kämpften oder durch ihren inneren Aufbau überhaupt nur schwer erfaßbar waren. Vor allem sie sahen im »Whitleyism« gleichsam ein Gehäuse zur Anlagerung gewerkschaftlicher Organisationsstrukturen und zur Erkämpfung der Tarifautonomie, hier wie auch bei zahlreichen kleineren craft unions überlebte dieses Mitbestimmungsmodell die Zwischenkriegszeit, während die Entwicklung nach einem Höhepunkt 1921 mit insgesamt 74 Joint Industrial Councils und mehr als 2 Millionen Beschäftigten dann schnell rückläufig wurde, vor allem als die Regierung ihr Interesse an diesem System verlor. Ihr Kalkül, etwa im Bergbau ein Whitley-System als preiswerte Abschlagszahlung für die verweigerte Nationalisierung und workers' control im Herbst 1919 anzubieten oder auch die National Industrial Conference nur als eine Art »trouble-shooter« im Frühjahr und Sommer desselben Jahres einzusetzen, war zu offensichtlich gewesen, als daß es bei den großen, selbstbewußten Gewerkschaften hätte Vertrauen einflößen können.
Neben dem — verglichen mit der Arbeitsgemeinschaft — sehr viel geringeren Grad der gewerkschaftlichen Bindung an dieses Mitbestimmungsmodell und, damit korrelierend, dem viel ausgeprägteren sozialpolitischen Autonomie- und Gegenmachtbewußtsein zumindest der

---

115 Vgl. *Dieter Schneider/Rudolf F. Kuda*, Mitbestimmung. Weg zur industriellen Demokratie? dtv München 1969, S. 82 ff.
116 Die Eisenbahner übernahmen 1921 das Whitley-System, vgl. *Charles*, S. 157, 188 ff.

mächtigen englischen Gewerkschaften fällt noch ein zweiter großer Unterschied ins Auge: Die Quintessenz des »Whitleyism« hat nur sehr beschränkt Eingang in die Gesetzgebung gefunden, etwa in der Einführung von Gewerbegerichten für die freiwillige Schlichtung (Industrial Courts Act), in der Ausdehnung staatlicher Lohnämter (Trade Boards) mit dem Recht zur Festsetzung verbindlicher Mindestlöhne in besonders schlecht organisierten und dementsprechend unterbezahlten Berufen (sweated industries) oder in der parlamentarischen Einsetzung der »Minimum Rates of Wages Commission«. Demgegenüber sind die Kernabmachungen der Zentralarbeitsgemeinschaft wie die Tarifverträge, die Arbeiter- und Angestelltenausschüsse, das Schlichtungswesen, kurz: das gesamte paritätische Mitbestimmungsmodell und die Sozialverfassung schrittweise von der Verordnung der Volksbeauftragten über Tarifverträge, Arbeiter- und Angestelltenausschüsse und Schlichtung von Arbeitsstreitigkeiten vom 23. Dezember 1918 über den Räteartikel der Weimarer Reichsverfassung bis hin zum Betriebsrätegesetz unter die Sanktion des Gesetz- und Verfassungsgebers gestellt und damit ihres ursprünglich bewußt intendierten autonomen Selbstverwaltungscharakters zwischen Gewerkschaften und Unternehmern unterhalb der staatlichen Ebene und weitgehend unabhängig von ihr de facto entkleidet worden. »Die deutschen Gewerkschaften sahen es — im Gegensatz zu ihren angelsächsischen Schwesterorganisationen — nicht als eine Bedrohung ihrer Wirksamkeit und Notwendigkeit an, daß der Staat weite Teile des arbeitsrechtlichen Bereiches durch seine Gesetzgebung ordnete; [...]*[117]*.«
Schon die semantischen Überlegungen G. Feldmans machen deutlich, in welch höherem Maße sich die deutschen Gewerkschaften selbst freiwillig im Herbst 1918 über den Stinnes-Legien-Pakt vom 15. November, die Gründung der Zentralarbeitsgemeinschaft mit dem Unterbau der branchenspezifischen Arbeitsgemeinschaften und der hier verankerten Arbeitsgemeinschaftsidee überhaupt organisatorisch und ideologisch in die Sozialpartnerschaft mit den Unternehmern eingebunden und dadurch bis zu einem gewissen Grade ihrer klassenspezifischen Autonomie begeben hatten, als dies bei den englischen Gewerkschaften unter dem Dach des »Whitleyism« je der Fall gewesen ist. »The term *Arbeitsgemeinschaft* is not easily translated into English because it connotes an ›organic‹ ›social partnership‹ or ›working community‹ and thus goes beyond the type of labor-management negotiations and collective bargaining familiar to Anglo-Saxon experience[118].« »Es war für die Gewerkschaftsführer [...] nicht unbedenklich, auch nach erfolgreicher Revolution weiterhin mit dem Klassengegner zu verhandeln und der — wenn auch noch in vielem unklaren und unbestimmten — radikaldemokratischen Konzeption des Staats- und Wirtschaftsaufbaus ein von den Verbandsspitzen her organisiertes Wirtschaftsgefüge entgegenzusetzen. Die Ersetzung des Begriffs ›Arbeitsgemeinschaft‹ durch den unbestimmteren ›Zentralausschuß‹ in dem gemeinsamen Abkommen fand hier ihre Ursache[119].« Der Basisverlust der deutschen Gewerkschaftsbüro-

---

117 *Kurt Biedenkopf,* Sozialpolitik und Arbeitsrecht, in: *Mommsen/Petzina/Weisbrod* (Hrsg.), Industrielles System, S. 298.
118 *Gerald D. Feldman,* Big Business and the Kapp Putsch, in: *Central European History* IV, 1971, S. 101, Anm. 2; *ders.,* German Business Between War and Revolution: The Origins of the Stinnes-Legien Agreement, in: *G. A. Ritter* (Hrsg.), *Entstehung und Wandel der modernen Gesellschaft.* Festschrift für Hans Rosenberg zum 65. Geburtstag, Berlin 1970, S. 313, Anm. 4; zur ZAG vgl. weiter *G. D. Feldman* with the assistance of *Irmgard Steinisch,* The Origins of the Stinnes-Legien Agreement. A Documentation, in: IWK, H. 19/20, Dezember 1972, S. 45—103; *ders.,* Wirtschafts- und sozialpolitische Probleme der deutschen Demobilmachung 1918/19, in: *Mommsen/Petzina/Weisbrod* (Hrsg.), Industrielles System, S. 618—636; *Winkler,* S. 42 f., Anm. 38.
119 *Friedrich Zunkel,* Industrie und Staatssozialismus. Der Kampf um die Wirtschaftsordnung in Deutschland 1914—1918, Düsseldorf 1974, S. 191. Zunkel bezieht sich hier auf die Art. 10 und 11 des Stinnes-Legien-Paktes.

kratien im Winter und Frühjahr 1919 und ihre dadurch gegebene Verwundbarkeit gegenüber unkontrollierten Massenstreikbewegungen hat hier sicher eine wesentliche Wurzel, so daß der DMV nach seinem spektakulären Führungswechsel und Linksruck im Oktober 1919 seine Konsequenz durch den Austritt aus der Arbeitsgemeinschaft zog; ihm folgten die Bauarbeiter und Schuhmacher.
In zahllosen Artikeln und Aufsätzen wurde die ZAG von führenden Sozialdemokraten und Gewerkschaftern zwar insofern als »Sieg der Arbeiterklasse« gefeiert, als sie den drei Richtungsgewerkschaften u. a. endlich ihre offizielle Anerkennung und damit auch die Anerkennung ihrer ausschließlichen Tarifhoheit seitens der Unternehmer gebracht hatte; sie wurde aber im gleichen Atemzug mit warnendem Unterton gegen linke Dissidenten und übertriebene Hoffnungen stets als Akt wirtschaftsfriedlicher gewerkschaftlicher Selbstbindung im Interesse eines ungestörten Wiederaufbaus der — zunächst noch privatkapitalistisch ausgerichteten — Friedenswirtschaft gekennzeichnet. »Es ist aber sicher nur zu begrüßen, daß die deutschen Gewerkschaften aus eigener Kraft imstande waren, vom ersten Tage der Revolution ab den politischen Sieg der Arbeiterklasse in wirtschaftliche Errungenschaften und Sicherungen ausmünzen zu können. Es wäre sehr zu wünschen, daß man diesen Teil den Gewerkschaften völlig überließe. Es kann weder den politischen noch den wirtschaftlichen Interessen der Arbeiterklasse dienen, die Revolution in eine wilde Streikära ausarten zu lassen, für die keine Organisation eine dauernde Gewähr übernehman kann[120].« Wie ein roter Faden zieht sich auch durch das freigewerkschaftliche »Correspondenzblatt« das Bemühen der Gewerkschaftsführung, das in seiner gewundenen Zwiespältigkeit praktisch ihr damals unaufhebbares Dilemma kennzeichnet, zwar einerseits die Arbeitsgemeinschaft mit den Unternehmern gegen zunehmende Ungeduld und Unruhe an der betrieblichen Basis im Interesse eines reibungslosen Übergangs von der Kriegs- in die Friedenswirtschaft zu verteidigen und sich strikt gegen linke, unkontrollierte Streikbewegungen durch den Aufruf zur Mäßigung der Forderungen, ja sogar zum Streikverzicht abzugrenzen, um die gerade von der Gegenseite anerkannte gewerkschaftliche Vertragsfähigkeit und -treue nicht sofort wieder ins Zwielicht zu setzen, andererseits aber mit Nachdruck gegenüber wachsenden Zweifeln in der Mitgliedschaft auf die Bewahrung der gewerkschaftlichen Tarifautonomie und Gegenmachtposition gegebenenfalls auch mit einer entschiedenen Streikbereitschaft hinzuweisen. »Dieses Abkommen gewährleistet dem deutschen Volke nicht nur eine sichere Durchführung der Übergangswirtschaft, sondern sichert der Arbeiterschaft auch die Anerkennung der Organisation und einen weitgehenden Einfluß auf die inneren Betriebsverhältnisse. Der konstitutionelle Betrieb ist damit zur Tatsache geworden, sobald die Arbeiterschaft sich zur Wahrung ihrer wirtschaftlichen Interessen zusammenschließt und sich die geeigneten Organe in den Betriebsausschüssen schafft[121].« »Die Gewerkschaften haben nun als Vertreter der Arbeiter mit den Unternehmern, die nun einmal Gegenpartner im Wirtschaftsleben sind, Verträge geschlossen, durch die eine Regelung der Lohn- und Arbeitsverhältnisse erfolgt. Die Durchführung dieser Verträge ist ebensosehr Pflicht der Arbeiter, d. h. der Gewerkschaften, wie der Unternehmer. So lange solche Verträge nötig sind und abgeschlossen werden, müssen sie auch gehalten werden. Die Vertragsfähigkeit der Arbeiter steht auf dem Spiele, wenn sie die von ihren Organisationen abgeschlossenen Verträge nicht halten. Und diese Vertragsfähigkeit ist äußerst wichtig, denn selbst wenn wir zu einer Sozialisierung der Produktion kommen, können wir der vertraglichen kollektiven Regelung der Arbeitsverhältnisse nicht entbehren[122].« Und

---

120 *Paul Umbreit*, Die Arbeitsgemeinschaft zwischen Arbeitgeberverbänden und Gewerkschaften, in: Die Neue Zeit, 37. Jg., 1. Bd., Nr. 14, 3. Jan. 1919, S. 319 f.
121 Correspondenzblatt Jg. 28, Nr. 46, 16. Nov. 1918, S. 41.
122 Correspondenzblatt Jg. 28, Nr. 48, 30. Nov. 1918, S. 44.

schließlich auf dem Höhepunkt der Massenstreikbewegungen im April 1919: »So wie ein Teil der Arbeiterschaft zurzeit das Augenmaß für die Bewertung politischer Rechte, die seit November 1918 geschaffen sind, verloren hat, so vermag, wie es scheint, ein Teil der Arbeiter zurzeit nicht zu ermessen, was es bedeutet, daß mit Schaffung der sogenannten Arbeitsgemeinschaften eine Reihe von Forderungen erfüllt sind, für die die Arbeiter und ihre Gewerkschaften jahrzehntelang unter schweren Opfern gekämpft haben. [...] Die Arbeitsgemeinschaft bezweckt die gemeinsame Lösung aller die Industrie und das Gewerbe Deutschlands berührenden wirtschaftlichen und sozialen Fragen sowie alle sie betreffenden Gesetzgebungs- und Verwaltungsangelegenheiten. Angesichts der Gesamtsituation auf wirtschaftlichem Gebiet mehr zu fordern, wäre nicht klug, weil es sich eben nicht mit dem gegenwärtigen Stand des ganzen Wirtschaftslebens vertragen würde. Ein Hindernis für weitere Entwicklung sind diese Abmachungen ebensowenig, wie es frühere Abmachungen über Tarifverträge usw. gewesen sind. Daß auch bei einem weiteren Stand der Entwicklung kollektive Verträge abgeschlossen werden müssen, dürfte auch keinem Zweifel unterliegen; derartige Festlegungen sind auch bei vollständiger Sozialisierung der Industrie dringend notwendig, und wenn gesagt wird, daß das Streikrecht durch diese Abmachung eingeschränkt wird, so ist das falsch. Was möglich, aber auch wünschenswert ist, das ist die Einschränkung der Streiknotwendigkeit, indem Schlichtungsinstanzen geschaffen werden, die die aus dem Arbeitsverhältnis heraus entstandenen Streitigkeiten durch friedliche Verhandlungen zum Ausgleich bringen sollen[123].«

Erbittert stellten sich die Gewerkschaftsführungen vor allem dem immer wieder gehörten Vorwurf entgegen, das unverzichtbare »Erstgeburtsrecht« des Streiks für das billige »Linsengericht« der Arbeitsgemeinschaft — jene, wie es in der linken Opposition höhnisch hieß, unternehmerfreundliche »Versicherungsinstitution gegen die weitergehenden Ansprüche der Arbeiter auf die Sozialisierung der Produktionsmittel[124]« — hergegeben zu haben[125]. Ihren Höhepunkt erreichten diese Abgrenzungsbestrebungen gegen den Vorwurf der Klassenkollaboration Ende April 1919, als der sozialdemokratische »Vorwärts« die wilden Massenstreikbewegungen scharf verurteilte und daraus die Forderung nach einer gesetzlichen Einschränkung des Streikrechts mit Hilfe einer obligatorischen Schiedsgerichtsbarkeit ableitete, »um die Streiks in Zukunft unmöglich zu machen[126]«. Leipart wandte sich namens der freigewerkschaftlichen Vorständekonferenz mit aller Schärfe gegen den parteischädigenden Charakter des »Vorwärts«. »Der über der Frage des Streikrechts ausbrechende Konflikt machte deutlich, daß der zentrale, alles andere überragende Punkt für die Gewerkschaften die Wahrung ihrer Autonomie darstellte[127].« Die gewerkschaftlichen Zentralvorstände sahen sich vor der Zwangssituation, einerseits die unautorisierten wilden Streiks schon im Interesse einer Erhaltung der Arbeitsgemeinschaften verurteilen, andererseits aber mit Nachdruck grundsätzlich auf dem Streikrecht bestehen und dies auch vor der Basis dokumentieren zu müssen. Die Lage der freigewerkschaftlichen Führung wurde immer schwieriger, als sich im Laufe des Jahres 1919 auch in ursprünglich durchaus wohlmeinenden Kreisen der Arbeiterschaft allgemeines Unbehagen an der Arbeitsgemeinschaftsidee ausbreitete, das sichtbar auch die Diskussionen des Nürnberger Gründungskongresses des ADGB Ende Juni/Anfang Juli überschattete, und der rein taktische Charakter der ZAG im Kalkül der Unternehmerschaft »als Konzes-

---

123 Correspondenzblatt Jg. 29, Nr. 14, 5. Mai 1919, S. 129 f.; vgl. auch *Laubscher*, S. 53 ff., *Potthoff*, S. 179 ff., 195 ff. et passim.
124 Zitiert nach *Potthoff*, S. 198.
125 Vgl. Correspondenzblatt Jg. 28, Nr. 47, 23. Nov. 1918, S. 436; Jg. 29, Nr. 17, 26. April 1919, S. 169 ff.
126 Vorwärts vom 24. April 1919, zitiert nach *Potthoff*, S. 348.
127 *Potthoff*, S. 348.

sion auf Zeit[128]« immer unverhüllter zutage trat. Deutliche Ausbruchstendenzen aus den Arbeitsgemeinschaften im Gewerkschaftslager im Herbst und Winter 1919/20 und das äußerst undurchsichtige und abwartende Verhalten der Ruhrindustriellen beim Kapp-Putsch mit dem anschließenden Gerangel um die Bezahlung der ausgefallenen Streiktage ließen jedoch weder Legien noch Stinnes an ihrem gemeinsamen Werk irre werden, Legien nicht, weil die ZAG für ihn die Übergangsstufe von der privatkapitalistischen zu einer gemeinwirtschaftlichen Produktionsordnung darstellte, Stinnes nicht, weil er noch die loyale Kooperation der Gewerkschaften außenpolitisch für eine erfolgreiche Revision des Versailler Vertrages brauchte[129].

Neben der Arbeitsgemeinschaft geriet auch der *Tarifvertrag* als zweites und mit ihr eng verbundenes Grundelement der Sozialbeziehungen 1918/19, kaum daß er sich in Deutschland nicht zuletzt auch mit Hilfe der ZAG allgemein durchgesetzt hatte, bereits in den Strudel linksradikaler Demagogie und antigewerkschaftlicher Agitation. Anders als das traditionsreiche »collective bargaining« in England und in seinem Anwendungsbereich auch wesentlich eingeschränkter, wurde er nach einer vergleichenden Feststellung K. Biedenkopfs in Deutschland lange »nicht nur in Parteikreisen, sondern zunächst auch in der Gewerkschaft mit Mißtrauen als vertragliches Übereinkommen betrachtet, das von der Idee des Klassenkampfes abwich. Auch von denen, die sich für den Tarifvertrag aussprachen, sahen viele in ihm lediglich eine Übergangslösung, durch die das Los der Arbeitnehmer hic et nunc erleichtert, aber nicht bleibend gebessert werden könne. Die Vorstellung, den Kollektivvertrag als Ausdruck der freien Selbstbestimmung innerhalb der bestehenden Ordnung zu sehen, fehlt angesichts der Ablehnung dieser Ordnung[130]«. Der Tarifvertrag blieb, wiederum verglichen mit England und unter dem Aspekt einer relativ starken sozialpolitischen und arbeitsrechtlichen Interventionstätigkeit des Staates in Deutschland »ein vergleichsweise rudimentäres Instrument zur Regelung wesentlicher Arbeitsbedingungen[131]«. Nichtsdestoweniger setzten sich in England und Deutschland im Ersten Weltkrieg nationale Tarifverträge wesentlich unter dem Druck der zentralistischen Kriegszwangswirtschaft zusammen mit der allgemeinen Anerkennung der Gewerkschaften weitgehend durch. Tarifautonomie, Tarifhoheit und Tarifvertragswesen entwickelten sich aber in Deutschland 1918/19 zunächst unter dem gemeinsamen Schutzdach der Arbeitsgemeinschaft und als Kernbestandteil von ihr oder sozialphilosophisch ausgedrückt: Der Tarifvertrag in Deutschland ging in dem Augenblick seiner vollen Durchsetzung am 15. November 1918 sofort unter Hohngelächter der radikalen Linken und auch unter zunehmend mißtrauischen Blicken einer sich radikalisierenden Arbeiterschaft eine Art Vernunftehe mit dem Gedanken der Sozialpartnerschaft ein und erhielt von hier aus seine spezifische Färbung. Überspitzt formuliert, stellte sich die unterschiedliche Situation damals so dar: hier das »collective bargaining« und das »collective agreement« als Ebene antikapitalistischer Gegenmachtentfaltung der Arbeiterklasse und gleichsam als »Waffenstillstand auf Zeit« — dort das Tarifvertragswesen als Konkretisierung und Ausgestaltung der Arbeitsgemeinschaftsidee zwischen »Kapital« und »Arbeit«. Zudem wurde in Deutschland im Gegensatz zu England der Tarifvertrag durch die Verordnung der Volksbeauftragten vom 23. Dezember 1918 als allgemeingültig und unabdingbar öffentlich-rechtlich verankert und mit dem umstrittenen Schlichtungswesen eng in Beziehung gesetzt, dem schon damals die allgemein beargwöhnte Tendenz zur staatlichen Zwangsschlichtung innewohnte, wie sie dann über mehrere Stufen schließlich Ende 1923 per Notverordnung eingeführt wurde.

---

128 *H. Mommsen*, Die Bergarbeiterbewegung, a. a. O., S. 282; vgl. *ders.*, Der Ruhrbergbau, a. a. O., S. 165 ff.
129 *Feldman*, Big Business, a. a. O., S. 123.
130 *Biedenkopf*, a. a. O., S. 296.
131 *Biedenkopf*, a. a. O., S. 299.

Verbittert registrierte das freigewerkschaftliche »Correspondenzblatt« immer wieder die Welle der »wilden« Lohnbewegungen und die Unmöglichkeit im Winter 1918/19, innerhalb der aufgewühlten, hungrigen und desillusionierten Arbeiterschaft gewerkschaftliche Disziplin und Tarifvertragsdenken durchzusetzen. »Man begnügte sich nicht mit dem politischen Erfolg der Revolution. Ein Teil der Arbeiterschaft war vielmehr versucht, die Revolution auch wirtschaftlich auszumünzen und in eine große Lohnbewegung zu verwandeln[132].« »Die Gewerkschaften«, schrieb die rechtssozialistische »Glocke« Ende 1919, »stehen vor der ungeheuren Aufgabe, zirka 5 Millionen Mitglieder (1914 1 1/2 Millionen) mit dem Geist des Erreichbaren zu erfüllen, sie zu disziplinieren, ihnen die Verantwortung von Vertragsabschlüssen klar zu machen. [...] Trotz aller Anstürme werden sich die Gewerkschaften in ihrer Mehrheit nicht von dem alten Wege der Arbeitsgemeinschaft und der Tarifvertragspolitik abbringen lassen; an dem gesunden Sinn der altorganisierten Arbeiterschaft wird die Minierarbeit der Unabhängigen scheitern, wenn nur der Geist der geschichtlichen Entwicklung lebendig bleibt[133].« Das große Dilemma gewerkschaftlicher Tarifpolitik damals, »einerseits [...] der außerordentlich verteuerten Lebenshaltung Rechnung tragen und darum hohe Löhne fordern zu müssen, obwohl infolge des Kohlenmangels und der ungünstigen Produktionsbedingungen die Arbeitszeit verkürzt ist, [...] aber andererseits doch von der Erkenntnis durchdrungen [zu sein], daß ein Land, das so arm geworden ist wie Deutschland, solche Forderungen auf die Dauer nicht erfüllen könnte, und wenn alle Produktionsmittel bereits vergesellschaftet wären«, hebt E. Kloth in den »Sozialistischen Monatsheften« hervor[134]. Gegen die Welle linksradikaler Verdächtigungen vor allem in der Berg- und Metallarbeiterschaft an die Adresse der gewerkschaftlichen Zentralverbände, sich mit den »Sklavenverträgen« unlöslich an das »Kapital« zu binden, Rätefeindschaft, Nationalisierungsverzicht und Tarifvertragsabschlüsse in der Illusion zu betreiben, als lasse sich der tiefe Graben zwischen »Kapital« und »Arbeit« überhaupt überbrücken — Unterstellungen, die in der explosiven Situation des Frühjahrs 1919 einen reichen Nährboden fanden und die Massenstreikbewegungen heftig mit anfachten —, proklamierte das »Korrespondenzblatt« entschieden den »Sieg des Tarifgedankens[135]«.
Die Welle der Tarifabschlüsse ab Frühjahr 1919 unter starker Zunahme der behördlichen Allgemeinverbindlichkeitserklärungen — Ende 1919 waren bereits rund 6 Millionen, 1920 9 1/2 Millionen Beschäftigte gegenüber 1 1/2 Millionen vor dem Kriege erfaßt[136] —, die einen ihrer Höhepunkte im ersten Manteltarifvertrag für den Ruhrbergbau am 25. Oktober 1919 fand, hatte für die Sozialbeziehungen und die Gewerkschaftsorganisationen selbst am Ende in mehrfacher Hinsicht eine stabilisierende und konfliktentschärfende Funktion. Hier setzte sich mit dem Tarifvertragswesen eine Tendenz zur Verstetigung und Verrechtlichung der Kollektivbeziehungen fort, die bereits vor dem Krieg zu beobachten war. Für den freigewerkschaftlichen »Alten Verband« im Bergbau, der infolge seiner kooperativen Arbeitsgemeinschaftspolitik und seiner deutlichen Absetzung gegen die »wilden« Streiks im Ruhrbergbau 1919 25 Prozent seiner Mitgliedschaft an syndikalistische Konkurrenzorganisationen

---

132 Correspondenzblatt, Jg. 29, Nr. 1, 4. Jan. 1919, S. 2; vgl. auch Jg. 29, Nr. 2/3, 18. Jan. 1919, S. 10; zu den sogenannten »wilden« Streiks vgl. weiter *Severing*, S. 236 ff.; *Dörnemann*, S. 25, 91; *Laubscher*, S. 31; *Potthoff*, S. 38 ff., 162 f.
133 *Arthur Höpfner*, Revolution und Gewerkschaften. Ein Jahresrückblick, in: Die Glocke, Jg. 5, Bd. 2, H. 36, 6. Dez. 1919, S. 1130 f.
134 *Emil Kloth*, Die Ausschaltung der Gewerkschaften in der Revolution und ihre Folgen, in: Sozialistische Monatshefte, Jg. 25, Bd. 52, 20. Jan. 1919, S. 20.
135 Korrespondenzblatt, Jg. 30, Nr. 1, 3. Jan. 1920, S. 3; zahlreiche Beispiele für die Ablehnung des Tarifvertrages bei *Laubscher*, S. 82 ff.
136 *Preller*, S. 246.

verloren hatte, war der erste große Kollektivvertrag mit dem Gegner von einst unter Berufung auf die Tarifhoheit allein der vier Vertragsgewerkschaften und *nicht* der syndikalistischen Absplitterungen das Mittel, »Schulter an Schulter mit dem Partner der Arbeitsgemeinschaft der syndikalistischen Welle einen soliden Damm entgegenzusetzen und im Inneren auf der Grundlage großzügiger sozialer Planung eine Sammlungsbewegung der Mitglieder einzuleiten[137]«. Neben diesem Ziel, über Arbeitsgemeinschaft und Tarifvertragssystem mit dem Zusatz seiner Unabdingbarkeit und Allgemeingültigkeit (Elemente, die dem englischen Tarifvertrag bis heute fehlen!) die Gewerkschaften nach ihrem starken Vertrauens- und Autoritätsschwund in den Massenbewegungen des Frühjahrs wieder fest in den Betrieben zu verankern, syndikalistisch-linksradikale Konkurrenzbewegungen als »nicht tariffähig« auszuschalten oder in die gewerkschaftliche Disziplin zurückzuführen, die neuen Betriebsräte über Kollektivvereinbarungen an die Gewerkschaftsorganisationen zu binden[138] und zugleich, so hoffte man, durch Tarifvertrag und Betriebsdemokratie ein erstes sichtbares Zeichen auf dem langwierigen Weg zum Sozialismus zu setzen und damit von den Enttäuschungen über die nicht sofort vollzogene Vergesellschaftung der Produktionsmittel abzulenken, hatten die Abschlüsse des Sommers und Herbstes 1919 aber auch noch eine ausgesprochen defensive materielle Funktion als Bollwerke zur Bewahrung des Status quo gegen eine rasch wiedererstarkende Unternehmermacht. Unter dem alarmierenden Titel »Sturmzeichen« nahm Carl Lindow den Eisenbahnerstreik vom Sommer 1919 und die fast das ganze Jahr über anhaltenden, langwierigen Unruhen in der Berliner Metallindustrie, die erst Anfang November beigelegt werden konnten, sowie die einseitige Aufkündigung des Tarifabkommens durch den DMV im Juni zum Anlaß, um diesen Verteidigungsaspekt mit Nachdruck herauszustreichen. »Die Frage ist nur, haben die Unternehmer oder die Arbeiter den Vorteil vom Verzicht auf Kollektivabkommen. Die Zeiten, in denen man durch Massenaufgebote die Unternehmer einschüchterte und selbst die ›hahnebüchensten‹ Forderungen durchsetzte, sind vorbei. Das sollte auch dem revolutionärsten Metallarbeiter nicht unbekannt sein. Das magere Ergebnis des Berliner Verkehrsstreiks sollte allen Draufgängern zu denken geben. Das alte Kräfteverhältnis ist zum guten Teil wiedergekehrt und damit müssen die alten reellen gewerkschaftlichen Kampfmittel wieder zu Ehren kommen. [...] Zurzeit z. B. auf den Abschluß eines Kollektivvertrages zu verzichten, liegt aus Gründen, die jedem Gewerkschafter bekannt sein müssen, einzig und allein im Interesse der Unternehmer, wie es augenblicklich nicht im Interesse der Arbeiter liegt, vorteilhafte Tarife allzu kurzfristig abzuschließen[139].«
Eindringlich belegt Feldman am Beispiel der zentralen Arbeitszeitfrage im Bergbau zwischen 1919 und 1922 die undurchsichtige Doppelstrategie des »Alten Verbandes« und seines Vorsitzenden, Otto Hue, hinter dem gemeinsamen Verteidigungswall der Arbeitsgemeinschaft mit den Zechenbesitzern[140], jene kollaborierende Doppelstrategie, die gerade die Bergbaugewerkschaften und ihre Vorstände in den spannungsvollen Monaten des Frühjahrs 1919 und 1920 immer wieder von der Basis isoliert hat[141]. Während Hue nach außen hin

---

137 *Dörnemann*, S. 124; zum Inhalt des Manteltarifvertrages vgl. Correspondenzblatt, Jg. 29, Nr. 49, 6. Dez. 1919, S. 567 ff.; sehr kritisch zum Abschluß vom 25. Okt. 1919 *H. Mommsen*, Die Bergarbeiterbewegung, a. a. O., S. 287.
138 *Potthoff*, S. 130 ff.
139 Correspondenzblatt, Jg. 29, Nr. 33, 16. Aug. 1919, S. 374 ff.
140 *Gerald D. Feldman*, Zechenverband, Gewerkschaften und Überschichten im Bergbau, 1919—1922, Ms.masch. (dem Verf. von Herrn Feldman liebenswürdigerweise auch zur Zitation bereits vor der Drucklegung zur Verfügung gestellt); zur Arbeitszeitfrage vgl. auch *Severing*, S. 21 ff., 126 ff.
141 Vgl. *Feldman*, Zechenverband, passim; *Laubscher*, S. 125 f., 157 ff.; *H. Mommsen*, Die Bergarbeiterbewegung, a. a. O., S. 276 ff.; *ders.*, Der Ruhrbergbau, a. a. O., S. 164 f.

noch lange die von der Rätebewegung in den großen Massenstreiks des Frühjahrs 1919 aufgestellte Forderung nach einer Reduktion der 7-Stunden- auf die 6-Stunden-Schicht vertrat, um den Kontakt zur Basis nicht ganz zu verlieren und hier nicht das Feld allein der oppositionellen Bergarbeiter-Union überlassen zu müssen, arbeitete er hinter den Kulissen ab Herbst zusammen mit den Zechenherren zielbewußt auf eine Verlängerung der Arbeitszeit hin, die schließlich am 18. Februar 1920 in dem ersten einer ganzen Kette von Überschichtenabkommen (zwei zusätzliche halbe Schichten in der Woche von je 3 1/2 Stunden bei 100 Prozent Lohnzuschlag) niedergelegt und in den folgenden Jahren bis zur faktischen Wiedereinführung des 8-Stunden-Tages im Bergbau 1923 auf tariflicher Basis beibehalten wurde. Zwar konnten Hue und die Gewerkschaftsvorstände Anfang 1920 überzeugende Gründe für die Mehrförderung wie die große nationale Kohlennot, die bereits zur Leistungseinschränkung in weiten Industriebereichen und zu schweren Engpässen in der Hausbrandversorgung geführt hatte, die technische Produktivität der Gruben, die Notwendigkeit der Reparationslieferungen an Frankreich und Belgien sowie den Zwang zu Kohlenlieferungen an Holland gegen dringend benötigte Lebensmittel geltend machen, dennoch kann selbst ein so wohlmeinender und erfreulich pragmatisch urteilender Interpret wie G. Feldman nicht umhin, den Bergarbeiterführern ein »nicht selten an Heuchlerei und Scheinheiligkeit« grenzendes Verhalten zu attestieren, »das letztlich aber nur das Spannungsverhältnis reflektierte, in dem sich die Gewerkschaftsführer befanden, und das sie völlig überforderte[142]«. In der Zwangslage, auf der einen Seite die nationalen Auswirkungen einer niedrigen Kohlenproduktion auch auf den Arbeitsmarkt und die allgemeine Beschäftigungslage, mithin also auch auf das Schicksal der anderen Gewerkschaften fürchten zu müssen, auf der anderen Seite die Folgen, »falls durch eine konsequente Vertretung wirtschaftlich staatsmännischen Denkens und die Unterstützung der Arbeitgeber- und Regierungsforderungen die Kontrolle über die Mitgliedschaft verloren gehen sollte«, entschieden sich die Gewerkschaftsführer für eine »Defensive gegenüber der Arbeiterschaft und dem Unternehmertum«, aus der sie sich nicht befreien konnten. Der sozialdemokratische Reichsarbeitsminister Schlicke verstieg sich sogar als engagierter Anwalt der Arbeitszeitverlängerung gegenüber Hugenberg und Hölling, als diese als Vertreter der Arbeitgeber ihm am 20. Januar 1920 persönlich die Möglichkeit einer gewaltsamen Einführung der Sechsstundenschicht durch die aufgebrachte Bergarbeiterschaft gegen die eigene Führung andeuteten, zu der drohenden Feststellung, »die Regierung werde unter allen Umständen festbleiben, das übrige müsse Noske machen[143]«. »Regierungsvertreter und Arbeitgeber hatten sich zu einer gemeinsamen Front zusammengefunden, die jetzt die Bedingungen bestimmte, an denen die Bergarbeiterführer ihre Führung der Arbeitermassen zu orientieren hatten[144].« Die Mehrheitssozialisten Bauer und Severing schreckten sogar vor einer offenkundigen Demütigung der Bergarbeiterführer im Interesse der Produktionssteigerung nicht zurück: »Die Herren Vertreter der Gewerkschaften sollen Führer der Massen sein und das sind sie nur, wenn sie nicht den Stimmungen der Massen nachgeben[145].« Dabei sollte freilich nicht übersehen werden, daß die großzügige Entlohnung der zusätzlichen Schichten sowie Zusicherungen der Regierung für Lebensmittelzulagen und Kleidung als Kompensation in der Arbeiterschaft oft ein »wildes Wettrennen« nach Überschichten auslösten. Am Ende waren die Bergarbeiterführer »vollständig isoliert, zum einen aufgrund der Allianz zwischen der Regierung und den Arbeitgebern, zum anderen aber auch von ihren Gewerkschaftskollegen in der ZAG und aus anderen Industriezweigen, die darauf bestanden, daß die Berg-

---

142 *Feldman*, Zechenverband, S. 12.
143 Zitiert nach *Feldman*, Zechenverband, S. 19.
144 *Feldman*, Zechenverband, S. 21.
145 Zitiert nach *Feldman*, Zechenverband, S. 21.

arbeiter zum Wohle der Wirtschaft und Allgemeinheit Opfer bringen müßten, ohne gleichzeitig Anspruch auf die Erfüllung ihrer Wünsche zu haben[146]«.

In der Gegenüberstellung gewerkschaftlicher Politik des freigewerkschaftlichen »Alten Verbandes« auf der einen und der »Miners' Federation of Great Britain« auf der anderen Seite wird noch einmal beispielhaft deutlich, wie unterschiedlich die Tatsache, daß die deutschen Gewerkschaften im klaren Gegensatz zu den englischen in den Staat eingebunden waren, »de facto als ein politisches Instrument des Staates und als integraler Bestandteil des politischen Systems[147]« fungierten und nach dem Novemberumsturz »politisch und wirtschaftlich Mitträger der neuen Zeit[148]« geworden waren, die Sozialbeziehungen in beiden Staaten und die sozialen Konfliktmuster und -abläufe zumindest in den ersten beiden Nachkriegsjahren bestimmt hat. Die deutschen Gewerkschaften mußten nach einem treffenden Wort von E. Lederer »zwei nicht ohne weiteres miteinander vereinbare Funktionen in sich« vereinigen: »Klassenorganisation und zugleich Organ für die Gestaltung der Arbeitsbedingungen auf offiziellem Wege« zu sein[149]. Sie waren wie die Zentralarbeitsgemeinschaft selbst, in der sie von Anfang an eines ihrer wesentlichen Betätigungsfelder sahen, in der »Polarität von Wunsch nach Selbstverwaltung und Zwang zur Staatsführung« hin- und hergerissen[150] und sollten, vor allen Dingen galt dies für den ADGB, diesen inneren Zwiespalt ihrer Identität, zugleich autonomes kollektives Vertretungs- und Klassenorgan der Arbeiterschaft und — vor allem mit raschem Erstarken der restaurativen Kräfte — Garant der von ihnen selbst mit geschaffenen demokratisch-parlamentarischen Ordnung zu sein, bis zum Ende der Weimarer Republik ebensowenig wie die Sozialdemokratische Partei überwinden[151]. Allgemein-strukturelle Belastungsfaktoren für die kollektive gewerkschaftliche Interessenvertretung, wie sie sich in den meisten Industrieländern im Übergang zur modernen Massenproduktion im arbeitsteiligen Großbetrieb und vor allem auch unter den Belastungen der Kriegszwangswirtschaft im Ersten Weltkrieg fanden — organisatorische Basisferne und zentralistisch ausgerichtete »Burgfriedensmentalität«, Verbürokratisierung der vertikalen Willensbildungs- und Entscheidungsprozesse und mangelnde Anpassung der Gewerkschafts- an die neuen Produktionsstrukturen —, wurden in Deutschland überlagert und in ihrer Wirkung verschärft durch eine besondere politische Konstellation in der Nachkriegszeit: In ihr schränkten Sozialpartnerschaft und Arbeitsgemeinschaftsidee, Tarifvertragstreue und schroffe Verweigerung der Sozialisierung, ausgeprägtes gesellschaftspolitisches Ordnungsdenken und ökonomisches Verantwortungsbewußtsein, Teilhabe an der politischen Macht und loyale Anlehnung an die Repräsentanten des Wilhelminismus in Bürokratie, Wirtschaft und Armee den gewerkschaftlichen Bewegungsspielraum im flexiblen Umgang mit dem gestauten sozialen Protest- und Unruhepotential in den Arbeitermassen im Gegensatz zu England weitgehend ein und blok-

---

146 *Feldman*, Zechenverband, S. 37.
147 *Potthoff*, S. 446.
148 *Preller*, S. 183.
149 *Lederer*, a. a. O., S. 234.
150 *Preller*, S. 227.
151 Vgl. dazu *Jürgen Blunck*, Der Gedanke der Großen Koalition in den Jahren 1923—1928, in: *Kurt Jürgensen/Reimer Hansen* (Hrsg.), *Historisch-politische Streiflichter*. Geschichtliche Beiträge zur Gegenwart, Neumünster 1971, S. 169—181; weitere Literatur zur Politik der SPD in der Weimarer Republik bei *Winkler*, S. 70, Anm. 62. *Winkler* ist voll zuzustimmen, wenn er S. 70 sagt: »Nachdem es 1918/19 nur zu einem unvollkommenen Bruch mit der Welt des Obrigkeitsstaates gekommen war, fiel es der SPD schwer, sich voll und ganz mit der Republik zu identifizieren. Im Grunde zog sie die Rolle der Opposition derjenigen einer Regierungspartei vor. Sie blieb Verhaltensmustern verhaftet, die aus der vorparlamentarischen Zeit stammten: Selbst wenn eigene Genossen Ministerposten bekleideten, verharrte die Fraktion in kühler Distanz zur Regierung.«

kierten vor allem jene rechtzeitige und eindeutige öffentliche Solidarisierung mit dem Forderungskatalog der Arbeiter, die in der an sich überwiegend loyalen Anhängerschaft allgemein erwartet wurde und den sozialrevolutionären Konfliktverlauf in den Streikbewegungen des Frühjahrs 1919 wie in England möglicherweise rechtzeitig eingedämmt hätte.

6. Rahmenbedingungen: Wirtschaftssystem und Wirtschaftspolitik

Wichtige Bedingungsfaktoren sozialer Konfliktabläufe sind neben dem politisch-konstitutionellen und dem gesellschaftlichen System schließlich auch die Prinzipien staatlicher Wirtschafts- und Finanzpolitik sowie das durch sie wesentlich mitgestaltete Wirtschaftssystem eines Landes. Auf den ersten Blick scheint der Systemvergleich unter dem Aspekt sozialer Protestbildung und Konfliktvirulenz ausgesprochen vorteilhaft für Deutschland auszufallen: War nicht 1918 die Stellung der deutschen Gewerkschaften viel eindeutiger und fester verankert worden als in England, zunächst von den Unternehmern offiziell verbrieft im Stinnes-Legien-Pakt vom 15. November 1918 und dann in den folgenden Wochen und Monaten öffentlich-rechtlich sanktioniert durch Verordnungen, Gesetze und sogar einen Verfassungstext? Standen die Sozialbeziehungen nicht gleich mehrfach unter der Garantie einer vertraglichen und gesetzlichen Normierung, und erhielt diese Garantie nicht ein zusätzliches Gütesiegel durch eine politische Führung, die zunächst bis Anfang Februar 1919 rein sozialistisch war und auch anschließend in der Nationalversammlung ihre Legitimation noch auf eine breite sozialliberale Mehrheit stützen konnte? Hier gilt es noch einmal, einen bedeutsamen Unterschied zwischen England und Deutschland herauszustellen: Niemand hätte damals in England an die Gewerkschaftsführungen öffentlich das Ansinnen gerichtet, sich offiziell mit der rasch wieder etablierten privaten Unternehmerwirtschaft zu identifizieren und die Prioritäten einer liberalkapitalistischen, ungebundenen Wachstums- und Profitwirtschaft mit dem allgemein als Ziel verkündeten »back to normalcy« als bestimmende Maxime in die eigenen sozialpolitischen Strategien mit einzubeziehen. Die gesellschaftlichen Fronten in England profilierten sich nach der Aufkündigung des Burgfriedens in dem Maße wieder schärfer heraus, wie sich zwischen 1919 und 1921 der Nebelvorhang sozialstaatlicher »Reconstruction«-Propaganda vor der überkommenen Klassenlandschaft verzog und eine sich hochgradig düpiert fühlende Arbeiterschaft zurückließ. Unter diesen Bedingungen wäre für jeden Gewerkschafts- oder Labour-Führer ein Aufruf zu wirtschaftlichem Denken, zum Streikverzicht, zur lohnpolitischen Zurückhaltung oder zur Aufgabe der Forderungen nach sofortiger Nationalisierung gleichsam selbstmörderisch gewesen, er hätte ihn vor den Massen diskreditiert und den Prozeß des »collective bargaining« in den Ruch eines kumpaneihaften Schaufechtens (collusion) gebracht. Demgegenüber solidarisierten sich die deutschen Partei- und Gewerkschaftsführer im Zeichen der politischen Novemberrevolution voll mit den Aufgaben des Wiederaufbaus zunächst einer privatkapitalistisch ausgerichteten Wirtschaftsordnung in der Hoffnung, diese dann nach ihrer Wiedergesundung Schritt für Schritt in einem sehr langwierigen Prozeß von innen heraus sozialisieren und in der Zwischenzeit die allgemein erwartete aktive Wirtschafts- durch eine attraktive und staatlich verbürgte Sozialpolitik kompensieren zu können. In der Mitverantwortung für die schwierige ökonomische Demobilisierungs- und Aufbauphase, die gegenüber England durch den politisch-militärischen Zusammenbruch und die fortdauernde Lebensmittelblockade der Alliierten sicher noch erheblich umfangreichere Probleme mit sich brachte, wurden die führenden Kräfte der Arbeiterschaft nicht müde, diese zur lohnpolitischen Enthaltsamkeit im Interesse des reibungslosen Überganges von der Kriegs- zur Friedenswirtschaft, zum Verzicht auf wirtschaftspolitische Experimente und zur Produktivitätssteigerung aufzurufen. Das anfangs so überzeugende Argument, hier gehe es für die Arbeiterbewegung im Grunde um den Aufbau ihres eigenen Staates, verlor schon bald an Glaubwürdigkeit, und zwar in dem Augenblick, als sich abzeichnete, daß die sich nach dem Schock vom 9. November rasch mit Hilfe der Sozialdemokratie und der Gewerkschaftsvorstände wieder etablierende sozioökonomisch-politische Ordnung keineswegs die war, die sich Millionen deutscher Arbeiter als Lohn für ihre im Krieg dargebrachten Opfer erträumt hatten. Gerade dadurch mußte, um es bildhaft auszudrücken, der Sturz aus den hohen Erwartungen des 9. November hinunter vor die Bajonette des kaiserlichen Generals von Watter für den deutschen Bergmann in Mülheim/Ruhr viel deprimierender und in seiner Wirkung auch viel radikalisierender sein als etwa der Schock für den englischen Metallarbeiter in Glasgow, als er sich an einem Januarmorgen 1919 vor den Barrikaden schnell in der Stadt gegen den drohenden Generalstreik zusammengezogener Truppen fand.

Bereits viele Bände füllt die seit den 60er Jahren geführte Diskussion um die *Offenheit der Situation* von 1918/19. Während die Repräsentanten der Räteforschung wie v. Oertzen aus ihrer Perspektive immer wieder mit Nachdruck die Chancen eines sogenannten »dritten Weges« zwischen Kapitalismus und Bolschewismus, d. h. einer Fundamentaldemokratisierung von Staat, Gesellschaft und Ökonomie mit Hilfe eines Einbaus der Räte in die Verfassung und somit die Möglichkeiten zum Aufbau einer sozialen Demokratie in Deutschland damals hervorheben, während sie also »die Entstehungsphase der Republik als eine echte Entscheidungssituation..., in der die fraglichen Wege wirklich offenstanden«, begreifen[152], haben neuere Interpreten wie W. Mommsen[153], H. A. Winkler[154] und G. Feldman[155] mit gutem Grund erhebliche Zweifel an der »Räteeuphorie« der 60er Jahre und vor allem an der Offenheit der Situation 1918/20 für irgendwelche Sozialisierungsexperimente angemeldet. Die Bedingungen eines hochdifferenzierten modernen Industriestaates, der Deutschland damals schon war, hätten nach Winkler einen revolutionären Bruch mit der Vergangenheit ebenso unmöglich gemacht, wollte man nicht ein zusätzliches Chaos riskieren, wie die schweren wirtschaftlichen Belastungen der Übergangsphase. Schon H. Schieck hat dieses in seiner Dissertation überzeugend zu bedenken gegeben. »In Deutschland hing 1918 die nackte Existenz eines großen Bevölkerungsteils davon ab, daß ein Produktionsminimum aufrechterhalten wurde. Der revolutionäre Eingriff in den hochdifferenzierten Wirtschaftsorganismus nach dem 9. November erhielt hier seine natürliche Grenze. Dahinter lag die Katastrophe, die Selbstzerfleischung des Volkes. Die alliierte Interventionsdrohung verschärfte die Situation. Jede grundlegende Veränderung der Wirtschaftsstruktur erforderte ein Höchstmaß an Organisation und Disziplin[156].«

War also die Situation 1918/20 weder in England noch in Deutschland so weit offen, daß die große Lösung einer Vergesellschaftung sämtlicher Produktionsmittel und einer Umwandlung des Kapitalismus in den Sozialismus überhaupt als durchführbar zur Debatte stand, und waren also auch in beiden Ländern von hier aus gewerkschaftlichem Reformhandeln sicher relativ enge gemeinsame Grenzen gesetzt, so heißt dies jedoch nicht — und auch Winkler will es keineswegs so verstehen —, daß damit den neuen sozialistischen Gewalten in Deutschland überhaupt jeder gesellschafts- und wirtschaftspolitische Handlungsspielraum genommen war. Eine Vergesellschaftung der »sozialisierungsreifen« Industrien auf dem Montansektor und der sichtbare Abbau der dortigen verhaßten absolutistischen Betriebshierar-

---

152 *v. Oertzen*, Die großen Streiks, a. a. O., S. 233.
153 *W. Mommsen*, a. a. O., S. 372, 380.
154 *Winkler*, passim, bes. S. 64: »Ein ›dritter Weg‹ zwischen der parlamentarischen Demokratie und dem ›reinen Rätesystem‹ oder einem Regime sowjetischer Prägung war nicht gangbar. Der Einbau von wirtschaftlichen Mitbestimmungsorganen in die repräsentative Demokratie war nur denkbar als soziale Ausgestaltung dieser Regierungsform, aber nicht als Grundlage eines eigenen Regimetypus.«
155 *Feldman*, Zechenverband, S. 3, 8.
156 *Schieck*, Der Kampf, S. 43.

chien durch die Einführung einer echten wirtschaftlichen Mitbestimmung wären sicher unter den Verhältnissen des Winter 1918/19 in den breiten Massen nicht nur der Arbeiterschaft ebenso populär und geeignet gewesen, als sichtbares Zeichen sozialdemokratischer Reformentschlossenheit gerade im Bergbau das explosive Konfliktpotential zu entschärfen und die allgemeine Stimmung zu entkrampfen, wie eine entschiedenere Distanz zum kaiserlichen Verwaltungsapparat und vor allem zur Armee und zu den Freikorps mit dem Versuch, eigene republikanische Streitkräfte auf der Grundlage demokratischer Kontrolle aufzubauen. Kritik reduziert sich nicht auf die bloße Herausstellung politischer Stillosigkeit und eines unnötig provozierenden Verhaltens sozialdemokratischer Partei- und Gewerkschaftsführer, Kritik umgreift auch die im starren legalistischen Selbstverständnis und im Mangel an wirklich umfassenden und konkreten wirtschafts- und gesellschaftspolitischen Reformentwürfen begründete Abneigung der deutschen Sozialdemokratie und der mit ihr weitgehend identischen Gewerkschaftsführung, nach dem 9. November 1918 gegenüber der erwartungsvollen Massenanhängerschaft den hochgemuten Worten der ersten Stunde auch wirklich Reformtaten folgen zu lassen und sich damit eindeutig und glaubhaft gegen die alte, bankrotte Ordnung abzugrenzen.

Nach den explosiven und spannungsvollen Monaten des Winters und Frühjahrs 1919 kam es im Sommer und Herbst in England und Deutschland zu einem sichtbaren Abflauen der Streikbewegungen und wesentlich auch mit Hilfe des kollektiven Tarifvertrages vor allem zu ihrer Entpolitisierung und Überleitung, wie es schon im Dezember 1918 auf dem ersten Reichsrätekongreß warnend prophezeit worden war[157], in eine allgemeine Lohnbewegung herkömmlicher Form. Dies galt mit unterschiedlicher Intensität für den Eisenbahnerstreik im Sommer 1919[158] und Januar 1920[159], für den sich über mehrere Wochen bis zu seiner Beilegung Anfang November 1919 hinschleppenden und zeitweise von Sympathiestreiks der Elektrizitätswerke und des Verkehrswesens begleiteten Ausstand der Berliner Metallarbeiter[160] in Deutschland ebenso wie in England für den Streik der Baumwollarbeiter in Lancashire[161], den wilden Bergarbeiterstreik in Yorkshire[162], beide im Sommer 1919, den Eisenbahnerstreik Ende September/Anfang Oktober 1919[163], den Ausstand der Eisengießer September 1919/Januar 1920[164] und die beiden großen Kohlenstreiks im Oktober 1920[165] und von April bis Ende Juni 1921[166], »the last, sudden flaming of the fires of labour unrest which had followed the war[167]«. Ohne daß hier der Versuch einer individuellen Aufschlüsselung aller einzelnen Arbeitsniederlegungen gemacht werden soll, war ihnen doch eines gemeinsam: die Verteidigung eines nationalen Standards in den Arbeitsbedingungen und Löhnen, der mit der rasch fortschreitenden Teuerung in beiden Ländern (in England mit einem Höhepunkt im Herbst 1920) Schritt hielt und wenigstens den allgemeinen Reallohnzuwachs in den ersten Monaten nach dem Kriege hielt. Insofern hatten die Streikbewegungen in

---

157 *Allgemeiner Kongreß* (vgl. Anm. 50), S. 213 (Cohen), 319 (Hilferding), 329 (Barth).
158 Vgl. Correspondenzblatt, Jg. 29, Nr. 29, 19. Juli 1919, S. 314; *L. Brunner*, Die Eisenbahnerstreiks, in: Die Neue Zeit, Jg. 37, Bd. 2, Nr. 17, 25. Juli 1919, S. 387—392; *Potthoff*, S. 159 f., 351 f.
159 *Severing*, S. 110 ff.
160 Vgl. Correspondenzblatt, Jg. 29, Nr. 43, 25. Okt. 1919, S. 494 f.; Nr. 48, 29. Nov. 1919, S. 541 ff.; Nr. 49, 6. Dez. 1919, S. 558 f.; *Potthoff*, S. 159, 344 f.
161 *Mowat*, S. 40.
162 *Armitage*, S. 124; *Johnson*, S. 472 ff.; *Mowat*, S. 34 f.
163 *Armitage*, S. 63, 76 ff.
164 *Mowat*, S. 40.
165 *Armitage*, S. 141 f.; *Arnot*, S. 194 ff.; *Mowat*, S. 42 f.
166 *Armitage*, S. 147 ff.; *Arnot*, S. 205 ff.; *Mowat*, S. 119 ff.
167 *Mowat*, S. 120.

Deutschland wie in England bis hin zum Generalstreik gegen den Kapp-Putsch, der durch seinen ausgesprochen politischen Charakter eine Sonderstellung einnahm, und zum »Black Friday« am 15. April 1921 in der Bewahrung eines bereits bedrohten Status quo einen deutlich defensiven Anstrich, der sie sichtlich abhob von der mehr sozialrevolutionär-offensiv geprägten Situation der vorhergehenden Periode.

»From now on«, kennzeichnet R. Charles die Wende 1919, »instead of trying to make advances in reconstruction, labour's efforts would be needed to hold what they had gained[168].« »After June«, umschreibt Johnson die Situation im Sommer desselben Jahres, »the subsistence of discontent, the return of the forces, the boom itself, and rumored public revulsion against the Yorkshire and the police strikes marked a real caesura. From revolutionary talk workers turned to attainable goals; or simply returned to work. A new mood within the rank and file, and lesser unity in the whole of labor, altered prospects [...][169].« Denselben Befund konstatiert S. Armitage für die Eisenbahner und die Bergleute im September/Oktober 1919: »The relationship between the Government and the National Union of Railwaymen is probably the most interesting of the reconstruction period because it shows so clearly how economic questions (which had acquired a special character because of the wartime role of the Government in labour disputes) were gradually de-politicised and turned back into industrial channels[170].« »The miners, nursing their sense of betrayal [i. e. after Lloyd George had finally rejected the nationalisation of the mines on August 18th] found that their moment for action had passed. In March, the combined effects of the first stage of the Sankey Commission hearings and general labour unrest had made a general strike a real possibility. By September, this was no longer true: public indigation had cooled, and the T.U.C., when asked to support a strike, offered instead to send a delegation to the Prime Minister[171].« Auch Mowat betont mehrfach, wie die britischen Arbeiter im Sommber 1919 »from long-range schemes of nationalisation to short-range demands for wage increases« umgeschwenkt seien und die Geschäftswelt infolge des inflationsbedingten Booms den Lohnforderungen der Gewerkschaften bequem habe nachgeben können, um damit »the campaign for large reform in industry« zu schwächen[172]. »In spite of the government's gestures of reconciliation, there were several strikes, and the threat of more, during 1919, 1920, and 1921; many of them with the menace of a general strike in their shadow. None the less, a distinct change could be seen in the trade unions after the middle of 1919. There was a return to old ways. Improvements in wages, rather than political influence, were the objectives for which most strikes occurred[173].«

Die Funktion der allgemeinen Tarifvertragsbewegung ab Sommer 1919 in Deutschland für die Pazifizierung, Entpolitisierung und Verstetigung der Sozialbeziehungen sowie als materielle Kompensation für die ins Unbestimmte vertagte Sozialisierung hebt auch Dörnemann am Beispiel des Bergbaus hervor. »Fragen wir nach den Leitmotiven des freigewerkschaftlichen Handelns im Zeitraum zwischen Mai und November, so begegnen wir dem zentralen Anliegen, auf dem sozialen Sektor all jene Mißerfolge wettzumachen, die den ›Alten Verband‹ Ende Mai an den Rand des Verderbens gebracht hatten. Die Verbindung zum alten Gegner der Vorkriegszeit und Partner der nachrevolutionären Tage war rasch und neu zu befestigen. Den irregeleiteten Massen mußte ein brauchbarer Ersatz für ihre zerbrochenen Illusionen von Sozialisierung, betrieblicher Mitbestimmung oder gar Umwandlung der gesell-

---

168 *Charles*, S. 250.
169 *Johnson*, S. 473.
170 *Armitage*, S. 63, vgl. auch S. 91.
171 *Armitage*, S. 127; vgl. auch *Arnot*, S. 179.
172 *Mowat*, S. 28.
173 *Mowat*, S. 38; die Wende wird aber auch bei *Taylor*, S. 141 betont.

schaftlichen Struktur gereicht werden. [...] Der Ausbau des kollektiven Vertragssystems erfüllte exakt die Vorstellungen der Instanzen [gemeint sind hier die gewerkschaftlichen Instanzen] von Mitarbeit des Proletariats am Wiederaufbau des deutschen Wirtschaftslebens, ohne den leistungsfähigen kapitalistischen Apparat zu zerstören[174].« Lediglich der DMV-Vorstand hatte sichtlich Schwierigkeiten im Oktober 1919, tarifvertragliche Regelungen mit den Metallindustriellen auf Verhandlungsebene und die »ordnungsgemäße Durchführung von Lohnbewegungen« unter Einschaltung der gesellschaftlichen und tariflichen Schlichtungsausschüsse im Konfliktfall gegenüber der oppositionellen linken Basis in den Berliner Betrieben durchzusetzen, und Dißmann mußte es unter giftigem Spott des »Correspondenzblattes[175]«, das dem Vorstand »Stümperhaftigkeit« und »den völligen geistigen Bankrott« in der Handhabung der wochenlangen Ausstandsbewegung vorwarf, erleben, daß sich die eigenen Waffen, d. h. die Mobilisierung und Radikalisierung der Mitgliedschaft, die er noch vorher gegenüber der alten DMV-Leitung unter Schlicke erprobt und entwickelt hatte, jetzt gegen ihn selbst und seine Vorstandsgenossen kehrten.

Die entscheidende Tendenzwende von den politischen Massenstreik- und Protestaktionen resp. -androhungen des Winters und Frühjahrs 1919 zu den mehr konventionellen Lohnbewegungen seit Sommer, die in beiden Ländern etwa parallel zu beobachten war, hatte ein ganzes Bündel vergleichbarer Ursachen. Das relativ schnelle Erstarken und die Konsolidierung staatlicher Autorität nach den Erschütterungen der unmittelbaren Nachkriegszeit fand u. a. ihren Niederschlag in den beiden aufsehenerregenden Streikverboten Noskes am 26. Juni und 19. Oktober 1919 zur Sicherstellung der öffentlichen Versorgung und des allgemeinen Verkehrswesens und in der gleichzeitigen Entwicklung eines ganzen Instrumentariums staatlicher Interventionsmöglichkeiten bei der Gefährdung öffentlicher Einrichtungen wie Gas, Wasser, Elektrizität, Krankenversorgung oder Verkehr durch Streikaktionen 1920/21 in beiden Ländern: Der in Gewerkschaftskreisen in höchstem Grade Anstoß erregenden Gründung der »Technischen Nothilfe[176]« bereits 1919, den vieldiskutierten Plänen einer Notstandsgesetzgebung, der Notverordnung des Reichspräsidenten vom 10. November 1920 zum Schutz von Versorgungsbetrieben vor Stillegung durch Streiks auf Grund Art. 48, 2 WRV[177], in der die Gewerkschaften einen bedrohlichen Einbruch staatlicher Gewalt in die Koalitionsfreiheit sahen, und schließlich den bis 1923 nicht mehr verstummten Debatten um die Einführung einer staatlichen Zwangsschlichtung in Deutschland entsprachen der Intention nach in England ganz ähnliche streikbrechende Regierungsvorbereitungen für den Notfall wie die Gründung eines »Supply and Transport Committee« 1919[178] und das im Anschluß an den Bergarbeiterstreik im Oktober 1920 verabschiedete »Emergency Powers Act« mit Notstandsvollmachten für die Regierung zur Aufrechterhaltung der öffentlichen Versorgung. Eine mit der erneuten staatlichen Gegenmachtentfaltung vergleichbare und durch diese abgestützte Sammlung und Solidarisierung im Unternehmerlager ging parallel mit einem auffallenden Prozeß der Desolidarisierung und inneren Schwächung unter der Arbeiterschaft und ihren Organisationen, besonders deutlich in Deutschland im Bergbau bei dem skizzierten Kampf um Mehrleistung und Arbeitszeitverlängerung und dann 1920 bei der Spaltung der USPD, in England bei der schrittweisen Auflösung der »Triple Alliance« zwischen dem Eisenbahnerstreik 1919 und dem »Black Friday« 1921. Dieses schnelle Zer-

---

174 *Dörnemann*, S. 123; zum allgemeinen Abflauen der Streikbewegungen im Sommer 1919 vgl. auch *Severing*, S. 63 und *Preller*, S. 246.
175 Correspondenzblatt, Jg. 29, Nr. 48, 29. Nov. 1919, S. 561.
176 Zur »Technischen Nothilfe« vgl. *Potthoff*, S. 158 ff.
177 Korrespondenzblatt, Jg. 30, Nr. 47, 20. Nov. 1920, S. 635 ff.; Jg. 30, Nr. 49, 4. Dez. 1919, S. 657 ff.; vgl. auch *Potthoff*, S. 167 f.
178 *Phillips*, S. 20 ff.

brechen nationaler proletarischer Solidarität nach dem Kriege — von einer erhofften internationalen etwa zwischen englischen und deutschen Arbeitern konnte damals schon gar keine Rede sein — u. a. an branchenspezifischen Sonder- und Partialinteressen und an einer mangelnden inneren Homogenität innerhalb der Lohnarbeiterschaft in beiden Ländern bedürfte einer eingehenderen Klassenanalyse, die hier nicht geleistet werden kann. Daß sie auf die Streikbewegungen und Konfliktbereitschaft sowohl in England als auch in Deutschland 1919/20 dämpfend und neutralisierend gewirkt hat, ist nicht zu bezweifeln. Dissoziierend auf die proletarische Solidarität etwa der »Triple Alliance« haben sich auch die Notwendigkeit, relativ schwerfällige unterschiedliche Gewerkschaftsbürokratien aufeinander abzustimmen, sowie das Bestreben ausgewirkt, die oft nur mit einer vergleichsweise kleinen finanziellen Manövriermasse ausgestatteten Gewerkschaftskassen vor allem dann im Zeichen rückläufiger Konjunktur wie in England ab Winter 1920/21 für den möglichen eigenen Ernstfall intakt zu halten.

Hier wäre aber noch ein weiterer wichtiger konfliktentschärfender und entpolitisierender Faktor anzusprechen, der nachweisbar in beiden Staaten zwischen 1919 und 1921 in der gleichen Richtung einer kompensatorischen Lohnbewegung seinen Einfluß geltend gemacht hat: das betäubende *»Gift der schleichenden Inflation«*. In einer Situation, in der Lohnforderungen im Zeichen eines allgemeinen Nachkriegsbooms und eines noch kriegsbedingten Nachfrageüberhangs bei vergleichsweise knappen Angeboten von Friedensgütern — oft in Zusammenarbeit mit den Gewerkschaften wie bei der Kohle in Deutschland[179] — auf einem rasch von den Fesseln der Kriegszwangswirtschaft befreiten Markt (decontrol) über die Preise wieder auf die Verbraucher oder — wie in Deutschland — über die schleichende Valutaverschlechterung auf einen blühenden Exportmarkt abgewälzt werden konnten, lag es nahe, wenn die Unternehmerschaft oder auch die staatlichen Behörden in beiden Ländern »sich durch relativ schnelle Nachgiebigkeit von schwerwiegenden Folgen aus der sozialen und politischen Unruhe« loskauften und damit von dem Druck nach Sozialisierung entlasteten[180]. In der Regel gab der Staat in den noch preiskontrollierten Bereichen jeder Produzentenforderung nach Preiserhöhung, sofern sie mit Lohnsteigerungen begründet und durch die Drohung mit Betriebsschließung mangels Rentabilität im Weigerungsfall wirkungsvoll untermauert wurde, aus produktions- und arbeitsmarktpolitischen Erwägungen relativ schnell nach. Ähnlich verhielt es sich dort, wo der Staat selbst als Arbeitgeber gleichsam eine lohnpolitische Leitfunktion hatte. Auch bot sich so ein erfolgversprechender Weg, durch eine bereitwillige Steigerung zumindest des Nominallohnniveaus die Autorität der Gewerkschaftsführungen gegenüber der aufsässigen und um ihre hochgeschraubten gesellschaftspolitischen Hoffnungen gebrachten Basis zu stärken und vor allem in Deutschland den vielfach noch angefeindeten Tarifvertragsgedanken als pazifizierendes Stützkorsett der Sozialbeziehungen im Verbund der Arbeitsgemeinschaften zu popularisieren. So war tatsächlich, wie von den politisch ehrgeizigen Arbeiterführern der ersten Nachkriegsstunde befürchtet, aus dem revolutionären Umbruch bald eine Lohnbewegung geworden.

So vermerkte die freigewerkschaftliche Führung in ihrem Jahresrückblick auf 1919 mit gewissem Stolz, daß in der allgemeinen »Hochflut von Lohnbewegungen, die sich nach Ausbruch der Revolution über Deutschland ergoß«, »die von Arbeitseinstellung begleiteten doch nur einen untergeordneten Teil« ausgemacht hätten[181]. In dem Ende 1921 herausgegebenen

---

179 Zum Problem des Produzentenegoismus von Unternehmern und Gewerkschaften unter dem gemeinsamen Dach der Arbeitsgemeinschaft bei der parallelen Erhöhung von Schichtlohn und Kohlenverkaufspreis zu Lasten des Verbrauchers vgl. *Lederer*, a. a. O., S. 241.
180 *Schieck*, Der Kampf, S. 232.
181 Statistische Beilage des Korrespondenzblatt, Nr. 5, 18. Dez. 1920, S. 105 f.; während 1914 von insgesamt 4 866 Lohnbewegungen 29 Prozent von Arbeitseinstellungen (Streiks, Aussper-

Rückblick auf 1920 zeichnet sich aber bereits auch im gewerkschaftlichen Bewußtsein jener charakteristische lohnpolitische Pessimismus ab, der dieses Jahr 1921 an der Lohnfront zu einem gewissen Wendepunkt gemacht hat: Zwar wird wiederum herausgestellt, daß gegenüber dem Vorjahr (1919) »das Verhältnis der friedlich verlaufenden Bewegungen zu den Arbeitskämpfen fast das gleiche geblieben« sei, dennoch beschwört das »Korrespondenzblatt« warnend die Gefahr des Lohnabbaus und des sinkenden Reallohnes hinter der scheinbar so glänzenden Fassade überwiegend erfolgreicher Lohnbewegungen: »Dringt man jedoch in die Zahlen tiefer ein, zieht man insbesondere einen Vergleich zwischen den gestiegenen Kosten der Lebenshaltung und den erreichten Lohnsteigerungen im einzelnen, so kommt man zu dem Schlusse, daß trotz der immerhin gewaltigen Erfolge an erreichten Lohnerhöhungen diese nicht die gestiegenen Kosten der Lebenshaltung auszugleichen vermochten[182].« Die entlastende Wirkung einer inflationsinduzierten Scheinblüte im Zuge ständiger Valutaverschlechterung nach dem Kriege konstatiert auch E. Lederer in seinem Mitte Februar 1920 abgeschlossenen Aufsatz. »Die Inflation der Volkswirtschaft mit Kaufkraft war, wie sich zeigte, so bedeutend, daß selbst die sprunghaften Lohnerhöhungen nach dem Zusammenbruch die Rentabilität der Betriebe nicht gefährdeten. [...] Diese Konjunktur kann auch nicht rückläufig werden, solange sich die Valutaverhältnisse nicht günstiger gestalten. So wird auch aus dieser Konjunkturlage heraus für die Gewerkschaften die Möglichkeiten gegeben, höhere Löhne durchzusetzen. Schwierigkeiten werden erst entstehen, sobald die Angleichung der Preise auf dem Weltmarkt auf die eine oder andere Weise erfolgt sein wird. Dann erst wird der Gegensatz zwischen Unternehmern und Arbeitern in der Lohnfrage wieder ernsthaft in Erscheinung treten[183].« Ausgesprochen kritisch äußert sich Schieck über den illusionären Papiermark-Preis, der für die Erhaltung der überkommenen Wirtschaftsstruktur und die Befriedung des Sozialklimas gezahlt wurde, und seine verheerenden Folgen sowohl für die Arbeiterschaft als auch für das gesamte Finanz- und Wirtschaftsgefüge am Ende. »Durch das enttäuschende wirtschaftspolitische Verhalten der Regierung gefördert, war aus dem revolutionären Umbruch vom November 1918 schnell die Lohnbewegung geworden. Damit jagte die zerspaltene, von der politischen Agitation verwirrte Arbeiterschaft einem Ziel [d. h. dem Ziel gesellschaftspolitischer Veränderungen] nach, das angesichts der Versorgungs- und Konjunkturlage durch dieses Mittel verzagter Auswegslosigkeit nicht zu erreichen war. Statt die Verteilung des Volkseinkommens zu ändern, lähmte es die unter der Blockade mögliche Produktion, verzögerte den Wirtschaftsaufbau und beschleunigte den Währungsverfall[184].« Zeitgenossen[185] und spätere Interpreten[186] sind sich also darin einig, daß zwar bis etwa 1921 die Inflation in Deutschland durchaus geeignet war, »to lubricate labor-management collaboration[187]«, solange nach einer Schätzung[188] 1919/21 insgesamt eine Reallohnanhebung und ein Aufholen der Kriegsverluste zu verzeichnen waren, daß dann aber seit Sommer 1921, dem entscheidenden Wendepunkt, die Lohn-Preis-Spirale im ADGB die Überzeugung vermittelte, »daß die bisherigen Methoden der staatlichen Finanzpolitik wie das gesamte Gefü-

---

rungen) begleitet waren, betrug die Relation 1919 bei 26 433 Lohnbewegungen nur 13,9 Prozent, 1920 bei 38 547 Lohnbewegungen 14,4 Prozent. Freilich betont *Potthoff*, S. 52, Anm. 39 mit Recht die Unvollständigkeit dieser statistischen Angaben gerade für die ersten Nachkriegsjahre.
182 Statistische Beilage des Korrespondenzblatt, Nr. 4, 17. Dez. 1921, S. 85.
183 *Lederer*, a. a. O., S. 220 f.
184 *Schieck,* Der Kampf, S. 237 f.
185 Korrespondenzblatt, Jg. 31, Nr. 33, 13. Aug. 1921, S. 457 ff.
186 Vgl. *Feldman*, Big Business, a. a. O., S. 125; *ders.*, Zechenverband, S. 24; *Laubscher*, S. 32.
187 *Feldman*, Big Business, a. a. O., S. 125.
188 *Laubscher*, S. 32.

ge der gegenwärtigen Lohn- und Preispolitik in eine Sackgasse geraten seien und eine totale Umstellung der bisherigen Finanz- und Wirtschaftspolitik vorgenommen werden müsse[189]«. Verzweifelt versuchten die Gewerkschaften von diesem Augenblick ab, den erreichten Lebensstandard gegen die Geldwertverschlechterung zu verteidigen[190], so daß das Instrument des Tarifvertrages durch den inflationsbedingten Zwang, mit immer kürzeren Abschlüssen hinter den rasch davoneilenden Preisen herzulaufen, schon drei bis vier Jahre nach seiner allgemeinen Durchsetzung wieder obsolet wurde.

Gefährdet als Mittel einer Verstetigung der Sozialbeziehungen und einer einkommenspolitischen Besserstellung der Arbeiterschaft war in den gleichen Monaten des Winters und Frühjahrs 1920/21 auch in England das »collective bargaining«, hier aber nicht durch die Beschleunigung der Inflation, sondern im Gegenteil durch das überraschend schnelle Greifen einer staatlich initiierten strikten *Deflations- und Sparpolitik,* die die verheerenden Folgen eines weltweiten konjunkturellen Einbruches mit einem Hochschnellen der Arbeitslosigkeit besonders im Bergbau, einem rapiden Preis- und Lohnverfall und erheblichen Absatzschwierigkeiten wiederum vor allem bei Kohle überlagerte und ihrerseits entschieden verschärfte. Die schnelle Auflösung der »Triple Alliance« Mitte April 1921, die öffentliche Isolierung der streikenden Bergarbeiter und das allgemeine Abflauen der Nachkriegsprotestbewegungen waren ein deutlicher Indikator dafür, wie sehr der scharfe Konjunktureinbruch der Wintermonate 1920/21 den Streik als soziales Kampfinstrument stumpf und unpopulär gemacht hatte. Dabei wird man der einer kurzen Depressionsphase (November 1918—Mai 1919) folgenden Nachkriegsinflation in England zwischen Frühjahr 1919 und Jahresende 1920, sofern man angesichts der allgemeinen wirtschaftlichen Zerrüttung der Übergangszeit in beiden Ländern überhaupt von einer gezielten und einheitlichen Strategie von Staat und Unternehmern wird sprechen können, unter dem Gesichtspunkt der sozialen Befriedung der desillusionierten und aufgewühlten Arbeitermassen eine durchaus parallele Intention und Funktion unterstellen dürfen. Obwohl in den Schubladen des Schatzamtes und der Bank von England seit August 1918 die Vorschläge des »Committee on Currency and Foreign Exchange« unter Lord Cunliffe (Cunliffe Report) für eine strikte Deflationspolitik mit dem Ziel einer Rückkehr zum Goldstandard und zur Vorkriegsparität des Pfundes »without delay« lagen und gewichtige Finanzkreise ungestüm auf die Realisierung einer solchen Politik drängten[191], hielt Lloyd George es aus sozialpolitischen Erwägungen nicht für opportun, diesen Weg der Geldverknappung zu gehen und auf die zunächst konjunkturbelebende Wirkung einer inflatorischen allgemeinen Geld- und Haushaltspolitik zu verzichten, bis dann mit dem ersten Sparbudget A. Chamberlains im Sommer 1920 unter großer öffentlicher Aufmerksamkeit vorbereitende Pflöcke für eine Umkehr gesteckt wurden[192]. »The government [...] was gambling on inflation, as it must. And Bonar Law reminded the ministers [i. e. in 1919] that collapse of the domestic markets must be blocked; employment, industrial peace, and business support depended on this. Efficiency and reorganization — even reform in the sense of housing pledges fulfilled — must wait. [...] There were mutterings from the Treasury and groans from the housing commissioners. But the simple, stimulating effect of rising prices, which ended the condition that had paralyzed trade between the armistice and Whitsunday [i. e. 1919], seemed best in line with the great goal affirmed by Lloyd George: ›The task that lay

---

189 *Potthoff,* S. 295.
190 *Potthoff,* S. 433.
191 Vgl. *Bernd-Jürgen Wendt,* Aspekte der britischen Nachkriegsentwicklung zwischen Inflation und Deflation in Europa 1919 bis 1922, in: *Otto Büsch/Gerald D. Feldman* (Hrsg.), *Historische Prozesse der deutschen Inflation 1914 bis 1924.* Ein Tagungsbericht, Berlin 1978, S. 405—418.
192 Die ursächlichen Zusammenhänge zwischen beginnender staatlicher Deflationspolitik und gewerkschaftlichem Streikverhalten in England müßten noch genauer geklärt werden.

before the Government today was that of re-constructing the nerves and tissues of the nation, and re-vitalising them for generations to come«. That task seemed dependent on inflation[193].«
In der Prioritätenskala der Regierung 1919/20 rangierten an der Spitze nicht die langfristigen Ziele einer wirtschaftlichen Gesundung und Stärkung der britischen Wettbewerbskraft sowie einer Sozialreform, sondern die mehr kurzfristigen und unmittelbar miteinander zusammenhängenden der Verhinderung eines Generalstreiks, der Aufrechterhaltung und Stabilisierung des Nachkriegsbooms und eines inflationären Druckes auf die Preise und Löhne. »In the government's tacit hierarchy of values, inflation and price maintenance held a dangerous priority. [...] Housing, already menaced by the inflationary policy — which served the goal of industrial peace and of trade revival — already illustrated the point. The improvement of Britain's economic efficiency, to improve her competitive strength and thus aid long-term stability and prosperity, had been another goal of reconstruction; it too was menaced by the priority assigned to industrial peace and to price maintenance. These higher priority values perpetuated inefficiency in labor and in corporations and in industrial practice generally; the ›world's workshop‹ was not putting its house in order, although reconstructionists and labor spokesmen and productioneers had stressed that it must[194].«
Die in Deutschland und England durchaus parallel verlaufende eineinhalb- bis zweijährige Periode einer inflationsbestimmten Abkühlung und Entpolitisierung des sozialen Konflikt- und Protestpotentials, in deren Verlauf 1919/20 in beiden Ländern die ursprünglich hochbrisanten politischen Forderungen nach einer Reform resp. Teilreform des Wirtschaftssystems und damit motivierte Streikbewegungen bzw. -androhungen schrittweise wieder in die mehr konventionelle Form des Lohnkampfes übergingen, endete also sehr unterschiedlich, hier in der Inflation, dort in der Deflation. Wieweit auch dabei verschiedene Systemdeterminanten eine Rolle spielten, wäre genauer zu klären. Immerhin sei hier mehr hypothetisch die Frage aufgeworfen, ob es nicht in England die Konstellation eines 1920/21 wieder voll intakten und funktionsfähigen politischen Systems, einer in sich wieder geschlossenen Unternehmerfront und einer noch relativ geschwächten Arbeiterbewegung war, die den rigorosen Schritt zur Deflation und damit zur währungs- und geldpolitischen Priorität bei Hintansetzung sozialer Zielperspektiven ungeachtet der äußerst ungünstigen Konjunkturbedingungen damals überhaupt erst ermöglichte, während umgekehrt in Deutschland ein noch relativ schwaches, traditionsloses und unvollkommen legitimiertes politisch-demokratisches System den entscheidenden Schritt zur Währungsstabilisierung so lange nicht tun konnte, als es damit den Widerstand unternehmerischer Inflationsgewinnler *und* vergleichsweise starker Gewerkschaften auf sich ziehen mußte. Immerhin wurden die Inflation und mit ihr wichtige soziale Errungenschaften des Jahres 1918 wie der Acht- resp. Siebenstundentag (im Bergbau) erst Ende 1923 in einem Augenblick gebremst und außer Kraft gesetzt, als die deutschen Gewerkschaften praktisch schon finanziell zur ernsthaften Gegenwehr nicht mehr in der Lage waren.
Damit mündet die Betrachtung am Ende noch einmal in die eingangs gestellte Doppelfrage nach der unterschiedlichen sozialen Qualität der »Deutschen Revolution« auf der einen und des »Labour Unrest« auf der anderen Seite ein. Unterschiedliche Terminologie weist hier, das dürfte die Ereignisanalyse klargemacht haben, auf unterschiedliche und unterschiedlich zu begründende soziopolitische Tatbestände in Deutschland und England. Während wir in Deutschland in durchaus sich wiederholenden Konfliktmustern zweimal, einmal vor dem Hintergrund der vorzeitig gebremsten politischen Revolution des Novembers 1918 und dann eineinhalb Jahre später in der Ausweitung und Radikalisierung des Generalstreiks der

---

193 *Johnson*, S. 485; das Zitat im Johnson-Text stammt von *Tawney*, a. a. O., S. 15.
194 *Johnson*, S. 486; Zahlenmaterial zur inflatorischen Entwicklung bei *Mowat*, S. 27 f.; vgl. auch *Armitage*, S. 14; *Taylor*, S. 140.

Gewerkschaften gegen den Kapp-Putsch im Ruhrkrieg im Frühjahr 1920, dem Versuch begegnen, den politischen Umsturz von 1918 bzw. die Eindämmung der rechtsradikalen Konterrevolution im März 1920 weiterzutreiben in Richtung auf eine zunächst mehr evolutionär-legalistische und dann zunehmend auch revolutionäre Umgestaltung des Wirtschafts- und Gesellschaftssystems, bleibt es in England, ohne daß es hier bei Kriegsende zur Ablösung des politischen Systems gekommen ist, bei der allgemeinen und sicher auch zeitweise ernst zu nehmenden Drohgebärde eines politisch motivierten General- und Massenstreiks im Winter und Frühjahr 1918/19. In Deutschland glitt die sozialrevolutionäre Entwicklung an der Basis den insgesamt durchaus loyalen und staatstragenden Gewerkschaftsführungen zweimal für Wochen und Monate aus der Hand, eskalierte zur politischen Systemkrise und forderte damit staatliche Gewaltanwendung heraus, die ihrerseits wieder konfliktverschärfend wirkte, in einer langfristig verhängnisvollen Weise große Teile der politisch gespaltenen Arbeiterschaft der Weimarer Ordnung entfremdete und einer Stabilisierung dieser Ordnung von Anfang an entgegenarbeitete; in England dagegen wurden die Arbeitskonflikte der Nachkriegszeit trotz aller Ansätze einer weitertreibenden Radikalisierung und Politisierung auch hier dann am Ende doch nur auf der herkömmlichen sozialen Ebene ausgefochten, die Gewerkschaftsführungen behielten im wesentlichen ihre Kontrolle über die Arbeiterschaft und wuchsen vor allem nach Kriegsende nicht in eine staatstragende oder quasi-staatstragende Funktion hinein. Wichtige Aufschlüsse über mögliche Erklärungen für diesen unterschiedlichen Ablauf der Massenstreikbewegungen nach dem Ersten Weltkrieg brachten einmal die in Deutschland und England unterschiedlich gelagerten Basis-Überbau-Beziehungen innerhalb der Gewerkschaftsorganisationen, dann vor allem aber die jeweilige Funktions- und Wirkungsmächtigkeit der Konfliktlösungs- und -regulierungsmechanismen im deutschen und im englischen politischen und sozialen System; *auf der einen Seite in Deutschland* ein zur voreiligen Überreaktion aus Schwäche neigendes, mit dem militärischen Bankrott belastetes, kaum etabliertes und auch noch nicht in voller Breite legitimiertes und in der Gesellschaft verankertes politisch-demokratisches System ohne allgemein anerkannte Spielregeln des politischen und gesellschaftlichen Konfliktaustrages. Seine Arbeiterorganisationen waren zwar ursprünglich auf eine Überwindung des Kapitalismus und auf die Entfaltung sozialer Gegenmacht verpflichtet, sie fanden sich plötzlich jedoch nicht nur als quasi-staatliche Leitungs- und Garantieorgane des von ihnen mit etablierten und getragenen demokratisch-parlamentarisch-republikanischen Systems von Weimar und als Koalitionspartner des »Kapitals« in den Arbeitsgemeinschaften wieder, sondern wuchsen zur Überraschung ihrer breiten Mitgliedschaft freiwillig geradezu in die Rolle engagierter und nicht selten hart und starr zupackender Verteidiger gerade dieses kapitalistischen Systems hinein in der illusionären Hoffnung, es schrittweise von innen her reformieren zu können; damit waren die deutschen Gewerkschaften in der von ihnen traditionell erwarteten Funktion antikapitalistischer Gegenmachtentfaltung weitgehend gebremst, so daß sie den allgemeinen Protest- und Konfliktstau des Krieges und der unmittelbaren Nachkriegszeit und die in ihm beschlossene Hoffnung in der Arbeiterschaft auf eine rasche Änderung der Arbeits- und Lohnbedingungen nicht flexibel auffangen und in eine attraktive Klassenstrategie einbinden konnten. *Auf der anderen Seite stand in England* ein über Jahrhunderte gerade auch in seiner Anpassungsfähigkeit an die geänderten sozioökonomischen Verhältnisse und in seiner Fähigkeit zum Kompromiß bewährtes, integrationsfähiges und auch bis zu einem gewissen Grade politisch-sozialen Aufstieg verbürgendes parlamentarisch-demokratisches System. Es verlangte seinen Arbeiterorganisationen nach dem Kriege nicht mehr einen zeitweisen Verzicht auf ihre klassenspezifischen Funktionen oder eine kompromittierende Identifikation ab, sondern ermöglichte ihnen im Gegenteil gerade dadurch, daß es noch einmal seinen Klassencharakter deutlich hervorkehrte, auch in der kapitalistischen Ordnung jenen sozialpolitischen Bewegungsspielraum und jene antikapitalistische Profilierung, die auch weiterhin den Kontakt zur Mitgliederbasis in den Betrieben und damit angesichts der explosiven Lage und der hochgeschraubten sozialen Erwartungen 1919 erst das Greifen der überkommenen politisch-parlamentarischen und sozialen Konfliktregulierungsmechanismen garantierten. Die englische Arbeiterführung verlor im »Labour Unrest« zwischen 1918 und 1921, gipfelnd im »Black Friday«, dem 15. April 1921, gegenüber den politischen Kräften und dem Unternehmertum wichtige Arbeitskämpfe, sie verfehlte den Durchbruch zu einer neuen gesellschaftlichen Ordnung, ihr blieb die Teilhabe an der staatlichen Macht, von zwei kurzen Ausnahmen abgesehen, für weitere zwei Jahrzehnte bis zum Zweiten Weltkrieg versagt. Die deutschen Arbeiterorganisationen dagegen verloren in der »deutschen Revolution« zwischen 1918 und 1920 gegenüber einer rasch erstarkenden Koalition der konservativen Strömungen in der Bürokratie, in der Armee, in den verschiedenen politischen Lagern und im Unternehmertum und partiell sogar eng an diese Koalition gekettet, bereits wichtige Schlachten um die demokratische Fundierung und Konsolidierung der ersten deutschen Republik. Was in England lediglich Vorgeschichte für eine noch tiefere soziale Demütigung der Gewerkschaften, ihre Niederlage im Generalstreik von 1926, war, hatte in Deutschland weit darüber hinaus eine entscheidungsreiche politische Dimension. »Die Massenbewegungen der Arbeiterschaft in Deutschland zwischen 1917 und 1920 sind, aufs ganze gesehen, gescheitert: es ist ihnen nicht gelungen, ihre wesentlichen Zielvorstellungen zu verwirklichen. Gewiß, es gab Erfolge — den Staatsumsturz im November 1918 und die Abwehr des Kapp-Putsches 1920, dazu manche lohn- und sozialpolitischen Verbesserungen —, aber es gelang nicht, jene soziale Republik in Deutschland zu schaffen und solide zu verankern, die von einem Teil der Massenbewegungen als Ziel, von einem andern Teil wenigstens als Vorstufe zu einer sozialistischen Gesellschaft betrachtet wurde[195].«

---

195 *Feldman/Kolb/Rürup*, a. a. O., S. 103.

Gerald D. Feldman/Irmgard Steinisch

Notwendigkeit und Grenzen sozialstaatlicher Intervention
Eine vergleichende Fallstudie des Ruhreisenstreits in Deutschland und des Generalstreiks in England*

In der Geschichte der Weimarer Republik wird der »Ruhreisenstreit«, der auf einen Schlag vom 1. November bis zum 3. Dezember 1928 ca. 220 000 — 240 000 Arbeiter in der rheinisch-westfälischen eisen- und stahlerzeugenden Industrie durch Aussperrung arbeitslos machte, häufig als das Ereignis interpretiert, das auf die ernste Krise des politischen Systems der Weimarer Republik hinwies[1]. Die Konflikte zwischen Industrie und Arbeiterschaft, die seit der Revolution im November 1918 immer wieder die Republik schüttelten, schienen in ein kaum noch lösbares Konfrontationsstadium getreten zu sein. Sicherlich rechtfertigt das unrühmliche Ende des Weimarer Staates nachträglich diese apokalyptische Deutung, doch birgt eine zu ausschließliche Konzentration auf die deutschen Verhältnisse die Gefahr in sich, die sozialen Spannungen in der Weimarer Republik zu überschätzen und ihnen atypischen Phänomencharakter zu geben. Hier vermag eine vergleichende Perspektive mit Blick auf England Abhilfe zu schaffen, denn neben dem englischen Generalstreik im Mai 1926 verblaßt der Ruhreisenstreit merklich. Der Generalstreik mobilisierte über 3 1/2 Millionen Arbeiter zu einer einmaligen und von den Gewerkschaften selbst nicht antizipierten Solidaritätsbezeugung, die durch einen Tarifdisput im englischen Kohlenbergbau ausgelöst worden war. Besondere Brisanz bekam der Konflikt dadurch, daß mindestens ebenso viele, meist bürgerliche Freiwillige durch Übernahme von Notstandsarbeiten, Streikbrecher- und Polizeidiensten der Herausforderung der Gewerkschaften aktiv begegnen wollten. Diese Situation beschwor die Gefahr eines Bürgerkrieges und das Gespenst wirtschaftlichen Bankrotts. Immerhin dauerte der Generalstreik neun Tage lang und der Streik der Bergarbeiter sogar sieben Monate. Ganz offensichtlich besaß die Weimarer Republik kein Monopol auf sozialen Konflikt.

1918/19 durchlebte Deutschland eine Revolution. Unter dem negativen Vorzeichen eines verlorenen Krieges vollzog sich der Übergang von einer autoritären Monarchie zur parlamentarischen Republik, die durch links- und rechtsextremistische Putschversuche schon in den Anfängen zu scheitern drohte. Aber auch England, das aus dem Krieg als Sieger hervorge-

---

* Wir möchten dem Institute of International Studies und dem Committee on Research der University of California, Berkeley, für ihre Unterstützung danken. Unser Dank gilt auch den Archiven für die dort erfahrene Hilfsbereitschaft.
1 So z. B. *Ernst Fraenkel*, Der Ruhreisenstreit 1928 — 1929 in historisch-politischer Sicht, in: Staat, Wirtschaft und Politik in der Weimarer Republik. Festschrift für Heinrich Brüning, hrsg. von *Ferdinand A. Hermes* und *Theodor Schieder*, Berlin 1967, S. 97 f.; *Michael Schneider*, Auf dem Weg in die Krise. Thesen und Materialien zum Ruhreisenstreit 1928/29, Wentorf bei Hamburg 1974, S. 12 und *Bernd Weisbrod*, Schwerindustrie in der Weimarer Republik. Interessenpolitik zwischen Stabilisierung und Krise, Wuppertal 1978, bes. S. 456.

gangen war, bot nicht gerade ein Bild des Friedens, des politischen und sozialen Ausgleichs[2]. Polizeistreiks, große Streikwellen, der Einsatz von Militär in Glasgow 1921 und der damit verbundene, durchaus realistische Zweifel an der Zuverlässigkeit der Truppen im Falle bürgerkriegsähnlicher Auseinandersetzungen sowie die blutigen Kämpfe in Irland nährten die Furcht vor einer sozialen Umwälzung in England, die keineswegs nur als opportunistische Wahnvorstellung in den Köpfen einiger englischer Regierungsmitglieder herumspukte. Selbst ein so nüchterner Arbeiterführer wie der Vorsitzende der sozialistischen Gewerkschaften Deutschlands, Carl Legien, befürwortete die Unterzeichnung des Versailler Friedensvertrages u. a. in der Erwartung, daß in England die Revolution kurz bevorstehe[3]. Es kam ganz anders! Auf die wiederholte eindrucksvolle Demonstration organisierter Arbeitermacht in den ersten beiden Nachkriegsjahren folgte der sogenannte »schwarze Freitag« der englischen Arbeiterschaft. Am Freitag, den 15. April 1921 zerbrach das Bündnis zwischen den drei größten und mächtigsten Gewerkschaften der Bergarbeiter, Eisenbahner und Transportarbeiter und zog nicht nur das Scheitern des Bergarbeiterstreiks nach sich, sondern auch einen allgemeinen, die scharfe Nachkriegsdeflation flankierenden Lohnabbau. Dieser Entwicklung in England, wo die Arbeiterschaft immer stärker in die Defensive geriet, entsprechen die späteren Ereignisse in Deutschland. Nach Ende der Inflation 1923 sah sich auch die deutsche organisierte Arbeiterschaft außerstande, die während der Revolution errungenen Erfolge, insbesondere den Achtstundentag, gegen den Arbeitgeberansturm erfolgreich zu verteidigen[4].
Diese grobrastrige Skizze der unmittelbaren Nachkriegsentwicklung in Deutschland und England, die bewußt den sehr unterschiedlichen nationalen Rahmen außer acht läßt, macht den Sinn eines Vergleichs zwischen dem Generalstreik und dem Ruhreisenstreit deutlich. Beide Ereignisse setzten einen Schlußpunkt hinter die sozialrevolutionäre Krisenzeit der ersten Nachkriegsjahre und spiegelten dabei einen national sehr unterschiedlichen Lernprozeß in der Handhabung wirtschaftlich-sozialen Konflikts wider; denn während der englische Generalstreik die Niederlage der englischen Arbeiterschaft endgültig besiegelte, endete der Ruhreisenstreit mit einem Kompromiß, der Arbeitgebern wie Arbeitnehmern Zugeständnisse abverlangte. Wahrscheinlich deshalb tendierte man auf deutscher Seite damals schon dazu, den englischen Generalstreik als den von beiden schwereren Konflikt zu betrachten[5]. Im Hinblick auf die weitere historische Entwicklung in England und Deutschland hat sich diese Beurteilung heute in das Gegenteil verkehrt. Neben der Analyse der modernisierenden Impulse und moderierenden Faktoren im sozialen Konflikt wird hier versucht werden, auf die

---

2 Die klassischen Darstellungen der Geschichte Englands in der Zwischenkriegszeit sind immer noch: *Charles Loch Mowat*, Britain Between the Wars 1918 — 1940, 1955, Boston 1971 und *A.J.P. Taylor*, English History 1914 - 1945, New York/Oxford 1965; für eine vergleichende Einschätzung der unmittelbaren Nachkriegszeit siehe *Gustav Schmidt*, Effizienz und Flexibilität politisch-sozialer Systeme — die deutsche und die englische Politik 1918/19, in: Vierteljahreshefte für Zeitgeschichte, Jg. 25, H. 2, 1977, S. 137 — 187.
3 ZAG-Vorstandssitzung vom 20. 5. 1919, Zentrales Staatsarchiv der DDR, Abt. I, Potsdam (ZStA I), ZAG, Bd. 28, Bl. 125.
4 Vgl. dazu ausführlich unseren ebenfalls in dieser Zeitschrift abgedruckten Aufsatz, auf den im folgenden immer wieder Bezug genommen wird: *Gerald D. Feldman/Irmgard Steinisch*, Die Weimarer Republik zwischen Sozial- und Wirtschaftsstaat: Die Entscheidung gegen den Achtstundentag, in: Archiv für Sozialgeschichte, Bd. 18, 1978, S. 353 — 439.
5 Siehe z. B. *Die Reform des Schlichtungswesens*. Bericht über die Verhandlungen der XI. Generalversammlung der Gesellschaft für Soziale Reform in Mannheim am 24. u. 25. Oktober 1929, Jena 1930, S. 30 f.

unterschiedlichen Rahmenbedingungen hinzuweisen, die beide Ereignisse im nachhinein in ihrer Gewichtigkeit derart verschoben. Da Darstellung und Analyse des englischen Generalstreiks in erster Linie heuristische Funktion tragen, basiert dieser Teil der Untersuchung auf der Fülle vorhandener Forschungsliteratur[6]. Demgegenüber soll die Untersuchung des Ruhreisenstreits aufgrund bisher nicht benutzter Quellen den gegenwärtigen Forschungsstand abrunden und neue Interpretationsansätze entwickeln[7]. Den integrierenden Mittelpunkt des Vergleichs aber bildet die Frage nach dem Stellenwert beider Ereignisse, warum, mit den Worten des englischen Historikers Mowat[8], »der höchst dramatische Generalstreik das Ende und nicht den Anfang der Arbeiterunruhen und revolutionären Möglichkeiten in England markierte«, dagegen der Ruhreisenstreit die akute Krise der Sozialverfassung und die latente Krise der politischen Verfassung der Weimarer Republik bloßlegte.

I. Sozialpolitische Entwicklungen nach dem Ersten Weltkrieg

Beide Konflikte, Ruhreisenstreit und Generalstreik, hatten ihre Wurzeln im 1. Weltkrieg sowie in dessen wirtschaftlichen und sozialen Folgen. Erstens hatte der Krieg das internationale wie nationale wirtschaftliche Kräftegewicht empfindlich gestört; vor allem die ehemaligen Schrittmacher der Industrialisierung, Kohle, Eisen und Stahl, waren durch die Gleichzeitigkeit wirtschaftlichen Strukturwandels und relativer wirtschaftlicher Stagnation während der Zwischenkriegszeit besonders stark betroffen[9]. Zweitens hatte der Krieg einen Bewußtseinswandel bewirkt, der die aus dem Krieg politisch und organisatorisch erheblich gestärkt hervorgegangene Arbeiterschaft auf einen größeren Anteil am Nationaleinkommen sowie Besserstellung in Wirtschaft und Gesellschaft pochen ließ. Drittens und letztens hatte der Krieg die weitreichenden Möglichkeiten wirtschaftlicher Manipulation demonstriert, falls der Staat die Zielrichtung vorgab und selbst die Rolle des zentralen wirtschaftlichen und sozialpolitischen Schiedsrichters übernahm[10]. Alle drei Kriegsentwicklungen bzw. deren Nachfolgewirkungen kulminierten im Ruhreisenstreit ebenso wie im Generalstreik, denn beide Male ging es um die seit Kriegsende heftig diskutierte und umkämpfte prinzipielle Frage, welche Maßstäbe für die wirtschaftliche und soziale Gestaltung des Arbeitsverhältnisses gelten sollten. Nach der Meinung der Arbeitgeber im englischen Kohlenbergbau und in der deutschen Schwerindustrie konnte die Antwort nur lauten, daß die Wirtschaftserfordernisse den Ausschlag geben mußten, und sie verlangten daher eine Abkehr von den vor allem seit dem Krieg bestehenden sozialstaatlichen Zwängen und Einschränkungen[11]. Dieser Forderung nach

---

6 Eine ausgezeichnete Einführung ist der bibliographische Essay in: *Patrick Renshaw*, The General Strike, London 1975, S. 287 — 292; siehe auch *G.A. Phillips*, The General Strike. The Politics of Industrial Conflict, London 1976, S. 371 — 377.
7 Weder *Schneider* noch die beiden jüngsten Darstellungen des Ruhreisenstreits in *Weisbrod* und *Ulrich Nocken*, Interindustrial Conflicts and Alliances in the Weimar Republic — Experiments in Societal Corporatism, Phil. Diss., Berkeley 1979, University Microfilms 1979 benutzen die hier ausgewerteten Akten des Reichsarbeitsministeriums im ZStA I.
8 *Mowat*, S. 284.
9 Vgl. *Ingvar Svennilson*, Growth and Stagnation in the European Economy, Genf 1954, S. 9 ff. sowie Kap. VI und VII.
10 *R.H. Tawney*, The Conditions of Economic Liberty, in: ders., The Radical Tradition, Minerva Press 1964, S. 97 — 117.
11 Vgl. *Gerald D. Feldman*, The Social and Economic Policies of German Big Business, 1918 — 1929, in: American Historical Review, Bd. 75, Okt. 1969, S. 47 — 55 und *Renshaw*, S. 76 ff.

Rückkehr zum Wirtschaftsliberalismus, wenn nicht gar Manchestertum, stand die Auffassung der englischen und deutschen Gewerkschaften konträr gegenüber, die vehement auf dem Vorrang der menschlichen vor den wirtschaftlichen Bedürfnissen bestanden[12]. Ihrer Ansicht nach durfte die menschliche Arbeitskraft nicht länger bloß Ware sein oder nur ein Kostenfaktor der Produktion neben vielen anderen. Damit aber war die allgemeine Umkehr der in der kapitalistischen Industriegesellschaft bis dahin gültigen Prioritätenordnung des Rentabilitätsprinzips vor allen anderen, besonders auch sozialen Erwägungen postuliert, die vor dem 1. Weltkrieg lediglich im Bereich des sanitären Arbeitsschutzes schon gegeben war. Mit anderen Worten handelte es sich bei der Konfrontation zwischen Arbeitgebern und organisierter Arbeiterschaft nach dem Krieg um eine gesellschaftspolitische Grundsatzentscheidung, die aufgrund der politischen Emanzipation und wirtschaftlichen Organisationsstärke der Arbeiterschaft schwerlich allein im Zweikampf der sozialen Opponenten entschieden werden konnte. Das zumindest machten Generalstreik und Ruhreisenstreit noch deutlicher, als es die sozialen Konflikte unmittelbar nach Kriegsende getan hatten. Damals hatte sich die Regierung im traditionell liberalen England genauso zur Intervention gezwungen gesehen wie die Regierung in Deutschland, das schon im Kaiserreich an korporatistisch-etatistische Lösungen und Entscheidungen gewöhnt war. In beiden Fällen bestimmten die staatlich vorgegebenen Lösungsmechanismen maßgeblich die Ursache und den Verlauf sowohl des Generalstreiks als auch des Ruhreisenstreits.

1. Deutschland

Mit der revolutionären Machtergreifung der Arbeiterschaft im November 1918 hatte sich die Sozialverfassung in Deutschland grundsätzlich verändert. Unter dem Druck der Massen verfügte die provisorische Revolutionsregierung aus den beiden großen sozialistischen Parteien, MSPD und USPD, auf dem Verordnungswege u. a. die allgemeine Einführung des Achtstundentages, das unbeschränkte Koalitionsrecht, die Rechtsverbindlichkeit kollektiver Vereinbarungen sowie ein tarifliches Einigungsverfahren mittels paritätischer Schlichtungsausschüsse[13]. Damit hatte die deutsche Arbeiterschaft nicht nur Anschluß an das in England seit langem rechtlich und sozial akzeptierte System der Tarifvertragsfreiheit gefunden[14], sondern dieses durch die gesetzlich garantierten sozialen Vergünstigungen noch erheblich übertroffen. Mit dem zwischen Arbeitgebern und Gewerkschaften am 15. November 1918 abgeschlossenen Zentralarbeitsgemeinschaftsabkommen, das diese Revolutionserfolge der deutschen Arbeiterschaft noch einmal privatvertraglich absicherte[15], schien zudem das Fundament für einen breiten Sozialkonsens gelegt zu sein. Spätestens nach der französischen Ruhrbesetzung und mit dem bevorstehenden Ende der Inflation im Oktober/November 1923 stellte sich diese Hoffnung als ein großer Irrtum heraus, der sich mit der wachsenden politischen Stabilisierung der Weimarer Republik nach dem Scheitern des konterrevolutionären Kapp-Putsches im März 1920 und dem nachfolgenden siegreichen Wahlausgang für die

---

12 *Mowat*, S. 17 — 19; *Ludwig Preller*, Sozialpolitik in der Weimarer Republik, 1949, unveränd. Nachdruck Düsseldorf 1978, S. 182 ff.
13 *Preller*, S. 226 — 242.
14 *Henry Pelling*, A History of British Trade Unionism, 2. Aufl., London 1972, S. 21 - 23.
15 Siehe *Gerald D. Feldman*, The Origins of the Stinnes-Legien Agreement: A Documentation. Unter Mithilfe von Irmgard Steinisch, in: Internationale Wissenschaftliche Korrespondenz zur Geschichte der deutschen Arbeiterbewegung (IWK), H. 19/20, Dez. 1973, S. 47 — 103, bes. S. 84 f.

bürgerlichen Parteien, vor allem der politischen Rechten, im Juni 1920 schon allmählich abgezeichnet hatte. Durch eine systematische Mobilmachung gegen die organisierte Arbeiterschaft hatten die Arbeitgeber erfolgreich auf einen Sozialabbau, wenn auch noch im bestehenden gesetzlichen Rahmen, gedrängt[16]. Vor allem die rheinisch-westfälische Schwerindustrie hatte dabei offen durchblicken lassen, daß ihres Erachtens der Achtstundentag und die hohen Löhne den sicheren Ruin der deutschen Wirtschaft bedeuteten, und hatte die Verantwortung dafür der »verantwortungslosen« Politik der Gewerkschaftsführer angelastet, für die eine Beseitigung oder Schmälerung der von der Revolution allein verbliebenen und gesetzlich garantierten sozialen Besserstellung der Arbeiterschaft jedoch völlig indiskutabel war. Trotz teilweise unverhohlener Zustimmung zu den Arbeitgeberforderungen in den Reihen der bürgerlichen Parteien hatte sich dennoch keine der seit Juni 1920 im Amte befindlichen bürgerlichen Regierungen zu dem Risiko bereit gefunden, die gesetzlichen Grundlagen für einen Sozialabbau zu schaffen. Deshalb glaubte die rheinisch-westfälische Schwerindustrie wohl auf eigene Faust handeln zu müssen, als sich durch die Umkehrung der wirtschaftlichen und politischen Machtverhältnisse dazu endlich die Gelegenheit bot. Rücksichtslos nützte sie ihre wirtschaftliche und politische Schlüsselposition im französisch besetzten Ruhrgebiet während der innen- und außenpolitischen Krise Ende 1923 aus, um die ihrer Ansicht nach wirtschaftliche Notwendigkeit einer Rückkehr zu den Arbeitsbedingungen und sozialen Verhältnissen der Vorkriegszeit durchzusetzen[17]. Unter Bruch bestehender Gesetze und Tarifverträge preschten die Arbeitgeber im Ruhrbergbau vor und verlängerten eigenmächtig die Arbeitszeit. Der Frontalangriff mißlang infolge unzureichender Geschlossenheit in den eigenen Reihen, unerwartet heftiger Gegenwehr der Arbeiterschaft und vor allem mangels politischer Schützenhilfe der Reichsregierung. Trotzdem schufen das Vorgehen der Zechenunternehmer und das weitere Verhalten der rheinisch-westfälischen Schwerindustrie die Voraussetzungen für grundsätzliche Eingriffe in die bestehende Sozialgesetzgebung; denn es war klar geworden, daß sich der Angriff der Arbeitgeber im Ruhrgebiet gegen das gesamte Tarifvertragssystem richtete und die Arbeiterschaft trotz entschiedenen Widerstandes zu schwach sein würde, um die Existenz von Tarifvereinbarungen und Gewerkschaften in der Schwerindustrie weiterhin sicherzustellen. In dieser Situation drohender weiterer wirtschaftlicher und sozialer Destabilisierung, deren politische Folgen weder für das Reich noch für das besetzte Ruhrgebiet kalkulierbar waren, intervenierte der Reichsarbeitsminister Dr. Brauns, der als katholischer Zentrumspolitiker den christlichen Gewerkschaften nahestand[18]. Er erzwang eine tarifvertragliche Einigung in der rheinisch-westfälischen Schwerindustrie, die angesichts der wirtschaftlichen Zerrüttung des Reiches und der realen wirtschaftlichen Machtverhältnisse zu Lasten der Arbeiterschaft gehen mußte und eine allgemeine sozialpolitische Wende einleitete. Die Arbeiterschaft mußte drastische Lohnsenkungen hinnehmen sowie die Rückkehr zu den

---

16 Zur Mobilisierung der Arbeitgeber und zum erfolgreichen Sozialabbau 1920 — 1923/24 vgl. ausführlich: *Feldman/Steinisch*, a.a.O.
17 *Gerald D. Feldman/Heidrun Homburg*, Industrie und Inflation. Studien und Dokumente zur Politik der deutschen Unternehmer 1916 — 1923, Hamburg 1977, Kap. 6, S. 129 — 159.
18 Siehe *Ernst Deuerlein*, Heinrich Brauns — Schattenriß eines Sozialpolitikers, in: Staat, Wirtschaft und Politik in der Weimarer Republik, S. 41 — 96; für die Politik des RAM 1923/24 siehe bes. *Uwe Oltmann*, Reichsarbeitsminister Heinrich Brauns in der Staats- und Währungskrise 1923/24. Die Bedeutung der Sozialpolitik für die Inflation, den Ruhrkampf und die Stabilisierung, Phil. Diss. Kiel 1968, bes. S. 188 ff., 276 ff.

vor dem Kriege gültigen Arbeitszeiten[19], was die Wiedereinführung des 12stündigen Zweischichtensystems in den Kokereien und den kontinuierlichen Produktionsbetrieben der eisen- und stahlerzeugenden Industrie, des Zehnstundentags in allen anderen Anlagen bedeutete. Damit war die sozialpolitische Umkehr bis auf das Tarifvertragssystem fast komplett, und um dieses nicht auch noch aufs Spiel zu setzen, konnte die Arbeiterschaft kaum anders, als ihre Niederlage zu akzeptieren. Ihre Organisationen waren durch Geldentwertung und hohe Arbeitslosigkeit finanziell ausgeblutet, sie selbst wirtschaftlich verelendet, die Aussicht auf Erfolg im Arbeitskampf also mehr als gering, vor allem da sie nicht nur die Arbeitgeber, sondern wegen der schweren Wirtschaftskrise, der zerrütteten Staatsfinanzen und neuer hoher Reparationslasten auch die öffentliche Meinung und die Regierung in Berlin gegen sich gehabt hätten. Sicherung des Tarifvertragssystems einerseits, Verhütung heftiger Arbeitskämpfe andererseits waren also der jeweilige Vorteil für die Arbeiterschaft bzw. die Arbeitgeber und stellten die Grundlage des Kompromisses dar, der ohne staatliches Eingreifen nicht zustande gekommen wäre, daher auch keine der beiden Parteien befriedigte. Das sollte das hervorstechende Merkmal der staatlichen Schlichtung bleiben.
Das Druckmittel hinter der erfolgreichen tariflichen Vermittlungsaktion des Reichsarbeitsministers (RAM) in der rheinisch-westfälischen Schwerindustrie bildete die durch Ermächtigungsgesetz erlassene Verordnung über das Schlichtungswesen vom 30. Oktober 1923, die, obwohl von der Öffentlichkeit wenig beachtet, die gesetzliche Grundlage für die neue tarifpolitische Führungsrolle der Regierung schuf[20]. Unterste Schlichtungsebene blieben weiterhin die paritätischen Schlichtungsausschüsse mit einem unparteiischen Vorsitzenden oder Schlichter. Kam hier keine Einigung zustande, so bildete der Vorsitzende eine Schlichtungskammer mit paritätischer Besetzung durch Arbeitgeber- und Arbeitnehmervertreter. Selbst bei weiterer erfolgloser Verhandlung war es die Aufgabe dieser Kammer, einen unverbindlichen Schiedsspruch abzugeben, der bei Annahme durch die Tarifparteien den dann gültigen Tarifvertrag darstellte. Nahm nur eine Tarifpartei den Schiedsspruch an, so konnte sie den Antrag auf Verbindlichkeitserklärung stellen, die entweder vom zuständigen Schlichter oder vom RAM selbst bzw. einem von ihm ernannten außerordentlichen Schlichter ausgesprochen werden konnte. Damit hatte sich der RAM eine fast unbegrenzte Interventionsmöglichkeit in kontroversen Tarifangelegenheiten verschafft. Denn erstens waren die Konditionen für eine Verbindlichkeitserklärung derart weitgefaßt, daß die Entscheidung über ihre Anwendung völlig im Ermessen des RAM bzw. des Schlichters lag. Zweitens konnte nicht nur die Verbindlichkeitserklärung ohne Antrag der betroffenen Parteien von Staats wegen erfolgen, sondern der RAM bzw. die Schlichter sich auch jederzeit in einen Tarifdisput einschalten und diesen an sich ziehen, falls sie es im öffentlichen Interesse für richtig befanden. Drittens er-

---

19 Mangels konkreter Daten für die eisen- und stahlerzeugende Industrie siehe allgemein dazu *Gerhard Bry*, Wages in Germany 1871 — 1945, Princeton UP 1960, S. 7 f. und S. 214 — 233; vgl. auch *Irmgard Steinisch*, Die gewerkschaftliche Organisation der rheinisch-westfälischen Arbeiterschaft in der eisen- und stahlerzeugenden Industrie 1918 bis 1924, in: *Hans Mommsen* (Hrsg.), *Arbeiterbewegung und industrieller Wandel*. Studien zu gewerkschaftlichen Organisationsproblemen im Reich und an der Ruhr, Wuppertal 1980, S. 117 — 139.
20 Abgedruckt in: Reichsgesetzblatt 1923, S. 1043; einen problem-analytischen Überblick über die Entwicklung des staatlichen Schlichtungswesens gibt *Hubert Raupach*, Die Schlichtung von kollektiven Arbeitsstreitigkeiten und ihre Probleme unter besonderer Berücksichtigung der deutschen Entwicklung, Berlin 1964, S. 44 — 67; siehe auch *Hans-Hermann Hartwich*, Arbeitsmarkt, Verbände und Staat 1918-1933. Die öffentliche Bindung unternehmerischer Funktionen in der Weimarer Republik, Berlin 1967, S. 23 — 42.

nannte der RAM die ständigen wie außerordentlichen Schlichter. Ersteres waren jeweils für einen der zusammenhängenden Wirtschaftsbezirke, in die das gesamte Reich untergliedert war, zuständig. Damit war eine kontinuierliche und maßgeblich vom RAM bestimmte Beeinflussung der gesamten Tarifpolitik gegeben, falls nicht ein breiter Konsens zwischen den Tarifparteien ein Einschreiten der Schlichtungsstellen von vornherein erübrigte. Gerade das Fehlen eines sozialen Konsenses, was das Auseinanderbrechen der Zentralarbeitsgemeinschaft zwischen Arbeitgebern und Arbeitnehmern Anfang 1924 deutlich demonstrierte, hatte aber den RAM Brauns Ende 1923 dazu bewogen, auf der bisherigen Schlichtungspraxis aufzubauen, statt den Beratungen der vergangenen Jahre über die Neuordnung des staatlichen Schlichtungswesens zu folgen.

Der Gesetzentwurf vom 19. März 1921, der dem Reichstag vorlag, hatte eine weitestgehende Autonomie der Tarifpartner vorgesehen, einmal durch die Unabhängigkeit der Schlichtungsinstanzen, die in Aufbau und Konzeption stark der Gerichtsbürokratie nachempfunden waren, zum anderen durch die Beschränkung der Verbindlichkeitserklärung auf außergewöhnliche Fälle nach vorangegangenem langwierigen Entscheidungsprozeß[21]. Hinter dem Gesetzentwurf stand schon eine gewisse Erfahrung mit dem Zwangstarif, da der RAM und die Demobilmachungskommissare auch zuvor, zwar über Umwege, Schiedssprüche hatten für verbindlich erklären können und von diesem Recht auch Gebrauch gemacht hatten. Damals schon hatten die Arbeitgeber versucht, gerichtlich gegen den Zwangstarif vorzugehen, allerdings ohne Erfolg[22]. Ihre Ablehnung der neuen Schlichtungsordnung fiel demzufolge heftig aus, und eine Ausführungsverordnung wurde nötig, um ihre Obstruktion zu brechen. Der Erlaß zur Schlichtungsverordnung vom 29. Dezember 1923 belegte den Boykott der staatlichen Schlichtungsinstanzen mit Ordnungsstrafen, und durch die Einführung des »Stichentscheids« wurde das Patt in der Schlichterkammer gebrochen, da jetzt der Schlichter bei Nichteinigung der Arbeitgeber- und Arbeitnehmerbeisitzer allein einen Schiedsspruch fällen konnte, der unabdingbare Voraussetzung für eine Verbindlichkeitserklärung war. Damit hatte sich die staatliche Einflußnahme noch erheblich erweitert, denn der Schlichter war zu einer quasi autonomen Entscheidungsperson in tarifpolitischen Auseinandersetzungen geworden.

Zentrale Bedeutung erhielt die Schlichtungsverordnung jedoch erst mit dem Erlaß der Arbeitszeitverordnung vom 21. Dezember 1923[23], die das Prinzip des Achtstundentags zwar bestehen ließ, aber auf dem Wege tariflicher Übereinkunft Arbeitszeitverlängerungen möglich machte. Das war unzweideutig ein geschickter Schachzug des RAM Brauns, um einerseits den entschiedenen Widerstand der Arbeiterschaft gegen jede Arbeitszeitverlängerung unter Vermeidung der ansonsten absehbaren Arbeitskämpfe zu brechen, andererseits die Arbeitgeber fest an das Tarifvertragssystem und die staatliche Schlichtung zu binden. Diese Regelung hatten die unter dem direkten Druck Brauns' im November/Dezember 1923 noch freiwillig zustande gekommenen Tarifvereinbarungen in der rheinisch-westfälischen Schwerindustrie antizipiert, deren weiteres Schicksal ebenfalls symptomatisch für den Stand der Tarifpolitik in der Weimarer Republik wurde. Durch den Ruhreisenstreit 1928 traten die Konsequenzen und Grenzen einer derart massiven staatlichen Einflußnahme am krassesten in der eisen- und stahlerzeugenden Industrie zutage und stellten die als Notinstrument in der Krisen-

---

21 Hartwich, S. 32 — 35.
22 Vgl. hierzu und im folgenden: *Karl Richard Fritz*, Die Stellung der Arbeitgeber und Arbeitnehmer zum Tarifvertrag, Staatswiss. Diss. Würzburg 1931, S. 213, 223 — 225.
23 Abgedruckt in: Reichsgesetzblatt 1923, S. 1249.

zeit 1923/24 konzipierte, dann aber zur Dauereinrichtung und zum Fundament der Sozialpolitik in der Weimarer Republik überhaupt gewordene staatliche Schlichtung grundsätzlich in Frage.

Abgesehen von Randproblemen im Rahmentarifvertrag kam in der eisen- und stahlerzeugenden Industrie seit der Jahreswende 1923/24 nicht ein einziger freiwilliger Tarifabschluß mehr zustande. Während die Arbeitgeber als dezidierte Gegner sowohl der Schlichtungsverordnung als auch der neuen Arbeitszeitverordnung mit beständiger Regelmäßigkeit die Verbindlichkeitserklärung des tariflichen Mehrarbeitsabkommens beantragten, dagegen die Lohnschiedssprüche mit ebensolcher Regelmäßigkeit ablehnten, verhielten sich die Gewerkschaften genau umgekehrt[24]. Trotz kritischer Einstellung gegenüber der staatlichen Schlichtung erkannte man im Gewerkschaftslager immerhin ihre Vorteile, d. i., erstens Erhalt des Tarifvertrags überhaupt und zweitens erneute Verbesserung der Arbeitsbedingungen[25]. Mit eintretender wirtschaftlicher Stabilisierung war der RAM nämlich bemüht, zumindest die größten Härten des auch seines Erachtens Ende 1923 dringend notwendigen drastischen Sozialabbaus zu mildern[26]. Für die eisen- und stahlerzeugende Industrie hieß das konkret ein seit Ende 1924 steigendes Lohnniveau, das 1926 ungefähr wieder den Vorkriegsstand erreichte, sowie die Gefahr erneuter Arbeitszeitverkürzung[27]. Aus sanitären Gründen und unter massivem Druck aller drei, insbesondere der christlichen, Gewerkschaften verfügte der RAM am 15. Januar 1925 für die Schwerstarbeiter in den Hochofen- und Hüttenwerken die dreimal achtstündige Schicht entgegen dem erbitterten Widerstand der Arbeitgeber. Dahinter standen weniger wirtschaftliche als taktische Bedenken, denn für diese Schwerstarbeiter hatte schon vor dem Krieg zum Teil eine kürzere als zwölfstündige Schicht bestanden. Vielmehr befürchteten die Arbeitgeber bei fortschreitender wirtschaftlicher Gesundung ihrer Industrie mit einer über den RAM erfolgenden allgemeinen Wiedereinführung des achtstündigen Dreischichtensystems konfrontiert zu werden, denn der wunde Punkt der Tarifpolitik, der alles andere überschattete, blieb die Arbeitszeitfrage. Die Gewerkschaften hatten sich mit der Rückkehr zur Vorkriegsarbeitszeit keineswegs abgefunden und verstanden durch eine geschickte Verkoppelung der Lohn- und Arbeitszeitfrage letztere aktuell zu halten, ganz abgesehen von der unaufhörlichen gewerkschaftlichen Agitation für die Rückkehr zum gesetzlich undurchlöcherten Achtstundentag[28]. In vieler Hinsicht ermöglichte die staatliche Schlichtung den Gewerkschaften erst dieses Wunschdenken, denn angesichts der relativ hohen Arbeitslosigkeit und ihrer starken Mitgliederverluste 1923/24 konnten sie mit ca. einem Drittel

---

24 Zur Tarifpolitik und zum Einfluß staatlicher Schlichtung vgl. *Heinrich Meijer*, Die Bedeutung der Schlichtungstätigkeit für die Entwicklung der Arbeitsbedingungen in der nordwestdeutschen Großeisenindustrie, Staatswiss. Diss. Jena, Bottrop 1932, S. 44 — 109 und *Wilhelm Bonsmann*, Die Tarifnormen in der rheinisch-westfälischen Großeisenindustrie und ihre Auswirkungen 1924 — 1934, Phil. Diss. Erlangen, Würzburg 1936, der sich jedoch recht einseitig den Arbeitgeberstandpunkt zu eigen macht.

25 Für das ambivalente Verhältnis der Freien Gewerkschaften zur staatlichen Schlichtung vgl. *Ursula Hüllbusch*, Koalitionsfreiheit und Zwangstarif. Die Stellungnahme des Allgemeinen Deutschen Gewerkschaftsbundes zu Tarifvertrag und Schlichtungswesen in der Weimarer Republik, in: *Ulrich Engelhardt/Volker Sellin/Horst Stuke* (Hrsg.), *Soziale Bewegung und politische Verfassung*. Beiträge zur Geschichte der modernen Welt. Festschrift für Werner Conze, Stuttgart 1976, S. 599 — 652; siehe auch *Feldman/Steinisch*, a.a.O., S. 438.

26 *Deutsche Sozialpolitik 1918 — 1928*. Erinnerungsschrift des Reichsarbeitsministeriums, Berlin 1929, S. 93 — 103; *Oltmann*, bes. S. 309 ff.; *Preller*, bes. S. 358 — 363.

27 *Meijer*, S. 44 — 72, 104; *Bonsmann*, S. 8 — 21; *Weisbrod*, S. 131 — 142.

28 *Meijer*, S. 44 — 53; *Preller*, S. 350 ff.

organisierter Arbeiter in der eisen- und stahlerzeugenden Industrie kaum hoffen, ihre Arbeitszeitforderungen durchzusetzen oder einen Arbeitskampf zu gewinnen[29]. Die staatliche Schlichtung aber erlaubte es ihnen, diesen Tatbestand zu ignorieren und zumindest verbal gegen die bestehende Arbeitszeit mobil zu machen, die Verantwortung für die langen Arbeitszeiten zudem auf den RAM abzuwälzen und sich so gegenüber den eigenen Mitgliedern wie gegenüber den im Ruhrgebiet recht starken Kommunisten zu rechtfertigen. Die Einsicht in das tarifpolitisch Erreichbare und Mögliche schwand wegen der staatlichen Schlichtung aber nicht nur bei den Gewerkschaften und der Arbeiterschaft, sondern auch bei den Arbeitgebern. Trotz politischer und sozialer Neuordnung wiegten sich diese in der Illusion, ihrer Arbeiterschaft einen übergebührlichen Teil der Kriegsfolgelasten aufbürden sowie den Gewerkschaftseinfluß und das Tarifvertragssystem stark beschneiden zu können[30]. Kriegs- und Revolutionserfahrung hatten hier statt eines Lernprozesses offensichtlich nur eine Verstärkung mittlerweile anachronistischer Sozialanschauungen bewirkt. Kurzum, die staatliche Schlichtung ermöglichte es beiden Tarifpartnern, den bestehenden wirtschaftlichen und sozialen Realitäten auszuweichen, und förderte dadurch sicherlich noch die schon vorhandene Kompromißlosigkeit und Intransigenz beider Seiten[31]. Solange das RAM zum Teil in Abstimmung mit dem Reichswirtschaftsministerium (RWM) eine Art Kompensationspolitik mit großer Wetterfühligkeit für die Grenzen staatlicher Schlichtung betrieb, in der eisen- und stahlerzeugenden Industrie die geschwächten Gewerkschaften für ihr Stillhalten in der Arbeitszeitfrage mit Lohnaufbesserungen beschwichtigte, die die Arbeitgeber durch ihre ausgeprägte Kartellstruktur weitgehend auf die Inlandspreise wieder abwälzten[32], konnte sich dieses System der staatlichen Überbrückung augenscheinlich unüberbrückbarer Gegensätze halten und zahlte sich sogar aufgrund der Verhütung ausgedehnter Arbeitskämpfe volkswirtschaftlich positiv aus. Sobald aber eine der Tarifparteien ihre vitalen Interessen durch die staatliche Schlichtung verletzt glaubte und sich zudem wirtschaftlich und machtpolitisch stark genug fühlte, Widerstand zu leisten, warf sich die Frage nach den Mitteln auf, die dem Staat zur Durchsetzung seiner tarifpolitischen Entscheidung zur Verfügung standen[33]. Aus dem sozialen Konflikt mußte dann automatisch ein hochbrisantes politisches Problem werden.

2. England

Mit diesen Schwierigkeiten einer Politisierung der tarifpolitischen Beziehungen zwischen Arbeitgeber und Arbeitnehmer durch direktes staatliches Engagement sah sich die englische Regierung durch die Nachfolgelast des Krieges ebenfalls belastet, wenn auch nur partiell. Selbst im traditionell liberalen England hatte während des Krieges der staatliche Dirigismus Einzug

---

29 *Steinisch*, a.a.O., S. 132 ff. und *Meijer*, S. 13.
30 Vgl. *Weisbrod*, S. 395 ff.
31 Für divergierende Beurteilungen der staatlichen Zwangsschlichtung siehe die Stellungnahme auf der 11. Generalversammlung der Gesellschaft für Soziale Reform, *Die Reform des Schlichtungswesens*, S. 17 — 144 sowie *Walter Weddingen*, Einigungs- und Schiedsgrundsatz. Begriffliches, Kritisches und Positives zum Schlichtungsproblem, München/Leipzig 1930, passim; *Hermann Franke*, Der Einfluß des deutschen staatlichen Schlichtungswesens auf den Lohn und die Verständigungsbereitschaft der Parteien, Köln 1933, bes. S. 10 — 36 und *Kurt Freytag*, Die Sozialpolitische Schlichtung. Versuch einer systematischen Erfassung des Schlichtungsgedankens, Phil. Diss. Berlin, Stuttgart 1930, bes. S. 111 — 123.
32 Siehe *Weisbrod*, bes. S. 374 ff.
33 Dazu *Fraenkel*, a.a.O., S. 101 f.

in die Wirtschaft gehalten. Durch Lohn- und Preiskontrollen sowie temporäre Verstaatlichung kriegswichtiger Industriezweige wie Kohle, Eisenbahn und Elektrizitätswesen war die englische Regierung zum wirtschafts- und sozialpolitischen Schiedsrichter geworden, und dieser Rolle konnte sie sich nach Kriegsende nur mit Schwierigkeiten wieder entledigen. Insbesondere die ausgeprägte Protestbereitschaft der Arbeiterschaft im und nach dem Krieg zwang die englische Regierung zur sozialpolitischen Intervention, die jedoch von Anfang an auf größtmögliche Selbstverwaltung der sozialen Opponenten abzielte und den verbandsmäßigen Zusammenschluß in Industrie und Wirtschaft erheblich förderte[34].
Seit 1917 bildeten sich unter staatlicher Initiative die sogenannten »Whitley Councils«, die nichts anderes als paritätisch besetzte Arbeitsgemeinschaften von Arbeitgebern und Arbeitnehmern waren und auf Betriebs-, Bezirks- und nationaler Ebene über alle tarifpolitischen Fragen des jeweiligen Industriezweiges Verständigung erzielen sollten. Trotz ihrer anfänglich relativ schnellen Verbreitung blieben sie in ihrer Bedeutung beschränkt, denn in den großen Industrien mit starken Gewerkschaften fanden sie nur wenig Anklang, und in den turbulenten Nachkriegsjahren verschwanden die meisten dieser Arbeitsgemeinschaften nicht zuletzt wegen mangelnder Organisation und demonstrativer Einflußlosigkeit wieder[35]. Immerhin signalisierten die Whitley Councils eine gewisse Bereitschaft der sozialpolitischen Kontrahenten, gemeinsam Grundlagen für einen sozialen Kompromiß zu suchen. Im Februar 1919 wurde von der Regierung die »National Industrial Conference« einberufen. Dieses »Parlament der Arbeit« umfaßte neben den Repräsentanten der Whitley Councils auch die Vertreter aller großen Gewerkschaften und Arbeitgeberverbände. Trotz paritätischer Besetzung verabschiedete es einstimmig ein recht fortschrittliches sozialpolitisches Programm, das u. a. die Einführung der 48-Stunden-Woche, Arbeitslosenunterstützung, Arbeitsbeschaffungsprogramme und die Einrichtung eines permanenten Wirtschaftsparlaments forderte. Daß dieser Institution dennoch kein längeres Leben beschieden war, sie sich vielmehr im Juli 1921 folgenlos wieder auflöste, lag nicht zuletzt am Desinteresse der englischen Regierung. Damit blieb von den durch den Krieg initiierten Versuchen institutionalisierter Konfliktlösung nur noch die staatliche Schlichtung über, die durch Gesetz 1919 zur Dauereinrichtung wurde, jedoch mit der entscheidenden Einschränkung, daß die gefällten Schiedssprüche für die streitenden Parteien nicht länger verbindlich waren. Im Unterschied zur Kriegszeit und zum deutschen Schlichtungswesen kannte der »National Industrial Court« keinen Zwangstarif, sondern nur die Vermittlung. Bei drohenden oder schon ausgebrochenen Arbeitskämpfen konnte der National Industrial Court angerufen werden. Ein unparteiischer Untersuchungsausschuß überprüfte dann die Forderungen der Arbeitgeber- und Arbeitnehmerseite auf ihre Richtigkeit und Rechtfertigung und machte dementsprechend einen Einigungsvorschlag. Durch dessen Unverbindlichkeit blieb selbst sein moralischer Wert gering, falls nicht wie im Hafenarbeiterstreik 1920 eine starke öffentliche Parteinahme erfolgte. Das zumindest demonstrierten die Streikwellen im Nachkriegsengland und ganz besonders der englische Kohlenbergbau als der

---

34 Hierzu und im folgenden vgl. *Mowat*, S. 13 — 46; *William Ashworth*, An Economic History of England 1870 — 1939, 3. Aufl., London 1967, S. 294 — 302; *Sidney Pollard*, The Development of the British Economy 1914 — 1967, 2. veränd. Auflage London 1969, S. 76 — 91.
35 Siehe dazu mit einem vergleichenden Ansatz: *Bernd-Jürgen Wendt*, Whitleyism — Versuch einer Institutionalisierung des Sozialkonfliktes in England am Ausgang des Ersten Weltkrieges, in: *Dirk Stegmann/Bernd-Jürgen Wendt/Peter-Christian Witt* (Hrsg.), Industrielle Gesellschaft und politisches System. Beiträge zur politischen Sozialgeschichte. Festschrift für Fritz Fischer, Bonn 1978, S. 337 — 353.

Brennpunkt sozialen Konflikts. Eine soziale Konfliktlösungsmaschinerie, die auf staatlicher Enthaltsamkeit, Arbeitsgemeinschaftspolitik und Selbstverwaltung der Tarifkontrahenten basierte, konnte — wie der Zusammenbruch der Zentralarbeitsgemeinschaft zwischen Arbeitgebern und Gewerkschaften in Deutschland bewies — nur dann funktionieren, wenn ein Mindestmaß an Übereinstimmung über die wirtschaftliche und soziale Gestaltung der Arbeitsverhältnisse bestand. Im englischen Kohlenbergbau konnte von einem Sozialkonsens der Tarifpartner weder vor oder im noch nach dem Krieg die Rede sein. Im Unterschied zur deutschen Schwerindustrie lag das Problem jedoch nicht in einer grundsätzlichen Tariffeindlichkeit der Unternehmer oder in einem markanten Kräfteungleichgewicht der beiden Tarifparteien begründet, sondern resultierte aus der heterogenen und fragmentierten Wirtschaftsstruktur des englischen Bergbaus, aus den unterschiedlichen Produktions- und Marktverhältnissen der zerstreuten Kohlenreviere, wodurch Löhne und Lebensstandard der Bergarbeiter regional stark differierten[36]. Um die Löhne aufgrund der ausgeprägten Wettbewerbsstruktur der Industrie weniger konjunkturanfällig zu machen und vor allem den von den unrentabelsten Unternehmen in den ärmsten Kohlengebieten ausgehenden Lohndruck zu beseitigen, drang die englische Bergarbeitergewerkschaft (Miners Federation of Great Britain - MFGB) seit ihrem nationalen Zusammenschluß 1888 auf die Standardisierung der Lohn- und Arbeitsbedingungen auf nationaler Ebene und traf dabei auf den erbitterten Widerstand der Arbeitgeber. Aus diesem Grund bediente sich die MFGB nicht ohne Erfolg der politischen Aktion und betrachtete schon vor dem Krieg die Verstaatlichung des gesamten Kohlenbergbaus als notwendige Voraussetzung für die Verwirklichung ihrer sozialpolitischen Ziele. Als mitgliederstärkste Gewerkschaft Englands besaß die MFGB einigen politischen Einfluß in der Liberal Party wie auch in der Labour Party. So verabschiedete das mehrheitlich liberale Parlament 1908 ein Gesetz über die Einführung des Achtstundentages im Bergbau, und zur Abwehr eines erstmals national drohenden Bergarbeiterstreiks folgte 1912 die gesetzliche Einführung eines garantierten Mindestlohnes für jeden Bergarbeiter, der jedoch weiterhin regional festgelegt wurde[37]. Der Krieg brachte dann den ersehnten Durchbruch, denn an der Militanz der Bergarbeiter, vor allem in dem lohn- und arbeitsmäßig schlecht gestellten Südwales, scheiterte selbst die staatliche Zwangsschlichtung. Ruhe kehrte erst mit der Übernahme des Kohlenbergbaus in die staatliche Verwaltung ein, da die englische Regierung die Forderung der Bergarbeiter nach nationaler Lohnregelung erfüllte. Eine von der Regierung eingerichtete Lohnkommission (National Wage Board) errechnete auf der Grundlage des nationalen Durchschnittslohnes für Bergarbeiter einen sogenannten Bonus, der den Bergarbeitern aus den Gesamtüberschüssen der Bergwerksunternehmen zufloß. Damit hatte die MFGB ihre

---

36 Für die wirtschaftlichen Schwierigkeiten des englischen Kohlenbergbaus vgl. *W.H.B. Court*, Problems of the British Coal Industry between the Wars, in: Economic History Review, Bd. 15, 1945, S. 1 — 24; *M. W. Kirby*, The British Coalmining Industry, 1870 — 1946. A Political and Economic History, London 1977, bes. S. 24 — 123; eine gute Zusammenfassung auch in *Renshaw*, S. 29 — 49 und *Margaret Morris*, The General Strike, Harmondsworth 1976, S. 107 — 139.

37 Für die Organisation der MFGB und der Mining Association vgl. *R. Page Arnot*, The General Strike May 1926: Its Origin and History, 1926, unveränd. Nachdruck 1975, S. 19 — 25. Die MFGB war eine nationale Föderation, deren Politik von einem Exekutivausschuß bestimmt wurde, der sich aus Vertretern der regionalen Gewerkschaftsverbände zusammensetzte. Für den politischen Kurs der MFGB siehe *G.D.H. Cole*, A Short History of the British Working-Class Movement 1789 — 1947, überarb. Aufl., London 1960, S. 338 — 343.

grundsätzlichen Ziele während des Krieges verwirklichen können, und es galt jetzt, ihre Permanenz nach Kriegsende zu sichern[38].

Daß hierbei der bisherige Weg über das Parlament kaum mehr erfolgreich sein würde, legte der Ausgang der ersten Parlamentswahlen kurz nach dem Waffenstillstand Ende Dezember 1918 nahe[39]. Zwar war die Koalitionsregierung des Kriegspremierministers Lloyd George mit einer überwältigenden Stimmenmehrheit bestätigt worden, doch hatte sich das politische Schwergewicht von den Liberalen auf die Konservativen verlagert. Letztere besaßen jetzt die parlamentarische Mehrheit im Unterhaus, und viele ihrer Mandatsträger waren Repräsentanten aus Industrie, Handel und Finanz. Von ihnen konnte eher die von den Bergwerksbesitzern geforderte zügige Reprivatisierung des Kohlenbergbaus als seine Verstaatlichung erwartet werden, d. h., falls sie nicht durch außerparlamentarische Aktionen der Arbeiterschaft dazu gezwungen wurden. Mehr als der beachtliche Stimmenzuwachs der Labour Party in den Parlamentswahlen demonstrierte sich nämlich die neue Stärke der englischen Arbeiterschaft in ihrer Protestbereitschaft und bis dahin ungekannten Organisationsfreudigkeit. Auf dem Hintergrund des Nachkriegsbooms 1919/20, wo die Preisentwicklung den Löhnen wie im Krieg meist voraneilte[40], florierten Kampfesgeist und die Gewerkschaften. Selbst die vor dem Krieg schon gut organisierten Bergarbeiter wuchsen von 670 000 Mitgliedern im Jahre 1913 auf fast 900 000 in der MFGB 1920 organisierte Mitglieder[41]. Darüber hinaus gewannen Labour Party und der Trades Union Congress (TUC), der Dachverband der englischen Gewerkschaften, durch Reorganisation an Aktionsstärke und rückten enger zusammen. Am wichtigsten war jedoch die Erneuerung des Unterstützungsbündnisses aus der Vorkriegszeit zwischen der Bergarbeiter-, Eisenbahner- und Transportarbeitergewerkschaft, der sogenannten »Triple Alliance« der drei größten Gewerkschaften Englands, mit deren Hilfe die MFGB vor dem Krieg geplant hatte, eine nationale Lohnregelung zu erreichen, und jetzt glaubte, neben einer 30prozentigen Lohnerhöhung und der Einführung der Sechsstundenschicht auch die Verstaatlichung des Bergbaus durchsetzen zu können[42]. Der Versuch scheiterte nicht an der Solidarität der Arbeiter, sondern an der politischen Beschwichtigungsstrategie des Premierministers Lloyd George, deren Resultat allerdings eine weitgehende Diskreditierung des Systems sozialer Konfliktlösung durch die Vermittlung eines unabhängigen Untersuchungsausschusses war und zudem die Weichen stellte für die verzögerte Konfliktentladung 1926[43].

Um im Februar 1919 der Streikdrohung der Bergarbeiter und den mit großer Wahrscheinlichkeit nachfolgenden Sympathiestreiks der Eisenbahner und Transportarbeiter zu entgehen, die nicht nur die langsam anlaufende Konjunktur und den schwierigen Umstellungsprozeß

---

38 Siehe *Susan Armitage*, The Politics of Decontrol of Industry: Britain and the United States, London 1969, S. 110 — 116.
39 Für die Wahlen und die neue Zusammensetzung der Regierung siehe *Mowat*, S. 2 — 13. Gegenüber 400 000 Stimmen in den letzten Wahlen im Dez. 1910 erhielt die Labour Party jetzt 2 374 000 Stimmen. Dieses Ergebnis war teilweise eine Folge der Wahlrechtsreform von 1918.
40 Im Vergleich zu 1914 = 100 lagen die Reallöhne je nach Industrie Ende 1919 zwischen 66,7 und 117,9; *ebda.*, S. 28.
41 *Renshaw*, S. 56.
42 Siehe die sehr nüchterne Einschätzung der Triple Alliance in bezug auf Solidarität und Aktionsmöglichkeit von *G.A. Phillips*, The Triple Industrial Alliance in 1914, in: Economic History Review, 2. Folge, Bd. 24, Nr. 1, Febr. 1971, S. 55 — 67.
43 Hierzu und im folgenden vgl. *Mowat*, S. 30 — 36; *Kirby*, S. 34 - 48; *Renshaw*, S. 58 — 66 und *Armitage*, S. 116 — 128.

auf die Friedenswirtschaft jäh unterbrochen hätten, sondern auch das Gespenst einer sozialen Revolution heraufbeschworen, gewann Lloyd George Bergarbeiter wie Bergwerksbesitzer durch die Einrichtung einer Königlichen Untersuchungskommission für eine Konfliktschlichtung. Dies geschah mit dem Verständnis, daß die Regierung sich an deren Empfehlungen halten werde. Obwohl der unter einem unparteiischen Vorsitzenden paritätisch mit Arbeitgeber- und Arbeitnehmervertretern besetzte Untersuchungsausschuß sich im Juni 1919 mit der einen Stimme Mehrheit des unparteiischen Vorsitzenden für eine Verstaatlichung des Bergbaus aussprach, passierte nichts[44]. Zwar erhielten die Bergarbeiter zwei Drittel der verlangten Lohnerhöhung und eine auf 7 Stunden verkürzte Schichtzeit, doch da kein einheiliges Votum für die Verstaatlichung ergangen war — was durch die paritätische Besetzung der Kommission von vornherein nicht zu erwarten war —, fühlte sich die Regierung in ihrer Entscheidung frei, und die hieß entsprechend den parlamentarischen Mehrheitsverhältnissen Reprivatisierung.

Statt Vermittlung bewirkten Tätigkeit und Ende des Untersuchungsausschusses eine allgemeine Frontenverhärtung. Aufgrund des breiten Konsensus über die Notwendigkeit wirtschaftlicher Reorganisation des Kohlenbergbaus glaubten die Bergwerksbesitzer, der empfohlenen Verstaatlichung knapp entkommen zu sein. Die Bergarbeiter dagegen fühlten sich von der Regierung hintergangen[45]. Sie verwarfen selbst die wenigen Zugeständnisse der Regierung. Horizontale Unternehmenszusammenschlüsse in den jeweiligen Kohlengebieten, Selbstverwaltungskörperschaften und Arbeitsgemeinschaften nach Muster der Whitley Councils waren ihnen zu geringe Veränderungen, den Arbeitgebern wiederum gingen diese zu weit[46]. Beide Parteien vertrauten mehr auf ihr eigenes Durchsetzungsvermögen, und im Oktober 1920 sah sich die Regierung erneut in einen Lohndisput verwickelt und mit einer Streikdrohung der Triple Alliance konfrontiert. Dieser erneute Erpressungsversuch der Bergarbeiter zeitigte nachhaltige Konsequenzen. Die Regierung machte zwar die geforderten Lohnzugeständnisse und bestand nicht länger auf einer engen Koppelung zwischen Arbeiterproduktivität und Lohnzulage, verabschiedete jedoch gleichzeitig ein Notstandsgesetz, das ihr bei drohendem wirtschaftlichen Zusammenbruch aufgrund konzertierter Streikaktionen außerordentliche Machtbefugnisse wie im Krieg einräumte[47]. Darüber hinaus beschloß die Regierung nun endgültig eine baldige Reprivatisierung des Kohlenbergbaus. Diesen Beschluß führte sie aufgrund eines Konjunktureinbruchs auf dem Kohlenmarkt schneller als geplant durch[48].

Der Kampf der englischen Bergarbeiter für die Verstaatlichung des Kohlenbergbaus und materielle Verbesserungen der Arbeitsbedingungen hatte sich auf dem Hintergrund einer unverändert starken Nachfrage nach Kohle vollzogen. Nutznießer dieser guten Konjunktur war

---

44 Die nach dem Vorsitzenden John Sankey benannte Kommission setzte sich aus drei Vertretern der MFGB, drei Vertretern der Mining Association, drei den Bergarbeitern nahestehenden Gutachtern und drei Industrievertretern zusammen.
45 Siehe das Pamphlet der Labour Party, dessen Autor Gutachter in der Sankey-Kommission war: *R.H. Tawney*, The Nationalisation of the Coal Industry, in: ders., The Radical Tradition, S. 118 — 137. TUC und MFGB betrieben gemeinsam einen allerdings erfolglosen Propagandafeldzug für die Verstaatlichung des Kohlenbergbaus.
46 Den sogenannten »Duckham-Plan« hatte einer der Industrievertreter, Sir Arthur Duckham, in der Sankey-Kommission vorgeschlagen, siehe *Kirby*, S. 42 f. und *Armitage*, S. 126.
47 Emergency Powers Act vom 29. Okt. 1920, abgedruckt in: *Arnot*, S. 26 f.
48 Hierzu und im folgenden vgl. *Renshaw*, S. 73 — 80 und S. 137 — 151, die besonders ausführlich auf die Haltung der Regierung eingeht.

durch die gesetzliche Beschränkung der Kriegsprofite in erheblichem Maße ebenfalls die englische Staatskasse, der nach Abzug der staatlich garantierten Gewinnspanne für die Bergbauunternehmen und der Lohnzuschüsse der Rest des Gesamtgewinns der Industrie zufloß. Als im Dezember 1920 die Exportpreise unter Vorkriegsniveau fielen, war aus der Gewinnbeteiligung des Staates ein riesiges Verlustgeschäft geworden. Darüber hinaus hatte sich die Sorge um eine inflationäre Überhitzung des Inlandsmarktes durch zu hohe Kohlenpreise erledigt, so daß der Reprivatisierung keine wirtschaftlichen Gründe mehr entgegenstanden. Vielmehr tat Eile not, falls der Staat als Garant einer hohen Gewinnspanne für die Unternehmer und hoher Löhne für die Bergarbeiter nicht riesige Subventionen zahlen wollte. Gegen den Willen der Bergwerksbesitzer und der Bergarbeiter kündigte daher die englische Regierung ihre Verwaltung des Kohlenbergbaus zum 31. März 1921 kurz entschlossen auf, genau zu dem Tag, an dem das alte Lohnabkommen ablaufen und eine grundsätzlich neue Lohnregelung in Kraft treten sollte.

Obwohl die Bergarbeiter wegen der sinkenden Lebenshaltungskosten mit Anbruch des deflationären Konjunkturumschwunges nicht prinzipiell Lohnkürzungen ablehnten, scheiterten alle Tarifverhandlungen an dem alten Problem der nationalen Lohnregelung. Offenbar scheuten die Bergwerksbesitzer keinen Arbeitskampf, denn am 1. April 1921 sahen sich die Bergarbeiter in einigen Kohlenfeldern mit fast 50prozentigen Lohnkürzungen konfrontiert[49]. Die Arbeitgeber bestanden nicht nur auf regionalen Tarifabschlüssen, sondern hatten rücksichtslos alle staatlichen Lohnzugeständnisse seit Kriegsausbruch gestrichen. Wiederum zeichnete sich eine gemeinsame Streikaktion der Triple Alliance ab. Die Regierung offerierte zwar einen Kompromißvorschlag, traf zugleich aber Vorkehrungen, um für den Streikfall gewappnet zu sein. Durch starrsinniges Beharren auf einer nationalen Lohnregelung verspielte die MFGB nicht nur einen möglichen Kompromiß, sondern auch ihre breitgestreute Sympathie in der Öffentlichkeit und die Hilfe ihrer gewerkschaftlichen Bündnispartner. Am 15. April 1921, dem »Schwarzen Freitag« der englischen Arbeiterschaft, zogen die Eisenbahner und Transportarbeiter wegen der mangelnden Verhandlungsbereitschaft ihre Unterstützung zurück. Die Bergarbeiter kämpften alleine und akzeptierten erst nach einem dreimonatigen Streik ihre Niederlage[50].

In den Grundzügen bestimmten der »Schwarze Freitag« und das Ende des Arbeitskampfes im Kohlenbergbau sowohl die Konfliktpunkte als auch Verlauf und Ausgang des Generalstreiks 1926. Durch die schnelle Reprivatisierung des Kohlenbergbaus unter den ungünstigen Bedingungen schlimmster wirtschaftlicher Depression traf die englische Regierung maßgebliche Schuld an der Härte der sozialen Auseinandersetzung. Ihre gleichzeitige Weigerung, weiterhin tarifpolitische Verantwortung für diese Industrie zu übernehmen, selbst auf die Gefahr einer allgemeinen Wirtschaftslähmung durch die Streikdrohung der Triple Alliance, unterstrich die seit Kriegsende intendierte Abwendung von der während des Krieges geübten direkten sozialpolitischen Intervention. Auch die Bemühungen der Regierung, die streitenden Parteien an den Verhandlungstisch zu bekommen, oder ihr Zugeständnis, durch Lohnsubventionen bis Ende September 1921 die Niederlage der Bergarbeiter zu mildern, konnten nicht darüber hinwegtäuschen, daß die Regelung der Lohn- und Arbeitsbedingungen in der Industrie wieder die alleinige Aufgabe der Arbeitgeber und Arbeitnehmer sein sollte und eine sozi-

---

49 Für die regionalen Unterschiede siehe *Mowat*, S. 120 f.; Zahlen zur wirtschaftlichen Situation des Bergbaus sowie Lohnvergleiche in *Renshaw*, S. 78 f., 91 — 95.
50 *Renshaw*, S. 81 — 89; *Armitage*, S. 151 — 154.

alstaatliche Intervention wieder wie vor dem Kriege den normalen Instanzenweg der parlamentarischen Demokratie passieren mußte. Der Erlaß eines Notstandsgesetzes und die Errichtung von Organisationen, die bei konzertierten Streikaktionen Verkehr und Transport, Lebensmittelversorgung sowie Ruhe und Ordnung sicherstellen sollten, zeigten an, daß die Regierung nicht länger gewillt war, sich von einer starken Interessengruppe erpressen zu lassen.

Auf Gewerkschaftsseite dagegen haftete dem Bruch der Triple Alliance der Beigeschmack einer allgemeinen Niederlage für die organisierte Arbeiterschaft an, denn Deflation und konjunktureller Abschwung lösten einen Generalangriff auf die Arbeiterlöhne aus[51]. Die Frage, ob durch Sympathiestreiks verhindert werden konnte, daß die Unternehmer wirtschaftliche und strukturelle Krisen ohne soziale Rücksichtnahme und dazu recht einseitig auf die Arbeiterschaft abwälzten, war offengeblieben. Deutlich dagegen hatte sich die Integration der organisierten Arbeiterschaft in das politische Kräftespiel gezeigt. Bis zum letzten hatten führende Gewerkschafter versucht, alle politischen Möglichkeiten zur sozialen Konfliktlösung auszuschöpfen. Durch den diesbezüglichen Mangel an Fingerspitzengefühl und Einsicht hatten die Bergarbeiter ihre Isolation zumindest mitverschuldet[52].

Die MFGB konnte bis zum Schwarzen Freitag auf eine beachtliche Erfolgsserie ihrer Strategie zurückblicken, durch Streikdrohung politischen Druck auszuüben. Ihr kompromißloses Bestehen auf nationaler Vereinheitlichung der Bergarbeiterlöhne lag daher einerseits in einer Überschätzung ihrer eigenen Stärke und in einer Fehleinschätzung der politischen und wirtschaftlichen Realitäten begründet, andererseits ließ sich sozialer Fortschritt für alle Bergarbeiter nur über eine Reorganisation des englischen Kohlenbergbaus ermöglichen. Die Diskrepanz zwischen der nationalen Organisation der Bergarbeiter und der fragmentierten Organisationsstruktur des Bergbaus konnte allein über den Weg der staatlichen Intervention überbrückt werden, solange große Teile der Arbeitgeber in dieser Industrie die Rentabilität ihrer Unternehmen auf keinem anderen Weg als dem der möglichst niedrigen Löhne zu sichern suchten.

II. Wirtschaftliche Strukturprobleme der »alten« Industrien

Der Unwillen der englischen Bergbauunternehmer zur Innovation und Reorganisation ihrer Industrie kontrastierte scharf zu der technischen und wirtschaftsorganisatorischen Aufgeschlossenheit der deutschen eisen- und stahlerzeugenden Industrie[53]. Trotzdem kämpften beide Industrien mit dem Problem geringer Rentabilität, das für die Schärfe der tarifpolitischen Auseinandersetzungen sorgte. Die relative wirtschaftliche Stagnation in Deutschland und England während der Zwischenkriegszeit traf den schwerindustriellen Sektor besonders hart, denn der Krieg hatte weltweit neue Kapazitäten, aber im zivilen Bereich kaum neue Abnehmer geschaffen[54]. Auf den Export angewiesen, kämpften sowohl der englische Bergbau als

---

51 *Mowat*, S. 124 — 126.
52 Diese Meinung vertritt *Armitage*, S. 155 f. besonders pointiert; siehe auch *Kirby*, S. 62 f.
53 *Neil K. Buxton*, Coalmining, in: *Neil K. Buxton/Derek H. Aldcroft* (Hrsg.), *British Industry between the Wars. Instability and Industrial Development 1919 — 1939*, London 1979, S. 48 — 77 versucht die herkömmliche These über die Rückschrittlichkeit der englischen Bergwerksbesitzer stark abzuschwächen. Siehe dazu die Auseinandersetzung in: Economic History Review, 2. Folge, Bd. 25, Nr. 4, Nov. 1972, S. 655 — 673.
54 *Svennilson*, S. 18 ff., 105 ff., 119 ff.

auch die deutsche eisen- und stahlerzeugende Industrie mit dem Problem eines mit Kohle, Eisen und Stahl übersättigten Weltmarktes. Beide versuchten im harten internationalen Wettbewerb über hohe Preise auf dem Inlandsmarkt und Senkung der Arbeitskosten zu bestehen, obwohl langfristig nur ein struktureller Anpassungsprozeß an die neuen weltwirtschaftlichen Bedingungen Abhilfe schaffen konnte. Hauptprobleme des englischen Bergbaus waren, wie die verschiedenen Enqueten in den zwanziger Jahren hervorhoben[55], erstens das private Besitzrecht an den Bodenschätzen, das die Bergwerksgesellschaften für die Ausbeutung der Kohlevorkommen mit Abgabenzahlungen an die Grundbesitzer belastete, zweitens die mangelnde Konzentrationsbereitschaft der Industrie, was organisatorische und technische Rationalisierungsmaßnahmen in den Zechen wie im Transport und Verkauf stark behinderte. 1924 entfielen nicht weniger als 2 481 Zechen auf 1 400 Unternehmen, 323 davon produzierten 1923 allerdings 84 Prozent der geförderten Kohle[56]. Der große Anteil kleiner Betriebe, die zumeist auch noch in den alten und weniger ergiebigen Kohlerevieren ansässig waren, verstärkte die Interessengegensätze zwischen arm und reich in der Industrie, die aus der geologischen Beschaffenheit des jeweiligen Kohlereviers, der Produktion von Koks- und Gaskohle oder Hausbrand und der Orientierung auf den Export oder heimischen Markt resultierte. Das einzige den englischen Kohlenbergbau vereinigende Moment war die Arbeiterfrage, denn mit dem Wachstum der Bergarbeitergewerkschaften hatten sich auch die Arbeitgeber organisiert und auf nationaler Ebene in der Mining Association zusammengeschlossen.

Zur fragmentierten Struktur des englischen Kohlenbergbaus bildete die deutsche eisen- und stahlerzeugende Industrie einen markanten Gegensatz. Durch ihre weitgehende geographische Konzentration in Rheinland-Westfalen und ihre enge Verflechtung mit dem Kohlenbergbau einerseits und der Metallverarbeitung andererseits stellte sie einen relativ geschlossenen Interessenblock dar[57]. Während sich die zentrale wirtschaftliche Bedeutung des englischen Kohlenbergbaus aus seiner tragenden Funktion für die englische Wirtschaft sowohl in der Industrieproduktion als auch in der Schiffahrt ableitete[58], verdankte die deutsche eisen- und stahlerzeugende Industrie ihre Stellung als mächtige wirtschaftspolitische Vetogruppe in der deutschen Industrie nicht ihrem (relativ geringen) Aufkommen an der industriellen Gesamtproduktion, sondern der ausgeprägten schwerindustriellen Konzentration und Verbandsstruktur[59]. Starke interessenpolitische Organisation und ein verlängerter Nachkriegsboom durch Inflation und Reparationen machten es der deutschen eisen- und stahlerzeugenden Industrie nach dem Kriege möglich, die vertikale und horizontale Konzentration entschieden weiterzutreiben sowie die durch Gebietsabtretungen verlorenen Produktionskapazitäten wieder aufzubauen[60]. Die Rationalisierungsbemühungen der Industrie in der 2. Hälfte der

---

55 1919, 1924, 1925 und 1926 versuchten Untersuchungsausschüsse, für die wirtschaftlichen Schwierigkeiten des englischen Kohlenbergbaus Lösungswege zu finden. Siehe *Renshaw*, S. 63, 122, 140 f. 288.
56 *Court*, a.a.O., S. 5 f.
57 Vgl. *Weisbrod*, S. 36 ff.
58 *Renshaw*, S. 30: Der englische Kohlenbergbau beschäftigte 1913 als einzige Industrie mehr als eine Million Arbeiter, ca. ein Drittel der Kohleförderung wurde exportiert. Damit bestritt die Kohle ungefähr ein Zehntel des britischen Exports im Wert und vier Fünftel des Exportvolumens.
59 *Weisbrod*, S. 32 ff.
60 Vgl. *Gerald D. Feldman*, Iron and Steel in the German Inflation 1916 - 1923, Princeton UP 1977, Kap. 4, S. 210 — 279.

Notwendigkeit und Grenzen sozialstaatlicher Intervention 73

zwanziger Jahre führten zu erheblichen Produktivitätssteigerungen, allerdings auch zu hohen fixen Kosten, die bei schwacher Konjunktur die Rentabilität der Werke stark belastete[61]. Das Endresultat der technisch-organisatorischen Innovationsfreudigkeit der deutschen eisen- und stahlerzeugenden Industrie und der Rückständigkeit der englischen Bergwerksunternehmer unterschied sich für die betroffene Arbeiterschaft nur wenig. Sowohl die englischen Bergarbeiter als auch die deutschen Eisen- und Stahlarbeiter mußten ein im Vergleich zu anderen Industriearbeitern niedrigeres Lohnniveau und schlechtere Arbeitsbedingungen in Kauf nehmen. Obwohl der Anteil der Arbeitskosten unter einem Drittel der Gestehungskosten gelegen haben dürfte und damit nur einen leichten Anstieg gegenüber der Vorkriegszeit aufwies[62], versuchte die deutsche eisen- und stahlerzeugende Industrie, ihren Kapazitätenüberhang durch Druck auf die Löhne zu kompensieren. Ebenso stellten für eine große Zahl der englischen Bergwerksgesellschaften Lohnkürzungen das schnellste und einfachste Mittel dar, um die Produktionskosten zu senken und wettbewerbsfähig zu bleiben. Nicht ohne Grund dominierten nach dem Krieg in der Mining Association die Repräsentanten der ärmeren Kohlereviere, die sich auf keinen Fall durch national festgelegte Löhne in eine schlechtere Wettbewerbsposition drängen lassen wollten. Gesunkene Arbeitsproduktivität seit der Kriegszeit und ein Lohnkostenanteil von durchschnittlich über 70 Prozent der Produktionskosten erklären ihre hartnäckige Insistenz auf separate Lohnregelung in den verschiedenen Kohlerevieren als auch ihre Resistenz gegenüber kapitalintensiver Reorganisation und Rationalisierung[63]. Die einseitige Belastung des Binnenmarktes und der Arbeiterschaft mit den Folgen konjunkturellen Wandels und verfehlter Orientierung der Schwerindustrie an den günstigen Weltmarktbedingungen der Vorkriegszeit waren in Deutschland durch eine hohe Schutzzollpolitik möglich, in England dagegen durch die immer noch herrschende Ideologie des Manchestertums, der sozialen Kehrseite des Wirtschaftsliberalismus. Noch wichtiger aber war die relativ hohe Arbeitslosigkeit, die in England seit der Deflation 1920/21 herrschte und in Deutschland nach der Hyperinflation und Währungsstabilisierung 1923/24 einsetzte[64]. Trotz der dadurch stark geschwächten Kampfkraft der Gewerkschaften führte die Politik des massiven Lohn- und Sozialabbaus im englischen Kohlenbergbau ebenso wie in der deutschen eisen- und stahlerzeugenden Industrie zu kostenträchtigen Arbeitskämpfen, von denen ironischerweise beide Industrien gegenseitig durch temporären konjunkturellen Aufschwung profitierten, der dann später die sozialen Gegensätze nur noch härter aufeinanderprallen ließ.
Zündfunken der im Ruhreisenstreit 1928 eskalierenden sozialen Spannungen waren die kompensatorisch hohen Lohnforderungen der Metallarbeiterverbände, die wegen tariflicher Bindung erst Ende 1927 ihre Forderung nach Beteiligung der Arbeiterschaft an den Gewinnen der Ende 1926 einsetzenden guten Konjunktur in der deutschen eisen- und stahlerzeugenden Industrie einbringen konnten[65]. Der Aufschwung beruhte aber zu einem Gutteil auf den Nachfolgewirkungen des englischen Generalstreiks und des sieben Monate dauernden Arbeitskampfes im englischen Kohlenbergbau. Umgekehrt erhielt dort der Lohndisput 1925 und 1926, der schließlich den Generalstreik auslöste, seine Schärfe durch die günstigen Lohnabschlüsse, die die englischen Bergarbeiter 1923/24 erzielten konnten, als der englische

---

61 *Weisbrod*, S. 52 — 62.
62 *Ebda.*, S. 65 ff.
63 *Court*, a.a.O., S. 9.
64 *Mowat*, S. 125 ff.; *Preller*, S. 303 und 336 ff.
65 Siehe dazu ausführlich *Weisbrod*, S. 401 ff.

Kohlenbergbau erheblich von der französischen Ruhrbesetzung 1923 und dem sechswöchigen Arbeitskampf im Ruhrbergbau im Mai 1924 profitierte[66]. Die eigentliche Brisanz erhielten Generalstreik und Ruhreisenstreit jedoch erst durch ihre Politisierung. Allein die Größenordnung beider Arbeitskämpfe machte ein neutrales Abseitsstehen des Staates illusorisch. Zudem trug in beiden Fällen die jeweilige Regierung unmittelbare Verantwortung für den Konfliktausbruch, in Deutschland durch die Verbindlichkeitserklärung eines für die Arbeiterschaft günstigen Lohnschiedsspruchs und in England durch die Entscheidung für eine wirtschaftlich problematische Währungsaufwertung.

III. DER ENGLISCHE GENERALSTREIK

1. »Red Friday«: Generalprobe und Aufrüstung zum Kampf

Die Rückkehr zum Goldstandard auf der Grundlage der Vorkriegsparität des Pfundes zum Dollar im April 1925 verschlechterte die Wettbewerbsfähigkeit der britischen Industrie drastisch und schuf durch den Druck auf das Preisniveau eine Atmosphäre für allgemeine Lohnkürzungen, dessen erstes Opfer wiederum die Bergarbeiter wurden[67]. Noch 1923/24 hatte der englische Bergbau höhere Profite als vor dem Krieg erzielen können, doch dem gleichzeitigen Übel der wiedereinsetzenden deutschen Konkurrenz und der Verteuerung seiner Exporte durch die Pfundaufwertung war er nicht gewachsen. Stärker noch als zur Zeit der Deflationskrise 1920/21 kämpfte der englische Bergbau um seine Existenz. Allein bis Mitte 1925 schlossen rund 400 Bergwerksgesellschaften ihre Zechentore, ungefähr 200 000 Bergarbeiter waren arbeitslos. Diejenigen, die arbeiteten, mußten sich in der Mehrheit mit dem tariflich festgelegten Mindestlohn zufriedengeben, den zu übertreffen sich selbst die Zechen in den reichsten Kohlenrevieren außerstande sahen[68]. Aus der Kohleförderung war weitgehend ein Zuschußbetrieb und Verlustgeschäft geworden, und deshalb bestanden die Bergwerksbesitzer auf einer Revision der 1924 geschlossenen Tarifabkommen, die dank der guten Konjunktur und unter dem Druck der damals amtierenden Labour-Regierung für die Bergarbeiter recht günstig ausgefallen waren. Mit der Kündigung der Tarifverträge zum 31. Juli 1925 war klar, daß die Sanierung der Industrie einseitig zu Lasten der Bergarbeiter gehen sollte. Durch die Forderung nach Abschaffung der nationalen Lohnverhandlungen, der garantierten Mindestlöhne und der Lohnregelung auf der Grundlage einer Gewinnbeteiligung versuchten die Arbeitgeber selbst den unrentabelsten Zechen über den Weg unlimitierter Lohnkürzungen eine Gewinnspanne zu sichern[69]. Da die Mining Association nur unter der Bedingung einer Rückkehr von der 7- zur 8stündigen Schicht bereit war, Konzessionen zu machen, die MFGB jedoch eine Arbeitszeitverlängerung strikt ablehnte, bestand eine ähnlich auswegslose Situation wie im April 1921. Allerdings hatten sich die Rahmenbedingungen entscheidend verändert.

Die konservative Regierung unter Premierminister Stanley Baldwin stützte sich auf eine brei-

---

66 *Pollard*, S. 110.
67 Siehe *Mowat*, S. 199 f.; *Kirby*, S. 66 ff. und die sarkastische Streitschrift *John Meynard Keynes*, The Economic Consequences of Mr. Churchill, London 1925.
68 *Renshaw*, S. 117 f. und 267, Anm. 23; *Morris*, S. 112.
69 *Christopher Farman*, The General Strike May 1926, London 1972, S. 22f.

te Mehrheit im Unterhaus[70], das letztlich über die Änderung der gesetzlich geregelten Siebenstundenschicht im Bergbau zu entscheiden hatte. Von dieser Seite konnten die Bergarbeiter kaum Unterstützung erwarten, denn nur durch das persönliche Eingreifen des Premierministers war im März 1925 eine Gesetzesinitiative der Konservativen gescheitert, die durch Abtrennung des Parteibeitrages vom Mitgliedsbeitrag für die Gewerkschaften darauf abzielte, die Labour Party finanziell zu schwächen, und damit den politischen Einfluß der Arbeiterschaft[71]. Trotz dieser versöhnlichen Geste war eine Parteinahme der Regierung für die Bergarbeiter kaum realistisch zu erwarten. Die Entscheidung des Finanzministers Winston Churchill für die Aufwertung band der Regierung finanziell die Hände und legte sie auf eine sparsame Haushaltspolitik fest. Darüber hinaus war mit Churchill, dem Innenminister Sir William Joynson-Hicks und Lord Birkenhead (Secretary for India) eine einflußreiche Anti-Labour-Fronde im Kabinett versammelt, und Baldwin selbst hielt wenig von staatlichen Eingriffen in die Tarifautonomie[72]. Selbst aus dem Unternehmerlager und Anhänger paternalistischer Sozialvorstellungen, appellierte er in seinen Vermittlungsbemühungen zwischen der Mining Association und der MFGB an die Eigenverantwortlichkeit der Tarifpartner, was im Falle des englischen Kohlenbergbaus regelmäßig Arbeitskampf bedeutet hatte, der jetzt wie in den ersten drei Nachkriegsjahren auf die gesamte englische Wirtschaft überzugreifen drohte.

Am 10. Juli 1925 erklärte das geschäftsführende Gremium des TUC, der General Council, in dem alle größeren Gewerkschaften des Dachverbandes repräsentiert waren, seine Solidarität mit den Bergarbeitern und kündigte für den Fall eines Arbeitskampfes im Bergbau ein Transportembargo für alle Kohlenlieferungen an, dessen logische Konsequenz nur ein gemeinsamer Streik der Transportarbeiter und der Eisenbahner mit den Bergarbeitern sein konnte[73]. Die alte Triple Alliance war in veränderter Form wiederauferstanden, ihr unrühmliches Ende am Schwarzen Freitag im April 1921 jedoch unvergessen. Die Niederlage der Bergarbeiter und die damals erfolgende allgemeine Senkung des Lohnniveaus, wenn auch nicht in dem Ausmaß wie im Bergbau, zementierten das neue Bündnis angesichts der abermaligen Bedrohung des Lebensstandards aller englischen Arbeiter. Die Andeutung Baldwins, daß die Wettbewerbsfähigkeit der Industrie allgemein Lohnkürzungen erfordere[74], ließ den Konflikt im Bergbau als den Anfang einer bewußt arbeiterfeindlichen Wirtschaftspolitik erscheinen. Die Rettung aus der bevorstehenden Konfrontation kam wie schon so häufig durch die Empfehlungen einer unparteiischen Untersuchungskommission, die Baldwin gegen den Willen der Tarifpartner eingesetzt hatte und die jetzt wie damals für seinen Vorgänger Lloyd George auch für ihn Überraschungen bereithielt[75]. Obwohl die MFGB, desillusioniert über die Erfahrungen nach dem Kriege, jede Kooperation verweigert hatte und über Lohnkürzungen sowie Arbeitszeitverlängerungen noch nicht einmal zu verhandeln bereit war[76], urteilte das am 29. Juli 1925 veröffentlichte Gutachten der Untersuchungskommission zu ihren

---

70 *Mowat*, S. 190: Mit 415 Sitzen im Unterhaus gegenüber 152 der Labour Party und 42 der Liberal Party besaßen die Konservativen die absolute Mehrheit.
71 Der sogenannte »Macquisten-Gesetzentwurf«, siehe dazu und zum folgenden *Renshaw*, S. 104 — 113.
72 Zitat in *Farman*, S. 24.
73 Siehe die Anweisungen des General Council in: *Arnot*, S. 44 - 46.
74 Wörtlich zitiert *ebda.*, S. 35.
75 Der „Macmillan-Untersuchungsausschuß", siehe *Kirby*, S. 72 f.
76 Für die Haltung der MFGB siehe *Arnot*, S. 31 ff.

Gunsten, indem es sich für die Beibehaltung des garantierten Mindestlohnes aussprach und herbe Kritik an Organisation und Management der Industrie übte. Statt sich unter diesem Druck konzessionsbereit zu zeigen, lehnte die Mining Association die Ergebnisse der Untersuchungskommission rundweg ab und zwang damit Baldwin zum Handeln. Um einen Arbeitskampf zu verhindern, bot sich wegen des nur noch zwei Tage dauernden Waffenstillstands allein die Forderung der MFGB nach staatlichen Subventionen an, die Baldwin entgegen seinen früheren Beteuerungen am Freitag, den 30. Juli im Kabinett durchsetzte[77]. Obwohl es so aussah, als ob sich die Regierung der vereinten Kampffront von MFGB und TUC gebeugt hätte, war das Triumphgefühl auf Gewerkschaftsseite über den »Roten Freitag« der englischen Arbeiterschaft schwach fundiert. Die Entscheidungsschlacht hatte sich lediglich um neun Monate verschoben. Am 31. April 1926 sollten die Subventionen enden, und daß bis dahin eine friedliche Einigung im Bergbau erreicht sein könnte, war äußerst unwahrscheinlich. Zwar hatte Baldwin eine neue unparteiische Untersuchungskommission berufen, die eine Lösung aus dem Tarifpatt finden sollte, doch dürfte auch er sich davon bestenfalls eine Abschwächung des Konflikts, kaum aber eine grundlegende Lösung der letztlich strukturellen Probleme des englischen Bergbaus erhofft haben, die nur langfristig zu lösen waren. Die Antwort auf die vieldiskutierte Frage, was den Premierminister zu seiner Kehrtwende und damit Konfliktvermeidung mit den Gewerkschaften veranlaßt haben mochte, dürfte in dieser Richtung einer Strategie der Beschwichtigung und Konfliktabschwächung gelegen haben, wie sie 1919 von Lloyd George so erfolgreich angewandt worden war. Eine Konfliktverzögerung um neun Monate ließ auf stärkere Kompromißbereitschaft sowohl im Arbeitgeber- als auch im Arbeitnehmerlager hoffen, da der erste Schock der Pfundaufwertung überwunden sein würde, und gab zudem der englischen Industrie Zeit, sich durch Vorratswirtschaft auf den Fall einer Wirtschaftslähmung durch konzertierte Streiks einzustellen. Die Begründung Baldwins vor dem Kabinett, daß die Regierung für eine Kraftprobe mit den Gewerkschaften noch nicht genügend vorbereitet sei, erscheint nur insofern abwegig, als die Regierung im Unterschied zu 1919 dank des Notstandsgesetzes von 1920 und der von der Labour-Regierung 1924 nicht rückgängig gemachten fortgeschrittenen Planung für den Eventualfall eines Generalstreiks jetzt über die notwendigen Mittel und Organisationen zur Gegenwehr verfügte. Baldwin hatte jedoch richtig die Ungunst der Situation erkannt. Die Intransigenz der Bergwerksbesitzer hatte das öffentliche Sympathiependel eindeutig zugunsten der Bergarbeiter ausschlagen lassen, und eine harte Konfrontationshaltung der Regierung gegenüber den Gewerkschaften hätte leicht als eine staatliche Parteinahme für die Bergwerksbesitzer gedeutet werden können. Sollten die Kosten einer Auseinandersetzung mit den Gewerkschaften jedoch nicht ins Unermeßliche steigen, war ein rascher Zusammenbruch der konzertierten Streiks notwendig, was nur durch eine Isolation der Gewerkschaften und die eindeutige Unterstützung der Regierung durch die Mehrheit der Bevölkerung zu erreichen war. Aus dieser Perspektive erscheint das Nachgeben Baldwins am »Red Friday« als das Resultat einer nüchternen Kosten-Nutzen-Rechnung, und die Frage, ob der Premierminister mit seiner Begründung einer ungenügenden Vorbereitung auf Regierungsseite mehr auf tatsächliche Mängel in den bisherigen Notstandsvorkehrungen anspielte oder nur den Scharfma-

---

77 Vorgeschichte sowie »Red Friday« selbst sind in der Literatur ausführlich behandelt. Vgl. *Renshaw*, S. 117 — 127; *Phillips*, General Strike, S. 43 — 71, *Julian Symons*, The General Strike. A Historical Portrait, London 1957, S. 8 — 20 und *Mowat*, S. 290 — 294.

chern im Kabinett ein plausibles Argument liefern wollte, eher zweitranging[78]. Daß der Premierminister und seine Regierung jedoch nicht ein zweites Mal gewillt waren, vor der vereinten Streikdrohung der MFGB und des TUC zurückzuweichen, unterstrich die sofort erfolgende Mobilmachung für den Notstand[79].

Die offenkundigen Vorbereitungen der Regierung für den Fall einer Konfrontation mit den Gewerkschaften standen in krassem Gegensatz zu deren Passivität. Aus verschiedenen Gründen, die einerseits die Spaltungen innerhalb der englischen Arbeiterbewegung bloßlegen, andererseits die politische Integration der englischen Arbeiterschaft deutlich machen, vermieden MFGB und TUC konkrete Vorkehrungen für den Ernstfall. Der Verbandstag des TUC im September 1925 überließ dem General Council, über die Notwendigkeit eines Generalstreiks zu entscheiden, was einen Sieg der gemäßigten Richtung in der englischen Gewerkschaftsbewegung darstellte[80]. Durch den Eintritt führender Gewerkschaftler in die erste Labour-Regierung unter Premierminister Ramsay Mac Donald 1924 hatte der radikale Gewerkschaftsflügel temporär an Einfluß gewinnen können, den er jetzt wieder abtreten mußte. Trotz der weitläufigen Ernüchterung in der englischen Gewerkschaftsbewegung über die politischen Möglichkeiten der Parteinahme einer Labour-Regierung für die Arbeiterschaft und den damit verbundenen Auftrieb für die Befürworter der direkten Aktion, die zudem den »Red Friday« als Erfolgsposten verbuchen konnten, stellten die Rückkehr des Vorsitzenden der Eisenbahnergewerkschaft und ehemaligen Kolonialministers (Colonial Secretary) J. H. Thomas in den General Council sowie die Wahl des Vorsitzenden der Transportarbeitergewerkschaft (Transport and General Workers Union — TGWU) Ernest Bevin und die Ablösung des linkslastigen TUC-Präsidenten A. J. Swales durch den Vorsitzenden der Eisen- und Stahlarbeitergewerkschaft A. Pugh die Dominanz des gemäßigten Gewerkschaftsflügels wieder her. Dadurch wurde die Verbindung des General Councils zu den Bergarbeiterführern nicht verbessert, denn die Schlüsselrolle, die Thomas beim Zusammenbruch der Triple Alliance 1921 innegehabt hatte, war hier unvergessen. Am gegenseitigen Mißtrauen und der Uneinigkeit über die künftige Strategie und Taktik scheiterten letztendlich alle Versuche einer zielvollen Planung für den Generalstreik. Vor der Erarbeitung eines konkreten Aktionsplanes standen schließlich die schwierigen Probleme einer Klärung der Verhandlungs- und Entscheidungskompetenzen zwischen dem General Council und der MFGB sowie die strittige Präzisierung der tarifpolitischen Forderungen. Beides barg die Gefahr in sich, die Einheitsfront von MFGB und TUC auseinanderbrechen zu lassen, bevor sie überhaupt in Aktion getreten war, denn weder konnte damit gerechnet werden, daß die MFGB ihre Tarifautonomie zugunsten des General Council abtreten würde, noch war letzterer bereit, sich voll und ganz vor den Karren einer kompromißlosen Konfrontationspolitik der Bergarbeiter spannen zu lassen. Deshalb war es für beide Seiten einfacher, der Hoffnung zu frönen, daß die Drohung mit dem Generalstreik ausreichen werde, um die Regierung abermals zu einer Intervention zu zwingen, weil im Bergbau nur ihr Eingreifen den gordischen Knoten in den Tarifverhandlungen lösen konnte.

Die Frist bis zum Ende der Subventionen und gleichzeitigen Ablauf der bestehenden Tarif-

---

78 Vgl. dazu *A. Mason*, The Government and the General Strike 1926, in: International Review of Social History, Bd. 14, 1969, S. 1 — 21; *Kirby*, S. 74 f. und *Phillips*, General Strike, S. 58 — 66.
79 *Morris*, S. 150 — 164.
80 Für die Gewerkschaftsseite vgl. bes. *Arnot*, S. 73 — 86; *Phillips*, General Strike, S. 84 — 94 und *Renshaw*, S. 134 — 142.

vereinbarungen am 30. April 1926 verstrich ohne den Schimmer einer Hoffnung auf eine friedliche Einigung. Ihren Mangel an konstruktiven Vorschlägen ersetzten sowohl die Bergarbeiterführer als auch die Arbeitgebervertreter durch unbeugsame Kompromißlosigkeit. In beiden Lagern war es einfacher, die zwischen den armen und reichen Kohlenrevieren bestehenden Differenzen hinter Maximalforderungen zu verbergen, statt nach einem Interessenausgleich zu suchen. Der Slogan des mehr syndikalistischen als kommunistischen Ersten Sekretärs der MFGB aus dem armen Südwales, A. J. Cook, »Not a Penny off the Pay, not a Second on the Day[81]« war dafür ebenso charakteristisch wie die rigorose Ablehnung der Bergarbeiterforderung nach einer Reorganisation der Industrie durch den ebenfalls aus Wales stammenden Präsidenten der Mining Association, Evan Williams, der auf drastischen Lohnkürzungen beharrte. In die festgefahrenen Tarifverhandlungen kam erst wieder Bewegung, nachdem der unparteiische Untersuchungsausschuß, in dem weder die Bergarbeiter noch die Bergwerksbesitzer vertreten waren, am 6. Mai seine Ergebnisse veröffentlichte[82].
Die nach dem Vorsitzenden Sir Herbert Samuel benannte Untersuchungskommission hatte sich bemüht, eine für alle Parteien annehmbare Lösungsstrategie für die strukturellen Schwierigkeiten des englischen Kohlenbergbaus zu entwickeln[83]. Um die Unternehmer für die von allen vorangegangenen Untersuchungsausschüssen ebenfalls geforderte Reorganisation der Industrie zu gewinnen, sprach sich das sogenannte Samuel-Gutachten unzweideutig gegen eine Verstaatlichung des Kohlenbergbaus aus und für Unternehmenszusammenschlüsse auf freiwilliger Basis. Die Verstaatlichung der Bodenschätze und damit Befreiung der Industrie von der Abgabenlast an die Landbesitzer sowie eine vorübergehende Senkung des Lohnniveaus sollten der Industrie die organisatorische Neuordnung erleichtern. Als Ausgleich für die Bergarbeiter lehnte das Gutachten eine Arbeitszeitverlängerung und unbegrenzte Lohnkürzungen ab, da beides das bestehende Problem der Überkapazitäten nur noch vergrößern würde. Zudem sollten unter der Aufsicht eines »National Wages Board« (Lohnkommission) die Einrichtung garantierter Mindestlöhne und die Gewinnbeteiligung der Bergarbeiter durch konjunkturell angepaßte gleitende Löhne in erweiterter Form bestehen bleiben. Die Regierung wiederum sah sich durch ein klares Nein gegenüber fortgesetzter staatlicher Subventionierung der Industrie für die finanziellen Aufwendungen einer Verstaatlichung der Schürfrechte sowie der Notwendigkeit staatlicher Kontrolle bei der Durchführung der Reformen entschädigt. Trotz dieser sorgsamen Lastenverteilung war eine freiwillige Annahme der Untersuchungsergebnisse durch die Tarifparteien nicht zu erwarten. Auf diesen Standpunkt stellte sich jedoch die Regierung Baldwin und forderte damit geradezu die Ablehnung des Samuel-Gutachtens heraus. Schon 1925 hatte der Finanzminister Churchill einen Kabinettsbeschluß gegen die Verstaatlichung der Schürfrechte wegen zu hoher Kosten herbeigeführt, und deshalb lag der Regierung wohl nicht allzuviel an der Durchsetzung der ergangenen Empfehlungen. Auf jeden Fall aber zerstörte die passive Haltung der Regierung den letzten Glauben, der in der Arbeiterschaft über Nutzen und Funktion solcher Enqueten noch bestanden haben mochte. Wie vorhersehbar, scheiterten die erneuten Verhandlungen zwischen MFGB und Mining Association im März und April wiederum an den alten Gegensätzen. Die Bergarbeitervertreter lehnten Lohnkürzungen und Arbeitszeitverlängerung, die Arbeitgeber dagegen eine nationale Lohnregelung ab, hinter der die Bergarbeiter nicht ohne Grund

---

81 Zitiert in: *Renshaw*, S. 146.
82 Hierzu und zum folgenden vgl. *Kirby*, S. 75 — 85; *Renshaw*, S. 143 — 149.
83 Der zusammenfassende Bericht ist abgedruckt in: *Arnot*, S. 94 — 101.

den Wunsch vermuteten, die föderativ organisierte MFGB distriktmäßig aufzusplittern. Fristgerecht begann am 30. April die Aussperrung von ca. einer Million Bergarbeitern. Die große Kraftprobe schien bevorzustehen, denn am 29. April hatte sich die einberufene Sitzung aller Gewerkschaftsvorsitzenden des TUC für einen »national strike« ausgesprochen, falls die Verhandlungen des General Council mit der Regierung erfolglos blieben[84].
Im Grunde bewahrte nur die Rücksichtslosigkeit der Bergwerksbesitzer und die Konfrontationsbereitschaft der konservativen Regierung die englische Arbeiterschaft vor einem zweiten »Schwarzen Freitag[85]«. Obwohl namhafte Industrielle wie Sir Alfred Mond die kompromißlose Haltung der Mining Association verurteilten, die im eigenen Lager keineswegs unangefochten war, und für die Notwendigkeit eines staatlich oktroyierten Tarifvertrages plädierten, selbst wenn dadurch erneute Subventionen unumgänglich werden sollten[86], machten die Verhandlungen zwischen der Regierung und den Vertretern der Bergwerksbesitzer auf der einen und des General Council auf der anderen Seite deutlich, daß die Regierung nicht gewillt war, starken Druck auf die Bergwerksbesitzer auszuüben. Deren Unnachgiebigkeit kontrastierte scharf mit den Bemühungen der drei Gewerkschaftsvertreter Thomas, Pugh und Swales, einen Ausweg zu finden, um den Generalstreik zu vermeiden. Am 1. Mai schienen letztere das Unmögliche möglich gemacht und mit der Regierung einen Kompromiß ausgehandelt zu haben[87]. Die Aussperrung sollte beendet und neue Verhandlungen auf der Grundlage des Samuel-Gutachtens aufgenommen werden, allerdings mit dem impliziten Verständnis, daß die Bergarbeiter Lohnkürzungen akzeptieren würden. Die Abwesenheit des Exekutivausschusses der MFGB, dessen Mitglieder in ihrer Mehrheit zur Streikorganisation in die jeweiligen Bezirke abgereist waren, sowie der Abbruch aller weiteren Verhandlungen durch die Regierung, da die Drucker der Zeitung »Daily Mail« die Entfernung eines gegen den Streik gerichteten Artikels verlangten und deshalb streikten, verhinderten eine erste entscheidende Bewährungsprobe für die vereinigte Kampffront von TUC und MFGB. Obwohl letztere dem General Council explizite Verhandlungsvollmacht erteilt hatte, war damit keineswegs geklärt, ob die Bergarbeiterführer auch Verhandlungsergebnisse akzeptieren würden, die Lohnkürzungen oder andere gegen ihre eigenen Beschlüsse verstoßende Bedingungen enthielten.

2. Verlauf und Ergebnis des englischen Generalstreiks

Am 4. Mai begann der Generalstreik[88], der eigentlich keiner war und den der General Council im Grunde gegen seine bessere Überzeugung führte. Die unerwartet große Solidarität der Arbeiterschaft überraschte den General Council ebenso wie die Regierung und kompensierte fürs erste seine mangelnde Vorbereitung. Zunächst hatte der General Council nur die Arbeiterschaft in den wichtigsten Branchen wie Verkehr und Transport, Eisen-, Stahl-,

---

84 *Ebda.*, S. 122 — 126. Einen persönlichen Eindruck vermittelt der damalige Sekretär des TUC, *Walter Citrine*, Men and Work, an Autobiography, London 1964, S. 153 — 156.
85 *Mason*, a.a.O., S. 21.
86 Für die Rolle des sozialpolitisch führenden Chemieindustriellen Sir Alfred Mond siehe bes. *Morris*, S. 311 — 315.
87 Zu den Verhandlungen und dem Grund ihres plötzlichen Abbruchs vgl. *Citrine*, S. 158 - 176; *Phillips*, General Strike, S. 112 — 133 und *Renshaw*, S. 150 — 165.
88 Die nachfolgende Zusammenfassung des Streikverlaufs stützt sich in erster Linie auf die detaillierte Darstellung von *Renshaw*, S. 174 — 182, 210 — 225; *Farman*, S. 114 — 123, 183 — 227; *Phillips*, General Strike, S. 134 — 166.

Metall- und Chemieindustrie, Elektrizitätswerken und Druckereien zur Arbeitsniederlegung aufgefordert[89]. Daraufhin traten ca. 3 1/2 Millionen Arbeiter, ungefähr die Hälfte der gewerkschaftlich organisierten Arbeiterschaft, in den Streik, und die nicht betroffenen Arbeitergruppen im Maschinen- und Schiffsbau, in der Holz- und Textilindustrie, im Handel und der Post warteten zum Teil ungeduldig und verständnislos auf ihre Streikorder. Nur einige wenige Gewerkschaften, z. B. die Seeleute und die Journalisten, lehnten eine Streikbeteiligung ab. Die Lähmung des Eisenbahnverkehrs und der öffentlichen Verkehrsmittel während des Streiks war fast vollständig. Überall bildeten sich lokale Streikausschüsse oder Aktionsräte (Councils of Action), die den Streik organisierten[90]. Das Streikkomitee des General Council unter Bevin und dem Ersten Sekretär des TUC, Walter Citrine, hielt die zentralen Fäden in der Hand, erließ Streikrichtlinien und traf die Grundsatzentscheidungen. Seine Strategie bestand darin, den nichtrevolutionären Charakter des Streiks herauszustellen und vor allem die Öffentlichkeit davon zu überzeugen[91]. Deshalb wurden russische Unterstützungsgelder abgewiesen, die Streikzeitung »The British Worker« in einem betont nüchtern-sachlichen Ton verfaßt und lebenswichtige Dienstleistungen wie Telefon und Telegraph, selektive Elektrizitäts- und Lebensmittelversorgung aufrechterhalten. Die offensichtliche Absicht, durch eine eindrucksvolle, aber deutlich gemäßigte Machtdemonstration ohne den Anstrich eines Klassenkampfes eine schnelle Entscheidung zu erzwingen, scheiterte an der festen Haltung der Regierung, die nichts weniger als die Kapitulation der organisierten Arbeiterschaft verlangte.

Trotz Bildung einer freiwilligen Bürgerwehr und Truppenmobilisierungen war auch die Regierung darauf bedacht, gewaltsame Konfrontationen zu vermeiden. Dabei hatten die Verhaftung führender Kommunisten im Oktober 1925 und die Kabinettsberatungen über einen Gesetzentwurf, der alle Sympathiestreiks illegal gemacht hätte, eher das Gegenteil vermuten lassen. Isolierte Initiativen im Parlament nach Streikausbruch, die auf eine Beschneidung des Streikrechts zielten, wurden von der Regierung nicht aufgegriffen, und die angeblich bevorstehende Konfiskation der Gewerkschaftskassen und Verhaftung der Streikführer blieben Gerüchte. Das hinderte die Regierung jedoch nicht daran, den Streik propagandistisch als Bedrohung der Verfassung und der parlamentarischen Demokratie zu brandmarken und damit weite Kreise der Öffentlichkeit auf ihre Seite zu ziehen[92]. Diese Interpretation, die aus dem Streik statt eines sozialen Konflikts eine politische Kraftprobe der Gewerkschaften mit der Regierung machte, hatte den großen Vorteil, die Gewerkschaften in der Öffentlichkeit prinzipiell ins Unrecht zu setzen, dagegen das eigentliche Problem, nämlich die Weigerung der Bergarbeiter, durch Rückkehr zu einem Existenzminimum die Profite und das Überleben einer anerkanntermaßen ineffizienten Industrie zu garantieren, außer acht zu lassen. Damit entzog sich die Regierung geschickt der eigenen Verantwortung sowohl für den Ausbruch des Streiks als auch für dessen Beendigung.

Die Schwäche des »nationalen« Streiks, wie die Terminologie auf Gewerkschaftsseite beharrlich und zutreffender lautete, lag präzise in dem Dilemma, daß der Streik keine system-

---

89 Der Aufruf des TUC zum Generalstreik ist abgedruckt in: *Arnot*, S. 160 — 163.
90 Siehe *Emile Burns*, The General Strike, May 1926: Trades Councils in Action, London 1926; informativ auch *Farman*, S. 152 — 166.
91 Vgl. bes. *Symons*, S. 133 — 143.
92 Siehe zum Beispiel die Rede Baldwins im Rundfunk am 8. Mai 1926, abgedruckt in: *Arnot*, S. 194 — 196 sowie die Entgegnung des TUC, S. 201 f.

verändernden Ziele hatte, gleichzeitig aber politischen Erpressungscharakter trug. Sein Erfolg hing deshalb im wesentlichen davon ab, ob der TUC die Öffentlichkeit von der Berechtigung des Streiks überzeugen konnte. Im Kampf um die öffentliche Meinungsbildung war er der Regierung jedoch hoffnungslos unterlegen. Nicht so sehr das von Winston Churchill in scharfmacherischer Weise redigierte Regierungsblatt »British Gazette« als vielmehr das Regierungsmonopol auf den BBC gab der Regierung einen unschlagbaren Kommunikationsvorsprung[93]. Darüber hinaus demonstrierte die staatliche Notstandsmaschinerie, daß die Regierung nicht wehrlos war. Die nach dem »Red Friday« gegründete und ausschließlich mit Freiwilligen bemannte »Organization of Maintenance and Supplies« (OMS) unterstellte sich der Notstandsorganisation der Regierung (Cabinett Supply and Transport Committee) und ermöglichte es der Regierung, alle Kooperationsangebote des General Council über gemeinsame Notstandsmaßnahmen zu ignorieren[94]. Man hoffte hier offensichtlich auf eine schnelle Auszehrung des Streiks, denn der massenhafte Zulauf von freiwilligen Helfern in die OMS bewies weniger die Effektivität ihrer Streikbrecherfunktion als vielmehr die Wirksamkeit der staatlichen Propaganda bei der Mobilisierung des »Patriotismus der Begüterten[95]«.

Der Generalstreik war ungebrochen, als der General Council ihn am 12. Mai beendete. Noch einen Tag zuvor hatte sein Streikaufruf an weitere Arbeitergruppen erneut die erstaunliche Solidarität der Arbeiterschaft gezeigt. Ganz ohne Zweifel war der Kampfgeist an der Basis größer als in der Gewerkschaftsführung. Die Erinnerung an den »Black Friday« dürfte erheblich zu der erstaunlichen Solidarisierung mit den Bergarbeitern beigetragen haben, denn wie damals die Deflationskrise bedrohte jetzt die Pfundaufwertung den Lebensstandard der gesamten englischen Arbeiterschaft. Um so unverständlicher mußte der plötzliche Streikabbruch erscheinen. Überzeugt davon, daß der Streik gegen eine verhandlungsunwillige Regierung und nicht sympathisierende Öffentlichkeit letztlich nicht gewonnen werden könnte, stand der General Council vor der Wahl, den Streik so rasch wie möglich zu beenden oder bis zum bitteren Ende durchzufechten und dabei eine von ihm kaum kontrollierbare Radikalisierung des Kampfes zu riskieren[96]. Aus diesen Überlegungen heraus erklärt sich die Bereitwilligkeit, mit der der General Council auf die selbständige Vermittlungsaktion Sir Herbert Samuels einging. Der erzielte Kompromiß führte gradlinig zum Ausgangspunkt des Generalstreiks zurück[97]. Auf der Grundlage des Samuel-Gutachtens unter explizitem Einbezug möglicher Lohnkürzungen sollten erneut Verhandlungen im Bergbau stattfinden. Obwohl die nicht zu den geheimen Gesprächen hinzugezogenen Bergarbeiterführer den Kompromiß wegen seiner Lohnklausel ablehnten, brach der General Council den Streik ab, ohne dabei das eindeutige Versprechen von der Regierung zu erhalten, daß sie sich für eine geordnete und straffreie Rückkehr der Streikenden einsetzen würde. Das war die bedingungslose Kapitulation[98]!

Der Generalstreik endete in einem Fiasko, das seine zivilisierte Austragung ohne Blutvergie-

---

93 Zu Presse und Rundfunk vgl. bes. *Stephen Usherwood*, The B.B.C. and the General Strike, in: History Today, Bd. 22, 1972, S. 858 — 865 sowie *Phillips*, General Strike, S. 167 — 188.
94 Siehe dazu bes. *Mason*, a.a.O., S. 15 — 21 und *Renshaw*, S. 183 — 188.
95 *Farman*, S. 116.
96 Für die Dominanz Linksradikaler und Kommunisten vgl. die Lokalstudien in *Morris*, S. 379 — 439 sowie in *Jeffrey Skelley* (Hrsg.), The General Strike 1926, London 1976, S. 111 — 311.
97 Abgedruckt in: *Arnot*, S. 225 — 227.
98 Siehe den Bericht über den Empfang der Gewerkschaftsdelegation beim Premierminister *ebda.*, S. 221 — 225 und *Citrine*, S. 201 — 203.

ßen und revolutionären Aufstand nachträglich beinahe vergessen machte und in der Arbeiterschaft tiefe Bitterkeit hinterließ. Das Unverständnis an der Basis über den plötzlichen Streikabbruch und die kommunistischen Durchhalteparolen drohten jetzt zu der befürchteten Radikalisierung zu führen, die der General Council gerade hatte vermeiden wollen. Infolge des Wunsches der Arbeitgeber, die Situation zu nutzen, um die organisierte Arbeiterschaft entscheidend zu schwächen, standen nach Streikabbruch zunächst mehr Arbeiter im Ausstand als zuvor[99]. Trotzdem schlug der Generalstreik nicht in einen revolutionären Aufstand um, sondern verwandelte sich lediglich in einen Kleinkrieg um die Bedingungen der Rückkehr zum Arbeitsplatz, den die Arbeiterschaft ebenfalls verlor. Nur in wenigen Fällen konnten Privilegienverluste, Diskriminierungen gegen Gewerkschaftsmitglieder, Lohnkürzungen und allgemeine Verschlechterungen der Arbeitsbedingungen abgewehrt werden.
Allein die Bergarbeiter kämpften weiter bis zur völligen Erschöpfung[100]. Am Ende des fast siebenmonatigen Streiks stand der Präsident der MFGB, Herbert Smith, vor dem Scherbenhaufen seiner Konfrontationspolitik, die an Härte von den Bergwerksbesitzern jedoch bei weitem übertroffen wurde. Weder die Regierung noch die beiden Tarifopponenten hatten die Kompromißformel Sir Herbert Samuels akzeptiert, und die Weigerung des Premierministers, über bloße Vermittlungsversuche hinaus eine tarifliche Einigung zu erzwingen, bestärkte die Bergwerksbesitzer erheblich in ihrer Rücksichtslosigkeit. Ihre Absicht, die MFGB aufzureiben, war unverkennbar und zum gewissen Grad auch erfolgreich. Als die MFGB-Führung im November endlich die Niederlage eingestand, kehrten die Bergarbeiter unter Bedingungen zurück, die teilweise schlechter waren als vor dem Krieg. Drastische Lohnkürzungen durch Rückkehr zum Grundlohn von 1914, Arbeitszeitverlängerung durch die gesetzliche Wiedereinführung der Achtstundenschicht im Juli 1926 und die von Arbeitgeberseite beharrlich geforderte »Entpolitisierung« der Tarifverträge durch reviermäßige Verhandlungen und Abkommen stellten einen uneingeschränkten Sieg der Bergwerksbesitzer dar, die, statt ihre kranke Industrie zu sanieren, sich in den folgenden Jahren auf Kosten der Arbeiterschaft subventionierten[101].
Die Folgen des Generalstreiks und des Erschöpfungskampfes im Bergbau waren für die englische Arbeiterschaft verheerend. Die allgemeine Demoralisierung reflektierten der Mitgliederverlust der Gewerkschaften von ca. einer halben Million und das rapide Absinken der Streikziffern[102]. Wirtschaftlich und politisch befand sich die Arbeiterschaft in der Defensive. Die konservative Mehrheit im Parlament benutzte den Generalstreik, um die Gewerkschaften auf ein »gesundes Fundament« zu stellen. Während die gesetzliche Arbeitszeitverlängerung im Bergbau und die Verschärfung der Gesetze über Armenpflege, um die Bergarbeiter von der lokalen Armenfürsorge abzuschneiden[103], in erster Linie auf eine beschleunigte Zermürbung des Bergarbeiterwiderstandes abzielten, sollte das im April 1927 verabschiedete revidierte Streikrecht TUC und Labour Party schwächen. Im Rückgriff auf den 1925 gescheiterten Gesetzesentwurf verfügte der »Trade Disputes and Trade Union Act« die finanzielle

---

99 Zum Streikende vgl. bes. *Farman,* S. 228 — 243; *Symons,* S. 203 — 218 und *Phillips,* General Strike, S. 220 — 250.
100 Für Verlauf und Ausgang des Bergarbeiterstreiks siehe *Renshaw,* S. 229 — 235.
101 Die Versuche, auf dem Gesetzeswege eine Reorganisation des englischen Kohlenbergbaus herbeizuführen, blieben bis zum Zweiten Weltkrieg relativ erfolglos, vgl. *Kirby,* S. 153 ff.
102 *Pelling,* S. 188 — 192, 288 f.
103 Siehe dazu *Renshaw,* S. 236 — 239 und *Patricia Ryan,* The Poor Law in 1926, in: Morris, S. 358 — 378.

Trennung zwischen Gewerkschafts- und Parteibeitrag, verbot politische Streiks und Sympathiestreiks bei Gefängnisstrafe und erschwerte erheblich das Streikpostenstehen. Im großen und ganzen verfehlte das Gesetz sein Ziel. 1945 wurde es durch eine Labour-Mehrheit im Parlament wieder aufgehoben, die endlich auch den Kohlenbergbau verstaatlichte[104].
Langfristig bewirkten weniger die auf den Generalstreik folgenden Repressionen, sondern die Einsicht, daß die Kosten derartiger Konfrontationen in keinem Verhältnis zu ihrem Nutzen stehen, einen Wandel in der sozialen Konfliktbewältigung. In der englischen Arbeiterbewegung verschwand der Glaube an die Allmacht des Generalstreiks, der selbst ohne den »Verrat« der Gewerkschaftsführung kaum hätte gewonnen werden können. Der Stimmzettel trat an die Stelle der direkten Aktion, und die politische Integration der Arbeiterschaft zeigten die Wahlen 1929, nach denen die Labour Party zum zweitenmal die Regierung stellte[105]. Auf der Arbeitgeberseite machten die von dem Industriellen Sir Alfred Mond 1928 eingeleiteten Konsultationsgespräche zwischen Arbeitgebern und Gewerkschaftlern Bemühungen erkennbar, den Arbeitsgemeinschafts- statt den Waffenstillstandscharakter in der Tarifpolitik zu unterstreichen[106]. Auf staatlicher Seite hatte zumindest Finanzminister Churchill durch seine vergeblichen Vermittlungsbemühungen in dem sich hinziehenden Bergarbeiterausstand einen Gesinnungswandel vollzogen, nicht aber der Premierminister[107]. Baldwin erkannte zu Recht, daß die Regierung gegen die Bergwerksbesitzer, falls diese durch kurzgeschlossene Betriebsstillegungen einen staatlich oktroyierten Tarifvertrag unwirksam machten, letztlich nur mit Verstaatlichung reagieren könne. Aber erstens wollte er diese selbst nicht, zweitens hätte sie im konservativen Parlament kaum eine Mehrheit gefunden, und drittens wären die ausgesperrten Bergarbeiter dann zur Arbeitslosenunterstützung berechtigt gewesen. Auf der anderen Seite war ein staatliches Streikverbot ebenfalls kaum durchzusetzen. Tausende von Arbeitern konnte die Regierung schlecht einsperren, das hatten gerade die Bergarbeiter während des Krieges demonstriert[108]. Trotzdem bekundete die beständige und durch die Tarifparteien selbst nicht lösbare Konfliktsituation den Anachronismus einer staatlichen Nichteinmischungspolitik, aber auch der gewerkschaftlichen Erpressungsstrategie. Sie zeigte zudem, daß ein Mittelweg möglich gewesen wäre. Eine Konfliktvermittlung über unparteiische Schiedsstellen ohne jegliche Verpflichtung für die Parteien konnte nur wirksam sein, wenn die Regierung bereit war, zumindest moralischen Druck auszuüben. Die Umgehung der Untersuchungsergebnisse durch die Regierung selbst mußte demoralisierend wirken. Aufgrund einer verfehlten Wirtschaftspolitik und einer sicheren politischen Mehrheit war die Regierung Baldwin letztendlich nicht allzu stark an einem Ausgleich interessiert. Die Arbeiterschaft dagegen versuchte ihren Mangel an politischer Durchsetzungskraft durch die direkte Aktion zu ersetzen. Der »Red Friday« hatte in der Nachfolge der Kriegserfahrung noch einmal die Möglichkeit staatlicher Konfliktverhütung bestätigt, und nichts anderes als die staatliche Intervention im Bergbau sollte der Generalstreik erreichen. Durch die Umgehung der parla-

---

104 *Mowat*, S. 335 — 337.
105 *Pelling*, S. 181 f.
106 Siehe *G.W. McDonald/H.F. Gospel*, The Mond-Turner Talks, 1927 — 1933. A Study in Industrial Cooperation, in: The Historical Journal, Bd. 16, Nr. 4, 1973, S. 807 — 829 sowie *H.F. Gospel*, Employers' Labor Policy: A Study of the Mond-Turner Talks 1927 — 1933, in: Business History, Bd. 21, Nr. 2, Juli 1979, S. 180 — 197.
107 Vgl. *Renshaw*, S. 230.
108 Die Bergarbeiter hatten sich nicht an das »Treasury Agreement« gehalten, das Streiks während des Krieges illegal machte. Siehe *Taylor*, S. 39.

mentarischen Instanzen und die Bedrohung der nationalen Wirtschaft wurde jedoch aus dem Versuch politischer Erpressung eine eklatante Verletzung der parlamentarischen Spielregeln, so daß die Suprematie des Staates unter Beweis gestellt werden mußte.

IV. Der Ruhreisenstreit

Auf deutscher Seite löste der englische Generalstreik reges Interesse aus, was umgekehrt nicht der Fall war. Die geringe Anteilnahme in England am Ruhreisenstreit glaubte die Kölnische Zeitung mit dem »schiere[n] Unvermögen, sich in das deutsche System hineinzudenken«, erklären zu können[109]. Um so größer war die deutsche Faszination hinsichtlich des englischen Systems sozialer Konfliktregelung, und in vieler Hinsicht demonstrierten die diesbezüglichen Überlegungen auf deutscher Seite die unsichere und widersprüchliche Suche nach einem gangbaren Weg sozialer Konfliktregelung. Darüber hinaus geben sie Aufschluß über Motive und Vorstellungen der Arbeitgeber, die maßgeblich den Ausbruch des Ruhreisenstreits beeinflußten. Das ist insofern wichtig, als Ursachen und Verlauf des Ruhreisenstreits zwar weitgehend erforscht sind, doch immer noch erhebliche Meinungsverschiedenheiten über seine Einordnung in den historischen Kontext und seinen politischen Stellenwert bestehen. So stellt Michael Schneider fest: »Der Ruhreisenstreit markiert [...] die Wende der unternehmerischen Politik zur offenen Konfrontation nicht nur gegen die Gewerkschaften, sondern auch gegen den mit diesen zunehmend identifizierten Staat[110]«. Auch Bernd Weisbrod sieht im Ruhreisenstreit »nicht nur eine Herausforderung der staatlichen Autorität, weil er in der konkreten Situation gegen einen verbindlich erklärten Schiedsspruch gerichtet war«, sondern wegen der gleichzeitigen Arbeitgeberforderungen nach Reform des Schlichtungswesens betraf der Ruhreisenstreit seines Erachtens »darüber hinaus den sozialstaatlichen Verfassungskompromiß der Weimarer Republik und engte damit den Handlungsspielraum und die Integrationskraft der parlamentarischen Demokratie weiter ein[111]«. Ohne die Herausforderung abzuleugnen, die das Vorgehen der Schwerindustrie gegenüber der Regierung und den Gewerkschaften darstellte, oder die vergifteten Tarifbeziehungen als eine der Folgen des Ruhreisenstreits zu ignorieren, die eine spätere Zusammenarbeit zwischen Arbeitgebern und Arbeiterschaft während der Wirtschaftskrise unmöglich machte, läßt sich dennoch eine weniger zugespitzte Ansicht vertreten. Ulrich Nocken hebt zum Beispiel hervor, daß im Ruhreisenstreit die gemäßigteren Elemente im Lager der Schwerindustrie über Extremisten wie Paul Reusch siegten[112]. Erstere wollten einen Kompromiß, da sie erkannten, daß ein Krieg auf Leben und Tod gegen die Gewerkschaften und den Weimarer Staat weder innerhalb noch außerhalb der Wirtschaft auf Verständnis und Unterstützung stoßen werde. Beide Standpunkte haben ihre Berechtigung. Die erste Interpretation stützt sich auf die bald nach dem Ruhreisenstreit eintretende politische Zerrüttung der Weimarer Republik, die zweite auf die methodologisch richtige Überlegung, daß strukturelle Bedingungen — in diesem Fall der überragende Einfluß der Schwerindustrie auf die deutsche Wirtschaft — zwar die Weichen für historische Entwicklungen stellen, nicht aber deren Ende vorgeben. Deshalb sollten die jeweiligen sozialen und politischen Konflikte für sich betrachtet und unter ihren eigenen Vor-

---

109 »Schlichtungs- und Schiedswesen in England«, in: Kölnische Zeitung vom 12. 12. 1928.
110 *Schneider*, S. 12.
111 *Weisbrod*, S. 456.
112 *Nocken*, S. 579 ff.

zeichen in den historischen Gesamtzusammenhang eingeordnet werden. Wer zum Beispiel würde heute noch die verbindliche Schlichtung der Weimarer Republik verteidigen wollen? Schließlich war die Lehre des Ruhreisenstreits einer der entscheidenden Gründe, daß in der BRD von jeder Art staatlicher Zwangsschlichtung Abstand genommen wurde[113]. Ferner wurde die ablehnende Haltung der Gewerkschaften gegenüber der staatlichen Schlichtung schon erwähnt. Opportunistisches Verhalten kann man daher kaum nur der Arbeitgeberseite anlasten, weil sie die Verbindlichkeitserklärung beantragte, wenn es zu ihrem Nutzen war, obwohl sie gleichzeitig prinzipiell gegen die staatliche Schlichtung Front machte und zum offenen Angriff überging, als sie ihre Interessen verletzt sah. Dem historischen Verständnis ist u. E. deshalb am besten gedient erstens durch eine Klärung der Motive und Verhaltensweisen der im Ruhreisenstreit betroffenen Parteien und zweitens durch eine Analyse der Eigendynamik des Konflikts, unabhängig vom Schicksal der Weimarer Republik.

1. Arbeitskampf oder Reform des Schlichtungswesens?

Die Regelung der Arbeitsbeziehungen und des sozialen Konflikts in England während und nach dem Generalstreik bot den deutschen Arbeitgebern innerhalb und außerhalb der Schwerindustrie die Gelegenheit, über ihre Unzufriedenheit mit der Sozialverfassung Weimars und über vorhandene Alternativen sozialer Konfliktlösung nachzudenken, und das zu einer Zeit, als die Spannungen zwischen der Schwerindustrie und den Gewerkschaften 1927/28 beständig zunahmen. Man erkannte deutlich, daß der Generalstreik sowohl auf die englischen Arbeitgeber als auch auf die englische Arbeiterschaft stark ernüchternd gewirkt und auf beiden Seiten die Position derer gefestigt hatte, die für allgemeine Mäßigung eintraten und glaubten, daß das traditionelle Tarifvertragswesen durch eine Arbeitsgemeinschaft zwischen Arbeitgebern und Arbeitnehmern erweitert werden müsse.
Die englische Regierung unterstützte derartige Bemühungen, doch waren die eigentlich treibenden Kräfte der chemische Industrielle Sir Alfred Mond und ihm gleichgesinnte progressive Unternehmer[114]. Sie hielten die dringend notwendige Rationalisierung der englischen Industrie nur in Zusammenarbeit mit den Gewerkschaften für möglich, während der Präsident des TUC, Ben Turner, und andere wichtige Gewerkschaftsführer sich von einer Kooperation mit der Industrie ein Mitspracherecht in Wirtschaftsangelegenheiten erhofften sowie die Möglichkeit, ehemalige Stärke und geschwundenes Prestige der Gewerkschaften wieder herzustellen. Die Mond-Turner-Gespräche begannen im Januar 1928 und endeten 1933. Ihr Fehlschlagen wies Parallelen zum Zerfall der deutschen Zentralarbeitsgemeinschaft auf und unterstrich insbesondere das Unvermögen der Verhandlungspartner, ihre jeweiligen Verbände und Organisationen an sich zu binden und zum Gleichziehen zu bewegen. Für die deutsche Seite ist der Versuch einer Arbeitsgemeinschaft englischer Prägung deshalb nicht ohne Bedeutung, weil er klar die Vor- und Nachteile aufzeigt, die die deutsche Industrie gegenüber der englischen besaß. Da sie keine Rücksicht auf die Gewerkschaften nehmen mußte, konnte die deutsche Industrie nach der Inflation eine rigorose Rationalisierungspolitik betreiben, die es u. a. der Schwerindustrie 1926 erlaubte, die Initiative Paul Silverbergs zur Wiederbelebung der Zentralarbeitsgemeinschaft rundweg abzulehnen[115]. Durch die Belastung mit ho-

---

113 *Fraenkel*, a.a.O., S. 117.
114 Siehe Anm. 106.
115 Vgl. **Dirk Stegmann**, Die Silverberg Kontroverse 1926. Unternehmerpolitik zwischen Reform und Restauration, in: *Hans-Ulrich Wehler* (Hrsg.), *Sozialgeschichte Heute*. Festschrift für Hans Rosenberg, Göttingen 1974, S. 594 — 611.

hen Sozialabgaben und durch die vom Reichsarbeitsminister (RAM) mit Hilfe der Zwangsschlichtung betriebene Lohn- und Arbeitszeitpolitik fühlte man sich jedoch zum Teil wieder um die Früchte der Rationalisierung gebracht. Darum schaute man neidisch nach England, wo der Generalstreik der Industrie erlaubt hatte, den Gewerkschaften eine nachhaltige Lektion zu erteilen. Auf diesem Hintergrund erschien am 4. Juli 1928 der Zwischenbericht der ersten Mond-Turner-Verhandlungsrunde. Seine schon vor der Veröffentlichung in Grundzügen bekannten Empfehlungen sahen die Einrichtung eines paritätisch besetzten Schiedsausschusses als übergeordnete Vermittlungsinstanz in Tarifdisputen vor[116]. Obwohl keine Ähnlichkeiten zum deutschen System der Zwangsschlichtung bestanden, nutzte der der Schwerindustrie nahestehende Journalist und Wirtschaftsredakteur der Kölnischen Zeitung, Dr. Josef Winschuh, die Gelegenheit zu einer grundlegenden Diskussion des Schlichtungswesens, die gerade wegen ihrer verwirrenden Inkonsequenz aufschlußreich ist. Am 29. März 1928 schrieb Winschuh in »Rhein und Ruhr[117]«:

»Während England im Begriff ist, seine Beziehungen zwischen Kapital und Arbeit neu zu ordnen und in diesem Zusammenhang auch die Einführung eines Schiedssystems erwägt, ist das deutsche Schlichtungswesen allem Anschein nach in eine Krise getreten.«

Ob diese Krise mehr »Verfall« oder »Reinigung« war, blieb offen, doch folgte der beunruhigende Nachsatz:

»Es wäre durchaus möglich, daß England das Schlichtungswesen zu einer Zeit übernimmt, wo es als verschönende Idee und zweckmäßige Form blutleer und kraftlos geworden ist, genau wie es uns, national gesehen, mit der Übernahme des parlamentarischen Systems ergangen ist, dessen klassische Epoche nur England rein genoß.«

Mehr als diese für die politische Denkweise rechter Gruppierungen in der Weimarer Republik äußerst aufschlußreiche Analogie beschäftigten Winschuh aber die »kalte Lohnpolitik« der Zwangsschlichtung und die unaufhörlichen Konzessionen an zunehmend militantere Gewerkschaften, die die gute Wirtschaftskonjunktur ausnutzen wollten. Damit war die Frage nach einem möglichen Ersatz der Zwangsschlichtung aufgeworfen, denn die Aussicht auf lange und heftige Arbeitskämpfe stellte für Winschuh keine wünschenswerte Alternative dar. Zwar wies er darauf hin, daß seit dem Generalstreik in England dort auf Arbeitgeber- wie auf Arbeitnehmerseite eine gewisse Zurückhaltung zu erkennen sei, Tarifstreitigkeiten kompromißlos bis zum bitteren Ende durchzufechten, was seines Erachtens ein Ergebnis des »radikal durchgekämpften tragischen Arbeitskampfes in der britischen Kohlenindustrie« war. Dieser »stille Erziehungsprozeß« beruhe weniger auf angeblichem »Arbeitsgemeinschaftsgeist« als vielmehr auf einer »Ausweitung des geistigen Horizontes und vor allem einer klügeren Durchdringung der sozialen Verhältnisse und Wechselwirkungen.« Der »Arbeitskrieg« hatte in Winschuhs Augen seine Legitimation verloren, nicht nur in Deutschland, »das heute England als wirtschaftliches und soziales Entwicklungslaboratorium abgelöst hat«, sondern in aller Welt, und es galt Lösungsmechanismen zu finden, die den kostspieligen sozialen Konflikt zumindest reduzieren, vielleicht sogar völlig eliminieren würden. England versuche es auf dem Weg freiwilliger Schlichtung, in Italien und Rußland seien Streiks kurzerhand verboten worden. Das deutsche System dagegen »ist nachgiebiger und läßt mehr Raum, arbeitet dafür aber mit einer größeren Pedanterie und trägt deutliche Züge eines zu stark betreuenden bürokratischen Staatssozialismus.« Seine Urheber seien Juristen gewesen,

---

116 *Gospel*, a.a.O.
117 Die nachfolgenden Zitate sind alle diesem Zeitungsartikel entnommen.

die lieber »richten« als »schlichten« wollten. Schließlich habe sogar der RAM Brauns zugeben müssen, daß die Zwangsschlichtung das Verantwortungsbewußtsein der Tarifpartner negativ beeinträchtige. Während Brauns jedoch hoffe, durch eine Wiederbelebung des Arbeitsgemeinschaftsgeistes die Verbindlichkeitserklärung einschränken zu können, ersticke nach Winschuh die Zwangsschlichtung jeden Arbeitsgemeinschaftsgeist im Keim. Solange es möglich war, unaufhörlich neue Tarifforderungen anzumelden, ohne diese jemals erkämpfen zu müssen, konnte sich seines Erachtens der für eine Arbeitsgemeinschaft notwendige Lernprozeß nicht einstellen. Winschuh erkannte deutlich, daß die Zwangsschlichtung die wachsenden sozialen Spannungen und die zunehmende Konfliktbereitschaft der Tarifparteien lediglich verdeckte. Gleichzeitig aber wies er auf die hohen Kosten des Generalstreiks hin, der die Wirtschaft Englands stark geschwächt und gegenüber den anderen Industrienationen in Verzug gebracht hatte, und stellte fest, daß in Zeiten guter Konjunktur ein offener Arbeitskampf besser vermieden werde. Deshalb sprach er sich lediglich für ein stärkeres Gleichgewicht zwischen Tarifzwang und Tarifvertragsfreiheit aus und für eine Reform des Schlichtungswesens, die, falls die »gesündeste Lösung« einer völligen Beseitigung der Verbindlichkeitserklärung nicht zu erreichen sei, letztere zumindest stark einschränken würde, so daß sie ohne die ausdrückliche Zustimmung des Reichsarbeitsministers nicht mehr ergehen könne. Aus dem gleichen Grund auch befürwortete er die Vereinigung des Reichsarbeits- mit dem Reichswirtschaftsministerium (RWM).

Interessant an Winschuhs Ausführungen ist weniger seine nicht eben scharfsinnige Analyse des Schlichtungswesens als vielmehr die augenfällige Ambivalenz, mit der er die verschiedenen Aspekte der Tarifpolitik und Schlichtung abhandelte, was für die damalige Doppelbödigkeit im Denken und Verhalten weiter Unternehmerkreise charakteristisch war. Offensichtlich konnte sich Winschuh nicht entscheiden, ob ein unverbindliches Schiedswesen besser sei als ein Schlichtungssystem, dessen Zwangsmittel so konstruiert waren, daß sie die Arbeitgeberseite begünstigten. Ebenso betrachtete er die offene Konfliktaustragung als das einzige wirksame Mittel, um die Arbeiterschaft zur wirtschaftlichen Verantwortung zu erziehen, verwarf aber dann diesen Weg sogleich wieder wegen seiner wirtschaftsschädigenden Nebenwirkungen vor allem bei guter Konjunktur.

Seit dem Sommer 1927 steuerten die Tarifparteien in der eisen- und stahlerzeugenden Industrie allerdings immer stärker dem offenen Konflikt zu. Das heißt jedoch nicht, daß einerseits die Arbeitgeber systematisch auf den Ruhreisenstreit hinarbeiteten oder andererseits die Gewerkschaften und die Regierung einen Arbeitskampf weder erwarteten noch diesen für legitim hielten. Eher dominierten die Umstände vorhandene Absichten, selbst dort, wo überaus klare Zielvorstellungen bestanden. Darauf deuten sowohl die wiederholte Vertagung des offenen Konfliktausbruchs bis zum Herbst 1928 als auch die Beendigung des Ruhreisenstreits mit einem Kompromiß. Die Zeit vom Sommer 1927 bis zum Herbst 1928 läßt sich ebenso wie das Jahr 1925 in England als eine Phase des Aufschubs und der Aufrüstung für einen unausweichlich drohenden Arbeitskampf charakterisieren, der selbst dann kaum zu verhindern gewesen wäre, wenn die unmittelbar den Ruhreisenstreit auslösenden Ursachen sich hätten umgehen lassen. Wie in England den Gewerkschaften, so unterschob man in Deutschland den Arbeitgebern als der angreifenden Partei weiterreichende Zielsetzungen, als überhaupt vorhanden, wenn man von vereinzelten Ausnahmen einmal absieht. Dabei bestand in beiden Fällen von vornherein die Absicht einer Konfliktbegrenzung bei gleichzeitiger Unsicherheit über die anzuwendende Kampfesstrategie und deren letztendliche Zielrichtung. Die vorangegangene Darstellung der Tarifverhandlungen im englischen Kohlenbergbau macht das ebenso deutlich wie die nachfolgende Zusammenfassung der Lohn- und Arbeitszeitverhandlungen in der deutschen eisen- und stahlerzeugenden Industrie.

Die wachsende Militanz der Gewerkschaften, die mit hohen Lohnforderungen die gute Konjunktur ausnutzen und zugleich den Nachholbedarf vergangener Jahre befriedigen wollten, sorgte hier seit Anfang 1927 für eine zunehmende Konfliktzuspitzung, die durch das verstärkte Bemühen des RAM Brauns und der Gewerkschaften um die gesetzliche Wiedereinführung eines stringenten Achtstundentags weiteren Zündstoff erhielt[118]. Als Brauns am 25. Februar 1927 auf Antrag der Gewerkschaften den Schiedsspruch des Schlichters Joetten im Ruhrgebiet für verbindlich erklärte, der den Arbeitern in der deutschen eisen- und stahlerzeugenden Industrie eine Lohnerhöhung von 8,57 Prozent gewährte, reagierten die Unternehmer verärgert mit der Ankündigung von Preiserhöhungen. Dieser Warnschuß gegenüber der Lohn- und Arbeitszeitpolitik des Reichsarbeitsministers verpuffte zum einen wegen des Widerstands des Reichswirtschaftsministers Curtius, der gegen politische Preise Front machte, zum anderen auf Grund des Unwillens der weiterverarbeitenden Industrie. Um der Gefahr einer weitgehenden Isolation im Arbeitgeberlager und einer feindseligen Öffentlichkeit zu entgehen — der Reichsverband der deutschen Industrie (RDI) hatte sich wegen des Wegfalls gebundener Mieten sogar für Lohnerhöhungen ausgesprochen —, nahm die eisen- und stahlerzeugende Industrie schließlich wieder Abstand von Preiserhöhungen. Das neue Arbeitszeitgesetz, das im April 1927 erging, stellte eine Art Belohnung für diese Zurückhaltung dar. Der Industrie blieb die Rückkehr zum Achtstundentag und Dreischichtensystem vorläufig erspart[119]. Führende Persönlichkeiten wie Ernst Poensgen hofften auch in Zukunft, ihre Industrie vor allzu großen sozialen Belastungen bewahren zu können, und vertrauten auf das eingeleitete Sachverständigengutachten über die wirtschaftliche Lage der eisen- und stahlerzeugenden Industrie sowie auf ihre persönlichen Beziehungen zu den maßgebenden Ministerien in Berlin.

Als sich diese Hoffnung im Juli 1927 als Illusion herausstellte, bekam die Politik der Schwerindustrie eine deutlich offensive Ausrichtung. Dabei dürfen zwei wichtige Faktoren nicht vergessen werden, erstens die wachsende Militanz des Deutschen Metallarbeiter-Verbandes (DMV) und zweitens die an Fatalismus grenzende Ansicht in hohen Regierungskreisen, daß sich ein Arbeitskampf kaum vermeiden lassen werde. Deshalb kann die offensive Reaktion der Schwerindustrie auf die neuen Entwicklungen in der Arbeitszeitfrage kaum überraschen. Das Gutachten des vorläufigen Reichswirtschaftsrates vom 1. Juli 1927, das sich für eine Arbeitszeitverkürzung der Hütten- und Walzwerksarbeiter an heißen Betriebspunkten auf acht Stunden aussprach[120], erhöhte drastisch den Druck auf den RAM Brauns, auch in der eisen- und stahlerzeugenden Industrie für eine Verkürzung der Arbeitszeit zu sorgen. Zwar sah das Gutachten eine sechsmonatige Frist bis zum Eintritt der Arbeitszeitverkürzung vor, weshalb auch die Arbeitgeberbeisitzer dafür gestimmt hatten, doch reichte der Schwerindustrie dieses Zugeständnis nicht aus. Sie hatte darauf vertraut, daß zunächst einmal das Sachverständigengutachten über die wirtschaftliche Lage der Industrie abgewartet werden würde, mit dem das

---

118 Vgl. im folgenden *Weisbrod*, S. 323 ff.
119 Der Kern des Arbeitszeitnotgesetzes vom 14. April 1927 bestand in einer Verteuerung der Mehrarbeit durch einen Überstundenzuschlag von 25 Prozent. In der eisen- und stahlerzeugenden Industrie wurde die über 48 Wochenstunden hinaus geleistete Arbeit pauschal durch einen Überstundenzuschlag von 12 1/2 Prozent vergütet. Siehe *ebda.*, S. 320.
120 Das Gutachten erging vom »Arbeitsausschuß des Sozialpolitischen Ausschusses des vorläufigen Reichswirtschaftsrates«, *ebda.*, S. 337 ff.

RWM Dr. Walter Susat vom Statistischen Reichsamt und den Generaldirektor der reichseigenen Vereinigten-Aluminium Werke AG, Max von der Porten, beauftragt hatte. Durch das Gutachten des Reichswirtschaftsrates aber war eine Zwangslage geschaffen, und die Unterhändler der eisen- und stahlerzeugenden Industrie in Berlin, der Erste Vorsitzende des Arbeitgeberverbandes für den Bezirk der Nordwestlichen Gruppe des Vereins der deutschen Eisen- und Stahlindustriellen (Arbeno), Ernst Poensgen, sowie der Generaldirektor Albert Vögler mußten erkennen, daß dem Reichsarbeitsminister weitgehend die Hände gebunden waren. Deshalb versuchten sie das Inkrafttreten der bevorstehenden Arbeitszeitverordnung für die Hütten- und Walzwerke so weit wie möglich hinauszuschieben. Deren Durchführung hielt Poensgen erst nach einigen »Jahren« für möglich, da die zusätzlich benötigten Facharbeiter nicht zu haben und große »Umbauten« notwendig seien, was wiederum, wie Vögler betonte, erhebliche Kosten verursachen würde. Obwohl Brauns nicht bereit war, der Industrie für die notwendige Umstellung unbegrenzt Zeit zu lassen, verschloß er sich nicht dem Argument hoher Kosten. Wiederholt wies er darauf hin, daß er die Löhne bei den Vereinigten Stahlwerken (Vestag) und bei Thyssen für zu hoch hielt und daß ein Zwang zum Lohnausgleich bei eintretender Arbeitszeitverkürzung schließlich nicht bestehe[121]. Reichsarbeitsminister Brauns sowie sein Ministerialdirektor Dr. Friedrich Sitzler waren davon überzeugt, daß ein offener Arbeitskampf ausbrechen würde, falls das RAM dem Wunsch der Arbeitgeber, dem sich der RWM Curtius und sein Unterstaatssekretär Ernst Trendelenburg angeschlossen hatten, nachkommen und die Rechtskräftigkeit der bevorstehenden Arbeitszeitverordnung bis zum Frühjahr/Sommer 1928 oder auf einen noch späteren Zeitpunkt verschieben würde. Während dem RAM daran gelegen war, möglichst einen Arbeitskampf zu vermeiden, erklärte dagegen Poensgen für die Arbeitgeber, »daß wir einem solchen Kampf, den wir nicht für wahrscheinlich halten, ruhig entgegensehen[122]«.

Den Übergang der Arbeitgeber zur Offensive verursachte jedoch nicht so sehr die Verordnung des RAM vom 16. Juli 1927 über die Arbeitszeit in Stahlwerken, Walzwerken und anderen Anlagen der Großeisenindustrie, die für die Arbeitergruppen an heißen Betriebspunkten ab 1. Januar 1928 wieder den Achtstundentag verfügte, sondern der Schiedsspruch des Schlichters Joetten vom 20. Juli 1927, der die Wochenarbeitszeit in den Hüttenwerken und in der Weiterverarbeitung um zwei Stunden reduzierte[123]. Damit kam Joetten der Forderung der Gewerkschaften nach Arbeitszeitverkürzung für alle Arbeiter in der eisen- und stahlerzeugenden Industrie entgegen, lehnte aber den ebenfalls geforderten Lohnausgleich ab, da das Lohnabkommen noch bis zum 31. Dezember 1927 gültig war und nur das im September 1926 auf Antrag der Arbeitgeber für verbindlich erklärte Arbeitszeitabkommen wegen der Kündigung durch die Gewerkschaften neu geregelt werden mußte. Der Schiedsspruch war sowohl gegen die Stimmen der Arbeitgeber- wie der Arbeitnehmerbeisitzer zustande gekommen, also ein sogenannter »Einmannschiedsspruch«, dessen rechtliche Grundlage später im Ruhreisenstreit von den Arbeitgebern mit Erfolg angefochten wurde. Der Schiedsspruch löste die Mobilmachung der Arbeitgeber aus. Am 22. Juli 1927 entschied sich der Vorstand des Arbeno für die Einrichtung eines Kampffonds und die Gründung eines Schutzverbandes der Eisen-und Metallindustrie. Dieser wurde am 17. November 1927 offiziell aus der Taufe

---

121 Vgl. den Bericht Reicherts vom 11. und 14. Juli 1927, Historisches Archiv der Gutehoffnungshütte Oberhausen (HA/GHH), Nr. 400101224/2.
122 Bericht Reicherts vom 14. Juli 1927, ebda.
123 Siehe *Weisbrod*, S. 333 ff.

gehoben und verpflichtete die Mitglieder zur Solidarität vor allem in der Arbeitszeitfrage. Lieber wollte man die Betriebe schließen, als in den Ende des Jahres anstehenden Tarifverhandlungen weitere Arbeitszeitverkürzungen oder Lohnerhöhungen zu akzeptieren. Alle Mitglieder verpflichteten sich ferner, von der Möglichkeit Gebrauch zu machen, durch eine Eingabe beim RAM für ihre Werke einen Aufschub zu erwirken, der das Inkrafttreten der Arbeitszeitverkürzung am 1. Januar 1928 gemäß der Verordnung vom 16. Juli 1927 weiter verzögern würde. Insgesamt war das Schutz- und Trutzbündnis der Industrie so angelegt, daß auch die kleineren und mittleren Betriebe eine längere Aussperrung durchstehen konnten, dagegen ein Ausbrechen aus der gemeinsamen Abwehrfront durch die Unterzeichnung von Blankoakzepten sehr teuer würde[124].

Trotz dieser Vorbereitungen für eine Aussperrung großen Stils kann zu diesem Zeitpunkt von einer Mobilmachung gegen die staatliche Schlichtung, insbesondere die Verbindlichkeitserklärung, und von einer Bedrohung der staatlichen Autorität noch nicht die Rede sein. Vielmehr wappnete sich die Industrie für einen Kampf um konkrete tarifpolitische Ziele. Schließlich wußten auch die Arbeitgeber, daß das noch bestehende Zweischichtensystem in der eisen- und stahlerzeugenden Industrie weitgehend der Verbindlichkeitserklärung zu verdanken war. Darauf verwies auch der Schlichter Joetten in der Rechtfertigung seines Schiedsspruches gegenüber dem Ministerialdirektor Sitzler im RAM[125]. Die letzten fünf Verbindlichkeitserklärungen in der Arbeitszeitfrage hatten gegen die Gewerkschaften entschieden, und Joetten hielt Zugeständnisse für nötig, um den kompromißlosen Widerstand der Gewerkschaften aufzuweichen und einen Affront gegen das Schlichtungssystem selbst zu vermeiden. Seiner Ansicht nach ging die Gefahr vom DMV aus, der den Arbeitskampf zu suchen schien und dadurch den Christlichen Metallarbeiterverband wie auch den Hirsch-Dunckerschen Gewerkverein zu einer harten Haltung zwang, damit sie nicht wie 1923 der Kapitulation in der Arbeitszeitfrage beschuldigt wurden. Demgegenüber schienen die Arbeitgeber fast kompromißbereit, denn ihr verhandlungsführender Vertreter ließ durchblicken, »eine nicht allzu belastende Abänderung der Arbeitszeit sei schließlich besser als ein Kampf, der die Konjunktur empfindlich unterbinde«, fügte aber gleichzeitig warnend hinzu, daß Teilstreiks eine selbst den Kohlenbergbau einschließende Aussperrung nach sich ziehen würden[126]. Das war eine unmißverständliche Kampfansage gegenüber der beliebten Taktik der Gewerkschaften, bei Eintritt eines tariflosen Zustandes einzelne Werke, meist solche mit guter Auftragslage, zu bestreiken. Nach Joetten hätte ein Arbeitskampf an der Ruhr die Freien Gewerkschaften begünstigt, da die Christlichen Gewerkschaften mit ihrem Mitgliederschwerpunkt in Rheinland/Westfalen wesentlich stärker belastet worden wären. Er sah in den trotz bestehender Tarifverträge von den Freien Gewerkschaften in Köln und Essen eingeleiteten Streikvorbereitungen eine »ungemeine Gefahr für das ganze Tarif- und Schlichtungswesen« und hoffte deshalb wie die Christlichen Gewerkschaften[127], die seinen Schiedsspruch allerdings nicht öffentlich unterstützten, daß der Reichsarbeitsminister die Verbindlichkeitserklärung aussprechen werde.

Offensichtlich überzeugten Joettens Argumente, denn Sitzler empfahl Brauns die Verbind-

---

124 *Ebda.* und *Nocken*, S. 522 ff.
125 Dazu und im folgenden siehe: Joetten an Sitzler, Schreiben vom 21. 7. 1927, ZStA I, RAM, Bd. 2389, Bl. 24 — 27.
126 Ebda., Bl. 24.
127 Christlicher Metallarbeiterverband an Joetten, Schreiben vom 23. 7. 1927, ebda., Bl. 25 ff.

lichkeitserklärung des Schiedsspruchs, obwohl dieser nicht den Richtlinien des RAM entsprach.

»Dem Schlichter ist übrigens sowohl vor als während des Verfahrens ausdrücklich mitgeteilt worden, daß das Arbeitsministerium eine Änderung der Arbeitszeit nicht für sachdienlich halte[128].«

Daß sich Joetten trotzdem für das »kleinere Übel« einer »bescheidenen Reduzierung der Arbeitszeit« entschieden hatte, resultierte aus seinem Wunsch, einen Arbeitskampf zu vermeiden, der ohne Arbeitszeitzugeständnisse an die Gewerkschaften kaum zu verhindern gewesen wäre. Da die Gewerkschaften selbst bei Nichtgewährung eines Lohnausgleichs auf einer Arbeitszeitverkürzung bestanden, war nach Sitzler eine versöhnende Geste gegenüber den Arbeitgebern nicht möglich, weil ein Schiedsspruch mit einer Arbeitszeitverkürzung um eine statt um zwei Stunden »eine derartige Empörung auslösen würde, daß sicher auch eine Verbindlichkeitserklärung nicht respektiert würde«. Während die Christlichen Gewerkschaften Sitzler insgeheim um die Verbindlichkeitserklärung des Schiedsspruchs baten, schien die Kampfbereitschaft der Freien Gewerkschaften größer als der mögliche Widerstand von seiten der Arbeitgeber. Darüber hinaus standen Ende des Jahres erneut Verhandlungen über Arbeitszeit und Lohn an, so daß ein Arbeitskampf allein um die Arbeitszeitfrage kaum lohnte und die späteren Verhandlungen nur erschwerte. Allerdings glaubte auch Sitzler nicht, daß sich auf Dauer ein offener Konflikt vermeiden ließ, hoffte aber auf bessere Bedingungen:

»Wenn es schon zu einer Klärung der Verhältnisse durch einen Arbeitskampf kommen muß, wie das Wirtschaftsministerium meint, wäre dieser mehr am Platz und klärender bei der bevorstehenden Gesamtregelung im Dezember. Vielleicht würde an diesem Zeitpunkt auch die Produktion nicht im gleichen Maße wie jetzt berührt, da das Reichswirtschaftsministerium mit einem Rückgang der Konjunktur rechnet[129].«

Deshalb empfahl Sitzler dem Reichsarbeitsminister, öffentlich mitzuteilen, daß die Verbindlichkeitserklärung des Schiedsspruchs trotz »schwerwiegender Bedenken« erfolge, und die Schlichter anzuweisen, die Pausen zugunsten der Arbeitgeber zu regeln, damit keine unnötigen Produktionsausfälle entstünden. Demgegenüber sollte den Gewerkschaften unmißverständlich bedeutet werden, daß der laufende Tarifvertrag einen Lohnausgleich ausschließe.
Der Bericht des Schlichters Joetten sowie die interne Korrespondenz im RAM zeigen deutlich, daß die Offensive nicht allein von den Arbeitgebern ausging, die Freien Gewerkschaften vielmehr die Autorität der Schlichtung und der Verbindlichkeitserklärung weit stärker in Frage stellten, als gemeinhin angenommen wird[130]. Ganz offensichtlich rechneten auch die Regierung und das RAM mit einem Arbeitskampf, von dem sie sich wie die Arbeitgeber eine bereinigende Wirkung versprachen. Überhaupt schienen Regierung und Reichsarbeitsmini-

---

128 Auch die folgenden Zitate entstammen dem Bericht Sitzlers an Brauns vom 30. 7. 1927, ebda., Bl. 55.
129 Ebda., Bl. 60.
130 Nicht nur in dieser Hinsicht stellen die hier ausgewerteten Akten des Reichsarbeitsministeriums eine wertvolle Ergänzung zu dem auch von *Weisbrod* und *Nocken* hauptsächlich verarbeiteten Material der Industriearchive dar. Obwohl z. B. das Historische Archiv der Gutehoffnungshütte eine wahre Fundgrube für die Erforschung der Sozialgeschichte der Weimarer Republik ist, muß berücksichtigt werden, daß gerade der Nachlaß des damaligen Generaldirektors der GHH, Paul Reusch, nur bedingt die Anschauungen weiter Kreise der Schwerindustrie widerspiegelt. Trotz seiner führenden Rolle war Reusch wegen seiner kompromißlosen und extrem konservativen Haltung kaum ein typischer Vertreter der Schwerindustrie.

ster von den Argumenten der Arbeitgeber beeindruckt, was bei Brauns nichts Neues war[131], und taten wenig, um die Arbeitgeber von ihrem Kurs der Aufrüstung für eine kommende Konfrontation abzubringen. Trotzdem waren verständlicherweise weder Brauns noch sein Ministerium bei den Arbeitgebern besonders beliebt. So äußerte Winschuh, daß sich der RAM Brauns »immer mehr zum wichtigsten negativen Faktor der deutschen Rationalisierungspolitik und Weltmarktanpassung« entwickele, hielt ihn aber gleichzeitig für »den einzigen wirklich bedeutenden Kopf im Reichskabinett[132]«. In diesem Zusammenhang verwies er auf die Uneinigkeit, Unschlüssigkeit und den Mangel an einem klaren Programm auf seiten der Arbeitgeber, die deshalb einen denkbar schlechten Eindruck bei der Regierung hinterlassen hatten. Ebenfalls von einem unausweichlich drohenden Arbeitskampf überzeugt, hoffte Winschuh auf eine Korrektur der Arbeitgeberpolitik nach dem Rezept:

»Durchführung der vorgesehenen Arbeitszeitverkürzung, aber kein Lohnausgleich, der ja nicht vorgesehen ist, und auch nach Ansicht des Reichsarbeitsministeriums nicht durch die Arbeitszeitverkürzung bedingt ist[133]«.

Erste Schritte in diese Richtung hatten die Arbeitgeber schon unternommen, wenn auch ihre Ziele ausgreifender waren.

Obwohl jedermann den offenen Konflikt in der eisen- und stahlerzeugenden Industrie erwartete und einige diesen für Ende 1927 sogar herbeiwünschten, verhinderte das Verständnis des Reichsarbeitsministeriums für die Haltung der Arbeitgeber seinen Ausbruch. Die Einheitsfront, die Winschuh gefordert hatte und die die Industrie seit dem Sommer in der Frage eines verzögerten Inkrafttretens der Arbeitszeitverordnung vom 16. Juli 1927 sowie im Widerstand gegen jeden Lohnausgleich und neue Lohnerhöhungen präsentierte, hatte die gewünschte Wirkung. Wahrscheinlich sorgten der Einfluß und das Verhandlungsgeschick des DVP-Reichstagsabgeordneten Hans von Raumer für die gemäßigte Diktion, mit der die Schwerindustrie Druck auf die Regierung auszuüben begann. Darüber hinaus versuchte Raumer als Vertreter der weiterverarbeitenden Industrie möglichst alle Maßnahmen der Schwerindustrie abzublocken, die das Verhältnis zur Weiterverarbeitung hätten trüben können[134]. Trotz ihres gemäßigten Tones ließ die Schwerindustrie im RAM jedoch keine Zweifel über ihre harte Haltung aufkommen. Mit der Kündigung des Lohn- und Arbeitszeitabkommens am 28. November 1927 durch die Gewerkschaften wuchs die Besorgnis des Reichsarbeitsministers beträchtlich; denn wie geplant, zeigten die im Arbeno organisierten Unternehmen am 3. Dezember prompt die Stillegung ihrer Werke für den 1. Januar 1928 an. Da die Stillegungsverordnung vom 8. November 1920 als Vehikel für eine Gesamtaussperrung in der Form einer kollektiven Betriebsstillegung mißbraucht wurde, konnte das Vorgehen der eisen- und stahlerzeugenden Industrie potentiell zu einem Test für die Integrität des Schlichtungswesens werden, und falls eine Verbindlichkeitserklärung erging, ebenfalls zu einer Herausforderung der staatlichen Autorität. Diese weitreichenden Implikationen traten jedoch hinter

---

131 Vgl. *Feldman/Steinisch*, a.a.O.
132 Winschuh an E. Poensgen, Schreiben vom 9. 8. 1927, Archiv der Mannesmann AG, Düsseldorf (Mannesmann-Archiv), P 7/55/68, Bl. 564.
133 Ebda.
134 Zum moderaten Ton der Schwerindustrie, dem Einfluß von Raumers und der Bedeutung des Abkommens der Schwerindustrie mit der Arbeitsgemeinschaft der eisenverarbeitenden Industrie siehe ausführlich: *Nocken*, S. 524 ff. Seine Vermutungen über die wichtige Rolle von Raumers in diesen Verhandlungen bestätigt die Korrespondenz zwischen von Raumer und E. Poensgen im Mannesmann-Archiv.

der Konzentration auf die bestehenden Tarifdifferenzen deutlich zurück. Weder an der Rechtsgültigkeit der Arbeitszeitverordnung vom 16. Juli 1927 noch an der feststehenden Wiedereinführung des Achtstundentages wurde gerüttelt, vielmehr blieb die Auseinandersetzung auf den Zeitplan der anstehenden Arbeitszeitverkürzung beschränkt[135]. Allerdings hatte der Arbeno einige Mühe, die Stillegungsanzeigen als individuelle Entscheidungen der jeweiligen Unternehmen auszugeben. Die Stillegungsanzeigen setzten den Reichsarbeitsminister und seinen Schlichter ohne Zweifel unter starken Zugzwang. Damit nicht genug, versuchte der Reichswirtschaftsminister eine Revision der Arbeitszeitverordnung im Kabinett durchzudrücken, was die Stellung Brauns' weiter erschwerte, da ihm und nicht Curtius die Aufgabe zufiel, die bevorstehende Aussperrung abzuwenden. Auch Reusch stellte fest: »Es wird in erster Linie Sache der Regierung sein, diese Gefahr zu bannen[136]«.
Unklar blieb dabei, ob die Arbeitgeberseite insgesamt wie Reusch auf eine völlige Erfüllung ihrer Forderung bestehen würde, für sie also nur ein totaler Sieg in Frage kam.
Am 12. Dezember 1927 verfügte Brauns das termingerechte Inkrafttreten der Arbeitszeitverordnung vom 16. Juli 1927 für die Thomaswerke und die ihnen angeschlossenen Walzwerke, dagegen gewährte er wegen der schwierigeren Umstellung für die Martinwerke und deren Walzstraßen einen Aufschub bis zum Sommer. Die anfallenden Kosten der Arbeitszeitverkürzung sollten dabei durch eine Ausweitung der Sonntagsarbeit wieder aufgefangen werden. Der Schiedsspruch des Schlichters Joetten vom 15. Dezember 1927 inkorporierte die neuen Ausführungsbestimmungen des Reichsarbeitsministers und schloß sich ebenfalls dessen Haltung in der Lohnfrage an. Neben einem Lohnausgleich von 2 Prozent sah der Schiedsspruch eine allgemeine Lohnerhöhung von nur 2 Prozent vor. Das bedeutete eine Verdienstschmälerung, und verständlicherweise lehnten die Gewerkschaften den Schiedsspruch ab, desgleichen aber auch die Arbeitgeber. Daraufhin sprach Brauns die Verbindlichkeitserklärung aus. Trotzdem blieb der erwartete Kampf aus[137].
Warum kam es zu diesem überraschend friedlichen Ausgang des Tarifkonflikts um Arbeitszeitverkürzung und Lohnerhöhung, der nach Weisbrod die »Generalprobe des Ruhreisenstreits« war[138]? Unzweideutig verfolgte der DMV eine aggressive Politik, um ein rasches Inkrafttreten der neuen Arbeitszeitverordnung zu erreichen, da nach Abflauen der Konjunktur seines Erachtens für ihre Durchführung nur noch geringe Chancen bestanden. Der Schlichter Joetten war dagegen der Meinung, daß der DMV aus politischen Motiven den Kampf wolle, um die Kommunisten zu übertrumpfen und dadurch die gefährlichen Gegenspieler bei den bevorstehenden Reichstagswahlen kaltzustellen. Wie im vorangegangenen Juli befürchtete Joetten auch jetzt wieder, daß der DMV »auch bei einer etwaigen Verbindlichkeitserklärung in dem einen oder anderen Werk [...] streiken [könne], um entsprechende Gegenmaßnahmen des A.G.-Verbandes herbeizuführen«, und sah darum in der Politik des DMV eine große Gefahr für das ganze Schlichtungsverfahren sowie eine Fehleinschätzung »vom Standpunkt der allgemeinen Politik[139]«. Demgegenüber konnte Joetten auf die gemäßigte Haltung des Christlichen Metallarbeiterverbandes (Chr.MAV) zählen, der sich noch

---

135 *Weisbrod*, S. 354 f.
136 Geschäftsbericht des Generaldirektors Paul Reusch an die Generalversammlung der GHH vom 30. 11. 1927, HA/GHH, Nr. 400101200/1.
137 Vgl. *Weisbrod*, S. 354 ff.
138 *Ebda.*, S. 363.
139 Joetten an den RAM, Schreiben vom 30. 11. 1927, ZStA I, RAM, Bd. 2415, Bl. 358 — 60; siehe auch den Bericht des Schlichters in Westfalen, Girsch, vom 8. 11. 1927, ebda. Bl. 360.

kooperationsbereiter als im Sommer zeigte und mit einer »etappenweisen« Durchführung der Arbeitszeitverkürzung ohne Lohnausgleich einverstanden war. Darüber hinaus distanzierte er sich auch öffentlich von den extremen Forderungen des DMV[140]. Ganz offensichtlich spielten die kommenden Reichstagswahlen auch im christlichen Gewerkschaftslager eine Rolle, und die Haltung des Chr. MAV blieb nicht ohne Rückwirkung auf den Reichsarbeitsminister. Vor allem aber schwächte die öffentliche Zersplitterung der Gewerkschaftsfront erheblich den Druck der Arbeiterseite auf den Schlichter Joetten und den Reichsarbeitsminister Brauns, so daß für einen erfolgreichen Widerstand gegenüber den Arbeitgeberforderungen von vornherein schlechte Aussichten bestanden.

Uneinigkeit herrschte aber nicht nur unter den Gewerkschaften. So urteilte der rheinische Oberpräsident Fuchs, der nach eigenen Angaben die Unterhändler der Arbeitgeber von der Notwendigkeit einer Rücknahme der Stillegungsanzeigen überzeugen konnte[141]: »Das Typische dieses ganzen Verfahrens liegt darin, daß bei *beiden* Parteien keine einheitliche Front vorlag.« Zwar habe unter den Arbeitgebern eine Gruppe die Ansicht vertreten, »daß man lieber um die Möglichkeit, wirtschaftlich vorwärts zu kommen, kämpfen will, als langsam durch immer wieder neue Lasten zugrunde zu gehen,« doch diese unterlag, was nach Fuchs bewies, »daß sie [die Arbeitgeber] sich innerlich mit dem Spruch abfinden«. Allerdings befürchteten die Arbeitgeber, daß Brauns den Schiedsspruch zu ihren Ungunsten abändern könne, was Fuchs wegen »der grundsätzlichen und schwerwiegenden Bedeutung des Verfahrens und bei dem Maße, in dem die Staatsautorität engagiert sei«, nicht für wahrscheinlich hielt. Aus der Sicht des späteren Ruhreisenstreits entbehrt dieses Arbeitgebervertrauen auf die Verbindlichkeitserklärung des Reichsarbeitsministers nicht der Ironie, was damals schon ebenso klar erkannt wurde wie die Kernproblematik des Schlichtungswesens selbst.

»Ein bisher von den Gewerkschaften über den grünen Klee gelobtes System hat sich zum ersten Male in einer großen Entscheidung zum Nachteil der Arbeitnehmer und zum Vorteil derjenigen Kreise ausgewirkt, die seit Jahren dieses Schlichtungssystem bekämpfen. Diese Tatsache wird auf die Dauer nicht ohne Einwirkung auf die Einstellung der Arbeitnehmer zum Schlichtungswesen bleiben. Der Ruf nach freier Verhandlung und nötigenfalls offenem Kampfe wird wieder stärker werden. Das Schlichtungswesen ist letzten Endes für die Parteien eine Art Lotteriespiel und kann unter Umständen die Konfliktstimmung noch ganz bedeutend verschärfen[142].«

Sicherlich überschätzte der Autor Richard Calwer bei weitem sowohl den Enthusiasmus der Gewerkschaften, zumindest der Freien Gewerkschaften, für die staatliche Schlichtung als auch deren Vorteile für die Arbeiterschaft, während er außer acht ließ, daß die eisen- und stahlerzeugende Industrie in der Arbeitszeitfrage erheblich von der Schlichtung profitiert hatte, ohne dafür besonders hohe Lohnopfer bringen zu müssen. Richtig war jedoch, daß die Schiedssprüche weder vorhersehbar noch wissenschaftlich fundiert waren und daß eine berechtigte Unzufriedenheit mit dem Schlichtungswesen auf Arbeitgeber- wie Arbeitnehmerseite eingesetzt hatte. Obwohl die Gewerkschaften starke Bedenken gegen das Gutachten der Sachverständigen Susat und von der Porten über die wirtschaftliche Lage der eisen- und

---

140 Bericht Joettens vom 22. 11. 1927, ebda., Bl. 328 f.
141 Bericht des Oberpräsidenten Fuchs vom 15. 12. 1927, ebda., Bl. 394 — 397. Daraus entstammen die nachfolgenden Zitate.
142 »Der ‚wohlabgewogene' Schiedsspruch«, in: Wirtschaftliche Tagesberichte vom 16. 12. 1927, ebda., Bl. 170.

und stahlerzeugenden Industrie hatten, war es in die Entscheidungen Joettens und Brauns' eingeflossen, und die Schaffung einer objektiven Grundlage zur Urteilsfindung der Schlichter wurde von all denjenigen begrüßt, die das Schlichtungssystem prinzipiell, wenn auch vielleicht mit einigen Reformen, beibehalten wollten. Dies war vor allem der Fall im christlichen Gewerkschaftslager, wo der 2. Vorsitzende des Chr.MAV während der Verhandlungen im November 1927 wiederholt auf die Vorteile des Lohnamtes in der englischen Stadt Manchester hinwies[143]. Dort war es unter der Mithilfe beeidigter Buchprüfer gelungen, Lohnkämpfe weitgehend zu eliminieren, und selbst eine Lohnsenkung von sechs Prozent war mit dem Einverständnis beider Tarifparteien erfolgt. Obwohl im allgemeinen nicht uninteressiert und trotz der entgegenkommenden Haltung des Chr.MAV in der Frage des Lohnausgleichs, griffen die Arbeitgeber die Vorschläge Schmitz' nicht auf[144].

Die Diskussion um das Schlichtungswesen weitete sich 1928 beträchtlich aus, doch nicht Lohnsenkungen, sondern Lohnerhöhungen sowie der merkliche Linksrutsch der Freien Gewerkschaften gaben dazu den Anstoß. Zudem warfen die bevorstehenden Reichstagswahlen im Mai 1928 ihre Schatten voraus. Der Enthusiasmus der Christlichen Gewerkschaften und des Zentrums für die staatliche Schlichtung resultierte zum Teil aus der Einsicht, daß Arbeitskämpfe der politischen Linken nutzen könnten, dagegen eine durch die Schlichtungsrolle des Reichsarbeitsministeriums unter dem Zentrumsminister Brauns friedlich sich abwickelnde Lohnbewegung die regierenden Bürgerblockparteien stärken würde. Aus diesem Grund aber war die Gefahr, daß die Freien Gewerkschaften dem Schlichtungssystem den Rücken kehren könnten, größer als zuvor. Nach einer Schlichtervorbesprechung am 8. März 1928 im RAM berichtete der christliche Gewerkschaftsführer Bernhard Otte besorgt[145]:

»Der Vertreter des A.D.G.B. [...] äußerte sich [...] sehr abfällig über das amtliche Schlichtungswesen und die Verbindlichkeitserklärung, und meinte, es würde hoffentlich bald der Zeitpunkt kommen, wo das ganze Schlichtungswesen nebst Verbindlichkeitserklärung verschwände und in vollständig freiem Kampf sich die Kräfte der Arbeitnehmer und Arbeitgeber messen könnten. Es ist von unserer Seite darauf erwidert worden, daß bezeichnenderweise *die Arbeitgeber dieselben* Wünsche hätten. Leider kann man auf diese Äußerung öffentlich nicht zurückkommen; aber es ist ohne weiteres klar, daß solche Äußerungen nicht dazu geeignet sind, das amtliche Schlichtungswesen ohne große Schwierigkeit für die Zukunft zu erhalten.«

In der Tat ließen die Freien Gewerkschaften ihren feindseligen Äußerungen bald entsprechende Taten folgen. Schon zuvor hatte der Schlichter Joetten regelmäßig die Besorgnis geäußert, daß der DMV sich selbst einem verbindlich erklärten Schiedsspruch widersetzen könne, und mit Beginn der Lohnbewegung Anfang 1928 hegten Schlichter in anderen Gebieten und anderen Industriezweigen ähnliche Befürchtungen[146]. Für die Arbeitgeber war es daher kaum der passende Moment, selbst das Schlichtungswesen anzugreifen oder seine Reform zu verlangen. Ohne ihr taktisches und opportunistisches Verhalten gegenüber der Verbindlichkeitserklärung abzuleugnen, betonte die Arbeitgeberseite allerdings wie selbst auch der Reichsarbeitsminister, daß die Zahl der einschlägigen Arbeitgeberanträge zunehmend stärker abgenommen habe, »je mehr wir [die Arbeitgeber] aus den Zuständen der Inflationswirkung

---

143 Siehe dazu den Bericht des Oberpräsidenten Fuchs vom 15. 12. 1927, ebda., Bl. 394—397.
144 Für die entgegenkommende Haltung Schmitz' siehe *Weisbrod*, S. 349.
145 Rundschreiben vom 8. 3. 1928, Bundesarchiv Koblenz (BA), Kleine Erwerbungen, Nr. 461, Bl. 10 f.
146 Bericht vom 14. 4. 1928, ebda., R 134, Bd. 38, Bl. 4; siehe auch *Preller*, S. 402 f.

wieder in geordnete, stabile Verhältnisse gekommen sind[147]«. Auf diesem Hintergrund entfaltete sich die Offensive der Arbeitgeber 1928, die, wenn auch nicht unbedingt intendiert oder herbeigewünscht, schließlich im Ruhreisenstreit kulminierte. Dieser wiederum war maßgeblich von den Tarifentwicklungen in anderen Industriezweigen, von der differierenden Taktik der verschiedenen Gruppierungen im Arbeitgeberlager, insbesondere der Rolle der beiden Spitzenverbände, der Vereinigung der Deutschen Arbeitgeberverbände (VDA) und dem RDI, beeinflußt.

Während der für Ende 1927 erwartete Arbeitskampf an der Ruhr ausblieb, brachen Anfang 1928 offene Konflikte, vor allem in der mitteldeutschen Metallindustrie, aus, in die die Spitzenverbände verwickelt wurden und die nicht zuletzt deshalb ein systematischeres Angehen der Probleme des staatlichen Schlichtungswesens auslösten. Der Ausgang der Tarifverhandlungen an der Ruhr hatte den DMV in den Alarmzustand versetzt; der Verband konzentrierte sich jetzt ganz auf seine stärker organisierten Bezirke, damit das Abwürgen von Lohnforderungen durch die Arbeitgeber und das RAM wie im Ruhrgebiet nicht zum Präzedenzfall wurde.

Nach Erlaß des Schiedsspruches in der mitteldeutschen Metallindustrie im Januar 1928, der nur eine Lohnerhöhung von 3 Pfennigen vorsah, ging der DMV sofort zu Teilstreiks über. Wegen der Gefahr des offenen Widerstandes der Gewerkschaften verzichtete der RAM auf die Verbindlichkeitserklärung. Die Arbeitgeber sperrten aus und setzten für den 22. Februar 1928 die Gesamtaussperrung in der ganzen deutschen Metallindustrie an, um »grundsätzlich eine Wende in der bisherigen Lohnpolitik mit den stärksten Mitteln durchzusetzen[148]«. Diese feste Absicht teilte der Erste Geschäftsführer der VDA, Roland Brauweiler, auch der Regierung mit, und er versuchte das RAM zur Nichtintervention in den Konflikt zu bewegen oder zumindest von einer Abänderung des ergangenen Schiedsspruches abzuhalten, der »verständig und erträglich sei[149]«. In der Industrie bestand nämlich die Ansicht, daß

»die bisherige Art der Lohnfestsetzungen im Schiedsverfahren, die auf starken Forderungen der Arbeitnehmer und einem teilweisen Nachgeben der Schlichter beruhe, nicht weiter fortgesetzt werden könne«,

da die Rationalisierungsmaßnahmen die Lohnerhöhungen nicht länger auffingen, Preiserhöhungen aber die deutsche Wettbewerbsfähigkeit auf dem Weltmarkt weiter verschlechtern würden. Brauweiler betonte dabei, daß die Metallindustrie sich im »engsten Einvernehmen mit der Eisen- und Kohlenindustrie« befinde, die den Kampf finanziell unterstützten. Darüber hinaus war sich die Industrie durchaus der Verantwortung für ihr Vorgehen bewußt, glaubte aber »im allgemeinen volkswirtschaftlichen Interesse« zu handeln. Deshalb hoffte Brauweiler auch auf die indirekte Unterstützung des RAM dadurch, daß dieses sich nicht einmische. Seiner Meinung nach besaßen die Gewerkschaften nicht die nötigen finanziellen Mittel, um einer Gesamtaussperrung standhalten zu können, so daß wahrscheinlich noch vor den Wahlen mit einer Entscheidung zu rechnen sei, die am besten selbständig und allein von den Tarifkontrahenten ausgehandelt werden solle. Wenn das RAM von einer Verbindlich-

---

147 »Der sterbende Zwangstarif« von Tänzler (VDA), in: Berliner Börsen-Zeitung vom 31. 3. 1928, ZStA II, Abt. Merseburg, Rep. 120 BB VI, Nr. 2, Bd. 6, Bl. 175.
148 Reichskanzlei, Vermerk betr. Aussperrung in der Metallindustrie vom 15. 2. 1928, BA, R 43 I/1157, Bl. 126 f.
149 Ebda.

keitserklärung absehe, hätten die Gewerkschaften schließlich keine andere Wahl, als sich direkt mit den Arbeitgebern über einen Tarifabschluß zu verständigen[150].
Weder die Appelle Brauweilers noch die von der VDA an die Regierung übergebene lange Denkschrift über die Lohnbewegung[151] konnten jedoch Brauns dazu bewegen, angesichts der Gefahr einer Gesamtaussperrung tatenlos zuzusehen. Vielmehr erklärte er den neu ergangenen Schiedsspruch, der eine Lohnerhöhung von jetzt 5 Pfennigen gewährte, für verbindlich. Andere Tarifkonflikte im März und April erfuhren eine ähnliche Lösung[152]. Am 28. März 1928, nachdem die Lohnbewegung ihren Höhepunkt überschritten zu haben schien, zog der Vorstand der VDA ein Fazit, um sich für zukünftige Auseinandersetzungen zu wappnen. Besonnen, wenn auch etwas irritiert, stellte man fest, daß die erzielten Lohnerhöhungen im Durchschnitt 6 — 8 Prozent betrugen. Die gute Konjunktur und die hohe Auslandsverschuldung der Metallindustrie hatten dort den Willen zum Durchhalten sowie die Solidarität der nicht im Gesamtverband Deutscher Metallindustrieller organisierten Firmen beeinträchtigt. Das eigentliche Hindernis aber hatte das RAM gebildet, das den Arbeitgebern mit seiner Verbindlichkeitserklärung genau zu dem Zeitpunkt »in den Rücken« gefallen sei, als der Kampf auf die gesamte deutsche Metallindustrie ausgeweitet werden sollte. Offensichtlich waren die Bedingungen »rechtl[ich] und tatsächlich anders als vor dem Krieg« und bedurften einer neuen Strategie und Taktik[153]. Ohne Umschweife diskutierte man die Frage, ob ein »Kampf aufs Ganze, d. h. gegen Verbindlichkeitserklärung«, möglich war, was man verneinte. Zum einen gingen die Meinungen innerhalb der Industrie zu weit auseinander, zum anderen versperrte die wenig verständnisvolle Haltung der Reichsregierung und des Reichstages auch den Gesetzesweg. Selbst ein erfolgreicher Widerstand gegen die Verbindlichkeitserklärung hätte daher »ins Leere geführt«, da damit keine dauerhafte Veränderung erreicht worden wäre. Als »Probe« stellte in der Sicht des VDA-Vorstandes der geführte Abwehrkampf jedoch eine durchaus wertvolle und kaum erfolglose Lernerfahrung dar, denn die Denkschrift zur Lohnfrage war zusammen mit der öffentlichen Aufklärungsarbeit und den organisatorischen Anstrengungen nicht ohne positive Auswirkungen geblieben.
Für die weitere Entwicklung setzte sich der VDA-Vorstand das Ziel, erstens eine »vernünftige Lohn- und Arbeitszeitregelung« und zweitens eine »Änderung des Schlichtungswesens« durchzusetzen. Die Diskussion um die dementsprechend einzuschlagenden Wege zeigte dabei zumindest für den VDA-Vorstand deutlich, daß sich mit der schon begonnenen Mobilmachung auf der Arbeitgeberseite nicht gleichzeitig das Programm verknüpfte, die politische und soziale Verfassung Weimars anzugreifen oder die öffentliche Meinung gegen sich aufzubringen. Zwar war man davon überzeugt, daß die wirtschaftlichen Bedingungen letztlich selbst für die Annahme der Arbeitszeit- und Lohnvorstellungen der Arbeitgeber sorgen würden, doch statt später durch eine Wirtschaftskrise Recht zu bekommen, wollte man lieber den Vorteil von »Präventivmaßnahmen zur Abmilderung von Konjunkturschwankungen« wahrnehmen[154]. Eine Verständigung mit den Gewerkschaften wurde nicht ausgeschlossen, sobald diese die schon von ihnen eingeleiteten Lohnbewegungen beendet hätten und vor allem die Politisierung durch die bevorstehenden Reichstagswahlen nicht mehr gegeben war. Trotz

---

150 Ebda.
151 Ebda., Bl. 145 ff.
152 Siehe dazu *Hartwich*, S. 149 — 151.
153 Siehe Vorstandssitzung der VDA vom 28. 3. 1928 über Aktionsprogramm, BA, Nachlaß Silverberg, Bd. 455, Bl. 244 — 251 für diesen Abschnitt, Zitat auf Bl. 244.
154 Ebda., Bl. 245.

der Verstörung über die Klassenkampfparolen der Gewerkschaften und deren Ansprüche auf »Mitleitung der Betriebe« hielt man Wege der Verständigung offen. Deshalb wurde dem Gewerkschaftsausschuß der VDA der Auftrag erteilt, neue Wege der tariflichen Zusammenarbeit im Ausland, besonders die Mond-Turner-Gespräche in England und die Tarifbeziehungen in Italien, zu sondieren. Gleichzeitig intendierte die VDA, ihren Druck auf das RAM beizubehalten, rechnete sich beim RAM aber nur geringe Erfolgschancen aus und wollte deshalb wiederum die Wahlen abwarten. Auf jeden Fall aber stand an der Spitze des Programms »im Guten oder Bösen« die

>*planmäßige Stärkung der Position der Unternehmer,* nicht zur Provokation von Kämpfen, sondern als Verhandlungswaffe und Druckmittel. Nötigenfalls allerdings auch zum Kampf, und zwar dann im großen Stil, aber nur, wenn Erfolg durch umfassende Vorbereitung hochwahrscheinlich [...]«[155].

Die Absicht war, alle Tarifverträge zum gleichen Termin auslaufen zu lassen, wobei der Nachteil schematischer Reichstarifabschlüsse in Kauf genommen wurde, um den Gewerkschaften den Vorteil zu nehmen, nur in ihren gut organisierten Bezirken Arbeitskämpfe zu führen. Mit einer raschen Ausdehnung der Aussperrung auf große Gebiete, eventuell sogar reichsweit, glaubte man die Gewerkschaften schnell in die Knie zwingen zu können. Als möglicher Termin einer Generalaussperrung kam der Frühling 1929 in Frage; soweit aufgrund der spärlichen Berichterstattung auszumachen ist, sollte der Arbeno diese anführen oder zumindest den ersten Schauplatz für eine Generalprobe abgeben. Neben diesen weitreichenden Konfrontationsplänen widmete sich der VDA-Vorstand ebenso intensiv der Beeinflussung der öffentlichen und politischen Meinungsbildung, um auf diesem Wege eine Entpolitisierung und Reform des Schlichtungswesens zu erreichen, die in erster Linie die Verbindlichkeitserklärung auf die lebenswichtigen Betriebe einschränken sollte. Ausdrücklich warnte man vor einer »Frondtendenz [!] gegen Regierung und Gesetz« sowie vor »falschen Maßnahmen«, zum Beispiel Preisheraufsetzung weit über erfolgte Lohnerhöhungen hinaus, da diese die ohnehin schwierige Situation weiter komplizieren würden[156].

Diese Warnung war eine kaum verbrämte Kritik an der Schwerindustrie und besonders an ihrem harten Flügel, der zu Maßnahmen tendierte, die Industrielle in Berlin und anderswo für unklug und unnötig hielten. Nur ungern erinnerte man sich verschiedentlich an die eigenmächtige Verletzung bestehender Arbeitszeitgesetze durch die Bergbaubesitzer im Oktober 1923, die das Verhältnis zur Arbeiterschaft über Gebühr verschärft hatte. Allerdings ließ sich dieser Vorfall auch genau umgekehrt interpretieren, nämlich, daß das Vorgehen des Bergbaus die Regierung endlich zur Vernunft gebracht habe. Dieser Meinung waren ohne Zweifel Frondeurs vom Schlage des Generaldirektors Paul Reusch, der sich gegen die Annahme des Joetten-Schiedsspruchs vom Dezember 1927 ausgesprochen und sofort danach eine Preiserhöhung gefordert hatte. Seines Erachtens mußten politische Löhne mit politischen Preisen beantwortet werden. Allerdings stieß die intendierte Preiserhöhung auf einigen Widerstand der weiterverarbeitenden Industrie, vor allem in Süddeutschland, sowie beim RWM und in der Presse. Während die Differenzen mit der Weiterverarbeitung sich relativ schnell lösen ließen, forderten die Sozialisten und Gewerkschaften ein Verfahren gegen die eisen- und stahlerzeugende Industrie auf der Grundlage des Kartellgesetzes von 1923 sowie die Wiederbelebung des Eisenwirtschaftsbundes, doch beließ es der RWM Curtius bei der milden

---

155 Ebda., Bl. 246.
156 Ebda., Bl. 249.

Auflage, daß die Industrie ihm von nun an jede Preiserhöhung vorher anzeigen mußte. Diese Reaktionen wiederum erhöhten die Ängste der Schwerindustrie vor einer Rückkehr zur Zwangswirtschaft der Kriegs- und Nachkriegszeit und schürten bei ihr den Verdacht, daß die von den Gewerkschaften lautstark propagierte Wirtschaftsdemokratie sich auf dem Vormarsch befand[157]. Wie im englischen Kohlenbergbau, so spielte auch in der deutschen eisen- und stahlerzeugenden Industrie die Abwehr aller vermeintlichen Angriffe auf die Autonomie der Industrie eine wichtige Rolle für die negative Haltung der Arbeitgeber gegenüber den Gewerkschaftsforderungen. Auf dieser Ebene traf sich die Ablehnung aller Forderungen nach industrieller Reorganisation, stärkerer Konzentration und Kartellierung im englischen Kohlenbergbau mit der Empörung über die Beschneidung des Rechts auf freie Preisgestaltung in der dank ihrer ausgebildeten Kartellstruktur monopolistischen eisen- und stahlerzeugenden Industrie. Die mangelnde Organisation des englischen Kohlenbergbaus einerseits und der herausragende Organisationsgrad der deutschen Schwerindustrie andererseits trugen jeweils erheblich zu einer Verschärfung des Kampfes gegen die Gewerkschaften bei und rissen dadurch andere Industriezweige mit, die einen solchen harten sozialpolitischen Kurs selbständig kaum gesteuert wären.

Der Ausgang der Reichstagswahlen im Mai 1928 verschlechterte die Positionen der Arbeitgeber, denn mit Übernahme der Regierung durch die SPD trat Rudolf Wissell an die Stelle des erfahrenen RAM Brauns[158]. In seiner Amtszeit als Wirtschaftsminister 1919 hatte Wissell entschieden die Planwirtschaft befürwortet, was die Industrie jetzt ebensosehr beunruhigte wie die Erinnerung an seine Schlichtertätigkeit in Berlin und Brandenburg. Hinzu kam die neue Militanz, mit der die Freien Gewerkschaften die Einführung der Wirtschaftsdemokratie forderten, was auf dem ADGB-Kongreß 1928 in Hamburg besonders deutlich wurde[159]. Extrem konservative Industrielle wie Paul Reusch bestärkte die veränderte politische Lage eher noch in ihrer Haltung, daß eine aggressive Verteidigung der Wirtschaftsfreiheit notwendig sei. Reuschs Wirtschaftsberater Georg Scherer schürte diese Stimmung mit alarmierenden Berichten. Seiner Ansicht nach bedeutete Wirtschaftsdemokratie nichts anderes als eine »vollständige Eroberung der Macht in Staat und Wirtschaft« durch die Gewerkschaften[160], und er kam zu dem Schluß[161]:

»Der [ADGB-]Kongreß zwingt auch zu der Überlegung [...], daß der wachsende wirtschaftliche und politische Machtwille der Gewerkschaften mit den heutigen Methoden nicht zu überwinden ist, sondern entschlossene einheitliche Abwehr und klare Gegenziele verlangt.«

Für eine Reform des Schlichtungswesens, worauf sich im Frühjahr/Sommer 1928 die Aufmerksamkeit der Schwerindustrie konzentrierte, ließen sich so leicht jedoch weder präzise

---

157 Vgl. dazu *Weisbrod*, S. 364 ff. und *Nocken*, S. 541 ff.
158 Siehe *Helga Timm*, Die deutsche Sozialpolitik und der Bruch der großen Koalition im März 1930, Düsseldorf 1952, S. 79 ff. u. 97 ff.
159 Für die Ressentiments der Arbeitgeber gegenüber Wissell siehe Deutsche Führerbriefe vom 29. 1. 1929, ZStA I, RAM, Bd. 2416, Bl. 387. Zu dem offensiven Charakter der Gewerkschaftsforderungen nach Wirtschaftsdemokratie vgl. *Rudolf Kuda*, Das Konzept der Wirtschaftsdemokratie, in: *Heinz Oskar Vetter* (Hrsg.), *Vom Sozialistengesetz zur Mitbestimmung*. Zum 100. Geburtstag von Hans Böckler, Köln 1975, bes. S. 265 ff. sowie *Michael Schneider*, Unternehmer und Demokratie. Die freien Gewerkschaften in der unternehmerischen Ideologie der Jahre 1918 bis 1933, Bonn-Bad Godesberg 1975, S. 86 ff.
160 Bericht vom 1. 11. 1928, HA/GHH, Nr. 400127/1.
161 Bericht vom 15. 9. 1928, ebda.

Vorschläge machen noch eine Einigung erzielen. Bei näherer Betrachtung war das wegen seiner Unverbindlichkeit und Dezentralisation vielgepriesene englische Schiedssystem längst nicht so attraktiv, da die Tarifeinrichtungen gleitender Löhne und Zahlung von festgelegten Mindestlöhnen im englischen Kohlenbergbau möglicherweise unter den deutschen Verhältnissen den Gewerkschaften zu einem Mitspracherecht in den Kartellen und Syndikaten verhelfen konnte[162]. Weitere konkrete Vorschläge kamen hauptsächlich vom neuen Geschäftsführer des Arbeno, Ludwig Grauert, der für eine Abschaffung der Verbindlichkeitserklärung eintrat und durch einen einzurichtenden unabhängigen Untersuchungsausschuß die Schiedssprüche der Schlichter auf ihre wirtschaftliche Zumutbarkeit nachprüfen lassen wollte. Damit nicht genug, nahm Grauert gleichzeitig auch zum Tarifvertragssystem Stellung und kritisierte, daß die Tarifverträge insgesamt Löhne und Arbeitsbedingungen für jeden Arbeiter vorschrieben. Durch eine Vergrößerung der Tarifbezirke sollte seines Erachtens wieder die Rückkehr zur individuellen oder betrieblichen Festsetzung von tatsächlichen Leistungslöhnen und Arbeitsbedingungen bewerkstelligt werden[163].

Das Zusammengehen der Kritik am Schlichtungswesen mit einer Kritik am Tarifvertragssystem ließ die gegenüber der Verbindlichkeitserklärung mehr als kritischen Stimmen in den Gewerkschaften wieder verstummen. Hier war die Furcht groß, daß aus einer Schlichtungsreform gleichzeitig ein Aufbrechen des kollektiven Arbeitsvertrages und dadurch eine Eindämmung der Macht der Gewerkschaften werden könne. Die irreführende Feststellung des ADGB-Vorsitzenden Theodor Leipart auf dem Hamburger Kongreß, daß ein durch Verbindlichkeitserklärung zustande gekommener Tarifvertrag nicht den gleichen Wert besitze wie ein freiwillig ausgehandelter Tarifvertrag, wurde deshalb sofort richtiggestellt[164]. Das Pendant zu Grauert auf der Gewerkschaftsseite stellte Nörpel dar. Er sprach sich für eine Schlichtungsreform aus, die eine Verbindlichkeitserklärung nur auf Antrag der Gewerkschaftsseite möglich gemacht hätte. Wie Grauert durch eine »Depolitisierung« des Schlichtungssystems ungewollte Schiedssprüche von den Arbeitgebern abwenden und die Möglichkeit einer Unterminierung des Tarifvertragssystems schaffen wollte, so suchte Nörpel beide Eventualitäten durch eine extreme Politisierung der Schlichtung auszuschalten und mit Hilfe staatlicher Sanktionen und Partizipation die Gewerkschaftsforderungen durchzusetzen. Sowohl Grauerts als auch Nörpels Vorschläge bedrohten daher den schwachen sozialen Kompromiß, auf dem das schüttere politische System Weimars ruhte.

Trotz der unaufhörlichen Diskussionen um eine Reform des Schlichtungswesens vor Ausbruch des Ruhreisenstreits herrschten im Arbeitgeber- und im Arbeitnehmerlager beständig Uneinigkeit und Unklarheit vor. Wichtige Branchen wie die Chemie- und Bauindustrie brachten zum Beispiel wenig Enthusiasmus für die radikalen Reformvorschläge aus den Reihen der Schwerindustrie auf und erklärten unumwunden, »daß sie lieber einen durch Verbindlichkeitserklärung auferlegten Mehrlohn zahlen wollen, als etwaige Konjunkturvorteile

---

162 Vorstandssitzung des Arbeno vom 19. 6. 1928, ebda., Nr. 400101224/0, siehe auch *Weisbrod*, S. 404 f.
163 Ebda.
164 Siehe *Ursula Hüllbusch*, Der Ruhreisenstreit in gewerkschaftlicher Sicht, in: *Hans Mommsen/Dietmar Petzina/Bernd Weisbrod* (Hrsg.), *Industrielles System und politische Entwicklung in der Weimarer Republik*. Verhandlungen des Internationalen Symposiums in Bochum vom 12. — 17. Juni 1973, Düsseldorf 1974, S. 271 — 289, bes. S. 277 ff. und *dies.*, Koalitionsfreiheit, a.a.O., bes. S. 624 ff. für die Vorschläge Nörpels.

zu verlieren¹⁶⁵«. Unter diesen Umständen rechnete die Schwerindustrie nicht mehr mit einer Beseitigung des Schlichtungssystems. Man konnte nur auf »eine Milderung der jetzigen Form des Schlichtungswesens« hoffen, doch sogar der radikalste Reformvorschlag, der einen unabhängigen Untersuchungsausschuß vorsah, hatte den »Nachteil einer Durchleuchtung der Selbstkosten¹⁶⁶«. Selbst unter den führenden Persönlichkeiten der Vestag hegte man nicht die Illusion, mehr als die »Mittellinie« erreichen zu können. Diese bestand in der Forderung nach einer Auswahl der Schlichter gemäß ihrem wirtschaftlichen Sachverstand und Erlaß der Verbindlichkeitserklärung nur »im öffentlichen Interesse«, worüber nach erfolgter Zustimmung des Reichsarbeitsministers, Reichswirtschaftsministers und Finanzministers zuletzt das Kabinett zu entscheiden hatte; denn man glaubte¹⁶⁷:

»Bei dieser Regelung würden die Belange des Wirtschaftsministers und des Finanzministers zweifellos mit denen des Arbeitsministers nicht immer parallel laufen und somit übertriebene Forderungen des Arbeitsministers abgebremst werden können.«

Den Höhepunkt der Diskussion um eine Reform des Schlichtungswesens bildete schließlich die Einladung des RAM Wissell zu einer Besprechung über die angebliche Krise des Schlichtungswesens zum 16. Oktober 1928¹⁶⁸. Diese Zusammenkunft reflektierte insofern die vorherrschende Lage, als weder die Arbeitgeber- noch die Arbeitnehmervertreter sich imstande sahen, konkrete Vorschläge zu machen, und die Aussprache deshalb zu nichts führte. Die Vertreter der VDA schienen vielmehr beflissen, ihre gemäßigte Haltung hervorzukehren, und betonten, daß die »Einstellung der Arbeitgeber zum Tarifvertrag positiv sei und daß auch das Schlichtungswesen an sich von ihnen bejaht werde«. Wie in ihrer Eingabe vom 26. September 1928 unterstrichen sie allerdings ihre Ablehnung gegenüber der Verbindlichkeitserklärung, die 1923/24 zwar ihre Berechtigung gehabt habe, jetzt aber das Verantwortungsbewußtsein der Tarifpartner zerstöre. Gleichzeitig ging man jedoch auf Distanz gegenüber den verschiedenen Reformvorschlägen, die in der politisch rechten Presse erörtert worden waren und wahrscheinlich dem Lager der Schwerindustrie entstammten. Ferner schlug man statt konkreter Reformen dem RAM Wissell weitere Verhandlungen im Rahmen eines kleinen Komitees aus Arbeitgeber- und Gewerkschaftsvertretern und unter seinem Vorsitz vor. Offensichtlich waren die VDA-Vertreter an direkten Diskussionen mit den Gewerkschaften und dem RAM interessiert, wahrscheinlich um zu sehen, welche Möglichkeiten sich dank vorsichtiger Zurückhaltung boten und um Konflikte in den eigenen Reihen sowie einen Kampf im Reichstag, wo die Mehrheitsverhältnisse gegen die Arbeitgeber waren, zu vermeiden. Demgegenüber verteidigte der christliche Gewerkschaftsführer Otte das gesamte Schlichtungswesen einschließlich des Stichentscheids und der Verbindlichkeitserklärung, während Spliedt vom ADGB auf die Tarifunwilligkeit einiger Arbeitgeber hinwies und die

---

165 Sitzung des Vorstandes der Abt. Bergbau der Vestag am 21. 8. 1928, Gelsenberg AG, Essen (GBAG-Archiv), Nr. 122/01. Dem Vorstand gehörten u. a. die einflußreichen Industriellen Fritz Thyssen, Johann Jacob Hasslacher, Albert Vögler, Friedrich Flick, Ernst Brandi, Adolf Hueck, Ernst Poensgen an; der gemäßigte Ton auf dieser Sitzung zeugt von ihrer recht pragmatischen Haltung.
166 Ebda.
167 Ebda.
168 Im folgenden siehe Niederschrift über die Besprechung im RAM über das Schlichtungswesen am 16. 10. 1928. ZStA II, Abt. Merseburg, Rep. 120 BB VI, Nr. 1, Bd. 1, Bl. 422 — 429, Zitat Bl. 422.

Verbesserung der Arbeitsbedingungen seit 1924 in erster Linie der Verbindlichkeitserklärung zuschrieb[169]:

»Die gesetzliche Möglichkeit der Verbindlichkeitserklärung sei das stärkste Druckmittel zur freiwilligen tariflichen Einigung, auch wenn sie, wie alle Beteiligten wünschten, praktisch möglichst selten angewandt würde.«

Vor allem aber verstand der RAM Wissell, daß die Reformvorschläge der Arbeitgeber auf eine Autoritätsminderung des RAM abzielten, und bekundete deshalb offen seine Ablehnung gegenüber einer »Reichsschiedsstelle«, da »Staatseingriffe in das Wirtschaftsleben unter einer klaren Verantwortung stehen müßten[170]«. Zwar erklärte er sich bereit, direkte Verhandlungen zwischen den Arbeitgeberverbänden und den Gewerkschaften über eine Schlichtungsreform zu unterstützen, wollte diese aber selbst nicht initiieren und empfahl den Arbeitgebern, falls sie eine gesetzliche Änderung wünschten, sich an den dafür zuständigen Reichstag zu wenden. Ferner konnte er angesichts der ausbleibenden Reformvorschläge von seiten der Arbeitgeber nicht umhin festzustellen, daß offensichtlich keine wirkliche Krise des Schlichtungswesens bestand.

Ebenso wie sein Vorgänger Brauns erkannte jedoch auch Wissell die Schwachstellen der Schlichtungspraxis. Um das Verantwortungsgefühl der Tarifkontrahenten zu heben, intendierte er die Zeit zwischen der Vorverhandlung und der Einberufung der Schlichtungskammer zu verlängern, damit erstere »nicht zur bloßen Form würde.« Darüber hinaus sollte »die Verbindlichkeitserklärung [...] nur eine Ausnahme darstellen, dort, wo es die Rücksicht auf die Allgemeinheit erfordere[171]«. Neben reduzierter Anwendung der Verbindlichkeitserklärung sollten ferner die Schlichter größere Zurückhaltung üben und erst nach Aufforderung einer der Tarifparteien intervenieren. Mit Befriedigung stellte daher Otte fest[172]: »Diese Stellungnahme des Reichsarbeitsministeriums war zu erwarten und bedeutet gegenüber dem seitherigen Zustand keine wesentliche Änderung.«

Die Haltung Wissells zwang die VDA, konkrete Vorschläge für eine Reform des Schlichtungswesens zu machen, was am 2. November 1928, dem ersten Tag der großen Aussperrung im Ruhrgebiet, geschah. Während der Verhandlungen am 16. Oktober im RAM hatten sich die christlichen Gewerkschaftsvertreter schon besorgt über den Stand der Tarifverhandlungen in der eisen- und stahlerzeugenden Industrie geäußert und verlangt, daß »hier die Mittel, die der Staat hat, im Interesse seiner Autorität eingesetzt werden müssen[173]«. Jetzt schien auch die VDA-Eingabe zu bestätigen, daß die Industrie die Autorität des RAM in Frage stellte, denn erstens wurden eine Beschränkung der Verbindlichkeitserklärung auf lebenswichtige Betriebe und zweitens eine Reichsschiedsstelle gefordert, die darüber entscheiden sollte, ob ein Arbeitskampf das öffentliche Interesse derart stark gefährdete, daß eine Verbindlichkeitserklärung angebracht war[174]. Im letzteren Fall war die Entscheidung vom ganzen Kabinett und nicht nur von einem Ministerium abzusegnen. Verständlicherweise löste die VDA-Eingabe Entsetzen im RAM aus, denn im Gegensatz zum Reichsarbeitsminister, der dem Reichskanzler und dem Reichstag verantwortlich war und dessen Entscheidungen sich in die Politik der Regierung einpaßten, war eine Reichsschiedsstelle »niemandem verant-

---

169 Ebda., Bl. 426.
170 Ebda., siehe auch den Bericht von Flatow vom 12. 11. 1928, ebda., Bl. 420.
171 Ebda.
172 Bericht Ottes vom 17. 10. 1928, BA, Kleine Erwerbungen, Nr. 461, Bd. 2, Bl. 53.
173 Ebda.
174 Die Eingabe befindet sich im BA, Nachlaß Silverberg, Nr. 228, Bl. 268 — 273.

wortlich¹⁷⁵«. Die Regierung würde also an den Beschluß einer politisch nichtverantwortlichen Institution gebunden, das RAM dagegen seiner wichtigsten Aufgaben beraubt. Die VDA-Vorschläge erschienen deshalb im RAM nicht nur unannehmbar, sondern man glaubte teilweise, daß diese »vielleicht nicht einmal ernst gemeint« seien. Angesichts der Uneinigkeit im Arbeitgeberlager und der Einsicht in das realpolitisch Mögliche selbst im Vorstand der Vestag schien der Verdacht im RAM, daß die VDA-Eingabe mehr taktischer als programmatischer Natur sei, nicht abwegig und ihre Behandlung als eine weniger ernsthafte Gefährdung der Autorität des RAM als der ausgebrochene Arbeitskampf in der eisen- und stahlerzeugenden Industrie durchaus gerechtfertigt.

2. Ausbruch, Verlauf und Ergebnis des Ruhreisenstreits

Tatsächlich hatten der Vorstand des RDI und der VDA versucht, die auslösenden Ursachen für den Ruhreisenstreit zu beseitigen. Sie wollten Wissell beim Wort nehmen und zunächst abwarten, ob sich das RAM wie versprochen stärker aus den Tarifdisputen heraushalten würde. Zwecks Unterstützung der neuen Richtung des RAM arbeiteten die Arbeitgeberführer eng mit dem RWM Curtius zusammen und waren offensichtlich nicht erfolglos. Nicht nur erklärte Wissell inoffiziell den führenden Vertretern der eisen- und stahlerzeugenden Industrie Reichert, Poensgen und Springorum, ohne den Antrag einer der Tarifparteien keine Verbindlichkeitserklärung mehr erlassen zu wollen, sondern er sagte auch Curtius zu, sich nicht in die schon ausgebrochenen Streiks der Textil- und Werftarbeiter einzumischen. Mit anderen Worten sah es im Oktober 1928 so aus, als ob die beiden Spitzenverbände der Arbeitgeber den RAM dazu bewegt hätten, vor allem mit der Verbindlichkeitserklärung zurückhaltender zu verfahren. Sie wie auch Curtius waren deshalb daran interessiert, Rückschläge zu vermeiden, und aus diesem Grund bemühten sie sich, die eisen- und stahlerzeugende Industrie zu vorsichtigem Vorgehen zu veranlassen¹⁷⁶.

Dort war man sich keineswegs sicher, welchen Weg man einschlagen sollte, und man verfing sich zunehmend in dem eigenen Netz vorangegangener Maßnahmen und Vorbereitungen. Wegen steigender Kosten bei gleichzeitig fallenden Profiten hatte die eisen- und stahlerzeugende Industrie die feste Absicht, eine Lohnerhöhung zu verhindern. Genauso kompromißlos versuchten die Gewerkschaften jedoch ihre Niederlage vom Dezember 1927 wettzumachen. Ende September kündigten die Gewerkschaften den Tarifvertrag zum 30. Oktober 1928 und verlangten eine Lohnerhöhung von 15 Pfennig. Die Arbeitgeber informierten daraufhin den RAM und den RWM über die Notwendigkeit einer Preiserhöhung, falls neben höheren Eisenbahnfrachten auch noch höhere Löhne aufgefangen werden müßten, und versuchten wie zuvor, den RWM gegen den RAM auszuspielen¹⁷⁷. In den direkten Verhandlungen mit den Gewerkschaften boten die Arbeitgeber eine Verlängerung des bestehenden Tarifvertrages um ein Jahr an, mit kleinen Lohnzugeständnissen für die schlechtest bezahlten Arbeiter-

---

175 Bemerkungen zu der Eingabe der Arbeitgeberverbände zum Schlichtungswesen und zu den Presseäußerungen hierzu und zu der Aussperrung bei Nordwest vom 2. 11. 1928, ZStA I, RAM, Bd. 3160, Bl. 12 — 17. Ebenfalls darin enthalten sind sehr interessante Vergleiche zwischen den Reformvorschlägen der Arbeitgeberverbände und den in der rechtsgerichteten Presse, vor allem der Deutschen Allgemeinen Zeitung, diskutierten Reformen.
176 Siehe Kastl an Reusch, Schreiben vom 8. 11. 1928, HA/GHH, Nr. 400101220/6A.
177 E. Poensgen an das RAM und das RWM, beide Schreiben vom 28. 9. 1928, ZStA I, RAM, Bd. 2416, Bl. 3 — 5; zum allgemeinen Verlauf des Ruhreisenstreits vgl. *Schneider*, S. 2 ff., *Nocken*, S. 574 ff. und *Weisbrod*, S. 415 ff.

kategorien. Die Gewerkschaftsvertreter lehnten ab; auf Grund dessen entschlossen sich die Mitglieder des Arbeno am 11. Oktober, ihren Arbeitern am 13. Oktober die Kündigung auszusprechen, die am 1. November in Kraft treten würde. Das RAM verständigte man noch am 11. Oktober von dieser Entscheidung, und Grauert übersandte außerdem einen Tag später eine lange briefliche Erklärung[178].
Darin verwies Grauert auf den Wunsch der Arbeitgeber, »die Verantwortung für die Regelung der Lohnfrage im Gegensatz zu früheren Jahren den Parteiverhandlungen selbst zu überlassen[179]«, damit direkt mit den Gewerkschaften ein Tarifvertrag abgeschlossen werden könne. Dafür bestand kaum eine Aussicht, da die Gewerkschaftsvertreter darauf bestanden, die Löhne der Arbeiter im Bezirk des Arbeno mit den Löhnen in den Zentren der Metallindustrie, wie zum Beispiel Frankfurt, zu vergleichen, wo aufgrund des größeren Anteils an Facharbeitern der Durchschnittslohn notgedrungen höher lag als im Ruhrgebiet mit seinem erheblichen Prozentsatz an ungelernten und angelernten Arbeitern. Darüber hinaus akzeptierten die Gewerkschaftsvertreter auch nicht die vorgelegten Kostenrechnungen der Industrie. Um es nicht zu einem tariflosen Zustand am 1. November kommen zu lassen, da dann den Gewerkschaften die alte Taktik der Teilstreiks offenstand, die in vereinzelten Fällen vielleicht den Widerstand der Arbeitgeber brechen oder wieder einen Schiedsspruch zur Folge haben könnte, verblieb nach den Überlegungen im Arbeno als einzige wirkungsvolle Maßnahme allein die Gesamtaussperrung. Die aber war nach Eintritt des tariflosen Zustands wesentlich schwerer zu organisieren. Den Zeitpunkt der Kündigung erklärte Grauert mit den verschiedenen Kündigungsfristen der Werke. Der 13. Oktober war der letzte Termin, der sicherstellte, daß am 1. November alle Arbeiter im Bezirk des Arbeno entlassen werden konnten[180]. Abgesehen davon machte Grauert auch sonst keinen Hehl daraus, daß für die Industrie eine Intervention des RAM unerwünscht sei[181]:
»Es braucht dabei nicht weiter betont zu werden, daß zur Beseitigung dieses Zustandes der Weg der Verbindlichkeitserklärung heute nicht von seiten der Arbeitgeber als geeignete Möglichkeit angesehen wird, sondern nur engste verantwortungsvolle Zusammenarbeit mit dem Ziel einer Vereinbarung zwischen den direkt interessierten und zur Verantwortung berufenen Kreisen.«
Daß es die eisen- und stahlerzeugende Industrie dieses Mal ernst meinte, zeigte auch der Verzicht auf die Stillegungsanzeige. Im Gegensatz zu 1927 drohten die Arbeitgeber offen mit der Aussperrung, was den Arbeitern nicht ermöglichen würde, Arbeitslosenunterstützung zu beanspruchen.
Obwohl die Entscheidung für die Kündigung im Arbeno einstimmig gefallen war, verdeckte diese offensichtliche Einmütigkeit lediglich die auch dort bestehenden schweren Bedenken, die noch stärker die Industrieführer in Berlin und den RWM Curtius beschäftigten. Der Geschäftsführer des RDI, Geheimrat Kastl, fürchtete zusammen mit Curtius um seine Bemühungen, den RAM Wissell zu größerer Enthaltsamkeit bei Tarifdisputen zu bewegen. Reichert und von Bülow von der VDESI-Geschäftsführung sowie Brauweiler und Dr. Erdmann

---

178 Grauert an das RAM, Schreiben vom 12. 10. 1928, ZStA I, RAM, Bd. 2416, Bl. 33—44.
179 Ebda., Bl. 33.
180 Für die Situation bei der Vestag und die Klagen E. Poensgens über die Schwierigkeiten, die durch die unterschiedlichen Kündigungsfristen entstanden, siehe die Sitzung des Hüttenausschusses der Vestag am 5. 5. 1928, Archiv der Friedrich-Wilhelms-Hütte, Mülheim a.d.Ruhr (FWH), Vestag Akten.
181 Grauert an das RAM, Schreiben vom 12. 10. 1928, ZStA I, RAM, Bd. 2416, Bl. 43.

von der VDA-Geschäftsführung teilten Kastls Ansicht, daß die Kündigungsaktion des Arbeno ein Fehler war. Gleiches bekannte sogar das Vorstandsmitglied der Vestag, Oskar Sempell, der Kastl erklärte, daß sich die Arbeno-Mitglieder über die abgesprochene Strategie und Taktik zu Stillschweigen gegenüber Dritten verpflichtet hätten. Dieses war nur ein, wenn auch sehr extremes Beispiel für das gespannte Verhältnis zwischen der Schwerindustrie an der Ruhr und den Industrieführern in Berlin. Kastl interpretierte denn auch die Geheimniskrämerei als eine Maßnahme, »um den schlappen Kerls in Berlin, zu denen ich vielleicht auch gerechnet werde, keine Möglichkeit der Beeinflußung zu geben[182]«.
Trotzdem wurde von ihm jedoch erwartet, die Ruhrindustriellen in Berlin zu unterstützen und zu versuchen, den RAM von einer Verbindlichkeitserklärung abzuhalten, falls ein Schiedsspruch ergehen sollte. Kastls Bedenken wuchsen erst recht nach einer Aussprache zwischen ihm, Reichert, von Raumer und Brauweiler auf der einen Seite und Grauert sowie weiteren Vertretern der eisen- und stahlerzeugenden Industrie auf der anderen Seite. Kastl hielt die überstürzte Kündigung für schlichtweg unsinnig, denn sollte ein Schiedsspruch ergehen und die Verbindlichkeitserklärung folgen, waren die Ruhrindustriellen zur Wiederaufnahme der Arbeit gezwungen. Um die Arbeiter dann noch aussperren zu können, bedurfte es der 1927 angewandten Taktik der Stillegungsanzeige, die mit der wirtschaftlichen Untragbarkeit des Schiedsspruches begründet werden konnte, doch für weitere vier Wochen den Arbeitern die Betriebe öffnete und letztere danach der Arbeitslosenversicherung überantwortete. Eine Weiterführung der Aussperrung nach ergangener Verbindlichkeitserklärung dagegen würde die Arbeitgeber haftpflichtig machen. Zu Kastls Überraschung teilten die Ruhrindustriellen die Absicht mit, den Schiedsspruch anzufechten, falls dieser, wie zu erwarten, in das bestehende Akkordabkommen oder andere Tarifregelungen eingreifen würde, denn nach kürzlichem Entscheid des Reichsarbeitsgerichts waren Eingriffe in laufende Tarifverträge ungesetzlich. Ein gerichtliches Vorgehen, auf das man unter keinen Umständen verzichten wollte, sollte »endlich Klarheit gegenüber der Regierung und der Öffentlichkeit schaffen[183]«.
Kastl war nicht davon überzeugt, daß die eisen- und stahlerzeugende Industrie ihr Ziel erreichen würde, und begann, sozusagen die Entwicklung vorwegnehmend, die Geschichte des Ruhreisenstreits für dessen Initiatoren zu schreiben. Seiner Ansicht nach war eine gerichtliche Auseinandersetzung eine langatmige Angelegenheit, so daß ein möglicher Erfolg schon vorher durch die politische Reaktion zunichte gemacht würde[184]:
»Man müsse nun einmal mit der höchst bedauerlichen und nahezu unbegreiflichen Tatsache rechnen, daß wenn es sich um Existenzfragen in der Eisenindustrie handle, immer eine Majorität in der Verwaltung und in der Öffentlichkeit entstehe, die gegen die Eisenindustrie eingestellt sei.«
Die politische Dimension der Auseinandersetzung ließ sich nicht einfach beiseite schieben. Falls daher eine Verbindlichkeitserklärung vermieden werden sollte, mußte die eisen- und stahlerzeugende Industrie nach Kastls Überzeugung einen tariflosen Zustand riskieren, was deren Vertreter jedoch rundweg ablehnten. Unter diesen Umständen blieb Kastl nichts weiter übrig als die Versicherung, sich für die Ruhrindustrie bei Curtius und Wissell einzusetzen. Die Bereitschaft der eisen- und stahlerzeugenden Industrie, das Schlichtungssystem einer ge-

---

182 Dazu und zum folgenden siehe Kastl an Reusch, Schreiben vom 8. 11. 1928, HA/GHH, Nr. 400101220/6A. Für die Anstrengungen der Ruhrindustriellen, den Einfluß der Berliner Spitzenverbände zurückzudrängen, vgl. *Weisbrod*, S. 143 ff.
183 Kastl an Reusch, Schreiben vom 8. 11. 1928, HA/GHH, Nr. 400101220/6A.
184 Ebda.

richtlichen Prüfung zu unterziehen, was offensichtlich die besondere Vorliebe des Juristen Grauert genoß, sowie es auf einen offenen Kampf ankommen zu lassen, worauf Reusch drängte, ließ die Industrie immer stärker zu dem politisch gefährlichen Experiment der Aussperrung tendieren. Diese Erfahrung machte zumindest der Schlichter Joetten während der Verhandlungen am 22., 25. und 26. Oktober im Düsseldorfer Rathaus[185]. Um herauszufinden, »ob die Aussperrung ernst gemeint, oder ein sogenannter Bluff sei«, stellte sich auch Joetten auf den Standpunkt, daß eine Nachprüfung des Beweismaterials der Arbeitgeber tatsächlich die wirtschaftliche Untragbarkeit einer Lohnerhöhung zeigen werde. Da aber die Gewerkschaften anderer Meinung waren und »eine Sachprüfung in dem engen einseitigen Sinne der Arbeitgeber [...] untunlich« sei, schlug er im beiderseitigen Interesse vor, die Gesamtkündigung um zwei Wochen aufzuschieben, damit eine Einigungsgrundlage erarbeitet und die Arbeitszeitfrage miteinbezogen werden könne. Ein Aufschub der Kündigung schien angesichts der Arbeitgeberforderung nach einem langfristigen Tarifvertrag sehr sinnvoll, vor allem, weil dadurch die Handlungsfreiheit der Arbeitgeber in keiner Weise beschnitten wurde. Trotzdem lehnten diese ab und bestanden auf der leicht nachprüfbaren Beweiskraft ihres Materials. Damit waren die Verhandlungen festgefahren; um die bevorstehende Aussperrung abzuwenden, reagierte Joetten genauso, wie es die Vertreter der harten Linie in der eisen- und stahlerzeugenden Industrie erwartet hatten. Er fällte einen Einmannschiedsspruch, den er sehr einleuchtend begründete[186]:

> »Wenn es technisch möglich sei, die Unterlagen der Arbeitgeber so schnell zu prüfen, dann sei es richtiger, dies in der Nachverhandlung in Berlin zu tun; der Schlichter könne nicht die Verantwortung tragen, die Gesamtaussperrung zur Tatsache werden zu lassen [...]. Die Arbeitgeber hätten selbst erklärt, daß nach 1 oder 2 Monaten Aussperrung ein ›Compromiss‹ das Ende sei; da sei es richtiger, je einen neutralen Vorschlag für die Bereinigung der Gesamtstreitigkeiten zu machen und dem Gesetz entsprechend dem Minister die Möglichkeit zu geben, eine Einigung herbeizuführen oder die Verbindlichkeitserklärung auszusprechen [...].«

Joettens Einmannschiedsspruch vom 27. Oktober erhöhte die Löhne um 6 Pfennig, den Akkord um 2 Pfennig und machte den neuen Tarifabschluß erst zum 30. April 1930 wieder kündbar. Die Arbeitgeber lehnten den Schiedsspruch aus wirtschaftlichen und rechtlichen Gründen ab. Erstens griff der Einmannschiedsspruch durch die Veränderung der Akkordbestimmungen in den noch laufenden Rahmentarifvertrag ein, und zweitens enthielt die Schlichtungsverordnung keine Bestimmung über die Zulässigkeit eines Einmannschiedsspruches. Nach erfolglosen Verhandlungen in Berlin und trotz der großen Anstrengungen des RWM Curtius, dem RAM den Standpunkt der eisen- und stahlerzeugenden Industrie nahezubringen, erließ Wissell schließlich auf Antrag der Gewerkschaften am 31. Oktober die Verbindlichkeitserklärung. In seiner sehr kurzen Begründung bezeichnete er die Lohnerhöhungen als einen ausgewogenen und tragbaren Kompromiß, die Alternative des Arbeitskampfes dagegen als weder wirtschaftlich noch sozial vertretbar und erklärte die rechtlichen Einwände der Arbeitgeber für unbegründet. Diese wiederum fühlten sich an die Verbindlichkeitserklärung eines ungesetzlichen Schiedsspruches nicht gebunden und begannen am 2. November mit der Aussperrung von ca. 220 000 — 240 000 Arbeitern[187].

185 Joetten an Mewes, Schreiben vom 27. 10. 1928, ZStA I, RAM, Bd. 2416, Bl. 10 — 13; nachfolgendes Zitat, Bl. 10.
186 Ebda., Bl. 11.
187 Siehe dazu die Dokumente in *Schneider*, S. 24 — 38.

Die Aussperrung war »die notwendige Folge einer Entwicklung, die nunmehr seit zwei Jahren Schritt für Schritt bis zu diesem Punkt kommen mußte«, sozusagen »das letzte Glied einer langen Kette«, urteilte der Geschäftsführer des Langnamvereins, Max Schlenker, und hatte damit sicherlich Recht[188]. Trotzdem war die Front der Arbeitgeber in der eisen- und stahlerzeugenden Industrie nicht fest geschlossen. Die treibenden Kräfte hinter der Aussperrung waren die Industriellen, die eine »gründliche Kursänderung« nur durch einen Arbeitskampf für möglich hielten und deshalb auch in Kauf zu nehmen bereit waren, daß dieser »lange dauern und großen Schaden anrichten würde[189]«. Ihre Meinung traf nicht auf ungeteilte Zustimmung, denn laut kursierenden Berichten hatte sich die Mehrheit der Mitglieder im Arbeno für die Annahme des ergangenen Schiedsspruches ausgesprochen und sich erst nach einer von Reusch am 28. Oktober einberufenen Sitzung vom Gegenteil überzeugen lassen[190]. Ganz offensichtlich waren auch einige Unternehmen, so z. B. selbst das große Eisen- und Stahlwerk Phoenix in Dortmund-Hörde oder Hoesch, ebenfalls in Dortmund, kaum auf die Aussperrung vorbereitet und vergrößerten durch ihr umständliches Vorgehen noch die Verwirrung und Überraschung unter ihren Arbeitern. Die Werke der Vestag dagegen handelten kurz und bündig und schlossen selbst einige Zechen sowie Betriebe außerhalb des Ruhrgebiets[191]. Trotzdem unterlagen der Aussperrung auf Arbeitgeberseite ein gewisser Fatalismus und zum Teil recht kurzfristige Berechnungen. So berichtete der Oberpräsident Fuchs[192]:

»Von der Arbeitgeberseite erfahre ich vertraulich, man habe sich u. a. gesagt, wenn man kämpfen wolle, müsse man es dieses Jahr tun. Nach Ablauf der jetzigen Lohnregelung seien die Gewerkschaften finanziell viel stärker wie heute, die Arbeitgeberschaft aber, zumal wenn eine Lohnerhöhung jetzt gegeben werde und die Konjunktur nicht besser würde, sei dann finanziell kaum in der Lage, einen längeren Kampf zu führen. Dazu kommt eine Erwägung, die jedoch näher zu erörtern vermieden wird: Die Kapazität der rheinisch-westfälischen Eisenindustrie ist unbedingt zu groß. Bei dem derzeitigen Kampf werden zweifellos eine Anzahl der finanziell schwächeren Betriebe eingehen; ihre Quote fällt an die Überlebenden.«

Diese internen Überlegungen in der eisen- und stahlerzeugenden Industrie blieben der weiten Öffentlichkeit unbekannt, und hier bestand, sogar in der politisch rechten Presse, die Auffassung, daß die Aussperrung ein Angriff auf das Schlichtungswesen und die Politik des RAM war, was bei den Kritikern der rheinisch-westfälischen Industrie dann zu einem Angriff auf

---

188 »Der Arbeitskampf in der Großeisenindustrie«, BA, Nachlaß Silverberg, Bd. 438, Bl. 30 ff., Zitat auf Bl. 31.
189 Deutsche Führerbriefe vom 31. 10. 1928, ZStA I, RAM, Bd. 2417, Bl. 6.
190 Bericht des Schlichters für Westfalen, Girsch, vom 3. 11. 1928, ebda., Bl. 11 f.; siehe auch den Bericht des Oberpräsidenten Fuchs vom 10. 11. 1928, ebda., Bl. 239 — 241.
191 Bericht des Schlichters für Westfalen, Girsch, vom 2. und 3. 11. 1928, ebda., Bl. 7 — 12.
192 Bericht des Oberpräsidenten Fuchs vom 10. 11. 1928, ebda., Bl. 239 f. Auf dem Hintergrund solcher kannibalischen Erwägungen innerhalb der Schwerindustrie muß wohl auch die Schlußbetrachtung Grauerts gesehen werden: »Gerade die Aussperrung hatte mit erschreckender Deutlichkeit gezeigt, daß heute ein großer Teil der Betriebe, vor allem die mittleren und kleineren, von der Hand in den Mund leben und nur noch vielfach aus Familientradition trotz Fehlens jeglicher Verdienstspanne mühsam aufrecht erhalten werden.« In: »Rückblick auf den Eisenkampf« vom 3. 1. 1929, FWH-Archiv, 850/14.

die staatliche Autorität überhaupt wurde[193]. Für Wissell stellte sich neben einer möglichst raschen Beendigung der Aussperrung das Problem, den Angriff auf die Autorität seines Ministeriums abwehren und gleichzeitig vorgeben zu müssen, daß ein solcher Angriff von den Arbeitgebern nicht intendiert sei, damit ihnen der Rückzug offen blieb. Seine Kritik an der eisen- und stahlerzeugenden Industrie war nichtsdestoweniger scharf. In seinen Augen war die Aussperrung sowohl »unnötig« als auch »ungeeignet« für eine Klärung der rechtlichen Differenzen um den Schiedsspruch, da die Arbeitgeber die Möglichkeit gehabt hätten, entweder den Schiedsspruch durchzuführen, gleichzeitig aber gerichtlich einzeln oder kollektiv gegen ihn anzugehen oder unter Festhalten an dem alten Tarifvertrag den Schiedsspruch samt Verbindlichkeitserklärung abzulehnen und es den Gewerkschaften zu überlassen, einen gerichtlichen Entscheid zu erwirken. In beiden Fällen wären die Arbeitgeber dem Vorwurf des Tarifbruchs entgangen, und bei einer positiven Gerichtsentscheidung für die Arbeitgeber hätten neue Tarifverhandlungen sofort eingeleitet werden müssen. In bezug auf die wirtschaftliche Untragbarkeit des Schiedsspruchs stellte sich Wissell auf den gleichen Standpunkt wie Kastl, daß die Stillegungsanzeige, die allerdings von den einzelnen Werken hätte ausgehen müssen, das geeignetere Mittel gewesen wäre, da in der vorgeschriebenen vierwöchigen Stillhalteperiode die wirtschaftlichen und rechtlichen Probleme sich wahrscheinlich hätten klären lassen. Trotz dieses Verrisses der Arbeitgebertaktik distanzierte sich Wissell klar und deutlich von allen Pressekommentaren, die hinter der Aussperrung das Ziel der Arbeitgeber vermuteten, endlich eine Veränderung des Schlichtungswesens zu erzwingen. In der Sicht Wissells rechtfertigten politische Motive in keiner Weise die wirtschaftlichen und sozialen Auswirkungen der Aussperrung, und für diesen Fall drohte er gesetzliche Maßnahmen der Regierung an, »die allerdings auf anderem Gebiete lägen, als auf dem des Schlichtungswesens«. Er hoffte aber, daß die Arbeitgeber die notwendige Verantwortung zeigten und den Irrtum der Aussperrung rückgängig machten[194].

Mehr als Wissells Appell dürfte die feindselige Meinung der Öffentlichkeit die Arbeitgeber beeindruckt haben. Die Kirchen kritisierten unverhohlen die Aussperrung und versuchten, mit Geldsammlungen den betroffenen Arbeitern und ihren Familien zu helfen. Selbst die Presse stand mehrheitlich auf seiten der Gewerkschaften[195]. Nach den preußischen Landtagsdebatten war die Lage der Arbeitgeber ohne Zweifel prekär, denn sogar der DNVP-Abgeordnete Deerburg, der die wirtschaftlichen und rechtlichen Bedenken der Arbeitgeber verteidigte, distanzierte sich für seine Person von dem Vorgehen der Arbeitgeber[196]. Forderungen nach öffentlicher Unterstützung wurden laut, denn die Mehrheit der ausgesperrten Arbeiter war nicht gewerkschaftlich organisiert und bezog daher auch keine Streikunterstützung aus den Gewerkschaftskassen. Aus Furcht vor den finanziellen und politischen Folgen einer Unterstützung der Ausgesperrten, wofür vor allem die Kommunisten agitierten, ergriffen die Kom-

---

193 Siehe dazu Bemerkungen zu der Eingabe der Arbeitgeberverbände zum Schlichtungswesen und zu den Presseäußerungen hierzu und zu der Aussperrung bei Nordwest vom 2. 11. 1928, ZStA I, RAM, Bd. 3160, Bl. 12 — 17.
194 Denkschrift des RAM Wissell über das »Verhalten der Nordwestlichen Gruppe« vom 9. 11. 1928, in: *Schneider*, S. 48 — 52; diese Denkschrift bildete die Grundlage für die Reichstagsrede und das weitere taktische Vorgehen Wissells. Vgl. *Verhandlungen des Reichstags*, IV. Wahlperiode, Bd. 423, 11. Sitzung vom 12. 11. 1928, S. 253 ff.
195 Bericht des Schlichters für Westfalen, Girsch, vom 2. und 3. 11. 1928, ZStA I, RAM, Bd. 2417, Bl. 7 — 12; siehe auch *Weisbrod*, S. 420 ff.
196 *Verhandlungen des Preußischen Landtags*, III. Wahlperiode, 17. Sitzung vom 6. 11. 1928, Bd. 3,1, S. 974.

munen die Initiative und überzeugten den Düsseldorfer Regierungspräsidenten Bergemann von der Notwendigkeit erneuter Vermittlung[197].

Die große Zahl der Unorganisierten zwang die Gewerkschaften zur Verhandlungsbereitschaft, obwohl man den für verbindlich erklärten Schiedsspruch nicht einfach fallen lassen wollte, solange dieser nicht durch Gerichtsentscheidung annulliert war. Auf jeden Fall aber wollten die Gewerkschaften nicht die Schuld einer unnötigen Verlängerung des Arbeitskampfes auf sich nehmen. Nach den Berichten kommunaler Behörden wünschten jetzt auch die Arbeitgeber

> »dringend eine baldige Beendigung dieses Arbeitskampfes [...]. Abgesehen davon, daß die Auswirkungen dieses Arbeitskampfes auch im übrigen Wirtschaftsleben täglich stärker fühlbar werden, ist auch die fast völlige Isolierung der Arbeitgeber in der öffentlichen Meinung bezeichnend[198]«.

Den Mangel an öffentlicher Unterstützung unterstrich die auffallende Zurückhaltung des RDI und der VDA, was Reusch aufs äußerste irritierte[199]. Die Entscheidung des Arbeitsgerichts Duisburg zugunsten der Arbeitgeber am 12. November verbesserte ihre Position und gab vor allem den Vermittlungsbemühungen Bergemanns neuen Auftrieb. Obwohl die Gewerkschaften gegen das Urteil beim Landesarbeitsgericht in Revision gingen, standen sie am 17. November kurz vor dem Abschluß eines neuen Tarifabkommens mit den Arbeitgebern, das die Zurücknahme der Aussperrung und eine gegenüber dem Joetten-Schiedsspruch niedrigere Lohnerhöhung vorsah. Selbst im Falle einer gerichtlichen Bestätigung der Rechtmäßigkeit des Joetten-Schiedsspruches sollte das neue Tarifabkommen bestehen bleiben, allerdings mit kleinen Lohnaufbesserungen. Zu diesem Zeitpunkt waren die Gewerkschaften also durchaus bereit, in der Praxis, wenn auch nicht prinzipiell, mit dem Joetten-Schiedsspruch zu brechen[200]. Zwei Tage später, am 19. November, war dieses Entgegenkommen auf Gewerkschaftsseite wieder verschwunden, denn der Reichstag hatte sich inzwischen für eine finanzielle Unterstützung der ausgesperrten Arbeiter und ihrer Familien entschieden. Damit war den Gewerkschaften erheblich das Rückgrat gestärkt, die plötzlich auf der buchstabengetreuen Einhaltung des Joetten-Schiedsspruches bestanden, aber bis zum Entscheid des Landesarbeitsgerichts bereit waren, auf der Grundlage des alten Tarifvertrages die Arbeit wieder aufzunehmen. Die großzügigen Richtlinien des Zentrumsministers Hirtsiefer im Preußischen Wohlfahrtsministerium für die Regelung der Unterstützungszahlungen bestärkten die Gewerkschaften weiter in ihrer harten Haltung, denn gewerkschaftliche Unterstützungsgelder wurden von der staatlichen Fürsorgehilfe nicht abgezogen, so daß einige wenige Arbeiter mehr Geld erhielten, als sie normalerweise verdient hätten[201]. Die große Empörung über die staatliche Parteinahme für die Arbeiterschaft veranlaßte die industriellen Spitzenverbände jetzt, die Ruhrindustriellen stärker zu unterstützen[202]. Deren Hoffnung auf den Abschluß eines freiwilligen Tarifvertrages, die eigentliche Intention hinter der Aussperrung, die durch

---

197 Siehe dazu bes. *Volker vom Berg,* Der ›Ruhreisenstreit‹ von 1928 als sozialpolitisches Problem der Weimarer Republik im Lichte kommunaler Fürsorgepraxis, in: Sozialer Fortschritt, Bd. 25, 1976, S. 15 — 20, 35 — 41, 64 — 67, 106 — 114, 136 — 140.
198 *Ebda.,* S. 39 und Bericht des Schlichters für Westfalen, Girsch, vom 10. 11. 1928, ZStA I, RAM, Bd. 2417, Bl. 101.
199 Siehe dazu seinen Briefwechsel in HA/GHH, Nr. 400101221/9.
200 *Weisbrod,* S. 425 ff.
201 *Schneider,* S. 44 — 48.
202 *Weisbrod,* S. 435 ff.

die Vermittlung Bergemanns zum Greifen nahe gewesen war, hatte sich wieder zerschlagen. Jetzt aber mußten sich die Gewerkschaften den Vorwurf der Verantwortungslosigkeit und Obstruktion gefallen lassen.

Die Entscheidung des Landesarbeitsgerichts Duisburg vom 24. November vergrößerte das Dilemma auf Arbeitgeber- und Arbeitnehmerseite[203]. Zwar entschied das Gericht positiv zugunsten der Gewerkschaften, stellte zu deren Entsetzen jedoch explizit das staatliche Recht auf quasi unbegrenzte Eingriffe in laufende Tarifverträge fest. Das aber hielten die Gewerkschaften für ein sehr zweischneidiges Schwert, denn eine staatliche Garantie des Tarifvertrages durch Schiedsspruch und Verbindlichkeitserklärung unterschied sich erheblich von dem Recht beliebiger Intervention in Tarifvereinbarungen[204]. Wie erwartet, legten die Arbeitgeber beim Reichsarbeitsgericht in Leipzig Revision gegen das Urteil ein, das den Stichentscheid für gesetzeskonform erklärt hatte. Trotzdem waren die Gewerkschaften so ernüchtert, daß sie sich wieder verhandlungsbereit zeigten. Ohne gerichtliche Annullierung des Joetten-Schiedsspruches wollten sie diesen jedoch immer noch nicht fallenlassen, »weil eine Preisgabe des Schiedsspruches ihrerseits auch die Preisgabe des Schlichtungswesens und des Systems der Verbindlichkeitserklärung zur Folge haben müßte[205]«. Die Arbeitgeber auf der anderen Seite lehnten wiederum jede Übergangsregelung ab und bestanden auf einem langfristigen Abkommen mit Lohnabstrichen. Am 28. November waren daher die erneuten Vermittlungsbemühungen Bergemanns wiederum fehlgeschlagen, und behördlicherseits sah man teilweise keine andere Konfliktlösung als die des »staatliche[n] Zwangseingriff[s], der die Arbeitgeber zum Öffnen ihrer Betriebe nötigt[206]«. Dabei fehlte es nicht an Befürchtungen, daß die Arbeitgeber sich einer für sie negativen Entscheidung des Reichsarbeitsgerichts widersetzen könnten, denn am 28. November stand z. B. in der Bergwerkszeitung, dem Organ der Schwerindustrie, zu lesen[207]:

»Es muß ganz klar ausgesprochen werden, daß die Stellung des Unternehmers in diesem ihm aufgezwungenen Ringen um sein Lebensrecht stärker ist als die des Staates.«

Trotz dieser Manifestation extremer Konfrontationsbereitschaft blies man im Arbeitgeberlager längst zum Rückzug. Neben Bergemann versuchte auch der DVP-Abgeordnete und Verbindungsmann zwischen der Schwerindustrie und der weiterverarbeitenden Industrie Hans von Raumer die streitenden Parteien zusammenzubringen, um die Grundlage für einen Kompromiß zu schaffen. Wahrscheinlich stammten die vom Außenminister Stresemann und RWM Curtius am 28. November dem Regierungskabinett vorgelegten Vorschläge aus diesen von v. Raumer eingefädelten Verhandlungen. Beide Minister intervenierten aus außen- wie innenpolitischen Erwägungen. Stresemann fürchtete die negativen Auswirkungen, die ein Sichhinziehen des Ruhreisenstreits auf die Reparationsverhandlungen haben könnte. Darüber hinaus war die Regierung selbst in Gefahr, da ein entschiedenes Vorgehen gegen die Ruhrindustriellen den Verbleib der DVP im Kabinett in Frage stellen würde, eine Abänderung der Hirtsiefer-Richtlinien dagegen die gespannte Lage im Ruhrgebiet verschärfen würde und des-

---

203 Zum Urteil und seiner Begründung siehe *Grauert/Schoppen/Dr. Mansfeld* (Hrsg.), *Der Rechtsstreit im Arbeitskampf der westdeutschen Eisenindustrie 1928*, Mannheim/Berlin/Leipzig 1929, S. 72 ff.
204 Siehe *Fraenkel*, a.a.O., S. 110 f.
205 Bericht des Schlichters für Westfalen, Girsch, vom 28. 11. 1928, ZStA I, RAM, Bd. 2417, Bl. 119 — 121, siehe auch *vom Berg*, a.a.O., S. 107.
206 Bericht des Schlichters für Westfalen, Girsch, vom 28. 11. 1928, ZStA I, RAM, Bd. 2417, Bl. 120.
207 Ebda., Bl. 123.

halb für die SPD und das Zentrum außer Diskussion stand[208]. Diese verfahrene Situation hatte sowohl Stresemann als auch Curtius bewogen, den Ruhrindustriellen als Vermittler den sozialistischen Reichsinnenminister Carl Severing vorzuschlagen, dessen Schlichtungsspruch für beide Seiten bindend sein sollte. Führende Persönlichkeiten der Schwerindustrie, darunter Gustav Krupp, Albert Vögler, Ernst Poensgen und Peter Klöckner, waren mittlerweile durchaus verhandlungsbereit, und es gibt sogar gewisse Hinweise dafür, daß Vögler selbst der Urheber des neuen Vermittlungsvorschlages war[209]. Vögler wollte mit der Arbeitgeberzustimmung für eine Vermittlung und für Severing als Schlichter den guten Willen der eisen- und stahlerzeugenden Industrie demonstrieren und unterstreichen, daß rein wirtschaftliche Überlegungen und nicht die Absicht, die Staatsautorität herauszufordern, die Arbeitgeber zu der Aussperrung veranlaßt hatten[210]. Ferner war Severing bei den Ruhrindustriellen kein Unbekannter. Während seiner Amtszeit als Reichskommissar in Westfalen war ihm die Aufgabe zugefallen, Arbeitskämpfe zu schlichten und in Tarifdisputen zu vermitteln. Dabei waren seine Entscheidungen keineswegs immer zugunsten der Gewerkschaften ausgefallen[211]. Daran dürften sich Vögler und die anderen Industriellen erinnert haben, als sie Severing eine Art Blankovollmacht gaben, die lediglich an zwei Auflagen gebunden war. Erstens sollte der Schiedsspruch Severings auf einer Untersuchung der wirtschaftlichen Lage der Industrie basieren, zweitens eine Laufzeit von mindestens zwei Jahren haben. Falls auch die Gewerkschaften diese Bedingungen akzeptierten und sich ebenso bedingungslos der Entscheidung Severings unterwarfen, war die eisen- und stahlerzeugende Industrie zur sofortigen Beendigung der Aussperrung bereit. Trotzdem zögerten die Gewerkschaften. Erst die Drohung Wissells, daß »die öffentliche Meinung zu Ungunsten der Arbeitnehmer umschlagen könne, wenn die Einigung heute an den Arbeitnehmern scheitere[212]«, sowie starker Druck von seiten des sozialistischen Reichskanzlers Müller, der die Gewerkschaften über die Haltung der Regierung nicht im Unklaren ließ, nötigten diesen schließlich die Zustimmung ab.
Am 3. Dezember 1928 endete die Aussperrung, und am 21. Dezember fällte Severing seinen Schiedsspruch, den anzunehmen beide Seiten sich verpflichtet hatten. Als eine »pädagogische Lektion« für die Arbeitgeber setzte Severing den Joetten-Schiedsspruch bis zum 31. Dezember 1928 in Kraft. Danach begann ein neues Tarifabkommen, das gegenüber dem Joetten-Schiedsspruch erhebliche Lohnabstriche aufwies, doch in der Arbeitszeitfrage den Gewerkschaften entgegenkam. Im Grunde zog Severing mit seinem Schiedsspruch sowohl das Fazit aus den Bergemann-Verhandlungen, wo schon Lohnreduzierungen mit Arbeitszeitvergünstigungen kompensiert worden waren, als auch aus der verschlechterten wirtschaftlichen Lage der Industrie und dem Konjunkturabschwung[213]. Obwohl Severing in der Öffentlichkeit betonte, weder Joetten noch Wissell desavouieren zu wollen, vielmehr im Dienst des RAM handle, widersprach er sich selbst durch sein Verhalten. Auf einer Pressekonferenz am 5. Dezember 1928 erklärte er z. B., daß ihm Joettens Lohnregelung zu »schematisch« sei[214]. Noch wichtiger aber war sein bewußtes Bemühen, sich aller Beeinflussung durch das RAM

---

208 *Akten der Reichskanzlei, Weimarer Republik, Das Kabinett Müller II; 28. Juni 1928 bis 27. März 1930, bearb. von Martin Vogt,* Bd. 1, Boppard a. Rhein 1970, S. 250 — 257.
209 Vgl. *Weisbrod,* S. 440 ff.
210 *Kabinett Müller II,* S. 264 — 269.
211 Siehe *Carl Severing,* Mein Lebensweg, 2 Bde, Köln 1950, Bd. 1, S. 239 ff.
212 *Kabinett Müller II,* S. 271.
213 Siehe *Weisbrod,* S. 446 — 448 und *Schneider,* S. 68 — 74.
214 ZStA I, RAM 2417, Bl. 335 — 338.

zu entziehen. Darüber hinaus bestand er auf einer übertrieben ausführlichen Begründung seines Schiedsspruches, worauf das RAM normalerweise verzichtete, um nicht unnötige Dispute auszulösen[215]. In vieler Hinsicht erfüllte Severing daher die Funktion einer unabhängigen Schiedsstelle und entschied auch, wie von deren Proponenten gewünscht, auf der Grundlage wirtschaftlicher Zumutbarkeit. Selbst der RWM hegte gegenüber dem Schiedsspruch Severings keine Bedenken. Aus diesem Grund konnte Grauert triumphierend feststellen, daß der Ruhreisenstreit für die Reform des Schlichtungswesens wegweisend sei[216]:

»Die vom Reichskabinett angeregte Wiederaufnahme des Verfahrens und die Fällung einer neuen Entscheidung auf Grund der Nachprüfung der wirtschaftlichen Verhältnisse durch einen Unparteiischen außerhalb der Schlichtungsinstanzen hat dargetan, daß in Zukunft die Schlichtungspraxis nicht mehr wie bisher gehandhabt werden kann, daß vielmehr an die Stelle der bürokratischen Handhabung die Selbstverantwortlichkeit der Parteien gesetzt werden muß, eine Forderung, die gerade von den deutschen Arbeitgebern erhoben und auch, wie sich im Arbeitskampf gezeigt hat, von maßgebenden gewerkschaftlich orientierten Regierungsstellen geteilt worden ist.«

Dieser Ansicht war Wissell keineswegs, der weder eine Krise des Schlichtungswesens noch die Notwendigkeit von Reformen sah, da die Schlichtung ihrer Aufgabe, den Abschluß von Tarifverträgen zu gewährleisten, durchaus gerecht werde[217]. Den Optimismus Wissells zerstörte die Entscheidung des Reichsarbeitsgerichts vom 22. Januar 1929, das den Einmannschiedsspruch für ungesetzlich erklärte[218]. Wegen dieser Schmälerung der Autorität des RAM mußte Wissell seine Schlichter anweisen, nicht in geltende Tarifverträge einzugreifen und keinen Schiedsspruch mit ihrer Stimme allein zu fällen[219]. Gut informierte Industriekreise berichteten frohlockend über die neue Aufgeschlossenheit Wissells gegenüber dem englischen Schiedssystem[220], und die VDA fühlte sich jetzt ermutigt, trotz ihrer früheren Bedenken die von ihr vertretene »mittlere Linie« für eine Schlichtungsreform zu verlassen, die lediglich die damalige »starke Depression und Mutlosigkeit« reflektiert habe. Nun aber habe der Ruhreisenstreit das Schlichtungswesen in seinen Grundfesten erschüttert und in der öffentlichen Meinung eine positive Stimmung für eine Schlichtungsreform geweckt, während sich das RAM deutlich in der Defensive befinde[221]. Trotzdem brachten die weiteren Diskussionen um eine Schlichtungsreform keine praktischen Ergebnisse, vielmehr hielten nach Ausbruch der Wirtschaftskrise der von der Schwerindustrie so heftig bekämpfte Einmannschiedsspruch und das Recht der Intervention in laufende Tarifverträge durch die Verbindlichkeitserklärung auf dem Wege der Notverordnung erneuten Einzug. Offensichtlich konnte auf dieses sozialinterventionistische Instrumentarium nicht verzichtet werden, das während

---

215 Bericht des Landgerichtsrats Dr. Heuer vom 22. 12. 1928, ebda., Bd. 2416, Bl. 211 — 219. Allerdings hatten sich die Arbeitgeber über die »leichtfertige Begründung« des Joetten-Schiedsspruches beschwert, und vielleicht wollte Severing ihnen in dieser Hinsicht entgegenkommen. Für die Arbeitgeberbeschwerden siehe: Bemerkungen zu der Eingabe der Arbeitgeberverbände zum Schlichtungswesen und zu den Presseäußerungen hierzu und zu der Aussperrung bei Nordwest vom 2. 11. 1928, ebda., Bd. 3160, Bl. 12 — 17.
216 Grauert: »Rückblick auf den Eisenkampf« vom 3. 1. 1929, FWH-Archiv, 850/14.
217 Siehe seinen Artikel in: Magazin der Wirtschaft vom 17. 1. 1929: »Reform des Schlichtungswesens?«
218 *Der Rechtsstreit im Arbeitskampf der westdeutschen Eisenindustrie 1928*, S. 183 ff.
219 Schreiben Wissells an die Schlichter vom 28. 1. 1929, ZStA I, RAM, Bd. 2416, Bl. 389.
220 Deutsche Führerbriefe vom 29. 1. 1929, ebda., Bl. 387.
221 VDA-Denkschrift vom Febr. 1929, BA, Nachlaß Silverberg, Bl. 92 — 97.

der Wirtschaftskrise jedoch die von der Industrie geforderten deflationistischen Maßnahmen flankierte. Nicht die Krise des Schlichtungssystems, sondern die doppelte Krisensituation sowohl im Wirtschaftssystem als auch im politischen System führte dann schließlich zu der Katastrophe des Zusammenbruchs der Weimarer Republik, auf die der Ruhreisenstreit als ein frühes, aber keinesfalls zwingendes Symptom hindeutete.

V. Vergleichende Schlussbetrachtung

Welche historische Bedeutung kommt nun dem Ruhreisenstreit zu, und vor allem, welche neuen Erkenntnisse lassen sich für seine Einschätzung aus der vergleichenden Gegenüberstellung von Ruhreisenstreit und englischem Generalstreik gewinnen? Sieht man in Paul Reusch den typischen Repräsentanten der führenden deutschen Schwerindustriellen, die die Aussperrung organisierten und leiteten, dann läßt sich der Ruhreisenstreit durchaus als ein Generalangriff auf das soziale und politische System Weimars interpretieren. Reusch war zutiefst enttäuscht über die kompromißbereite Haltung im eigenen Lager[222]:

»Mit dem Ausgang des Ruhrkampfes bin ich für meine Person nichts weniger als einverstanden. Die Einschaltung des Herrn Severing ist nicht mit meiner Zustimmung erfolgt. Das Leipziger Urteil ändert nichts an der Tatsache, daß wir gegenwärtig in Deutschland in Verhältnissen leben, die auf die Dauer unhaltbar sind und nach der einen oder anderen Richtung zu einer Katastrophe führen müssen.«

Für Reusch war die Aussperrung ein integrierter Teil seiner Suche nach einer autoritären politischen Lösung, die schließlich Deutschland den Weg in die Katastrophe gehen ließ und der konservativen Welt samt ihrer Wertvorstellungen, die Reusch repräsentierte, den Todesstoß versetzte. Allerdings teilten die einflußreichsten Schwerindustriellen nicht die extrem konservative Haltung Reuschs. Weniger prinzipientreu und starrsinnig als dieser gaben sie der Vernunft nach und traten angesichts einer feindseligen Öffentlichkeit und staatlichen Parteinahme für die Arbeiterschaft den Rückzug an. Auf sie trifft daher eher der Vorwurf ökonomisch egoistischen Verhaltens zu, dem eine erstaunliche politische Naivität zugrunde lag. Der einflußreiche Nationalökonom und Publizist Gustav Stolper, der ein regelmäßiger Kritiker der Schwerindustrie war, obwohl er gelegentlich deren wirtschaftlichen Standpunkt teilte, war entsetzt über die unrealistische Einschätzung im Arbeitgeberlager, wo man offensichtlich geglaubt hatte, mit der Aussperrung die Arbeiterschaft aushungern und dadurch zur Kapitulation zwingen zu können, ohne mit politischen Konsequenzen rechnen zu müssen. Unumwunden schrieb er an Reusch[223]:

»Daß man daran ernsthaft auch nur einen Augenblick gedacht hat, das, sehr verehrter Herr Reusch, hat mich von Anfang an aufrichtig erschüttert, denn — ich bin sicher, daß Sie mir meine Offenheit nicht übel nehmen — es bewies mir einen gerade zu unwahrscheinlichen Mangel an Sinn für politische Realitäten. Ich weiß nicht, wie man sich in Ihren Kreisen eine demokratische Regierung vorstellt, die gleichviel ob rechts oder links gerichtet — 1 Million Arbeiter und Angehörige in einem notabene gegen das Recht aufgezwungenen Kampf dem Hunger und der Kapitulation preisgeben könnte. In keinem Staat (auch im faschistischen Italien nicht und schon gar nicht in Deutschland) wäre eine solche Regierung denkbar [...].«

---

222 Reusch an J. Schwarz, Schreiben vom 25. 1. 1929, HA/GHH, Nr. 400101123/5.
223 Schreiben vom 28. 1. 1929, ebda., Nr. 400101295/5.

Stolper hatte England vergessen, wo ungeachtet oder vielmehr gerade wegen der langen demokratischen Tradition die Regierung genauso verfahren war bzw. verfahren konnte. Die Mobilmachung der gesamten Nation gegen die organisierte Arbeiterschaft während des englischen Generalstreiks durch die Regierung Baldwin weist dabei einige Parallelen zu der Mobilisierung der öffentlichen Meinung gegen die eisen- und stahlerzeugende Industrie in Deutschland auf, denn in beiden Ländern wurde die jeweilige Auseinandersetzung als ein Angriff auf die staatliche Autorität und eine eklatante Verletzung der für die demokratische Gesellschaftsordnung geltenden »Spielregeln« interpretiert. Dabei war die angebliche Bedrohung der Verfassung und der parlamentarischen Demokratie durch den Generalstreik in England letztlich nicht mehr als ein geschickter Propagandaschachzug der Regierung, die eine breite Solidaritätsfront gegen die organisierte Arbeiterschaft schaffen wollte. Auch die harte Behandlung der nach Ende des Generalstreiks weiterhin im Ausstand verharrenden Bergarbeiter, insbesondere das Bemühen der englischen Regierung, die Armenunterstützung für die Familien der streikenden Bergarbeiter rigoros zu kürzen, kontrastierte scharf mit dem beinahe wohlwollenden Vorgehen der deutschen Regierung, z. B. während des Arbeitskampfes im Ruhrbergbau 1924, wo sich die Bergarbeiter weigerten, einer rechtlich umstrittenen Verbindlichkeitserklärung Folge zu leisten[224]. Noch drastischer fällt der Vergleich zum Ruhreisenstreit aus, so daß der oberflächliche Enthusiasmus deutscher Arbeitgeber für das englische »System« der sozialen Konfliktaustragung durchaus verständlich ist.

Der scharfe Kontrast im Verhalten der englischen und deutschen Regierung gegenüber der Arbeiterschaft weist für die Zwischenkriegszeit auf extreme Diskrepanzen im politischen und sozioökonomischen System beider Länder hin. Einerseits war die kollektive Arbeitsverfassung Weimars höher entwickelt, empfindlicher gegenüber den allgemeinen wirtschaftlichen und sozialen Bedingungen und humaner als das englische System, wo der übertriebene Respekt vor der Tarifautonomie und der »Freiheit« der sozialen Kontrahenten fast einem staatlichen Freibrief für zügellosen Wirtschaftsegoismus gleichkam. Diesen Umstand erkannte man innerhalb der deutschen Gewerkschaften sehr genau. Während sie vor dem Ersten Weltkrieg ihre englischen Genossen um die frühe Etablierung der Koalitionsfreiheit und des Tarifvertrages beneidet hatten, zogen sie nach 1918 die eigene kollektive Arbeitsverfassung dem »individualistischen« englischen Arbeitsrecht vor. Der wenig entwickelte Stand der Mond-Turner-Gespräche sowie das Ausnahmegesetz gegen die Gewerkschaften 1927 ließen die größeren Rechte der deutschen Arbeiter und die ihnen auf bestimmten Gebieten garantierte Mitbestimmung um so bedeutender erscheinen[225]. Aber auch die deutschen Gewerkschaften selbst schienen moderner und aufgeschlossener zu sein als ihre englischen Genossen, da sie einen Generalstreik aufgrund seines eminent politischen Charakters nur dann für sinnvoll hielten, wenn wie im Kapp-Putsch, demokratische Institutionen gefährdet waren. Andererseits prägten die Weimarer Sozialverfassung stark autoritäre Züge. Das Schlichtungswesen reduzierte das Verantwortungsbewußtsein der Tarifparteien erheblich, so daß sogar zwei Anwälte der Gewerkschaften die Wurzeln der staatlichen Schlichtung in der politisch autoritären deutschen Vergangenheit vermuteten. Nach Hugo Sinzheimer trug das Schlichtungswesen der Tatsache Rechnung, daß die Deutschen zum »Obrigkeitsstaatsvolk« erzogen worden waren[226], während Ernst Fraenkel

---

224 Ryan, a.a.O., und *Feldman/Steinisch*, a.a.O., S. 425 ff.
225 Siehe die Ausführungen Nörpels in: Gewerkschaftszeitung 1928, S. 218.
226 *Die Reform des Schlichtungswesens*, S. 36.

später auf die »latent sozialfaschistischen Tendenzen« im Schlichtungssystem hinwies[227]. Die Widersinnigkeit des Systems bestand jedoch darin, daß die staatliche Schlichtung den Tarifgedanken selbst schützen mußte, und deshalb kommentierte Sinzheimer treffend[228]:
»Gerade diejenigen, die so oft auf das englische Beispiel in der Frage der Schlichtungsreform hinweisen, sollten wohl bedenken, daß dort eine Freiheitsgeschichte besteht, die wir nicht haben.«

Dahinter stand die Einsicht, daß Manchestertum und politischer Liberalismus in England ebenso Hand in Hand gingen wie der »Herr-im-Hause«-Standpunkt und der Obrigkeitsstaat in Deutschland. Das Problem in beiden Ländern bestand also darin, aus antiquierten sozialen und politischen Verhaltensweisen auszubrechen und ein neues System für die Regelung der Arbeitsbeziehungen zu institutionalisieren, das im Rahmen einer demokratischen Gesellschaftsordnung zugleich das Wirtschaftswachstum und den sozialen Fortschritt förderte.

Bei dieser Aufgabe zeigten sich sowohl in England als auch in Weimar-Deutschland die Gewerkschaften bei weitem innovativer. Die englischen Gewerkschaften erkannten richtig, daß nur über den Weg der staatlichen Intervention und Verantwortung eine vom sozialen Standpunkt akzeptable Modernisierung des englischen Bergbaus möglich war, womit der Grundstein für eine effizienter operierende Wirtschaft und für eine der Arbeiterschaft gegenüber aufgeschlossenere Gesellschaft gelegt worden wäre. Die politische Minderheitsposition der organisierten Arbeiterschaft ließ die englischen Gewerkschaften, wenn auch halbherzig, zu der längst veralteten Waffe des Generalstreiks greifen, von dessen Niederlage sie sich nur allmählich wieder erholten. Erst nach der Wirtschaftskrise gelang ihnen schließlich der Durchbruch, und zwar auf der Grundlage des politischen Programms der Labour Party, das eine moderne Wirtschafts- und Sozialpolitik in den politischen Konsensus integrierte. Im Vergleich dazu besaßen die deutschen Gewerkschaften wesentlich fortschrittlichere Vorstellungen davon, wie ein modernes Arbeitsrecht auszusehen hätte, waren wirtschaftlichen Argumenten gegenüber aufgeschlossener und von der Bedeutung einer Mitbestimmung in wirtschaftlichen und sozialen Belangen überzeugt. Dabei profitierten sie von einer stärker zentralisierten Wirtschaft, einer langen korporatistischen und staatsinterventionistischen Tradition, was insgesamt darauf hindeutet, wie stark das Überleben vorindustrieller Verhaltensformen und Traditionen den Prozeß der »Modernisierung« beschleunigen kann. Die Arbeiterschaft in der Weimarer Republik litt jedoch unter der geringen Verwurzelung der politischen Demokratie und war auf das System der Zwangstarife angewiesen. Diese ähnelten nicht selten einem Lotteriespiel, dessen Gewinnummern durch die politischen und wirtschaftlichen Umstände bestimmt wurden, die zumeist die Arbeiterschaft nicht begünstigten. Der kurzen Zeit der staatlichen Intervention zugunsten der Arbeiterschaft Mitte der zwanziger Jahre war nach der Inflation 1923/24 zunächst ein Sozialabbau mit Hilfe der staatlichen Schlichtung vorausgegangen, und während der großen Wirtschaftskrise Ende der zwanziger und Anfang der dreißiger Jahre wurden die Zwangsmittel der Schlichtung erneut gegen die Arbeiterschaft eingesetzt. Im Unterschied zu den Gewerkschaften waren die Arbeitgeber in beiden Ländern während der Zwischenkriegszeit stärker untereinander zerstritten und weniger bereit, innovative Schritte in Richtung auf eine Modernisierung der kollektiven Arbeitsbeziehungen zu un-

---

227 *Fraenkel*, a.a.O., S. 100.
228 *Die Reform des Schlichtungswesens*. S. 37.

ternehmen. Nicht zufällig übten die »alten« Industrien mit den größten strukturellen Schwierigkeiten dabei eine destruktive Veto-Funktion gegenüber den fortschrittlicheren, sozial aufgeschlosseneren und wirtschaftlich im Wachstum begriffenen »neuen« Industrien aus. Das Scheitern der Initiative Silverbergs auf der deutschen und Monds auf der englischen Seite war dafür symptomatisch. Die besonders gefährliche Situation in Weimar-Deutschland erwuchs aus der Machtkonzentration in den Händen der Schwerindustrie, ihrer anti-demokratischen Ausrichtung und Bereitschaft zu kühnen Vorstößen, die zum Teil gegen Recht und Gesetz verstießen, aber mit den angeblich »eisernen« Gesetzen der Wirtschaft gerechtfertigt wurden und dazu dienen sollten, ihre politische Isolation zu überwinden.

Das Problem der Zwischenkriegszeit lag also für England und für Deutschland in der Asymmetrie ihrer politischen Systementwicklung und ihrer kollektiven Arbeitsverfassung. Der frühe Triumph des Liberalismus in England und die lange Tradition einer stabilen Demokratie erlaubten es der konservativen Regierung Baldwins, einen weithin akzeptierten, aber äußerst engstirnigen und in seinen Auswirkungen brutalen deflationistischen Wirtschaftskurs zu steuern, der jede Rücksichtnahme auf die Arbeiterschaft vermissen ließ. Das Defizit in der wirtschaftlichen und sozialen Entwicklung Englands, unter dem es als Ursprungsland der industriellen Revolution damals schon litt und auch heute noch leidet, wurde dadurch nur weiter vergrößert. Die englische Bereitschaft, Konflikte hinzunehmen, die liberale Soziologen wie Ralf Dahrendorf als ein positives Kennzeichen für eine demokratische Gesellschaft bewerten, hat es bis heute England erschwert, in dem kollektiven Arbeitsvertrag mehr als nur einen Waffenstillstand zwischen zwei kriegführenden Parteien zu sehen und ein rationalisiertes System der sozialen Konfliktaustragung zu entwickeln. Aus dieser langfristigen Perspektive stellten daher der rasche Sieg der Baldwin-Regierung über den Generalstreik und die erneute Isolierung des Arbeitskampfes im englischen Bergbau durchaus einen zweifelhaften Erfolg dar. In Weimar-Deutschland dagegen war eine traditionelle deflationistische Wirtschaftspolitik gemäß den damals geltenden Wirtschaftstheorien kaum mit ähnlicher Härte durchführbar, denn der soziale Kompromiß, auf dem sich das demokratische System gründete, nötigte den Koalitionsregierungen entsprechende Kompromisse ab. Aus diesem Grund konnte der Ruhreisenstreit kaum anders als mit einem Kompromiß enden, der einerseits die Schwäche wie die Stärke der Weimarer Republik bloßlegte, andererseits die Problematik der sozialen Experimente aufzeigte, die die Weimarer Republik zu unternehmen gezwungen war. Die »Modernität« des deutschen Arbeitsrechts der zwanziger Jahre war insofern ein Unglück, als weder der Wirtschaftsverlauf noch die damals gültigen Wirtschaftstheorien den Einfluß und die starke Stellung der Arbeiterschaft in der Wirtschaft über einen längeren Zeitraum hinweg sanktionierten, so daß das demokratische politische System, mit dem die Sozialverfassung unauflöslich verbunden war, eine Chance bekommen hätte, feste Wurzeln zu fassen. In England konnte man sich deshalb »durchwursteln« — wenn auch mit hohen sozioökonomischen, dafür aber wesentlich geringeren politischen Kosten —, weil die politischen Spielregeln der Demokratie fest verankert waren, während sich der soziale Fortschritt erst noch politischen Boden erobern mußte. Die Suche nach einem tragfähigen Arbeitsrecht sowie die notwendige Korrektur der Probleme, die das sehr experimentelle Schlichtungswesen verursachte, fanden innerhalb eines politischen Rahmens statt, der aus jedem Arbeitskampf sofort einen Konflikt höherer Ordnung machte. Da beide Seiten, die Arbeitgeber und die Gewerkschaften, die staatliche Schlichtung in Frage stellten, muß der Ruhreisenstreit in erster Linie als eine Reaktion auf tatsächlich bestehende Dysfunktionalitäten im Schlichtungssystem gesehen werden. Generalstreik und Ruhreisenstreit spiegelten daher Krisen im industriellen System beider

Länder während der Zwischenkriegszeit wider, die nicht nur von historischem Wert, sondern auch für das Hier und Heute interessant sind. Denn die Fragen, wie ein lebensfähiger »Sozialvertrag« auszusehen hat, wie innerhalb einer Demokratie korporatistische Vereinbarungen getroffen werden müssen, welche Rolle der Mitbestimmung zuzuordnen ist usw., beziehen sich alle auf Probleme, die auch heute noch keinesfalls gelöst sind, damals aber schon — explizit oder implizit — dem Generalstreik wie dem Ruhreisenstreit zugrunde lagen und auf eine Lösung warteten.

Wolfgang Krieger

Das gewerkschaftliche Unterstützungswesen in Großbritannien in den zwanziger Jahren*

I.

In der ersten Auflage ihres Standardwerkes »The History of Trade Unionism« (1894) definierten Sidney und Beatrice Webb eine Gewerkschaft als »a continuous association of wage-earners for the purpose of maintaining or improving the conditions of their employment[1]«. Ähnlich eng war die Definition in den Gewerkschaftsgesetzen von 1871 und 1876 ausgefallen, die in die »trade unions« sogar Absprachen von Meistern (Unternehmern) untereinander einschlossen und das Augenmerk auf die intendierten »restrictive conditions on the conduct of any trade or business« richteten[2]. Für die überarbeitete Ausgabe von 1920 setzten die Webbs statt »conditions of their employment« den Ausdruck »conditions of their working lives«. Dazu erklärten sie, die ursprüngliche Fassung habe keine unbegrenzte Lebensfähigkeit des »kapitalistischen oder Lohnsystems« implizieren wollen[3]. Die englischen Gewerkschaften, unter denen im folgenden ausschließlich Vereinigungen von Lohnarbeitern verstanden werden sollen, waren jedoch immer mehr gewesen als pressure groups für bessere Arbeitsbedingungen und Kartelle zur Einschränkung des freien Marktes von Kapital und Arbeit. Als Sozialverbände, auch im kulturellen Sinn, füllten sie den sozialen und wirtschaftlichen Leerraum, den der liberale Staat für sein Elixier hielt.

Idealiter standen sie auf diesem Markt nur den Kapitalinteressen gegenüber. Mit wachsendem wirtschaftspolitischem Engagement der Staatsautorität gerieten sie aber zunehmend in Konflikt mit dem, was sich als öffentliches (staatliches) Interesse ausgibt und in marxistischer Sicht nichts weiter ist als eine andere Form der Verfügungsgewalt über die Produktionsmittel. Über die theoretischen Meriten dieser Anschauung hat man sich allerdings in der britischen Arbeiterbewegung von jeher wenig Gedanken gemacht — zu wenig, meinen ihre so-

---

* Die Literaturhinweise wurden im wesentlichen auf das unmittelbar Zitierte eingeschränkt. Einige Werke mit besonders nützlichen Bibliographien sind mit (B) gekennzeichnet. Für eine Übersicht der neueren Forschung verweise ich auf *Bernd-Jürgen Wendt*, Historische Aspekte der englischen Arbeiterbewegung. Ein Literaturbericht, in: AfS 19, 1979, S. 527—564. — Ich danke an dieser Stelle dem Fachbereich Sozialwissenschaften der Hochschule der Bundeswehr München für eine großzügige Reisekostenunterstützung.

1 *Sidney* and *Beatrice Webb*, The History of Trade Unionism, rev. ed., London 1920, S. 1.
2 *R. Y. Hedges / Allan Winterbottom*, The Legal History of Trade Unionism, London 1930, S. 92; in der Act von 1876 steht »measures« an Stelle von »conditions«. Grundlegend zu den rechtlichen Aspekten: *Norman Arthur Citrine*, Trade Union Law, 2. Aufl., London 1960; *Henry Slesser / Arthur Henderson*, Industrial Law, London 1924; *Francis Raleigh Batt*, The Law of Master and Servant, London 1929.
3 *Webb*, History, S. 1, Anm. 1.

zialistischen Kritiker. Paradoxerweise paarte sich in Großbritannien gewerkschaftliche Militanz oftmals mit einer besonderen Spielart von Konservatismus, der »ideology of Labourism«[4]. Die Labour Party, der politische Arm der Gewerkschaften, wurde bekanntlich 1910 in die Sozialistische Internationale aufgenommen, weil sie de facto klassenkämpferisch sei, wenn es ihr auch am formalen Bekenntnis zum Sozialismus fehle.
Das Doppelgesicht aus theoretischer Enthaltsamkeit und praktischem Klassenkampf, aus doktrinärem Wirtschaftsliberalismus (freie kollektive Lohnverhandlungen) und Forderungen nach mehr Wohlfahrtsstaat hat Generationen von Beobachtern ein Rätsel aufgegeben. Es kann auch hier nicht aufgelöst werden, aber ein Blick auf das gewerkschaftliche Unterstützungswesen liefert eine wenig erforschte Perspektive der widersprüchlichen Haltung der britischen Gewerkschaftsbewegung zur staatlichen Autorität. Dazu sollen zuerst die historischen und rechtlichen Voraussetzungen der Gewerkschaftstätigkeit in Großbritannien skizziert werden, ehe sich unser Blick auf den Teilaspekt des Unterstützungswesens richten wird.

II.

Die wirtschaftspolitische Abstinenz des frühkapitalistischen liberalen Staates bildete den Ausgangspunkt für zwei Arten von Interessenvereinigungen, deren Verknüpfungen kurz beleuchtet werden sollen: die Gewerkschaften und die Genossenschaftsversicherungen (friendly societies). Beide suchten dort einzuspringen, wo der spätmittelalterliche Gesellschaftsverband im 18. Jahrhundert demontiert wurde. Beide Organisationsbewegungen liefen nebeneinander her. Die eine kümmerte sich um Lohn- und Arbeitsbedingungen, die andere um Absicherung des Besitzstandes in persönlichen Notfällen (Krankheit, Alter, Invalidität usw.). In gewissem Umfang versuchten die Gewerkschaften selbst, Versicherungsfunktionen zu übernehmen, um damit eine stärkere Loyalität ihrer Mitgliedschaft zu erreichen. Als sich im 19. und verstärkt im 20. Jahrhundert die Staatsgewalt wieder ihrer sozialen Fürsorgepflicht erinnerte, freilich unter völlig veränderten Voraussetzungen, hielten die Gewerkschaften an diesem privat organisierten Netz sozialer Sicherungen fest. Dabei wandelte sich die Gewerkschaftstätigkeit im Wettbewerb mit dem Sozialstaat des entwickelten Kapitalismus. Auf die Art dieser Anpassung wird noch näher einzugehen sein.
Um den Zusammenhang von Gewerkschaftstätigkeit und dem Versicherungswesen der friendly societies deutlich zu machen, braucht man sich nur das Hauptinteresse eines gewerkschaftlichen Zusammenschlusses vor Augen zu halten: die Regulierung des Arbeitsmarktes zum Zweck der Steigerung von Löhnen und der Verbesserung von Arbeitsbedingungen für die Mitglieder einer Gewerkschaft. Die wichtigste Unterstützungszahlung, das Streikgeld, soll die Mitglieder davon abhalten, zu schlechteren als den kollektiv erstrebten Bedingungen

---

4 *John Saville*, The Ideology of Labourism, in: *Robert Benewick et al.* (Eds.), Knowledge and Belief in Politics, London 1973, S. 213—226 führt am besten in die Problematik ein. Wichtige neuere Arbeiten dazu sind: *Ross McKibbin*, The Evolution of the Labour Party. 1910—1924, London 1974 (B); *Stuart Macintyre*, Socialism, the Unions and the Labour Party after 1918, in: Bulletin of the Society for the Study of Labour History 31, 1975, S. 101—111; ders., British Labour, Marxism and Working Class Apathy in the Nineteen Twenties, in: Historical Journal 20/2, 1977, S. 479—496; *John Saville*, The Radical Left Expects the Past to Do Its Duty, in: Labor History 18, 1977, S. 267—274; *David E. Martin / David Rubinstein* (Eds.), Ideology and the Labour Movement. Essays Presented to John Saville, London 1979.

Arbeit anzunehmen. Ähnliches gilt für die Arbeitslosenunterstützung. Auch andere Unterstützungsleistungen lassen sich von den Gewerkschaftszwecken her interpretieren. Mit der Unterstützung für Auswanderungswillige wollte man die industrielle Reservearmee verkleinern helfen. Neben diesen »trade benefits« (zu denen noch die Rechtshilfe zählt) sind auch die »friendly benefits« für die Gewerkschaftszwecke relevant, selbst wenn sie zunächst nicht kollektive, sondern individuelle Notlagen betreffen. Kranken-, Invaliden- und Altersunterstützung sollten diejenigen vom Arbeitsmarkt fernhalten, deren Arbeitsleistung unter der Norm lag und die deswegen die üblichen Lohn- und Arbeitsbedingungen untergraben könnten[5].

Die friendly societies sind älter als die moderne Gewerkschaftsbewegung. Sie leiten sich von den alten angelsächsischen Gilden und den späteren Kaufleute- und Handwerkergilden her mit ihren Versicherungsleistungen bei Krankheit und Tod, für Witwen und Waisen. Das bis 1834 gültige Elisabethanische Armenrecht (Poor Law) kannte zwar eine öffentliche Fürsorge, aber der Empfänger wurde in den Sozialstatus eines Paupers gedrückt. Um dieser Erniedrigung zu entgehen, blühte eine Vielzahl lokaler Unterstützungskassen auf, deren Zahl für 1802 mit 9 672 angegeben wird[6]. 1793 befaßte sich erstmals eine Act of Parliament mit diesen friendly societies, als deren Charakteristikum William Beveridge die persönliche gegenseitige Kenntnis in einer überschaubaren Mitgliedergemeinschaft festhält. Nur so ließ sich gewährleisten, daß die Gemeinschaftskasse satzungsgemäß verwendet wurde[7].

Die englische Gewerkschaftsbewegung begründet sich im ausgehenden 18. Jahrhundert auf einer ähnlichen sozialen Basis und unter dem gleichen Trauma eines Statusverlustes, zumal sich die Lohnarbeiter mit der Durchsetzung der Laissez-faire-Doktrin eines jahrhundertealten staatlichen Schutzsystems beraubt sahen. Infolge des Arbeitskräftemangels nach der großen Pest von 1348 und in größerem Umfang mit dem Lehrlingsgesetz von 1562 wurde eine staatliche Festsetzung der Löhne eingeführt, die von den Friedensrichtern jährlich der Preisentwicklung angepaßt werden sollten. Die Lehrlingsausbildung und das Monopol der Gelernten im Handwerk wurden festgelegt. Dieses System wurde mit der Industrialisierung zunehmend vernachlässigt und durch Richterrecht eingeschränkt. In Protesten gegen die Friedensrichter und um Petitionen für das Parlament durchzusetzen, bildeten sich spontane Zusammenschlüsse, die sich vielerorts zu Gewerkschaften verfestigten mit dem Ziel, überkommene Privilegien und das System fester Löhne zu erhalten.

1813 und 1814 wurden die Lohnfestsetzung und das Lehrlingsgesetz vom Parlament abgeschafft, die Laissez-faire-Doktrin kam offiziell im Arbeitsmarkt zur Anwendung. Die Gewerkschaften waren seit der Combinations Act von 1799/1800 als kriminelle Vereinigungen verboten. Sie waren der Verschwörung gegen das Geschäftsleben (conspiracy to restrain trade) angeklagt. Aber die Aktivitäten dieser Vereinigungen waren vielfältig, deshalb forderte die *Times* vom 7. Januar 1800: »Alle Unterstützungsklubs und -gesellschaften müssen sofort verboten werden[8].« Tatsächlich überlebten viele Gewerkschaften die Jahre der Illegalität

---

5 *H. A. Clegg / Alan Fox / A. F. Thompson*, A History of British Trade Unions since 1889, vol. 1: 1889—1910, Oxford 1964, S. 6.
6 *Judith Blow Williams*, A Guide to Printed Materials for English Social and Economic History 1750—1850, 2 Bde., New York 1926, Bd. 2, S. 274—277.
7 *Lord (William) Beveridge*, Voluntary Action. A Report on Methods of Social Advance, London 1948, S. 21 ff. Einige friendly societies verdanken ihre Gründung der Tatsache, daß Hugenotten vom Poor Law ausgeschlossen waren.
8 Zitiert in: *Webb*, History, S. 71. Als klassische Darstellung der frühen Gewerkschaftsgeschichte gilt: *E. P. Thompson*, The Making of the English Working Class, Harmondsworth 1968; einen

bis zur Aufhebung des Gewerkschaftsverbotes (1824) als friendly societies, die in der Rose Act von 1793 ausdrücklich zugelassen und mit bestimmten Rechtsqualitäten ausgestattet wurden (Steuerfreiheit, öffentliche Registrierung als Körperschaft, Fähigkeit, vor Gericht zu klagen, usw.)[9].

Nach dem Versagen der Owenschen Grand National Consolidated Trades Union (1834) mit ihren hochgesteckten politischen Zielen zerfiel die Gewerkschaftsbewegung in einzelne craft unions[10]. Diese »new model unions« waren stark zentralistisch organisiert und hatten ein umfangreiches Angebot von Unterstützungen, die ihrerseits die Gewerkschaftspolitik beeinflußten. »Alle Kassen waren vereinigt, die Gelder waren nicht für bestimmte Unterstützungsleistungen festgelegt; und dieser Umstand erklärt zum Teil die eigenartig vorsichtige Politik [...] (...). Im Bestreben, die Kasse für die Zahlung von Unterstützungsleistungen zu sichern, waren die Gewerkschaftsführer [...] aufs äußerste bemüht, Streiks zu verhindern und Konflikte durch friedliche Verhandlungen beizulegen[11].« Umgekehrt verglich John Burnett eine Gewerkschaft ohne Unterstützungsleistungen mit einem stehenden Heer: »Sie ist eine ständige Bedrohung des Friedens[12].« Die neuere Forschung bezweifelt, daß die new model unions weniger streiklustig waren als andere[13]. Vielmehr begünstigten äußere Umstände den Trend zur friedlichen Schlichtung. Zudem sicherte der wachsende Bedarf an qualifizierten Arbeitskräften auch ohne Streiks eine steigende Prosperität.

Verglichen mit einer friendly society hatte das Unterstützungswesen der Gewerkschaften einige schwerwiegende Nachteile. Die Beiträge wurden in der allgemeinen Kasse nicht separat geführt; es konnte daher bei einer Streikwelle oder bei erhöhter Arbeitslosigkeit dazu kommen, daß für Kranken- und Altersgelder keine Mittel mehr verfügbar waren. Dieser Nachteil war jedoch keineswegs unbeabsichtigt, sondern gehörte zu dem, was die Webbs als »method of mutual insurance« unter den Eigenschaften der trade unions aufzählten[14]. Der Hauptzweck einer Gewerkschaft, die Sicherung und wenn möglich die Erhöhung des Lohnniveaus, erfordert die finanzielle Unterstützung von Streikenden und Arbeitslosen; beide wären sonst versucht, zu schlechteren Bedingungen zu arbeiten und das Lohnniveau zu untergraben. Deshalb richten die Gewerkschaften ihr Hauptaugenmerk auf diese beiden trade benefits. Daneben haben jedoch die friendly benefits — für individuelle, nicht für kollektive Notlagen — eine disziplinierende Wirkung auf die Mitgliedschaft. Zwar mochte die Arbeitslosenunterstützung das wirksamste Werbemittel für neue Mitglieder sein, da bis zur Einführung der staatlichen Arbeitslosenversicherung allein die Gewerkschaften dieses Risiko absichern halfen. Aber die friendly benefits motivierten in ruhigen Zeiten zur regelmäßigen Zahlung des Gewerkschaftsbeitrages, um die Ansprüche aufrechtzuerhalten. Für die Gewerkschaftsführung tritt neben diesen Disziplinierungseffekt die durch entsprechend hohe Beiträge erweiterte verfügbare Finanzmasse und damit größere Durchhaltekraft bei Lohnkämpfen. Im 19. Jahrhundert gab es mehrere Fälle, in denen sich große Gewerkschaften bei Streiks bis zur

---

kurzen Überblick gibt neuestens: *Harry Browne*, The Rise of British Trade Unions 1825—1914, London 1979 (B).
9 *Beveridge*, S. 63.
10 *Browne*, S. 20 f.
11 *G. D. H. Cole* (Ed.), British Trade Unionism Today. A Survey, London 1939, S. 40.
12 *Sidney* and *Beatrice Webb*, Industrial Democracy, London 1897, (new edition 1902) S. 160.
13 *A. E. Musson*, Trade Union and Social History, London 1974, S. 19.
14 Dazu insgesamt: *Webb*, Industrial Democracy, S. 153—172.

Verschuldung verausgabten, ohne Rücksicht auf ihre friendly benefits[15]. Der kollektive Lebensstandard genoß Priorität vor dem individuellen.

Neben diese prinzipiellen Unterschiede zum genossenschaftlichen Versicherungswesen der friendly societies traten noch technische: Die Gewerkschaftsbeiträge waren nicht nach Alter oder Risiko gestaffelt[16]. Zwar erlitten auch viele der frühen friendly societies an den Klippen der Versicherungsmathematik Schiffbruch — die erste brauchbare Versicherungstabelle wurde 1850 von Henry Ratcliffe publiziert[17] —, aber sie versuchten wenigstens, die Beiträge am Risiko zu orientieren.

Wie die Ziele der beiden Versicherungsträger, so war auch ihre rechtliche Stellung grundverschieden. Während die friendly societies vor allem durch die Gesetze von 1793 und 1855 Rechtsqualität hatten, einschließlich der Möglichkeit, als Körperschaften gerichtlich belangt zu werden, waren die Gewerkschaften zwar seit 1824 (wenn auch mit vielerlei Beschränkungen) legalisiert, aber sie hatten keine Rechtsqualität — weder privatrechtlich noch strafrechtlich. Ihre Statuten, ihre Kassen, ihre finanziellen Leistungen und Verpflichtungen — also auch die Unterstützungen — waren nicht durch das Recht geschützt und nicht einklagbar. Obwohl sich Gewerkschaften nach der Friendly Societies Act von 1855 als genossenschaftliche Versicherungen öffentlich eintragen konnten, unterlagen sie nicht den entsprechenden Rechtsverpflichtungen. Ihr Vermögen war beispielsweise nicht gegen Betrügereien durch eigene Funktionäre geschützt, da sich diese nach Auffassung der Gerichte nur wie jedes andere Mitglied ihres Eigentums bedienten und da Gewerkschaften nicht eindeutig legale Körperschaften waren, wie es das Gesetz forderte[18].

Die Gewerkschaften, besorgt um ihr teilweise beträchtliches Vermögen, drängten auf eine eindeutige gesetzliche Regelung. Nach den Debatten einer 1867 eingerichteten Royal Commission kam schließlich das Gewerkschaftsgesetz von 1871 zustande, das zusammen mit einigen Ergänzungen in den Jahren 1875/1876 bis in unsere Tage die rechtliche Grundlage der gewerkschaftlichen Tätigkeit bildet.

Zunächst mußte ein Gewerkschaftsbegriff festgelegt werden, der die bisherige gerichtliche Verurteilung als Vereinigung zur »Behinderung des Geschäftslebens« (in restraint of trade) aufhob. Diese Definition erfaßte alle Typen von Vereinigungen zur Regulierung des Geschäftslebens (auch Arbeitgeberverbände!), »die ohne Verabschiedung dieses Gesetzes ungesetzliche Vereinigungen gewesen waren aus dem einen oder anderen Grund, da einer oder mehrere ihrer Zwecke die Beschränkung des Geschäftslebens ist[19]«. Gewerkschaften konnten sich vom Aufseher für das genossenschaftliche Versicherungswesen (Registrar of Friendly Societies) registrieren lassen, wenn sie ihre Statuten, Treuhänder und jährlichen Bilanzen vorlegten[20].

Allerdings erhielten sie wiederum nicht die volle Rechtsqualität einer Körperschaft, wie sie etwa das Firmenrecht (Limited Liability Acts von 1856/1862) oder das Versicherungsrecht kannte. Die von Gewerkschaften geschlossenen Verträge waren nicht einklagbar. Weder konnte ein Unternehmer auf Erfüllung eines Tarifvertrages klagen — tatsächlich wurden die-

---

15 *Ebda.*, S. 155.
16 *Ebda.*, S. 157.
17 *Williams*, Guide, Bd. 2, S. 274 ff.
18 *Hedges / Winterbottom*, S. 56 f. et passim.
19 *Citrine*, S. 206.
20 *Ebda.*, S. 189—195, 208.

se juristisch als Verträge zwischen dem Unternehmer und dem einzelnen Arbeiter gesehen —, noch konnte ein Mitglied die Zahlungen von Unterstützungsgeldern einklagen. Noch immer verlor ein Gewerkschaftsmitglied beim Erlöschen der Mitgliedschaft alle Ansprüche. Allerdings legte die Trade Disputes and Trade Unions Act von 1927 fest, daß niemand aus einer Gewerkschaft ausgeschlossen und seiner Ansprüche auf Unterstützungen beraubt werden dürfe, weil er die Teilnahme an einem Streik verweigert habe — ein Zusatz, der nach dem Generalstreik von 1926 erfolgte[21].

Die britischen Gewerkschaften genossen damit als Körperschaften eine rechtliche Sonderstellung. Sie konnten die Royal Commission überzeugen, daß die Unterstützungskassen nicht von den allgemeinen Finanzen getrennt werden konnten. (Die liberalen Kommissionsmitglieder hofften, die Streikfreudigkeit würde durch diese Vermischung der Finanzen gehemmt.) Ebensowenig wie Unterstützungsleistungen konnte Schadenersatz bei Streikaktionen gerichtlich erhoben werden. Die Trade Disputes Act von 1906 stellte die Immunität der Gewerkschaften noch einmal ganz klar fest[22]. Die Gewerkschaften nahmen den Schutz des Gesetzes in Anspruch, waren aber frei von gerichtlichen Einflüssen auf ihre inneren Angelegenheiten[23]. Diese Entscheidung kam nach dem Taff-Vale-Urteil von 1901 zustande, in dem das House of Lords als höchste Gerichtsinstanz die Gewerkschaften für haftbar erklärte, da sie de facto den Rechtscharakter einer Gesellschaft (corporate personality) hätten[24].

Eine weitere Entscheidung, welche ihre Finanzen betraf, fiel 1909, als das House of Lords im Osborne Case entschied, politische Aktivität sei für Gewerkschaften »ultra vires«, da sie in den entsprechenden Gesetzen nicht ausdrücklich genannt sei. Diese Entscheidung, die übrigens das politische Engagement der Gewerkschaften in der Labour Party außerordentlich verstärkte, wurde 1913 durch Gesetz revidiert. Künftig mußten die Mitglieder einen Antrag stellen, wenn sie keine Beiträge für politische Arbeit zahlen wollten (»contract out«)[25]. 1927 wurde diese Regelung umgekehrt — das Mitglied mußte sich separat für einen politischen Beitrag entscheiden (»contract in«) — und nach 1945 wieder auf den vorherigen Stand zurückgeführt. Die politische Brisanz dieser Abstimmungen, deren Statistiken übrigens wertvolle Aufschlüsse über den Grad der Politisierung einzelner Gewerkschaften geben, soll hier nur angedeutet werden.

Für das Unterstützungswesen ist eine bedeutende Veränderung gewerkschaftlicher Zusammenschlüsse gegen Ende des 19. Jahrhunderts zu erwähnen. Die craft unions der frühviktorianischen Jahre organisierten vorwiegend die gelernte Arbeiterschaft, deren Ethos noch in die Handwerkertraditionen zurückreichte, mit dem sich die Idee des Statuserhalts mittels Genossenschaftsversicherung verband. Ihre Hoffnungen richteten sich auf Gladstones Liberalismus, auf soziale und politische Reformen in geordneten Bahnen. Die Depression der siebziger und achtziger Jahre erschütterte diesen Fortschrittsglauben. Zugleich tendierte die Industrialisierung jetzt immer mehr zu Großbetrieben und zum Einsatz ungelernter Arbeiter. Bei-

---

21 Ebda., S. 11, 116—118; *Hedges / Winterbottom*, S. 82—85; *W. Milne-Bailey* (Ed.), Trade Union Documents, London 1929, S. 372.
22 *D. F. Macdonald*, The State and the Trade Unions, 2. Aufl., London 1976, S. 61.
23 *Clegg / Fox / Thompson*, S. 45.
24 *Citrine*, S. 16—18; eine weniger gewerkschaftsfreundliche Position nimmt *Macdonald*, S. 53 ff. ein.
25 Einzelheiten in: *Citrine*, S. 18 ff. Die politischen Auswirkungen erläutert *McKibbin*, S. 81 f. am Beispiel der Abstimmungen vom Januar 1914.

de Faktoren begünstigten das Aufblühen der sozialistischen Bewegung einerseits und eines neuen Gewerkschaftstyps (new unionism) andererseits, der die ungelernte Industriearbeiterschaft erfaßte. Ihre Ausgangslage unterschied sich grundlegend von jener der craft unions. Die Ungelernten lebten am Existenzminimum, sie hatten keinen gehobenen Sozialstatus zu verteidigen, und sie mußten ein Mindestmaß von Arbeitsregelungen erst erkämpfen. Organisatorisch suchten sie möglichst vollständige Mitgliedschaft zu erreichen; wegen des geringen Lebensstandards und der fehlenden Berufsbildung war es leicht, für Streikende Ersatz zu beschaffen. Ihre Methoden, z. B. die ausgefeilten Systeme von Streikposten, waren entsprechend aggressiv. Diese general unions sprachen alle Arbeiter eines Industriezweiges an. Ihre Ideologie war eine Mischung aus Sozialismus und protestantischem Volkskirchentum.

Die Docker, Gelegenheitsarbeiter mit erbärmlichen Löhnen, brachten im großen Streik von 1889 ihre Sache vor eine breite Öffentlichkeit. Zusammen mit der Gasarbeitergewerkschaft (1890) und der Workers Union (1899) repräsentierten sie diesen neuen Gewerkschaftstyp. Will Thorne, John Burns, Tom Mann und Ben Tillet, die hervorragenden Führer dieser Bewegung, bekannten sich zum Sozialismus und traten klassenkämpferisch auf. Abgesehen davon, daß die angesprochenen Schichten von Lohnarbeitern die hohen Mitglieds- und Versicherungsbeiträge der craft unions nicht aufzubringen vermochten, widersprachen sie dem Selbstverständnis des new unionism. Thorne schrieb dazu, er glaube nicht an Unterstützungen für Krankheit, Arbeitslosigkeit und ähnliches, »[...] wir wollen verhindern, daß soviel Krankheit und Arbeitslosigkeit entsteht. Um das zu erreichen, muß man sich zuerst organisieren und dann die Arbeitszeit verkürzen, so wird Krankheit und Arbeitslosigkeit verhindert[26].« Trotzdem hatte die Seemannsgewerkschaft Unfall- und Krankenunterstützungen, und sogar die National Amalgamated Union of Labour kannte diese Leistungen. Oft richteten die örtlichen Gewerkschaftsstellen derartige Unterstützungskassen ein. Die Docker gründeten auf ihrer Jahreskonferenz von 1891 eine Sterbekasse, »um die gegenwärtige Mitgliedschaft zu vergrößern[27]«. Hergebrachte gewerkschaftliche Verhaltensmuster drangen auch an anderen Stellen ein, z. B. bei der Behandlung radikaler Ortsverbände und in den Techniken der Lohnverhandlungen[28].

III.

Der new unionism büßte bis zur Jahrhundertwende viel von seinem Schwung ein. Um 1900 machte er nur 10 Prozent der etwa 2 Millionen gewerkschaftlich Organisierten aus[29]. Seine Bedeutung für das gewerkschaftliche Unterstützungswesen lag in der Alternative zwischen Sozialismus und liberalem Fortschrittsoptimismus. Im einen Fall war die gewerkschaftliche Tätigkeit auf kollektive Absicherung durch den Staat, im anderen auf genossenschaftlich organisierte Selbsthilfe ausgerichtet. Die Führer des new unionism glaubten nicht nur an die Unvermeidlichkeit des Klassenkampfes, sondern auch an die staatliche Sorgepflicht für Ar-

---

26 Zitiert in: *Clegg / Fox / Thompson*, S. 94.
27 *Ebda.*, S. 94; ähnlich dazu: *Webb*, History, S. 420 f.
28 *Browne*, S. 67—69 weist darauf hin, daß die Veränderungen der industriellen Produktion auch die craft unions berührten — beispielsweise durch die rapide Zunahme der Stückarbeit. *Clegg / Fox / Thompson*, S. 95 f. halten die in der älteren Literatur betonten Unterschiede für übertrieben.
29 *Ebda.*, S. 83, 466.

beitslose und Bedürftige³⁰. Ihre Mitglieder konnten sich weder individuelle noch genossenschaftliche Vorsorge leisten.
Aber auch für die bessergestellten Lohnabhängigen war dies nur in engen Grenzen erreichbar. Selbst für einen Gelernten, der über seine Gewerkschaft oder eine Genossenschaftsversicherung eine Kranken- und Pensionsversicherung abgeschlossen hatte, war die Gefahr nicht gebannt, doch noch die Armenfürsorge (Poor Law) in Anspruch nehmen zu müssen. Die Masse der Lohnabhängigen hatte ohnehin keine andere Wahl. Der steigenden Zahl weiblicher Arbeitskräfte wurde weder von Gewerkschaften noch von Genossenschaftsversicherungen eine Pensionskasse angeboten. Die friendly societies waren durch arbeitsunfähige Alte überlastet, die Krankengeld beanspruchten, wofür es weder gedacht noch ausreichend war³¹. Somit erging von beiden Seiten, den Selbsthilfekassen und den new unions, der Ruf nach staatlichem Eingreifen.
Erstmals 1899 verabschiedete der TUC einstimmig eine Resolution, die eine beitragsfreie staatliche Rente ab dem 60. Lebensjahr als Bürgerrecht forderte. Die Dachverbände der Konsumvereine und der Genossenschaftsversicherungen zogen 1901 bzw. 1902 mit ähnlichen Resolutionen nach³². Genossenschaftsversicherungen wie Gewerkschaften waren allerdings besorgt, eine staatliche Versicherung würde ihre Mitglieder abwerben oder doch deren Loyalität schwächen. Deshalb wurde 1908 eine TUC-Delegation ins Deutsche Reich entsandt, das damalige Vorbild staatlicher Sozialpolitik. Sie kehrte mit der beruhigenden Feststellung zurück: »Die Einführung der staatlichen Versicherung für Arbeiter gegen Krankheit, Invalidität und Alter hat sich auf die Gewerkschaften des Landes in keiner Weise schädlich ausgewirkt³³.«
Das liberale Kabinett überwand das Mißtrauen der Gewerkschaften (und der Versicherungswirtschaft) gegen Staatsintervention, indem es sie am staatlichen Versicherungssystem beteiligte. Die Gewerkschaften konnten die staatliche Arbeitslosenversicherung verwalten, gleichgültig ob sie bisher selbst eine Unterstützung für Arbeitslose gehabt hatten oder nicht — um 1900 gab es diese Unterstützung für etwa 1 Million Mitglieder³⁴ —, wenn sie selbst eine zusätzliche Unterstützungskasse für Arbeitslose unterhielten. Je Mitglied waren 2½ d wöchentlicher Beitrag an die Staatskasse abzuführen, der Staat ersetzte den Gewerkschaften drei Viertel ihrer Ausgaben für Arbeitslosengeld, unabhängig vom Gesamtbetrag. Die 1911 eingeführte staatliche Arbeitslosenversicherung für 2,25 Millionen Versicherte wurde zu etwa einem Viertel gewerkschaftlich verwaltet. Eine weitere Voraussetzung dafür war, daß die Gewerkschaften einen Arbeitsnachweis führten, um für die Arbeitslosen so bald wie möglich neue Stellen zu finden. Für die Mehrzahl der Arbeiter übernahmen die 1909 gegründeten Arbeitsämter diese Doppelfunktion³⁵. Insgesamt waren nur bestimmte, besonders kri-

---

30 *Macdonald*, S. 44—47.
31 *Pat Thane*, Non-Contributory Versus Insurance Pensions. 1878—1908, in: *ders.* (Ed.), The Origins of British Social Policy, London 1978, S. 84.
32 *Bentley B. Gilbert*, The Evolution of National Insurance in Great Britain. The Origins of the Welfare State, London 1966, S. 196, 211.
33 Bericht vom Dezember 1908, zitiert *ebda.*, S. 256.
34 *Ronald L. Davison*, The Unemployed: Old Policies and New, London 1929, S. 19.
35 Das staatliche Versicherungssystem wurde nach den Erfahrungen und den Arbeitslosenstatistiken der Gewerkschaften berechnet; die Versicherungsbedingungen orientierten sich an den Bestimmungen der gewerkschaftlichen rule books, die in der Regel nach einer anfänglichen Wartezeit für 12 Wochen bis zu 10 s wöchentlich und für weitere 12 Wochen bis zu 6 s vorsahen. Vgl. *ebda.*, S.

senanfällige Industriezweige betroffen, vor allem im Hoch- und Tiefbau, Maschinenbau, Schiffsbau, Waggonbau, in Eisengießereien und Sägewerken.[36].
Die ebenfalls 1911 eingeführte staatliche Krankenversicherung erfaßte 13 Millionen Versicherte[37]. Wiederum konnten die Gewerkschaften als Agenturen des Staates tätig sein, indem sie ähnlich den genossenschaftlichen und kommerziellen Versicherungen den Status einer »approved society« erwarben. In welchem Ausmaß die Gewerkschaften von der Verwaltung der National Insurance Act (1911) profitierten, läßt sich kaum abschätzen[38]. Jedenfalls verband sich damit eine weitere Anerkennung der Gewerkschaften als positivem Teil der Gesellschaftsordnung — im Kontrast etwa zu dem Taff-Vale-Urteil und dem Osborne Case.
Am Vorabend des Ersten Weltkrieges war die Gewerkschaftsbewegung kaum noch mit ihren Anfängen in den Hilfskassen und Gesellenvereinigungen vergleichbar. An die Stelle einer »primitiven Demokratie« (Webb) auf lokaler Ebene organisierter Arbeiter trat jetzt ein komplexer, zentralisierter Apparat mit besoldeten Funktionären, die gerade in der Verwaltung der staatlichen Versicherungen neue Aufgaben an sich zogen[39]. Ob die Arbeiterschaft selbst eine derartige Ausweitung des Wohlfahrtsstaates wünschte, wird von Henry Pelling in Frage gestellt. Nach seiner Auffassung war sie gegen jede staatliche Fürsorge mißtrauisch und auf Gladstones Minimalstaat eingeschworen; die liberalen Politiker und bürgerlichen Reformer hätten es vor allem auf die Stimmen des wahlberechtigten Teils der Arbeiterschaft (de facto 60 Prozent der Männer) abgesehen und auf eine soziale Stabilisierung ganz allgemein[40]. Zumindest in den besser gestellten Arbeiterschichten war das Bedürfnis nach privater Daseinsvorsorge weiterhin stark, wenngleich in anderer Weise, als es sich die Sozialreformer wünschten. Lloyd George wies in einer Unterhausrede im Mai 1911 darauf hin, daß es in Großbritannien 42 Millionen Sterbeversicherungspolicen gebe, aber weniger als die Hälfte der Arbeiter gegen Krankheit und weniger als 10 Prozent gegen Arbeitslosigkeit versichert seien[41].
Wenn das gewerkschaftliche Unterstützungswesen schon nicht die Stelle des heraufziehenden Wohlfahrtsstaates einnehmen konnte, so hatten die Gewerkschaften die liberale Sozialgesetzgebung dazu benutzen können, den von den Webbs und anderen betonten Loyalitätseffekt des Unterstützungswesens auf ihre Mühlen zu lenken.

---

19 ff.; *C. M. Lloyd*, Trade Unionism, 2. Aufl., London 1921, S. 123 f.; *Gilbert*, Evolution, S. 233 ff. — Zur Erinnerung: £ 1 = 20 s; 1 s = 12 d.
36 *Brenda Swann / Maureen Turnbull*, Unemployment Insurance 1911 to 1939 (= Public Record Office Handbook, Nr. 16), London 1975, S. 190—195 faßt die entsprechenden Gesetze zusammen. Dieser Band enthält neben einer hervorragenden Einführung eine Sammlung aller wesentlichen Fakten und Hinweise auf die wichtigsten Archivbestände zur Arbeitslosenversicherung.
37 *Ebda.*, S. 13. Ein entsprechender Band für die Krankenversicherung fehlt noch.
38 *Lloyd*, S. 34.
39 *Clegg / Fox / Thompson*, S. 37 ff., 478; die klassische Beschreibung der Gewerkschaftsdemokratie findet sich in: *Webb*, Industrial Democracy, part I, chapter I; zum Eigeninteresse der Funktionäre siehe unten Abschnitt VII.
40 *Henry Pelling*, Popular Politics and Society in Late Victorian Britain, London 1968, S. 2, 11, 17, 165—179.
41 *Maurice Bruce*, The Coming of the Welfare State, 4. Aufl., London 1968 (repr. 1972), S. 197.

IV.

Als Verwalter staatlicher Sozialpolitik waren die Gewerkschaften in unbequeme Nähe zum Staatsapparat geraten. Dieser Trend verstärkte sich während des Ersten Weltkrieges[42]. Als beinahe gleichberechtigte Partner waren sie sowohl an der Mobilisierung der Munitionsarbeiter als auch an der Rekrutierung Kriegsfreiwilliger beteiligt. Seit 1915 gehörte mit Arthur Henderson ein Gewerkschaftsführer dem Kabinett, seit Dezember 1916 sogar dem Kriegskabinett an. Der Versuch, nach Kriegsende die Zusammenarbeit von Staat und Tarifparteien in einer nationalen Industriekonferenz fortzuführen, scheiterte allerdings[43].
Die Gewerkschaften konnten bei Kriegsende einen bedeutenden Machtzuwachs verbuchen. Von 1913 bis 1918 war ihre Mitgliedschaft von 3,2 Millionen auf 5,3 Millionen angewachsen. Proportional noch größer war der Zuwachs in den Gewerkschaftskassen von £ 6,5 Millionen auf £ 15 Millionen[44]. Das Ministry of Labour schätzte den Anstieg an Vermögenswerten (Jahressaldo minus Barschaft) auf etwa £ 3,6 Millionen. Diese Zahlen reflektieren nicht nur die erhöhten Beitragseinnahmen von £ 4,1 Millionen (1913) auf £ 6,2 Millionen (1918), sondern vor allem die kriegsbedingt weit geringeren Ausgaben für Streiks und Unterstützungsleistungen. Der Militärdienst ließ die Versorgungslasten der betroffenen Mitglieder auf die Staatskasse fallen. Der Gesundheitszustand der Bevölkerung war in den Kriegsjahren besser als je zuvor. Die investierten Überschüsse konnten für weit mehr als die üblichen 3 Prozent Zinsen investiert werden (z. B. in Kriegsanleihen). Diese Gewinne gaben die Gewerkschaften teilweise in Form erweiterter Unterstützungsleistungen an ihre Mitglieder weiter[45].
Über die Veränderungen in den britischen Gewerkschaften durch den Ersten Weltkrieg gibt es eine Fülle zeitgenössischer und historischer Literatur, die einhellig von einer stärker politisierten, organisatorisch gefestigten Kraft in einer entscheidenden Phase staatlicher Sozialpolitik spricht. Mit Bentley B. Gilbert und C. L. Mowat kann man für die Zwischenkriegsepoche davon ausgehen, daß alle politischen Parteien die Notwendigkeit für ein staatliches Netz sozialer Sicherungen akzeptiert hatten, wenngleich man sich noch zu keinem einheitlichen gesetzlichen Rahmen durchringen konnte, der dann erst durch die sozialen Erschütterungen des Zweiten Weltkrieges zustande kam[46].

---

42 Neuestens dazu: *Keith Middlemas,* Politics in Industrial Society. The Experience of the British System since 1911, London 1979.
43 Dazu jetzt: *Rodney Lowe,* The Failure of Consensus in Britain. The National Industrial Conference 1919—1921, in: Historical Journal 21/3, 1978, S. 649—675; weiterhin wertvoll bleibt: *Charles Loch Mowat,* Britain Between the Wars 1918—1940, London 1968, chapter 1.
44 *Cmd 3831* (1931), S. 136—137. Diese Kompilation wurde zusammengestellt vom Ministry of Labour und gedruckt in der Serie *Parliamentary Papers.* Die Zahlen beziehen sich auf die beim Chief Registrar of Friendly Societies registrierten Gewerkschaften; für die anderen sind detaillierte Angaben nicht erhältlich. Vgl. *Beveridge,* S. 92.
45 *J. M. Winter,* The Impact of the First World War on Civilian Health in Britain, in: Economic History Review, 2nd ser., 30, 1977, S. 487—507; zu den Vermögensangaben der Gewerkschaften siehe: *Labour Gazette,* March 1921, S. 124—125.
46 Insgesamt dazu: *Bentley B. Gilbert,* British Social Policy 1914—1939, London 1970; *Mowat,* Britain; einen sozialgeschichtlichen Überblick vermitteln: *John Stevenson,* Social Conditions in Britain Between the Wars, Harmondsworth 1977; *ders. / Cris Cook,* The Slump. Society and Politics During the Depression, London 1978; aus der älteren Literatur sei genannt: *T. G. Williams,* The Main Currents of Social and Industrial Change. 1870—1924, London 1925.

Das gewerkschaftliche Unterstützungswesen in Großbritannien 129

Welche Rolle konnte unter diesen Bedingungen das gewerkschaftliche Unterstützungswesen spielen? Betrachten wir zunächst die friendly benefits. Im ersten Jahrzehnt nach dem Weltkrieg fielen die Leistungen weit zurück hinter den Vorkriegsstand. Der Tiefpunkt lag in den Jahren 1919/20. Von da an stiegen sie wieder. Dieser Kurvenverlauf ergibt sich etwa gleichmäßig für Kranken- und Unfallgeld, Altersruhegeld und Sterbegeld, wenn man die jährlichen Leistungen auf die Zahlen der Gewerkschaftsmitglieder bezieht (Abb. 1 und 2)[47]. Auf die Mitgliedschaft verteilt, fielen diese drei Arten von Unterstützungen von 0,44 (1913) auf 0,31 (1918), 0,27 (1919) und stiegen dann auf 0,34 (1921), 0,45 (1923), 0,48 (1925) bis £ 0,59 (1928). Noch größer, aber in etwa parallel dazu, verläuft der Ausschlag, wenn man den Anteil dieser friendly benefits an den Gesamtausgaben der Gewerkschaften aufzeichnet. Er fiel von 36,5 Prozent (1913) nahezu linear auf 7,8 Prozent (1921) und stieg dann ziemlich gleichmäßig auf 25,5 Prozent (1928) — allerdings mit einem Rückschlag auf 12,5 Prozent im Jahr des Generalstreiks von 1926 (Abb. 3). Hier zeigen sich die eingangs genannten rechtlichen und finanztechnischen Eigenarten der gewerkschaftlichen Unterstützungsleistungen: Sie werden aus dem Überschuß finanziert, der nach den Leistungen für Streikaktionen verbleibt, und sie sind diesen nachrangig.

Abb. 1 Friendly benefits der 100 größten Gewerkschaften (Durchschnitt pro Mitglied und Jahr; in shillings)

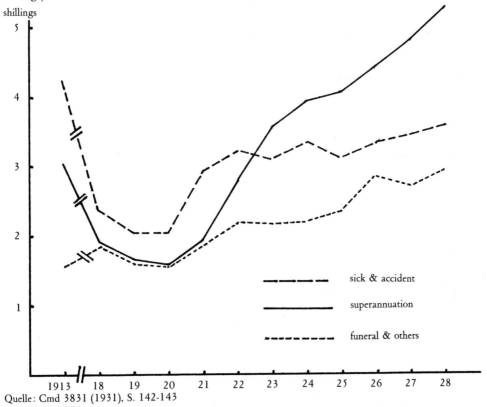

Quelle: Cmd 3831 (1931), S. 142-143

47 Die in Abb. 1—4 genannten 100 größten Gewerkschaften umfaßten in den Stichjahren 1911 und 1928 etwa 71 Prozent der Mitglieder aller britischen Gewerkschaften.

Abb. 2 Gesamtmitgliedschaft der 100 größten Gewerkschaften (in Millionen)

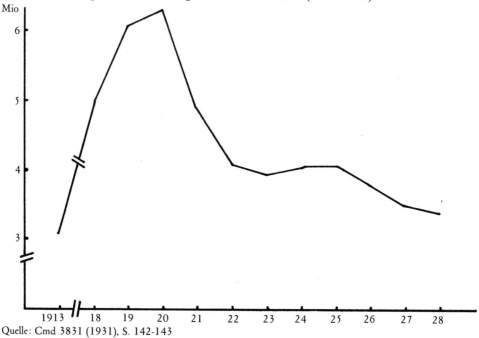

Quelle: Cmd 3831 (1931), S. 142-143

Abb. 3 Anteil der Friendly benefits an den Gesamtausgaben der 100 größten Gewerkschaften (in Prozenten)

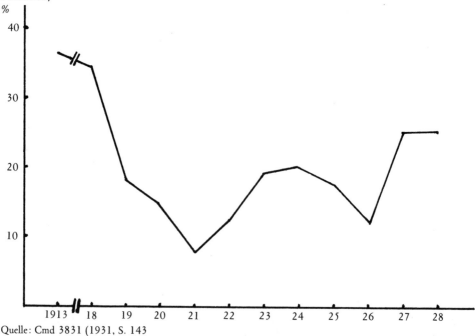

Quelle: Cmd 3831 (1931, S. 143

Vergleicht man nun diese Entwicklung der friendly benefits mit den Mitgliederzahlen, den Einnahmen der Gewerkschaften und ihrem Vermögensbestand, so ergibt sich eine in etwa spiegelbildliche Kurve (Abb. 2, 3, 4)[48]. In groben Zügen verläuft die Entwicklung von Mitgliedern und Finanzen (Einnahmen, Kassenbestand) parallel, wobei für die Finanzlage die erwähnten besonderen Bedingungen während des Krieges, die Nachkriegsinflation sowie das Streikjahr 1926 entsprechend zu Buch schlagen.

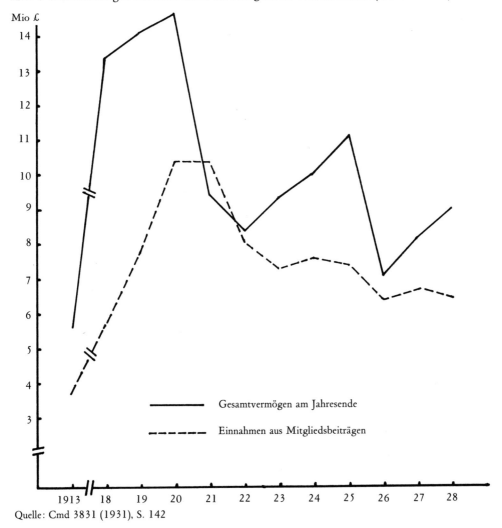

Abb. 4 Gesamtvermögen und Einnahmen der 100 größten Gewerkschaften (in Millionen £)

Quelle: Cmd 3831 (1931), S. 142

---

48 Zu Abb. 4: Neben den Einnahmen aus Mitgliedsbeiträgen hatten die Gewerkschaften Einkünfte aus Kapitalerträgen und aus den Überweisungen für die staatliche Arbeitslosenversicherung; siehe dazu unten.

Warum verhalten sich der Mitglieder- und Finanzbestand einerseits und die Aufwendungen für friendly benefits andererseits in etwa umgekehrt proportional? Alle Kurven zeigen einen bedeutenden Ausschlag zwischen 1918 und 1923. Es erscheint daher sinnvoll, diesen Zeitraum getrennt von der weithin stabilen zweiten Hälfte des ersten Nachkriegsjahrzehnts zu betrachten. Die Zusammensetzung der dramatisch ansteigenden Mitgliederzahlen veränderte sich im Vergleich zum Vorkriegsstand. Ein überproportional großer Anteil der Neuzugänge fiel auf die angelernten und ungelernten Arbeiter; er stieg von 17 Prozent (1915) auf 24 Prozent (1920). Während die Mitgliedschaft aller Gewerkschaften von 4,135 Millionen (1913) auf 8,339 Millionen (1920) anwuchs — eine Zunahme um 101,7 Prozent —, stieg z. B. die Mitgliedschaft der Gruppe Transport-, Hafen- und anderer ungelernter Arbeiter von 0,567 Millionen auf 1,685 Millionen an — ein Zuwachs von 197,2 Prozent. Die Ungelernten innerhalb der Gruppe der Bauarbeiter nahmen auf das Fünffache zu, während in der gesamten Bauwirtschaft die Gewerkschaftsmitgliedschaft nur um 131 Prozent anstieg[49]. Überproportional wuchs auch der Anteil der weiblichen Mitgliedschaft, die 1913 gut 10 Prozent, 1920 aber 16 Prozent ausmachte[50].

Beide Gruppen, die Ungelernten und die Frauen, wirkten sich auf die Statistik der friendly benefits negativ aus, da sie, wenn überhaupt, nur in geringem Ausmaß an diesen Unterstützungsleistungen teilhatten. Umgekehrt waren sie überdurchschnittlich für das starke Absinken der Gesamtmitgliedschaft von 1921/22 verantwortlich — dies geht aus den verfügbaren Statistiken klar hervor[51]. Für die Leistungsbilanz der friendly benefits ist also festzuhalten, daß ihre Statistik im Zeitraum 1913 bis etwa 1922 durch soziologische Veränderungen der gesamten Mitgliederzahlen verzerrt wurde. Wie für die Vorkriegszeit gilt auch jetzt die Faustregel, daß die friendly benefits vor allem eine Einrichtung der bessergestellten Arbeiterschaft waren. Auch hier ist übrigens zu differenzieren. Die Veränderungen waren am geringsten beim Sterbegeld, während die Entwicklung der teueren Pensionskassen am getreuesten spiegelbildlich zur Mitgliederstatistik verläuft (Abb. 1 und 2).

Für die stabilen Jahre nach 1921/22 ist ein leichter Anstieg der friendly benefits erkennbar, sowohl gemessen am Anteil der Gesamtausgaben der Gewerkschaften als auch an den Durchschnittsleistungen pro Mitglied. Dabei muß der weithin fallende Anteil der Frauen, der Ungelernten und der Angelernten an der Gesamtmitgliedschaft berücksichtigt werden. Zusätzlich stieg die Kaufkraft des Sterling an, und zwar von 1922 bis 1930 um 14 Prozent — die Einzelhandelspreise fielen um den gleichen Prozentsatz[52]. Insgesamt kann für diese Jahre also von einer Konsolidierung der friendly benefits gesprochen werden.

Diesen Eindruck bestätigt auch ein Blick auf die Bilanzen einzelner großer Gewerkschaften. Die Gewerkschaft der Boiler Makers verlor von 1924 bis 1926 16,5 Prozent ihrer Mitgliedschaft, gleichwohl stiegen die Auslagen ihrer Pensionskasse um 12 Prozent. Die Amalgamated Engineering Union verlor im gleichen Zeitraum 7,5 Prozent der Mitglieder und gab 11 Prozent mehr für Altersruhegeld aus. Im Vergleich dazu nahmen aber auch die Gesamtausgaben um 13,7 Prozent bzw. 10,5 Prozent zu. Die exklusive Druckergewerkschaft

---

49 *Cmd 3831*, S. 130—131; vgl. Anm. 44: Leider gibt es Berufsgliederungen nur für *alle* und Finanzstatistiken nur für *registrierte* Gewerkschaften.
50 *Ebda.*, S. 130 f., 134 f.
51 Wie Anm. 50; vgl. dazu *Rosemary Hutt*, Trade Unions as Friendly Societies, 1912—1952, in: Yorkshire Bulletin of Economic and Social Research 7/1, 1955, S. 69—87, S. 73—75.
52 *David Butler / Jennie Freeman*, British Political Facts 1900—1968, London 1969, S. 223.

der London Compositors konnte ihre Mitgliedschaft erhalten und ihre Pensionskasse um 27 Prozent mehr auszahlen lassen[53].

V.

Angesichts der vielen einwirkenden Faktoren (Streiks, Veränderungen von Altersstrukturen) und des gewerkschaftlichen Konzentrationsprozesses in bestimmten Berufszweigen ist es schwierig, allgemein gültige Aussagen über die Entwicklung der friendly benefits zu machen. Dazu sind die zugänglichen Statistiken nicht detailliert genug, und das läßt auch die Vielzahl verschiedener Gewerkschaftstypen sowie die unterschiedliche Konjunktur einzelner Industriezweige nicht zu[54]. Betrachten wir deshalb die friendly benefits im Zusammenhang einzelner Gewerkschaften.

Die älteste Unterstützungsleistung, das Sterbegeld, war am weitesten verbreitet, ausgenommen in einigen Bergbaubezirken, bei den Landarbeitern und in einem Teil der Angestelltengewerkschaften. Für die ersten Nachkriegsjahre nennt C. M. Lloyd Beträge von £ 10 bis 20, in einigen Fällen bis £ 30 pro Sterbefall, und teilweise abhängig von der Zahl der Beitragsjahre. Weniger verbreitet war das Sterbegeld für Ehefrauen, das etwa £ 5 bis 6 betrug[55].

Die National Society of Brass and Metal Mechanics wies in einer 1927 gültigen Tabelle für das Mitglied £ 10, für die Ehefrau £ 5 und für jedes Kind unter 16 Jahren £ 1 aus. Mitglieder unter 40 Jahren erhielten die doppelte Summe; für 2 d extra pro Woche konnten sie die Sätze sogar verdreifachen. Diese Gewerkschaft mit steigender Mitgliedschaft (1924: 15 830; 1926: 19 071) zahlte pro Jahr und Mitglied £ 0,13 Sterbegeld, was 14 Prozent aller Aufwendungen für friendly benefits ausmachte. Ihre 42 Prozent Anteil der friendly benefits an den Gesamtausgaben sind typisch für eine Facharbeitergewerkschaft[56].

Die Hauptgewerkschaft der in den Konsumbetrieben tätigen Arbeiter, die National Union of Distributive and Allied Workers, zahlte für die vier Beitragsklassen zwischen £ 4 und £ 12. Frauen und Jugendliche konnten für ihren geringen Beitrag nur ein kleines Sterbegeld, aber keine anderen Unterstützungsleistungen erwarten[57]. Die überwiegend aus ungelernten Dockarbeitern bestehende Transport and General Workers' Union (ca. 340 000 Mitglieder) zahlte £ 5 bis £ 10 je nach Mitgliedsjahren, für die reduzierten Beitragsgruppen bis zu £ 5[58].

---

53 Nach den Statistiken des Chief Registrar für 1924/1925: *Cmd. 2720* (1926) und für 1925/1926: *Cmd. 3056* (1928); sie berücksichtigen registrierte Gewerkschaften mit 10 000 oder mehr Mitgliedern.
54 Grundsätzlich stimme ich *Musson*, S. 13, zu, wenn er behauptet, auch im 20. Jahrhundert müsse die britische Gewerkschaftsbewegung zuallererst von ihren »grass roots« her betrachtet werden, also von ihren historischen Wurzeln wie auch von ihren kleinsten Organisationseinheiten. Für die finanzielle Seite der Gewerkschaftstätigkeit, und speziell für die friendly benefits, fehlt es jedoch an Einzeluntersuchungen, die angesichts der verstreuten Gewerkschaftsarchive erforderlich wären. Wie schwierig es ist, eine adäquate und umfassende Gewerkschaftsgeschichte zu schreiben — vergleichbar den Arbeiten der Webbs —, mag aus der Tatsache erkennbar sein, daß der erste und bisher einzige Band von *Clegg / Fox / Thompson* (der 1889—1910 erfaßt) 1964 erschien.
55 *Lloyd*, S. 122.
56 Berechnet für 1925 nach: *Cmd. 2720*; Beitragsangaben für 1927 in: *Milne-Bailey*, S. 358—359.
57 *Ebda.*, S. 360; Angaben für 1924.
58 *Ebda.*, S. 363; Angaben für 1927.

Insgesamt wurden 26 Prozent der friendly benefits dafür verwendet, die ihrerseits 18,4 Prozent der Ausgaben ausmachten[59]. Verglichen mit der Brass and Metal Mechanics ging für Sterbegeld nahezu der doppelte Anteil der friendly benefits auf. Die Gesamtaufwendungen der Dockarbeiter für friendly benefits erreichten nicht einmal den halben Prozentsatz der Brass and Metal Mechanics. Je Jahr und Mitglied konnten die Docker nur weniger als die Hälfte für Sterbegeld zahlen.
Ihre Beiträge waren freilich beträchtlich niedriger als in craft unions.
Am Sterbegeld wollten selbst die schlecht bezahlten Arbeiter nicht sparen, und es ist bemerkenswert, daß diese Leistung als einzige der friendly benefits nicht unter den finanziellen Belastungen des Streikjahres 1926 litt[60].
Im Gegensatz dazu waren die Pensionskassen ein Attribut der Bessergestellten — vor allem der Metaller, Schiffsbauer, Bauarbeiter und Drucker. Landarbeiter, Schuhmacher und Schneider kannten sie gar nicht, Bergleute und ungelernte Arbeiter nur teilweise und in geringem Umfang[61]. Im Vergleich zum langsamen Aufwärtstrend der anderen friendly benefits nahmen die Pensionskassen einen beträchtlichen Aufschwung seit 1921. Von 1922 bis 1930 stiegen ihre Auszahlungen im Schnitt aller Gewerkschaften um 84 Prozent, ein Sprung von £ 0,1423 pro Mitglied und Jahr auf £ 0,2619[62].
In den Gewerkschaften mit beträchtlichen Pensionskassen fielen £ 1,2852 (Amalgamated Engineering Union), £ 1,3405 (Foundry Workers) oder sogar £ 6,4861 (London Compositors) jährlich auf jedes Mitglied[63]. Die Brass and Metal Mechanics zahlten 1927 zwischen 5 s und 10 s wöchentlich für Mitgliedschaften von 20 bis 40 Jahren, aber nur die oberste Beitragsgruppe hatte Zutritt. Die Amalgamated Engineering Union zahlte zwischen 4 s und 10 s pro Woche für 25 bis 40 Beitragsjahre, wiederum nur für die beiden ersten von sechs Beitragsgruppen[64]. Noch höher waren die Pensionen der Drucker, aber dort kostete die Mitgliedschaft £ 11,49 jährlich (Durchschnitt der Mitglieder für 1925), während die Engineers nur £ 3,39 zahlten. Man vergleiche damit den Gewerkschaftsbeitrag eines Dockarbeiters von nur £ 1,31, wofür er natürlich keine Gewerkschaftsrente erwarten konnte[65].
Die Mehrheit der organisierten Arbeiter blieb auf die 1908 eingeführte staatliche Rente angewiesen — 5 s pro Woche ab dem 70. Lebensjahr bei einer jährlichen Einkommensgrenze von £ 31 10 s. Diese Sätze wurden 1919 auf 10 s verdoppelt, die Einkommensgrenze stieg auf £ 250[66]. Die Gewerkschaftsrente war also ein zusätzliches Einkommen. Hier unterschied sie sich grundsätzlich vom Sterbegeld, dessen Einführung Lloyd George 1911 nicht gelang und das erst mit der National Insurance Act von 1946 kam.
Für die anderen Bereiche der sozialen Absicherung gegen individuelle Not dienten die Gewerkschaftsunterstützungen in der Regel dazu, den Lebensstandard über dem Minimum der

---

59 Berechnet für 1925 nach: *Cmd. 3056.*
60 Siehe *ebda.*
61 Übrigens hatten auch die Angestelltengewerkschaften in der Regel keine Pensionskassen.
62 *Cmd. 5556* (1937), S. 144 f.
63 Berechnet für 1925 nach: *Cmd. 2720.* Diese Zahlen sind bestenfalls eine Orientierungshilfe, da sie den Anteil der nichtpensionsberechtigten Mitglieder vernachlässigen.
64 *Milne-Bailey*, S. 364—369 und 385 f.; Angaben der ASE für 1926; die ASE zahlte mit 55 Lebensjahren, die Brass and Metal Mechanics ab 55 oder 60.
65 Berechnet für 1925 nach: *Cmd. 2720;* vgl. *Lloyd*, S. 123.
66 *Gilbert*, British Social Policy, S. 236—238, 266. 1925 wurde die staatliche Witwen- und Waisenrente eingeführt.

staatlichen Versicherung bzw. des übrigens erst 1948 endgültig abgeschafften Armenrechts zu erhalten. Die Gewerkschaftsrente vermochte für bessergestellte Arbeiter den Einkommensverlust beim Übertritt ins Rentenalter zu mildern. Angestellte, die über der Einkommensgrenze der staatlichen Rentenversicherung lagen, mußten selbst für ihre Altersversorgung sparen; sie vertrauten sich hierfür lieber den besser abgesicherten friendly societies an[67].
Insgesamt waren die gewerkschaftlichen Pensionskassen auch im Streikjahr 1926 und in der Arbeitslosenkrise der dreißiger Jahre stabil. Verschiedene Bergarbeitergewerkschaften mußten allerdings drastische Kürzungen vornehmen. In Nottingham, Warwickshire, North Staffordshire und Derbyshire wurde 1926 weniger als die Hälfte des Vorjahres ausgezahlt. Die Durham Miners mußten diese Kasse vollends schließen. In den anderen Industrien setzte sich jedoch der Aufwärtstrend fort, trotz der hohen Belastungen durch den Generalstreik und die Weltwirtschaftskrise. Hier zeigte sich das Phänomen der gespaltenen Krise, der »two Englands«, in der vor allem die Arbeitslosen (konzentriert auf bestimmte Regionen und Industriezweige) litten, während die in Lohn und Brot stehenden sich eines wachsenden Wohlstandes erfreuten[68].
Wenn die organisierten Arbeiter beim Sterbegeld ganz auf die gewerkschaftlichen Unterstützungen angewiesen waren, bei der Rente vor allem zur Erlangung eines höheren Lebensstandards, so war bei der Krankenversicherung das Verhältnis der beiden sozialen Sicherungssysteme um einiges komplizierter.
Gehen wir zunächst von der staatlichen Seite aus. Das Krankenversicherungsgesetz von 1911 führte die von Lohnarbeitern, Unternehmern und der Staatskasse finanzierte Krankenversicherung ein, die 10 s (Frauen 7 s 6 d) wöchentliches Krankengeld sowie die medizinische Versorgung bezahlte. Der Empfängerkreis war auf Einkommen bis £ 160 jährlich beschränkt. Die Verwaltung wurde von den Approved Societies ausgeführt, zu denen, wie erwähnt, auch Gewerkschaften gehören. 1919 wurde die Einkommensgrenze (ähnlich den Renten) auf £ 250 erhöht, das Krankengeld auf 15 s (12 s für Frauen)[69]. Von der staatlichen Krankenkasse waren nur ein Teil der Angestellten (dazu Lehrer, Beamte und Soldaten) sowie Fischer, Heimarbeiter und Gelegenheitsarbeiter ausgeschlossen. Sie erfaßte also praktisch die gesamte Lohnarbeiterschaft[70].
Die gewerkschaftliche Krankenunterstützung war bei den Bergarbeitern weitgehend unbekannt; im Textil-, Druckerei- und Transportgewerbe gab es sie nur teilweise. Im Durchschnitt aller Gewerkschaften betrug diese Leistung in absoluten Zahlen zwischen 9 und 10 Prozent aller Ausgaben (1922—30). — Vor dem Krieg waren es über 15 Prozent (1913) gewesen. — Der Anteil fiel bis 1938 auf 4,5 Prozent[71]. Auch auf die Mitgliedschaft umge-

---

67 Dazu insgesamt: *Beveridge*, Volontary Action, passim.
68 Statistiken für die gewerkschaftlichen Pensionskassen in: *Cmd. 3056* und *Cmd. 5556*, S. 144 f. (reicht bis 1935). Zum Problem der »two Englands« eine Metapher, die auf Disraelis »two nations« zurückgeht, kurz gefaßt: *Bruce*, S. 234—236; grundlegend dazu *Mowat*, Britain; *Sidney Pollard*, The Development of the British Economy, London 1962; *Walter G. Runciman*, Relative Deprivation and Social Justice, Harmondsworth 1972; zu den Reaktionen in der Arbeiterbewegung siehe Abschnitt VII unten.
69 *Gilbert*, British Social Policy, S. 266 f. et passim.
70 Zu Einzelheiten des Krankenversicherungsgesetzes vgl.: *James Walter Smith*, A Handy Book on the Law of Master and Servant, rev. ed. by G. F. Emery, London 1925, S. 133—139.
71 *Gennard*, S. 158—159. In dieser Rubrik sind auch die Unfallunterstützung sowie das verschiedentlich gezahlte Mutterschaftsgeld enthalten. Aus der sehr spärlichen Literatur sei genannt: H. J.

rechnet stagnierten die Auszahlungen nominell zwischen 1922 und 1930. 1927/28 lagen sie etwas höher, 1929 um 12 Prozent über dem Wert von 1922/1930[72].

Hohe Aufwendungen finden wir wiederum bei der Gruppe der Metallarbeiter (£ 0,3861 pro Jahr und Mitglied), den Bauberufen (£ 0,5488) und bei den Fischern (£ 0,4710)[73]. Wie bei den Pensionskassen wurde die Krankenunterstützung oft nach Mitgliedschaften eingeteilt, allerdings waren hier in der Regel auch die niedrigen Lohngruppen eingeschlossen. So zahlten die schon genannten Brass and Metal Mechanics bis zu 11 s wöchentlich. Sie stuften das Krankengeld zeitlich ab: Nach zehn Wochen wurde noch die Hälfte, nach 52 Wochen nur mehr ein Viertel des anfänglichen Höchstsatzes bezahlt[74]. Die National Union of Distributive and Allied Workers zahlte je nach Beitragsstufe 15 s, 10 s oder 5 s, allerdings nur für maximal 10 Wochen[75]. Die ASE-Sätze der ersten Beitragsklasse betrugen wöchentlich 10 s für das erste halbe Jahr, danach war die Dauer der Unterstützung (5 s) abhängig von der Länge der Mitgliedschaft; bei mehr als 10 Beitragsjahren war die zeitliche Begrenzung aufgehoben. Die unteren Beitragsklassen blieben auf die staatliche Krankenversicherung angewiesen[76].

In welchem Umfang die Gewerkschaften als Agenturen der staatlichen Krankenversicherung tätig waren, läßt sich schwer feststellen. G. D. H. Cole fragte Ende der dreißiger Jahre, warum nur 9 Prozent der krankenversicherungspflichtigen Arbeiter von dieser gewerkschaftlichen Dienstleistung Gebrauch machten, während die Genossenschaftsversicherungen 8 Millionen Mitglieder hätten[77]. 1938 gab es 1,48 Millionen gewerkschaftlich Krankenversicherte, unter denen sich relativ wenige Frauen befanden: von 6,11 Millionen nur 290 000 (4,7 Prozent), von den 12,06 Millionen Männern hingegen 1,19 Millionen (9,9 Prozent). Die Zahlen sind leider mißverständlich, weil ein Teil aller versicherten Frauen nicht berufstätig war (mindestens 17 Prozent) und bei Frauen der gewerkschaftliche Organisationsgrad geringer war. Insgesamt steht fest, daß nur etwa ein Viertel der organisierten Arbeiterschaft gewerkschaftlich krankenversichert war[78].

Viele Gewerkschaften organisierten ihre Krankenversicherung auf freiwilliger Basis, so z. B. die National Union of General and Municipal Workers, bei der übrigens alle friendly benefits zur freien Wahl standen. Eine Reihe von ihnen richtete separate friendly societies ein: Die TGWU konnte damit 66 000 Mitglieder krankenversichern[79]. Ein ähnliches Arrangement hatten die National Union of Boot and Shoe Operatives und die große National Union of Railwaymen (NUR)[80]. Die Eisenbahnergewerkschaft ließ die gesetzliche Krankenversicherung durch ihre NUR Approved Society verwalten, bot aber eine zusätzliche freiwillige Krankenversicherung an, für 4 d wöchentliche Mindestprämie und mit der Möglichkeit dop-

---

Hastings, The History and Development of Personal Accident and Sickness Insurance, London 1922.
72 *Cmd. 5556*, S. 144 f.
73 Zahlen für 1929 aus: *Cmd. 3831*, S. 138 f.
74 *Milne-Bailey*, S. 358 f.; Angaben für 1927.
75 *Ebda.*, S. 360; Angaben für 1924.
76 *Ebda.*, S. 364—369; gültig für 1926.
77 *Cole*, British Trade Unionism, S. 370 f.
78 *Beveridge*, S. 77.
79 *Cole*, British Trade Unionism, S. 322. Die TGWU unterhielt auch ein Genesungsheim, das jährlich 1 700 Personen aufnahm.
80 *Ebda.*, S. 423.

pelter oder dreifacher Prämien und Leistungen[81]. Erstaunlicherweise verdoppelten sich die jährlichen Ausgaben der NUR-Krankenkasse je Versicherungsfall zwischen 1921 und 1930, während die Gesamtmitgliedschaft um etwa 13 Prozent abnahm[82].
Anhand der aufgefächerten Jahresbilanz der NUR für 1925 sollen noch andere Unterstützungsleistungen der Rubrik friendly benefits genannt werden. Neben der Krankenkasse gab es dort vier weitere Unterstützungskassen. Eine Invalidenkasse, mit 1 d Wochenbeitrag, zahlte nach einjähriger Mitgliedschaft entweder £ 20 im Versicherungsfall oder £ 20 bis £ 30 im Alter von 60 Jahren als einmalige Leistung; ein knappes Drittel aller NUR-Mitglieder zahlte in diesen Fonds. Zwischen 40 Prozent und 50 Prozent aller NUR-Mitglieder zahlten in eine Sterbe- und Waisenkasse mit dem gleichen Beitragssatz und mit Leistungen je nach Beitragsjahren bis zu maximal £ 600 für eine Witwe mit Kindern. Eine Unfallkasse zu eben dieser Prämie mit einer etwas höheren Quote von Einzahlern erbrachte Leistungen für etwa jedes 20. Mitglied jährlich. Für 2 s im Jahr versicherte sich eine kleine Zahl der Mitglieder (ca. 6 000) gegen Gebrechen wie Seh- und Hörschwächen, die bei einem Eisenbahner zur Herabstufung in der Lohnskala führen konnten; dafür gab es eine einmalige Leistung von £ 10 — 25. Die Kassenbestände dieser Unterstützungseinrichtungen waren durch einen Investitionsfonds abgesichert, der getrennt vom übrigen Gewerkschaftsvermögen geführt wurde. Diese provident funds machten 1925 etwa 54 Prozent des gesamten NUR-Vermögens aus. Sie bestanden zur Hälfte aus Kommunalobligationen, zu einem Drittel aus Kolonialinvestitionen; der Rest schloß die gesamten Liegenschaften der Gewerkschaft ein[83].
Zu den friendly benefits bleibt noch nachzutragen, daß beinahe alle Gewerkschaften Unterstützungen in besonderen Notlagen (distress oder benevolent grants) zahlten, zu denen auch berufliche Risiken wie der Verlust von Werkzeugen zählte. Hier kam noch die alte Vereinsstruktur zum Tragen, die im kleinen Kreis derartige Fälle aus persönlicher Kenntnis einschätzen konnte. Sie gab der politisch aktiven Arbeiterschaft nicht nur eine Chance zur demokratischen Selbstverwaltung, was die Webbs als industrial democracy beschrieben, sondern sie bildete auch einen wesentlichen Teil des kulturellen Lebens. In der Zwischenkriegszeit war der Zentralisierungsprozeß in den Gewerkschaften (speziell für das Unterstützungswesen) schon weit fortgeschritten, der dann mit den großen Reformen der vierziger Jahre das örtliche Gewerkschaftsleben weitgehend veröden ließ[84]. Ein wenig läßt sich noch aus den Jahresbilanzen kleiner Gewerkschaften ablesen, wie etwa der 1913 im Londoner East End gegründeten General Cigarette Workers' Industrial Union mit 413 Mitgliedern (1919), die 1919 eine Krankenkasse einrichtete, aber 1922 am Bankrott einer eigenen Zigarettenfabrik scheiterte[85]. Oder der noch kleineren London Jewish Bakers' Union (gegründet 1909), die mit gut 100 Mitgliedern (1919—30) als kleinste Gewerkschaft der Labour Party angehörte, deren durchschnittlich £ 40 jährliche Krankenunterstützung sicherlich aus persönlicher Kenntnis

---

81 *National Union of Railwaymen, Report and Financial Statements for 1925*, London 1926, passim.
82 *National Union of Railwaymen, Report and Financial Statements for 1931*, London 1932, S. 34—37.
83 Wie Anm. 81.
84 *G. D. H. Cole,* An Introduction to Trade Unionism, London 1953, S. 36, 42 et passim.
85 PRO/FS 11/200 1637 T; Public Record Office London. Die Akten der Registry of Friendly Societies (FS) enthalten unter anderem die jährlichen Abschlußberichte der Gewerkschaften. Ein im Public Record Office London (Kew Gardens) ausliegendes Archivverzeichnis schließt den Bestand nach den Eigennamen der Gewerkschaften auf. Ausgewählte Statistiken der größeren Gewerkschaften sind in den zitierten *Parliamentary Papers* gedruckt.

vergeben wurden, ebenso wie das Beerdigungsgeld für fünf in diesen Jahren verstorbene Mitglieder[86].
Unter den Großgewerkschaften war die Miners' Federation of Great Britain (1889—1944) föderal aufgebaut. Ihre 18 Sektionen konnten selbst über die Einrichtung und Verwaltung der friendly benefits entscheiden[87]. Besonders für Krankenversicherungen war die persönliche Kenntnis der Fälle entscheidend für sparsames Wirtschaften. Schon im 19. Jahrhundert hatten die kommerziellen Versicherungen festgestellt, daß ihre Quote von Krankfeiernden mit der Auflösung örtlicher Agenturen rapide anstieg[88]. Aber der Trend lief anders. 1929 hatten die 1 114 britischen Gewerkschaften eine Durchschnittsgröße von 4 339 Mitgliedern, 1911 waren es noch 2 433 Mitglieder gewesen. Den nur 202 im Trades Union Congress (TUC) zusammengeschlossenen Gewerkschaften gehörten drei Viertel der organisierten Arbeiterschaft an, 1911 waren es erst 53 Prozent[89].

VI.

Für die wichtigste Gewerkschaftsfunktion, den Lohnkampf, war die größere Organisationseinheit ohne Zweifel von Vorteil. Mit fortschreitender Konzentration zu Großgewerkschaften sanken ihre Ausgaben für Streikgelder. Im Durchschnitt der Jahre 1919 — 1925 wurden je Mitglied £ 0,309 jährlich gezahlt, 1927 — 1930 waren es £ 0,157; nur das Jahr 1926 ragte mit £ 1,308 weit darüber hinaus[90]. Als Anteil der Unterstützungsleistungen aller Gewerkschaften gerechnet, waren es durchschnittlich 16,11 Prozent (1919 — 1925) und 3,28 (1927 — 1930) pro Jahr mit 59,8 Prozent für 1926[91].
Die Werte sind allerdings abhängig von den Schwankungen der Arbeitslosenunterstützung, auf die noch einzugehen sein wird. Deutlicher wird das Bild, wenn man das Streikgeld als Prozentsatz an den Gesamteinnahmen der Gewerkschaften berechnet (Abb. 5, S.   ). Hier finden die großen Streiks der ersten Nachkriegsjahre ihren Niederschlag, vor allem im Bergbau (1919, 1920, 1921), in der Baumwollindustrie (1919, 1921), in den Eisengießereien (1919) und in der Metallindustrie (1922), sowie der Generalstreik (bzw. die Aussperrung der Bergleute) von 1926. Zusammen mit den Mitgliederverlusten trugen sie dazu bei, das in den Kriegsjahren angehäufte Vermögen zu verringern (Abb. 4, S.   ).
Welche Unterstützung konnten die Streikenden von ihren Gewerkschaften erwarten? In craft unions wie bei den Brass and Metal Mechanics waren auch hierfür die Sätze nach Beitragsklassen und Dauer gestaffelt. In den ersten 13 Wochen wurden für die höchste Beitragsstufe 20 s wöchentlich gezahlt, was dann auf 15 s und nach einem Dreivierteljahr auf 10 s vermindert wurde. Die jüngeren Kollegen begannen mit 13 s 6 d oder 7 s wöchentlich.
Im Gegensatz zu den friendly benefits gab es hier kaum Unterschiede zu den general unions wie der Transportarbeitergewerkschaft (TGWU), die ebenfalls 20 s wöchentlich leistete mit

---

86 PRO/FS 12/178/1429 T.
87 *Cole*, British Trade Unionism, S. 29.
88 *Webb*, Industrial Democracy, S. 101.
89 *Cmd. 3831*, S. 130 f., 145.
90 Berechnet nach: *Cmd. 3831*, S. 136—137 und *Cmd. 5556*, S. 144—145. Wie bei den friendly benefits beziehen sich die Angaben auf registrierte Gewerkschaften. Zu dieser Rubrik wurde auch der »victimisation benefit« gezählt, dessen Sätze oft das Streikgeld überstiegen.
91 *Gennard*, S. 158 f.

einem Kindergeldzuschlag von 2 s. Jugendliche erhielten ein reduziertes Streikgeld. Ihr rule book nannte keine zeitliche Beschränkung. Das galt auch für die Distributive and Allied Workers, die für alle vier Beitragsklassen einheitlich 24 s (für Jugendliche 12 s) zahlten, obwohl in der vierten Beitragsklasse nur 6 d Wochenbeitrag gegenüber 1 s 6 d in der ersten Klasse erhoben wurden, was sich im Arbeitslosen- wie auch im Krankengeld etwa proportional widerspiegelte[92]. Wiederum andere Gewerkschaften legten sich weder auf die Höhe noch auf die Dauer des Streikgeldes fest; dies geschah im Einzelfall durch die Streikleitung[93].
Die Gründe für das durchweg hohe Streikgeld liegen auf der Hand. Das Streikgeld sollte die Solidarität aller Mitglieder stärken, und es wurde — im Gegensatz zu Kranken- und Arbeitslosengeld — nicht in Ergänzung staatlicher Unterstützung, sondern als alleiniger Lebensunterhalt gezahlt. Theoretisch ist die Streikdauer deshalb von der Höhe der finanziellen Rücklagen bestimmt, im Gegensatz zum versicherungsmathematisch kalkulierbaren Risiko der friendly benefits.
Praktisch waren jedoch auch bei der Streikunterstützung die Gewerkschaften nicht die einzige Einkommensquelle der Betroffenen. Nach einer High-Court-Entscheidung von 1898 konnten die Familien von Streikenden (jedoch nicht diese selbst) von der Armenfürsorge unterstützt werden. Wegen der regional unterschiedlichen Auslegungen und Ressourcen wurden oft nur Kredite oder Schulspeisungen für die Kinder gewährt. Erst die National Assistance Act von 1948 begründete einen Rechtsanspruch auf staatliche Fürsorge[94]. Während 1844 die Spring Knife Grinders' Protection Society of Sheffield anstrebte, ihre streikenden Mitglieder durch Streikgeld vor der »schmerzlichen Not [zu bewahren], bei der Pfarrei um Unterstützung bitten zu müssen[95]«, berechnen heute die britischen Gewerkschaften vor einem Streik ganz offen, in welchem Ausmaß staatliche Sozialhilfe die eigene Streikkasse schonen kann[96].
In den zwanziger Jahren lagen die Realitäten zwischen beiden Extremen. Kleinere Streiks ließen sich im Gewerkschaftsbudget unterbringen. Im Jahresdurchschnitt gaben die Gewerkschaften von 1919 — 1926 etwa 25 Prozent ihrer Mitgliedsbeiträge für Streikgeld aus[97]. In den folgenden Jahren (1927 — 1935) sank dieser Anteil auf 3,2 Prozent, dank weniger und kürzerer Streiks[98].
Prekär mußte die Lage für langandauernde Streiks in einzelnen Industriezweigen werden, wie z. B. im Bergarbeiterstreik von 1920. Die Gewerkschaft der Durham Miners zahlte in drei Wochen über £ 400 000 an Streikgeldern — bei einer Mitgliedschaft von 151 000 also knapp £ 1 wöchentlich. (Im Vergleich dazu lag der Durchschnittslohn bei £ 4,35.) Durch den insgesamt dreiwöchigen Streik sank das Gesamtvermögen von £ 427 500 auf £

---

92 Zu den Brass and Metal Mechanics (für 1927) siehe: *Milne-Bailey*, S. 358—359; TGWU (für 1927) und Distributive and Allied Workers (für 1924): *ebda.*, S. 360 f.
93 *Gennard*, S. 64 et passim.
94 *Gennard*, S. 19 f.
95 *Webb*, Industrial Democracy, S. 163.
96 Die National Assistance Act wurde 1966 von der Supplementary Benefit Act abgelöst. Im übrigen hat sich durch Punktstreiks, den hohen Anteil inoffizieller Streiks usw. die Lage gegenüber der Zwischenkriegsepoche weitgehend verändert — man vergleiche nur den Kohlestreik von 1974 mit der Aussperrung von 1926!
97 *Cmd. 3831*, S. 136 f.
98 Berechnet nach: *Cmd. 5556*, S. 144 f.; geringfügig andere Zahlen, aber mit gleichem Trend in: *Gennard*, S. 54 f.

130 000[99]. Im April 1921 traten 1,1 Millionen britischer Bergleute für drei Monate in den Ausstand. Das schon angeschlagene Gewerkschaftsvermögen der Derbyshire Miners schmolz von £ 302 500 auf £ 92 600; beinahe ein Viertel der Mitgliedschaft ging verloren[100].
Wenn 1920 die Streikkassen und wegen der Kürze des Ausstandes wohl auch die Familienersparnisse zur Versorgung ausreichten, so waren 1921 beide überfordert. Zwischen 350 000 und 600 000 Familienangehörige der Bergleute (die Angaben schwanken leider) mußten sich an die staatliche Wohlfahrt wenden, deren Klientenzahl sich dadurch verdoppelte und von der sie in vielen Fällen nur Kredite erhielten[101].
Noch drastischer war die Lage während der Aussperrung der Bergleute im Jahr 1926. Die £ 2,9 Millionen gewerkschaftlicher Streikunterstützung — also durchschnittlich £ 2,76 pro Kumpel — konnten von Mai bis November 1926 bestenfalls ein Zeichen der Solidarität sein. (£ 1,8 Millionen davon kamen durch Spenden der britischen und ausländischen Arbeiterbewegung zusammen.) Diesmal gab allerdings das Ministry of Health strikte Anweisungen über die Höhe der staatlichen Wohlfahrtsleistung, die von wenigstens 1,3 Millionen Angehörigen in Anspruch genommen wurde; in den betroffenen Bezirken lebten etwa 40 Prozent der Bevölkerung von dieser Armenfürsorge. Insgesamt dürften über £ 3 Millionen öffentlicher Mittel dafür aufgewendet worden sein, das meiste auf Kreditbasis, wobei oftmals die gewerkschaftliche Streikunterstützung von der Armenhilfe abgezogen wurde[102]. Natürlich konnte damals nicht in ausreichendem Maß Streikgeld gezahlt werden; man war deshalb darauf bedacht, einen Mindestbestand des Gewerkschaftsvermögens zu erhalten, was allerdings nicht immer gelang. Bei den Yorkshire Mineworkers fiel der Kassenbestand von £ 493 712 (Ende 1925) auf ein Defizit von £ 120 490 (Ende 1926). Ähnlich erging es einigen kleineren Bergbaugewerkschaften. Außer den Durham Miners verloren die meisten von ihnen ihre ohnehin schon stark angeschlagenen Rücklagen. Trotzdem wurden übrigens dort, wo es Pensionskassen gab, die Zahlungen fortgesetzt — wenn auch mit reduzierten Sätzen; die Durham Miners stellten ihre Krankenkasse ein. Mit Ausnahme der Yorkshire Miners gab es auch keine bedeutenden Einbrüche im Mitgliederbestand; die Beitragszahlungen fielen freilich weit ab[103].
Der neuntägige Generalstreik im Mai 1926 verminderte die Vermögensbestände vieler Gewerkschaften drastisch. Die Gesamtheit aller registrierten Gewerkschaften verlor ein Drittel ihres Vermögens; im wesentlichen traf es dabei die Bankguthaben[104]. Aber trotz hoher Streikzahlungen konnten in der Regel die friendly benefits ungeschmälert fortgeführt werden. Insgesamt gesehen, war also ein großer Streik für die Gewerkschaften nur bei kurzer Dauer finanzierbar; danach wurden die Mitglieder unweigerlich dem staatlichen Fürsorgewesen in die Arme getrieben, mit allem, was dies an Schmach für die Arbeiterfamilien bedeutete. Die Gewerkschaften konnten ihre Sicherungsfunktion, die traditionell vor allem als Sicherung gegen das Poor Law verstanden wurde, nur unter bestimmten Voraussetzungen erfüllen. Mit

---

99 *W. R. Garside*, The Durham Miners. 1919—1960, London 1972, S. 83; PRO/FS 12/10/43 T.
100 PRO/FS 12/96/779 T.
101 *Gennard*, S. 80.
102 Ebda., S. 81—86; *Marion Phillips*, Women and the Miners' Lock-Out. The Story of the Women's Committee for the Relief of the Miners' Wives and Children, London 1927, S. 36 f., 47 ff.
103 Vgl. die Statistiken in *Cmd. 3056*; für die Durham Miners siehe PRO/FS 12/10/43 T.
104 *Cmd. 5556*, S. 144.

dem Staat konnten sie als Versorgungsinstitution nicht konkurrieren. Daß es 1926 unter den Bergarbeitern nicht zu einem drastischen Loyalitätsverlust kam, ist auf deren vielbeschriebenes spezielles Solidaritätsgefühl und ihre besondere Subkultur zurückzuführen. Der Generalstreik jedenfalls wurde aus Angst vor einem derartigen Loyalitätsverlust sehr schnell eingestellt — wenngleich neuere Forschungen ergaben, daß der Durchhaltewille der Basis den in der Führungsspitze weit übertraf[105].

Das Streikgeld war also ein begrenztes Mittel für begrenzte Zwecke, und diese Eigenschaften teilte es mit der letzten zu betrachtenden Unterstützungsleistung, dem Arbeitslosengeld.

Die staatliche Arbeitslosenversicherung wurde 1916 auf die Munitionsindustrie und zahlreiche davon abhängige Produktionszweige ausgedehnt. Dies war eine Maßnahme des »Kriegssozialismus«; 1920 wurde dann ein umfassendes neues Gesetz verabschiedet, das außer den Landarbeitern und Hausangestellten nahezu alle Lohnarbeiter bis £ 250 Jahreslohn einbezog[106]. Die Gewerkschaften konnten weiterhin als Verwalter tätig sein, wenn sie selbst wenigstens ein Drittel mehr auszahlten als die staatlichen 15 s wöchentlich für Männer und 12 s für Frauen und wenn sie einen Nachweis über Stellenangebote führten[107]. Dafür erhielten sie eine Verwaltungspauschale von 1 s je abgerechneter Woche eines Arbeitslosen.

Vor dem Weltkrieg hatten die Gewerkschaften die staatliche Arbeitslosenversicherung als Subventionierung ihrer eigenen Unterstützungsleistungen gesehen. Viele Gewerkschaften begannen damals überhaupt erst, eine entsprechende Kasse einzurichten. 1920 beteiligten sich 241 Gewerkschaften mit über 4 Millionen Mitgliedern an der Arbeitslosenversicherung, aber 1925 waren es nur noch 145 mit weniger als 1 Million Mitgliedern[108]. Zum Teil war man verbittert über die Überwachungsmaßnahmen seitens des Arbeitsministeriums; 1923 wurde die Verwaltungspauschale um die Hälfte gekürzt, trotz einer Beschwerde beim Arbeitsminister, daß die Gewerkschaften ihre Unkosten nicht mehr decken könnten. Die Überweisungen des Arbeitsministeriums verzögerten sich oft beträchtlich, und die Gewerkschaften hatten es nicht erreicht, die Arbeitsämter unter ihre Kontrolle zu bringen[109]. Vor allem aber konnten sie die geforderten Eigenleistungen eines gewerkschaftlichen Arbeitslosengeldes nicht mehr aufbringen, nachdem seit Januar 1921 die Zahl der versicherten Arbeitslosen nicht mehr unter die Millionengrenze sank und damit zwischen 9,7 Prozent (1927) und 16,9 Prozent (1921) im Jahresdurchschnitt betrug[110]. Für die Gewerkschaften, die in den

---

105 Dazu neuestens: *Alan Clinton*, The Trade Union Rank and File: Trade Councils in Britain 1900—40, Manchester 1977. Aus der Fülle der Literatur seien genannt: *R. A. Florey*, The General Strike of 1926, London 1978; *Margaret Morris*, The General Strike, London 1976; *Patrick Renshaw*, The General Strike, London 1975.
106 Zusammenfassung der gesetzlichen Bestimmungen in: *Swann / Turnbull*, Unemployment Insurance, S. 94 ff.
107 Die Sätze wurden 1921 auf 20 s bzw. 16 s erhöht und danach mehrmals gesenkt. Seit 1921 gab es Zuschläge für Verheiratete und für Kinder. — Eine interessante Sammlung gewerkschaftlicher Bestimmungen in deren rule books über den Bezug von Arbeitslosenunterstützung enthält *Cmd. 3468*.
108 *Gennard*, S. 8—10; *Davison*, S. 21.
109 Minutes of the General Council (TUC) Deputation to the Minister of Labour, 5 February 1923 — in: PRO/LAB 2/981/G107; vgl. die Resolution des TUC auf seiner Jahreskonferenz von 1923: *Trades Union Congress, Report of the Annual Congress 1923*, London 1923, S. 401 f.; *National Joint Council, Unemployment Insurance by Industry*, London 1922, S. 8 f.
110 Die beste Arbeitslosenstatistik findet sich in: *Cmd. 2720* (1926), S. 51—73 für Dez. 1920 bis Dez. 1925; die Fortsetzung in: *Cmd. 3831* (1931), S. 46—57 reicht bis Dez. 1930. Vgl. die

Vorkriegsjahren nur durchschnittlich für 4,3 Prozent der Mitglieder zahlen mußten (1900 bis 1914), war die Belastung zu groß. Beim Abbrechen des kurzen Nachkriegsbooms (1921) dürfte es vor allem die überproportional große Zahl an jungen und ungelernten Neumitgliedern gewesen sein, die den Gewerkschaftskassen zur Last fiel (Abb. 5)[111]. Diese Gruppen wurden als erste arbeitslos, sie zehrten auch als erste ihre Ansprüche auf Arbeitslosengeld auf — sowohl bei der staatlichen wie bei der gewerkschaftlichen Kasse. Die Gewerkschaften zahlten nur für einen begrenzten Zeitraum; wer längere Zeit arbeitslos war, konnte in der Regel auch die Beiträge nicht mehr leisten und fiel schon dadurch aus der Solidargemeinschaft heraus.

Abb. 5 Arbeitslosenunterstützung und Streikgeld als Anteil an den Gesamteinnahmen der registrierten Gewerkschaften (in Prozent)

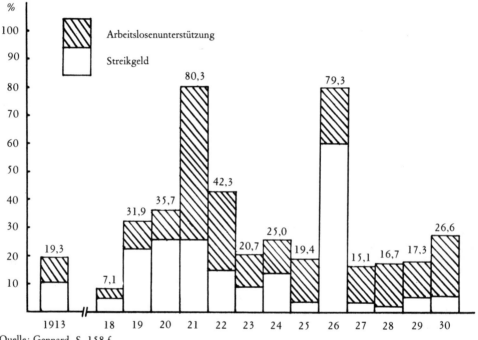

Quelle: Gennard, S. 158 f.

In der staatlichen Arbeitslosenversicherung mußten zunehmend »uncovenanted benefits[112]« gezahlt werden, d. h. Arbeitslosenhilfe, die nicht mehr durch Beitragszahlungen gedeckt war. Dieses staatliche Almosen, die berüchtigte »dole« samt »means test« (Feststellung der Vermögensverhältnisse des Empfängers), hinterließ bei den Opfern der Wirtschaftskrise und der

---

monatlichen Statistiken in: *Brenda Swann / Maureen Turnbull*, Employment and Unemployment (= Public Record Office Handbook, Nr. 18), London 1978, S. 578—581.
111 Zu Abb. 5: Die Angaben für die Gesamteinnahmen und die Arbeitslosenunterstützung schließen hier die für das Ministry of Labour verwalteten Beträge aus.
112 *Swann / Turnbull*, Unemployment Insurance, S. 186—189 nennt die Einzelheiten der beiden staatlichen Arbeitslosenunterstützungen und die wechselnden Bezeichnungen dafür.

gesamten britischen Arbeiterschaft bittere Erinnerungen[113]. Aber nicht jene saisonale Arbeitslosigkeit, für die die Gewerkschaften einst ihre Unterstützungskassen geschaffen hatten, sondern die Dauerarbeitslosigkeit in wenigen Regionen und Industriezweigen bestimmte das Bild der britischen Wirtschaftskrise. Entsprechend begrenzt war auch ihr Niederschlag in den Gewerkschaften, die sich de facto als Organisationen der Beschäftigten erwiesen. Sie konnten und wollten bestenfalls politisch tätig sein, der Regierung innen- wie außenpolitische Lösungen vorschlagen[114]; ihr Verhältnis zur kommunistisch geführten Bewegung der Arbeitslosen (National Unemployed Workers' Committee Movement)[115] war frostig. Als im Jahr 1921 30 Prozent der Mitgliedsbeiträge für Streikgeld und über 64 Prozent für Arbeitslosengeld ausgezahlt wurden, zeigte sich die Notwendigkeit einer neuen Gewerkschaftspolitik[116]. Ihre Arbeitslosenunterstützung konnte mit dem Staat nicht konkurrieren, von dem sie statt dessen ein Recht auf Arbeit oder Unterhalt (work or maintenance) verlangten — einem alten Schlachtruf der general unions folgend.

Wie sehr die Kluft zwischen Beschäftigten und Arbeitslosen auf dem Solidaritätsethos der Gewerkschaftsbewegung lastete, wird in der Grundsatzdebatte um die Organisation der staatlichen Arbeitslosenversicherung Anfang der zwanziger Jahre deutlich. Bekanntlich war 1911 die Arbeitslosenversicherung nur für wenige besonders krisenanfällige Industrien eingeführt worden. Mit dem Auslaufen der out-of-work donation (dole), der speziell für die Kriegsindustrien geschaffenen Arbeitslosenfürsorge, drängte die Frage, in welcher Form künftig die durch den Krieg gesteigerten Ansprüche auf soziale Sicherung befriedigt werden könnten. Der zuständige Minister, A. C. Geddes, schlug dem Kabinett vor, die stabileren Industriezweige mögen Industrieräte (Industrial Councils) bilden, die eine selbstverwaltete Arbeitslosenversicherung und vielleicht auch Unterstützungskassen für Invaliden, Pensionäre usw. einrichten; damit wäre der Staatsintervention Einhalt geboten, und die stabileren Branchen müßten nicht die Kosten der schwächeren mittragen, für die dann das staatliche Versicherungssystem bereitstünde[117]. »Unemployment Insurance by Industry« hieß dieser Plan, der in einer 1922 von TUC und Labour Party veröffentlichten Studie dieses Titels erörtert wurde[118] und für den schon 1920 die gesetzlichen Voraussetzungen geschaffen wurden[119].

---

113 Der Begriff »out of work benefit« oder »donation« geht auf älteren gewerkschaftlichen Sprachgebrauch zurück, samt den verhaßten Wartezeiten usw., vgl.: *Webb*, Industrial Democracy, S. 167. Schon im Mittelenglischen gab es die Bedeutung »Almosen« für »dole«.
114 Die Labour Party, und in ihr die Gewerkschaften, bemühte sich damals, den Anschein des Revolutionären von sich abzuweisen, da sie glaubte, nur als gemäßigte Reformpartei mehrheitsfähig werden zu können. Nicht zuletzt deshalb beharrte sie auf einer außenpolitischen Lösung der Arbeitslosenkrise — im Gegensatz zu den ökonomistischen Sozialisten, die darin den Bankrott des Kapitalismus erblickten. Dazu eingehend: *Wolfgang Krieger*, Labour Party und Weimarer Republik. Ein Beitrag zur Außenpolitik der britischen Arbeiterbewegung zwischen Programmatik und Parteitaktik (1918—1924), Bonn 1978, Kap. V (B).
115 *Wal Hannington*, Unemployed Struggles 1919—1936, London 1936; ders., A Short History of the Unemployed, London 1938.
116 Berechnet nach *Cmd. 3831*, S. 136; dabei wurden die Überweisungen des Ministry of Labour abgezogen. *Gennard*, p. 52, auf anderer Basis kalkuliert. Nach 1945 wurde nur mehr 1 Prozent für Arbeitslosenunterstützung aufgewendet.
117 Memorandum by the Minister of Reconstruction (A. C. Geddes), 5 March 1919 (in den Kabinettsakten), PRO/CAB 24/76 GT 6943; vgl. die Unterhausdebatte vom 25. Februar 1920 in: Hansard, Parliamentary Debates, 5th Series, House of Commons, Bd. 125 (1920), cols 1739—1874.
118 *National Joint Council, Unemployment Insurance*
119 Vgl. dazu *Swann / Turnbull, Unemployment Insurance*, S. 199.

Danach stand es einzelnen Industrien frei, das staatliche System zu verlassen und eigene Vorsorge für Arbeitslosigkeit zu treffen.

Wie reagierten die Gewerkschaften darauf? Prinzipiell wollten sie die Versicherungsbeiträge der Arbeiter abschaffen. Nur so würden Staat und Industrie gezwungen, die Arbeitslosigkeit selbst abzuschaffen. Viele Gewerkschaften, vor allem in den für stabil gehaltenen Branchen wie der Textil-, Druckerei- und Metallindustrie, hofften auf niedrigere Beitragssätze. Als letzte Absicherung wollten jedoch auch sie nicht auf staatliche Garantien verzichten. Die stärkste Opposition zu diesen Plänen kam von den general unions, deren Mitglieder sich auf verschiedene Industriezweige verteilten. Für sie wäre das Problem der Abgrenzung (demarcation) unlösbar gewesen. Aus den weniger stabilen Industrien, z. B. der Bauindustrie, den Eisengießereien, dem Bergbau, und von den Ungelernten ertönte der Ruf nach Solidarität. Eine Umfrage fiel mit 2,7 Millionen zu 1,2 Millionen Mitgliedern (der antwortenden Gewerkschaften) gegen separate Arbeitslosenversicherungen aus, bei knapp einer Million Stimmenthaltungen[120]. Als Kompromiß schlug die genannte Denkschrift vor, in beschränktem Umfang derartige Selbstverwaltungen zuzulassen (vor allem in der Textil- und Druckindustrie), generell auf eine Senkung der Arbeiterbeiträge hinzuwirken, aber insgesamt den Staat nicht aus seiner Verantwortung zu entlassen. Diese Pläne versandeten ebenso wie die Joint Industrial Conference, für die sie ursprünglich erstellt wurden. Als Gradmesser gewerkschaftspolitischer Solidarität war ihre Diskussion jedoch aufschlußreich.

VII.

1897 prophezeiten die Webbs eine neue Welt, in der Gewerkschaften aus Zwangsmitgliedern bestehen und »die Gewerkschaftsführer es angebracht finden werden, ihre ganze Aufmerksamkeit den fundamentalen Zwecken ihrer Organisation zu schenken und das bloße Versicherungsgeschäft den friendly societies zu überlassen«. Was immer diese »fundamentalen Zwecke« im »wissenschaftlichen Sozialismus« und autoritär-bürokratischen Wohlfahrtsstaat der Webbs dann noch sein mochten[121] — sie trafen jedenfalls in der britischen Entwicklung nicht ein.

Friendly benefits und trade benefits sind auch heute noch wichtige Bestandteile des Gewerkschaftslebens. Unverkennbar sank ihr Anteil an der Ausgabenseite des Gewerkschaftsbudgets, während die »allgemeinen Verwaltungskosten« stetig anstiegen, von 25 Prozent (1912 bis 1914) auf 37 Prozent (1919 — 1930) und schließlich von 50 Prozent auf 65 Prozent (zwischen 1950 und 1970)[122]. Wie 1914 — 1921 spielten auch im zweiten Weltkrieg und danach demographische und soziale Faktoren eine wichtige Rolle. Wiederum gab es einen

---

120 *National Joint Council*, Unemployment Insurance, S. 18.
121 *Webb*, Industrial Democracy, S. 828; die Literatur zu den Webbs ist zu umfangreich, um hier genannt zu werden. Royden Harrison hat eine Biographie von Sidney Webb angekündigt. Instruktiv zur Entstehung der Gewerkschaftsstudien: *Norman* and *Jeanne MacKenzie*, The Fabians, London 1977, S. 249—251; N. MacKenzie brachte 1978 eine dreibändige Ausgabe der Webb-Briefe heraus.
122 *Gennard*, S. 158—164; allgemein dazu: *B. C. Roberts*, Trade Union Government and Administration in Great Britain, London 1956; ein vermutlich vielbenützter Leitfaden für Gewerkschaftsfunktionäre war: *Joseph Lynch*, Business Methods and Accountancy in Trade Unions, London 1922.

Mitgliederboom, eine überproportionale Zunahme von Frauen und diesmal von Angestellten. Rosemary Hutt kam 1955 zu dem Schluß, daß diejenigen Gewerkschaften, die friendly benefits in wirklich bedeutendem Ausmaß zahlten, von der Entwicklung zum Wohlfahrtsstaat seit 1945 kaum beeinflußt wurden[123].

Welche Wirkung hatte das Unterstützungswesen auf die Gewerkschaftspolitik der zwanziger Jahre? Als bedeutender finanzieller Faktor beeinflußte es ohne Zweifel die gewerkschaftliche Politik: In der Streikwelle von 1919 — 1921 und mit den Einbrüchen des Arbeitsmarktes seit 1921 verloren die Gewerkschaften das im Krieg erworbene Finanzpolster sowie einen Großteil ihrer Neumitglieder. Sicherlich darf man die Zurückhaltung der Gewerkschaftsführer in den turbulenten Nachkriegsjahren nicht nur von ihren Kassenbeständen herleiten; die allgemeine revolutionäre Stimmung und vor allem die militanten shop stewards bedrohten ebenso die Machtpositionen der Trade-union-Bosse wie die des bürgerlichen Staates insgesamt[124]. Aber beispielsweise die Ohnmacht der Bergarbeiter nach 1926 leitete sich vor allem aus ihrer katastrophalen Finanzlage her.

Die ungleiche Verteilung der friendly benefits zwischen craft und general unions machte die sozialen Gegensätze innerhalb der Gewerkschaftsbewegung deutlich — daran konnten die Solidaritätsappelle des TUC wenig ändern. In einem Bericht des General Council zur Jahreskonferenz des TUC von 1927 wurde der Wettbewerb von »teuren« und »billigen« Gewerkschaften (gemessen an den Wochenbeiträgen) beklagt. Gleichzeitig wurden die friendly benefits »als ein wichtiger Faktor zur Verhinderung großer Fluktuationen in der Mitgliedschaft« gepriesen; allerdings stünden die beträchtlichen Unterschiede von Beiträgen und Leistungen den anzustrebenden Zusammenschlüssen von Gewerkschaften in einzelnen Industrien entgegen; hier müsse eine größere Einheitlichkeit angestrebt werden[125]. Bei derartigen Zusammenschlüssen gehörten tatsächlich die Verhandlungen über die Unterstützungskassen zu den schwierigsten Punkten, da konkrete Versorgungsansprüche gegen nur erhoffte Vorteile bei Lohnverhandlungen abzuwägen waren. Nicht zuletzt deshalb gelangen derartige Vereinigungen besser zwischen den Gewerkschaften der Ungelernten, in denen friendly benefits nur von beschränkter Bedeutung waren.

Ob die Gewerkschaften wegen ihrer Unterstützungskassen eine große Reform der Sozialgesetzgebung — den welfare state des Beveridge Report von 1942 — verhindern wollten, läßt sich kaum erkennen[126]. Zweifellos hatten die Gewerkschaften einen bedeutenden Anteil am Erhalt der politischen und sozialen Stabilität im Großbritannien der Zwischenkriegszeit. Wie Patrick Renshaw formulierte, spaltete die konservative Deflationspolitik nach 1921 die Arbeitslosen von der Mehrheit der Beschäftigten ab, deren verfügbares Einkommen (wegen der fallenden Preise) kontinuierlich anstieg. »Sie vergaßen, daß ihr Wohlstand von den

---

123 *Hutt*, S. 85.
124 *Ralph Miliband*, Parliamentary Socialism. A Study in the Politics of Labour, 2. Aufl., London 1972, ist wohl die einflußreichste Kritik am anti-revolutionären Kurs der Trade-union- und Labour-Party-Führung.
125 Zitiert in: *Milne-Bailey*, S. 370 f.; siehe auch: *ebda.*, S. 134—139; *Webb*, Industrial Democracy, S. 112—114.
126 Eine Abneigung dagegen vermutet *Alban Gordon*, Social Insurance. What It Is and What It Might Be, London 1924, S. 110—115 (eine Schrift der Fabian Society), weil die Gewerkschaften nicht auf den Loyalitätseffekt ihrer benefits und die Funktionäre nicht auf ihre Dienstleistung verzichten wollten. Die Opposition der Versicherungswirtschaft analysiert: *Gilbert*, British Social Policy, passim.

Bergleuten und den chronisch Arbeitslosen bezahlt wurde, deren Lebensstandard heruntergedrückt worden war[127].« John Saville kritisierte, daß die Gewerkschaften sich nicht um die Arbeitslosen kümmerten; zum Beispiel unterstützte die Labour Party keinen der vier »Hungermärsche« (1930, 1932, 1934, 1936)[128]. Umgekehrt wußte Premierminister Stanley Baldwin zu verhindern, daß nach 1926 — wie einige konservative Hitzköpfe es forderten — den Gewerkschaften ihr besonderer Rechtsstatus entzogen wurde. Er kannte sehr wohl die Stabilisierungsfunktion der Gewerkschaften, die eben keine politischen, und schon gar keine revolutionären, Organisationen waren, sondern die im wesentlichen — geprägt durch tradierte Vorstellungen — die Interessen ihrer Mitglieder vertraten, und dies um so ausschließlicher, als der Interventionsstaat zunehmend ihre Kompetenz eingrenzte. Die Unterstützungskassen verstanden sie als eines der Mittel dieser Interessenvertretung.

Die Hochburgen der Unterstützungskassen waren bei den craft unions zu finden. Die Facharbeiter hoben sich damit über die Masse derer hinaus, die ausschließlich auf die kärglichen staatlichen Sozialleistungen angewiesen waren. Hier drückte sich neben einem gewissen Wohlstand auch der Drang zur Selbsthilfe aus. Dieser »Voluntarismus« der Arbeiteraristokratie gehört zu ihren Grundüberzeugungen ebenso wie die von ihren Gewerkschaften kontrollierte Lehrlingsausbildung, die Abschottung gegen das Eindringen von Ungelernten und Angelernten (dilution) und das Streben nach Aufrechterhaltung von Lohnunterschieden (wage differentials).

Die britischen Facharbeitergewerkschaften sind noch heute bestimmt von dieser konservativen, gegen Egalisierung und technischen Wandel am Arbeitsplatz gerichteten, aber gleichzeitig klassenbewußten, historisch verwurzelten Mentalität[129]. Man denke nur an die mächtigen gewerkschaftlichen Pensionskassen, deren Investitionspraktiken in den letzten Jahren Aufsehen erregten, oder an jene Londoner Klempnergewerkschaft, die für ihre Mitglieder eine pauschale Privatkrankenversicherung abgeschlossen hat und damit den Kreuzzug von TUC und Labour Party gegen die privaten Belegbetten in öffentlichen Krankenhäusern diskreditiert.

Das Unterstützungswesen der craft unions gehört also zu ihrer vielbeklagten Tradition, die sich weder dem Gedanken moderner Einheitsgewerkschaften noch dem technologisch-sozialen Wandel anpassen will. Bei ihnen finden wir aber auch noch jenen Stolz auf Arbeitertraditionen, der anderswo von immer neuen Umwälzungen in der industriellen Welt längst hinweggefegt worden ist.

---

127 *Patrick Renshaw*, Anti-Labour Politics in Britain 1918—27, in: Journal of Contemporary History 12, 1977, S. 693—705, S. 704.
128 *John Saville*, May Day 1937, in: *Asa Briggs / John Saville* (Eds.), Essays in Labour History 1918—1939, London 1977, S. 240 ff.; im gleichen Band weist *Alan Deacon*, Concession and Coercion: The Politics of Unemployment Insurance in the Twenties, darauf hin, wie wenig man sich um den erniedrigenden Nachweis der Arbeitswilligkeit scherte.
129 Dazu ausführlich: *Musson* und *Allan Flanders*, Trade Unions and the Force of Tradition, in: ders., Management and Unions. The Theory and Reform of Industrial Relations, London 1970.

Klaus Schönhoven

Selbsthilfe als Form von Solidarität
Das gewerkschaftliche Unterstützungswesen im Deutschen Kaiserreich bis 1914

> »Auf diejenigen Mitglieder, welche nur mit Aussicht auf Unterstützung in die gewerkschaftliche Organisation und sich nicht aus Überzeugung und Erkenntnis ihrer Klassenlage in dieselbe bemühen, wird wohl jede einzelne Organisation verzichten können.«
> Leserzuschrift, in: Der Proletarier, Nr. 2 vom 15. Januar 1898
>
> »Das Volk in seiner großen Mehrheit will greifbare soziale und materielle Vorteile sehen, mit theoretischen Grundsätzen ist ihm nicht geholfen.«
> Leserzuschrift, in: Buchbinder-Zeitung, Nr. 37 vom 10. September 1898

Historiker der Arbeiterbewegung haben sich bislang noch kaum mit der Entwicklung des gewerkschaftlichen Unterstützungswesens befaßt, obwohl diese sozialen Selbsthilfeeinrichtungen der Gewerkschaftsverbände aus einer Vielzahl von Gründen ihre Aufmerksamkeit verdient hätten: Kein Thema wurde in der Verbandspresse und auf Verbandstagen der Gewerkschaften so lebhaft diskutiert wie die Frage nach dem Stellenwert der Unterstützungssysteme im Emanzipationskampf der Arbeiterschaft; an keiner innerverbandlichen Diskussion nahmen die Mitglieder so leidenschaftlich Anteil wie an der Kontroverse um die Erweiterung der Unterstützungseinrichtungen, ging es doch hier um Probleme, die sie unmittelbar in ihrem Lebensalltag betrafen und in ihrem Gewerkschaftsverständnis berührten; für keinen anderen gewerkschaftlichen Tätigkeitsbereich läßt sich die praktische Entfaltung des gewerkschaftlichen Solidaritätsgedankens intensiver beleuchten als für diesen Bereich der kollektiven Sozialleistungen der Gewerkschaftsverbände, denn die Aufwendungen für Unterstützungszwecke machten den Hauptteil der Gewerkschaftsausgaben aus; nirgendwo kann die schrittweise Herausbildung von reformorientierten Strategien besser illustriert werden als am Beispiel des Unterstützungswesens. Hinzu kommt die Bedeutung des gewerkschaftlichen Unterstützungswesens als Vorläufer und Vorbild der staatlichen Sozialpolitik, die in zentralen Bereichen der Existenzsicherung (Arbeitslosenunterstützung) erst nach jahrzehntelangen Vorleistungen der Gewerkschaftsverbände die finanzielle Fürsorgepflicht des Staates gesetzlich verankerte. Das Desinteresse an diesem Thema, das für die alltägliche Organisationsarbeit wie für die prinzipielle Standortbestimmung der deutschen Gewerkschaften eine so herausragende Bedeutung besaß, spiegelt einmal mehr den verengten Blickwinkel der Arbeiterbewegungshistoriographie wider, die zumeist einige mittlerweile gut erforschte Aspekte aus dem Traditionszusammenhang der Gewerkschaftsentwicklung heraushob, um sie vorschnell als die entscheidenden Wendepunkte der Gewerkschaftsgeschichte zu definieren. Daß die Forschung durch diese Beschränkung des Blickfeldes auf wenige begrenzte Themenbereiche — zu nennen sind hier für die Zeit des Kaiserreiches vor allem die Neutralitätsdebatte und die Massenstreikdebatte zwischen Sozialdemokratie und Freien Gewerkschaften — die gewerkschaftliche Wirklichkeit nur partiell erfaßt, kann eine Untersuchung des Unterstützungswesens der Gewerkschaftsverbände verdeutlichen[1].

Die folgenden Ausführungen erheben nicht den Anspruch, die Entwicklung des Unterstützungswesens in allen Richtungsgewerkschaften umfassend zu analysieren. Sie beschränken sich vielmehr hauptsächlich auf die der Sozialdemokratie nahestehenden Verbände der Freien Gewerkschaften, deren Organisationsmacht die der Hirsch-Dunckerschen Gewerkvereine und die der Christlichen Gewerkschaften bei weitem übertraf. Diese beiden anderen Richtungsgewerkschaften werden nur für punktuelle Vergleiche mit in die Betrachtung einbezogen. Aber selbst für das Organisationsgebiet der Freien Gewerkschaften kann der Ausbau des Unterstützungswesens hier nur in einem generalisierenden Überblick beschrieben werden, da die institutionellen Binnenstrukturen der zeitweise mehr als 60 gewerkschaftlichen Berufs- oder Industrieverbände sich in einem Überblick nicht so differenziert darstellen lassen, wie es wünschenswert wäre. Von manchen dieser Gewerkschaftsorganisationen ist zudem nicht viel mehr als der Verbandsname überliefert, während für andere umfangreiche Materialien vorliegen, die nur in verbandsorientierten Einzelstudien gründlich auszuwerten sind. Bevor die Entfaltung des gewerkschaftlichen Unterstützungswesens zwischen 1890 und 1914 ausführlicher beschrieben wird, soll zunächst der Zeitraum zwischen der Reichsgründungsära, in der sich die moderne Gewerkschaftsbewegung konstituierte, und dem Fall des Sozialistengesetzes knapp beleuchtet werden, denn in diesen zwei Jahrzehnten bildete sich die Struktur der gewerkschaftlichen Selbsthilfeeinrichtungen bereits aus.

I.

Schon in der Frühzeit der deutschen Gewerkschaftsbewegung, bei den ersten Organisationsversuchen in der Revolution von 1848/49 und bei den Verbandsgründungen seit der Mitte der 60er Jahre des 19. Jahrhunderts, wirkte sich der Gedanke, daß kollektive Sozialleistungen an die Verbandsmitglieder auch zum Inhalt der gewerkschaftlichen Selbsthilfe der Arbeiterschaft gehören müßten, stimulierend auf die Koalitionsbildungen der Handwerksgesellen und Gesellenarbeiter aus. Außer in der gewerkschaftlichen Regulierung des Arbeitsmarktes und der gewerkschaftlichen Monopolisierung der Arbeitskonflikte bei Auseinandersetzungen mit den Unternehmern sah man in der solidarischen Unterstützung der organisierten Kollegen eines der wichtigsten Aufgabenfelder der entstehenden Gewerkschaftszusammenschlüsse.

Das System von Unterstützungszweigen, das die einzelnen Gewerkschaftsrichtungen und Gewerkschaftsverbände im Laufe der Jahre schrittweise aufbauten, kann grundsätzlich in zwei Hauptgruppen unterteilt werden, die für die praktische Alltagsarbeit der Gewerkschaftsorganisationen einen unterschiedlichen Stellenwert besaßen: in Unterstützungen mit

---

1 Ein Musterbeispiel für eine inhaltlich dürftige und ideologisch einseitige Darstellung der Gewerkschaftsentwicklung ist *Frank Deppe, Georg Fülberth* und *Jürgen Harrer* (Hrsg.), Geschichte der deutschen Gewerkschaftsbewegung, Köln 1977, die sich weitgehend darauf beschränkt, einige Standardwerke der DDR-Geschichtsschreibung zu kompilieren. In den Beiträgen, die sich mit der Zeit des Kaiserreichs befassen, wird das Unterstützungswesen der Gewerkschaften bezeichnenderweise überhaupt nicht angesprochen, weil die alltägliche Organisationsarbeit der Gewerkschaftsverbände die Autoren nicht interessierte. Sie stehen damit in der Tradition einer Geschichtsinterpretation, die den Begriff »Arbeitermassen« immer wieder stereotyp verwendet, ohne auch nur zu versuchen, diese »Arbeitermassen« als soziale Basis der Arbeiterbewegung analytisch zu erfassen.

defensivem Charakter, die hauptsächlich der sozialen Sicherung des einzelnen Mitglieds dienen sollten (Kranken-, Invaliden-, Notfallunterstützung, Sterbegeld, Witwen- und Waisenunterstützung), und in Unterstützungen, die sich aus der offensiven Gewerkschaftstätigkeit auf dem Arbeitsmarkt ergaben. Hierzu sind die Streik- und die Gemaßregeltenunterstützung sowie der gewerkschaftliche Rechtsschutz zu zählen, also Unterstützungszweige, die in engem Zusammenhang mit den ökonomischen Aufgaben der Gewerkschaften und ihren Konflikten in Lohnkämpfen standen. In diese Rubrik gehört auch die Reiseunterstützung, mit deren Hilfe das Arbeitskräfteangebot auf den lokalen Stellenmärkten reguliert werden sollte. Nicht eindeutig in diese beiden Gruppen einzuordnen ist die Arbeitslosenunterstützung, die einerseits die sozialen Folgen der Beschäftigungslosigkeit bei den Betroffenen mildern sollte, andererseits aber auch ein Instrument war, um den Konkurrenzdruck abzuschwächen, den die Arbeitslosen auf den Arbeitsmarkt ausübten.

Dieses weitgespannte Netz von solidarischen Selbsthilfeeinrichtungen konnte allerdings in der Konstituierungsphase der modernen Gewerkschaftsbewegung noch nicht realisiert werden, auch wenn für alle drei Richtungsgewerkschaften, die sich um die Organisierung der Arbeiterschaft bemühten, konzeptionelle Entwürfe nachweisbar sind, aus denen eindeutig hervorgeht, welch große Bedeutung man von Anfang an den defensiven und den offensiven Solidarleistungen zumaß. Vergleicht man die exemplarischen Satzungsentwürfe, die im Herbst 1868 für die Dachorganisationen der liberalen Gewerkvereine, der lassalleanischen Arbeiterschaften und der Internationalen Gewerksgenossenschaften ausgearbeitet wurden, so zeigt sich, daß alle drei miteinander rivalisierenden Parteirichtungen dem Unterstützungswesen ihre besondere Aufmerksamkeit widmeten. In dieser Frage verblaßten die unterschiedlichen Leitvorstellungen, die im liberaldemokratischen wie im sozialdemokratischen Lager über die strategische Aufgabe der Gewerkschaftsbewegung bestanden.

Innergewerkschaftliche Sozialleistungen bei Krankheit und Arbeitslosigkeit, auf der Reise, bei Arbeitseinstellungen und in Notfällen versprach die Mustersatzung der lassalleanischen Gewerkschaftsorganisation, die dem Berliner Gründungskongreß des Allgemeinen Deutschen Arbeiterschaftsverbandes im September 1868 zur Verabschiedung vorlag[2]. Die wenige Wochen später publizierten Hirsch-Dunckerschen Musterstatuten, die am Beginn der liberalen Gewerkschaftsbewegung standen, setzten auf dem Gebiet des Unterstützungswesens ähnliche Schwerpunkte, allerdings mit einer entscheidenden Eingrenzung: Der Streik und die Streikunterstützung wurden als ultima ratio des gewerkschaftlichen Kampfes definiert, entsprechend der sozialreformerischen Maxime der Liberalen, die das »Prinzip der Versöhnlichkeit« in den Arbeitsmarktkonflikten so lange wie möglich aufrechterhalten wollten[3]. Die einem sozialrevolutionär ausgerichteten politischen Konzept verpflichteten »Musterstatuten für deutsche Gewerksgenossenschaften«, die August Bebel im November 1868 veröffentlichte, dekretierten als Zweck der Gewerkschaften, daß sie »die Würde und das materielle Interesse der Beteiligten zu wahren und zu fördern« hätten. Unter den Einrichtungen, die »als nächste Mittel« diesem Zweck dienen sollten, war dann — wie bei den lassalleanischen und liberalen

---

2 Vgl. zum Verlauf dieses Kongresses *Ulrich Engelhardt*, »Nur vereinigt sind wir stark.« Die Anfänge der deutschen Gewerkschaftsbewegung 1862/63 bis 1869/70, Bd. 1 und 2, Stuttgart 1977, Bd. 1, S. 600 ff. Das Statut ist abgedruckt bei: *Hermann Müller*, Die Organisationen der Lithographen, Steindrucker und verwandten Berufe, Berlin 1917, Nachdruck Berlin/Bonn 1978, S. 421 ff.
3 Vgl. dazu ausführlich *Engelhardt*, Bd. 1, S. 659 ff.; *H. Müller*, S. 143 ff., 429 ff.

Konkurrenten — ein umfangreicher Katalog von Unterstützungsmaßnahmen aufgelistet, der von der Streik- und Gemaßregeltenunterstützung über Kranken-, Begräbnis-, Invaliden- und Altersversorgungskassen bis zur Wanderunterstützung und zur gewerkschaftlichen Rechtshilfe reichte[4]. Alle drei Parteirichtungen sahen das Unterstützungswesen auch als ein werbewirksames Instrument der gewerkschaftlichen Solidarisierung an, mit dessen Hilfe die Integrationskraft der Verbände erhöht werden sollte.

Bei den in der gewerkschaftlichen Konstituierungsphase der 60er Jahre gegründeten berufsorientierten Zentralverbänden, die sich teilweise schon entwickelt hatten, bevor die liberalen und sozialdemokratischen Parteirichtungen das Gewerkschaftsprinzip programmatisch aufgriffen, gehörten Unterstützungsleistungen ebenfalls zu den als unverzichtbar angesehenen Inhalten der Gewerkschaftsarbeit. Das in diesen Verbänden statuarisch oft sehr umfassend konzipierte Unterstützungswesen sollte nicht nur Anreize zum Gewerkschaftsbeitritt schaffen und die neueingetretenen Mitglieder an die Organisation fesseln, es stellte zugleich ein wichtiges Bindeglied zwischen der handwerklich-zünftigen Tradition der vorgewerkschaftlichen Gesellenverbindungen und der modernen Gewerkschaftsbewegung dar[5]. Darauf legte man namentlich in den berufsgebundenen Fachverbänden, die unmittelbar an den Zunftzusammenhang anknüpften, großen Wert. Das — geht man von den statuarischen Bestimmungen aus — weitverzweigte Unterstützungswesen der einzelnen Verbände entfaltete jedoch im allgemeinen nur eine geringe Wirksamkeit, weil die Finanzierungsmöglichkeiten der Gewerkschaftsorganisationen und ihre Leistungsversprechen weit auseinanderklafften. Die Instabilität der Mitgliedschaften, zu geringe Beitragssätze und eine Fehlkalkulation hinsichtlich der tatsächlich erforderlichen Aufwendungen machten manche zugesagte Unterstützungsleistung lediglich zu einem satzungsmäßigen Anspruch der Mitglieder, der finanziell nicht auf Dauer eingelöst werden konnte, weil die in den lokalen und zentralen Verbandskassen angesammelten Geldmittel höchstens ausreichten, um sporadisch und punktuell Hilfe zu leisten.

Gleichzeitig wurde auch schon hie und da grundsätzliche Kritik an der Funktion der Unterstützungssysteme im Emanzipationsprozeß der Arbeiterschaft laut, wie folgende Feststellung eines Buchdruckers aus dem Jahre 1869 belegt: »Sich vor Unglücksfällen zu schützen, ist Sache des einzelnen — aber das allgemeine Elend zu heben, die Lage der Arbeiter zu verbessern, ist Sache der Gesamtheit, und weil dies letzte doch immer die Hauptsache ist und bleibt, so muß die Gesamtheit auch nur dies eine Ziel vor Augen haben und darf sich nicht durch Nebendinge davon abbringen lassen[6].« Derartige Überlegungen, die im Unterstützungswesen der Gewerkschaften ein unzulängliches Palliativmittel sahen, das letztlich die

---

4 Die Musterstatuten sind abgedruckt bei: *H. Müller*, S. 441 ff.; s. auch *Dieter Fricke*, Die deutsche Arbeiterbewegung 1869 bis 1914. Ein Handbuch über die Organisation und Tätigkeit im Klassenkampf, Berlin [DDR] 1976, S. 624 ff.; *Wolfgang Schröder*, Partei und Gewerkschaften. Die Gewerkschaftsbewegung in der Konzeption der revolutionären Sozialdemokratie 1868/69 bis 1893, Berlin [DDR] 1975, S. 58 ff.

5 Vgl. zu den vorgewerkschaftlichen Unterstützungseinrichtungen *Sigrid Fröhlich*, Die soziale Sicherung bei Zünften und Gesellenverbänden. Darstellung, Analyse, Vergleich, Berlin 1976; *Gustav Brüggerhoff*, Das Unterstützungswesen bei den deutschen »freien« Gewerkschaften, Jena 1908, S. 2 ff. Zur Übernahme dieser Einrichtungen durch die entstehenden Berufsgewerkschaften s. *Gerhard Beier*, Schwarze Kunst und Klassenkampf. Geschichte der Industriegewerkschaft Druck und Papier und ihrer Vorläufer seit dem Beginn der modernen Arbeiterbewegung. Bd. I: Vom Geheimbund zum königlich-preußischen Gewerkverein (1830—1890), Frankfurt/Wien/Zürich [1966], S. 100 ff. und passim.

6 Zit. nach *Engelhardt*, Bd. 2, S. 982.

Überlebenschancen des Kapitalismus verbessere, die Arbeiterbewegung aber in eine systemimmanente Sackgasse führe, begleiteten als immer wieder in die Debatte eingebrachtes Dauerthema die innergewerkschaftlichen Kontroversen zu dieser Frage.

Trotz skeptischer Einwände und trotz finanzieller Rückschläge wurde aber der Ausbau der Unterstützungseinrichtungen in den einzelnen Verbänden in den Jahren nach der Reichsgründung zügig vorangetrieben. Eine erste Gesamtstatistik für die sozialdemokratische Gewerkschaftsbewegung, die der Partei- und Gewerkschaftsführer August Geib Ende 1877 erstellte und Anfang 1878 publizierte, macht umrißhaft deutlich, in welchem Grad das Unterstützungswesen zu diesem Zeitpunkt in den bestehenden Fachverbänden verankert war:

Tab. 1: Unterstützungseinrichtungen der sozialdemokratischen Gewerkschaften Ende 1877[7]

Unterstützungszweig	Einrichtung bestand in Verbänden	mit Mitgliedern	in % aller erfaßten Mitglieder
Streik	25	47 720	97,3
Arbeitslose	3	2 270	4,6
Reise	17	38 395	78,3
Krankheit	9	7 550	15,4
Sterbefälle	8	16 005	32,6
Invalidität	5	8 600	17,5
Gesamtzahl der erfaßten Verbände	30	49 055	

Geib erfaßte in seiner Statistik 25 Zentralverbände, die in mehr als einem Ort Mitglieder hatten, und 5 Lokalvereine, die in Hamburg bzw. in München angesiedelt waren. Das stabilste Organisationsfundament besaß der Buchdruckerverband, dessen 5 500 Mitglieder sich auf 325 Orte verteilten; dahinter folgte der Tabakarbeiterverein, der zwar mit 8 100 Mitgliedern zahlenmäßig der größte Gewerkschaftsverband war, jedoch nur über 120 lokale Stützpunkte verfügte. Nicht aufnehmen konnte Geib die Zentralverbände der Handschuhmacher und der Hutmacher mit zusammen rund 3 800 Mitgliedern, da diese Verbände keine verwertbaren Angaben zur Verfügung gestellt hatten. Der Hutmacherverband gehörte 1877 zu den leistungsfähigsten Verbänden und besaß eine gut ausgebaute Reise- und Krankenunterstützung[8]; der 1869 gegründete Handschuhmacherverband hatte 1874 eine Invalidenkasse gegründet, die er aber bereits drei Jahre später wieder aufgeben mußte. An die Stelle der Invalidenkasse rückte 1877 dann eine zentrale Kranken- und Sterbekasse des Verbandes[9].

---

7   Geib veröffentlichte seine »Statistische Tafel der Gewerkschaften in Deutschland« im *Pionier* (Nr. 4 vom 26. 1. 1878); wiederabgedruckt wurde diese Statistik, nach der die Angaben in Tab. 1 berechnet sind, u. a. bei *H. Müller*, Anlage 10 nach S. 468. Nicht berücksichtigt wurden in Tab. 1 Extraversicherungen, die für Krankheit und Sterbefälle in fünf Verbänden und für Invalidität in einem Verband bestanden. Vgl. zu einigen Unstimmigkeiten in der Statistik von Geib: *Brüggerhoff*, S. 17 f.

8   Vgl. *Walter Frisch*, Der Unterstützungsverein für alle in der Hut- und Filzwarenindustrie beschäftigten Arbeiter und Arbeiterinnen, in: Jahrbuch für Gesetzgebung, Verwaltung und Volkswirtschaft, Jg. 26, 1902, S. 263—297, 675—720.

9   Vgl. *Dieter Schuster*, 1872—1972. Schritt für Schritt. Ein Jahrhundert Leder-Gewerkschaften, Stuttgart o. J., S. 35.

Aus der Tabelle von Geib geht eindeutig hervor, daß offensive Unterstützungszweige (Streik- und Reiseunterstützung), die für die erfolgreiche Führung von Arbeitskämpfen notwendig waren, zu diesem Zeitpunkt eine dominierende Rolle spielten, während auf dem Sektor der sozialen Hilfseinrichtungen (Krankheit, Invalidität, Sterbefälle) das Verbreitungsgebiet des gewerkschaftlichen Versicherungsschutzes noch begrenzt war. Allerdings muß man dabei berücksichtigen, daß 16 der von Geib erfaßten Verbände eigene Hilfskassen eingerichtet hatten, die neben der Gewerkschaftsorganisation bestanden und hauptsächlich auf dem Feld der Krankenversicherung tätig wurden. Dazu kamen in einzelnen Verbänden nicht genau fixierte Extraleistungen bei Krankheits- und Notfällen. Praktisch ohne Bedeutung war die Arbeitslosenunterstützung, denn von den drei Verbänden, die diesen Unterstützungszweig eingerichtet hatten, gewährte nur die Gewerkschaft der Manufaktur- und Handarbeiter einen statuarisch festgelegten Tagessatz von 1,25 Mark an arbeitslose Mitglieder. Inwieweit diese Gewerkschaft, die hauptsächlich ungelernte Arbeiter organisierte, diesen Satzungsanspruch finanziell erfüllen konnte, ist aber nicht bekannt. Die beiden anderen Verbände mit Arbeitslosenunterstützung, die Gewerkschaft der Gold- und Silberarbeiter und das Harzburger Arbeiter-Gewerk, ein regionaler Zusammenschluß von 7 Lokalvereinen, machten keine Angaben über ihre Aufwendungen in diesem Bereich.

In den anderen Unterstützungszweigen gewährten die Verbände — gemessen an ihrem oft geringen Beitragsaufkommen — zum Teil schon recht beachtliche finanzielle Hilfen an ihre Mitglieder. Bei der Streikunterstützung bewegte sich der Tagessatz, den die verschiedenen Gewerkschaften an ihre Mitglieder auszahlten, zwischen 1,25 und 2,50 Mark; an Reiseunterstützung wurden meistens 10 oder 15 Pfennige pro Meile gewährt, und die Krankenunterstützung belief sich auf einen Wochensatz von 7 bis 13 Mark.

In seinem Kommentar zu der von ihm zusammengestellten Übersicht äußerte Geib dann auch die Hoffnung, daß die Gewerkschaften ihre Hilfskassen »mit etwas Geschick und Ausdauer zu Säulen der Gewerkschaftsbewegung« ausbauen könnten, weil nicht allein das Klasseninteresse, sondern vor allem materielle Erwartungen die Arbeiter an die Gewerkschaften bänden. Besonders eindringlich empfahl Geib die Ausweitung der Reiseunterstützung: »Erhöhen die Gewerkschaften hier ihre Leistungsfähigkeit, werden sie ihre Organisation entschieden beleben. Der Arbeiter muß eben fühlen, daß seine Verbindung überall hinter ihm steht, erst dann wird sie ihm als ein Stück seiner Existenz ans Herz wachsen[10].«

Die Zerschlagung der sozialdemokratischen Gewerkschaften durch das Sozialistengesetz, dem im Herbst 1878 fast alle gewerkschaftlichen Zentralverbände und Lokalvereine zum Opfer fielen[11], verhinderte zunächst, daß die Verbandsleitungen ihre Kasseneinrichtungen im Sinne Geibs weiter ausbauen konnten. Doch wurde während der 12jährigen Verfolgungszeit der sozialdemokratischen Arbeiterbewegung gerade das Unterstützungswesen zu einem der wirksamsten Instrumente, um gewerkschaftliche Zusammenschlüsse zu formieren und unter

---

10 Der Begleittext Geibs zu seiner Statistik ist ebenfalls bei *H. Müller* (S. 400 ff.) abgedruckt; Zitate auf S. 402 und S. 403.

11 In den ersten Wochen nach dem Erlaß des Sozialistengesetzes wurden 17 gewerkschaftliche Zentralverbände, 63 Lokalvereine und 16 Unterstützungsvereine verboten. Vom Verbot verschont blieben der Senefelder-Bund der Lithographen und Steindrucker, der Deutsche Xylographenverband, der Allgemeine Weißgerberverband und der Verband Sächsischer Berg- und Hüttenarbeiter. Vgl. zu den Auswirkungen des Sozialistengesetzes auf die Gewerkschaften: *Josef Schmöle*, Die sozialdemokratischen Gewerkschaften in Deutschland seit dem Erlasse des Sozialisten-Gesetzes, Jena 1896, S. 68 ff.

den Bedingungen der ausnahmerechtlichen Situation am Leben zu erhalten. Bei der Reorganisation der 1878 verbotenen Verbände und bei der Neugründung von Gewerkschaften für Berufe, die vor dem Erlaß des Sozialistengesetzes noch unorganisiert gewesen waren, nutzten die Führungsgruppen der Arbeiterschaft, die den Aufbau der Gewerkschaftsbewegung betrieben, den Spielraum des bestehenden Versicherungsrechtes virtuos aus, um Unterstützungseinrichtungen auch als gewerkschaftliche Tarnorganisationen zu errichten.
Die rechtliche Möglichkeit, freie Hilfskassen zu organisieren, welche durch die Mitglieder der Kasse selbst verwaltet wurden, bot eine günstige Gelegenheit, informelle Kontakte innerhalb der einzelnen Berufssparten aufrechtzuerhalten und überörtliche Verbindungen anzuknüpfen. Die vor allem nach 1880 in großer Zahl gegründeten Hilfs- und Zuschußkassen für Kranken-, Sterbe- und Wanderunterstützungen waren deshalb oft die ersten Kristallisationspunkte der neu entstehenden Gewerkschaftsbewegung[12]. Gleichzeitig schuf man in diesen Kasseneinrichtungen denjenigen Gewerkschaftsführern, die politischen und beruflichen Maßregelungen ausgesetzt waren, einen Arbeitsplatz, an dem sie ihre materielle Existenz sichern und organisations- wie verwaltungstechnische Erfahrungen sammeln konnten.
Die gewerkschaftliche Kassenbewegung der 80er Jahre wurde zwar von den Landesbehörden polizeilich überwacht und teilweise mit vereins- oder versicherungsrechtlich begründeten Verbotsmaßnahmen bekämpft[13], doch die Anwendbarkeit juristischer Mittel gegen die gewerkschaftlichen Unterstützungseinrichtungen war begrenzt. Die unterschiedlichen landesrechtlichen Bestimmungen über das Vereinswesen — im Reichsgebiet waren 26 verschiedene Vereinsgesetze gültig[14] —, die dezentrale Organisation der Polizeigewalt und die uneinheitliche Regelung des Versicherungsrechts in den einzelnen Bundesstaaten verhinderten ein geschlossenes und reichsweit koordiniertes Vorgehen der Behörden gegen die Unterstützungsvereinigungen. Zudem erwiesen sich deren Organisationsstrukturen als so flexibel, daß verbotene Zusammenschlüsse relativ schnell durch andere ersetzt werden konnten, bei denen man oft nur den Namen oder den Niederlassungssitz ausgewechselt hatte. Den Behörden blieb somit in ihrem Kampf gegen die Gewerkschaften nicht nur ein durchschlagender Erfolg versagt, ihr schikanöses Vorgehen festigte letztlich vielmehr die Solidarität der Arbeiterschaft, denn die »augenfällige Willkürlichkeit[15]« der Polizeimaßnahmen und der Gerichtsurteile

---

12 Vgl. dazu die Angaben bei *Fricke*, S. 653 ff. und *Schmöle*, S. 94 ff. Die wichtigsten Grundzüge des gewerkschaftlichen Reorganisationsprozesses in der Zeit des Sozialistengesetzes haben *Gerhard A. Ritter* und *Klaus Tenfelde* prägnant dargestellt: Der Durchbruch der Freien Gewerkschaften Deutschlands zur Massenbewegung im letzten Viertel des 19. Jahrhunderts, in: *Vom Sozialistengesetz zur Mitbestimmung*. Zum 100. Geburtstag von Hans Böckler, hrsg. von *Heinz Oskar Vetter*, Redaktion *Ulrich Borsdorf* und *Hans O. Hemmer*, Köln 1975, S. 61—120. Der enge Zusammenhang zwischen der Gründung von Unterstützungskassen und dem Wiederaufbau der Gewerkschaftsverbände wird in der Verbandsgeschichtsschreibung immer wieder betont. Vgl. etwa für die Buchdrucker *Beier*, S. 490 ff.; für die Hutmacher *Frisch*, a. a. O., S. 284 ff.; für die Töpfer *Adam Drunsel*, Die Geschichte der deutschen Töpferbewegung, Berlin o.J. [1911], S. 100 ff.; für die Kupferschmiede *Hans Gentzke*, Gewerkschaftsbewegung und Arbeitsverhältnisse im deutschen Kupferschmiedegewerbe, Diss. Halle 1914, S. 10 ff.; für die Zigarren- und Tabakarbeiter *Walter Frisch*, Die Organisationsbestrebungen der Arbeiter in der deutschen Tabakindustrie, Leipzig 1905, S. 89 ff.
13 Vgl. dazu *Schmöle*, S. 128 ff., 154 ff.
14 Eine informative Übersicht über die verschiedenen gesetzlichen Bestimmungen gibt *Wilhelm Kulemann*, Das deutsche Vereins- und Versammlungsrecht, in: Archiv für soziale Gesetzgebung und Statistik, Jg. 10, 1897, S. 815—867.
15 So *Schmöle*, S. 131.

verbitterte viele Arbeiter und machte sie der sozialdemokratischen Agitation nur noch zugänglicher.
Viel deutlicher als von den repressiven Polizei- und Justizschikanen wurde das gewerkschaftliche Kassenwesen von der staatlichen Sozialpolitik betroffen. Auf die reichsrechtliche Regelung der Unfall-, Kranken-, Invaliden- und Altersversicherung in den 80er Jahren[16] reagierte man in der sozialdemokratischen Arbeiterbewegung zunächst mit mißtrauischer Reserviertheit, war doch diese Politik der sozialen Sicherung in den Augen der Partei- und Gewerkschaftsführer nichts anderes als der Versuch des monarchischen Obrigkeitsstaates, die ausnahmerechtliche Unterdrückung der Arbeiterbewegung durch flankierende Gesetzesmaßnahmen zu verstärken. Doch auf die Dauer ließ sich die gesetzliche Ordnung von so zentralen Bereichen der Arbeiterversicherung nicht ignorieren, zumal die gewerkschaftlichen Kranken- und Sterbekassen mit den Orts- und Betriebskrankenkassen, welche die eigentlichen institutionellen Träger der staatlichen Krankenversicherung waren, nicht konkurrieren konnten. Vom Zwangsbeitritt zu einer Orts- und Betriebskrankenkasse wurden nämlich nur diejenigen Arbeiter befreit, die einer eingeschriebenen Hilfskasse angehörten, deren Versicherungsleistungen ebenso hoch waren wie die der beiden anderen Kassenformen. Außerdem mußten diese Hilfskassen auch noch auf den Finanzierungsanteil der Arbeitgeber verzichten, die in den Orts- und Betriebskrankenkassen ein Drittel der Beiträge aufzubringen hatten.
Die Anpassung ihrer Kassen an die veränderten versicherungsrechtlichen Gegebenheiten vollzogen die Verbände, die seit 1880 eine eigene Krankenunterstützung aufgebaut hatten, erst dann bereitwilliger, als sie erkannt hatten, welche Machtpositionen der organisierten Arbeiterschaft in den Selbstverwaltungsorganen der Ortskrankenkassen offenstanden[17]. Die schrittweise Abkehr vom Versicherungsmodell der eingeschriebenen Hilfskassen erfolgte aber auch unter dem Druck der Behörden, die, namentlich in Preußen, dazu übergingen, die Gewerkschaften rechtlich als Versicherungsanstalten zu behandeln und ihre Unterstützungseinrichtungen einer rigiden Staatsaufsicht zu unterwerfen[18]. Zwar beantragten einzelne Organisationen für ihre Kasseneinrichtungen die landespolizeiliche Genehmigung, doch die Mehrzahl der Gewerkschaften entzogen ihre Kassen dem Zugriff der staatlichen Kontrolle, indem sie diese statuarisch zu keiner obligatorischen Zahlung an ihre Mitglieder verpflichteten, sondern nur fakultative Leistungen in Aussicht stellten.
Mit der Stabilisierung der lokalen und regionalen Gewerkschaftszusammenschlüsse verlagerte sich deren Aktivität wieder stärker auf offensive Aufgaben, und die Bedeutung der sozialen Selbsthilfeeinrichtungen, die als erste Stützpunkte des gewerkschaftlichen Reorganisationsprozesses gedient hatten, trat in den Hintergrund. Vor allem während der Streikwelle von

---

16 Vgl. zu den wichtigsten Bestimmungen dieses Gesetzes *Albin Gladen*, Geschichte der Sozialpolitik in Deutschland. Eine Analyse ihrer Bedingungen, Formen, Zielsetzungen und Auswirkungen, Wiesbaden 1974, S. 58 ff.; s. auch *Volker Hentschel*, Das System der sozialen Sicherung in historischer Sicht 1880—1975, in: Archiv für Sozialgeschichte, Bd. 18, 1978, S. 307—352.
17 In der sozialdemokratischen Arbeiterbewegung erkannte man erst im Laufe der 90er Jahre, welche Einflußmöglichkeiten die Kassenvorstände, die zu zwei Dritteln von den Versicherten gewählt wurden, auf die Arbeitsverhältnisse hatten. Vgl. etwa *Gustav Hoch*, Zwanzig Jahre Krankenversicherung, in: Die Neue Zeit, Jg. 22, 1903/04, Bd. 1, S. 407 ff. Die Geschichtswissenschaft hat dieses zentrale Tätigkeitsfeld der Sozialdemokratie und der Gewerkschaften bislang noch nicht untersucht.
18 Vgl. dazu die Angaben bei *Schmöle*, S. 139 ff. und 174 ff.

1889/90, in der die Aktionsbereitschaft der Arbeiterschaft mächtig anschwoll[19], mußten die gewerkschaftlichen Fachvereine und Berufsverbände die von ihnen angesammelten Geldmittel hauptsächlich für Kampfzwecke einsetzen, wobei die Aufwendungen für Streik- und Gemaßregeltenunterstützungen manchmal so hoch waren, daß einzelne Gewerkschaften an den Rand des finanziellen Ruins gerieten. In diesen erbittert geführten Auseinandersetzungen mit dem Unternehmerlager offenbarte sich die Stärke, aber auch die Schwäche der unter den Bedingungen des Ausnahmerechtes aufgebauten Gewerkschaftsorganisationen. Ihre Kraft reichte aus, um ihre Organisationsarbeit regional wie beruflich breit aufzufächern und um viele Arbeiter, die in den Streikkämpfen das Prinzip solidarischer Interessenvertretung erstmals selbst praktiziert hatten, für die gewerkschaftliche Bewegung zu gewinnen; gleichzeitig wurde aber deutlich, wie instabil die Binnenstruktur der heterogenen Verbände und wie gering deren Leistungsfähigkeit war. Als im Herbst 1890 das Sozialistengesetz fiel, hatte für die sozialdemokratischen Gewerkschaften die »Periode der Stagnation und des teilweisen Niedergangs[20]« bereits begonnen, die in den folgenden Jahren zunächst deren weitere Geschichte prägen sollte.

II.

Die gewerkschaftliche Mobilisierung der Arbeiterschaft zwischen Sozialistengesetz und Erstem Weltkrieg, die erst mit der konjunkturellen Aufschwungphase nach 1895 voll einsetzte und deren organisationsgeschichtlicher Hintergrund hier ausgeklammert bleiben muß[21], spiegelt sich nicht nur in den Mitgliederstatistiken der Gewerkschaftsverbände eindrucksvoll wider, sie ist auch am Ausbau des Unterstützungswesens ablesbar, dessen verschiedene Zweige in diesem Zeitraum quantitativ und qualitativ enorm verbreitert wurden. Bei der folgenden Analyse der Entfaltung der gewerkschaftlichen Unterstützungssysteme im Vierteljahrhundert nach 1890 sollen folgende Bereiche zuerst beleuchtet werden: die Verteilung der Finanzmittel auf die einzelnen Selbsthilfeeinrichtungen in den Freien Gewerkschaften, den Christlichen Gewerkschaften und den Hirsch-Dunckerschen Gewerkvereinen; dann ist einzugehen auf die institutionelle und statuarische Ausgestaltung der freigewerkschaftlichen Unterstützungssysteme, auf ihre Bedeutung für die praktische Organisationsarbeit der Verbände und auf die ideologischen Kontroversen, die innerhalb der sozialdemokratischen Gewerkschaftsbewegung über die Rolle der Solidarmaßnahmen bei der Verwirklichung der gewerkschaftlichen Organisationsziele geführt wurden. Die Frage nach dem Zweck des weiteren Ausbaus der Unterstützungsleistungen stellte sich konkret vor allem bei der Einführung der Arbeitslosenunterstützung, über deren Sinn und Nutzen eine jahrelang geführte Grundsatzdebatte in den Freien Gewerkschaften entbrannte, die diese tiefer erschütterte als die Meinungsverschiedenheiten über die Verbandsformen oder die Auseinandersetzungen mit der Sozialdemokratie.

---

19 Vgl. dazu die Ausführungen von *Ritter/Tenfelde*, a. a. O., S. 84 ff.; s. auch *Hartmut Kaelble/Heinrich Volkmann*, Konjunktur und Streik während des Übergangs zum Organisierten Kapitalismus in Deutschland, in: Zeitschrift für Wirtschafts- und Sozialwissenschaften, Bd. 92, 1972, S. 513—544.
20 So *Ritter/Tenfelde*, a. a. O., S. 88.
21 Vgl. dazu ausführlich *Klaus Schönhoven*, Expansion und Konzentration. Studien zur Entwicklung der Freien Gewerkschaften im Wilhelminischen Deutschland 1890—1914, Stuttgart 1980; s. auch die knappe Zusammenfassung bei *Ritter/Tenfelde*, a. a. O., S. 93 ff.

In ihren jährlich veröffentlichten Statistiken über den Organisationsstand der Freien Gewerkschaften wies die Generalkommission, die sich im Laufe der Zeit von einem überverbandlichen Verbindungsbüro der Einzelorganisationen zum nationalen Repräsentanten der sozialdemokratischen Gewerkschaftsbewegung entwickelte[22], immer wieder mit Nachdruck auf die volkswirtschaftliche Bedeutung der gewerkschaftlichen Unterstützungseinrichtungen hin. Wie berechtigt diese Feststellung war, belegt folgende tabellarische Zusammenstellung der freigewerkschaftlichen Unterstützungsausgaben:

Tab. 2: Unterstützungsleistungen der Freien Gewerkschaften 1891—1914[23]

Unterstützungszweige	in Mark	Anteil an den Gesamtaufwendungen (in %)
Streik	143 520 863	36,8
Gemaßregelte	10 939 197	2,8
Reise	16 126 099	4,1
Arbeitslose	89 522 023	23,0
Rechtsschutz	4 283 346	1,1
Krankheit	91 044 193	23,3
Invalidität	5 739 693	1,5
Umzug, Beihilfen in Not- und Sterbefällen	28 738 885	7,4
Gesamtsumme	389 913 499	100,0

Die Geldmittel, die in diesen 24 Jahren von den Freien Gewerkschaften für Unterstützungszwecke ausgegeben wurden, verteilten sich nicht gleichmäßig auf den Gesamtzeitraum. Sie erhöhten sich — wie die Mitgliederzahlen — von Jahr zu Jahr. Doch wuchs das Finanzvolumen der Unterstützungskassen wesentlich schneller als die Zahl der in den Freien Gewerkschaften organisierten Arbeiter: Zwischen 1891 und 1913 verachtfachten sich die Mitgliederzahlen der freigewerkschaftlichen Verbände, ihre Unterstützungsetats vergrößerten sich aber um das Vierzigfache, von 1,3 Millionen Mark auf 47,8 Millionen Mark (s. Tab. 3). Die Prozentwerte für den Kostenanteil, der auf die einzelnen Unterstützungsanteile entfiel, verlagerten sich im Laufe der Jahre ebenfalls. Von dieser Umschichtung der Ausgaben waren die finanziell nicht so sehr ins Gewicht fallenden Unterstützungen (Rechtsschutz, Gemaßregeltenunterstützung, Umzugsunterstützung, Beihilfen für Not- und Sterbefälle) allerdings kaum berührt; ihre Werte verschoben sich nur geringfügig und blieben immer deutlich unter der 10-Prozent-Grenze (s. Tab. 3). Diese Feststellung gilt auch für die Invalidenunterstützung, die 1913 nur in wenigen Berufsverbänden bestand, die hochqualifizierte Facharbeiter organisierten (Buchbinder, Buchdrucker, Hutmacher, Kupferschmiede, Lithographen, Notenstecher).

---

22 Vgl. dazu *Schönhoven*, S. 283 ff.; s. auch *Heinz Josef Varain*, Freie Gewerkschaften, Sozialdemokratie und Staat. Die Politik der Generalkommission unter der Führung Carl Legiens (1890—1920), Düsseldorf 1956, S. 10 ff.
23 Berechnet nach: *Statistische Beilage des Correspondenz-Blatt*, Nr. 4 vom 13. November 1915, Tab. 18.

Tab. 3: Prozentuale Verteilung der von den Freien Gewerkschaften für Unterstützungszwecke ausgegebenen Finanzmittel auf die einzelnen Unterstützungseinrichtungen 1891—1913*

Unterstützungszweige	1891	1893	1895	1897	1899	1901	1903	1905	1907	1909	1911	1913
Streik	81,6	6,5	19,4	42,4	56,9	36,7	54,9	59,8	48,5	23,7	44,7	34,7
Gemaßregelte	1,1	2,8	3,1	1,5	1,5	3,9	3,0	3,0	3,7	3,7	2,3	2,0
Reise	11,4	32,8	23,2	13,9	8,4	11,9	7,5	4,4	3,2	3,9	2,7	3,1
Arbeitslose	5,1	22,0	15,1	12,5	8,2	24,2	15,4	12,3	16,1	29,5	16,4	24,1
Rechtsschutz	0,8	1,3	1,2	1,5	1,5	1,8	1,8	1,9	1,3	1,0	1,0	0,9
Kranken		30,4	34,8	21,9	17,5	15,1	11,4	11,9	20,7	30,6	26,6	28,3
Invaliden				3,2	2,5	2,6	2,3	1,7	1,4	1,7	1,4	1,2
Umzug, Beihilfen in Not- und Sterbefällen		4,2	3,2	3,1	3,5	3,8	3,7	5,0	5,1	5,7	4,9	5,7
Unterstützungsausgaben (in 1000 Mark)	1272	1002	1305	2097	3726	5110	8250	16171	27203	29093	38677	47793
Anteil an den Gesamtausgaben der Freien Gewerkschaften (in %)	91,0	49,3	52,5	58,7	57,7	57,1	60,0	64,4	63,0	62,7	64,4	63,7
Ausgaben pro Mitglied (in Mark)	4,58	4,48	5,03	5,04	6,41	7,54	9,29	12,02	14,58	15,87	16,66	18,75
Zahl der erfaßten Verbände	65	44	48	52	55	56	63	64	63	60	51	47

* Berechnet nach: *Statistische Beilage des Correspondenz-Blatt*, Nr. 4 vom 13. November 1915, Tab. 1 und Tab. 18. Für das Jahr 1909 fehlen Einzelbelege über 49 409 Mark; deshalb summieren sich die für die einzelnen Unterstützungszweige errechneten Prozentwerte nicht auf 100 Prozent. Die ungewöhnlich hohen Ausgaben für Streikunterstützung im Jahre 1891 entstanden fast ausschließlich dem Buchdruckerverband, der in einem Arbeitskampf, den er 1891/92 um die Einführung des Neunstundentages führte, allein 1891 900 000 Mark für Streikunterstützung aufbringen mußte; vgl. *Correspondenzblatt*, Nr. 13 vom 18. Juni 1892.

*Tab. 4: Prozentuale Verteilung der von den Hirsch-Dunckerschen Gewerkvereinen und den Christlichen Gewerkschaften für Unterstützungszwecke ausgegebenen Finanzmittel 1909—1913**

Unterstützungszweige	Hirsch-Dunckersche Gewerkvereine			Christliche Gewerkschaften		
	1909	1911	1913	1909	1911	1913
Streik Gemaßregelte	9,5	22,4	25,4	28,7	49,1	39,6
Reise	1,1	1,3	1,1	11,5	7,6	11,4
Arbeitslose	22,0	13,5	18,1			
Rechtsschutz	1,1	1,0	0,7	8,6	4,3	5,3
Krankheit	55,1	49,3	44,5	38,0	28,8	32,7
Invalidität	1,2	1,3	0,9	—	—	—
Umzug, Beihilfen in Not- und Sterbefällen	10,0	11,2	9,3	13,2	10,2	11,0
Unterstützungsausgaben (in 1000 Mark)	1552	1484	1810	1702	2442	2498
Anteil an den Gesamtausgaben (in %)	66,1	64,5	69,1	44,3	46,1	34,8
Ausgaben pro Mitglied (in Mark)	14,36	13,78	16,98	6,29	7,16	7,29

*Berechnet nach: *Statistische Beilage des Correspondenz-Blatt*, Nr. 6 vom 13. August 1910; *dass.*, Nr. 7 vom 10. August 1912; *dass.*, Nr. 6 vom 8. August 1914.

Für die beiden anderen Richtungsgewerkschaften, die Christlichen Gewerkschaften und die Hirsch-Dunckerschen Gewerkvereine, sind in Tab. 4 Vergleichswerte für die Jahre 1909, 1911 und 1913 zusammengestellt, aus denen hervorgeht, daß die Unterstützungsetats dieser Organisationen bei weitem nicht so groß waren wie die der Freien Gewerkschaften. Allerdings zählten diese beiden Gewerkschaftsrichtungen auch viel weniger Mitglieder als die Freien Gewerkschaften; allein der freigewerkschaftliche Metallarbeiterverband hatte 1913 mehr Mitglieder als die Hirsch-Dunckerschen Gewerkvereine und die Christlichen Gewerkschaften zusammen.

Vergleicht man die Verteilung der Finanzmittel auf die einzelnen Unterstützungszweige bei den drei Richtungen, so zeigt sich, daß bei den Hirsch-Dunckerschen Gewerkvereinen die defensiven Unterstützungen eindeutig dominierten: Etwa die Hälfte ihrer Mittel floß in die Krankenunterstützung, während für Streikzwecke und Gemaßregeltenunterstützung höchstens ein Viertel der Gelder verwendet wurde. Die Christlichen Gewerkschaften hatten dagegen — wie die Freien Gewerkschaften — in diesem Etatbereich einen Schwerpunkt, dafür fiel bei ihnen die Reise- und Arbeitslosenunterstützung prozentual wesentlich geringer ins Gewicht als bei den beiden anderen Richtungen. Der Anteil der Unterstützungen an den Gesamtetats lag in den Freien Gewerkschaften und den Hirsch-Dunckerschen Gewerkvereinen auf einem ähnlich hohem Niveau. Bei den Pro-Kopf-Ausgaben führten die Freien Gewerkschaften mit einem geringen Vorsprung vor den Gewerkvereinen, hinter denen die Christlichen Gewerkschaften mit weitem Abstand folgten.

Die Satzungsbestimmungen, mit denen die in den Freien Gewerkschaften zusammengeschlossenen Organisationen die Unterstützungsansprüche und die Zahlungsmodalitäten geregelt hatten, waren von Verband zu Verband inhaltlich anders gefaßt und änderten sich im Laufe der Jahre ständig. Sie richteten sich nach der Mitgliederstärke und dem erreichten gewerkschaftlichen Organisationsgrad, waren abhängig von der Beitragshöhe und der finanziellen Leistungsfähigkeit der Verbände und orientierten sich an den besonderen beruflichen Gegebenheiten in den verschiedenen Gewerbezweigen. Im allgemeinen erwarb der in eine Gewerkschaft eintretende Arbeiter den Anspruch auf Unterstützung erst nach einer bestimmten Karenzzeit, in der er seinen Mitgliedsbeitrag regelmäßig bezahlt haben mußte. Diese Karenzzeiten, mit denen sich die Gewerkschaften vor »Kassenräubern« schützen wollten, erstreckten sich auf unterschiedlich lange Fristen, die für die meisten Unterstützungszweige zwischen drei und zwölf Monaten betrugen. Relativ kurze Karenzzeiten bestanden für die Streik- und Gemaßregeltenunterstützungen, die ja den Zweck hatten, bei Arbeitskämpfen möglichst viele der beteiligten Arbeiter in die gewerkschaftliche Solidarität einzubinden. Extrem lang waren dagegen die Wartezeiten, die man der Invalidenunterstützung vorschaltete, weil hier in der Regel über längere Zeiträume Zahlungen zu leisten waren. So dauerten bei den Verbänden, die 1913 Invalidenunterstützung gewährten, die Sperrzeiten, in denen die Bezugsberechtigung erworben werden mußte, zwischen fünf und zehn Jahren. Ferner hatten die Gewerkschaften für die meisten Unterstützungsarten einen Höchstbetrag festgelegt, den ein Mitglied in einer bestimmten Zeitspanne beziehen konnte. Dieser Höchstbetrag errechnete sich nach der Dauer der Mitgliedschaft und nach der Beitragsklasse, der das Mitglied angehörte. Weitere Berechnungskriterien, die der Staffelung der Unterstützungssätze zugrunde gelegt wurden, waren das Alter, der Familienstand und das Geschlecht der Mitglieder[24].

Die namentlich in den innerverbandlichen Diskussionen der 90er Jahre in den Freien Gewerkschaften sehr häufig geäußerten Befürchtungen, daß die Verbände mit dem Ausbau der defensiven Unterstützungseinrichtungen ihren »Kampfcharakter« einbüßen müßten und sich in wirtschaftsfriedliche Versicherungsanstalten verwandeln könnten, läßt sich mit den statistischen Angaben über die für Streikzwecke ausgegebenen Mittel nicht erhärten. Die Streikunterstützung beanspruchte mehr als ein Drittel der insgesamt im Unterstützungsbereich von den Freien Gewerkschaften ausgegebenen 390 Millionen Mark und nahm Jahr für Jahr einen Spitzenplatz auf der Ausgabenseite des Gesamtetats ein.

*

Die außerordentlich hohen Belastungen, die den Verbänden vor allem in konjunkturellen Aufschwungphasen aus der *Streikunterstützung* entstanden[25], führten dazu, daß in allen Ge-

---

24 In den jährlich im *Correspondenzblatt der Generalkommission der Gewerkschaften Deutschlands* (ab 1891, künftig zitiert: *Correspondenzblatt*) veröffentlichten Gesamtstatistiken für die Freien Gewerkschaften sind für alle Zentralverbände auch Angaben über die Bezugsdauer und die Bezugshöhe der Unterstützungen tabellarisch zusammengestellt; vgl. z. B. *Statistische Beilage des Correspondenzblatt*, Nr. 6 vom 8. August 1914, Tab. 7. Einzelne Hinweise finden sich ferner bei *Brüggerhoff*, S. 44 ff.
25 In der günstigen konjunkturellen Gesamtsituation nach 1895 stiegen die Ausgaben für Streikunterstützung von 253 589 Mark (1895) auf 2 625 642 Mark (1900) an; im Krisenjahr 1901 sanken die Streikausgaben auf 1 878 792 Mark ab. In den nächsten Jahren wuchsen die Streikunterstützungen bei günstiger Konjunkturlage bis auf 13,7 Millionen Mark (1906) an, fielen in der Rezessionsphase auf 4,8 Millionen Mark (1908) und erreichten schließlich 1910 mit 19,6 Millio-

werkschaften die Durchführung von Arbeitskämpfen statuarisch strikt geregelt wurde. Der Holzarbeiterverband verabschiedete z. B. 1898 ein Streikreglement, das alle von organisierten Holzarbeitern begonnenen Arbeitskämpfe »der Oberleitung des Verbandsvorstands« unterstellte. An den Verbandsvorstand waren die Streikgesuche der lokalen Zahlstellen zu richten, über deren Genehmigung oder Ablehnung er nach Rücksprache mit dem zuständigen Gauvorstand entschied. Um dem Vorstand »die Beurteilung der einschlägigen Verhältnisse am Orte zu ermöglichen«, mußten die Zahlstellen einen »Streik-Fragebogen« ausfüllen, in dem u. a. Angaben über die lokalen Berufsverhältnisse, die Zahl der Verbandsmitglieder und die Dauer ihrer Organisationszugehörigkeit, die Höhe der ortsüblichen Löhne sowie über Lebensmittelpreise und Wohnverhältnisse verlangt waren. Bevor ein vom Zentralvorstand genehmigter Arbeitskampf begonnen werden durfte, hatte die örtliche Streikleitung nochmals »alles zu versuchen, um einen gütlichen Ausgleich herbeizuführen«; erst wenn solche Versuche fehlgeschlagen waren, konnte der Streik proklamiert werden[26].

Diese zentralistische Reglementierung der Arbeitskämpfe, die konflikt- und kostendämpfend wirkte, löste auf den Verbandstagen immer wieder heftige Kontroversen aus[27], wenn der Vorstand einer Zahlstelle die Streikgenehmigung versagt hatte. Der Argumentation, der Streik sei das beste Werbemittel für die Gewerkschaften, weil er indifferente Arbeiter von der Notwendigkeit des Gewerkschaftsanschlusses überzeuge, konnten sich die Verbandsbeamten nicht anschließen, die über den gewerkschaftlichen Organisationsgrad vor und nach Arbeitskämpfen Buch führten. Sie machten sehr oft die Erfahrung, daß die unmittelbar vor Lohnbewegungen eingetretenen Mitglieder die Verbände sofort wieder verließen, wenn der Streik beendet und die Unterstützungszahlungen ausgelaufen waren. So stellte beispielsweise der Vorstand des Bäckerverbandes nach einem Streik in Berlin fest: »Es ist unerhört, daß dort von den 4 200 Mitgliedern beim Streik über 2 000 meistens kaum einen Monat dem Verbande angehört haben, sofort wieder fahnenflüchtig geworden und wieder der früheren Gleichgültigkeit verfallen sind. Diese Eintagsfliegen waren beim Streik zu allem fähig; wäre das zehnfache Eintrittsgeld von ihnen verlangt worden, sie hätten es bezahlt. Aber sowie sich die Wogen des Kampfes gelegt hatten, verfielen sie wieder in ihre alte Interesselosigkeit, ließen sich in keiner Versammlung sehen[28].«

---

nen Mark den Höchststand der Vorkriegszeit. Vgl. zum Zusammenhang zwischen Konjunkturbewegungen und Streikbewegungen *Kaelble/Volkmann*, a. a. O.; s. auch *Heinrich Volkmann*, Modernisierung des Arbeitskampfs? Zum Formwandel von Streik und Aussperrung in Deutschland 1864—1975, in: *Hartmut Kaelble, Horst Matzerath u. a.*, Probleme der Modernisierung in Deutschland. Sozialhistorische Studien zum 19. und 20. Jahrhundert, Opladen 1978, S. 110—170.

26 Das Streikreglement ist abgedruckt in: *Protokoll des Zweiten ordentlichen Verbandstages des Deutschen Holzarbeiter-Verbandes*. Abgehalten zu Göttingen vom 11. bis 16. April 1898, Stuttgart 1898, S. 90 ff. Ähnliche Bestimmungen finden sich auch bei anderen Gewerkschaftsverbänden. Vgl. dazu: *Siegfried Nestriepke*, Die Gewerkschaftsbewegung, Bd. 1, 2. umgearb. Aufl., Stuttgart 1922, S. 396 ff.

27 Vgl. etwa: *Protokoll des Vierten ordentlichen Verbandstages des Deutschen Holzarbeiter-Verbandes*. Abgehalten zu Mainz vom 4. bis 10. Mai 1902, Stuttgart 1902, S. 81—101.

28 Zit. nach: *Adolf Weber*, Der Kampf zwischen Kapital und Arbeit. Versuch einer systematischen Darstellung mit besonderer Berücksichtigung der gegenwärtigen deutschen Verhältnisse, Tübingen 1910, S. 458. Zum Organisationsgrad vor und nach Streiks vgl. *Klaus Schönhoven*, Gewerkschaftswachstum, Mitgliederintegration und bürokratische Organisation in der Zeit vor dem Ersten Weltkrieg, in: *Arbeiterbewegung und industrieller Wandel*. Studien zu gewerkschaftlichen Organisationsproblemen im Reich und an der Ruhr, hrsg. von *Hans Mommsen*, Wuppertal 1980, S. 16—37, S. 19 ff.

Die von den Verbänden an ihre Mitglieder ausgezahlte Streikunterstützung, die sich nach der Jahrhundertwende auf Wochensätze von 10 bis 15 Mark für verheiratete Mitglieder einpendelte, stellte allerdings keinen vollen Lohnausgleich dar, wie folgendes Beispiel belegen kann: Im Jahre 1907 verdiente ein Mitglied des Fabrikarbeiterverbandes durchschnittlich 22 Mark pro Woche; der Verband zahlte ihm, wenn er ein Jahr organisiert war, eine wöchentliche Streikunterstützung von 12 Mark. Weibliche Verbandsmitglieder — ihr Wochenverdienst lag im Schnitt bei 11 Mark — erhielten nach einjähriger Verbandszugehörigkeit 8 Mark Streikunterstützung. In Lohnkämpfen büßten die Arbeiter also mehr als zwei Fünftel und die Arbeiterinnen mehr als ein Viertel ihres normalen Wochenlohnes ein. Angesichts dieser drastischen Reduzierung des Einkommens in Arbeitskämpfen hatte die Bestimmung des Streikstatuts des Fabrikarbeiterverbandes, daß die Unterstützungssätze »die Höhe des bis vor dem Streik gehabten Wochenverdienstes nicht übersteigen« dürften, wenig Realitätsgehalt[29].

Die Verbände mußten sich deshalb bei langwierigen Arbeitskonflikten darum bemühen, die Solidarität der Streikenden zu festigen, wenn deren anfängliche Kampfentschlossenheit erlahmte und die Streikdisziplin abbröckelte, weil ihnen der individuelle Lohnausfall und damit die persönlichen Streikkosten zu hoch erschienen. Den Streikbruch von Mitgliedern bestraften die Gewerkschaften mit dem Verbandsausschluß[30], und Streikbrechern drohte neben dieser gewerkschaftlichen Sanktion vor allem die Ächtung durch ihre Arbeitskollegen, die ihren Unmut über unsolidarisches Verhalten meistens verbal, manchmal aber auch handgreiflich ausdrückten. Arbeitswillige genossen jedoch den vollen Schutz der Gewerbeordnung und besaßen das Wohlwollen der kaiserlichen Strafjustiz, die in ihrer Rechtsprechung die negative Koalitionsfreiheit der Nichtstreikenden extensiv verteidigte[31]. Da in jeder Lohnbewegung eine Reihe von Gewerkschaftsmitgliedern in Streikprozesse verwickelt wurde, erstreckte sich der gewerkschaftliche Rechtsschutz auch ausdrücklich auf Streitigkeiten, die aus dem Arbeitsverhältnis entstanden. Allerdings ermahnten die Verbände ihre Mitglieder immer wieder, in Konfliktsituationen die Besonnenheit zu bewahren und Provokationen zu vermeiden:

»Gegenüber etwaigen Streikbrechern ist aus bekannten Gründen ein vorsichtiges Verhalten dringend anzuraten. Es empfiehlt sich, nur recht besonnene Kollegen damit zu beauftragen, solche unsolidarischen Kollegen an ihre Pflicht zu gemahnen und sie auf den Schaden aufmerksam zu machen, den sie durch ihre Handlungsweise der Sache und ihren eigenen Interessen zufügen. Jede wörtliche oder tätliche Beleidigung oder Bedrohung von Streikbrechern muß in jedem Falle, auch selbst dann unterbleiben, wenn dieselben trotz

---

29 Die Angaben über die Einkommensverhältnisse der Fabrikarbeiter sind einer Umfrage des Verbandes vom August 1907 entnommen: *Statistische Erhebungen über Lohn- und Arbeitsbedingungen der Mitglieder des Verbandes der Fabrikarbeiter Deutschlands*, Hannover 1909, S. 3 f. Das Streikreglement des Fabrikarbeiterverbandes ist abgedruckt in: *Statut des Verbandes der Fabrik-, Land-, Hülfsarbeiter und Arbeiterinnen Deutschlands*. Revidiert nach den Beschlüssen des 8. Verbandstages zu Leipzig, Hannover 1906, S. 25—29.
30 Von den 6 195 Mitgliedern, die der Metallarbeiterverband zwischen 1908 und 1914 aus dem Verband ausschloß, wurden 77,7 Prozent wegen Streik- oder Sperrebruch ausgeschlossen. Vgl. *Der Deutsche Metallarbeiter-Verband im Jahre 1914*. Jahr- und Handbuch für Verbandsmitglieder, Stuttgart 1915, S. 28.
31 Zahlreiche Beispiele aus der Rechtsprechung bei Streikvergehen nach § 152 und § 153 der Gewerbeordnung schildert Klaus Saul, Staat, Industrie, Arbeiterbewegung im Kaiserreich. Zur Innen- und Sozialpolitik des Wilhelminischen Deutschland 1903—1914, Düsseldorf 1974, S. 188 ff.

freundschaftlichen und kollegialen Zuredens von ihrer verwerflichen Handlungsweise nicht ablassen wollen. Ein bedeutungsvolles Schweigen tut in diesem Falle auch seine Wirkung und schützt die Kollegen vor Gefängnis- und Geldstrafen und den Verband vor unnötigen Rechtsschutzkosten[32].«

*

Zu den Unterstützungseinrichtungen, die für die praktische Gewerkschaftsarbeit in Lohnkämpfen, aber auch für die Festigung der gewerkschaftlichen Solidarität von zentraler Bedeutung waren, gehörte neben der Streikunterstützung insbesondere die *Reiseunterstützung*. Die Quote dieses Kassenzweiges an den Gesamtaufwendungen für Unterstützungszwecke war vor allem in den 90er Jahren sehr hoch (s. Tab. 3, S. 157); ihr Rückgang nach der Jahrhundertwende erklärt sich aus dem vergleichsweise schnelleren Anstieg der Kosten in anderen Unterstützungszweigen, nicht aber aus einem generellen Abbau der regionalen Mobilität der Arbeiterschaft in den letzten Vorkriegsjahren[33]. Dies verdeutlichen auch die für den Metallarbeiterverband errechneten Werte (s. Tab. 5). In diesem mit Abstand größten Gewerk-

Tab. 5: Reiseunterstützung im Metallarbeiterverband 1899—1913*

Jahr	Zahl der Empfänger	in % der Mitglieder	Ausgaben für Reiseunterstützung (in Mark)	Ausgaben pro Kopf der Empfänger (in Mark)	Ausgaben pro Kopf der Mitglieder (in Mark)
1899	6035	7,1	43 348	7,18	1,96
1900	6847	7,4	73 467	10,73	0,80
1901	7169	7,0	108 625	15,15	1,07
1902	8471	7,3	135 208	15,96	1,17
1903	9166	6,4	146 773	16,01	1,02
1904	13096	7,4	192 098	14,66	1,09
1905	17488	7,8	247 373	14,14	1,09
1906	21692	7,2	243 409	11,22	0,81
1907	24714	7,0	294 997	11,93	0,84
1908	24895	6,9	401 607	14,38	1,11
1909	20974	5,8	324 052	15,45	0,88
1910	21127	5,1	291 264	13,78	0,70
1911	25673	5,2	309 649	12,06	0,63
1912	28269	5,3	344 245	10,67	0,64
1913	31750	5,7	513 443	16,17	0,92

*Berechnet nach: *Protokoll DMV-GV Nürnberg*, S. 19; *Protokoll DMV-GV Berlin*, S. 45; *Der Deutsche Metallarbeiter-Verband im Jahre 1903*. Jahr- und Handbuch für Verbandsmitglieder, Stuttgart 1904, S. 12; dass. *1904*, S. 15; dass. *1905*, S. 12 f.; dass. *1906*, S. 17 ff.; dass. *1907*, S. 28 ff.; dass. *1908*, S. 25 ff.; dass. *1909*, S. 57 ff.; dass. *1910*, S. 30 ff.; dass. *1911*, S. 34 ff.; dass. *1912*, S. 48 ff.; dass. *1913*, S. 77 ff.

32 Anweisungen betreffend das Verhalten bei Streiks, in: *Almanach des Deutschen Holzarbeiter-Verbandes für das Jahr 1901*. Taschen-Kalender für die Verwaltungen und Mitglieder des Verbandes. Im Auftrage des Verbandsvorstandes hrsg. von *Theodor Leipart*, Stuttgart o. J., S. 107—124, hier S. 116.

33 Vgl. dazu insbesondere die beiden Aufsätze von *Dieter Langewiesche*: Wanderungsbewegungen in der Hochindustrialisierungsperiode. Regionale, interstädtische und innerstädtische Mobilität in

schaftsverband stellten die Empfänger von Reiseunterstützungen bis 1913 kontinuierlich 5 bis 7 Prozent der Gesamtmitgliedschaft.

In der Konstituierungsphase der Gewerkschaften knüpfte die Reiseunterstützung unmittelbar an die zünftigen Viatikumskassen an, die dem wandernden Gesellen ein Zehrgeld und ein Reisegeschenk gewährt hatten[34]. Ihre Funktion für die Gewerkschaftsbewegung erschöpfte sich aber keineswegs darin, ein nostalgisches Relikt der Zunftzeit zu sein, das man ausschließlich in den handwerksorientierten Berufsverbänden tradierte. Auch diejenigen Gewerkschaftsverbände, die Industriearbeiter und keine Handwerksgesellen organisierten, richteten Reisekassen ein, um ihre Mitglieder, die Wohnort und Arbeitsstelle wechselten, zu unterstützen. Die Notwendigkeit der Reiseunterstützung ergab sich nämlich aus der Instabilität der Arbeitsverhältnisse in der Hochindustrialisierungsphase und nicht aus Reminiszenzen an den alten Handwerksbrauch. Für viele proletarische Migranten bestand ein Zwang zur Mobilität, denn sie trieb nicht die Wanderlust oder das Streben nach beruflichem oder sozialem Aufstieg auf die Straße, sondern die materielle Not und die drückende Erwerbslosigkeit. Sie mußten auf der Suche nach Arbeitsgelegenheit die Reiseunterstützung der Gewerkschaft in Anspruch nehmen, weil ihre Ersparnisse nicht ausreichten, um in dieser Zeit ihre Existenz zu sichern. Daneben war die Reiseunterstützung aber auch ein gutes Agitationsmittel der Verbände, das sich namentlich bei der Anwerbung von jungen Arbeitern als nützlich erwies, weil deren Mobilitätsbereitschaft die ihrer verheirateten Kollegen weit übertraf, die eine Familie zu versorgen hatten und schon deswegen mit dem Ortswechsel entstehende Kosten und Risiken scheuten[35]. Jüngere Arbeiter fanden leichter anderswo eine neue Stelle, weil sie als leistungsfähiger galten. Sie waren außerdem eher bereit, sich an ungewohnte Arbeits- und Lebensbedingungen anzupassen oder sich in anderen Berufen anlernen zu lassen, da sie mit diesen Veränderungen oft Aufstiegshoffnungen verbanden. Ältere Arbeiter erwarteten dagegen — wenn überhaupt — aus der Berufs- und Betriebsstabilität bessere Chancen; regionale Mobilität war aus ihrer Perspektive meistens ein Weg ins Ungewisse. An der Reiseunterstützung waren somit überwiegend die jungen und ledigen Mitglieder der Gewerkschaften interessiert, während sie bei den ortsstabilen Verbandsangehörigen vielfach auf Kritik stieß, die mit ihren Beiträgen nicht Wanderbewegungen finanzieren wollten, an denen sie aus verschiedenen Gründen keinen Anteil hatten[36].

Trotz dieser Kritik hielten die Verbände an der Reiseunterstützung fest, weil sie nicht nur als gewerkschaftliche Mobilitätszulage für Ungebundene fungierte, sondern zugleich eingesetzt

---

Deutschland 1880—1914, in: VSWG, Bd. 64, 1977, S. 1—40; ders., Mobilität in deutschen Mittel- und Großstädten. Aspekte der Binnenwanderung im 19. und 20. Jahrhundert, in: *Arbeiter im Industrialisierungsprozeß. Herkunft, Lage und Verhalten*, hrsg. von *Werner Conze* und *Ulrich Engelhardt*, Stuttgart 1979, S. 70—93.

34 Siehe dazu *Fröhlich*, S. 64 ff., 133 ff.

35 Nach einer Erhebung des Metallarbeiterverbandes, die der Verband 1895 veröffentlichte, waren 73,7 Prozent der Mitglieder, die Reiseunterstützung beantragt hatten, jünger als 25 Jahre; *Protokoll der 2. ordentlichen General-Versammlung des Deutschen Metallarbeiter-Verbandes zu Magdeburg. Abgehalten vom 15. bis 19. April 1895*, Stuttgart o. J., S. 20. Vgl. auch *Langewiesche*, Mobilität, a. a. O., S. 78 ff.

36 Vgl. dazu beispielsweise die Debatten im Metallarbeiterverband, auf dessen Kongressen wiederholt die Abschaffung der Reiseunterstützung gefordert wurde: *Protokoll der 1. ordentlichen Generalversammlung des Deutschen Metallarbeiter-Verbandes zu Altenburg. Abgehalten vom 3. bis 7. April 1893*, Stuttgart o. J., S. 50 f.; *Protokoll Magdeburg*, S. 58 ff. Auf beiden Kongressen wurden die entsprechenden Anträge abgelehnt.

werden konnte, um bei Lohnkonflikten das Angebot an Arbeitskräften auf dem betroffenen Arbeitsmarkt zu regulieren. Auf diesen strategischen Zweck der Reiseunterstützung bei Streikbewegungen wies beispielsweise Martin Segitz mit Nachdruck hin, als er 1897 auf dem Verbandstag der Metallarbeiter die Beibehaltung dieser Kasseneinrichtung verteidigte:
»Die Reiseunterstützung ist nicht nur eine Wegzehrung für Reiselustige, sie kommt uns beim Kampfe unter Umständen auch sehr zustatten. Wie vorteilhaft wirkt es, wenn wir bei Ausständen alle unverheirateten Verbandsmitglieder veranlassen können, das Ausstandsgebiet zu verlassen, abzureisen! Nicht nur, daß dadurch die Verbandskasse augenblicklich entlastet wird, weil durch Abreise der unverheirateten Mitglieder sich die Unterstützungslast verteilt, auch der Unternehmer wird nachgiebiger, wenn er merkt, daß die jungen willigeren Arbeitskräfte sich zur Abreise rüsten. Bei Aussperrungen wird die Lage der an den Ort gebundenen Verbandsmitglieder sehr erleichtert durch Abreise derer, die sich verändern können[37].«

Dieses Plädoyer für eine großzügige Reiseunterstützung hinderte den Verbandstag der Metallarbeiter aber nicht daran, deren Zahlung von einer Reihe von Bedingungen abhängig zu machen, die im Laufe der Jahre noch erheblich verschärft wurden. Gleichzeitig räumte man ab 1903 mit der Einführung der Umzugsbeihilfe den verheirateten Mitgliedern, die einen eigenen Haushalt führten und wegen Arbeitslosigkeit den Wohnort wechseln mußten, einen auf sie zugeschnittenen Unterstützungsanspruch ein, der als Äquivalent zur Reiseunterstützung gedacht war[38].

Die Auszahlung der Reiseunterstützung und die Kontrolle der Reisenden beanspruchte in allen Gewerkschaften einen relativ hohen bürokratischen Aufwand, weil man in den lokalen Verbandsfilialen die zu- und abreisenden Mitglieder jeden Tag sorgfältig registrierte, ihre Mitgliedsbücher mit Legitimationsstempeln versah und ihnen ihr Reisegeld nur auszahlte, wenn sie eine bestimmte Tagesentfernung zurückgelegt hatten. Bei den Metallarbeitern hatte ein Mitglied erst dann Anspruch auf die Reiseunterstützung, wenn es »eine als Tagesleistung zu betrachtende Strecke von circa 5 Wegstunden (25 Kilometer)« marschiert war[39]. Die Buchdrucker setzten lediglich eine tägliche Wanderdistanz von 20 km an, verlangten aber von einem Mitglied, das dieses Tagessoll nicht erfüllte, einen »glaubwürdigen Nachweis«, wo es sich »während dieser Zeit aufgehalten« habe. Konnte das Mitglied diesen Nachweis nicht erbringen, so entzog der Zahlstellenbeamte ihm die Reiselegitimation und verweigerte die Unterstützungszahlung[40]. Diese Bestimmungen über die an einem Tag zu absolvierenden

---

37 Dieses Referat wurde im Anschluß an den Kongreß gedruckt: *Martin Segitz*, Das Unterstützungswesen der Gewerkschaften, insbesondere die Arbeitslosen-Unterstützung und deren Einführung im Deutschen Metallarbeiter-Verband. Rede auf der 3. ordentlichen Generalversammlung des D.M.V. zu Braunschweig am 21. April 1897, Nürnberg 1897, Zitat S. 12.
38 Eine Umzugsbeihilfe erhielten arbeitslose Mitglieder, die den Nachweis erbrachten, daß sie eine neue Arbeitsstelle gefunden hatten. Diese Arbeitsstelle mußte mindestens 30 km von ihrem alten Wohnort entfernt sein. Die Beihilfe betrug je nach Mitgliedsdauer zwischen 20 und 40 Mark. Vgl. *Protokoll der 6. ordentlichen General-Versammlung des Deutschen Metallarbeiterverbandes zu Berlin*. Abgehalten vom 1. bis 6. Juni 1903, Stuttgart o. J., S. 190 ff.
39 Statut des Deutschen Metallarbeiter-Verbandes von 1901, in: *Protokoll der 5. ordentlichen General-Versammlung zu Nürnberg*. Abgehalten vom 28. Mai bis 1. Juni 1901, Stuttgart o. J., S. 277—291, Zitat S. 279.
40 Statut des Verbandes der Deutschen Buchdrucker von 1902, abgedruckt in: *Die bestehenden Einrichtungen zur Versicherung gegen die Folgen der Arbeitslosigkeit im Ausland und im Deutschen Reich*. Bearb. im Kaiserlichen Statistischen Amt, Abt. für Arbeiterstatistik, Teil III, Berlin 1906, S. 303—315, Zitat S. 311.

Strecken machten die Anreise zu neuen Arbeitsorten sicherlich nicht zu einer gemütlichen und beschaulichen Wanderung, auf der man sich ausgiebig dem Natur- und Kunstgenuß widmen konnte. Das statuarisch vorgeschriebene Marschtempo war ganz auf die jungen Mitglieder zugeschnitten, deren physische Konstitution es ihnen erlaubte, mehrmals hintereinander längere Fußreisen durchzustehen[41]. Denn auch die Verweildauer in den einzelnen Zahlstellen war penibel geregelt. So hatten die Buchdrucker die Aufenthaltszeit in den meisten Verbandsorten auf einen Tag festgelegt, und nur in 11 im Statut eigens aufgeführten Großstädten konnte das Mitglied die Arbeitssuche auf zwei bzw. drei Tage ausdehnen[42].
Der Reisende mußte ferner in jeder auf seiner Strecke gelegenen Verbandsfiliale um Arbeit nachfragen und seine Reiselegitimation vorweisen. Erst dann erhielt er sein Reisegeld, das sich in den meisten Verbänden auf 1 Mark pro Tag belief. Manche Verbände vergüteten die zurückgelegte Wegstrecke, wobei 4 Pfennig pro Kilometer nach der Jahrhundertwende der übliche Satz war. Diese Beträge deckten natürlich nicht alle Reisekosten und lagen weit unter dem möglichen durchschnittlichen Tagesverdienst. Weiterhin war der Anspruch auf Reiseunterstützung in allen Gewerkschaften auf eine bestimmte jährliche Höchstsumme begrenzt, die im Falle der Metallarbeiter sich nach der Mitgliedsdauer richtete und von 42 Mark bei einjähriger Mitgliedschaft bis auf 70 Mark bei fünfjähriger Mitgliedschaft anstieg. Die Reiseunterstützung verlor ein Metallarbeiter aus folgenden Gründen: »bei beharrlicher grundloser Verweigerung der Annahme einer in das Fach einschlagenden unter auskömmlichen Bedingungen ihm nachgewiesenen Arbeitsgelegenheit; bei erwiesener absichtlicher Umgehung der Kontrollmaßregeln; bei Unterlassung der Abmeldung am letzten Arbeitsorte; bei einem Beitragsrückstande von über 8 Wochen[43]«.
Der bürokratische Aufwand, mit dem die Verbände ihre reisenden Mitglieder zu kontrollieren versuchten, muß im Zusammenhang mit der immensen Mitgliederfluktuation gesehen werden, die für alle Gewerkschaften im Kaiserreich ein kaum zu bewältigendes Problem bedeutete[44]. Da vor allem die jungen Mitglieder, die einer Gewerkschaftsorganisation erst ein oder zwei Jahre angehörten, den Hauptteil der jährlichen Verluste stellten, diese Mitglieder aber auch die höchsten regionalen Mobilitätsquoten aufwiesen, war es für die Verbände geradezu existenznotwendig, die Wanderungsbewegungen ihrer Neumitglieder besonders strikt im Auge zu behalten. Der Anmeldezwang bei jeder lokalen Zahlstelle, die ein Mitglied bei einem Ortswechsel aufsuchte, sollte hauptsächlich die Fluktuation eindämmen und die Organisationstreue der reisenden Verbandsangehörigen stabilisieren. Allerdings konnten die Ge-

---

41 Zeitgenössische Beobachter kritisierten die gewerkschaftlichen Reisestatuten, weil sie ein »systematische[s] Hetzen des Arbeiters von Ort zu Ort« auslösten; so *Robert Michels/Gisela Michels-Lindner*, Das Problem der Arbeitslosigkeit und ihre Bekämpfung durch die deutschen Freien Gewerkschaften, in: Archiv für Sozialwissenschaft und Sozialpolitik, Bd. 31, 1910, S. 422—497, S. 464. Die durchschnittliche Reisedauer betrug — geht man von den in Tab. 5 für die Metallarbeiter errechneten Unterstützungssätzen pro Mitglied aus — zwischen einer und zwei Wochen. Die Kostenerstattung für Eisenbahnfahrten setzte sich in den Gewerkschaften nur zögernd durch. Im Metallarbeiterverband mußte das Mitglied nachweisen, daß es auswärts Arbeit erhalten hatte und seine neue Stelle nur dann rechtzeitig antreten konnte, wenn es mit der Eisenbahn dorthin fuhr. Vgl. *Der Deutsche Metallarbeiter-Verband im Jahre 1906*. Jahr- und Handbuch für Verbandsmitglieder, Stuttgart 1907, S. 19.
42 Statut von 1902, a. a. O.
43 Statut von 1901, a. a. O., S. 280. Weitere Bestimmungen aus gewerkschaftlichen Reisestatuten erläutert *Brüggerhoff*, S. 65 ff.
44 Vgl. dazu ausführlich *Schönhoven*, Expansion, S. 150—198.

werkschaften auch mit rigorosen Reisekontrollen die Mitgliederverluste bei den Migranten nicht entscheidend reduzieren, weil offensichtlich viele Arbeiter zwar die Reiseunterstützung als gewerkschaftliche »Wegzehrung« in Anspruch nahmen, aber ihre Verbandspflichten, die auch Beitragspflichten waren, dann vergaßen, wenn sie eine neue Arbeitsstelle gefunden hatten. So wiesen die Mitgliederstatistiken des Metallarbeiterverbandes zwischen 1905 und 1913 immer eine negative Wanderungsbilanz aus: Jahr für Jahr war in allen regionalen Bezirken des Verbandes die Zahl der zugereisten Mitglieder deutlich geringer als die Zahl der abgereisten Mitglieder, d. h., Verbandsangehörige, die sich auf die Wanderung begaben, meldeten sich bei ihrer alten Zahlstelle vorschriftsmäßig ab, doch an ihrem neuen festen Arbeitsort verzichteten sie darauf, sich bei der nun zuständigen Zahlstelle anzumelden. Andere Verbände mußten ähnliche Erfahrungen machen: Bei den Lederarbeitern betrug der Anteil der »auf der Reise dem Verband verlorengegangenen Mitglieder« zwischen 50 und 56 Prozent; bei den Malern waren es 62 Prozent, und bei den Zimmerern belief sich diese Quote auf 47 bis 58 Prozent pro Jahr[45].

Obwohl es um die Organisationstreue der reisenden Arbeiter besonders schlecht bestellt war, standen die Gewerkschaftsverbände der regionalen Mobilität nicht prinzipiell ablehnend gegenüber. Die Befürworter der Migration erwarteten nämlich, daß die regionale Mobilität das Klassenbewußtsein der Arbeiter positiv beeinflusse; denn — so der Vorsitzende des Maurerverbandes — die besten Gewerkschaftsmitglieder seien nicht diejenigen, die »ihr Leben lang bei Muttern hinterm Ofen« säßen und »später als Jubiläumsgesellen bei den Unternehmern Medaillen« bekämen[46]. Bestärkt wurde diese Auffassung durch die Erfahrungen von Gewerkschaftsbeamten, die in überwiegend agrarisch strukturierten Gebieten tätig waren. In ihren Rechenschaftsberichten beklagten sie immer wieder das Desinteresse der dort beschäftigten Arbeiter an den Gewerkschaften, das kaum zu überwinden sei, da die gewerkschaftliche Mitgliederwerbung durch das niedrige Bildungsniveau, die ländliche Wohnweise und die völlige Abhängigkeit der Arbeiter von einem örtlichen Unternehmer sehr erschwert werde[47]. Die Hoffnungen, die man in den Gewerkschaften darauf setzte, daß die regionale Mobilität der Arbeiterschaft auch deren Klassenbewußtsein und Gewerkschaftsinteresse fördern werde, illustriert folgender Diskussionsbeitrag eines Delegierten des Metallarbeiterverbandes:

»Was die Reiseunterstützung betrifft, so kann ich nicht begreifen, daß man junge Kollegen durchaus an die Scholle fesseln will. Auf der einen Seite beklagt man sich, daß Kollegen aus bestimmten Gegenden, zum Beispiel im Schwarzwald, nicht fortgehen. Aber warum gehen sie nicht fort, warum kleben sie denn an der Scholle? Wenn die Verhältnisse dort absolut nicht zu ertragen sind, dann sollen sie doch fortgehen. [...] Es ist doch geradezu notwendig, daß die Kollegen einmal ihre Heimat verlassen, das Milieu bildet doch erst den Menschen. Wenn ich heute einmal auf mein Heimatdorf komme, dann sehe ich, daß meine Alters- und Schulkameraden noch genau so dumm sind, wie ich früher war. Gerade das Leben macht die Kollegen erst zu Kämpfern. Wir sagen immer, wir wollen die verdammte Bedürfnislosigkeit bekämpfen, aber nur in der Großstadt können die Kol-

---

45 Weitere Belege *ebda.*
46 Theodor Bömelburg auf dem Verbandstag der Maurer 1901; zitiert bei *Brüggerhoff*, S. 66.
47 Vgl. dazu *Klaus Schönhoven*, Gewerkschaftliches Organisationsverhalten im Wilhelminischen Deutschland, in: Arbeiter im Industrialisierungsprozeß, S. 403—421, insbesondere S. 417 ff.; s. auch *ders.*, Expansion, S. 25 ff.

legen lernen, die Ansprüche ans Leben zu stellen, die ein vernünftiger Mensch stellen muß, und deshalb ist es notwendig, das Reisen zu begünstigen, nicht aber es einzuschränken[48].«
Diese positive Einschätzung der regionalen Mobilität der Arbeiterschaft war sicherlich insoweit richtig, als sie auf die besseren gewerkschaftlichen Organisationsbedingungen in industriellen Ballungsgebieten hinwies, in denen 1913 über die Hälfte aller Gewerkschaftsmitglieder lebten. Das enge Zusammenhausen der Beschäftigten in den großstädtischen Wohnquartieren schuf günstige Voraussetzungen für die gewerkschaftliche Werbetätigkeit und ermöglichte es den Verbänden, die am Arbeitsplatz geknüpften Kontakte auch in der arbeitsfreien Zeit weiter aufrechtzuerhalten, was in ländlichen Streusiedlungen nicht so leicht zu realisieren war. Andererseits paßten sich die Arbeiter, die im Zuge der Binnenwanderung aus dem agrarischen Sozialmilieu in die Städte kamen, nur zögernd und widerwillig der ungewohnten Disziplin des Fabriksystems an, gegen das sie mit Absentismus und häufigem Stellenwechsel rebellierten. Diese Schicht von meist ungelernten Arbeitern, deren Leben von deprimierenden Existenzsorgen und Unstetigkeit der Lebensweise, aber auch von der »verdammten Bedürfnislosigkeit« geprägt war, konnten die Gewerkschaftsverbände nur sehr schwer gewinnen. Als nach der Jahrhundertwende die jährlichen Mitgliederzuwächse der Gewerkschaften schrumpften und die Phase ihrer stürmischen Expansion zu Ende ging, mußten die Verbandsvorstände ihre Organisationsanstrengungen in den gewerkschaftlichen Diasporagebieten auf dem Land verstärken und gleichzeitig ihr Augenmerk auf diejenigen Arbeiter richten, deren Gewerkschaftsinteresse offensichtlich nicht durch Appelle an die Solidarität und das Klassenbewußtsein der Arbeiterschaft zu stimulieren war. Der Ausbau der gewerkschaftlichen Organisationsmacht hing auch vom Erfassen bislang indifferenter Arbeiter ab, die aber — so das Kalkül der Vorstände — nur mit materiellen Anreizen sich zum Verbandsbeitritt bewegen ließen.
Die innergewerkschaftlichen Auseinandersetzungen über die Frage, ob durch eine Erweiterung des Unterstützungswesens die Verbandstreue der bereits organisierten Arbeiter zu stabilisieren und die Gewerkschaftsapathie der noch nicht organisierten Arbeiter zu überwinden sei, wurden jedoch von einer grundsätzlichen Problematik überlagert, die man in den Verbänden, die sich mit dem weiteren Ausbau des Unterstützungswesens befaßten, leidenschaftlich debattierte. Im Mittelpunkt dieser Diskussion stand nicht der Streit um den organisatorischen Nutzen der Selbsthilfeeinrichtungen, sondern der Streit um ihre Funktion im Emanzipationsprozeß der Arbeiterschaft. Es entbrannte eine Kontroverse um das Selbstverständnis und die Zielperspektiven der sozialdemokratischen Gewerkschaftsbewegung, in der es darum ging, welches Gewicht man der praktischen Reformtätigkeit im Rahmen des kapitalistischen Lohnsystems zumaß und wie die Freien Gewerkschaften ihre Aufgabe beim Kampf gegen den monarchischen Gegenwartsstaat definierten. Diese Grundsatzdebatte über den Stellenwert der alltäglichen Gewerkschaftsarbeit und ihre strategische Bedeutung wurde bei der Einführung der Arbeitslosenunterstützung eröffnet und setzte sich dann fort, als diesem Unterstützungszweig mit der Krankenunterstützung noch eine ausgesprochen defensive Solidarleistung hinzugefügt werden sollte.

---

48 So der Delegierte Gans auf dem Verbandstag von 1905: *Protokoll der 7. ordentlichen General-Versammlung des Deutschen Metallarbeiter-Verbandes zu Leipzig*. Abgehalten vom 12. bis 17. Juni 1905, Stuttgart o. J., S. 117 f.

Beide Kasseneinrichtungen, *Arbeitslosen-* wie *Krankenunterstützung,* hatten schon vor 1890 zum Leistungsangebot der Gewerkschaften gehört, aber ihr Verbreitungsgebiet in den einzelnen Verbänden war unterschiedlich groß gewesen. Während die Krankenunterstützung in der Organisationsform von freien Hilfskassen zunächst eine wichtige Rolle in der gewerkschaftlichen Reorganisationsphase der 80er Jahre gespielt hatte, war die Arbeitslosenunterstützung in dieser Zeit nur in wenigen Verbänden, die handwerklich hochqualifizierte Arbeiter organisierten (Buchdrucker, Handschuhmacher, Hutmacher, Kupferschmiede), eingeführt worden[49]. Nach der reichsrechtlichen Regelung der Krankenversicherung verringerte sich aber auch die Zahl der gewerkschaftseigenen Hilfskassen, da diese mit den gesetzlichen Zwangskassen nicht konkurrieren konnten. Die Umwandlung der gewerkschaftlichen Krankenkassen in fakultative Zuschußkassen bzw. der völlige Verzicht auf diese Unterstützungseinrichtungen kennzeichneten die Entwicklung im Jahrzehnt nach der Aufhebung des Sozialistengesetzes, in dem die Gewerkschaftsverbände ihre Interessen auf andere Aktionsbereiche verlagerten. Das zeigt auch die rückläufige Quote der für Krankenunterstützung ausgegebenen Finanzmittel im gesamtgewerkschaftlichen Unterstützungsbudget (s. Tab. 4, S. 158). Ein »neuer Siegeslauf[50]« der gewerkschaftlichen Krankenversicherung begann erst, als die offensiven Unterstützungszweige in den Verbänden ausgebaut waren und man die Arbeitslosenunterstützung weitgehend eingeführt hatte, mit der sich die Verbände der sozialen Sicherung der ortsstabilen Erwerbslosen zuwandten. Da die Kranken ebenfalls ortsstabil und erwerbslos waren, mußten die Gewerkschaften jetzt fast zwangsläufig auch ihnen ihr Augenmerk schenken, zumal zwischen Arbeitslosigkeit und Krankheit Zusammenhänge bestanden, die man nicht ignorieren konnte. Nachdem sich die Verbände grundsätzlich dafür entschieden hatten, die Gewährung von sozialen Hilfsmaßnahmen als eine der Aufgaben der Gewerkschaftsbewegung anzuerkennen, war die Einführung der Krankenunterstützung nur noch die logische Fortsetzung dieses Weges.

Der Disput über die gewerkschaftliche *Arbeitslosenversicherung* wurde in der ersten Phase der innerverbandlichen Kontroversen als ein Grundsatzstreit über die Aufgaben der Gewerkschaften geführt, in dem Gegner wie Befürworter der Unterstützungen ihre jeweilige Position auch mit marxistischen Begründungen zu untermauern suchten. Dieser Rückgriff auf die parteioffizielle Theorie der Sozialdemokratie erschöpfte sich allerdings meistens darin, daß beide Seiten Denkfiguren von Marx selektiv aufgriffen, um sie in ihre Argumentationsketten einzubauen und um ihre marxistische Prinzipientreue zu demonstrieren.

Für die Gegner der Arbeitslosenunterstützung stand der baldige Zusammenbruch des kapitalistischen Lohnsystems außer Frage. Ihre mit radikalem Pathos vorgetragenen Attacken gegen den »Unterstützungsrummel[51]« basierten auf der Überzeugung, daß der zwangsläufige Untergang der bürgerlichen Gesellschaft durch gewerkschaftliche Kampfaktionen beschleunigt werden müsse und daß die Zuspitzung der Klassenkonflikte nicht durch humanitäre Hilfsmaßnahmen verlangsamt werden dürfe. Aus dieser Perspektive war gerade die Arbeitslosenunterstützung das denkbar ungeeignetste Mittel in der Offensive gegen die bestehende Wirtschafts- und Gesellschaftsordnung, weil sie die Aufmerksamkeit und die Kraft der Ge-

---

49 Vgl. dazu *Fanny Imle,* Die Arbeitslosenunterstützung in den deutschen Gewerkschaften, nach Angaben der Gewerkschaftsvorstände, Berlin 1903, S. 9 ff.; s. auch *Michels/Michels-Lindner,* a. a. O., S. 422 ff.
50 *Brüggerhoff,* S. 86.
51 *Holzarbeiter-Zeitung,* Nr. 30 vom 28. Juli 1895.

werkschaftsbewegung auf ein Ziel lenkte, das »im krassesten Widerspruch« zum »Geist des Sozialismus⁵²« stehe. Mit dem Palliativmittel Arbeitslosenunterstützung werde man den »grundlosen Sumpf des Kapitalismus⁵³« nicht trockenlegen, sondern nur Gelder vergeuden und letztlich die »Energie des Klassenkampfes⁵⁴« lähmen. Diesen an den Prognosen des Erfurter Programms orientierten ökonomischen Determinismus ergänzten die Gegner der Arbeitslosenunterstützung noch durch verworrene darwinistische Vorstellungen, indem sie vom »Kampf ums Dasein« sprachen, der nicht von den »schwächlichen, degenerierten Individuen« der »industriellen Reservearmee« geführt werden könne, sondern nur vom »klassenbewußten Kern« des Proletariats. Die Hauptaufgabe der Gewerkschaften sei es deshalb, diese bereits organisierten Eliten für den Klassenkampf »wehrfähig zu erhalten« und sie nicht schon vorher »im aussichtslosen Ringen mit der Reservearmee« zu erschöpfen⁵⁵.

Die Befürworter der Arbeitslosenunterstützung waren hinsichtlich des baldigen Bankrotts des Kapitalismus weniger optimistisch als ihre Kontrahenten. Sie glaubten nicht an einen unmittelbar bevorstehenden Entscheidungskampf und richteten ihre Strategie deshalb auf langwierige Konflikte aus, für die man die Arbeiterschaft durch eine schrittweise Verbesserung ihrer Lebensverhältnisse stärken müsse. Auch ihre Argumente entstammten dem Arsenal des Marxismus, denn sie betonten die defensive Funktion der Gewerkschaften als Verkaufsagentur der Ware Arbeitskraft. Aus dieser Sicht war die Arbeitslosenunterstützung ein wichtiges gewerkschaftliches Kampfmittel, um den Konkurrenzdruck der Erwerbslosen auf die Beschäftigten abzubauen und um Lohndrückerei und Streikbrechertum einzudämmen. Man räumte zwar ein, daß die Gewerkschaften die Arbeitslosigkeit weder völlig beseitigen noch die industrielle Reservearmee restlos auflösen könnten, doch hoffte man, mit der Arbeitslosenhilfe »die Konkurrenz der Arbeitslosen in ihren die Widerstandskraft der Arbeiterorganisationen schädigenden Wirkungen zu mildern⁵⁶« und »weite Scharen der Arbeiter auf ein höheres intellektuelles und wirtschaftliches Niveau zu erheben⁵⁷«.

Da die Anhänger der Arbeitslosenunterstützung ihre Strategie auf eine längerfristige kapitalistische Übergangszeit einstellten, hatten sie auch kein Verständnis für die elitäre Gewerkschaftskonzeption ihrer Gegner. Nach ihrer Auffassung mußten die Gewerkschaften den Unternehmern mit einer möglichst großen Streitmacht gegenübertreten, für die sie auch die noch indifferenten Arbeiter zu gewinnen hatten, selbst wenn sich diese nur aus materiellen Interessen der Gewerkschaftsbewegung anschlossen⁵⁸. Von der Vorstellung, man dürfe der unauf-

---

52 *Deutsche Metallarbeiter-Zeitung*, Nr. 12 vom 25. März 1895.
53 *Ebda.*, Nr. 28 vom 14. Juli 1894.
54 *Ebda.*, Nr. 35 vom 1. September 1894.
55 *Ebda.*
56 *Ebda.*, Nr. 48 vom 28. November 1896.
57 So Louise Zietz auf dem 4. Kongreß der Fabrikarbeiter: *Protokoll des 4. ordentlichen Verbandstages*, Kassel 14.—19. 8. 1898, hrsg. vom Verband der Fabrikarbeiter, Hannover o. J., S. 31. Ähnlich argumentierte auch *Konrad Haenisch,* Die Vorteile der gewerkschaftlichen Arbeitslosen-Unterstützung, in: Die Neue Zeit, Jg. 15, 1897/98, Bd. 2, S. 513—521.
58 Mit diesem Aspekt befaßten sich viele Beiträge in der Diskussion um das Unterstützungswesen. Vgl. etwa *Der Proletarier,* Nr. 23 vom 6. November 1897; *Buchbinder-Zeitung,* Nr. 31 vom 30. Juli 1898; *Deutsche Metallarbeiter-Zeitung,* Nr. 10 vom 6. März 1897; Nr. 12 vom 20. März 1897; Nr. 3 vom 21. Januar 1899. Die Verbandszeitung der Gemeindearbeiter stellte z. B. fest: »Die Masse ist egoistisch, sie will gleich greifbare Erfolge sehen, sie will von der Organisation sofort materielle Vorteile haben und diesem Umstand muß Rechnung getragen werden. [...] Die gewerkschaftlichen Kämpfe entscheidet man nun nicht durch den Stimmzettel, sondern hier müs-

haltsamen Verelendung des Proletariats nicht durch Unterstützungseinrichtungen entgegenwirken, distanzierten sich die Verfechter der Arbeitslosenunterstützung mit aller Schärfe: »Wenn wir im Unterstützungswesen eine ›Verzögerung der Entscheidung des Klassenkampfes‹ finden, dann müssen wir naturgemäß zur Auffassung gelangen, die Entscheidung im Klassenkampf werde um so rascher erfolgen, je weniger der Arbeiter im Stande oder gewillt ist, die Folgen der kapitalistischen Produktionsweise für sich und seine Klasse abzuschwächen. Für die soziale Befreiung der Arbeiterklasse wären demnach die Angehörigen der tieferstehenden Arbeiterschichten die geeignetsten Vorkämpfer. Dann aber war unsere ganze bisherige Taktik in der Arbeiterbewegung eine verkehrte. Dann dürfen wir keinen gesetzlichen Arbeitsschutz anstreben, keine Lohnerhöhung, keine Verkürzung der Arbeitszeit, wir dürfen der Tendenz des Kapitalismus, der Ausbeutung, in keiner Form entgegentreten. Gewerkschaften sind dann überflüssig, Streiks verwerflich, gesetzliche Hilfe für die Arbeiter von vornherein abzulehnen. Wenn die tiefstehenden Arbeiterschichten die Entscheidung im Klassenkampf beschleunigen, dann müssen wir die Ausbeuter unterstützen, damit die Arbeiter recht rasch auf das unterste Niveau der Gesellschaft herabgedrückt werden. Um so rascher erfolgt dann ›die Entscheidung im Klassenkampf‹[59].« Die Absage an den revolutionären Optimismus der Zusammenbruchstheorie und die Zurückweisung der Verelendungstheorie erfolgten in den Gewerkschaften, noch bevor die Sozialdemokratie auf ihren Parteitagen in die Revisionismusdebatte eintrat. Die gewerkschaftliche Emanzipation vom Parteimarxismus und die Neuorientierung der Gewerkschaftstheorie setzten bereits mit dem Wirtschaftsaufschwung in der Mitte der 90er Jahre ein, der in den Augen vieler Gewerkschaftsmitglieder den Wahrheitsanspruch der Entwicklungsprognosen des Erfurter Programms schwer erschütterte. Während dieses Konjunkturhochs stiegen auch die Mitgliederzahlen der Gewerkschaftsverbände, und mit den Mitgliederzahlen wuchs das Selbstbewußtsein der Freien Gewerkschaften, die sich nun nicht mehr als Rekrutenschulen der Sozialdemokratie verstanden, sondern ihre Eigenständigkeit betonten[60]. Die offene Hinwendung der Gewerkschaften zu einer reformorientierten Praxis und zu einer strategischen Leitlinie, die dem »Zustand der ruhigen Entwicklung[61]« mehr vertraute als risikoreichen Re-

---

sen dauernd Massen in Bewegung sein, und wenn man sie auch nur durch Unterstützungszweige mitschleppt« (*Die Gewerkschaft*, Nr. 13 vom 7. Juli 1898).
59 *Segitz*, S. 19 f.
60 Vgl. zum Verlauf und zum Ergebnis dieser Neutralitätsdebatte zwischen Freien Gewerkschaften und Sozialdemokratie: *Gerhard A. Ritter*, Die Arbeiterbewegung im Wilhelminischen Reich. Die Sozialdemokratische Partei und die Freien Gewerkschaften 1890—1900, 2. durchges. Aufl., Berlin 1963, S. 170 ff.; s. auch *Hans-Josef Steinberg*, Die Entwicklung des Verhältnisses von Gewerkschaften und Sozialdemokratie bis zum Ausbruch des Ersten Weltkrieges, in: Vom Sozialistengesetz zur Mitbestimmung, S. 121—134. Mit grundsätzlichen Problemen einer Gewerkschaftstheorie befaßt sich *Gerhard Beier*, Elemente einer Theorie der gewerkschaftlichen Entwicklung. Autonomie, Funktion, Struktur und Aktion, in: *Gewerkschaftliche Politik. Reform aus Solidarität.* Zum 60. Geburtstag von Heinz Oskar Vetter, hrsg. von *Ulrich Borsdorf, Hans O. Hemmer, Gerhard Leminsky* und *Heinz Markmann*, Köln 1977, S. 191—218.
61 So der Vorsitzende der Generalkommission, Carl Legien, auf dem Gewerkschaftskongreß von 1899: *Protokoll der Verhandlungen des dritten Kongresses der Gewerkschaften Deutschlands*. Abgehalten zu Frankfurt a. M.-Bockenheim vom 8. bis 13. April 1899, Hamburg o. J., S. 103. (Nachdruck in: *Protokolle der Verhandlungen der Kongresse der Gewerkschaften Deutschlands*, Bd. 1, Berlin/Bonn 1979). In dieser Rede erklärte Legien ferner: »Wir wünschen einen ruhigen Gang der Entwicklung der Gesellschaft zu einer höheren Organisation, und diese ist abhängig von dem Material, das für die zukünftige Gesellschaft vorhanden ist. Wir Gewerkschafter sind der Meinung,

volten gegen die kapitalistische Gesellschaftsordnung, hatte geradezu zwangsläufig zur Folge, daß man dem Ausbau der Gewerkschaftsmacht im Gegenwartsstaat fortan die ganze Aufmerksamkeit schenkte.

Damit war auch die Frage der Arbeitslosenunterstützung entschieden, soweit man sie als eine Prinzipienfrage diskutiert hatte. Denn indem die Gewerkschaften begannen, auf ihre eigene Kraft zu vertrauen[62], und sich in den bestehenden Verhältnissen einrichteten, rückten die Alltagssorgen der Arbeiterschaft und die Alltagsprobleme der Gewerkschaftsarbeit in den Vordergrund ihres Interesses. So konnte die Zeitung des Zimmererverbandes mit Blick auf die Grundsatzdebatte um das Unterstützungswesen schon vor der Jahrhundertwende von »einem mächtigen Umschwung« berichten, der sich überall in den Gewerkschaftsorganisationen vollzogen habe, und feststellen, daß die »scharfsinnigen Unterscheidungen zwischen Unterstützungsverband und Kampforganisation« in den innerverbandlichen Diskussionen »allenthalben nur noch ein mitleidiges Lächeln« entlocken würden[63].

In der Tat waren bis zur Jahrhundertwende die meisten der früheren Gegner der Arbeitslosenunterstützung »den Weg nach Damaskus gewandelt[64]« und zu entschiedenen Befürwortern dieser Einrichtung geworden. Ihre Meinungsänderung hatten nicht unbedingt tiefgreifende theoretische Grundsatzüberlegungen bewirkt, sondern die organisationsbezogenen Probleme, mit denen sie tagtäglich in ihrer praktischen Gewerkschaftstätigkeit konfrontiert wurden. Sie sahen die Arbeitslosenhilfe als ein besonders gutes gewerkschaftliches Werbemittel an, mit dem man die Organisationsbereitschaft, aber auch die Organisationstreue der Lohnarbeiterschaft verbessern wollte. Die Bevorzugung der jungen und unverheirateten Mitglieder, die für die Stellensuche die Reiseunterstützung in Anspruch nehmen konnten, sollte abgebaut werden; gleichzeitig rechnete man mit einem stärkeren Zustrom von ortsfesten und verheirateten Arbeitern, denen man auch aus Gründen der Gerechtigkeit einen an ihren Bedürfnissen ausgerichteten Versicherungszweig anbieten mußte. Weiterhin erwartete man, daß die Ar-

---

daß eine Lösung der sozialen Frage, daß eine Umgestaltung der heutigen Staats- und Gesellschaftsordnung zu einer besseren Ordnung nur erfolgen kann, wenn der erhaltende Teil der Gesellschaft, wenn die Arbeiterschaft ausreichend genährt, geistig und physisch gesund ist. Und weil wir von diesem unserem Standpunkt aus nicht wünschen können, daß es zu einem sogenannten Kladderadatsch kommt, deshalb kann ich mit gutem Rechte und in vollem Einverständnis mit Ihnen wiederholen, daß wir die Gesetzgebung, die gegen uns gerichtet ist, nicht wünschen, nicht in unserem eigenen Interesse, sondern im Interesse der Fortentwicklung der Kultur und zur Verhütung einer Katastrophe, die in weiteren Zeitperioden anderenfalls unbedingt eintreten muß« (*ebda.*, S. 103 f.) Ähnlich argumentierte auch die Gewerkschaftspresse, die den Weg der Evolution als angemessene Strategie bezeichnete und nur dann »eine gewisse Gewaltsamkeit« für notwendig hielt, wenn der Reform Widerstand entgegengesetzt würde, nachdem »die Notwendigkeit einer Neugestaltung auch dem blödesten Auge erkennbar geworden« sei (*Der Zimmerer*, Nr. 28 vom 12. Juli 1902).

62 Mit diesem Argument befürwortete Legien den Ausbau des Unterstützungswesens, weil er die Ansicht vertrat, daß nach dem Durchbruch der Gewerkschaften zur Massenbewegung nicht mehr die ständige Gefahr der Vernichtung durch den Staat über der Gewerkschaftsbewegung schwebe. Vgl. *Carl Legien*, Ziele und Mittel der deutschen Gewerkschaftsbewegung, in: Sozialistische Monatshefte, Jg. 4, 1900, S. 109—116.

63 *Der Zimmerer*, Nr. 8 vom 25. Februar 1899.

64 *Holzarbeiter-Zeitung*, Nr. 30 vom 23. Juli 1899. Zu denjenigen, die »vom Saulus zum Paulus« geworden waren, gehörten auch Martin Segitz und Louise Zietz, die auf den Kongressen ihrer Verbände 1897 bzw. 1898 als engagierte Befürworter der Arbeitslosenunterstützung das Wort ergriffen. Vgl. auch *Imle*, S. 28 ff.

beitslosenversicherung einen Rückgang der Fluktuation bewirken werde, weil ein vielfältigeres und mit der Mitgliedsdauer attraktiver werdendes Leistungsangebot die Verbandsangehörigen stärker an die Organisation fesseln sollte. Diese Stabilisierung der Verbände trat jedoch nicht in dem erhofften Ausmaß ein, wenn auch bis zum Kriegsbeginn die Fluktuationsverluste allmählich zurückgingen[65].

Einen ganzen Katalog von Vorteilen der Arbeitslosenunterstützung stellte der Vorstand des Metallarbeiterverbandes in einer Broschüre zusammen, die er 1899 als »ein Mahnwort an unsere Mitglieder und die es werden wollen« publizierte. Danach versprach sich der Vorstand von dieser Einrichtung nicht nur eine größere Werbewirksamkeit auf Unorganisierte und die Festigung des Verbandes, sondern auch eine »erzieherische und moralische« Wirkung auf die einzelnen Mitglieder, die ihre Beiträge pünktlicher bezahlen und ihre statuarischen Verpflichtungen genauer einhalten würden. Selbst derjenige, der nur aus materiellem Egoismus dem Verband beigetreten sei, nehme dann »bewußt oder unbewußt« durch Versammlungsbesuch oder die Lektüre der Verbandspresse größeren Anteil an der Gewerkschaftsarbeit und entwickele sich zu einem »aufgeklärten und klassenbewußten Arbeiter und brauchbaren Mitglied der Organisation«. Da sich der Erwerbslose täglich bei seiner Zahlstelle melden müsse, bleibe er in dauerndem Kontakt mit seinen Kollegen und sei damit vor der »moralischen Versumpfung« bewahrt. Besonders nachdrücklich betonte der Vorstand die Schutzfunktion der Arbeitslosenunterstützung bei Auseinandersetzungen mit den Arbeitgebern, die aktive Gewerkschaftsmitglieder in schlechten Geschäftszeiten entließen, ohne daß man eine offene Maßregelung nachweisen könne, die den Betroffenen zum Bezug der Gemaßregeltenunterstützung berechtige. Diesen Arbeitern biete die Unterstützung eine finanzielle Absicherung ihres Gewerkschaftsengagements[66].

Wenn trotz dieser teils berechtigten, teils aber auch zu euphorischen Erwartungen viele Verbände sich auch nach der prinzipiellen Befürwortung der Arbeitslosenunterstützung zunächst nicht entschließen konnten, diese Versicherung einzuführen, so war das in erster Linie auf finanzielle Gründe zurückzuführen. Die Unterstützung setzte eine recht ansehnliche Erhöhung der Verbandsbeiträge voraus, der die Mitglieder nicht in allen Gewerkschaftsorganisationen sofort zustimmten. Dazu kam vor allem die Schwierigkeit, die erforderlichen Finanzmittel einigermaßen exakt vorauszuberechnen, denn man konnte sich nicht auf zuverlässige Arbeitslosenstatistiken stützen. Die bei der amtlichen Volks- und Berufszählung 1895 ermittelten Werte stellten nur eine Momentaufnahme der Arbeitslosigkeit dar, weil der Beobachtungszeitraum von einem Jahr, der noch dazu am Beginn eines konjunkturellen Aufschwungs lag, zu klein war, um darauf zuverlässige Prognosen aufzubauen. Deshalb versuchten die Verbände die auf diesem Sektor bestehende statistische Lücke durch eigene Erwerbslosenzählungen in den Reihen ihrer Mitglieder oder auf kommunaler Ebene zu schließen, bevor sie die Ar-

---

65 Vgl. *Schönhoven*, S. 150 ff.; s. auch *Brüggerhoff*, S. 141 ff.
66 *Die Arbeitslosenunterstützung im Deutschen Metallarbeiter-Verband*. Ein Mahnwort an unsere Mitglieder und die es werden wollen, Stuttgart 1899, S. 7 ff. Auf die Schutzfunktion der Arbeitslosenunterstützung wies auch der Vorsitzende des Zimmererverbandes hin, der auf dem Verbandstag von 1903 erklärte: »Haben wir aber die Arbeitslosenunterstützung, dann wird sich das Unternehmertum sagen: Im Verband der Zimmerer bestehen Einrichtungen, die es uns unmöglich machen, Rache an den Streikleitern zu nehmen«; *Protokoll der Verhandlungen der 15. Generalversammlung des Zentralverbandes der Zimmerer und verwandten Berufsgenossen Deutschlands*. Abgehalten zu Berlin vom 31. März bis 4. April 1903, Hamburg 1903, S. 174.

beitslosenunterstützung einführten⁶⁷. Oft entschied man sich dann erst nach jahrelangen Erhebungen und finanztechnischen Berechnungen, diesen Schritt zu wagen.
Gewisse Anhaltspunkte über den erforderlichen Kostenaufwand lieferten die Abrechnungen derjenigen Verbände, die bereits seit längerer Zeit Arbeitslosenunterstützung gewährten. Allerdings handelte es sich hierbei meistens um handwerkliche Berufsverbände⁶⁸, deren Kalkulationen nicht ohne weiteres übertragbar waren. So konnte sich beispielsweise der Metallarbeiterverband, der rund 30 Sparten der Metallindustrie organisatorisch erfaßte, nicht an den Erfahrungen orientieren, die man bei den Bildhauern, Buchdruckern oder Hutmachern mit der Arbeitslosenunterstützung gemacht hatte. Eine Industrieorganisation von der Größenordnung des Metallarbeiterverbandes, deren Einzugsbereich sich auf verschiedene Arbeiterkategorien mit unterschiedlichen Berufsbedingungen und Beschäftigungschancen erstreckte, mußte ganz andere Risikofaktoren in Rechnung stellen als ein Verband, der in einem überschaubaren Berufsfeld ausschließlich hochqualifizierte Facharbeiter organisierte.
Nach dieser Phase des Entscheidungsprozesses, in der nicht mehr das grundsätzliche Pro und Contra im Mittelpunkt der Debatte stand, sondern Fragen der finanziellen Durchführbarkeit diskutiert wurden, erhöhte sich die Zahl der Verbände mit Arbeitslosenunterstützung innerhalb von wenigen Jahren sprunghaft: Existierte unmittelbar vor der Jahrhundertwende erst für knapp ein Fünftel der Mitglieder der Freien Gewerkschaften diese Kasseneinrichtung, so war diese Quote bis 1913 auf über vier Fünftel angestiegen (vgl. Tab. 6). Eine wichtige Signalwirkung für die schnelle Ausbreitung der Arbeitslosenunterstützung nach der Jahrhundertwende hatte der Beschluß des Kongresses der Metallarbeiter von 1899 ausgelöst, diese Unterstützung ab Juli 1900 einzuführen⁶⁹. Im Windschatten dieser mitgliederstärksten Gewerkschaftsorganisation folgte dann auch die Mehrzahl der anderen Verbände.
Da die Schwierigkeiten, die vor der Einführung der Arbeitslosenunterstützung zu überwinden waren, hier nicht für alle Einzelverbände dargestellt werden können⁷⁰, soll der Holzarbeiterverband als Modell dienen, um exemplarisch die verschiedenen Stadien der Willensbildung zu demonstrieren. Diese 1893 aus dem Tischlerverband und dem Drechslerverband sowie verschiedenen kleineren Berufszusammenschlüssen (Stellmacher, Korbmacher, Bürsten-

---

67 Vgl. dazu die Angaben bei *Michels/Michels-Lindner*, a. a. O., S. 440 ff. Mit der Kostenberechnung befaßten sich die Verbandstage immer wieder; so z. B. die Ausführungen von Karl Kloß auf dem 2. Verbandstag der Holzarbeiter: *Protokoll Göttingen*, S. 27 ff.
68 Vor der Jahrhundertwende hatten folgende Verbände die Arbeitslosenunterstützung eingeführt: Buchdrucker (1880), Handschuhmacher, Hutmacher (1886), Kupferschmiede (1888), Glasarbeiter, Glaser, Lederarbeiter, Zigarrensortierer (1890), Bildhauer, Brauer (1891), Porzellanarbeiter (1892), Buchbinder, Former (1894), Konditoren, Graveure, Transportarbeiter (1897), Buchdruckereihilfsarbeiter, Handlungsgehilfen, Schmiede (1898), Lithographen (1899). Zu den Unterstützungskosten einzelner dieser Verbände veröffentlichte *Adolph von Elm* statistische Zusammenstellungen, die in den Debatten der anderen Gewerkschaften immer wieder angeführt wurden, s. *Correspondenzblatt*, Nr. 30 vom 25. Juli 1898 und Nr. 31 vom 1. August 1898.
69 Der Metallarbeiterverband hatte sich seit 1893 auf seinen Kongressen mit der Einführung der Arbeitslosenunterstützung befaßt; 1893 war sie mit 67 zu 13 Stimmen abgelehnt worden; 1895 hatte der Verbandstag den Vorstand mit der Erstellung einer Arbeitslosenstatistik beauftragt; 1897 scheiterte der Vorstand mit seinem Antrag, die Unterstützung einzuführen (23 zu 51 Stimmen); 1899 beschloß der Kongreß nach zweitägiger Diskussion — als der Antrag auf Schluß der Debatte gestellt wurde, lagen noch 44 Wortmeldungen vor — mit 108 zu 29 Stimmen die Einführung der Arbeitslosenunterstützung.
70 Vgl. für die Verbände, die vor der Jahrhundertwende Arbeitslosenunterstützung einführten, *Imle*, S. 9 ff.

Tab. 6: *Ausbau der Arbeitslosenunterstützung in den Freien Gewerkschaften 1891—1913**

Jahr	Unterstützung besteht: in Verbänden	Mitgliederzahl	Anteil an der Gesamtmitgliedschaft der Freien Gewerkschaften (in %)	Kosten (in Mark)	Kosten (pro Mitglied)
1891	10	35 762	12,9	44 750	1,25
1893	11	43 784	19,6	220 926	5,05
1895	13	59 503	23,0	196 912	3,31
1897	17	77 350	18,8	260 316	3,36
1899	20	105 726	18,2	304 677	2,88
1901	22	232 898	34,4	1 238 197	5,31
1903	29	362 904	40,9	1 270 053	3,50
1905	41	882 419	65,6	1 991 924	2,25
1907	40	1 294 589	69,4	4 375 012	3,38
1909	39	1 430 200	78,0	8 593 928	6,00
1911	41	1 911 364	82,4	6 340 544	3,31
1913	40	2 071 657	81,3	11 532 930	5,56

*Die Angaben sind berechnet nach den jährlichen Statistiken, die das *Correspondenzblatt* veröffentlichte: Nr. 13 vom 18. Juni 1892; Nr. 29 vom 13. August 1894; Nr. 28 vom 31. August 1896; Nr. 31 vom 1. August 1898; Nr. 33 vom 20. August 1900; Nr. 24 vom 16. Juni 1902; Nr. 27 vom 9. Juli 1904; Nr. 31 vom 4. August 1906; *Statistische Beilage des Correspondenz-Blatt*, Nr. 6 vom 5. September 1908; Nr. 6 vom 13. August 1910; Nr. 7 vom 10. August 1912; Nr. 6 vom 8. August 1914. Die Gesamtzahl der freigewerkschaftlichen Verbände verkleinerte sich im Laufe der Jahre, weil eine Reihe von berufsorientierten Gewerkschaften sich zusammenschloß bzw. in bereits bestehende Großverbände eingegliedert wurde. Deshalb stagniert die in Spalte 1 aufgeführte Zahl der Verbände ab 1905, obwohl — wie der Anstieg der Mitgliederzahlen in Spalte 2 ausweist — auch in den folgenden Jahren noch eine Reihe von Gewerkschaften diesen Unterstützungszweig einführte.

macher) hervorgegangene Gewerkschaft war neben dem Metallarbeiterverband die erste berufsübergreifende Organisation, die sich am Industrieprinzip orientierte und alle Holzberufe in einem Verband gewerkschaftlich erfassen wollte[71]. Auf der Rangliste der mitgliederstärksten freigewerkschaftlichen Verbände besetzte der Industrieverband der Holzarbeiter lange Zeit den zweiten Platz, bis er in den letzten Vorkriegsjahren von den schneller expandierenden Gewerkschaften in der Baubranche und im Transportwesen überholt wurde.
Nach der Verbandsgründung beurteilte man bei den Holzarbeitern das Unterstützungswesen insgesamt sehr skeptisch und beschränkte sich auf die klassischen Unterstützungszweige für Streik, Gemaßregelte, Reise und Rechtsschutz. Die Ansicht, daß Unterstützungen nur »habgierige Kassenmarder« züchten würden, die »um kein Jota besser« seien als die indifferenten Arbeiter[72], wurde von der Verbandszeitung immer wieder propagiert, die in diesem Fall das getreue Sprachrohr des Vorstandes war.
Außerdem versäumte es die Zeitung nicht, darauf hinzuweisen, daß die Arbeitslosenunterstützung nur nach einer drastischen Beitragserhöhung eingerichtet werden könne. Als Folge die-

---

71 Dazu ausführlich *Schönhoven*, S. 320 ff.
72 *Holzarbeiter-Zeitung*, Nr. 37 vom 16. September 1894.

ser Beitragserhöhung befürchtete man das »Ausscheiden und Fernbleiben« der schlechter bezahlten Hilfsarbeiter, was dazu führe, daß der Verband nur noch die »Elite der Kollegenschaft« erfasse[73]. Diese Zweiteilung der Holzarbeiterschaft in eine gewerkschaftlich organisierte »Kassenaristokratie« und in ein unorganisiertes »Streikbrechertum[74]« bedeute das Ende der Industriegewerkschaft, die doch als Einheitsorganisation der ungelernten und der hochqualifizierten Arbeiter der Holzbranche konzipiert worden sei.

Trotz dieser massiven Bedenken lag dem ersten Verbandstag der Holzarbeiter 1895 eine Reihe von Anträgen aus lokalen Zahlstellen vor, die die Einführung der Arbeitslosenunterstützung forderten. In der Diskussion wurden diese Anträge mit dem Argument begründet, »man dürfe die Kollegen auch bei Arbeitslosigkeit nicht untergehen lassen«. Die Gegner der Unterstützung verwiesen auf die erforderliche Beitragserhöhung, die ein »sehr gewagtes Experiment« sei und auch »wegen des flauen Geschäftsganges und der mißlichen Wirtschaftslage vieler Mitglieder« nicht ratsam erscheine. Obwohl der Verbandstag die Arbeitslosenunterstützung nicht grundsätzlich verwarf, entschied er sich schließlich bei nur einer Gegenstimme dafür, sie vorerst nicht einzuführen. Gleichzeitig beauftragte man den Verbandsvorstand, statistisches Material zu sammeln, aus dem ein Überblick über die Anforderungen einer Arbeitslosenkasse gewonnen werden könne[75].

Auf dem drei Jahre später stattfindenden zweiten Verbandstag mußte Karl Kloß, der Vorsitzende des Verbandes, in seinem einleitenden Rechenschaftsbericht feststellen, daß sich die Kalkulation der Arbeitslosigkeit in der Holzindustrie nur auf »Kombinationen« und »Wahrscheinlichkeitsziffern« stützen könne[76], weil das statistische Material, über das der Verband verfüge, zu schmal sei. Sein Vorschlag, man solle durch eine Urabstimmung unter den Verbandsmitgliedern zunächst einmal ermitteln, ob ein »Bedürfnis nach einer solchen Einrichtung« bestehe[77], fand allerdings bei den Delegierten wenig Gegenliebe. Nach einer anderthalbtägigen Diskussion behaupteten sich in der Abstimmung erneut die Gegner der Arbeitslosenunterstützung mit klarer Mehrheit: Der Verbandstag verwarf die sofortige Einführung dieser Unterstützung mit 62 gegen 16 Stimmen und lehnte auch die von Kloß vorgeschlagene Urabstimmung mit großer Mehrheit ab[78]. Die Zahl der Befürworter der Arbeitslosenunterstützung hatte sich zwar im Vergleich zu 1895 erheblich vergrößert — namentlich war der Verbandsvorstand in ihr Lager eingeschwenkt —, doch diejenigen Delegierten, die diese Kasseneinrichtung als unnötigen Ballast ansahen oder vor dem Kostenrisiko zurückschreckten, ließen sich noch nicht überzeugen, auch nicht von dem Argument, daß »der Zukunftsstaat nicht von heute auf morgen zu erwarten sei[79]«.

Der nächste Kongreß der Holzarbeiter im April 1900 stand unter dem Eindruck des Beschlusses der Metallarbeiter von 1899, eine Arbeitslosenunterstützung einzuführen. Die Hoffnung der Verbandszeitung, dieser Schritt werde auch bei den Holzarbeitern »nicht ohne heilsame Rückwirkung bleiben[80]«, erfüllte sich aber auf diesem Kongreß nicht. Obwohl mit

---

73 *Holzarbeiter-Zeitung*, Nr. 5 vom 3. Februar 1895.
74 *Ebda.*
75 Vgl. *Protokoll des Ersten ordentlichen Verbandstages des Deutschen Holzarbeiter-Verbandes*. Abgehalten zu Erfurt vom 15. bis 19. April 1895, Stuttgart o. J., S. 42—58.
76 *Protokoll Göttingen*, S. 27.
77 *Ebda.*, S. 30.
78 Vgl. zur Diskussion und zum Ergebnis der Abstimmung *ebda.*, S. 33—37.
79 *Ebda.*, S. 35.
80 *Holzarbeiter-Zeitung*, Nr. 30 vom 23. Juli 1899.

Theodor Leipart ein besonders redegewandter Referent des Vorstandes als Fürsprecher der Arbeitslosenunterstützung auftrat, der insbesondere die »ewige Phrase« widerlegte, der Kampfcharakter des Verbandes werde durch die Erwerbslosenhilfe verwischt, setzten sich die Gegner einmal mehr durch. Allerdings waren die Fronten nicht mehr so verhärtet wie in den Jahren zuvor, denn selbst der Korreferent zu Leipart, der die Ablehnung der Arbeitslosenunterstützung vertrat, bekannte, daß für sein negatives Votum nicht prinzipielle Motive, sondern die Frage der Kostendeckung entscheidend gewesen sei.

Die Kostenfrage mußte in einem so heterogen zusammengesetzten Industrieverband naturgemäß eine große Rolle spielen, denn die Mitglieder der Holzarbeitergewerkschaft rekrutierten sich aus Berufszweigen mit völlig verschiedenen Arbeitsbedingungen. Zum Einzugsgebiet des Verbandes gehörten regelmäßig im Winter arbeitslos werdende Saisonarbeiter ebenso wie die sehr schlecht bezahlten Korbmacher oder Holzschnitzer. Verhältnismäßig gut entlohnt waren dagegen die Modell- und die Möbeltischler oder die Drechsler, die außerdem eher eine dauernde Beschäftigungsmöglichkeit fanden als die Bürstenmacher oder Kammacher, die meistens in der Provinz ihr Brot verdienen mußten.

Gegen die Bedenken, die mit dem unterschiedlichen Lohnniveau oder den unterschiedlichen Beschäftigungschancen begründet wurden, konnte sich der Vorstand dann auch nicht durchsetzen. Er unterlag in der Schlußabstimmung mit 19 gegen 47 Stimmen bei 14 Enthaltungen den Gegnern der Arbeitslosenunterstützung[81]. Der Verbandstag beschloß aber, eine Urabstimmung abhalten zu lassen, um ein Meinungsbild unter den Mitgliedern zu erstellen. An dieser Urabstimmung im Frühjahr 1902 beteiligten sich 69 Prozent der Verbandsmitglieder, die sich mit der äußerst knappen Mehrheit von 24 907 zu 24 037 Stimmen für die Arbeitslosenunterstützung aussprachen[82]. Der im Mai 1902 tagende vierte Verbandstag stand nun vor der Frage, ob er trotz dieser geringen Mehrheit die Unterstützung beschließen sollte, was er nach einer erneuten, eingehenden Diskussion auch tat[83]. Als Konzession an die Gegner der Unterstützung setzte man den Termin der definitiven Einführung erst auf den 1. April 1903 fest.

Bei einem Wochenbeitrag von 35 Pfennigen — der Beitrag war wegen der Arbeitslosenunterstützung um 15 Pfennig erhöht worden[84] — bezog ein Mitglied des Holzarbeiterverbandes von diesem Zeitpunkt an bei Arbeitslosigkeit eine tägliche Unterstützung von einer Mark, wenn es länger als ein Jahr organisiert war. Dieser Unterstützungssatz wurde höchstens 36 Tage pro Jahr gewährt und stieg mit der Mitgliedsdauer bis auf maximal 1,67 Mark am Tag (nach 260 Wochen Mitgliedsdauer). Ein Anspruch auf Arbeitslosenunterstützung begann erst nach siebentägiger Erwerbslosigkeit und bestand nur, wenn diese nicht »durch grobes Selbstverschulden« des Mitglieds verursacht war. Keinen Anspruch auf Hilfe hatten Mitglieder, die sich grundlos weigerten, »eine ihnen zu ortsüblichen Bedingungen angebotene Arbeit zu übernehmen«, die einen Nebenverdienst oder den Bezug von Krankenunterstützung verschwiegen, die beim Eintritt der Arbeitslosigkeit mit mehr als sechs Wochen-

---

81 Vgl. *Protokoll des Dritten ordentlichen Verbandstages des Deutschen Holzarbeiter-Verbandes*. Abgehalten zu Nürnberg vom 16. April bis 21. April 1900, Stuttgart 1900, S. 102 ff.
82 Vgl. *Holzarbeiter-Zeitung*, Nr. 15 vom 13. April 1902.
83 *Protokoll Mainz*, S. 75 ff.
84 Diese Beitragserhöhung hatte eine Urabstimmung mit 34 919 gegen 7 424 Stimmen akzeptiert. Der Vorschlag, den Beitrag auf 40 Pfennig festzusetzen, wurde bei dieser Urabstimmung mit 11 881 (für 40 Pfennig) gegen 12 185 (für 35 Pfennig) abgelehnt. Vgl. *Protokoll Mainz*, S. 36.

beiträgen in Rückstand waren oder gegen sonstige Bestimmungen des Verbandsstatuts verstoßen hatten[85].

Ähnlich wie bei den Holzarbeitern verliefen auch die Entscheidungsprozesse in den anderen Gewerkschaftsverbänden. Vergleichbar sind ebenfalls die statuarischen Bestimmungen, mit denen man nach Einführung der Arbeitslosenhilfe die Unterstützungssätze regelte. Üblich waren Karenzzeiten von einem Jahr, die sich bei einzelnen Verbänden auf 26 Wochen (Lithographen, Zigarrensortierer) verringerten, während die Buchdrucker und die Bildhauer erst nach 75 bzw. 78 Wochen Verbandszugehörigkeit die Arbeitslosenunterstützung erhielten. Gezahlt wurde meistens ein Beitrag von 1 bis 2 Mark pro Tag, der nach Mitgliedsdauer und Beitragsklassen gestaffelt war. Einige Berufsverbände, die handwerklich hochqualifizierte und gutverdienende Arbeiter organisierten, überschritten die 2-Mark-Grenze beträchtlich (Notenstecher, Graveure, Xylographen); absoluter Spitzenreiter war der Photographenverband mit einem Tagessatz von 3,30 Mark[86]. Selbst diese sehr hohe Unterstützungsleistung stellte jedoch keinen Lohnausgleich dar, legt man den täglichen Durchschnittsverdienst eines gelernten Arbeiters zugrunde, der nach der Jahrhundertwende zwischen 5 und 6 Mark schwankte. Mehr als eine Hilfe, um die größte Not zu lindern, konnte die gewerkschaftliche Arbeitslosenunterstützung auch nicht sein, da sie ohnehin die Verbände in wirtschaftlichen Krisenjahren bis an die Grenze ihrer finanziellen Leistungsfähigkeit belastete[87].

Finanzielle Schwierigkeiten waren auch der Grund dafür, daß nicht alle Verbände diesen Unterstützungszweig einführen konnten. Von den 7 Gewerkschaften, die bis 1913 über keine Arbeitslosenunterstützung verfügten, waren 5 im Baugewerbe angesiedelt, in dem die besonders große saisonale Arbeitslosigkeit im Herbst und Winter die Einrichtung dieser Unterstützung nicht erlaubte. Dazu kamen der Schneiderverband, der ebenfalls mit jahreszeitlich wiederkehrender Erwerbslosigkeit zu rechnen hatte, und der mitgliederschwache Verband der Zivilmusiker, der seinen 2 100 Verbandsmitgliedern nur eine Reise- und eine Krankenunterstützung anbot.

Während die Einführung der öffentlichen Arbeitslosenunterstützung im Wilhelminischen Deutschland zweieinhalb Jahrzehnte lang lediglich »ein Objekt wissenschaftlicher Erörterungen[88]« geblieben war, hatten die Freien Gewerkschaften gehandelt und ein Unterstützungssystem aufgebaut, das auch die Aufmerksamkeit des Staates auf sich zog[89], weil es kon-

---

85 Das Statut ist abgedruckt in: *Protokoll Mainz,* S. 53 ff.
86 Diese Angaben beziehen sich auf den Stand von 1906; vgl. *Statistische Beilage des Correspondenz-Blatt,* Nr. 3 vom 17. August 1907.
87 Zwischen 1906 und 1909 stiegen die Ausgaben der Freien Gewerkschaften für Arbeitslosenunterstützung von 2,6 Millionen auf 8,5 Millionen Mark an. Im Krisenjahr 1908 mußten beispielsweise die Handschuhmacher pro Mitglied über 32 Mark aufwenden, was zu einem Defizit von mehr als 60 000 Mark in der Verbandskasse führte. Vgl. *Statistische Beilage des Correspondenz-Blatt,* Nr. 6 vom 21. August 1909.
88 So die Feststellung der Generalkommission in ihrer Denkschrift: *Die Arbeitslosenunterstützung im Reich, Staat und Gemeinde.* Denkschrift der Generalkommission der Gewerkschaften Deutschlands für die gesetzgebenden Körperschaften des Reiches und der Bundesstaaten und für die Gemeindevertretungen, 2. Aufl., Berlin 1914, S. 5. Diese Denkschrift war 1911 erarbeitet worden und den im Untertitel angeführten Gremien zugeleitet worden.
89 Die 1906 vom Kaiserlichen Statistischen Amt vorgelegte dreibändige Bestandsaufnahme (*Die bestehenden Einrichtungen*) befaßte sich sehr ausführlich mit den Arbeitslosenunterstützungseinrichtungen der Freien Gewerkschaften. Vgl. auch den Aufsatz von *Moritz Wagner,* Die Arbeitslosenfürsorge der deutschen Arbeiterberufsvereine, in: Jahrbücher für Nationalökonomie und Statistik, 3.

kurrenzlos und beispielhaft war. Damit konnten sich die wenigen fakultativen oder obligatorischen Arbeitslosenkassen, die in einigen Städten für den kommunalen Bereich eingerichtet worden waren, nicht messen[90]. Und auch die in den beiden anderen Richtungsgewerkschaften bestehenden Unterstützungseinrichtungen für Reisende und Arbeitslose blieben in ihren Leistungen hinter denen der Freien Gewerkschaften zurück:

Tab. 7: Ausgaben für Reise- und Arbeitslosenunterstützung in den drei Richtungsgewerkschaften 1907—1913 in Mark pro Mitglied[91]

	1907	1908	1909	1910	1911	1912	1913
Freie Gewerkschaften	4,05	5,19	5,33	3,54	3,18	3,48	5,12
Hirsch-Dunckersche Gewerkvereine	?	3,01	3,52	2,27	2,37	2,61	3,81
Christliche Gewerkschaften	0,26	0,70	1,05	0,83	0,76	0,86	1,24

Für ihre hohen finanziellen Aufwendungen forderten die Freien Gewerkschaften seit ihrem allgemeinen Kongreß von 1902 immer wieder staatliche Beihilfen[92]. Vorbild für diesen Vorschlag, der auf eine Reichsarbeitslosenunterstützung auf der Basis der bestehenden gewerkschaftlichen Arbeitslosenkassen mit öffentlichen Zuschüssen abzielte, war das in der Stadt Gent entwickelte System, das dann in zahlreichen belgischen und französischen Gemeinden

---

Folge, Bd. 29, 1905, S. 207—215, der den Freien Gewerkschaften bescheinigt, sie hätten »die besten Leistungen in Deutschland« aufzuweisen (S. 208).

90 Diese kommunalen Einrichtungen werden in der Denkschrift der Freien Gewerkschaften im einzelnen behandelt, vgl. *Die Arbeitslosenunterstützung im Reich, Staat und Gemeinde*, S. 12 ff. und S. 39—56.

91 Berechnet nach: *Statistische Beilage des Correspondenz-Blatt*, Nr. 6 vom 5. September 1908; Nr. 6 vom 21. August 1909; Nr. 6 vom 13. August 1910; Nr. 6 vom 12. August 1911; Nr. 7 vom 10. August 1912; Nr. 6 vom 30. August 1913; Nr. 6 vom 8. August 1914.

92 Der Gewerkschaftskongreß von 1902 hatte eine Resolution verabschiedet, die ein System der Arbeitslosenversicherung auf der Grundlage »der freien Selbstverwaltung der Arbeiter und der Gewährung eines Reichszuschusses an Arbeitslosenunterstützung am Orte oder auf der Reise zahlende zentrale oder lokale Berufsverbände« gefordert hatte. Vgl. dazu die ausführliche Diskussion: *Protokoll der Verhandlungen des 4. Kongresses der Gewerkschaften Deutschlands*. Abgehalten zu Stuttgart vom 16. bis 21. Juni 1902, Hamburg o. J., S. 188—211. (Nachdruck in: *Protokolle der Verhandlungen der Kongresse der Gewerkschaften Deutschlands*, Bd. 2, Berlin/Bonn 1979) Diesem Kongreß vorausgegangen war eine Kontroverse im Gewerkschaftsausschuß, einem informellen Gremium der Einzelverbände, das zwischen den Verbandstagen zusammentrat, in dem sich Adolph von Elm mit seiner Meinung durchgesetzt hatte, daß eine obligatorische Reichsversicherung der Arbeitslosen »zur Zeit eine Gefahr für die gewerkschaftlichen Organisationen« sei, weil deren wichtigstes Bindemittel die Unterstützungseinrichtungen darstellten. Eine obligatorische Reichsversicherung hielt von Elm erst dann für akzeptabel, wenn gleichzeitig eine obligatorische Beitrittspflicht zu den Gewerkschaften bestünde. Von diesem Standpunkt rückten die Freien Gewerkschaften aber bis 1914 ab. Vgl. zur Diskussion im Gewerkschaftsausschuß: *Protokolle der Sitzungen des Gewerkschaftsausschusses der Gewerkschaften Deutschlands*. Zweite Geschäftsperiode, 13. Sitzung vom 23. Mai 1902; 14. Sitzung vom 6. Juni 1902, Hamburg 1902. Zum Meinungswandel der Gewerkschaften in der Frage einer öffentlichen Arbeitslosenversicherung s. *Adolf Braun*, Die Gewerkschaften, ihre Entwicklung und Kämpfe. Eine Sammlung von Abhandlungen, Nürnberg 1914, S. 351—380.

nachgeahmt und später mit einigen Modifikationen in Luxemburg, Frankreich, Dänemark und Norwegen in die Landesgesetzgebung übernommen wurde[93]. Dieser Appell der Freien Gewerkschaften an den Staat, der als ein bemerkenswertes Indiz für die Bereitschaft der sozialdemokratischen Gewerkschaftsbewegung zur Kooperation mit dem kaiserlichen Obrigkeitsstaat gewertet werden kann, verhallte natürlich ungehört. Man erkannte zwar im Reichsamt des Innern in Berlin die gewerkschaftlichen Fürsorgeanstrengungen an, versagte den Gewerkschaften aber jede Beihilfe zu ihren Arbeitslosenkassen. Neben verschiedenen versicherungsrechtlichen Einwänden waren für diese Ablehnung prinzipielle Bedenken maßgebend, hätte doch diese Art der Organisation der Arbeitslosenversicherung einen mittelbaren Koalitionszwang auf alle Arbeiter ausgeübt, was nicht im Interesse der Berliner Regierungsstellen lag, die ihren gewerkschaftsfeindlichen Kurs nicht selbst durch Subventionen an die sozialdemokratischen Verbände konterkarieren konnten[94]. Trotzdem beharrten die Freien Gewerkschaften auf ihrem Vorschlag, den die allgemeinen Gewerkschaftskongresse von 1911 und 1914 nochmals in Resolutionen aufgriffen, weil die Einführung der staatlichen Zwangsversicherung, die man grundsätzlich nicht mehr ablehnte, vorerst auf »St. Nimmerlein[95]« vertagt worden war. Bis zum Kriegsbeginn hatten die sozialdemokratischen Gewerkschaften, die — wie Carl Legien in seinem Rechenschaftsbericht auf dem Kongreß von 1914 bitter anmerkte — »von den herrschenden Gewalten mit ausgeprägter Abneigung« behandelt wurden[96], allein für die Arbeitslosenunterstützung mehr als 73 Millionen Mark ausgegeben. Diese imponierende Summe war aus den Mitgliedsbeiträgen von Arbeitern bezahlt worden, die oft nur über ein recht kärgliches Einkommen verfügten und dennoch ihren erwerbslosen Kollegen solidarisch zu helfen versuchten.

*

Noch höhere Kosten entstanden den Gewerkschaften im Gesamtzeitraum von 1891 bis 1914 für die *Krankenunterstützung*, für die sie bis zum Kriegsbeginn insgesamt 88,6 Millionen Mark aufwendeten. Wie bereits betont wurde, führten die meisten Verbände diesen Unterstützungszweig erst nach der Arbeitslosenunterstützung ein, um auch diejenigen Erwerbslosen in ihr Sicherungssystem aufzunehmen, die krank und somit weder arbeits- noch reisefähig waren. Vor der Jahrhundertwende existierte die Krankenunterstützung nur in wenigen berufsorientierten Verbänden (Bildhauer, Böttcher, Buchdrucker, Hutmacher, Kupferschmie-

---

93 Vgl. dazu die Denkschrift der Generalkommission (*Die Arbeitslosenunterstützung im Reich, Staat und Gemeinde*, S. 59 ff.), wo die verschiedenen kommunalen Bestimmungen und Landesgesetze abgedruckt sind.
94 Den Vorschlag der Gewerkschaften wertete die Bestandsaufnahme des Kaiserlichen Statistischen Amtes als »eine Unbilligkeit gegen die nichtorganisierten Arbeiter, für die nichts geschehen soll«: »Unterstützt würden gerade nur diejenigen werden, für welche ohnehin bereits durch ihre Organisation gesorgt ist, wogegen die andern, trotz größerer Bedürftigkeit, leer ausgehen«; *Die bestehenden Einrichtungen*, Teil I, S. 589.
95 So die Generalkommission im Vorwort zur 2. Auflage ihrer Denkschrift (S. 19), nachdem Staatssekretär Delbrück im Dezember 1913 erneut im Reichstag erklärt hatte, daß eine umfassende gesetzliche Arbeitslosenversicherung zur Zeit noch nicht reif sei. Vgl. zur Reaktion der Gewerkschaften auch: *Paul Umbreit*, 25 Jahre Deutscher Gewerkschaftsbewegung 1890—1915. Erinnerungsschrift zum 25jährigen Jubiläum der Begründung der Generalkommission der Gewerkschaften Deutschlands, Berlin 1915, S. 114 f.
96 *Protokoll der Verhandlungen des 9. Kongresses der Gewerkschaften Deutschlands*. Abgehalten in München vom 22. bis 27. Juni 1914, Berlin 1914, S. 62. (Nachdruck in: *Protokolle der Verhandlungen der Kongresse der Gewerkschaften Deutschlands*, Bd. 5, Berlin/Bonn 1980).

de, Porzellanarbeiter, Tabak- und Zigarrenarbeiter, Gastwirtsgehilfen), die teils noch eigene, unter dem Sozialistengesetz eingerichtete freie Hilfskassen unterhielten bzw. diese in Zuschußkassen umgewandelt hatten. Erst nach der Jahrhundertwende dehnte sich der Umfang der Krankenunterstützung in den Freien Gewerkschaften stark aus und übertraf sogar — legt man die Zahl der erfaßten Mitglieder zugrunde — die gewerkschaftliche Arbeitslosenversicherung (vgl. Tab. 8); 1913 bestand lediglich in zwei Verbänden keine verbandseigene Krankenversicherung, in der Zwergorganisation der Xylographen und im Zimmererverband, der dafür als einzige Gewerkschaft der Baubranche seinen Mitgliedern Arbeitslosenhilfe bezahlte.

Tab. 8: Ausbau der Krankenunterstützung in den Freien Gewerkschaften 1893—1913*

Jahr	Unterstützung besteht: in Verbänden	Mitgliederzahl	Anteil an der Gesamtmitgliedschaft der Freien Gewerkschaften	Kosten (in Mark)	Kosten (pro Mitglied)
1893	5	23 817	10,7	304 648	12,79
1895	8	43 072	16,6	454 114	10,54
1897	8	62 448	15,1	545 494	7,27
1899	9	70 526	12,1	652 825	9,25
1901	9	89 178	13,2	772 587	8,66
1903	23	237 492	26,8	944 059	3,97
1905	40	1 021 437	76,0	1 920 639	1,88
1907	48	1 746 471	93,6	5 635 387	3,22
1909	48	1 738 609	94,9	8 896 354	5,11
1911	44	2 219 946	95,6	10 266 730	4,62
1913	45	2 486 275	97,5	13 511 831	5,43

*Die Angaben sind nach den Statistiken der Generalkommission berechnet (s. *-Anm. zu Tab. 6). Die hohen Pro-Kopf-Ausgaben in den 90er Jahren erklären sich daraus, daß ein Teil der Verbände noch freie Hilfskassen unterhielt (z. B. Buchdrucker), die ihren Mitgliedern die gleichen Leistungen wie die gesetzlichen Kassen bieten mußten.

In den innerverbandlichen Diskussionen, die um die Krankenunterstützung geführt wurden, tauchten grundsätzliche Argumente gegen soziale Selbsthilfeeinrichtungen nur noch vereinzelt auf, nachdem diese Prinzipienfrage bei der Einführung der Arbeitslosenunterstützung ausgiebig erörtert und endgültig entschieden worden war. Zwar betonten die Befürworter der Krankenversicherung in diesen Debatten nochmals, daß die Krankenhilfe ebenfalls nur Mittel zum Zweck sei, also die gewerkschaftliche Position als Arbeitsmarktpartei stärken sollte, doch als Kampfmittel war diese Unterstützung, die aus humanitären Beweggründen gefordert wurde, wenig tauglich. Der Vorsitzende des Metallarbeiterverbandes, Alexander Schlicke, erklärte dann auch in seiner Rede, mit der er auf dem Verbandstag von 1903 die Errichtung einer Krankenkasse beantragte, man habe »einsehen gelernt, daß es für eine gewerkschaftliche Organisation nicht darauf ankommen kann, durch den Kampf die Gegensätze zu verschärfen, zur Erbitterung zu reizen, sondern daß der Hauptzweck der gewerkschaftlichen Organisation ein rein materieller ist, bessere Löhne und Arbeitsbedingungen zu erkämpfen[97]«. Dieses reformistische Gewerkschaftsverständnis setzte sich in allen Verbänden durch, wie die Zahlen über den Ausbau der Krankenkassen belegen.

Die Gewerkschaften wollten mit ihrer Krankenunterstützung nicht mit den staatlichen Versicherungsinstitutionen konkurrieren; ihre Zahlungen sollten lediglich die gesetzlichen Mindestleistungen, die nur etwa der Hälfte eines durchschnittlichen Tagesverdienstes entsprachen, durch einen Zuschuß aufstocken. Da die vielen freien Hilfskassen, die neben der gesetzlichen Krankenversicherung bestanden, Mitglieder nur dann aufnahmen, wenn diese vorher »durch das schmale Tor« einer ärztlichen Untersuchung gegangen waren[98], sah man sich in den Gewerkschaften veranlaßt, die notwendige Zusatzversicherung selbst in die Hand zu nehmen, konnte man doch damit gleichzeitig den Verbandsmitgliedern demonstrieren, daß nicht nur die Reichskrankenversicherung, sondern auch ihre Gewerkschaft für sie im Krankheitsfall sorgte. Ferner hatte man die Absicht, etwas gegen die weitverbreiteten »Schwindelkassen« zu unternehmen, denen in jeder Stadt Hunderte von Arbeitern zum Opfer fielen[99].

*

Über die Zahl der Mitglieder, die Arbeitslosen- oder Krankenunterstützung bezogen, veröffentlichte der Metallarbeiterverband detaillierte Statistiken, aus denen hervorgeht, daß die Krankenunterstützung jedes Jahr kontinuierlich von rund einem Fünftel der Verbandsangehörigen in Anspruch genommen wurde, während die Zahl der Empfänger von Arbeitslosenunterstützung sehr stark schwankte (vgl. Tab. 9). In konjunkturellen Abschwungphasen stieg sie kräftig an und erreichte fast die Werte der Krankenunterstützung (1908, 1909, 1913). In diesen Jahren lag auch der Pro-Kopf-Betrag der Arbeitslosenunterstützung über dem der Krankenunterstützung, weil die durchschnittliche Dauer der Arbeitslosigkeit sich im Vergleich zu guten Konjunkturphasen verlängerte (1907: 5,1 Wochen; 1908: 6,6 Wochen; 1909: 6,6 Wochen; 1910: 5,1 Wochen; 1911 und 1912: 4,8 Wochen; 1913: 6 Wochen). Die Folge war, daß die im Verbandsbeitrag für die Arbeitslosenhilfe einkalkulierten Kostenanteile — man rechnete mit 30 Pfennig bei einem Wochenbeitrag von 70 Pfennig — nicht ausreichten, um die statuarischen Leistungen zu erfüllen: 1908 entstand ein Defizit von 1,7 Millionen Mark, 1909 betrug der Fehlbetrag 1,8 Millionen Mark, und 1913 summierte er sich auf 1 Million Mark. Da die in den dazwischen liegenden konjunkturellen Schönwetterzeiten erzielten Überschüsse von 1,2 Millionen Mark nicht genügten, um das entstandene Defizit abzudecken, mußte der Verband die Arbeitslosenunterstützung mit Mitteln aus dem Kampffonds subventionieren, der eigentlich für die Finanzierung von Streiks reserviert war. Diese Entwicklung gab auf den ersten Blick denen recht, die gegen die Arbeitslosenunterstützung finanzielle Bedenken ins Feld geführt hatten, weil sie befürchteten, die Kosten der Arbeitslosenhilfe gingen zu Lasten der Streikkassen des Verbandes. Doch konnte knapp ein

---

97 *Protokoll Berlin*, S. 191. Der Metallarbeiterkongreß lehnte zwar 1903 die Krankenunterstützung ab, beschloß sie dann aber 1905 auf dem nächsten Verbandstag.
98 *Ebda.*, S. 192.
99 Über sogenannte Schwindelkassen wird in vielen Jahresberichten von Arbeitersekretariaten berichtet. Vgl. dazu *August Müller*, Arbeitersekretariate und Arbeiterversicherung in Deutschland, Jur. Diss. Zürich, München o. J. [1904], S. 117—124. Müllers Arbeit ist die erste Studie, die sich nicht nur mit dem organisatorischen Aufbau der Arbeitersekretariate befaßt, sondern auch die oft sehr informativen Sekretariatsberichte inhaltlich auswertet.

Tab. 9: *Kranken- und Arbeitslosenunterstützung im Metallarbeiterverband 1907—1913**

Krankenunterstützung				
Jahr	Zahl der Empfänger	in % der Mitglieder	Ausgaben pro Empfänger (in Mark)	Ausgaben pro Mitglied (in Mark)
1907	66 658	19,0	32,29	6,13
1908	85 298	23,7	35,75	8,46
1909	84 016	23,0	36,14	8,31
1910	82 256	19,8	33,38	6,62
1911	99 576	20,2	31,53	6,35
1912	110 784	20,7	31,01	6,41
1913	127 658	22,9	32,80	7,52
Arbeitslosenunterstützung				
Jahr	Zahl der Empfänger	in % der Mitglieder	Ausgaben pro Empfänger (in Mark)	Ausgaben pro Mitglied (in Mark)
1907	29 970	8,5	31,79	2,71
1908	71 169	19,8	43,47	8,59
1909	75 851	20,8	42,17	8,76
1910	47 460	11,4	32,37	3,69
1911	50 367	10,2	29,05	2,96
1912	60 794	11,3	27,81	3,15
1913	80 641	14,5	40,04	5,79

*Angaben nach: *Der Deutsche Metallarbeiter-Verband im Jahre 1913.* Jahr- und Handbuch für Verbandsmitglieder, Stuttgart 1914, S. 75 f.

Drittel des verbleibenden Fehlbetrags aus Überschüssen der Krankenversicherung abgedeckt werden, die nach einer defizitären Anlaufphase bis 1913 ein Plus von über einer Million Mark aufzuweisen hatte. Dazu kamen die seit der Einführung der Arbeitslosenversicherung erzielten Überschüsse von 2,1 Millionen Mark, so daß per Saldo nur noch ein kleiner Restbetrag offenstand. Daß die Verbandsleitung der Metallarbeiter grundsätzlich nicht gewillt war, die Streikmittel für andere Aufgaben auszugeben, machte sie in ihrem Kommentar zur Jahresabrechnung von 1909 unmißverständlich deutlich:

»So unentbehrlich auch die Unterstützungseinrichtungen in den Gewerkschaften und speziell in unserem Verband sind, so dürfen sie doch nicht die anderen Aufgaben der Organisation überwuchern und durch ein ungesundes Verhältnis ihres finanziellen Bedarfs zu den übrigen Aufwendungen lähmend auf die Haupttätigkeit der gewerkschaftlichen Organisation, die Verbesserung der Lohn- und Arbeitsbedingungen einwirken. Die Unterstützungseinrichtungen sind nicht der Hauptzweck des Verbandes, sondern Mittel zum Zweck. Sie sollten daher dauernd Überschüsse abwerfen, um aus ihnen den Kampffonds des Verbandes zu speisen[100].«

100 *Der Deutsche Metallarbeiter-Verband im Jahre 1909,* S. 61. Die Angaben über die Defizite bei der Arbeitslosenunterstützung und über die Dauer der Arbeitslosigkeit in den einzelnen Jahren basieren auf den Hinweisen in den verschiedenen Jahrbüchern des Metallarbeiterverbandes.

Tab. 10: Mitgliedsdauer der Empfänger von Kranken- und Arbeitslosenunterstützung im Metallarbeiterverband 1907—1913*

Jahr		Zahl der Empfänger	Dauer der Mitgliedschaft in Jahren (in %)										
			1	2	3	4	5	6	7	8	9	10	über 10
1907	M		24,2	15,4	8,6	6,7	4,4	2,9	2,4	1,9	1,3	3,6	
	K	66 658	25,2	26,2	14,5	10,3	6,7	3,9	4,2	2,8	1,7	1,3	3,3
	A	29 970	23,8	25,6	16,2	11,8	7,5	3,9	3,7	2,4	1,4	1,1	2,6
1908	M		18,3	18,7	12,6	8,0	6,4	3,6	2,7	2,1	1,7	4,7	
	K	85 298	15,7	27,9	18,4	10,6	8,1	5,2	3,4	3,0	2,2	1,5	4,0
	A	71 169	17,7	28,2	17,0	11,4	8,5	5,4	3,2	2,6	1,9	1,1	3,0
1909	M		12,1	13,0	15,6	11,4	7,5	6,2	3,5	2,6	2,0	5,8	
	K	84 016	10,2	19,0	21,6	15,5	9,6	7,1	4,7	3,0	2,5	1,8	4,9
	A	75 851	10,5	20,4	22,2	14,4	9,9	7,6	4,4	2,7	2,3	1,7	3,9
1910	M		11,9	8,1	9,1	11,3	8,6	5,7	4,4	2,7	2,0	5,7	
	K	82 256	10,5	13,7	14,7	17,7	13,7	8,3	6,4	4,0	2,7	2,2	6,1
	A	47 460	13,1	16,4	15,8	15,2	12,7	8,3	6,1	3,8	2,2	2,0	4,4
1911	M		18,0	8,0	6,0	7,4	9,2	7,1	5,0	4,0	2,5	6,8	
	K	99 576	15,7	13,5	9,6	11,1	14,1	11,2	7,1	5,2	3,5	2,4	6,6
	A	50 367	17,6	17,5	10,9	11,5	11,5	9,2	6,3	4,9	3,3	2,0	5,3
1912	M		15,5	12,7	6,0	5,1	6,4	7,8	6,2	4,4	3,4	8,2	
	K	110 784	13,0	21,5	9,2	7,1	8,5	11,3	8,9	5,6	4,5	2,9	7,5
	A	60 360	15,0	23,7	11,2	7,9	8,2	9,0	6,9	4,7	4,1	2,8	6,5
1913	M		17,0	11,8	10,0	5,5	4,7	6,0	7,3	5,9	4,3	10,5	
	K	127 658	11,1	17,0	15,3	7,4	5,8	7,3	9,7	7,8	5,4	4,2	9,0
	A	80 641	13,9	19,2	16,5	8,8	6,4	6,7	7,1	5,8	4,4	3,4	7,8

*Berechnet nach: Der Deutsche Metallarbeiter-Verband im Jahre 1907, S. 17 ff., 28 ff.; dass. 1908, S. 14 ff., 22 f.; dass. 1909, S. 48 ff., S. 56 ff.; dass. 1910, S. 20, S. 29 ff.; dass. 1911, S. 22, S. 33 ff.; dass. 1912, S. 36, S. 47 ff.; dass. 1913, S. 49, S. 73 ff. In der Spalte M = Anteil an der Gesamtmitgliedschaft sind diejenigen Mitglieder nicht aufgeführt, die im jeweiligen Jahr erst dem Verband beigetreten waren; das waren 1907: 28,6 Prozent; 1908: 21,2 Prozent; 1909: 20,3 Prozent; 1910: 30,5 Prozent; 1911: 26 Prozent; 1912: 24,3 Prozent; 1913: 17 Prozent. K = Krankenunterstützung; A = Arbeitslosenunterstützung.

Für den Metallarbeiterverband läßt sich auch die Mitgliedsdauer der Empfänger von Arbeitslosen- oder Krankenunterstützung über einen längeren Zeitraum genauer aufschlüsseln (s. Tab. 10). Dabei wird sichtbar, daß diejenigen Mitglieder, die dem Verband zwischen einem Jahr und drei Jahren angehörten, zunächst den Hauptteil der Unterstützungsempfänger stellten: Von 1907 bis einschließlich 1909 kam aus dieser Mitgliedergruppe immer mehr als die Hälfte der Bezieher von Arbeitslosen- und Krankenhilfe, wobei ihr prozentualer Anteil jedoch stufenweise von fast 66 Prozent auf 50 Prozent zurückging. Sie beanspruchten in diesen Jahren die Unterstützungskassen stärker als alle anderen Verbandsangehörigen, die vier Jahre und länger in der Metallgewerkschaft organisiert waren. Aus der Gruppe der Mitglieder mit ein- bis dreijähriger Verbandszugehörigkeit rekrutierte sich zwar in den Jahren von 1907 bis 1909 auch die Hälfte bis zwei Fünftel der Gesamtmitgliedschaft des Verbandes, doch lag die Unterstützungsquote für sie immer um rund 10 Prozent über ihrem Organisationsanteil. Im Zeitraum von 1910 bis 1913 sank ihr Anteil an der Gesamtmitgliedschaft des Verbandes weiter, weil sich die Metallgewerkschaft stabilisierte und die Organisationstreue der Verbandsangehörigen wuchs[101]; gleichzeitig verringerte sich ihre Quote an den Unterstützungsempfängern auf Werte zwischen 40 Prozent und 50 Prozent, doch die Differenz zwischen Unterstützungsquote und Mitgliederanteil bewegte sich weiterhin bei 10 Prozent. Die Feststellung, daß die Prozentwerte der Mitgliedsdauer geringer waren als die entsprechende Unterstützungsquote, gilt aber auch für diejenigen Mitglieder, die vier Jahre und länger dem Verband angehörten, so daß der Vorwurf, die »Verbandsneulinge« seien nur als »Kassenräuber« in die Gewerkschaften eingetreten, relativiert werden muß. Alle Mitglieder, die länger als ein Jahr im Metallarbeiterverband organisiert waren, partizipierten an den Unterstützungskassen stärker, als nach ihrem Anteil an der Gesamtmitgliedschaft zu erwarten stand. Das war möglich, weil diejenigen Mitglieder, die dem Verband noch kein Jahr angehörten, keinen Anspruch auf Unterstützungsleistungen aus der Arbeitslosen- und Krankenkasse besaßen. Da ein Fünftel bis über ein Drittel dieser neueingetretenen Mitglieder den Verband schon wieder in ihrem Beitrittsjahr verließen[102], profitierten die Verbandsangehörigen, die der Metallgewerkschaft die Treue hielten, auch von der Mitgliederfluktuation, denn die Beiträge dieser nur kurzfristig organisierten Arbeiter flossen in die Unterstützungskassen. Diese Umverteilung der Geldmittel war durchaus beabsichtigt, sollten doch die Unterstützungsleistungen auch eine Prämie für Verbandstreue sein.

*

Für die anderen freigewerkschaftlichen Verbände existieren so genaue statistische Aufstellungen über die Verteilung der Unterstützungsmittel auf die einzelnen Mitgliedergruppen nicht. Welche Bedeutung die verschiedenen Unterstützungszweige im Verbandsalltag hatten und wofür hauptsächlich die Beiträge ausgegeben wurden, läßt sich jedoch aus den Jahresabrechnungen der Gewerkschaften erschließen. In Tab. 11 sind für 15 Verbände die Aufwendungen zusammengestellt, die diesen zwischen 1893 und 1913 für Streik- und Gemaßregelten-, Arbeitslosen-, Reise- sowie Krankenunterstützung entstanden. Angegeben ist ferner, wie hoch der Anteil der Unterstützungskosten am Gesamtetat war und welche Beträge pro Mitglied

---

101 Vgl. dazu *Schönhoven*, S. 150 ff.
102 1907 verließen noch in ihrem Beitrittsjahr den Metallarbeiterverband 35,3 Prozent der Neuzugänge; 1908: 22 Prozent, 1909: 27 Prozent; 1910: 27,4 Prozent; 1911: 35,3 Prozent; 1912: 25,2 Prozent; 1913: 32,7 Prozent. Vgl. *Schönhoven*, S. 172 ff.

jährlich an Unterstützungszahlungen anfielen. Für diesen Vergleich wurden Verbände ausgewählt, deren organisatorische Binnenstrukturen sehr vielschichtig waren und die sehr unterschiedliche Berufsfelder gewerkschaftlich betreuten.

In den Gewerkschaftsorganisationen der Bildhauer, Buchdrucker, Hutmacher, Kupferschmiede und Maurer dominierten hochqualifizierte Arbeiter, die ihren Beruf in einer mehrjährigen Ausbildungszeit erlernt hatten, während die Verbände der Bauhilfsarbeiter, Fabrikarbeiter, Gemeindearbeiter und Transportarbeiter weitverzweigte Berufsgruppen organisierten, deren Angehörige meistens keine Lehrzeit absolviert hatten und als Ungelernte oder Angelernte weniger verdienten als die im handwerklichen Bereich geschulten Fachkräfte. Große Strukturunterschiede wiesen auch die Gewerbegruppen auf, aus denen die Gewerkschaften der Holzarbeiter, Metallarbeiter und Textilarbeiter ihre Mitglieder rekrutierten. Die Betriebsgrößen reichten von handwerksähnlichen Kleinbetrieben über mittlere Unternehmen, die sich auf die Herstellung bestimmter Produkte spezialisiert hatten, bis zu industriellen Großunternehmen mit einer sehr differenzierten Berufsschichtung. Im Montanbereich war eine nach Herkunft und Berufsqualifikation heterogene Arbeiterschaft beschäftigt, und der Tabakarbeiterverband, der zu den Pionieren der deutschen Gewerkschaftsbewegung gezählt hatte, betreute ein stark dezentralisiertes Organisationsgebiet, in dem sich nach 1890 die Hausfabrikation durch schlecht bezahlte Heimarbeiterinnen stark ausbreitete.

Die tabellarische Übersicht macht deutlich, daß die Unterstützungsetats dieser Gewerkschaften namentlich in den 90er Jahren ein sehr großes Leistungsgefälle aufwiesen. Geht man von den jährlichen Pro-Kopf-Ausgaben aus, so lag zwischen den berufsorientierten Fachverbänden der Bildhauer, Buchdrucker und Hutmacher und allen anderen Verbänden eine weite Distanz. In dieser Distanz spiegeln sich der unterschiedliche gewerkschaftliche Organisationsgrad und die unterschiedliche Beitragshöhe der einzelnen Berufsgruppen wider. So kassierten die gutorganisierten Buchdrucker 1893 einen Wochenbeitrag von 1,10 Mark, die Bildhauer und die Hutmacher verlangten 50 Pfennig; dagegen mußten sich die Verbände der Bauhilfsarbeiter und der Textilarbeiter mit 10 Pfennig pro Woche begnügen. Bis zum Kriegsbeginn hatte sich das Beitragsaufkommen und mit ihm die Leistungsfähigkeit dieser Verbände verbessert. Zwar nahmen die Buchdrucker nach wie vor einen unangefochtenen Spitzenplatz ein, doch gehörten die Industrieverbände der Metallarbeiter und der Holzarbeiter nun auch zur Gruppe derjenigen Gewerkschaften, die mehr als 20 Mark pro Mitglied im Jahr für Unterstützungszwecke aufwendeten, und selbst die Organisationen der Bergarbeiter, Fabrikarbeiter oder Textilarbeiter, die 1893 nur Pfennigbeträge zu zahlen vermochten, konnten nach der Jahrhundertwende ihre Leistungen vervielfachen. Rückläufig war die Quote der Unterstützungsausgaben pro Mitglied lediglich bei den Hutmachern, deren Verband sein Organisationsgebiet im Laufe der Jahre auf ungelernte und weibliche Arbeiter ausdehnen mußte, nachdem man die Hut- und Filzwarenproduktion mechanisiert hatte und gutbezahlte Facharbeiter durch billige Arbeitskräfte ersetzt worden waren. Im Falle der Hutmacher schrumpfte auch der Anteil des Unterstützungsetats am Gesamtetat, der sich bei den meisten anderen Verbänden dagegen schrittweise ausgeweitet und bis 1913 auf Durchschnittswerte von 40 bis 70 Prozent eingependelt hatte. Erheblich über diesem Niveau bewegten sich wiederum nur die Buchdrucker, die in den zwei Jahrzehnten zwischen 1893 und 1913 immer etwa neun Zehntel ihrer Finanzmittel für Unterstützungszwecke einsetzten.

Die Sonderstellung der Buchdrucker wird auch sichtbar bei einem Vergleich der Streiketats. Während im Baugewerbe und in der Metallindustrie, aber auch bei den Fabrikarbeitern und den Textilarbeitern in einzelnen Jahren für Streikkosten mehr als vier Fünftel aller Unterstüt-

Tab. 11: Unterstützungsleistungen von freigewerkschaftlichen Verbänden 1893—1913*

		1893	1895	1897	1899	1901	1903	1905	1907	1909	1911	1913
Bauhilfsarbeiter	1	0,31	0,79	2,83	2,37	4,79	3,55	5,54	15,36	13,48	4,16	8,38
	2	6,9	17,1	45,2	40,7	41,6	44,4	47,2	60,6	44,9	32,4	44,5
	3	32,1	49,7	93,5	95,1	89,6	93,3	88,2	92,4	73,2	27,3	35,1
	4	–	–	–	–	–	–	–	–	–	–	–
	5	53,0	41,4	3,7	0,5	4,3	1,4	0,3	0,9	1,2	3,5	2,7
	6	–	–	–	–	–	–	3,3	2,2	17,1	46,6	37,5
Maurer	1	1,02	2,21	4,77	5,17	6,58	7,19	8,52	11,77	10,53		
	2	16,4	31,9	54,6	41,4	46,3	44,1	53,5	59,8	53,7		
	3	45,8	81,8	95,3	95,3	93,6	90,9	78,4	78,6	63,2		
	4	–	–	–	–	–	–	–	–	–		
	5	45,7	12,8	1,6	1,6	4,2	1,4	1,1	1,1	2,6		
	6	–	–	–	–	–	–	9,8	12,3	21,5		
Bergarbeiter	1	0,15		0,22	0,20	1,08	1,09	1,68	4,17	8,68	17,46	6,07
	2	6,0		13,3	10,2	25,8	20,8	26,8	43,8	57,9	69,5	41,1
	3	–		26,9	27,0	30,9	26,9	16,7	26,4	51,7	74,4	27,2
	4	–		–	–	–	–	1,8	1,2	3,4	1,6	5,1
	5	–		–	–	–	–	–	–	–	–	–
	6	–		–	–	–	–	23,9	51,1	32,3	16,6	44,9
Bildhauer	1	16,12	20,22	15,98	18,31	27,74	21,87	26,81	48,89	30,15	24,61	25,81
	2	72,9	73,7	70,3	68,5	76,6	71,8	68,2	78,5	67,3	62,1	60,1
	3	4,5	21,4	3,7	23,8	6,0	7,8	30,5	35,0	18,5	25,5	13,4
	4	27,4	41,4	62,8	49,0	71,1	69,0	50,0	52,5	62,0	54,9	63,2
	5	31,5	16,9	14,3	11,4	8,8	8,2	7,5	3,5	5,1	4,9	5,2
	6	32,0	17,7	16,4	13,1	11,3	11,9	8,7	6,7	9,1	10,6	13,2

Das gewerkschaftliche Unterstützungswesen im Deutschen Kaiserreich

Buchdrucker	1	40,16	36,62	36,65	33,49	47,69	44,95	38,41	35,63	43,95	39,97	43,64
	2	90,6	90,2	90,8	88,2	93,1	93,7	89,9	91,0	89,9	87,7	88,1
	3	0,3	2,6	6,6	3,8	0,7	1,7	0,6	0,8	0,2	0,1	0,1
	4	14,0	13,9	15,8	18,1	34,8	33,6	28,0	29,2	33,0	36,1	41,9
	5	15,1	15,7	16,4	13,0	16,6	15,0	10,2	7,7	9,0	7,2	8,6
	6	50,0	46,4	41,6	51,4	36,4	36,1	44,6	43,2	35,7	38,3	32,1
Fabrikarbeiter	1	0,32	0,72	1,14	1,71	5,44	4,32	7,41	8,16	12,17	12,69	12,92
	2	11,7	21,5	33,8	34,4	58,3	52,2	62,5	61,9	62,3	64,0	58,4
	3	41,2	25,2	75,6	79,9	90,8	85,8	80,8	42,5	25,9	44,6	33,9
	4	—	—	—	—	—	—	2,1		26,1	11,5	16,2
	5	46,2	62,3	16,7	7,8	2,8	2,9	0,8	50,9	2,2	2,0	2,6
	6	—	—	—	—	—	—	10,6		38,6	35,0	39,6
Gemeindearbeiter	1				1,82	0,49	1,17	1,23	2,87	7,78	6,76	9,27
	2				33,6	7,0	12,7	14,1	20,1	36,9	35,7	41,3
	3				4,9	89,4	9,6	32,6	18,6	43,4	13,4	10,2
	4				—	—	—	—	5,6	6,4	7,7	14,8
	5				—	—	—	—		—	—	—
	6				78,7	—	80,9	40,6	44,9	35,2	58,9	58,9
Holzarbeiter	1	0,79	2,81	2,97	4,36	2,00	4,64	15,73	35,23	21,45	27,87	28,11
	2	23,3	38,8	40,0	46,4	22,5	40,0	66,1	71,1	65,6	73,3	72,8
	3	2,6	52,1	77,1	85,4	46,2	78,6	64,2	68,5	30,0	55,6	28,7
	4	—	—	—	—	—	—	20,0	16,5	35,2	20,0	41,0
	5	88,8	40,5	16,2	8,7	29,0	8,9	4,9	2,5	4,5	2,5	3,3
	6	—	—	—	—	—	—	—	5,9	24,4	17,9	21,8

		1893	1895	1897	1899	1901	1903	1905	1907	1909	1911	1913
Hutmacher	1	35,34	30,15	26,47	19,89	18,93	14,63	21,31	16,87	17,15	18,05	15,32
	2	90,8	88,1	86,3	78,3	72,1	72,9	74,4	69,3	67,3	70,5	60,6
	3	4,3	0,8	12,9	0,9	8,8	4,6	22,8	12,5	11,7	9,5	8,3
	4	23,5	24,1	26,7	28,4	26,3	34,7	38,1	42,2	43,3	33,4	46,6
	5	23,4	13,9	3,8	4,5	3,9	4,3	3,6	2,2	2,1	1,3	1,1
	6	21,5	55,0	28,0	36,0	32,4	28,0	17,7	24,3	27,1	41,0	26,1
Kupferschmiede	1	7,77	6,50	3,77	5,31	27,78	18,63	12,69	11,09	19,68	18,03	28,79
	2	64,3	55,1	48,4	42,3	80,2	71,8	68,2	53,5	63,1	55,8	65,6
	3	–	0,9	6,0	8,7	36,2	9,8	32,5	23,2	8,4	25,5	42,7
	4	38,0	36,9	48,9	45,9	25,3	35,7	31,8	40,7	35,5	21,1	19,6
	5	59,5	59,7	40,9	8,1	29,5	41,5	20,9	21,1	16,9	10,7	9,9
	6	2,4	0,4	3,8	6,2	0,8	2,6	3,3	1,1	28,7	30,8	20,0
Metallarbeiter	1	1,93	2,86	2,22	5,93	6,80	11,40	16,55	18,22	22,87	23,04	25,37
	2	32,1	39,6	36,4	55,9	58,3	69,9	65,6	66,2	71,5	72,2	69,7
	3	11,8	46,3	75,6	87,5	36,2	71,4	75,9	40,5	14,8	51,1	36,2
	4	–	–	–	–	44,5	18,1	12,4	15,6	39,8	13,4	25,2
	5	86,5	51,4	16,5	7,7	15,5	8,0	6,4	4,9	4,4	3,1	4,0
	6	–	–	–	–	–	–	–	33,3	36,3	27,8	29,9
Schneider	1	1,35	1,99	0,93	2,59	4,94	4,36	9,83	13,50	6,66	6,82	7,66
	2	26,3	34,0	18,5	38,8	48,4	45,5	50,0	71,6	42,1	43,8	40,9
	3	–	2,5	9,9	60,7	73,2	59,1	77,5	84,1	49,2	46,8	41,5
	4	–	–	–	–	–	–	–	–	–	–	–
	5	96,6	95,6	86,7	18,6	11,1	12,3	4,9	3,2	12,4	11,2	10,9
	6	–	–	–	20,4	14,9	27,2	14,3	12,0	36,6	37,8	40,2

Das gewerkschaftliche Unterstützungswesen im Deutschen Kaiserreich

Tabakarbeiter	1	3,06		6,43	6,56	12,21	6,80	21,34	18,42	10,15	41,51	15,08
	2	47,6		58,4	63,3	78,6	59,0	82,4	71,7	58,0	88,5	58,6
	3	29,8		38,0	31,2	65,8	24,7	45,2	53,4	20,8	73,3	4,3
	4	—		—	—	—	—	5,0	4,4	13,9	10,2	49,3
	5	62,8		24,0	21,7	10,6	15,0	—	—	0,9	—	—
	6	—		33,6	36,8	18,6	50,0	47,2	39,1	55,5	14,6	41,4
Textilarbeiter	1	0,27	1,08	2,28	4,29	5,02	16,56	11,07	4,51	9,38	8,04	12,98
	2	10,7	41,0	61,3	52,2	54,7	76,9	68,8	44,7	54,9	50,9	59,5
	3	90,8	74,2	83,4	94,6	70,0	93,2	85,1	60,3	39,9	42,2	53,8
	4	—	—	—	—	—	—	—	—	19,0	15,0	16,9
	5	—	—	22,8	13,8	4,6	2,5	0,6	1,0	3,7	2,8	3,7	3,0
	6	—	—	—	—	—	26,3	5,8	13,1	33,2	35,3	34,7	23,0
Transportarbeiter	1					1,00	3,42	4,54	5,53	7,41	8,96	10,75	18,87
	2				12,0	31,6	35,9	40,7	42,9	45,1	50,7	62,9
	3				41,7	17,9	42,6	48,7	55,4	24,0	30,2	53,7
	4				31,9	18,4	12,9	11,3	13,0	33,7	20,5	15,0
	5				—	—	—	—	—	0,6	0,5	0,4
	6				—	42,7	28,7	25,3	25,3	29,2	39,0	24,7

*Die Angaben sind nach den Statistiken der Generalkommission berechnet (s. *-Anm. zu Tab. 6). *Spalte 1* = Aufwendungen für Unterstützungen pro Mitglied im Jahr (in Mark); *Spalte 2* = Anteil des Unterstützungsetats an den Gesamtausgaben des Verbandes; *Spalte 3* = Streik- und Gemaßregeltenunterstützung; *Spalte 4* = Arbeitslosenunterstützung; *Spalte 5* = Reiseunterstützung; *Spalte 6* = Krankenunterstützung. Alle Angaben der Spalten 2-6 sind Prozentwerte, die sich auf die Gesamtsumme der für Unterstützungszwecke ausgegebenen Finanzmittel beziehen. Nicht aufgenommen wurden in die Tabelle die Werte für Rechtsschutz, Invalidenunterstützung, Umzugsunterstützung, Beihilfen in Not- und Sterbefällen. Der Bauhilfsarbeiterverband und der Maurerverband schlossen sich ab 1911 zum Bauarbeiterverband zusammen.

zungsmittel aufgebraucht wurden, fiel dieser Etatposten bei den Buchdruckern kaum ins Gewicht, weil sich im graphischen Gewerbe der Tarifvertrag als streikdämpfendes Instrument des Interessenausgleiches schon vor der Jahrhundertwende weitgehend durchgesetzt hatte. Insofern war der Buchdruckerverband der Modellfall einer Gewerkschaft, die in Lohnkonflikten auf die offensive Streikwaffe fast völlig verzichten konnte und ihre Unterstützungsmittel deshalb nicht mehr für Kampfzwecke verwenden mußte. Bei den anderen tabellarisch erfaßten Gewerkschaftsverbänden, die einen geringeren gewerkschaftlichen Organisationsgrad und damit auch eine schlechtere Verhandlungsposition auf dem Arbeitsmarkt besaßen, ist das Bild nicht so eindeutig wie bei den Buchdruckern. Das Volumen ihrer Streiketats veränderte sich von Jahr zu Jahr. Mit der Erweiterung ihrer Unterstützungseinrichtungen auf die Arbeitslosen- und Krankenunterstützung schrumpfte zwar die Quote der Streikunterstützung am Gesamtetat, das bedeutete aber nicht, daß sich die absoluten Summen, die pro Mitglied für Streikzwecke ausgegeben wurden, auch verringerten. Der organisierte Ausgleich der Interessen von Kapital und Arbeit war noch nicht so weit fortgeschritten, daß Arbeitskonflikte in allen Branchen immer paritätisch und friedlich geregelt werden konnten. Doch zeichnete sich insgesamt ein Wandel der Konfliktformen ab, in dem streiklose Methoden an Boden gewannen und die Gewerkschaftsverbände schon aus finanziellen Gründen von der Streikwaffe einen möglichst sparsamen Gebrauch machten. Der Streik stand jetzt in einer Strategie der kalkulierten Konfliktverschärfung als »wirksamstes Druckmittel am Ende einer ganzen Reihe von Arbeitskampfformen und wurde erst eingesetzt, wenn diese versagt hatten[103]«. Trotz des enormen Ausbaus ihrer defensiven Unterstützungseinrichtungen mußten die Gewerkschaften aber auch weiterhin Kampffonds für offensive Aktionen auf dem Arbeitsmarkt ansparen, wollten sie ihrer Hauptaufgabe, der Verbesserung der Lebens- und Arbeitsbedingungen der Arbeiterschaft, gerecht werden.

III.

In den zweieinhalb Jahrzehnten zwischen Sozialistengesetz und Kriegsbeginn hatten die Freien Gewerkschaften ein weitgespanntes Netz von kollektiven Solidareinrichtungen geschaffen, das die materielle Existenz der Arbeiter und ihrer Angehörigen im Berufsleben und in verschiedenen Notsituationen des Alltags absichern sollte. Das gewerkschaftliche Unterstützungsangebot umfaßte eine Vielzahl von Leistungen, die von der Sozialhilfe bis zur Streikunterstützung reichten und auf Lage, Bewußtsein und Verhalten der Arbeiterschaft sehr unterschiedlich einwirkten. Zweifellos wurden durch die Unterstützungskassen für Krankheit und Invalidität oder mit der Witwen- und Waisenhilfe soziale Spannungen abgebaut und individuelles Leid gelindert, also Maßnahmen ergriffen, die der Verelendung und Verbitterung gegensteuerten. Gleichzeitig festigten der gewerkschaftliche Rechtsschutz, die Reiseunterstützung und die Arbeitslosenhilfe, vor allem aber die Streik- und Gemaßregeltenunterstützung die Position der Arbeiterschaft als Arbeitsmarktpartei und erhöhten ihre Widerstandskraft und Konfliktfähigkeit in Lohnkämpfen mit dem Kapital. Beachtet man diese Doppelfunktion des gewerkschaftlichen Unterstützungswesens, das sowohl humanitäre Hilfen bereitstellte als auch die Arbeitsbeziehungen und die Arbeitsbedingungen im Sinne der Lohnabhängigen be-

---

103 So *Kaelble/Volkmann*, a. a. O., S. 535.

einflussen wollte, so kann man sicherlich konstatieren, daß die Alternative »Kampforganisation oder Versicherungsverein«, mit der die Gegner von defensiven Selbsthilfemaßnahmen in die Grundsatzdebatten der 90er Jahre zogen, in dieser Zuspitzung falsch war. Das gewerkschaftliche Unterstützungswesen ließ sich nicht in das Prokrustesbett des Entweder-Oder pressen, seine Zielsetzungen und seine Wirkungen waren vielschichtiger, als es diese einfache Formel ausdrückte.

Als unmittelbare Organisationen der Produzenten, die den Preis der Arbeit festlegen wollten, standen die Gewerkschaften in ihrer Organisationsarbeit von Anfang an unter einem sehr viel stärkeren Legitimationsdruck als die sozialdemokratische Bewegung, denn ihre Erfolge und Mißerfolge waren in Mark und Pfennig meßbar. Das Gewerkschaftsengagement des einzelnen Arbeiters konnte nicht nur durch Appelle an das Klassenbewußtsein und durch die Prophezeiung einer sozialistischen Zukunft stimuliert werden, es hatte auch eine materielle und sehr gegenwärtige Dimension, die sich im Vergleich von Organisationskosten und Organisationsleistungen aufrechnen ließ. Stimmte die Relation zwischen diesen beiden Bezugsgrößen nicht oder waren die individuellen Erwartungen höher als die gewerkschaftlichen Kompensationen, dann kündigten viele Arbeiter ihre Mitgliedschaft in der Gewerkschaftsbewegung auf. Diese Gewerkschaftsflucht, die sich meistens stillschweigend vollzog, ist an der immensen Mitgliederfluktuation ablesbar, die in allen Verbänden deren Stabilisierung gefährdete und verzögerte. Die Hoffnung der Verbandsvorstände, durch eine Auffächerung der Unterstützungsangebote und eine Abstufung der Unterstützungsleistungen nach Mitgliedsdauer die Mitgliederverluste einzudämmen, erfüllte sich jedoch nicht in dem Maße, wie es die Befürworter eines forcierten Ausbaus der Hilfseinrichtungen erhofft und erwartet hatten. Allerdings wirkten die Unterstützungssysteme fluktuationsdämpfend, wobei die Schrumpfung des Fluktuationsvolumens auch durch andere Faktoren verursacht wurde, wie beispielsweise die Formalisierung des Beitragswesens oder die Erweiterung des Organisationsgefüges und die Bürokratisierung der Binnenstrukturen.

Das Argument, daß gewerkschaftliche Solidarität nicht allein auf ideellen Faktoren gründe, sondern auch konkret erfahrbar sein müsse, bestimmte schon in der Reichsgründungsära Programm und Praxis der sich konstituierenden Gewerkschaftsbewegung. Bereits in dieser Zeit definierten sich die entstehenden Gewerkschaftsverbände als Kampfgemeinschaften, die der Arbeiterschaft — im Sinne von Marx — »als Sammelpunkte des Widerstands gegen die Gewalttaten des Kapitals« dienen sollten[104]; gleichzeitig definierten sie sich aber auch als Solidargemeinschaften, die ihren Mitgliedern in Notlagen helfen wollten. Diese doppelte Aufgabenstellung als Arbeitskampforganisationen und als soziale Hilfseinrichtungen behielten die Gewerkschaften in der Folgezeit bei, auch wenn die konzipierten Kassen nur ansatzweise aufgebaut werden konnten und unter dem Sozialistengesetz dann der Kampfcharakter zurücktrat, weil die rechtlichen und politischen Rahmenbedingungen die Gewerkschaftsbewegung zeitweise auf eine Krankenkassenbewegung reduzierten.

Unmittelbar nach 1890, in der Periode der gewerkschaftlichen Stagnation und der wirtschaftlichen Rezession, als Streikniederlagen stabile Verbände erschütterten und eben erst neugegründete Organisationen zerstörten, bestimmte tiefer Pessimismus das Strategiedenken von Sozialdemokratie und Gewerkschaften. Die Verelendungs- und Zusammenbruchstheorie

---

104 *Karl Marx*, Lohn, Preis und Profit, in: *Karl Marx/Friedrich Engels*, Werke, hrsg. vom Institut für Marxismus-Leninismus beim ZK der SED, Berlin [DDR] 1973, Bd. 16, S. 101—152, Zitat S. 152.

schien die einzige situationsadäquate Perspektive zu sein, mit der die Aufhebung des kapitalistischen Lohnsystems in Aussicht gestellt werden konnte. Aus dieser fatalistischen Erwartungshaltung, die sich auch aus der numerischen Schwäche der Gewerkschaftsverbände ergab, lösten sich die Freien Gewerkschaften in den Jahren nach 1895, als ihnen unter konjunkturell günstigen Vorzeichen der Durchbruch zur Massenbewegung gelang. Der wirtschaftliche Aufschwung widerlegte nicht nur alle Vorhersagen, die den baldigen Kollaps des privatkapitalistischen Wirtschaftssystems behauptet hatten, er schuf den Gewerkschaften auch neue Aktionsmöglichkeiten, die unter anderem am Zuwachs der Streikraten ablesbar sind. Je mehr sich das bestehende ökonomische System stabilisierte und je weiter das sozialistische Endziel in die Ferne rückte, um so stärker konzentrierten sich die Gewerkschaften auf systemimmanente Aufgaben, auf den Kampf im Lohnsystem und auf die Verbesserung der sozialen Lebensbedingungen der Arbeiterschaft. Die Gewerkschaften gaben jetzt der Sozialreform den Vorzug vor der Sozialrevolution, die unwägbare Risiken in sich barg, und setzten nicht mehr auf die kompromißlose Verschärfung des Klassenkampfes. Dieser reformorientierte Strategiewandel der Gewerkschaften, in dem das Dogma der Konfrontation durch die Hoffnung auf Partizipation abgelöst wurde, vollzog sich auch unter dem Druck der organisierten und unorganisierten Arbeiterschaft, die mit der Vertröstung auf den sozialistischen Zukunftsstaat nicht ihre dringendsten Existenzbedürfnisse im kapitalistischen Gegenwartsstaat befriedigen konnte.

Im Grundsatzstreit um die Arbeitslosenunterstützung behaupteten sich die Anhänger des evolutionären Weges, den Zeitgenossen wie Historiker — je nach ihrem ideologischen Standort — als trade-unionistischen Opportunismus verdammten oder als gewerkschaftlichen Pragmatismus rühmten. In diesem Zusammenhang muß aber auch darauf hingewiesen werden, daß die Kooperationsbereitschaft der Gewerkschaften nicht überall auf die Kompromißbereitschaft der Unternehmer rechnen konnte, wie der unterschiedliche Verbreitungsgrad von Tarifverträgen in den einzelnen Gewerbezweigen zeigt. Wo der patriarchalische Herr-im-Haus-Standpunkt der Arbeitgeber dominierte und die kooperative Lösung von Arbeitskonflikten blockiert war, konnten die Gewerkschaften auf die Anwendung der autonomen Streikwaffe nicht verzichten. Die spannungsreiche und widersprüchliche gesellschaftliche Wirklichkeit des späten Kaiserreichs und die Unentschiedenheit seiner zukünftigen Entwicklung zwangen die Gewerkschaften auch weiterhin, ihre Kampfkassen zu füllen und ihre Kampfkraft zu demonstrieren. Daß ihre Ausgaben für defensive Unterstützungszwecke, die den Arbeitern ein Mehr an sozialer Sicherheit gaben, Klassenspannungen entschärften und die Integration der Lohnabhängigen in den bestehenden Staat förderten, auch dann nicht vergeudet waren, wenn sich der reformerische Optimismus der Gewerkschaften als trügerisch erweisen sollte, hatte bereits 1903 der Nürnberger Arbeitersekretär Adolf Braun mit Nachdruck betont, als er die Funktion von Partei und Gewerkschaften für die Emanzipation der Arbeiterschaft charakterisierte:

»Das politische Leben der Arbeiter, ihre letzten Ziele werden desto eher erreicht werden, wenn geistig frische, körperlich widerstandsfähige, moralisch gesunde Kräfte wirken. Mit ausgemergelten Körpern, ausgesogenen Gehirnen läßt sich nicht eine neue Welt erobern. Der Arbeiter, der vierzehn Stunden arbeitet und sich trotzdem nicht satt essen kann, wird keine Zeitung lesen, ja kaum verstehen, wird allem politischen Geschehen indifferent gegenüberstehen, weil er zu müde, zu abgestumpft ist, er wird Objekt der Ausbeutung bleiben, nicht aber gegen sie wirkungsvoll ankämpfen; der Arbeiter aber, der acht oder höchstens neun Stunden arbeitet, behält Zeit und Luft, sich politisch fortzubilden, sich im Befreiungskampfe der Arbeiterklasse zu betätigen und zu bewähren, seinen Mann zu stellen in der politischen wie in der gewerkschaftlichen Organisation. Für viele Hunderttausende, ja für Millionen Arbeiter hat die Gewerkschaftsbewegung Verkürzung der Arbeitszeit, Erhöhung der Löhne, Verbesserung der Arbeitsbedingungen erkämpft und auch in den Arbeitern das Selbstgefühl gesteigert, höhere Bedürfnisse geweckt. Und bei Millionen hat die gewerkschaftliche Bewegung verhindert, daß die Lage des Arbeiters sich verschlechtert hat, daß sie noch tiefer herabgedrückt wurde. All dies sind Leistungen, die der auf dem politischen Kampffeld Wirkende nicht hoch genug veranschlagen darf. So sehen wir, wie politische und gewerkschaftliche Arbeiterbewegungen einander glücklich ergänzen, wie jede der anderen gesicherte Grundlagen der Wirksamkeit schafft, wie eine der anderen die Hindernisse aus dem Wege zum Erfolge hinwegräumt. Nur ein Phantast könnte wünschen, daß bloß eine dieser beiden Bewegungen existiere, beide müssen wir haben, weil jede ihre Aufgaben hat und die der anderen nicht erfüllen kann[105].«

---

105 *Braun*, a. a. O., S. 349. Es handelt sich hierbei um einen Aufsatz Brauns, den er 1903 als Vorwort zum 1. Bd. der von *August Bringmann* verfaßten Geschichte der deutschen Zimmerer-Bewegung, Hamburg 1903, (Nachdruck Berlin/Bonn 1981) geschrieben hatte.

Dietmar Petzina

Gewerkschaften und Monopolfrage vor und während der Weimarer Republik

In der Programmschrift des ADGB aus dem Jahre 1928, der von Fritz Naphtali herausgegebenen Gemeinschaftsstudie »Wirtschaftsdemokratie. Ihr Wesen, Weg und Ziel«, findet sich eine bemerkenswert optimistische Einschätzung des Monopolproblems. Dort heißt es angesichts der immer umfassenderen wirtschaftlichen Konzentration:
»Diese Durchorganisierung des Kapitalismus, diese Entwicklung von der freien Konkurrenz zur planmäßigen Produktionsgestaltung [...] hat an sich gewiß nichts mit einer Demokratisierung der Wirtschaft zu tun [...]. Aber trotzdem, und obwohl es uns fernliegt, den hochkapitalistischen Charakter der neuen Organisationsformen verschleiern zu wollen, glauben wir, daß von dieser Entwicklung zum organisierten Kapitalismus in letzter Linie ein großer Antrieb in der Richtung der Entwicklung zur Demokratisierung der Wirtschaft ausgehen wird und bereits auszugehen beginnt[1].«
Mit diesem Resümee fand die programmatische Auseinandersetzung innerhalb der freien Gewerkschaften ihren vorläufigen Abschluß, nachdem auf dem Breslauer Gewerkschaftskongreß 1925 eine prinzipielle Diskussion über gewerkschaftliche Strategie im Bereich der Wirtschafts- und Gesellschaftspolitik in Gang gesetzt worden war[2]. Ihr Verlauf und ihre Ergebnisse sind sowohl Antworten auf die unübersehbaren Strukturveränderungen der Wirtschaft als auch als Ansatz einer eigenständigen theoretischen Standortbestimmung unter dem Vorzeichen des Reformismus zu verstehen, in deren Rahmen der Monopoldebatte eine exemplarische Rolle namentlich in der Periode relativer Stabilität der Republik zufiel.
Das gewerkschaftliche Bemühen um Eigenständigkeit der Argumentation bedeutete freilich weder Abgrenzung gegenüber der Sozialdemokratie noch theoretische Konsistenz der eigenen Strategie seit dem Ersten Weltkrieg. Auffällig ist vielmehr die relative Abstinenz des ADGB in den Grundsatzdiskussionen der Gesellschaftspolitik bis in die Mitte der zwanziger Jahre, und auch das Wirtschaftsdemokratie-Konzept wäre ohne Rudolf Hilferding, den führenden sozialdemokratischen Theoretiker, schlechthin undenkbar. Gefragt war eine neue Legitimation des eigenen Handelns nach dem Zusammenbruch des Arbeitsgemeinschafts-Gedankens und der offenkundigen Restabilisierung des kapitalistischen Systems, die die eigene »positive« Rolle rechtfertige — und dies auch und gerade angesichts der tiefgreifenden inneren Umschichtungen dieses Systems. Tatsächlich jedoch wirkte die »Wirtschaftsdemokratie« auf

---

1 Wirtschaftsdemokratie. Ihr Wesen, Weg und Ziel, hrsg. im Auftrag des Allgemeinen Deutschen Gewerkschaftsbundes von *Fritz Naphtali*, 5. Aufl., Berlin 1931 (1. Aufl. 1928), S. 35 f.
2 *Protokoll der Verhandlungen des 12. Kongresses der Gewerkschaften Deutschlands (2. Bundestag des Allgemeinen Deutschen Gewerkschaftsbundes)*, Berlin 1925, vor allem die Referate von D. Hermberg und H. Jäkel.

gewichtige Kritiker und wohl auch auf einen nicht unbeträchtlichen Teil der gewerkschaftlichen Mitglieder als ein relativ später Versuch, das Scheitern der Sozialisierungsversuche und den Verzicht auf weiterreichende gewerkschaftliche Einflußnahme zu vertuschen[3]. Zu lange hatte die Führung des ADGB dieser kritischen Sicht zufolge eine Analyse grundsätzlicher Probleme vermieden, und in der Tat belegen zumindest Themenschwerpunkte und Verlauf der meisten Gewerkschaftskongresse seit dem Gründungskongreß des ADGB im Jahre 1919 die vorrangige Orientierung an sozialpolitischen Tagesproblemen und gewerkschaftlichen Organisationsfragen. Dabei mag es eher zu den Kuriosa der Geschichte der Freien Gewerkschaften in der Weimarer Republik zählen, daß selbst im offiziösen »Handbuch der Gewerkschaftskongresse« das Stichwort »Konzentration« nur im Zusammenhang der innerverbandlichen Organisation auftaucht, die Stichworte »Kartelle« oder »Monopolisierung« hingegen ebensowenig verzeichnet sind wie »Kapitalismus«, »Syndikat« oder »Konzern«. Und zu »Wirtschaftspolitik« heißt es dort beiläufig, »die Fragen der Wirtschaftspolitik werden auf den Gewerkschaftskongressen in der Regel nur fragmentarisch behandelt[4]«. Die vor dem Ersten Weltkrieg gültige Aufgabenteilung zwischen Freien Gewerkschaften und Sozialdemokratischer Partei, »zwischen primär politischer und primär ökonomischer Emanzipationsbewegung[5]«, war ungeachtet der Wirtschaftsdemokratie-Diskussion insoweit auch in den zwanziger Jahren gültig. Sie läßt sich je nach Ferne oder Nähe zu dieser Politik sowohl als »ideologische Krise der Gewerkschaften[6]« als auch als »werbende Kraft ihrer Alltagserfolge[7]« interpretieren.

Im folgenden ist nicht beabsichtigt, den vorliegenden Einschätzungen gewerkschaftlicher Reformpolitik in der Weimarer Republik eine weitere hinzuzufügen oder das gesamte Spektrum freigewerkschaftlicher Strategiediskussion zu analysieren. Das Vorhaben ist sehr viel bescheidener: Zu überprüfen, inwieweit der Prozeß der wirtschaftlichen Konzentration und der damit Hand in Hand gehenden Machtzusammenballung seinen Niederschlag in gewerkschaftlicher Argumentation fand und welche Rückwirkungen diese Diskussion gegebenenfalls für die Ausformung gewerkschaftlicher Grundsätze der Gesellschafts- und Wirtschaftspolitik hatte. Freilich erfordert eine derartige Einschränkung auf das Monopolproblem die Kenntnis dessen, was als gewerkschaftliche »Gesamtstrategie« identifiziert werden kann und inwieweit die Konzentrationsfrage hierauf einwirkte. Diese Diskussion ist zugleich auf dem Hintergrund tiefgreifender Strukturveränderungen der deutschen und der internationalen Wirtschaft seit dem Ersten Weltkrieg aufzuzeigen, um die Zusammenhänge von soziökonomischer Entwicklung und gewerkschaftlicher Politik verdeutlichen zu können. Allerdings läßt sich diese Diskussion nicht ausschließlich auf den Zeitraum der Weimarer Republik isolieren,

---

3 Charakteristisch dafür ist die Tatsache, daß *Naphtali* sich im Vorwort zur Neuauflage 1931 ausführlich mit der Kritik von Hermberg glaubte auseinandersetzen zu müssen, der in der »Demokratisierung der Wirtschaft« die Gefahr sah, sie verwische »das Gefühl für den Gegensatz zu allem Bestehenden, der in der sozialistischen Zielsetzung liegt« (Wirtschaftsdemokratie, [5]1931, S. 6).
4 Siehe *Salomon Schwarz*, Handbuch der Gewerkschaftskongresse. Kongresse des Allgemeinen Deutschen, Gewerkschaftsbundes, Berlin 1930.
5 *Henryk Skrzypczak*, Freie Gewerkschaften in der Weimarer Republik, in: *Heinz Oskar Vetter* (Hrsg.), *Vom Sozialistengesetz zur Mitbestimmung.* Zum 100. Geburtstag von Hans Böckler, Köln 1975, S. 204.
6 *Hans Ulrich*, Die Einschätzung von kapitalistischer Entwicklung und Rolle des Staates durch den Allgemeinen Deutschen Gewerkschaftsbund, in: Probleme des Klassenkampfes, Nr. 6, 1973, S. 1—70.
7 *Skrzypczak*, a. a. O.

da sie zumindest innerhalb der Sozialdemokratie schon seit den neunziger Jahren mit wechselnder Intensität geführt wurde und spätestens während des Weltkrieges unmittelbar die gewerkschaftliche Politik unter dem Vorzeichen des »Burgfriedens« berührte. Zumindest einige Etappen dieses Prozesses werden deshalb nachzuzeichnen sein.

I.

Zwei Stellungnahmen stehen beispielhaft für die Einschätzung des Monopolproblems innerhalb der SPD bzw. der Freien Gewerkschaften. Zum einen handelt es sich um die von Max Schippel auf dem Parteitag der SPD 1894 eingebrachte und schließlich mit einigen Veränderungen verabschiedete Resolution zur Kartellfrage, zum anderen um eine gemeinsame Entschließung der Spitzenorganisationen aller deutschen Gewerkschaftsverbände aus dem Jahre 1927. Ihres exemplarischen Gewichtes willen seien sie in Auszügen zitiert. Zunächst zum Antrag Schippel:
»Die Kartelle (Trusts, Ringe), wie sie in neuerer Zeit immer mehr in allen Kulturländern der Erde, insbesondere auch in Deutschland, von den Vertretern großkapitalistischer Unternehmungen gebildet werden, sind die *natürliche Folge der Entwicklung unserer kapitalistischen Produktionsweise*, die mit stetig sich beschleunigender Schnelligkeit ihrem Höhepunkt entgegeneilt [...]
Der immer raschere *Untergang* des konkurrenzunfähig gewordenen *mittleren und kleineren Unternehmertums* ist die notwendige Wirkung dieser Kapitalistenorganisationen.
Die *Arbeiterklasse* hat keine Veranlassung, den durch die Kartellwirtschaft beförderten großkapitalistischen Entwicklungsprozeß durch reaktionäre Gesetzgebungsversuche zu stören, weil jeder Fortschritt der Kapitalkonzentration fortgesetzt größere Massen ehemals Besitzender von den Interessen des Besitzers loslöst und die unwiderstehliche *Überlegenheit* der national und international *organisierten*, einheitlich geleiteten *Produktion* [...] lehrt. Diese Entwicklung ist somit ein *Schritt zur Verwirklichung des Sozialismus*[8].«
Ein Menschenalter später hingegen, im Februar 1927, war an die Stelle der geradezu arglosen Hinnahme eines scheinbar unabwendbaren Prozesses der Monopolisierung und dessen Deutung als Vorstufe sozialistischer Produktionsweise eine deutlich kritisch-distanzierte Position getreten:
»Die Zusammenschlüsse in Industrie und Handel, die in Form von Kartellen und ähnlichen Vereinbarungen oder durch Zusammenfassung zu trustartigen Gebilden eine monopolistische Beherrschung des Marktes erstreben, nehmen an Umfang und Bedeutung ständig zu. Die bisherige Gesetzgebung gegen den Mißbrauch wirtschaftlicher Machtstellung hat sich gegenüber den schädlichen Wirkungen dieser Monopolorganisationen als unzureichend erwiesen. Eine schleunige Ausgestaltung der gesetzgeberischen Maßnahmen auf diesem Gebiet ist daher dringend notwendig [...][9].«

---

8 *Protokoll über die Verhandlungen des Parteitages der Sozialdemokratischen Partei Deutschlands. Abgehalten zu Frankfurt a. M. vom 21. bis 27. Oktober 1894*, Berlin 1894 (Nachdruck Berlin/Bonn 1978), Resolution 112, S. 160 f.
9 Stellungnahme vom 10. 2. 1927, zitiert nach *Fritz Naphtali*, Monopolistische Unternehmensorganisation und Arbeiterschaft, in: Die Arbeit, Zeitschrift für Gewerkschaftspolitik und Wirtschaftskunde (Hrsg. Theodor Leipart), 1927, S. 158 ff.

Die Frage stellt sich, ob diese beiden Äußerungen eine prinzipiell unterschiedliche Einschätzung wirtschaftlicher Machtzusammenballung signalisieren. Zwar bleibt bei einem derartigen Vergleich zu berücksichtigen, daß SPD und Gewerkschaften nicht notwendig zu einheitlichen Stellungnahmen gelangen mußten. Gleichwohl gilt, daß es grundsätzliche Differenzen vor dem Ersten Weltkrieg zwischen Partei und Gewerkschaften in dieser Frage nicht gegeben hat, zumal der Vorrang der Partei in politischen Stellungnahmen unangefochten und für die Gewerkschaften als bindend anerkannt war. Und selbst in der Weimarer Republik war die Identität von Freien Gewerkschaften und Sozialdemokratie weithin gegeben, wenngleich nicht mehr durch jenes Unterordnungsverhältnis in politischen Fragen bestimmt wie vor 1914. Die Gründe für unterschiedliche politische Schlußfolgerungen sind denn auch nicht vorrangig in einem Wandel der Beziehungen zwischen dem »politischen« und dem »ökonomischen« Teil der Arbeiterbewegung zu suchen. Sie liegen vielmehr in den Strukturveränderungen des Wirtschaftssystems selbst, die zu einer politisch prägenden Erfahrung seit dem Ersten Weltkrieg geworden sind[10]. Auf diese Veränderungen und deren Rückwirkungen auf das theoretische Selbstverständnis der Gewerkschaften ist zunächst einzugehen.

Es gehört zu den bestimmenden Merkmalen der deutschen Wirtschaftsgeschichte, daß seit der Periode der Hochindustrialisierung wirtschaftliche Entwicklung und ein in Ausmaß, Intensität und Formenreichtum in anderen Industrieländern nicht beobachtbarer Konzentrationsprozeß Hand in Hand gingen. Die Gründe für diesen Sachverhalt sind vielfältig diskutiert worden, so daß an dieser Stelle darauf verzichtet werden kann, Formen und Verlauf des Monopolisierungsprozesses im einzelnen nachzuzeichnen[11].

Das Verhältnis von Wirtschaft und Staat hatte sich seit den achtziger Jahren des 19. Jahrhunderts tiefgreifend verändert, und damit das System des Konkurrenzkapitalismus insgesamt, das allerdings in Deutschland sehr viel weniger ausgeformt war als in anderen westeuropäischen Staaten, namentlich in England. Der Zwang zu vermehrter staatlicher Intervention war in jenem Maße gewachsen, wie an die Stelle marktwirtschaftlicher Mechanismen korporativ-kollektive Entscheidungsträger traten und an die Stelle des Marktes ein System des sich immer stärker organisierenden Kapitalismus. Nach dem Ersten Weltkrieg überlagerte sich in Deutschland dieser allgemeine Wandel des sozioökonomischen Systems mit den besonderen Problemen des besiegten Landes. Der Zerfall der überkommenen Gesellschaftsordnung erzeugte in Verbindung mit den inneren und äußeren Kriegslasten, die keine Parallele in

---

10 Siehe hierzu *Hans-Ulrich Wehler*, Der Aufstieg des organisierten Kapitalismus und Interventionsstaates in Deutschland, in: *Heinrich August Winkler* (Hrsg.), *Organisierter Kapitalismus*, Voraussetzungen und Anfänge, Göttingen 1974, S. 36—57; weiterhin den Beitrag von *Gerald D. Feldman*, Der deutsche organisierte Kapitalismus während der Kriegs- und Inflationsjahre 1914 bis 1923, ebda., S. 150—171. Als zeitgenössische Darstellung ist u. a. zu nennen: *Hans Schäffer*, Kartelle und Konzerne, in: *Bernhard Harms*, Strukturwandlungen der deutschen Volkswirtschaft, Band 1, Berlin 1928, S. 313—340

11 Zusammenfassend hierzu siehe *Wolfram Fischer/Peter Czada*, Wandlungen in der deutschen Industriestruktur im 20. Jahrhundert, in: *Gerhard A. Ritter* (Hrsg.), *Entstehung und Wandel der modernen Gesellschaft*. Festschrift für Hans Rosenberg zum 65. Geburtstag, Berlin 1970, S. 116—165, mit vielen weiteren Hinweisen. Eine wichtige Quelle stellt dar die Zusammenstellung des Statistischen Reichsamtes: *Konzerne, Interessengemeinschaften und ähnliche Zusammenschlüsse im Deutschen Reich Ende 1926* (Einzelschriften zur Statistik des Deutschen Reichs, Nr. 1), Berlin 1927. Nach wie vor unentbehrlich die Darstellung von *Robert Liefmann*, Kartelle, Konzerne und Trusts, 7. Aufl., Stuttgart 1927. Die in der Literatur zitierten Größenordnungen zur Zahl der Kartelle stützen sich in der Regel auf Liefmann.

einem anderen Industrieland besaßen, jene explosive Mischung gesellschaftlicher und wirtschaftlicher Destabilisierung, der die Weimarer Regierungen durch ein besonderes Maß zunächst sozialen Interventionismus, sodann wirtschaftlicher Hilfen zu begegnen können glaubten. Hier liegen die Gründe für die Verdoppelung des Staatsanteils am Sozialprodukt in Deutschland in den zwanziger Jahren im Vergleich zu 1913, die den finanzpolitischen Nenner qualitativer und quantitativer Veränderungen im Verhältnis von Staat und privater Wirtschaft bildete. Allgemeine Entwicklungstrends verstärkten sich auf diese Weise mit besonderen deutschen Problemen, wie sie vor allem in der großen Inflation zum Ausdruck kamen.

Die charakteristische Form der Konzentrationsbewegung in Deutschland war vor dem Ersten Weltkrieg die Kartellbildung. Nach der vom Reichsamt des Inneren 1905 veranlaßten Kartellenquete gab es 385 Kartelle, nach anderen, vermutlich vollständigeren Schätzungen belief sich die Zahl auf 433[12]. Die nachfolgende Aufstellung von Wolfram Fischer und Peter Czada bilanziert den Umfang der Kartellbildung vor und nach dem Ersten Weltkrieg und gibt darüber hinaus einen Einblick in den Grad der Konzernierung zum Stichjahr 1935. Demnach wäre der Anteil der Kartellproduktion an der gesamten Bruttoproduktion von 25 v. H. (1907) auf annähernd die Hälfte während der nationalsozialistischen Zeit angestiegen. In den zwanziger Jahren lag der Anteil zwischen diesen beiden Werten, doch erreichte er in den besonders bedeutsamen Branchen Bergbau und Chemie eine der NS-Zeit entsprechende Höhe. Eine Erhebung des Statistischen Reichsamtes ergänzt die in der Tabelle aufgeführten Konzernangaben für den Zeitraum Ende 1926. Vom gesamten Nominalkapital der deutschen Aktiengesellschaften in Höhe von 20,35 Mrd. RM waren demnach 65,1 v. H. Gesellschaften zuzurechnen, die in Konzernen organisiert waren. In den Grundstoff-Industrien betrug dieser Satz sogar 88,5 v. H. gegenüber 56,5 v. H. in der verarbeitenden Industrie und 58,2 v. H. in Handel und Verkehr[13].

Die konzentrationsförderliche Wirkung der großen Inflation war den Zeitgenossen durchaus bewußt und hat nicht zuletzt ihren Niederschlag in der Arbeit des Enquete-Ausschusses zur »Untersuchung der Erzeugungs- und Absatzbedingungen der deutschen Wirtschaft« in den zwanziger Jahren gefunden[14]. Freilich war die Einschätzung falsch, die »Konzentrationsbewegung, die im Anfang des Jahres 1925 einen gewissen Abschluß erreicht hatte, [sei] im wesentlichen das Ergebnis der Inflation und der Gebietsabtretung aufgrund des Versailler Vertrages[15]«. Diese Betrachtungsweise verkürzte, wie auch bei vielen anderen Problemen der Weimarer Republik, die Perspektive auf die unmittelbare Nachkriegszeit und damit vor allem auf die Folgen des verlorenen Krieges, klammerte dabei jedoch — nicht von ungefähr — die längerfristig erkennbaren Tendenzen des Wandels einer kapitalistischen Wirtschaft aus. Gleichwohl ist die besondere Schubkraft der Inflation unübersehbar. Die Zahl der neugegründeten Aktiengesellschaften, die im Durchschnitt der Jahre 1900 bis 1914 bei 100 bis

---

12 Siehe *Fischer/Czada*, a. a. O., S. 153 sowie *Liefmann*, S. 32. Eine ausführliche Diskussion der verschiedenen Kartellerhebungen bei *Hermann Levy*, Industrial Germany, Study of its Monopoly Organizations and their Control by the State, 1. Aufl., New York 1935, Neudruck London 1966.
13 *Konzerne, Interessengemeinschaften ...*, S. 13.
14 *Ausschuß zur Untersuchung der Erzeugungs- und Absatzbedingungen der deutschen Wirtschaft, Verhandlungen und Berichte des Unterausschusses für Allgemeine Wirtschaftsstruktur, 3. Arbeitsgruppe: Wandlungen in den wirtschaftlichen Organisationsformen, 4. Teil: Kartellpolitik, 1. und 2. Abschnitt*, Berlin 1930.
15 *Konzerne, Interessengemeinschaften ...*, S. 2.

Kartellierung und Konzernierung in der Industrie 1905–1937 (Deutsches Reich)

Industriezweige	Umfang der Kartellierung Anzahl der (bekannten) Kartelle				Kartell-Anteil am Bruttoproduktionswert			v.H.-Anteil des in Konzernbesitz befindlichen Aktienkapitals
	1905	1910	1925	1930	1907	1925/28	1935/37	1935
Bergbau	19	16	51	62	74	83	95	64
Industrie der Steine und Erden	27	40	40	60	.	.	.	77
Eisen- und Stahlerzeugung	62	68	73	108	.	.	.	50
Metallhütten- und Halbzeugwerke	11	20	17	37	10	31	80	45
Chemische Industrie	32	48	127	200	.	70	75	27
Papiererzeugung und -verarbeitung	6	20	107	66	89	70	85	
Maschinen- und Apparatebau	1	—	195	115	2	15	25	46
Fahrzeugbau und Schiffbau	1	—	9	15	7	11	15	63
Elektroindustrie	2	3	56	63	9	14	20	53
Feinmechanische/optische Industrie	1	3			5	12	15	48
Eisen- und Stahlwarenindustrie	—	—	234	167	20	30	75	30
Metallwarenindustrie	.	.	78	36	—	15	20	
Glasindustrie	10	16	20	40	36	66	100	56
Lederindustrie	7	18	46	38	5	5	10	41
Holz- und Schnitzstoffindustrie	6	20	44	67	.	.	.	26
Textilindustrie	31	53	201	267	.	10	15	38
Bekleidungsindustrie	—	—	71		.	.	.	22
Nahrungsmittelindustrie	17	42	170	130	.	.	.	32
Aufgeführte Gewerbzweige insges.	433	367	1539	1471	ca. 25		ca. 50	.

Quelle: *Fischer/Czada*, S. 153.

200 Unternehmen gelegen hatte, stieg seit 1920 sprunghaft auf schließlich 8 000 im Jahre 1923 an[16].
Der spektakulärste Fall inflationsbedingter Konzernierung war die Gründung der Siemens-Rhein-Elbe-Schuckert-Union, die allerdings die Stabilisierungskrise nicht überlebte. Die Vertrustung und Konzernierung anderer Bereiche der deutschen Schwerindustrie, vor allem der chemischen Industrie, von Eisen und Stahl sowie von Teilen der Verarbeitungsindustrie, waren kaum weniger bedeutsam. Die Inflation ermöglichte es namentlich großen Unternehmen, sich billig ihrer Schulden zu entledigen und Gewinn aus dem relativen Rückgang der Lohnkosten zu ziehen. Zum Zeitpunkt der Stabilisierung kontrollierten zehn Konzerne 90 v. H. der Selbstverbrauchsquote im rheinisch-westfälischen Kohlensyndikat, 65 v. H. im Roheisenverband und 59 v. H. im Stahlwerksverband. In der Kali-Industrie beherrschte mit Wintershall ein einziger Konzern 40 v. H. aller Syndikatsbeteiligungen, im Bereich der Elektroindustrie dominierten mit Siemens und AEG zwei Unternehmen, die über den Stinnes-Konzern zugleich auch die Verbindung mit der Schwerindustrie hergestellt hatten; in der chemischen Industrie zeichnete sich 1924 bereits die umfassende Monopolorganisation der zwei Jahre später gegründeten IG-Farben ab.
Zwar hat es am Ende der Inflation wichtige Verschiebungen durch die Auflösung des Stinnes-Konzerns gegeben, doch in der Regel galt, daß die während der Inflation groß gewordenen Konzerne die Stabilisierungskrise besser überstanden als kleine und mittlere Unternehmen, denen eine harte Kreditstopp-Politik der Reichsbank de facto den Zugang zum Kapitalmarkt sperrte, ohne daß sie in vergleichbarer Weise auf Eigenmittel zurückgreifen konnten. Die folgenden Jahre der »Rationalisierungskonzentration« haben den Wildwuchs der Inflation zwar beschnitten, die monopolistische Grundstruktur der deutschen Industriewirtschaft hingegen konsolidiert. Obgleich die Grundorientierung von Kartellen und Konzernen durchaus unterschiedlich war — erstere primär Institutionen zur Erhaltung einer einmal errungenen Marktposition, letztere »Angriffsinstitutionen« —, hat doch das Kartell keineswegs gegenüber den Konzernen verloren. Konzerne nutzten kartellvertragliche Regelungen sogar zur weiteren Stärkung ihrer Position, zumal sie die Konditionen einschlägiger Kartelle in hohem Maße bestimmen konnten. Solange das Rationalisierungspotential innerhalb einer Branche nicht voll ausgeschöpft war, konnte die »Interessensolidarität, die unentbehrliche Grundlage aller Kartellierung«, aufrechterhalten werden[17].
Joseph A. Schumpeter, der das Loblied, aber auch den Schwanengesang des kapitalistischen, innovationsfreudigen Unternehmers wie kein anderer Nationalökonom angestimmt hat, sah die Sachzwänge der modernen Technik als unabweisbar an. Ökonomisch und technologisch erzwungene Konzentration bedeuteten für ihn das Ende der privatkapitalistischen Unternehmerwirtschaft, und fraglos artikulierte er mit seiner Einschätzung im Jahre 1928, auf dem

---

16 *Handbuch der Deutschen Aktiengesellschaften* 1913/14 und 1924/25. Hierzu auch *Manfred Nussbaum*, Unternehmenskonzentration und Investstrategie nach dem Ersten Weltkrieg. Zur Entwicklung des deutschen Großkapitals während und nach der großen Inflation unter besonderer Berücksichtigung der Schwerindustrie, in: Jahrbuch für Wirtschaftsgeschichte 1974, Teil II, S. 51—76.
17 Im einzelnen hierzu *Siegfried Tschierschky*, Kartelle und Konzerne, in: Zeitschrift für die gesamte Staatswissenschaft, Bd. 84, 1928, S. 327. Tschierschky war einer der besten Kenner der Konzentrationsprobleme in der Weimarer Republik. Er hat die strukturelle Schwäche von Kartellen gegenüber Konzernierung bzw. Fusionierung nachdrücklich betont und insoweit Kartelle als »Kinder der Not« interpretiert.

Höhepunkt der Rationalisierungswelle, das vorherrschende Meinungsbild in der deutschen Öffentlichkeit, wenn er feststellte:
»Das ist der Kern der Sache: entscheidende Fortschritte der produktiven kommerziellen Technik setzen die große Einheit voraus und sind unmöglich in der großen Anzahl relativ kleiner Unternehmen, wie sie die freie Konkurrenz voraussetzt[18].«
Konzentration in ihren verschiedenen Formen galt nicht nur als unvermeidlich. Mehr noch, es gab einen breiten Konsens von Regierung, Verwaltung, Großunternehmen und Gewerkschaften, daß die Zusammenfassung kleinerer Betriebe wünschenswert und erforderlich sei, wenn die deutsche Wirtschaft nach dem Aderlaß von Weltkrieg und Inflation noch eine Chance auf dem Weltmarkt haben sollte. Kartelle wurden dabei als Vorformen »höherer« Konzentration — Syndizierung, Fusionierung — verstanden, die insoweit einen im Prinzip wünschenswerten Prozeß absicherten. Hans Schäffer, führender Beamter zunächst im Reichswirtschaftsministerium und seit Ende 1929 Staatssekretär im Finanzministerium, assoziierte in einem Beitrag ebenfalls im Jahre 1928 Konzernbildung mit »zweckmäßigste[r] Betriebsanordnung«, »Wahl des besten Standortes« sowie »Modernisierung ihres Apparates«, kurz mit all jenen positiv besetzten Merkmalen einer effizienten Unternehmenswirtschaft, die ihrer Betriebsstruktur nach das Gegenteil dessen darstellte, was die neoliberale Wirtschaftsphilosophie eines Ludwig Erhard nach dem Zweiten Weltkrieg mit derartigen Einschätzungen verband[19].

II.

Nach diesen Anmerkungen zur Konzentrationsbewegung ist erneut das Ausgangsproblem, die Auseinandersetzung der Gewerkschaften mit der hier nur in groben Umrissen dargestellten Entwicklung, aufzugreifen. Einige Fragen sollen wiederum die Orientierung erleichtern, die ergänzend zu den eingangs formulierten hinzutreten: Sind gewerkschaftliche Positionen in den zwanziger Jahren eine bloße Fortschreibung von Meinungsbildern aus der Vorkriegszeit, und wie werden die Erfahrungen aus dem Ersten Weltkrieg verarbeitet? Worin liegt die eigenständige Linie der Freien Gewerkschaften gegenüber dem Konzentrationsproblem, nicht nur im Verhältnis zur Sozialdemokratie, sondern auch zu jenen Ansichten, die in ihrer überwiegenden Mehrzahl den großen Unternehmen die volkswirtschaftlich unentbehrliche Aufgabe der Rationalisierung und Produktivitätssteigerung zuordneten? Und daran anschließend: Läßt sich die Kontinuität und Stringenz eines Konzepts erkennen, oder überwiegt die Reaktion auf kurzfristige politische und wirtschaftliche Veränderungen? Zur Klärung dieser Fragen bedarf es wiederum des Rückgriffs auf den Stand der Argumentation vor dem Ersten Weltkrieg.
Der Auseinandersetzung mit den neuen Formen der Konzentration, vor allem der Kartellierung, konnte sich die Sozialdemokratie als der politische Zweig der Arbeiterbewegung und mit ihr auch die Gewerkschaften bereits in den neunziger Jahren nicht entziehen. Dabei waren die Widersprüche in der Diskussion während der Weimarer Republik letztlich bereits im

---

18 *Joseph A. Schumpeter*, Der Unternehmer in der Volkswirtschaft von heute, in: Bernhard Harms (1928), S. 295 ff.
19 *Hans Schäffer*, in: Bernhard Harms (1928), S. 336 f. Weiterhin *Eckhard Wandel*, Hans Schäffer, Steuermann in wirtschaftlichen und politischen Krisen, Stuttgart 1974.

Erfurter Programm von 1891 vorgegeben. Einerseits wurden in Rezeption der Marxschen Konzentrationstheorie die industriewirtschaftlichen Strukturveränderungen als unausweichlicher Prozeß im revolutionären Übergang zum Sozialismus interpretiert, andererseits konnten die offenkundig negativen Folgen von Monopolisierung und Kartellierung für die soziale Lage der Arbeiterschaft nicht ignoriert werden. Kein geringerer als Friedrich Engels hatte drei Jahre später, 1894, anläßlich der Herausgabe des dritten Bandes des Marxschen »Kapital«, die Interpretation der Kartell- und Syndikatbildung vorgezeichnet und präzisiert und namentlich auf die Entwicklung »höherer« Formen der Monopolisierung — Trustbildung — verwiesen.

»Seit Marx [...] haben sich bekanntlich neue Formen des Industriebetriebs entwickelt, die die zweite und dritte Potenz der Aktiengesellschaft darstellen: der täglich wachsenden Raschheit, womit auf allen großindustriellen Gebieten heute die Produktion gesteigert werden kann, steht gegenüber die stets zunehmende Langsamkeit der Ausdehnung des Marktes für diese vermehrten Produkte [...] Die Folgen sind allgemeine chronische Überproduktion, gedrückte Preise, fallende und sogar ganz wegfallende Profite; kurz die allgerühmte Freiheit der Konkurrenz ist am Ende ihres Lateins und muß ihren offenbaren skandalösen Bankrott selbst ansagen. Und zwar dadurch, daß in jedem Land die Großindustriellen eines bestimmten Zweigs sich zusammentun zu einem Kartell zur Regulierung der Produktion [...] In einzelnen Fällen kam es sogar zu internationalen Kartellen, so zwischen der englischen und deutschen Eisenproduktion. Aber auch diese Form der Vergesellschaftung der Produktion genügte noch nicht. Der Interessengegensatz der einzelnen Geschäftsfirmen durchbrach sie nur zu oft und stellte die Konkurrenz wieder her. So kam man dahin, in einzelnen Zweigen, wo die Produktionsstufe dies zuließ, die gesamte Produktion dieses Geschäftszweigs zu einer großen Aktiengesellschaft mit mehrheitlicher Leistung zu konzentrieren. In Amerika ist dies schon mehrfach durchgeführt, in Europa ist das größte Beispiel bis jetzt der United Alkali-Trust, der die ganze britische Alkali-Produktion in die Hände einer einzigen Geschäftsfirma gebracht hat. [...] So ist in diesem Zweig, der die Grundlage der ganzen chemischen Industrie bildet, in England die Konkurrenz durch das Monopol ersetzt und der künftigen Expropriation durch die Gesamtgesellschaft, die Nation, aufs erfreulichste vorgearbeitet[20].«

Diese Fortbildung der Konzentrationstheorie durch Engels stellte in der Folgezeit einen »leitenden Gesichtspunkt« für die Diskussion des Monopolproblems, vor allem die Ausformung der sozialdemokratischen Kartellpolitik, dar[21]. Kartelle als Übergangserscheinungen im Konzentrationsprozeß hin zu entwickelteren Formen der »vergesellschafteten Produktion« — diese Einschätzung galt zumindest im Grundsatz in den folgenden zwanzig Jahren innerhalb der Sozialdemokratie und der ihr eng verbundenen Freien Gewerkschaften. Allerdings schloß ein derartiger Grundsatz wechselnde tagespolitische Argumente nicht aus, die entweder stärker die positiven »systemverändernden« Folgen oder aber die negativen Ergebnisse betonten.

Repräsentativ für die zunächst dominierende Linie war Bruno Schoenlank, der sich als einer der ersten sozialdemokratischen Theoretiker systematisch mit der Kartellfrage auseinanderge-

---

20 Anmerkung von *Friedrich Engels* in: *Karl Marx,* Das Kapital, 3. Band, Berlin [DDR] 1959, S. 478 f.
21 *Eduard Reuffurth,* Die Stellung der deutschen Sozialdemokratie zum Problem der staatlichen Kartellpolitik, Diss. Jena 1930, S. 52. Hier auch ein Abriß der Diskussion innerhalb der Sozialdemokratie vor 1914.

setzt hat[22]. Kartelle und Trusts sind für ihn nur graduell unterschiedene Varianten des umfassenden kapitalistischen Konzentrationsprozesses, dessen Geschichtsmächtigkeit für ihn außer Frage steht.

»Man darf nicht vergessen, daß ökonomische Umgestaltungen sich durch Gesetze wohl hemmen, aber nicht beseitigen lassen. Das fortgeschrittene Unternehmertum würde sicheren Schrittes und scharfen Blickes die Fußangeln und Selbstschüsse neuer Strafgesetze zu vermeiden und die unantastbare Form für eine Erscheinung zu finden wissen, welche nun doch einmal mit elementarer Gewalt danach ringt, sich voll auszuwirken[22a].«

Und geradezu euphorisch klingt seine Schilderung von der Unabweisbarkeit und den Folgen dieses Prozesses:

»Das bisherige Gefüge erweist sich als nicht fest, nicht dicht genug für die notwendige Kontrolle der Industrie und eine neue Konstruktion tritt an seine Stelle. Die völlige Abhängigkeit des Einzelbetriebs von der Koalition wird proklamiert, er wird umgewandelt in eine Abteilung der Zentralstelle, er erhält seinen ordre du jour von dieser allein. Die Aktien sämtlicher Gesellschaften [...] werden zusammengefaßt, die Profite aller Etablissements in Einen Fond vereinigt, die Konzentration vollendet ihr Werk und führt die Verschmelzung aller Einzelunternehmungen zu einem Riesenunternehmen herbei. [...] Bis zu diesem Stadium sind heute die Kartelle gelangt. Sie stellen sich an diesem vorläufigen Endpunkt ihrer geschichtlichen Entwicklung dar als großkapitalistische, zum Kampf gegen die Produktionsanarchie gegründete Verbände, welche, Begünstigter und Begünstigte der Kapitalkonzentration, an die Stelle der einzelwirtschaftlichen die gemeinwirtschaftliche Produktionsweise auf höchster Stufenleiter setzen[23].«

Schoenlank übersieht durchaus nicht die negativen Rückwirkungen der Kartelle auf die Arbeitsbedingungen und Lebensverhältnisse des Proletariats. Gleichwohl ist ihm daran gelegen, ganz im Sinne seiner Vorstellung von der Unvermeidbarkeit dieses Prozesses, Sozialdemokratie und Gewerkschaften auf einen politischen Kurs festzulegen, der sich deutlich von der liberalen Kartellkritik unterschied:

»Polizeigesetze gegen das Kartellwesen zu fordern, ist eine kleinbürgerliche Utopie, welche übersieht, daß seine wirtschaftliche und soziale Funktion durch die Sozialzustände bedingt ist. Aber hinter den Kartellen steht das Proletariat, dessen Dasein immer mehr durch jene beeinflußt wird[24].«

Die Verabschiedung der oben erwähnten »Resolution Schippel« auf dem sozialdemokratischen Parteitag 1894 — wenngleich mit einigen Änderungen — war denn auch der folgerichtige Ausdruck dieser von Engels und Schoenlank vorgegebenen Diskussion. Freilich gäbe es ein einseitiges Bild, nur diese theoretische Festlegung zu betonen. Die organisierte Arbeiterschaft hat ihren scheinbar konsequenten programmatischen Kurs in der praktisch-parlamentarischen Arbeit hier ebensowenig durchhalten können wie in anderen Fragen auch. Insoweit ordnet sich die Kartell- und Monopolfrage vor 1914 in den größeren Zusammenhang des wachsenden Widerspruchs von Theorie und Praxis und der davon ausgelösten Revisionismus-Debatte ein. Die Schwierigkeiten einer in sich vorgeblich stimmigen Argumentation

---

22 *Bruno Schoenlank*, Die Kartelle, in: Archiv für soziale Gesetzgebung und Statistik, Bd. 3, 1890, S. 489—538.
22a *Ebda.*, S. 532.
23 *Ebda.*, S. 510 f.
24 *Ebda.*, S. 532.

zeigen sich wiederum beispielhaft anläßlich der Kartelldebatte der Zolltarifkommission im Jahre 1902. Die sozialdemokratischen Mitglieder brachten einen Antrag ein, der zwar nicht eine allgemeine Ablehnung des Kartells beinhaltete, wohl jedoch die Praxis überhöhter Inlandspreise im Vergleich zur Festsetzung von Preisen im Ausland kritisierte. Dem Antrag zufolge sollte der Bundesrat deshalb verpflichtet werden,

»die Zölle für vom Ausland eingehende Waren aufzuheben und deren zollfreie Einfuhr zuzulassen, wenn die gleichartigen Waren von deutschen Verkaufsvereinigungen (Syndikaten, Trusts, Ringen und dergleichen) nach dem oder im Auslande billiger verkauft werden als im deutschen Zollgebiet[25]«.

Und ganz offenkundig wird schließlich der Widerspruch zwischen prinzipieller Befürwortung von Kartellen einerseits und der als notwendig erachteten Korrektur von Kartellschäden andererseits bei Richard Calwer, der als der repräsentative Monopoltheoretiker der Sozialdemokratie in den letzten Jahren vor dem Weltkrieg gelten kann[26]. Auch er betont die gesellschaftlichen »Schädigungen«, die die Folge von Kartellen seien, spricht sich aber gleichwohl gegen eine weitergehende gesetzliche Überwachung der Kartelle aus,

»nicht eine Regelung ab irato, die womöglich darauf hinausläuft, die Entwicklung der Kartelle zu hemmen oder sie gar durch repressive Maßregeln zu bekämpfen, sondern eine Regelung, die von der Überzeugung ausgeht, daß wir es bei der kartellmäßigen Organisation der Produktion mit einem eminenten wirtschaftlichen Fortschritt zu tun haben, der möglichst beschleunigt und verallgemeinert werden muß[27]«.

Das deutlich gewordene, hilflos anmutende Lavieren zwischen theoretischer Grundposition und praktischer Politik zur Verringerung der Schäden für die Arbeiterschaft blieb bis zu Beginn des Ersten Weltkrieges charakteristisch. Auf dem Nürnberger Parteitag der SPD 1908 wurde die Kartellfrage zwar noch einmal angesprochen, doch blieb es auch hier bei jener für die Glaubwürdigkeit der Partei fatalen Ambivalenz, die von Anfang an diese Diskussion geprägt hatte[28]. Die Gewerkschaften haben sich an dieser Diskussion kaum beteiligt, wenngleich wichtige Repräsentanten der SPD wie Calwer oder Adolf Braun in gewisser Weise auch für die Generalkommission der Freien Gewerkschaften sprechen konnten. Die Erörterung der Kartellfrage auf der Generalversammlung des Metallarbeiterverbandes im Jahre 1913 bildete die Ausnahme und blieb zudem ohne konkrete Schlußfolgerungen. Die Ausführungen des Berichterstatters, K. Massatsch, zum Thema »Die Syndikate und ihr Einfluß auf die Arbeiterverhältnisse« bewegten sich im Rahmen der traditionellen Linie der Sozialdemokratie: Kartelle als wirtschaftlich unumgänglich zu verstehen, darin den Übergang zu einer sozialistischen Gesellschaft zu erkennen und angesichts dieser »ehernen« Entwicklungsge-

---

25 Siehe hierzu *Oswald Lehnich*, Kartelle und Staat unter Berücksichtigung der Gesetzgebung des In- und Auslandes, Berlin 1928, S. 94 f.
26 *Richard Calwer*, Kartelle und Trusts, Berlin 1906. Ders., Kartelle und Sozialdemokratie, in: Sozialistische Monatshefte 1907, Heft 5, S. 371—376.
27 *Calwer*, Kartelle und Trusts, S. 68.
28 Typisch hierfür ist das Referat von Molkenbuhr, Sozialpolitik und der neue Kurs, in: *Protokolle über die Verhandlungen des Parteitages der Sozialdemokratischen Partei Deutschlands. Abgehalten zu Nürnberg vom 15. bis 21. September 1908*, Berlin 1908, S. 426—434, sowie die von Molkenbuhr namens des Vorstandes begründete Resolution Nr. 123 zu diesem Thema, S. 187 f. Einerseits heißt es dort, die »Konventionen, Kartelle und Syndikate, die zur Trustbildung führen, sind notwendige Erscheinungen der kapitalistischen Entwicklung«, andererseits wird die daraus folgende Verschärfung der »Ausbeutung« konstatiert, ohne daß jedoch die politische Konsequenz der Monopolkontrolle gezogen worden wäre.

setze darauf hinzuwirken, daß durch die praktische Politik der Gewerkschaften die negativen Rückwirkungen auf die Arbeiterschaft möglichst gering gehalten würden[29]. Eine in sich konsistente und politisch praktikable Strategie der Monopolkontrolle konnte daraus allerdings nicht abgeleitet werden.

III.

Wenn der Erste Weltkrieg die Monopolfrage auch nicht verursacht hat, so hat er ihr doch eine neue Qualität verliehen. Seit 1916 wurde durch die Militärverwaltung mit Hilfe von Kriegsgesellschaften, staatlichen Produktionskontrollen sowie der Bewirtschaftung von Rohstoffen und Nahrungsmitteln ein planwirtschaftliches Lenkungssystem entwickelt, zu dessen konstitutiven Merkmalen Zwangssyndikate und Kartelle zählten. Die Betriebs- und Unternehmenskonzentration der Vorkriegszeit hat wesentliche Voraussetzungen dafür geschaffen, daß nach einer vergleichsweise kurzen Übergangsperiode der Improvisation dieses reglementierte Kriegswirtschaftssystem mit den tragenden Säulen der Konzerne, Kartelle und großen Wirtschaftsverbände geschaffen werden konnte. Aus den ursprünglich bescheidenen Anfängen des Kriegsernährungs- und Rohstoffamtes entwickelte sich eine Kriegsverwaltungszentrale, die am Ende alle Stufen von Produktion und Verteilung staatlich-bürokratischer Steuerung unterwarf. Öffentliche Institutionen regelten Löhne und Preise, wenn auch nicht völlig unabhängig, so doch im Zusammenspiel mit den Wirtschaftsverbänden. Auch hier konnte zumindest in Schlüsselindustrien des Grundstoffbereichs an eine weitverbreitete Praxis der Vorkriegszeit angeknüpft werden, die Preise nicht dem Markt zu überlassen. Es war eine der wichtigsten Aufgaben der Kartelle und Syndikate gewesen, die Preise festzulegen und damit in der Regel auch überhöhte Gewinne sicherzustellen.

Innerhalb der Freien Gewerkschaften und der Sozialdemokratie erzwangen die kriegswirtschaftlichen Veränderungen geradezu eine erneute Diskussion des Monopolproblems. Was vor 1914 vielfach erst als Tendenz zur Monopolisierung von Teilmärkten erkennbar gewesen war, schien jetzt zentraler Bestandteil des Wirtschaftssystems zu werden, und dies möglicherweise unwiderruflich. Es ist deshalb kein zufälliges zeitliches Zusammentreffen, daß zeitlich parallel zur Umorganisation der Wirtschaft und kurz vor Verabschiedung des Vaterländischen Hilfsdienstgesetzes, im Sommer 1916, der sozialdemokratische Parteivorstand und die Generalkommission der Freien Gewerkschaften gemeinsam Wilhelm Jansson mit der Aufgabe betrauten, Unterlagen zum Stand der Monopolisierung, deren Rückwirkungen auf die Arbeiterschaft sowie die daraus zu ziehenden Schlußfolgerungen für die Nachkriegswirtschaft zu erarbeiten. Allerdings sollte es ausdrücklich keine »offizielle« Untersuchung sein, um zu vermeiden, daß »Partei und Gewerkschaften in der einen oder anderen Richtung [gebunden werden könnten], bevor klare Unterlagen darüber vorhanden sind, in welchem Umfange und in welcher Richtung die Lösung des Problems seitens der Staatsgewalten versucht wird[30]«.

---

29 *Bericht zur 11. ordentlichen Generalversammlung des deutschen Metallarbeiter-Verbandes*, Breslau 1913, vor allem das Referat von Massatsch »Die Syndikate und ihr Einfluß auf die Arbeiterverhältnisse«, S. 188—226.
30 *Wilhelm Jansson* (Hrsg.), *Monopolfrage und Arbeiterklasse*. Drei Abhandlungen von Heinrich Cunow, Otto Hue und Max Schippel, Berlin 1917, S. 4.

Dieses vorsichtige Taktieren war wohl nicht nur das Ergebnis fehlenden Selbstbewußtseins gegenüber der staatlichen Politik, entsprang vielmehr auch der Sorge, eine frühzeitige Festlegung innerhalb der SPD und der Gewerkschaften könnte eine Präjudizierung der eigenen Politik bedeuten, ohne daß der vom Krieg ausgelöste Wandel voll überschaubar war. Als Ausweg bot sich die Untersuchung in der Eigenverantwortung der vorgesehenen Autoren an, die zwar einerseits als Repräsentanten von Generalkommission und Parteivorstand gelten konnten, andererseits zunächst nur als Privatpersonen argumentierten. Trotz dieser Einschränkung ist die von Cunow, Hue und Schippel erarbeitete Stellungnahme »Monopolfrage und Arbeiterklasse«, die Ende 1916 den Gremien von Partei und Gewerkschaften vorgelegt wurde, als die bis dahin gründlichste Bilanz des Konzentrationsproblems der Freien Gewerkschaften zu betrachten. Ungeachtet ihres inoffiziellen Charakters kam ihr maßgebliches Gewicht für Inhalt und Richtung der Monopol-Diskussion während und am Ende des Krieges zu. Die wichtigsten Schlußfolgerungen der Untersuchung sind deshalb kurz anzusprechen. Gemeinsame Überzeugung aller Autoren war es angesichts der offenkundigen Unvermeidlichkeit des industriellen Konzentrationsprozesses, daß Kartelle und Syndikate den Ausdruck einer »höheren Wirtschaftsstufe« im Vergleich zum Konkurrenzkapitalismus bedeuteten. Cunow zog den für die Arbeiterschaft einprägsamen Vergleich, die industrielle Kartellierung unterscheide sich vom System der autonomen Einzelunternehmen ähnlich wie »die maschinelle Großindustrie gegenüber der manufakturmäßigen Produktion[31]«. Als »Absurdität« wird es denn auch folgerichtig bezeichnet, »wenn liberale Verfechter der alten manchesterlichen Lehre von der segensreichen Wirkung der freien Konkurrenz am liebsten alle Kartelle abschaffen möchten[32]«. Obgleich er nicht verkennt — hier durchaus in der Argumentationstradition der Vorkriegszeit —, daß Monopole die Vertretung der Arbeiterinteressen erschweren könnten, die Durchsetzungsfähigkeit der Gewerkschaften möglicherweise geschwächt würde, gelten ihm Kartellierung und Konzernierung der Industrie als »notwendige Wirtschaftsstufe«, »die einer späteren, höheren, den Weg bereitet und ebnet: der sozialistischen Wirtschaftsorganisation«. Staatsmonopole werden privaten Monopolen gegenüber als die fortgeschrittenere, deshalb wünschenswertere Lösung betrachtet, wobei — dies richtet sich an die innerparteilichen und innergewerkschaftlichen Kritiker der Monopolisierung — der »Staatskapitalismus« nicht als Schreckgespenst betrachtet werden dürfe.
Jansson vor allem betont die Vorzüge des staatlichen Monopols mit Argumenten, die der herkömmlichen marxistischen Vorstellung von der Rolle des Staates frontal zuwiderliefen, freilich durchaus mit der revisionistischen Position vereinbar waren. Der Staat, so Jansson, unterstehe der parlamentarischen Kontrolle, und je stärker die Macht der Sozialdemokratie im Parlament, desto besser könnten die »Arbeiterverhältnisse des Monopols« beeinflußt werden[33]. Weiter konnte der Glaube an die Reformbereitschaft des Staates angesichts der so völlig anderen kriegswirtschaftlichen und militärischen Wirklichkeit nicht getrieben werden. Immerhin halten es die Autoren für angemessen, im Hinblick auf die erwartete Monopolgesetzgebung einige Forderungen zu formulieren. So wird für monopolisierte Industriebranchen die »Demokratisierung der Arbeiterverhältnisse« als unumgänglich bezeichnet, da Monopolisierung zunächst eine Schwächung der Arbeiterschaft und eine »Stärkung der Unternehmerschaft« bedeute. Was allerdings mit Demokratisierung umschrieben wird, entspricht nicht

---

31 *Heinrich Cunow*, Kartellmonopole, in: Wilhelm Jansson, S. 79.
32 *Ebenda*.
33 *Wilhelm Jansson*, Für oder wider die Monopole, in: Jansson, S. 240, S. 255.

dem späteren Konzept der »Wirtschaftsdemokratie«, meint vielmehr die traditionellen gewerkschaftlichen Kampfforderungen aus der Vorkriegszeit: die gesetzliche Sicherung des Koalitionsrechtes und Anerkennung des Prinzips der Tarifverträge innerhalb der Monopole. Ergänzt werden diese Wünsche schließlich durch die Forderung nach Schaffung eines für die Monopole zuständigen Reichswirtschafts- bzw. Reichsarbeitsamtes, der Einrichtung der staatlichen Arbeitsvermittlung sowie einer — nicht näher präzisierten — Mitwirkung von Arbeitervertretern an der Verwaltung der Monopole. Immerhin bleibt bemerkenswert, daß bereits zu diesem Zeitpunkt die Institution eines Monopolamtes in die Diskussion gebracht wurde, da das zu gründende Reichsarbeitsamt für die »Kontrolle der Monopole und ihres Geschäftsgebarens« zuständig sein sollte. Dem beim Reichsarbeitsamt als Monopolbehörde einzurichtenden Beirat war das Recht zugedacht, »außerordentliche Revisionen bei Monopolen unter privatwirtschaftlicher Verwaltung« vorzunehmen. Gemeint waren damit offenkundig vor allem die laufende Information sowie die Möglichkeit, Vorschläge zur Quotierung der Produktion, der Festlegung der Preise und Löhne zu machen. Gewerkschaftliche Teilhabe an der Verwaltung monopolistischer Organisationen war somit die praktisch-politische Forderung, die schließliche evolutionäre Veränderung des privatkapitalistischen Kartell- und Syndikatsystems in sozialistische Produktionsformen die Perspektive und Hoffnung der Untersuchung.

Stärker von den unmittelbaren Kriegserfahrungen beeinflußt waren zwei weitere Argumente für das staatlich sanktionierte Monopolsystem. Einmal sollte auf diese Weise die Sanierung der Finanzen nach Kriegsende durch direkte steuerliche Abschöpfung von Monopolerträgen erleichtert werden: Zum anderen erhoffte sich Jansson von Monopolen die Förderung von Bestrebungen, »die zur Verwirklichung eines einheitlicheren Wirtschaftskomplexes für Mitteleuropa« genutzt werden konnten[34]. Das zweite Argument ist in seiner naiven Rezeption imperialistischer Expansionslogik zweifellos nicht repräsentativ für die Vorstellungswelt der Gewerkschaften gewesen. Immerhin bleibt es bemerkenswert, in welcher Nähe sich zumindest gewichtige Einzelvertreter hier zu den »Mitteleuropa-Ideologen« befanden. Die Verquickung von Monopolfrage und dem Konzept des größeren Europa hätte von konservativer Seite nicht nachdrücklicher formuliert werden können.

Der zeitgenössische Stellenwert der Janssonschen Analyse ist nicht eindeutig zu ermitteln. Einmal stellen die Beiträge selbst eine in sich sehr differenzierte Verbindung gewerkschaftlicher Minimalforderungen mit agitatorisch-propagandistischen Konzepten dar, an deren Realisierungschancen die Autoren und die Auftraggeber selbst kaum geglaubt haben dürften. Zum anderen hat die Generalkommission der Freien Gewerkschaften auf ihrer Konferenz im November 1916 nur jene Punkte des vorliegenden Gutachtens aufgegriffen, die einen unmittelbaren Bezug zu den tagespolitischen Auseinandersetzungen besaßen: Direkte Vertretung von Gewerkschaftsinteressen im Reichsamt des Inneren, Arbeitervertretungen in den existierenden »Monopolverwaltungen«, worunter sowohl Kartelle als auch die Zwangssyndikate fallen sollten; schließlich Sicherung von Mitwirkungsrechten der Arbeitervertretungen in der Führung der Monopolorganisationen. Eine Festlegung in der Frage der Errichtung neuer Monopole erfolgte nicht, zumal die innergewerkschaftliche Kritik gegenüber Kartellen sehr viel größer war, als es der Stand der theoretischen Diskussion vermuten ließ. Gleichwohl wäre es verfehlt, in den von Jansson vorgelegten Analysen nur das Sandkastenspiel praxisferner Theoretiker zu sehen. Dagegen stand sowohl das innerparteiliche und innergewerkschaftliche

---

34 *Jansson*, S. 245.

Gewicht von Schippel, Cunow und Hue als auch der Umstand, daß die wichtigsten der hier angeführten Einschätzungen und Forderungen in den zwanziger Jahren die unbestrittene Grundlage der innergewerkschaftlichen Willensbildung abgaben.
Die praktischen Ergebnisse der freigewerkschaftlichen Debatte, die erstmals auch als eigenständige Gewerkschaftsdiskussion geführt wurde, schlugen sich 1917 in zwei Initiativen nieder. Im März 1917 formulierten die Spitzen der drei Richtungsgewerkschaften eine Eingabe an den Reichskanzler zur Frage der öffentlichen und privaten Monopole[35]. Darin wird die Forderung nach Kontrolle der Monopole sowie nach Entsendung von Arbeitervertretungen in die staatlichen Monopolverwaltungen erhoben. Charakteristisch für das taktische Verhalten der Gewerkschaften war der Hinweis auf die beruhigende Wirkung einer derartigen Kontrolle. Und es fügt sich in diese Linie des »Burgfriedens« ein, daß die weiteren Forderungen ausschließlich praktische Regelungen der Sozialpolitik und der Ausgestaltung des Arbeitsrechts betrafen, ohne daß eine weitergehende Perspektive formuliert worden wäre. Im vergleichbaren Rahmen bewegte sich der Forderungskatalog zur Übergangswirtschaft, der von seiten der Gewerkschaften im Juni 1917 Reichstag und Bundesrat vorgelegt wurde[36]. Im hier diskutierten Zusammenhang sind der Hinweis auf die notwendige Kontrolle der Kartelle und Syndikate sowie die Forderung nach Weiterführung und Konsolidierung der im Krieg geschaffenen planwirtschaftlichen Regelungen bedeutsam. Diese Kontrollforderungen bildeten den Nenner, auf den sich die unterschiedlichen Gewerkschaftsrichtungen verständigen konnten. Ein Jahrzehnt später, 1927, wurde ein ähnlicher Konsens aller Gewerkschaften in der Schaffung eines Kartell-Kontrollamtes sichtbar.
Am Ende des Ersten Weltkrieges waren somit all jene Elemente innergewerkschaftlicher Monopoldiskussion vorgegeben, die die Stellungnahmen während der Weimarer Republik, zumindest bis zur Weltwirtschaftskrise, bestimmten. Neu gegenüber der Vorkriegszeit war nicht die prinzipiell positive Einschätzung des Konzentrationsprozesses, sondern die praktische Erfahrung, daß die gewerkschaftliche Mitwirkung im Lenkungs- und Verwaltungssystem einer monopolisierten Wirtschaft die Rolle der Gewerkschaften aufgewertet hatte. Insoweit diente die Forderung nach Monopolkontrolle und gewerkschaftlicher Teilhabe daran nicht zuletzt der innerverbandlichen Legitimation der seit Ausbruch des Krieges praktizierten Zusammenarbeit mit der Unternehmerschaft und der staatlichen Bürokratie. Für die Gewerkschaften galt bis zum Vorabend des Krieges das Auseinanderfallen von theoretischem, in der Regel der sozialdemokratischen Diskussion entlehntem Selbstverständnis und praktischer Politik. Die Monopoldiskussion des Weltkrieges bedeutete insoweit eine doppelte Zäsur: Zum einen förderte sie die Grundlage eines neuen Theorieverständnisses, das zehn Jahre später folgerichtig im Konzept der Wirtschaftsdemokratie seine Ausformung fand; zum anderen hat sich die Gewerkschaftsbewegung eine eigenständige theoretische Position auch in Abgrenzung gegenüber großen Teilen der Sozialdemokratie geschaffen. Insoweit begann damit auch hier jene Emanzipation gegenüber der Partei, die in der praktischen Tagesarbeit längst vor dem Ersten Weltkrieg erreicht worden war.

---

35 Siehe hierzu Eingabe der Gewerkschaftsgruppen an den Reichskanzler betreffend Monopolgesetzgebung, in: Correspondenzblatt der Generalkommission der Gewerkschaften Deutschlands, Jg. 1917, Nr. 15 und 16.
36 Correspondenzblatt 1917, Nr. 42.

IV.

Am Ende des Krieges befanden sich Sozialdemokratie und Freie Gewerkschaften in der letztlich ungewollten Situation, zumindest übergangsweise geradezu ein Monopol der innenpolitischen Gestaltung zu besitzen, das nicht zuletzt ein Handlungskonzept zur Neuformierung der Sozial- und Wirtschaftsverfassung erfordert hätte. An dieser Stelle können die weitergehenden Fragen nach den vorhandenen Handlungsspielräumen, den Alternativen zur sozialdemokratischen und freigewerkschaftlichen Strategie sowie nach der Bereitschaft zur tatsächlichen Veränderung der politischen und wirtschaftlichen Strukturen nicht aufgeworfen werden, obgleich sie in engem Zusammenhang mit dem Monopolprogramm stehen. Gefragt werden kann an dieser Stelle nur, inwieweit sich gewerkschaftliche Vorgaben zur Monopolfrage durchsetzten oder zumindest in der Diskussion neuer Elemente der Wirtschaftsverfassung eine politisch relevante Rolle gespielt haben.

Es entspricht weitverbreiteter Einschätzung, daß bereits mit dem »Stinnes-Legien-Pakt« vom November 1918 die Gewerkschaften ihren Handlungsspielraum zugunsten einer Machtteilung mit der Unternehmerschaft weitgehend eingeengt haben. Eine derartige Kritik geht von der Vorstellung aus, es habe 1918/19 einen derartigen Freiraum tatsächlich gegeben, der nur wegen der Unentschlossenheit von Partei- und Gewerkschaftsführung nicht genutzt worden sei. Demgegenüber hat Feldman auf die funktionierende »Front der Produzenten[37]« hingewiesen, die gleichermaßen die intakten Industrieverbände als auch die Gewerkschaften einschloß und erfolgreich die Auflösung der zwangswirtschaftlichen Organisationen gegen den Willen der staatlichen Bürokratie, repräsentiert durch das Reichsamt für Wirtschaft, betrieb. Und wenn das Interesse der Unternehmerschaft an einer derartigen Zusammenarbeit 1918 und 1919 auch evident war, so gab es auch gewichtige Gründe für die Gewerkschaftsführung, das Arrangement mit den Industrieverbänden zu suchen. Einmal brachte das Stinnes-Legien-Abkommen die Erfüllung jener Forderungen, die zentrale Kampfpunkte vor dem Weltkrieg gewesen waren: Tarifhoheit, Anerkennung durch die Unternehmerschaft, Zusage des Achtstundentages; zum anderen beinhaltete Machtteilung auch Verantwortungsteilung. Angesichts des wirtschaftlichen Chaos und des Zerfalls staatlicher Autorität war diese Taktik dann zumindest verständlich.

Schließlich, wer am fehlenden revolutionären Neugestaltungswillen der deutschen Gewerkschaften oder auch nur an der vorgeblichen Übervorteilung durch die Unternehmerverbände Kritik übt, trägt die Beweislast, daß eine weiterreichende Strategie mit der Politik der Gewerkschaften vor und während des Weltkrieges vereinbar gewesen wäre. Plausibler erscheint es, die während des Weltkrieges formulierten Forderungen der Gewerkschaften insoweit ernst zu nehmen, als sie auf Machtteilhabe und Monopolkontrolle abzielten, und nicht auf eine grundlegende Veränderung von Wirtschaft und Gesellschaft. Und eben diese Partizipation schien das Zusammenwirken der organisierten Arbeiterschaft mit der organisierten Unternehmerschaft im Rahmen der Zentral-Arbeitsgemeinschaft sicherzustellen, wie denn auch das während des Weltkrieges von Hue formulierte Programm der Sozialisierung des Bergbaus in greifbare Nähe gerückt war. Innerhalb der Führung der Freien Gewerkschaften galt

---

37 *Feldman*, Organisierter Kapitalismus, a. a. O., sowie *ders.*, Wirtschafts- und sozialpolitische Probleme der deutschen Demobilmachung 1918/19, in: *Hans Mommsen/Dietmar Petzina/Bernd Weisbrod* (Hrsg.), *Industrielles System und politische Entwicklung in der Weimarer Republik*, Düsseldorf 1974, S. 618—636.

das Kriterium der branchenspezifischen »Reife« für eventuelle Sozialisierungsvorhaben, das man 1917 eindeutig nur im Bergbau gegeben sah. Sehr viel deutlicher ausgeprägt waren innerhalb des neugegründeten ADGB korporativ-ständische Strategien, die in der Sicht der Gewerkschaftsführung durchaus vereinbar waren mit dem Planwirtschaftsmodell des sozialdemokratischen Wirtschaftsministers Rudolf Wissell. Die von der Generalkommission 1919 formulierte Ablehnung dieser Politik der »gebundenen Planwirtschaft[38]« war allerdings unvermeidlich, als die Führung — von der Dynamik der Rätebewegung überrascht — sich mit sehr viel weitergehenden radikalen Parolen innerhalb der Organisation und in den Betrieben konfrontiert sah.

Man kann füglich bezweifeln, daß ein derartiges »Gemeinwirtschafts-Konzept«, selbst wenn es politisch durchsetzbar gewesen wäre, auch nur den ökonomischen Aufbaunotwendigkeiten gerecht geworden wäre. Gleichwohl mußte die vor allem von Rudolf Hilferding geäußerte Kritik, es bedeute die »Verewigung des Kapitalismus[39]«, letztlich bei der Gewerkschaftsführung ins Leere stoßen. Immerhin konnte man aus dem Bündnis mit der Unternehmerschaft offenkundigen Gewinn ziehen, entsprach die Grundtendenz dieser Politik traditionellen gewerkschaftlichen Partizipationsforderungen; darüber hinaus wurde die Politik scheinbar friedlicher Machtteilung zu einem entscheidenden Vehikel gewerkschaftlicher Organisationskonsolidierung in einer Phase ungemein schnellen Anwachsens der Mitgliedschaft.

Gemessen an dieser Interessenlage der Führung, waren die Ergebnisse dieser Politik in den ersten drei Nachkriegsjahren unübersehbar. Die Rätebewegung verlor ihre Stoßkraft und wurde neutralisiert, die Gewerkschaften schienen ihren Alleinvertretungsanspruch gegenüber der Arbeitnehmerschaft dauerhaft gesichert zu haben, und eine Vielzahl von praktischen Möglichkeiten, Einfluß auf die Ausformung der Gesellschafts- und Wirtschaftsverfassung zusammen mit den Unternehmern zu gewinnen, zeichnete sich ab. Allerdings erwies sich diese Politik spätestens 1923 als Illusion. Die Unternehmerverbände bedurften nicht mehr des Arrangements mit den Gewerkschaften und versuchten Schritt für Schritt die Ergebnisse dieser Periode der »Machtteilung« zu revidieren. Nicht von ungefähr fällt dieses Ende der »Koalition der Produzenten« mit dem Wiederaufleben der Monopol-, besonders der Kartelldiskussion zusammen.

Die Restabilisierung der Unternehmerschaft, namentlich des schwerindustriellen Lagers, der rapide Einflußschwund der Gewerkschaften und die Beschleunigung der Inflation seit 1922 stehen in einem engen Ursache-Wirkung-Verhältnis. Die Strategie des gewerkschaftlichen Ausgleichs mit den Unternehmern wurde für große Teile der Mitgliedschaft unglaubwürdig, als sich die Schere zwischen der blühenden Investitionskonjunktur und damit den Gewinnen und dem seit 1922 sinkenden Realeinkommen der Arbeitnehmer immer weiter öffnete. Was latent immer im Hintergrund der Kartelldiskussion gestanden hatte, wurde nunmehr zum po-

---

38 Siehe hierzu die Ausführungen Hilferdings auf dem 10. Kongreß der Gewerkschaften Deutschlands 1919, in: *Protokoll der Verhandlungen des zehnten Kongresses der Gewerkschaften Deutschlands*, Berlin o. J. (Nachdruck in: *Protokolle der Verhandlungen der Kongresse der Gewerkschaften Deutschlands*, Bd. 6, Berlin/Bonn 1980), S. 555—561.

39 Siehe Flugblatt des Vorstandes der SPD: Sozialisierung und Planwirtschaft, abgedruckt in: *Rudolf Wissell*, Praktische Wirtschaftspolitik, Berlin 1919, S. 135 ff. Eine kritische Würdigung dieser Interessen der Führung der Freien Gewerkschaften findet sich bei *Manfred Buhl*, Sozialistische Gewerkschaftsarbeit im Spannungsfeld von Anspruch und politischer Praxis. Der Allgemeine Deutsche Gewerkschaftsbund zwischen Inflation und Weltwirtschaftskrise, unveröffentlichtes Dissertationsmanuskript (Bochum 1980), Einleitung.

litischen Problem. Partei- und Gewerkschaftsführung konnten sich nicht mehr mit dem Hinweis auf die »höhere Entwicklungsstufe« einer konzernierten und kartellierten Industriewirtschaft beschränken, waren vielmehr gezwungen, im Interesse der eigenen Glaubwürdigkeit den sozialen Folgen einer rigide betriebenen Kartellpolitik der Unternehmen — überhöhte Preise, verstärkte Verhandlungsmacht der Arbeitgeber, Beschneidung des gewerkschaftlichen Einflusses in sozialpolitischen Fragen — mehr Aufmerksamkeit zuzuwenden. Wenngleich damit auch nicht eine grundsätzliche Revision der bisherigen Einschätzung von Konzentrationsvorgängen verbunden war, wofür eine Vielzahl von Stellungnahmen vorliegt[40], ist die Veränderung der Argumente nicht zu übersehen. Die positive Interpretation der Kartelle wich mehr und mehr einer kritischen Bestandsaufnahme der Ergebnisse der Kartellentwicklung, schließlich Vorstößen zur Kontrolle wirtschaftlicher Macht.

Freilich wurde diese neue Diskussion zunächst weniger von den Gewerkschaften als von der Sozialdemokratie bestimmt. Auf dem Bundestag des ADGB in Leipzig im Juni 1922 taucht das Konzentrationsproblem nur beiläufig im Hinweis auf zehn Forderungen des ADGB zur Neuordnung des staatlichen Finanz- und Steuerwesens auf[41]. Rudolf Wissell konnte hingegen nachdrücklich seine Politik, »gemeinsam mit den Unternehmern an der gesamten wirtschaftlichen Entwicklung der produktiven Kräfte gleichberechtigt mitzuwirken«, verteidigen[42]. Obgleich die ADGB-Führung sich zu diesem Zeitpunkt verstärkter Kritik aus den eigenen Reihen sowohl wegen der Rätefrage als auch angesichts ihres Festhaltens an der Arbeitsgemeinschaft ausgesetzt sah, hielt sie noch zäh am korporativistischen Konzept der Machtteilhabe fest. Spielraum für eine Neuorientierung in der Monopolpolitik war damit kurzfristig nicht vorhanden. Es bedurfte erst des endgültigen Scheiterns der im Weltkrieg entstandenen Formen der Zusammenarbeit mit den Unternehmerverbänden und der dramatischen Verschlechterung der materiellen Lage im Jahre 1923, um einen Gleichklang sozialdemokratischer und freigewerkschaftlicher Initiativen herzustellen.

Die Kritik an der Praxis der Kartelle verdichtete sich zwischen 1920 und 1923 zunächst in den Vorstößen der sozialdemokratischen Reichstagsfraktion, die Preispolitik der Kartelle unter Hinweis auf die Verordnung gegen Preistreiberei vom 8. Mai 1918 staatlich zu überwachen[43]. Politisch von nicht geringerem Gewicht waren die wiederholten Vorstöße der bayerischen Staatsregierung 1921 und 1922 über den Reichsrat, die nicht zuletzt auf die mittelständische Kritik an der Kartellpraxis der Industrie zurückzuführen waren. Die Forderung Bayerns umfaßte ein Kartell-Kontrollsystem, um die Schäden für die Verbraucher bzw. die Verarbeiter von Grundstoffen zu verringern.

Die fehlende Konsistenz sozialdemokratischer Monopolpolitik zeigt sich allerdings in der Tatsache, daß die Initiativen der Fraktion zur Einrichtung einer ständigen Kartellkontrolle durch das Reichswirtschaftsministerium und vom sozialdemokratischen Wirtschaftsminister Schmidt abgeblockt wurden[44]. Symptomatisch für das Verhältnis von Staat und Verbänden war der Umstand, daß die Regierung das Kartellproblem zunächst durch Einrichtung von industriellen Einigungsstellen als erledigt betrachtete und nicht bereit war, dem Druck auf Ein-

---

40 Hinweise zusammenfassend bei *Reuffurth*, S. 127—133.
41 Siehe *Protokoll der Verhandlungen des 11. Kongresses der Gewerkschaften Deutschlands (1. Bundestag des Allgemeinen Deutschen Gewerkschaftsbundes) in Leipzig 1922*, Berlin 1922, S. 148 f.
42 Referat Wissell, Arbeitsgemeinschaften und Wirtschaftsräte, ebda., S. 473.
43 Siehe *Lehnich*, S. 112 f.
44 Siehe *Karsten Scharnweber*, Deutsche Kartellpolitik 1926 bis 1929, Diss. Tübingen 1970, S. 24 ff. mit vielen Hinweisen zur Entstehungsgeschichte und Praxis der Kartellverordnung.

richtung einer staatlichen Mißbrauchsaufsicht nachzugeben. Dem beim Reichswirtschaftsminister 1921 eingerichteten Kartellbeirat (er bestand aus Mitgliedern des Reichstages, des Reichsrates sowie des vorläufigen Reichswirtschaftsrates) kam keine wirklich praktische Funktion zu, da die Kartellpolitik in der Eigenverantwortung des Reichsverbandes der deutschen Industrie lag.

Die »Selbstverwaltungslösung« der Monopolfrage war jedoch nicht zuletzt wegen der Haltung der sozialdemokratischen Reichstagsfraktion nur von kurzer Dauer. Bereits im März 1922 setzte sich erneut der volkswirtschaftliche Ausschuß des Reichstages mit zwei Initiativen zur Kartellkontrolle auseinander, von denen eine, vom Reichsverband deutscher Konsumvereine angeregt, besondere Schubkraft entfaltete. Die Konsumgenossenschaften fühlten sich in der Inflationsperiode von der Preis- und Konditionenpolitik der Kartelle in ihrer Existenz bedroht, womit zugleich die Überlebensfähigkeit der »dritten Säule der Arbeiterbewegung« zur Diskussion stand. Diesem Umstand vor allem war es zuzuschreiben, daß SPD und Gewerkschaften 1923 voll auf die Linie der gesetzlichen Regelung von Kartellen und sonstigen Monopolorganisationen einschwenkten, obgleich ein derartiges Unterfangen vor und während des Weltkrieges als »kleinbürgerlicher Liberalismus« abgetan worden war.

Dem wachsenden Druck von Teilen des Reichstages, des Reichsrates und der Gewerkschaften glaubte sich die Regierung Stresemann im Herbst 1923 nicht mehr entziehen zu können, so daß es schließlich am 2. November 1923 zum Erlaß der »Verordnung gegen Mißbrauch wirtschaftlicher Machtstellungen (Kartellverordnung)« kam. Obgleich die Begründung der Reichsregierung »ausdrücklich die Rückkehr zum Wirtschaftsliberalismus[45]« beinhaltete, wurde die Praxis der industriellen Selbstregulierung der Kartellpolitik mit Hilfe von Einigungsstellen nicht entscheidend berührt. Bedeutsamer als die damit verbundene effektive Überwachung von Kartellen und marktbeherrschenden Unternehmen war zunächst die psychologische Rückwirkung auf die Bevölkerung angesichts der mit der Stabilisierung der Währung verbundenen wirtschaftlichen Probleme. Gewichtig war schließlich der Umstand, daß die Kartellverordnung zum Modell einer wirtschaftspolitischen Notstandsgesetzgebung und damit zum scheinbaren Beweis für die Unfähigkeit des Parlaments wurde, wirtschaftliche Krisen mit parlamentarischen Methoden bewältigen zu können. Für Gewerkschaften und SPD endlich signalisierte diese Verordnung zweierlei: Einmal sahen sich die Führungen darin bestätigt, daß es auch gegen den Widerstand der Industrie mit Hilfe des Staates möglich war, wirtschaftspolitische Forderungen durchzusetzen; diese Erfahrung hat den reformistisch-wirtschaftsdemokratischen Kurs der Gewerkschaften in der Periode relativer Stabilität der Weimarer Republik psychologisch vorbereitet. Zum anderen war der in den ersten Nachkriegsjahren verfolgte Kurs der sozialdemokratischen Wirtschaftspolitik, mit Hilfe von Kartellen und Syndikaten ein neues System der Wirtschaftslenkung aufzubauen, nachhaltig erschüttert worden. Eine eindeutig »antimonopolistische« Strategie wurde daraus allerdings nicht abgeleitet.

V.

Monopolpolitik in der zweiten Periode der Weimarer Republik, zwischen 1924 und der Weltwirtschaftskrise, war weitgehend identisch mit dem Bemühen, an die Stelle der Miß-

---

45 *Scharnweber*, a. a. O.

brauchsaufsicht der Kartellverordnung eine permanente Kontrolle von Monopolen durch die Einrichtung eines eigenen Monopolamtes zu setzen. Unverkennbar ist dabei eine Verschiebung der Gewichte zwischen Gewerkschaften und Sozialdemokratie. Die Gewerkschaften entwickelten sich nunmehr zur treibenden Kraft in der Monopoldiskussion, während die SPD mehr reagierte denn eigenständig agierte. Die Gründe für diese Kehrtwendung sind vielfältig. Nach dem krisenhaften Tief der Gewerkschaften, gekennzeichnet von finanzieller Ausblutung und der Halbierung der Mitgliedschaft, erlebte der ADGB seit 1925 eine Phase überraschend schneller Konsolidierung. Umgekehrt fand sich die Sozialdemokratie bis 1928 aus der Regierungsverantwortung im Reich ausgeschlossen, so daß ihr politischer Aktionsspielraum im Vergleich zu den ersten Jahren der Weimarer Republik nachhaltig eingeschränkt war. Ideologisch konnten sich die Freien Gewerkschaften angesichts der Durchsetzung der Theorie vom »organisierten Kapitalismus«, innerhalb der Sozialdemokratie wesentlich vorangetrieben von Hilferding, sowie der Revision der sozialdemokratischen Parteiprogrammatik bestätigt fühlen[46]. Hilferdings Interpretation des organisierten Kapitalismus erfuhr ihre folgerichtige Weiterentwicklung schließlich in der Theorie der Wirtschaftsdemokratie, die die ADGB-Führung 1928 in den Rang einer strategischen Doktrin der Gewerkschaftsbewegung erhob[47]. Die Praxis der Gewerkschaften erfuhr damit im Nachhinein gleichsam ihre theoretische Rechtfertigung, wie auch umgekehrt das wirtschaftsdemokratische Konzept Handlungsanweisung für gewerkschaftliche Politik beinhaltete. Wenn dem Kapitalismus eine inhärente Tendenz monopolistischer Organisierung und Stabilisierung innewohnte, dann war es nur konsequent, mit Hilfe des Staates den »fortschreitenden Organisationstendenzen des Kapitals [...] eine von den Arbeitern simultan zu erkämpfende demokratische Kontrolle[48]« entgegenzusetzen. Die Rückkehr zu »kapitalistischer Normalität« zwischen 1924 und 1929 bestätigte scheinbar diesen prinzipiellen Optimismus des Wirtschaftsdemokratie-Konzepts, evolutionär Veränderungen erreichen zu können. Und nicht zuletzt bot ein derartiges Ziel-Mittel-Konzept dem gewerkschaftlichen Führungsapparat die Chance, nicht nur die eigene reformistische Politik gegenüber der Mitgliedschaft zu legitimieren, sondern auch an die Stelle der enttäuschten Hoffnungen der Revolutions- und nachrevolutionären Jahre eine neue Perspektive der eigenen Rolle innerhalb des kapitalistischen Systems zu setzen und die Arbeiterschaft mit dem politischen Parlamentarismus auszusöhnen.

1925 setzte sich innerhalb der demokratischen Linken unbestritten die Forderung nach voller staatlicher Kontrolle von Kartellen und marktbeherrschenden Großunternehmen durch. Der erste Vorstoß der sozialdemokratischen Reichstagsfraktion vom 30. April 1925[49] — nach Erlaß der Kartell-Verordnung — forderte die Reichsregierung auf, »dem Reichstag alsbald einen Gesetzentwurf vorzulegen, durch den erstens die Errichtung eines Kartellregisters angeordnet wird, zweitens ein dem Gemeinwohl des Volkes dienendes unabhängiges Kartellamt eingesetzt wird mit der Befugnis, in die Tätigkeit der Kartelle, Syndikate, Trusts und ähnlicher Korporationen einzugreifen, ihr Geschäftsgebaren fortlaufend zu überprüfen und das Ergebnis öffentlich bekanntzugeben«. Diese Initiative mündete ein Jahr später, am 11. Juni

---

46 Siehe die zusammenfassende Darstellung der Rolle Hilferdings sowie seines theoretischen Konzepts bei *Heinrich August Winkler*, Einleitende Bemerkungen zu Hilferdings Theorie des organisierten Kapitalismus, in: Heinrich August Winkler (Hrsg.), S. 9—18. Die Analyse Hilferdings siehe in *R. Hilferding*, Probleme der Zeit, in: Die Gesellschaft, Bd. 1, 1924, S. 1—17.
47 *Naphtali*, Wirtschaftsdemokratie, Berlin 1928.
48 *Winkler*, S. 11.
49 Antrag Möller-Franken, Reichstagsdrucksache 1924/25, Nr. 847.

1926, in einen gemeinsam von Zentrum und SPD getragenen Antrag ein, der die Regierung aufforderte, unter Verwertung der Ergebnisse der Enquete-Kommission »dem Reichstag möglichst bald eine Vorlage zu unterbreiten, die diese Materie unter geeigneter Verwertung der bisherigen Beschlüsse [...] regelt«.
Nachhaltig unterstützt und vorangetrieben wurden die parlamentarischen Aktivitäten in dieser Periode relativer Stabilität auch und gerade von einzelnen Gewerkschaftsverbänden. Besondere Bedeutung im innergewerkschaftlichen Willensbildungsprozeß kam den Resolutionen des »Reichsbeirats der Betriebsräte und Konzernvertreter der deutschen Metallindustrie« vom Dezember 1926 zu, da sich hier die Vertreter der größten Einzelgewerkschaft zu Worte meldeten[50]. Darin wurde einerseits das »wirtschaftsdemokratische Endziel« formuliert, »aus den Monopolorganisationen der Privatwirtschaft die Instrumente gemeinwirtschaftlicher Wirtschaftsführung zu entwickeln«, andererseits eine umfassende Kontrolle von Monopolen aller Art, einschließlich der marktbeherrschenden Unternehmen, mit Hilfe eines Kontrollamtes gefordert. Diese Initiative mündete schließlich in eine gemeinsame Stellungnahme aller gewerkschaftlichen Spitzenorganisationen am 10. Februar 1927 ein, in der dem Reichskabinett, dem Reichstag und dem Reichswirtschaftsrat ein Bündel von Forderungen unterbreitet wurde, dessen Kern wiederum die Einrichtung eines Kontrollamts für Kartelle und sonstige Unternehmensorganisationen bzw. für marktbeherrschende Unternehmen darstellte[51].
Der Zwang zum Kompromiß zwischen unterschiedlich orientierten Gewerkschaftsverbänden zeigt sich vor allem in der einseitigen Betonung der »schädlichen Wirkungen dieser Monopolorganisationen«. Mag darin auch eine gewisse Verschiebung der Diskussion innerhalb des ADGB deutlich werden, so galt nach wie vor die prinzipiell positive Einschätzung des industriellen Konzentrationsprozesses, da er nach vorherrschender Meinung die Voraussetzung für eine umfassende Mitbestimmung der Gewerkschaften — und nichts anderes bedeutete Wirtschaftsdemokratie — bildete. Für Fritz Naphtali war es deshalb die Aufgabe des Gesetzgebers, »den Weg zu finden, auf dem man den *Mißbrauch* der Kartellmacht wirksam bekämpft, ohne gleichzeitig zu einer reaktionären *Verhinderung* von Organisationsformen zu kommen, die notwendige Funktionen in der Entwicklung der kapitalistischen Wirtschaft von der freien zur gebundenen Wirtschaft erfüllen [...][52]«.
Es verwundert allerdings nicht, daß die »wirtschaftsdemokratische« Argumentation innerhalb der Freien Gewerkschaften nicht widerspruchsfrei durchgehalten wurde. Zur gleichen Zeit, als Naphtali in mehreren Beiträgen in der Zeitschrift »Die Arbeit« den Zusammenhang von Monopolkontrolle und der Förderung der Wirtschaftsdemokratie durch Monopolisierung einem breiteren Publikum plausibel zu machen versuchte, stellte Karl Zwing im Gewerkschafts-Archiv lapidar fest:
»Die Wirtschaftsautonomien, die internationalen Kartelle und Trusts, sind nur ein Ausdruck der inneren Krise des jetzigen kapitalistischen Wirtschaftssystems. Die vor sich gehenden Veränderungen sollen die Gesundung des kranken Systems herbeiführen. Aber da

---

50 *Protokoll der Konferenz des Reichsbeirats der Betriebsräte und Vertreter größerer Konzerne der Metallindustrie vom 29. und 30. 12. 1926,* hrsg. vom Vorstand des Deutschen Metallarbeiterverbandes, Stuttgart 1927.
51 Siehe *Fritz Naphtali,* Monopolistische Unternehmensorganisationen und Arbeiterschaft, in: Die Arbeit, 1927, H. 3, S. 158—164. Dort auch der Text der Stellungnahme.
52 *Fritz Naphtali,* Kartellpolitik, in: Die Arbeit, 1926, H. 7, S. 431—436.

mit diesen Veränderungen nur innerhalb des Systems reformiert wird, kann es zu einer Gesundung des Gesamtsystems nicht kommen[53].«

Und in derselben Nummer des Gewerkschafts-Archivs schrieb F. König wiederum den Widerspruch zwischen systemimmanenten Veränderungen der Industriewirtschaft und gewerkschaftlicher Politik fest:

»Die Strukturveränderungen der Kapitalkonzentration werden im Grunde nie durch produktionspolitische und technische Erwägungen bestimmt. Solange sich die Entwicklung ausschließlich auf produktionstechnischer und nicht auf rein finanziell-spekulativer Basis vollzieht [...] hat die Arbeiterschaft keine Ursachen, dem Rad in die Speichen zu greifen[54].«

Unbeschadet dieser Differenzen in der Einschätzung des Monopolisierungsprozesses auf längere Sicht war die kurzfristige Forderung nach Kontrolle wirtschaftlicher Macht in allen Flügeln unangefochten. Und unbestritten war auch das Drängen nach einer schnellen Lösung der Kontrollfrage, da sich am Vorabend der Weltwirtschaftskrise und nach den Erfahrungen der Krise von 1926 die Einsicht von der konjunkturpolitischen Notwendigkeit der Monopolüberwachung durchzusetzen begann. Hatte man zunächst Trusts und Kartellen übereinstimmend eine krisenmildernde, stabilisierende Funktion im Konjunkturablauf zugebilligt, so überwog um 1929/30 — nicht zuletzt wegen der Analysen des Berliner Instituts für Konjunkturforschung — die Einschätzung, »daß die Intensität der konjunkturellen Schwankungen, insbesondere der Schwankungen am Arbeitsmarkt, unter der Einwirkung der gebundenen Wirtschaft viel heftiger geworden ist, als sie früher unter der Herrschaft des freien Marktes gewesen ist[55]«. In dieser Argumentation wurde eine weitreichende Kehrtwendung in der Einschätzung einer monopolistischen Wirtschaftsstruktur deutlich, die seit 1930 auch den Weg zu einer in sich widerspruchsfreien Monopolpolitik der Freien Gewerkschaften und der SPD eröffnete.

Diese Revision liebgewordener Einschätzungen kam jedoch zu spät, um noch zu einer politisch durchsetzungsfähigen Monopolstrategie weiterentwickelt werden zu können. Bereits in konjunkturell günstigeren Zeiten war es dem erfolgreichen Lavieren des RDI zuzuschreiben, daß die Fülle gewerkschaftlicher und sozialdemokratischer Stellungnahmen nicht zu einer Revision der Kartell-Verordnung von 1923 führte. Dafür sorgten nicht zuletzt die personelle Durchdringung der Kartellkommission innerhalb des »Ausschusses zur Untersuchung der Erzeugungs- und Absatzbedingungen der deutschen Wirtschaft« mit Vertretern der Industrie sowie eine geschickte Verschleppungstaktik mit Hinweis auf die fehlenden Abschlußberichte der Enquete-Kommission[56]. Um so schwieriger wurde ein derartiger Vorstoß zur Einführung einer wirkungsvollen Monopolkontrolle nach Ausbruch der Weltwirtschaftskrise. Dabei hat es an Versuchen von seiten der Gewerkschaft und der SPD noch im Jahre 1930 nicht ge-

---

53 *Karl Zwing*, Wandlungen der kapitalistischen Wirtschaftsverfassung, in: Gewerkschafts-Archiv 1926, 2. Halbbd., S. 220.
54 *F. König*, Strukturveränderungen der Kapitalkonzentration, in: Gewerkschafts-Archiv 1926, 2. Halbbd., S. 227—230.
55 Hierzu *Naphtali* 1931 im Nachwort zur 5. Auflage von Wirtschaftsdemokratie, S. 193 f.
56 Siehe hierzu *Fritz Blaich*, Staat und Verbände in Deutschland zwischen 1871 und 1945, Wiesbaden 1979, vor allem S. 69—71 (Die Reprivatisierung der Kartellaufsicht: Der Reichsverband der deutschen Industrie und die Kartellenquete 1926 bis 1929). Weiterhin *Scharnweber*.

fehlt, der seit 1925 erhobenen Forderung nach Einrichtung eines Monopolamtes Nachdruck zu verleihen[57].
Es war nicht zuletzt auch auf dieses Drängen der SPD und der Gewerkschaften zurückzuführen, daß das Präsidialkabinett Brüning in der Notverordnung vom 26. Juli 1930[58] die Kontrollbefugnisse der Reichsregierung gegenüber Kartellen erheblich ausweitete und namentlich auch die Möglichkeit schuf, bei gemeinwohlschädlichen Absprachen Verbote zu erlassen. Diese Monopolpolitik entsprach zudem voll und ganz der wirtschaftsliberalen Ideenwelt Brünings, der nur durch Wiederherstellung funktionierender Märkte eine Überwindung der Krise für möglich hielt. Der wichtigste eigene Vorstoß der SPD bestand schließlich jedoch in der Vorlage eines mit den Gewerkschaften abgestimmten »Entwurfes eines Kartell- und Monopolgesetzes[59]«. Er räumte dem Reich die umfassende Aufsicht über alle Kartelle, monopolistischen Konzerne und Einzelunternehmen ein, um Schädigungen »von sozialen und gesamtwirtschaftlichen Interessen sowie Schädigungen des Gemeinwohls zu verhindern«. Die Kompetenzen des vorgeschlagenen Kartell- und Monopolamtes waren außerordentlich weit gespannt und reichten bis zur Möglichkeit der Auflösung von Kartellen und zur Außerkraftsetzung von Verträgen und Beschlüssen.
So hatte sich zum Ende der Stabilitätsphase doch noch eine klare Linie in der Monopolpolitik von ADGB und SPD durchgesetzt und zur Gesetzesinitiative verdichtet. Der Zeitpunkt, zu dem eine so weitgehende Forderung noch durchsetzbar gewesen wäre, war in der Weltwirtschaftskrise jedoch sowohl aus politischen als auch aus wirtschaftlichen Gründen vorbei. Für dieses Scheitern trugen Gewerkschaften und SPD nicht die direkte Verantwortung. Wohl aber müssen sie sich der Kritik stellen, daß die Monopolfrage als politisches Problem von der organisierten Arbeiterbewegung zu lange unterschätzt wurde. Sie war darin Gefangene falscher Analysen, die die »Naturnotwendigkeit« der Konzentration zunächst zur dogmatischen Vorbedingung eines sozialistischen Zieles machten und insoweit eigene politische Aktivität ausschlossen, dann, unter dem Eindruck eines scheinbar krisenfreien, evolutionären Übergangs zum »organisierten Kapitalismus«, einseitig die positiven Seiten der monopolistischen Wirtschaft betonten. An die Stelle einer effektiven Monopolkontrolle trat als Ziel die Teilhabe an wirtschaftlicher Macht im System einer hochkonzentrierten Ökonomie. Erst in einer dritten Phase der Diskussion veränderte sich diese Sehweise, erfolgte, wenn auch nicht ohne Widersprüche, die Formulierung einer eigenständigen Politik. Es ist zumindest der historischen Spekulation wert, ob die Geschichte der Weimarer Demokratie nicht sehr viel anders verlaufen wäre, wenn eine produktivere Antwort auf die Monopolfrage nicht erst am Ende, sondern schon zu Beginn der Republik vorgelegen hätte.

---

57 Zum Diskussionsstand vor Ausbruch der Weltwirtschaftskrise siehe *Franz Neumann*, Gesellschaftliche und staatliche Verwaltung der monopolistischen Unternehmungen, in: Die Arbeit, 1928, H. 7, S. 393—406.
58 Verordnung des Reichspräsidenten zur Verhütung unwirtschaftlicher Preisbindungen, vom 26. 7. 1930, RGBl I, S. 328.
59 Reichstagsdrucksache Nr. 439 vom 9. 12. 1930. Zur Begründung der gewerkschaftlichen und sozialdemokratischen Initiativen *Franz Neumann*, Der Entwurf eines Kartell- und Monopolgesetzes, in: Die Arbeit, 1930, H. 12, S. 773—791, sowie *Lony Sender*, Wird der Kampf gegen die Kartelle ernst?, in: Betriebsräte-Zeitschrift, Jg. 11, 1930, S. 393—406.

Gerald W. Crompton

Issues in British Trade Union Organization 1890—1914

The period 1880 to 1914 began and ended with a major spurt in the membership of British trade unions, and with major simultaneous strike waves. The intervening years, 1892 to 1910, were markedly different in character, in terms of union growth and industrial conflict, although scarcely uneventful, involving as they did, significant changes in the legal status and political affiliations of trade unions. This very discontinuity has itself been made the starting point of some approaches to the theory of industrial conflict: »The most salient aspect of the evolution of British strike activity has been its distinctive and uneven time pattern. Movements in various industries have been generally in the same direction and of at least comparable magnitude, as if orchestrated to one basic rhythm. That rhythm itself is unique: periodic explosions of militancy, or strike waves, have predominated over the long-term trajectory and short-term fluctuations[1].« From this standpoint, 1889—92 and 1910—13 are two of six strike waves which can be identified in Britain between the 1880s and the present date[2]. Given that one of the six »waves« is held to consist of the single year 1926, the importance of 1889—92 and 1910—13 will be readily apparent, especially if it is accepted that only in the second half of the nineteenth century, and particularly perhaps in the years 1871—73, did the strike become the natural response to distress, and the strike weapon gain decisive acceptance by Britain's working population.

The figures are certainly impressive, and if the dimensions of both growth and conflict are borne in mind, they demarcate the period 1890—1914 with unusual clarity[3]. Trade union membership approximately doubled from 750,000 to 1.5 million between 1889 and 1892, and after advancing gradually to around 2 million by the turn of the century, and 2.5 million by 1910, recorded a further leap of approximately 70 per cent in the next four years, to reach a total of rather more than 4 millions by 1914. If reference is made to the size of the labour force, and if the latter is notionally scaled down to allow for the fact that trade unionism was at this time rare among women, young persons and non-manual workers, then it can be estimated that trade union density among adult male manual workers increased from not much more than 10 per cent in 1889 to around 40 per cent by 1914[4].

---

1   *J. E. Cronin*, Industrial Conflict in Modern Britain, London 1979, p. 47. For criticism of other historians whose perspectives fail to account for the »uneven and wave-like pattern of strikes and union growth«, see p. 56.
2   *Cronin*, ibid., pp. 47, 48.
3   Membership of course continued to increase after 1914, but the outbreak of war brought a sharp fall in the strike rate for at least three years.
4   This exercise of extrapolating the number of adult male manual workers from the total occupied population was carried out in the Board of Trade's Report on Trade Unions in 1896. See the dis-

The strike wave of 1889—92 saw the number of strikes more than double from 517 in 1888 to 1,211 in 1889, and remain at similar levels for the next two years. The number of workers involved rose from about 120,000 in 1888 to 337,000 in 1889 and nearly 400,000 in 1890. After a dip in 1891, the number rose again to 357,000 in 1892. Despite the large scale of several disputes, the average strike affected some 350 workers. The distribution of strikes and of workers involved was extremely wide[5], including skilled and unskilled, old and new unions. One immediate link between the themes of conflict and of union growth is indicated by the fact that the number of strikes concerned with union rights and recognition remained high from 1890 to 1892, and that workers appear to have achieved a successful outcome in a high proportion of the disputes in these years.

The strike wave of 1910—13 displayed many of the same characteristics. The number of strikes rose from 531 in 1910 to 903 in 1911, fell marginally in 1912, and rebounded to 1,497 in 1913. The number of strikers showed a parallel rise from 385,000 in 1910 to 831,000 in 1911 but then diverged in pattern, with a high peak of 1,233,000 in 1912, and an abrupt drop to 516,000 in 1913, although the range of industries affected actually widened in this year[6]. The size of the average strike in these years was around 780 participants, at least double the figure for 1889—92.

The similarities were not, of course, purely quantitative. Once again, a high proportion of strikes appears to have achieved success, and union recognition also figures prominently among the issues. Both waves were marked by the rapid spread of relatively new ideas and principles on aims, organization and tactics; both can be seen as »a fundamental break[7]«, therefore, with the immediately preceding years. An especially strong link between the two consists in the fact that each marked a major phase in the extension of trade unionism to the unskilled and semi-skilled. Although the term »New Unionism« is associated particularly firmly with 1889—92, when it came to embrace both industrial and general unionism, this first phase saw merely the »first serious and successful attempts to form unions among the unskilled[8]«. A far larger number of workers in this category were first unionised in the second phase[9], to which the more generalized expression »The Labour Unrest« is normally attached.

However, 1910—13 can hardly be seen as a simple re-run of the main events of twenty years earlier. This is readily apparent from certain significant details, such as the fact that Tillett's Dockers' Union, probably the most spectacular performer of all in 1889—92, was

---

cussion in *H. A. Clegg, A. Fox, and A. F. Thompson*, A History of British Trade Unions since 1889, vol. I, Oxford 1964, p. 466. In fact the growth of white collar unionism exceeded the rate of increase among manual workers, at least after 1901, but the numbers involved were modest.

5   *Cronin*, op. cit., p. 49. The railwaymen are considered by this author to have been »the only major exception to the general militancy«, but the historian of the main railway union points out that the Labour Correspondent of the Board of Trade for 1890 lists seventeen railway strikes involving more than 12,000 men, as against four small disputes affecting fewer than 200 in the previous year. See *P. Bagwell*, The Railwaymen, London 1963, p. 133.

6   There was a tendency for both engineering and building workers to be involved in a considerable number of smallish strikes in 1913, whereas 1912 had been the year of the national coal-mining strike.

7   *Cronin*, op. cit., p. 52, discussing 1889—92.

8   *Cronin*, ibid., p. 50. A complementary summing-up is that »the movement of 1889, despite its symbolic impact, achieved only a narrow footing«. *John Lovell*, British Trade Unions 1875—1933, London 1977.

9   *R. Hyman*, The Workers' Union, Oxford 1971, p. 191 points out that membership of the main general unions grew by more than 400 per cent in 3 years.

actually the least effective of the general unions in the pre-World War One years[10]. A much broader contrast centres on the greatly expanded role of rank-and-file initiative in the »Labour Unrest«. This has been described more forcefully as a »high degree of aggressive, sometimes violent and often unofficial industrial militancy[11]«, by the author of a recent study, who explicitly contrasts these features with the »rather more peaceable official action« typical of the previous upsurge. He goes on to suggest a symbolic comparison between the two celebrated strikes which inaugurated the two »explosions« — the orderly marches of the dockers through the City of London in 1889, which achieved their aim of gaining public sympathy, and on the other hand the violent scenes in the Rhonndda in 1910 in the course of the Cambrian coal strike. We are reminded, too, that Hobsbawm has contrasted »the evangelistic organizing campaigns of the dock strike period« with the »mass rebellions« of the Labour Unrest[12]. The most extreme contrast of all is contained in the proposition that there was something akin to a revolutionary situation in Britain in the years just before the war, to which the crises over the constitution, Ireland and women's suffrage also contributed, and that there would probably have been a general strike but for the war. The best-known exponent of such an interpretation actually referred to »the great General Strike of 1914, forestalled by some bullets at Serajevo[13]«. Less dramatically, it has been suggested that »the fundamental strategic innovation of 1910—14 was the ›sympathetic strike‹[14]«, which is qualified by the remark that it was »known before but seldom utilised«. Whatever the truth of these assertions, it was certainly true that the challenging character of the strike wave caused acute concern to those in authority about the declining legitimacy of most established institutions, whether industrial or parliamentary, and that within the trade unions, the loss of control of an older and more conciliatory generation of leaders was defined as a serious part of the problem. Not only did many of the major strikes of the period start unofficially, sometimes in clear defiance of the union leadership, but even where leaders were willing, their role was at times almost redundant. A spontaneous series of strikes in the Midlands engineering industry drew the unappreciative remark from an official of an older union that »the Workers' Union is not so much directing the strikes as following them, and is making members by the thousand[15]«. And a final and simpler point of contrast is one in which the quantitative and the qualitative merge: because the union growth from 1910 onwards was launched from a higher base, the scale of events was inescapably much greater. There could have been no precedents for a conflict like the 1912 coal strike which amounted to a virtually complete stoppage of a major and strategic sector of the economy[16].

Clearly the elucidation of the nature and causes of these two concentrated phases of union growth will be regarded as a primary objective, at least for those who believe that »explanations which stress change and development seem much more compatible with the facts than

---

10 And the newest of the general unions was probably the most successful. The Workers' Union, founded in 1898, grew from under 5,000 members in 1910 to nearly 150,000 by the outbreak of war. See *Hyman*, ibid.
11 *B. Holton*, British Syndicalism, 1900—1914, London 1976, p. 73.
12 *Eric J. Hobsbawm*, review of *Henry Pelling*, Popular Politics and Society in Late Victorian Britain, London 1968, in: Bulletin of the Society for the Study of Labour History, no. 18, 1969, p. 51.
13 *G. Dangerfield*, The Strange Death of Liberal England, New York 1961, p. 400.
14 *Cronin*, op. cit., p. 100. This is said to reflect »a growing sense of class antagonism«.
15 *Hyman*, op. cit., p. 56 quoting an official of the Amalgamated Society of Engineers (A.S.E.).
16 »This was the biggest stoppage the world had yet seen« comments *Lovell*, op. cit., p. 44.

those whose emphasis is upon relatively stable social or technical structures[17]«. But two immediate qualifications are necessary. Firstly, what happened between 1892 and 1910 would demand attention in its own right, especially as union organization made substantial advances in these intervening years, with no sign of the major regression which might have been predicted in the light of nineteenth century experience[18]. Secondly, even an intellectual strategy of focussing sharply on discontinuities, will, almost of its own momentum, lead to a search for the origins of the attitudes and ideas which surfaced in times of significant change. If the object is to explain the collective behaviour of workers in industrial societies, then it seems essential to allow for some time lag in which changes in economic conditions, in the organization and methods of production, in the behaviour of employers, may exert an effect. Furthermore, an elementary distinction between the will and the ability to take positive action in response implies that favourable circumstances, such as a tightening of labour markets, may be required before any changes in consciousness could find practical expression. Accordingly a predominant concern with 1889—92 and 1910—12 could be translated into an examination of the preceding decade or so, in an attempt to specify the factors which may have set the formation of fresh attitudes in motion. In the 1880s, for example, there was a crisis of confidence in many established political and economic orthodoxies[19], a growing presence of socialist ideas, and a high level of unrest centred on the issue of unemployment. In the 1890s and the first decade of the twentieth century, two developments which may have a crucial bearing on the events of 1910—13 are the organizational and legal counter-attack by employers and judges against trade unions[20], and the general, and unaccustomed stagnation, or decline in real wages after 1900. And it was of course part of the common background to both the 1880s and the years 1892—1910 that there was continuing anxiety about the declining competitiveness of British manufacturing, and the fall which had become apparent in the rate of growth of output and of productivity[21].

What happened to real wages between the turn of the century and 1914, and to the distribution of income, has clearly a significance which goes beyond the subject of the labour unrest of 1910—13, though it is of course highly relevant in that context. Although the standard indicators of economic growth continued to rise after 1900, it has long been accepted, that at the very least, the Edwardian decade saw a major interruption to the previously long-sustained upward trend in average real wages. A recent study of the standard of living in this period notes that »the concurrence of, at best, stationary real wages and rising income per head quite obviously indicates an income redistribution against wage-earners in Edwardian Britain[22]«. Nor did this point escape contemporary observers. Chiozza Money demonstrated in

---

17 *Cronin*, op. cit., p. 23, discussing basic requirements for a theory of conflict.
18 Overall union membership grew from about 1.5 million in 1892 to 2.5 million in 1910. The only years in which it fell, and even then only slightly, were 1892—94, 1902—04, and 1908—09.
19 See *Gareth Stedman Jones*, Outcast London, Oxford 1971, especially chapter 16, for a discussion focussing on the questions of urban degeneration and the casual poor.
20 Itself of course a response to the gains registered by unions in the previous upsurge of 1889—92. See *John Saville*, Trade Unions and Free Labour: the Background to the Taff Vale Decision, in: *Asa Briggs and John Saville* (eds.), Essays in Labour History, London 1960.
21 *Derek H. Aldcroft* (ed.), The Development of British Industry and Foreign Competition 1875—1914, London 1968, would be a convenient starting-point for further examination of this subject.
22 *T. R. Gourvish*, The Standard of Living, 1890—1914, p. 15, in: *A. O'Day* (ed.), The Edwardian Age: Conflict and Stability 1900—1914, London 1979.

the 1910 edition of his book »Riches and Poverty« that the wealthiest classes had increased their share both absolutely and relatively since his first edition in 1905[23]. This increasing inequality strongly supports the suggestion that »the strikers and rioters of Tonypandy and Liverpool in 1910 and 1911 were hitting out not only at their own economic insecurity but also at the visible signs of an export boom with its concomitant prosperity for more favoured sections of the population[24]«.

The mechanism by which the check to real wages was applied may also be important. According to several indices, money wages rose by around 20 per cent, or slightly less, between the early 1890s and 1913, whilst prices rose by a similar, or slightly greater, amount. So, although there were times, around the turn of the century, and again around 1908, when money wages actually fell, it was in general a lag of wages behind rising prices which threatened living standards. Inflation was a relatively new problem for most workers. Its strangeness may have made it intrinsically more disturbing, or it may be that whenever the level of inflation is perceived as abnormal, the result is not merely a straight forward desire to catch up with prices, but »a sharp calculating mentality[25]«, and an enlarged concern with comparisons and differentials. Certainly members of the government, and their senior advisers, appear both to have anticipated trouble as a result of wages lagging behind prices, and even to some extent, to have accepted, in private, its legitimacy. G. R. Askwith, a senior official at the Board of Trade, wrote a warning memorandum for the Cabinet in 1911, and in another Cabinet memorandum the following year, Sidney Buxton, the President of the Board of Trade, argued that in view of the prosperity of the country, and the higher cost of living, it could not reasonably be denied that »the increased remuneration wrung from the employers was fully justified[26]«. He also believed that most economists would agree that a further wage increase would be justified.

There are some further probable links between previous fluctuations in real earnings and in employment, and in the response of workers after 1910. It seems likely that from 1908 (and lasting possibly until 1913) came one of two longish sub-periods when real wages fell[27]. And the years 1908 and 1909 saw unusually heavy unemployment, possibly almost as high as 10 per cent, which was then quite quickly succeeded by a situation of tightening labour markets.

In one important sector of the economy, namely *coal-mining,* what mattered most was not the pattern of fluctuation in the years immediately before 1910, but the fact of pronounced fluctuation in earnings throughout the whole period from 1890 to 1914. Often this resulted in short-term divergence, at least, from the experience of workers in other industries. Available data on prices and on wages in coal-mining make it possible to conclude both that real wages fell between 1900 and 1913, and also that they improved quite substantially between 1888 and 1913. A large part of the explanation seems to be rapid improvement in the late eighties and late nineties, and a rather atypical decline in the mid nineties[28]. Short-time working was common in the industry, and especially in the areas dominated by the Miners' Fe-

---

23 *Gourvish,* ibid., p. 15—16.
24 *Gourvish,* ibid., p. 31.
25 *Cronin,* op. cit., p. 114.
26 E. *Wigham,* Strikes and the Government 1893—1974, London 1976, p. 31. In the same memorandum Buxton took the view that there was little the government could do to prevent strikes, and opposed the idea of compulsory arbitration.
27 The other had been from 1899—1905.
28 See the discussion of this point in *Gourvish,* op. cit., p. 26.

deration of Great Britain (M.F.G.B.)[29], in the nineties, and the effect on earnings was to cancel out much of the improvement in rates achieved before 1890. In the case of the miners, therefore, continuing instability of earnings, deriving ultimately from volatile product markets in a labour-intensive and cost-conscious industry, plus a problematic system of payment by the piece, combined to produce a powerful demand for an effective minimum wage[30] — which was the central issue of the national strike of 1912. This dispute had ramifications extending way beyond the industry itself. There is a good case for believing that it created an emulation effect among workers in other sectors, including many previously unorganized and often employed by relatively small firms. Certainly 1913 and the first half of 1914 »saw a pause in large-scale strike movements, but a flowering of small strikes following the big battles of 1912[31]«.

The mining industry understandably commands attention, both because of its generous contribution to the overall strike rate, and because, as the largest single unionised group of workers before 1914, the miners inevitably had an effect on other workers. That it was in many respects atypical is however suggested immediately by even a quick comparison with the *railwaymen*. The latter were also a large, and still expanding, occupational group in this period, and by 1914 were also better unionized than average, and amongst the most strike-prone after the miners. Yet not only was their pay lower than average, but earnings fluctuated relatively little from year to year, and were based on time, not piece rates. The pressures generated by foreign competition were important for many miners, irrelevant for railwaymen. Again unlike the miners, they were organized in several separate unions rather than one (albeit a federal organization). Almost the only obvious common factors between these two major groups, who were both so prominent in the labour unrest after 1910, were that in both cases unionization had been greatly stimulated by the events of 1889—92 (although only one of the railway unions could be regarded as a classic example of new unionism)[32], that real wages had probably fallen after 1900, that company size was greater than in the economy at large, and that employers were constrained in their ability to pass on rising costs to the consumer by increasing prices[33].

These brief points of contrast may serve to indicate the inherent shortcomings of any approach to the subject which was concerned almost exclusively with factors which affected all workers in common[34], even if this concern were diffused over the whole period from 1890 to 1914, and not concentrated on the brief phases of rapid growth. It seems clear that

---

29 *Keith Burgess,* The Origins of British Industrial Relations; The Nineteenth Century Experience, London 1975, esp. pp. 207—08.

30 These characteristics have frequently been associated with a high strike rate, both before and after the period 1890—1914. During this period coal-mining was conspicuous for both a high strike rate, and a high growth rate of union membership, though it became even more strike-prone after 1918.

31 *Cronin,* op. cit., p. 106.

32 The General Railway Workers' Union aimed specifically at recruiting the lower grades. *Bagwell,* op. cit., p. 149 argues that the Amalgamated Society of Railway Servants, after seventeen years as a »friendly society type« of trade union, without a single strike, »changed its character« at this time, and began to look towards all-grades programmes backed by industrial bargaining strength.

33 Partly by legislation, on safety, working hours and prices, and partly by foreign competition, which in the export coalfields, interacted with geological problems.

34 This is not to deny the importance of factors such as changes in the law, or government policy, the influence of which does tend to be very generalised, and which are referred to only very briefly in this context.

the fortunes of workers and the character of their unions were likely to have been shaped also by forces specific to their own field of employment, such as the economic condition of the industry concerned, the strength and state of organization of the employers, the technology and organization of production, the history and traditions of existing unions, and the relationship of members with other workers. The point here is not to counterpose unchanging structures to dynamic factors, but simply to recognise that changes in such variables can have a markedly differential impact on various occupations, or a broadly similar impact at different points in time. Strikes, and to a lesser extent, the growth of union membership, tend to come in waves. Many other aspects of trade union behaviour and attitudes are not subject to such definite common patterns.

The impact of technical change and management strategy on industrial relations, though arguably neglected[35], certainly deserves some attention, particularly for the insight it can provide into the basis of craft unionism in various industries in 1890 and beyond. A comparison between the effects of mechanisation on skilled workers in *engineering* (mainly fitters and turners) and in *printing* (mainly compositors) points strongly to the conclusion that the latter were a good deal more successful in preserving their position, and »capturing« new jobs for craftsmen, at appropriate rates of pay[36]. In 1890 fitters and turners were better placed and more strongly organized than compositors whose earnings had fallen in relation to other craftsmen since mid-century, as employers had tried to intensify and cheapen labour in an attempt to meet rising demand with traditional typesetting methods. But from this time onwards, the introduction of semi-automatic machine tools like capstan and turret lathes, resulted in a more damaging attack on craft control than the use of new linotype machinery in the printing industry. It may be that the latter still required a somewhat higher level of skill than the new tools in engineering, but probably more relevant was the fact that gains in productivity in engineering frequently required some reorganization of workshop lay-out and of the division of labour, to capitalise on the new machinery. They also often involved new techniques of managerial control, such as the »premium bonus[37]« and the employment of »feed and speed« men[38]. Engineering employers often resorted to these radically new methods in response to pressure from foreign competition. This factor was heavily publicized during the 1897—98 lock-out and was important in promoting greater unity among employers. In printing, overseas firms were scarcely a threat, and domestic competition, particularly in the newspaper and periodical sections of the trade, mainly had the effect of making employers with highly perishable products feel vulnerable to possible strike action. The strongest resistance to the print unions, as during the disputes of 1911, came from large book firms with a relatively standardized and durable product, who were faced with competition from smaller and less strongly unionized provincial companies.

In any case the advent of the linotype machine removed the bottleneck of slow hand compos-

---

35 A recent issue of the Cambridge Journal of Economics, vol. 3, no. 3, 1979, represents an impressive attempt on the task of making good this neglect. See the introduction by *B. Elbaum* et. al., The labour process, market structure, and marxist theory.
36 See *J. Zeitlin,* Craft control and the division of labour: engineers and compositors in Britain 1890—1930, in: Cambridge Journal of Economics, ibid.
37 A time for the job was set by a rate-fixer, and if the job was finished more quickly, the savings were divided between the worker and the company.
38 Supervisors whose task was to carry out managerial instructions on matters like the angle of cutting tools and the speed of machines.

ing in the expansion of production, and actually reduced the importance of the cost of composition in total expenses. In this context, compositors faced a less severe struggle to establish control over the new machinery than their engineering counterparts. Additionally, they encountered less difficulty in winning the support or co-operation of other workers in the same industry, some of whom were organized in the Printers' Labourers' Union[39], and the Warehousemen and Cutters[40]. This was partly because the printing craftsmen had followed less antagonistic policies than the A.S.E., which paid the penalty through its isolation in the lockout of 1897—98, and partly because there were fewer non-craft workers in printing with the appropriate type of production experience to operate linotypes. In engineering, however, earlier phases of mechanization had created a category of »handymen« whose work on simpler machines like planers or drills made them suitable for the new machines. Clearly the engineers were substantially less effective than the compositors in maintaining craft control, though of course, their failure was a matter of degree. There was, for example, no equivalent in engineering of what happened in the boot and shoe industry after the lock-out of 1895[41], when the employers were able to re-organize on a mass-production factory basis using semi-skilled workers. In fact, after 1900, many engineering employers appear to have been deterred from developing their attack on craft unionism by a combination of their own renewed success in export markets, and the continuing strength of local militancy on the machine question, which persisted despite the union executive's generally conciliatory attitude[42].

In the *cotton-spinning industry* a distinctive variant of craft unionism was well established before 1890 and remained so in 1914[43]. Mule spinners had originally become one of the best-organized groups of workers in the early nineteenth century, partly because the increasing size of the common mule required both skill and strength, and partly because the job had an important supervisory component, the other workers involved often being members of the spinner's family. It has been argued recently[44] that the survival of the minder-piecer system into and through the era of the self-acting mule reflected competitive conditions in the industry, the strength of the spinners' organizations, and the dependence of employers on what had become a well-tried method of labour management. The former spinner became the »minder« of a pair of self-acting mules, normally assisted by a big piecer and a little piecer, both of whom were much younger, the little piecer originally being a child. The minder was paid by piece rates, according to complicated district price lists which laid down standard weekly rates for mules of different lengths and capacity[45]. The piecers were paid fixed

---

39 A new union founded in 1889 with the help of socialist compositors. It later became the National Society of Operative Printers and Assistants.
40 Later became part of the National Union of Printing and Paper Workers. A Printing Trades Federation was formed in 1901. The main craft unions in the industry were the Typographical Association, and the London Society of Compositors.
41 For an account of this dispute, see *A. Fox*, History of the National Union of Boot and Shoe Operatives 1874—1957, Oxford 1958.
42 See below, p. 254.
43 Spinners have been described as »contrived« aristocrats of labour because they successfully practised an exclusivist craft strategy, whilst their job did not contain such a high skill component as that of »genuine« craftsmen. There was no formal apprenticeship in spinning.
44 See *W. Lazonick*, Industrial relations and technical change: the case of the self-acting mule, in: Cambridge Journal of Economics, op. cit.
45 The most important were the Oldham list of 1876, and the Bolton list of 1887.

weekly amounts out of the minder's earnings. The minder could therefore benefit from higher output, which might be obtained from intensification of work, by driving the piecers harder, whilst the piecers themselves could not[46]. From the 1880s onwards, there was an excessive supply of big piecers, young adults waiting for a vacancy in a minder's job, and in the meantime receiving pay which was regarded as adequate only for individual, not family, subsistence. Failure to find a minder's job meant returning to the external labour market as an unskilled adult labourer.

By the early 1890s, more than 90 per cent of the minders in Lancashire and Cheshire were members of the Amalgamated Association of Operative Cotton-Spinners and Twiners, formed in 1870. Soon afterwards the minders began to recruit their piecers into district associations, whereby they paid contributions, at a considerably lower rate, to the minders' union, and gained the right to some strike pay, also at a correspondingly lower rate[47]. The piecers acquired no other rights or benefits, not even votes at union meetings. Their position in the Spinners' union was closely analagous to their place in the factory. An unsuccessful attempt to organize an independent piecers' union in the Bolton area in 1891—92 was a response to the stimulus of new unionism. Tom Mann led another bid in 1894. Piecers were, however, quite capable of taking strike action independently, and frequently did so, generally against intensification of work, or breaches of seniority in promotion to minders' jobs.

The minder-piecer system effectively blocked a reorganization of production which might, in principle, have reduced total labour costs. Employers were also constrained by factory legislation[48], which together with the opposition of the minders, prevented the introduction of shiftwork. Within the spinning-room, management lost the prerogative of direct supervision of many tasks. On the other hand, employers enjoyed lower supervision costs, and received the full co-operation of the minders in raising the productivity of the self-acting mule to its limits[49]. This of course was achieved in part by driving piecers to contribute unpaid labour time. The decision by employers to continue to use the mule, and also the minder-piecer system, throughout this period can be interpreted as a rational compromise, given the strength of the existing job structure and of the minders' organization. Obviously companies bargained hard, and aimed to extract the maximum advantage from the system of industrial relations which they had accepted. The frequency of disputes over »bad spinning[50]« in the 1890s and 1900s confirms this point, and indicates a reaction to the increased pressure of foreign competition, especially in the spinning of coarser counts. The relatively large number of disputes engendered in this way illustrates the paradoxical fact that conditions of static technology may produce as much conflict, though perhaps of a less fundamental type, as in an industry where the »machine question« figures prominently in industrial relations. And of course the preservation of this brand of craft control was grounded in the acceptance of a degree of inequality among the labour force which was arguably more extreme than anything that might be encountered in the engineering industry. Its persistence throughout the period

---

46 For example, faster piecing of broken ends, cleaning the mules outside engine hours etc.
47 This was of course a sensible insurance measure by the minders, to reduce the risk of their own strikes being broken by piecers, who were laid off if the minders struck.
48 There was a further reduction in the length of the statutory working week to 55.5 hours in 1902.
49 This is seen by Lazonick as an adaptive response, in partnership with the employers, to the threat posed by competitors, including those using the ring-frame, to the Lancashire system of production. See *Lazonick*, ibid., p. 256.
50 See below, p. 259.

to 1914 emphasises the limitations of the impact of new unionism, even after 1910. It will be necessary to return to the question of the nature of new unionism, and of its development up to the First World War, but this exercise may be assisted by a prior consideration of two themes which will illustrate something of the diversity of British labour history between 1890 and 1914 — firstly, the impact on various groups of workers of the raising of the broadly unifying demand for a shorter working week, and secondly, the progress of unionization among agricultural workers, whose experiences diverged frequently from the norm for an increasing industrialised and urbanised economy.

One of the strongest and clearest issues which became generalized in the upsurge of 1889—92 was the demand for a shorter working week — in many cases, for the eight-hour day. No doubt the depression and unemployment of the mid-1880s help to explain such a focus of interest, and of course these conditions were to recur in the 1890s and the 1900s. The substantial increase in average real wages which had taken place over the previous few decades may be thought likely on general grounds to have promoted increased interest in obtaining shorter hours[51]. Certainly many workers gave high priority to this aim, almost every major union subscribed to it by the early 1890s, and several of the best-known union successes and failures of this period centred on the same point. The achievement of the eight-hour day by the gas stokers, soon after the emergence of union organization in the industry, was a triumph for »new unionism[52]«, even if the change was made more acceptable to the employers by the introduction of shift working, and even if some gas workers complained at around the same time that an earlier concession on hours had resulted in a severe intensification of work[53]. Conversely, the major defeat suffered by the engineers in 1898 was the result of a lock-out precipitated in some measure by the demand for an eight-hour day, even though this was by no means the only issue involved.

The movement for shorter hours was perhaps associated more with the *miners* than with any other single union[54]. With reference to the year 1890, the author of the standard history of the union has written, »Not only does this question dwarf all others during the next two years, but every other question is to be viewed in relation to it. It is solely with the eight-hour day in mind that they affiliate as a Federation to the Trades Union Congress: the question of who is to be elected to the Parliamentary Committee, who is to be the secretary, how the votes are to be cast, all is subordinated to this one issue — eight hours[55]«. Internal divisions on this question, both within the M.F.G.B., and between the union and the Parliamentary Committee of the TUC, generated intense heat. The latter, according to a miners' leader in 1890, »was becoming more and more Tory«. »These men had betrayed their trust and had committed a serious blunder. If anything could be done to destroy the influence of trade unionism, it would be the action of such men[56]«. This controversy was likely to appear fun-

---

51 See the discussion in *M. A. Bienefeld*, Working Hours in British Industry: An economic history, London 1972, esp. ch. 7.
52 *Eric J. Hobsbawm*, British Gas-Workers 1873—1914, in: Labouring Men: Studies in the History of Labour, London 1964, offers a very different interpretation of the relation between labour militancy and technological change in the gas industry from that of *Bienefeld*, op. cit., p. 159 and p. 261 (notes).
53 A Leeds delegate at the 1890 T.U.C., quoted in *Bienefeld*, p. 159 and 261 (notes).
54 *R. Page Arnot*, The Miners. A History of the Miners' Federation of Great Britain 1889—1910, London 1949, esp. ch. 4 »Eight Hours«.
55 *Page Arnot*, ibid., p. 138.
56 *Page Arnot*, ibid., p. 145.

damental in the early years of the federation, since disagreement over the eight hours demand, along with the sliding scale, was a prime reason for the failure of miners in the North East and South Wales coalfields to join the M.F.G.B., and hence a major impediment to nation-wide unity among the workers in the industry. Yet another powerful motive for advocating the eight hour day was the widespread belief that it might be a useful strategy for restricting the output of coal, and hence increasing its price[57]. A further consideration pointing firmly in the direction of a parliamentary solution to their problems was the assumption of most miners that only legislation would prove effective in enforcing a cut in the number of hours actually worked. Falling productivity, irregular demand for labour, and piece-rate payments for most underground workers combined to produce a situation in which there was extreme, if periodic, pressure on workers to exceed the standard number of hours, at least in the absence of statutory limits[58]. Although an eight hours' bill was decisively rejected by parliament in 1892, twenty years of campaigning by the miners over the same objective was finally successful in 1908. The precise reasons for this victory, and its timing, are not easily determined, but clearly the increased political leve rage of labour, especially since the 1906 election, and the greater sensitivity of the Liberal government to industrial discontent are relevant factors. So also ist the fact that unemployment was particularly high at this time.

The *railwaymen* were another major group of workers for whom overwork, in the form of exceptionally long hours and tight discipline, constituted a central problem[59]. Particularly for employees on lines with a heavy goods and mineral traffic, and to a lesser extent on passenger workings, excessive hours were a frequent occurrence, in the view of the Select Committee on Railway Servants (Hours of Labour) of 1891—92[60]. The demands of railwaymen in respect of a shorter working week appear modest in comparison with those of most other organized workers. The 1889 annual meeting of the A.S.R.S. adopted, amidst great enthusiasm, a national programme which, in addition to a guaranteed weekly wage, called for a ten hour day for most railway workers, and the payment of overtime rates. The unsuccessful five-week strike by A.S.R.S. members against the three main Scottish railway companies in 1890—91 was for a 10-hour day, as well as a pay increase[61]. And in the General Election Campaign of the summer of 1892, candidates were lobbied by the A.S.R.S. on the question of a statutory limit of ten hours a day[62].

---

57 The miners' concern with this aim was such that in March 1892 the M.F.G.B. organised a week's »holiday« or »playing the pits«, which was not an ordinary trade dispute, in an effort to clear the market and maintain prices. See *Page Arnot*, ibid., pp. 210—12.
58 *Bienefeld*, op. cit., p. 159—60.
59 See the chapter in P. *Bagwell*, op. cit., entitled »Inquest on Overwork«, pp. 152—174.
60 *Bagwell*, ibid., p. 155—57. This committee included eight railway directors, and two working men. Evidence was given of many instances in which railwaymen were on duty for well over 12 hours at a time, and in some cases, even for more than twenty hours continuously.
61 The strike was described by John Burns as »the massacre of the innocents«. See *F. McKenna*, Victorian Railway Workers, in: History Workshop, no. 1, 1976, pp. 26—73. McKenna considers the dispute to be »one of the first major breaks in the determined respectability of the Amalgamated Society of Railway Servants«, p. 57. A high proportion (over 7,000) of the union's Scottish membership joined the strike, against the initial advice of the executive.
62 *Bagwell*, op. cit., p. 167—68.

Nevertheless, despite an established tradition of parliamentary regulation of the railway sector, and despite the obvious relevance of safety considerations[63], the railwaymen made little or no headway. Indeed the employers seemed scarcely to be on the defensive on this issue. A director of the North Eastern, Henry Tennant, in reply to questioning before the Select Committee in 1891 declared that the whole of a man's time belonged to the company that employed him[64]. His point was nicely illustrated by an incident in 1897 when two members of the Bletchley branch of the A.S.R.S. were suspended for not being at home when required for duty on a Bank Holiday, although their regular turns had been cancelled on the day in question. As McKenna puts it, »The railwayman was prisoner in his own home. Like a greatcoat, he hung behind the door ready at a moment's notice to turn out ›On Call‹. He was tied to his depot by an effective if invisible chain[65]«.

The main parliamentary concession was the Railway Regulation Act of 1893[66], which laid down a permissive procedure by which the Board of Trade, acting on complaints received as to excessive hours, was empowered to order companies to change their work schedules. Inquiries made under the act in 1902 and 1903 revealed thousands of cases of men still working more than 12 hours per day. The 1893 act, though generally agreed to have been ineffective from the employees' point of view[67], led indirectly to divisions in the union's ranks after the turn of the century, since Richard Bell, general secretary of the A.S.R.S., and also an MP, favoured a policy of strengthening the Board of Trade's powers under the 1893 act, whilst other union-sponsored MPs supported an 8-hour Bill for railwaymen on several occasions[68]. The historian of the main railway union concludes that only very limited categories of railway employers normally worked fewer than sixty hours a week before 1914, and that for the majority of railwaymen, not until after the First World War, »were their hours substantially reduced to bear favourable comparison for the first time in history with the hours of labour worked in the other principal trades of the kingdom[69]«.

In the case of the railwaymen, the seriousness of their failure to secure more effective parliamentary action is all the more apparent in the light of the fact that about half of all the reductions in hours achieved in this period in all occupations came via government, in one way or another, rather than from private employers[70]. These changes included major legislation like the Textiles Act of 1902[71], and the concession of the eight-hour day to various groups of government employees in 1894. Of the remaining cases, where a shorter working week was introduced by private employers, it has been argued that they occurred mainly in industries where some significant technological innovation was available to reduce the real cost of shor-

---

63 *McKenna*, op. cit., p. 51, points out that one company alone, the London and North Western, recorded more than 300 deaths, and almost 4,000 injuries among its staff in the years 1888 to 1892 inclusive. He cites fatigue as a cause of many of these accidents.
64 Quoted by *McKenna*, ibid., p. 49.
65 *McKenna*, ibid., p. 49.
66 A motion for statutory control of railway working hours had been narrowly defeated in 1891.
67 *Bagwell*, op. cit., p. 172, quotes the editor of the union journal, The Railway Review, (previously favourable to the Act) as writing in 1907 »In our opinion the Act of 1893 has had a fair trial and has proved a failure.«
68 There were also divisions at rank and file level, the main grounds for opposing limitation of hours being the probable loss of pay involved, and the fear of having to spend more nights away from home.
69 *Bagwell*, ibid., p. 173.
70 See the discussion in *Bienefeld*, op. cit. His figures are geared mainly to the period 1890—1906.
71 This was also introduced at a time of relatively high, and probably rising, unemployment.

ter hours to the firm, as in the footwear industry or printing in the 1890s, or alternatively, in sectors where it was possible to introduce (shorter) eight-hour shifts in continuous process production[72]. In such cases, capital utilisation would not necessarily be reduced, and labour costs would normally be a relatively low proportion of total expenses.

The implication is that whenever labour was unable to mobilize powerful political pressure, or whenever employers remained unconvinced that they were in a position to extract compensating increases in productivity, then workers seeking shorter hours were likely to find the going hard. Despite the prominence of eight hours as an issue, as an aspiration, and despite the conversion of the T.U.C. to the principle in 1890[73], it seems that the aggregate change recorded in working hours between 1890 and 1914 was negligible. In a sense, this is not surprising. Bienefeld has demonstrated that change in this dimension is conspicuously discontinuous. Over the entire period from 1890 to 1965, cuts in normal hours were very heavily concentrated in three short periods, all of them after the First World War[74]. In this perspective, 1890—1914 was not only a short interval, but for the most part, it lacked the economic characteristics which appear most favourable to accommodation of workers' demands for shorter hours — namely »soft« product markets, in which both wages and prices can be raised without much fear of loss of business[75]. But inevitably a question remains. Even if it is accepted as unproblematic that during the years 1892—1910 great efforts should have brought puny results, there is still a difficulty in explaining why little more was achieved in the two trade union booms of 1889—92 and 1910—13, when there were large increases in both membership and in the strike rate.

The demand for shorter hours, though consistently frustrated, may still be identified with confidence as one which had enormous unifying potential within the labour movement. This is not to deny that it was also an issue capable of generating heated controversy, as we have seen within the miners' union. The point is rather that those who opposed or de-emphasized the eight hours demand, either as a collective bargaining strategy or as a legislative aim, tended strongly towards the most conservative positions, to craft exclusiveness, sectionalism or regionalism, or to an increasingly old-fashioned brand of political economy, which dismissed the possibility of legislative intervention in favour of able-bodied adult male workers as either positively harmful, or irrelevant. Conversely, whenever interest in the issue was kindled, the result was frequently some positive impetus towards greater solidarity in action, ranging all the way from ad hoc co-operation among workers in different grades, or unions, within the same firm or industry, through the formulation of national or all-grades programmes, to major organizational proposals, such as multi-union mergers.

Coal-mining is merely one of the clearest cases. Support for eight-hours was one of the two key planks on which the M.F.G.B. was launched, and opposition to it was the main reason

---

72 *Bienefeld*, op. cit., p. 158. He cites an example involving furnace workers in Cleveland in 1897.
73 See *B. C. Roberts*, The Trades Union Congress 1868—1921, London 1958, esp. pp. 136—139 for an account of the accompanying controversy. Roberts believed that the odd behaviour of the T.U.C. in the early 1890s, in passing eight hours resolutions, but continuing to elect as secretary to the parliamentary committee a man known to be opposed to the policy, was »a magnificent expression of the delegates' ability to appreciate both sides of a great issue«, p. 138.
74 *Bienefeld*, op. cit., p. 160. 90 per cent of the recorded change took place in 1919—20, 1946—49, and 1960—1962/1964—1966. A similarly important phase had occurred in 1871—74.
75 *Bienefeld*, ibid., p. 194.

for the failure of two major coalfields to join the Federation until 1908. Among railwaymen, where interest in shorter hours was keen, and failure sharp, there was a sustained, and related enthusiasm for unity. Between 1890 and 1913 »no less than twelve major attempts at the fusion of forces« were recorded[76], before the National Union of Railwaymen came into existence.

In the case of the *engineers*, the main attempt during this period to make a reality out of the eight-hours slogan ended in near-disaster in the lock-out of 1897—98. One interpretation of this major dispute in a sense devalues the specific importance of the hours question, by insisting that the conflict was fundamentally over managerial prerogatives, especially with respect to the use of machinery[77] — »Both the Employers' Federation and the A.S.E. leadership acknowledged that the eight hours' demand was only a rallying cry in a conflict that at bottom was over workshop control«. This is a plausible view, but it remains significant in this context that eight hours *was* a potent »rallying cry«. It is noteworthy that prominent among the reasons for defeat in 1898 was the failure of the A.S.E. in the provinces to win support from other unions and other engineering workers, a failure which in itself has been attributed to the past sectionalism and exclusiveness of the main engineering craft union. »The A.S.E. was not blameless in this respect. Years of demarcation disputes, added to a refusal to discuss Federation[78], and sink differences in the common cause, had contributed to the mutual distrust[79].« Accordingly the A.S.E. was generally unable to attract anything more than purely moral support from others, and in these circumstances even the unifying pull of »eight hours« proved inadequate.

There had also, well before the 1897 lock-out, been some history of internal differences within the A.S.E. over the eight hours question[80]. Two ballots of the membership in 1890 and 1891 had produced majorities in favour, though indicating a division between advocates of voluntary and legislative change. As usual, wider divergences of outlook lay behind these positions. An old guard among the union leadership, as represented for example, by John Anderson[81], had originally opposed the ballot proposal, and was not keen to pursue the issue subsequently. The initiative in the eight-hours campaign often passed to unofficial committees of militants such as the »Voluntary Organising Committee« active in South London in 1894. The same old guard was of course highly resistant to attempts to transform the A.S.E. into a genuinely industrial union. Conversely »the eight hours' agitation, like the earlier nine hours' movement, had the broadest appeal to all grades of workers, whether unionists or non-unionists[82]«. Particularly as systematic overtime was common in the 1890s, it was believed that a shortening of hours might also achieve higher wages as well. Another contributory factor to the union's failure in 1897—98 was the patchy progress recorded since 1890, and failure to follow up and generalize specific advances[83]. This reflected partly varying economic

---

76 *Bagwell*, op. cit., p. 309.
77 *Burgess*, op. cit., p. 66. There had been an increasing number of disputes over control of machinery during 1896—97, often associated with the growing influence of unofficial plant committees.
78 The Federation of Engineering and Shipbuilding Trades, established 1891 under the auspices of the Boilermakers' Society.
79 *J. B. Jefferys*, The Story of the Engineers 1800—1945, London 1945, p. 149.
80 See *Burgess*, op. cit., p. 54—56.
81 Assistant General Secretary 1883—91, when he narrowly defeated Tom Mann for the post of General Secretary. Eventually dismissed in 1896 and replaced by an advocate of militancy.
82 *Burgess*, ibid., p. 55.
83 Such as the winning of the eight hour day in government factories and dockyards in 1893.

conditions, and partly the different degrees of priority given to the issue, but the upshot was that by the time of the lock-out, sections of the membership had already achieved the eight-hour day, whilst to others it must still have seemed an ambitious target.

Sometimes lack of success and the continuing remoteness of the objective could lead to loss of enthusiasm. It was possible, at the 1906 TUC for a delegate from the Patternmakers to observe that »We are all eight-hour men now [...] but [...] it has reached the academic stage[84]«, and to go on to criticise the lack of active support from the membership, which was allegedly too keen on regular overtime. He was making an important point. However inadequately the matter was pursued, it had by then become clear that the arguments mobilized against the eight-hours principle, at any rate within the trade unions, had been discredited and faded away. The traditional fears had been that any government intervention would be likely to result in some weakening of craft controls[85], that artificial restriction of output risked loss of markets, and therefore damage to owners and workers alike[86], that it meant worse relations with employers in any case, and that in times of high demand, shorter hours might simply reduce earnings without necessarily increasing employment. By 1906, either few still believed this, or at least those who did were prepared to accept the risks.

It should be noted also that the eight-hours' issue often had a broader political, as opposed to a strictly industrial, potential. The marxist Social Democratic Federation, though generally very cool towards trade unionism, did something to popularise the slogan. One of its members at the time, Tom Mann, also active as a militant within the A.S.E., became secretary of an Eight Hours' League and in 1886 published a pamphlet entitled »What a Compulsory 8 Hour Working Day means to the Workers«, described in the introduction to a modern edition as »arguably the most profoundly influential of all his voluminous writings[87]«. Mann made the co-existence of high unemployment with long hours and low pay the basis not merely for advocating restriction of hours, but also for a broad indictment of the capitalist system, and a statement of the socialist case[88]. As Hyman points out, this pamphlet has little to say about the difficulties in the way of achieving satisfactory legislation, or the possible dangers of state intervention, but any criticism that Mann's approach might lead to the substitution of reliance on government for working-class self-activity, was implicitly answered by a passage in Mann's next pamphlet, published three years later in the year of the London dock strike. There he wrote »The statement that the ›new‹ trade unionists look to Governments and legislation, is bunkum; the keynote is to *organize* first, and take action in the most effective way, as soon as organization warrants action, instead of specially looking to Government[89]«.

---

84 *Clegg, Fox and Thompson*, op. cit., p. 294 (n).
85 There was an obvious counter argument that anything which increased demand for skilled labour ought to increase craft control.
86 This had been a common argument in the coalfields initially opposed to membership of the M.F.G.B.
87 R. *Hyman* (introd.), What a Compulsory 8 Hour Working Day Means to the Workers, by Tom Mann, London, 1972 edition, p. 3.
88 *Page Arnot*, op. cit., p. 126, stresses that Mann »laid particular emphasis on shorter hours as a means of combating unemployment, and in order not to diminish but to increase the total of production« — a significantly different emphasis from the miners' attempt to restrict production in order to raise their wages and the price of their product.
89 *Tom Mann* and *Ben Tillett*, The ›New‹ Trades Unionism, London 1889, quoted in *Hyman*, ibid.

Apart from wide-ranging propaganda of Mann's type, which helped to strengthen the link between the eight hours issue and both socialism and new unionism, there were some more concrete political implications. It was possible, for example, for trade unionists to seek election to local authorities on platforms which stressed the eight-hour day for municipal employees[90]. And of course, it long remained a consideration strengthening the arguments of those who favoured initiatives for independent labour representation in parliament, and after this had been accomplished, it remained an inducement for further unions to affiliate, to the Labour Representation Committee from 1900, and the Labour Party from 1906[91].

Employment in the *agricultural sector* of the British economy was already small by international standards in the late nineteenth century, and declined further during this period[92]. Even so, the absolute numbers involved remained substantial, and the story of continuing attempts at unionizsation of agricultural workers provides some instructive contrasts with the experiences of most industrial workers, and also emphasises the importance of the relationship between employment in the urban and rural sectors. In the first place, agricultural trade unionism already had something of a glorious past behind it before the rise of New Unionism among urban workers at the end of the 1880s. The episode generally known as the »Revolt of the Field« took place in 1872—74. After unsuccessful attempts to establish unions in 1868 and 1871, the villages finally »took the flame« in 1872[93]. The early results included »the first sizeable agricultural strike[94]« in March 1872[95], and the emergence of a large scale trade union with national aspirations — the National Agricultural Labourers' Union, founded by a Warwickshire hedger and ditcher (and Primitive Methodist lay-preacher), Joseph Arch[96]. At its height in 1874, this organization alone claimed around 85,000 members. Several other unions were simultaneously active in the same field[97], and the overall union membership figures, though not sustained, were briefly impressive. One estimate, although the author's intention is to emphasise the limited, minority status of the unions, suggests that they may have accounted for at least 12 per cent of the almost 1 million agricultural workers in England and Wales in the 1870s[98]. This early growth phase ended abruptly, however, following a large-scale lock-out by farmers, originating in the spring of 1874 in the Newmarket area of East Anglia, where a localised defensive alliance had been established by the employers. N.A.L.U. was on the brink of bankruptcy by the summer, and adopted a policy of pro-

---

90 John Burns, like Mann, both an A.S.E. member, and prominent in the London dock strike, was elected to the London County Council on such a programme in 1889.
91 Though it should be recognised that the miners, in spite of their intense interest in eight hours' legislation, failed to do so until 1908.
92 From just under 800,000 in 1891 to just under 670,000 in 1911.
93 *H. Newby*, The Deferential Worker, London 1977, paperback edition, provides a useful brief discussion of the background to these events in his first chapter, »The Historical Context«.
94 *J. P. D. Dunbabin*, Rural Discontent in Nineteenth Century Britain, London 1975, p. 75.
95 British farm workers did of course have an extensive history of older methods of protest, e.g. rioting, machine breaking, rick-burning. See *Eric J. Hobsbawm & George Rude*, Captain Swing, London 1969, and also the forthcoming University of East Anglia PhD thesis by *J. E. Archer*, Rural Protest in Norfolk and Suffolk 1835—1870.
96 See Arch's own story, *Joseph Arch*, Autobiography, London 1957, and also a modern biography, *P. L. R. Horn*, Joseph Arch, Kineton 1971.
97 *Dunbabin*, op. cit., pp. 80—81 gives a list which mentions seven others apart from N.A.L.U., and notes that this does not quite cover all the rural trades unions of the period.
98 *Newby*, op. cit., p. 78.

moting emigration in an attempt to restrict the supply of labour[99]. Its membership declined to around 20,000 by the end of the seventies, and eventually, after a brief and minor recovery in the mid eighties, to just over 4,000 by 1889[100].

The contemporary inquest on the collapse was able to pick out several plausible factors — the personality of Arch, and particularly the centralizing ambitions of his organization, at a time when the loyalties of the new membership were essentially localized, and the inefficient financial control. It has further been suggested that »in so far as the ›Revolt of the Field‹ was a semi-primitive, mercurial movement, it was especially liable to be cast down by a major defeat, such as was inflicted in 1874, and wither away[101]«. There may of course be some independent validity in this interpretation of the nature of the »Revolt«. Exceptionally poorly-paid and oppressed workers might in the exciting circumstances of the early seventies, become victims of their own intense expectations, especially if encouraged by biblical and quasi-millenarian language from many of their own leaders. But it seems almost superfluous as an explanation of why organization boomed suddenly in 1872 and slumped in 1874. The first date coincides with an unusually high level of demand for labour in virtually all sectors of the economy[102], and the second is one year after the date conventionally accepted as the beginning of the »Great Depression« of the late nineteenth century British economy. The point is reinforced by consideration of the economic circumstances of agriculture specifically, or at least of the arable sector of British farming. The early seventies had been the culmination of a lengthy phase of relative prosperity. What came next was a prolonged and severe depression, characterized by the loss by home producers of a large share of the unprotected domestic market to imported cereals, and a consequent major contraction of the arable acreage[103]. As a result, it would be difficult to think of any group of workers who had to begin the task of building or restoring union organization in the period 1890 to 1914 against a more intimidating economic background than that which formed the environment of the farm workers[104]. The difficulty was compounded by the fact that the depression had the greatest impact in wide areas of the South and East, where circumstances had previously been most favourable to the growth of trade unionism, because of the prevalence of large-scale arable farms and also, perhaps, of large agricultural villages. The state of the farm sector was particularly bad in East Anglia, which, although not the initial flashpoint in the early seventies, had always contributed a disproportionate share of agricultural trade unionism. The fact that wages were even lower here than in most other parts of the country enhanced the motivation, as distinct from the ability, to organize.

---

99 This method of attempting to restrict labour supply was often retained alongside more conventional methods by agricultural unions.
100 See the figures cited in *Dunbabin*, op. cit., pp. 80—81.
101 *Newby*, op. cit., p. 77.
102 This influence may have been transmitted to the farmworkers via a wave of strikes and unionization in the urban sector. *Dunbabin*, op. cit., p. 74, considered that »Perhaps the commonest single catalyst was the widespread and largely successful urban movement in 1871—72 for a nine-hour day«.
103 The wheat and barley acreage probably fell by around 2 million acres between the early 1870s and 1914.
104 Though in a long range perspective, the agricultural depression may have been helping to create a framework more conducive to the emergence of employee organization. *Newby*, op. cit., argues that the »uneasy transition from high farming to an agriculture more attuned to the realities of world markets« was associated with »a similar commercialisation of employer-employee relationships«, especially in cereal-growing areas.

It was not, therefore, surprising that the farm workers should have appeared ill-equipped to take a major role in the trade union boom which began at the end of the eighties. Dunbabin's assessment is that »by the 1880s the unions had largely ceased to count except in the sphere of politics[105]«. Horn concurs, in a study of Oxfordshire, commenting that »for the majority of farm workers [. . .] the broad outlines of existence during the 1880s were altered only by the gaining of the franchise[106]«. The Revolt of the Field had benefitted from the occasional patronage of Liberal politicians, and the extension of the parliamentary franchise in 1884 to include most farm workers opened up fresh possibilities of profiting from a parliamentary concern based on both philanthropy and desire for electoral advantage. Such assistance was not, of course, altogether unproblematic. The once heroic figure of Arch became »increasingly patronized and incorporated by the Liberal Party[107]« whilst his union had become little more than a benefit society. By the 1890s, installed as MP for a Norfolk constituency, he has been described by an eminent trio of labour historians, with a rare flash of wit, as »a loyal liberal satellite [. . .] drinking his bottle of whisky a day, but hardly opening his mouth for any other purpose[108]«. Concrete, if limited, benefits could, of course, be derived from participation in politics, even at local level, especially when the implementation of permissive legislation, as in the case of smallholdings, was at stake. The election of farm workers themselves to local authorities[109] could obviously have a direct impact.

But perhaps political activity mattered to many farm workers not so much for the material gains it brought, as for the rare opportunity it created for the expression of deeply-felt radical sentiments on public questions, especially where these had a clear ethical content. The apparent remoteness of the issue was no deterrent. The cause of Irish Home Rule and anti-imperialism more generally, for example, was astonishingly popular in Norfolk[110], where Liberal candidates performed notably better than the national average in all general elections between 1885 and 1910. In the Liberal landslide of 1906, the party won all six Norfolk seats. The candidates tended to stress such issues as free trade, church disestablishment, temperance and land reform.

Religion seems to have played a curiously analogous role to politics in the developing self-expression of the agricultural worker, functioning as »a more passive expression of class antagonism[111]«. Primitive methodism in particular expanded powerfully in East Anglia in the middle part of the nineteenth century, between the Swing riots and the emergence of trade unionism. This brand of religion tended to reinforce such values as sobriety and respectability, but it had definitely subversive aspects also. It has been variously described as a church for the disinherited, as an institutional replacement for the old values displaced by the

---

105 *Dunbabin*, op. cit., p. 82.
106 P. *Horn*, Agricultural Trade Unionism in Oxfordshire, p. 119, ch. 5 in *Dunbabin*, ibid.
107 *Newby*, op. cit., p. 77.
108 *Clegg, Fox and Thompson*, op. cit., p. 248.
109 *Horn*, op. cit., gives some interesting examples for the 1890s from Oxfordshire. Elsewhere the process went further. One Norfolk parish, St. Faith's, elected a council dominated by farm workers shortly after a local strike in 1894.
110 A. *Howkins*, Early Unionism to the Eve of War, paper given to the East Anglian History Workshop Conference on Farm Workers, October 1979. A brief summary of this paper has already been published in East Anglian History Workshop Bulletin no. 6, Colchester, 1979, pp. 2—4. Howkins' University of Essex PhD thesis on Norfolk farm workers will be available soon.
111 *Newby*, op. cit., p. 64.

decline of paternalism, as a schooling in organization and democracy, even as a model for the structure of trade unionism[112]. Some union meetings bore a clear resemblance to Primitive Methodist functions, with much use of biblical language and analogy to express current grievances, hymn-singing and spoken prayers. The breadth of concern with moral issues was apparent, and meetings often began with long speeches detailing various examples of injustice, before proceeding to the specifics of the agenda. Certainly a high proportion of agricultural trade union activists came from such a Nonconformist background, with long experience of its day and Sunday schools, and of its formal religious activities, and it was a background which proved highly compatible with political Liberalism.

Elsewhere, for example in the mining unions, the influence of religious ideas among working men seems to have worked in a different direction in the late nineteenth century. In spite of some obvious similarities[113], like preference for the Liberal political alliance, and a reluctance to break decisively with conventional political economy, it appears that religion, and specifically nonconformity, was on balance an obstacle to the development of working class organization outside the farm sector[114]. Many miners' leaders, including Burt and Wilson, from Northumberland and Durham respectively, and William Abraham (widely known as »Mabon«) from South Wales combined their strongly religious outlook with firm opposition to the merger of their own regional organizations with the M.F.G.B., and to central M.F.G.B. principles like limitation of hours and restriction of output. There is also a suggestion that Abraham in South Wales exploited cultural and linguistic differences between English and Welsh miners to strengthen sectionalism and resist the M.F.G.B. and its militant policies. »Ultimately«, it is claimed, such leadership was »more concerned to prove the morality and guarantee the individual salvation of miners rather than ameliorate their social situation[115]«. It may be that a decline in Methodist influence in the 1880s made it increasingly difficult for leaders of this persuasion to control their more militant members.

The union upsurge of 1889—92 saw fewer changes than average in the farm sector. Not only was the response weaker, but it was partly dependent on external stimulus[116]. »A brief flicker« is one characterization of what happened there in 1889—92[117], although the same source does in fact provide some evidence of a modest revival in activity, and growth of membership[118]. This included both some renewed growth in existing agricultural unions[119], and also the first incursion of general unionism into the countryside. The Suffolk-based Eastern Counties Labour Federation momentarily outstripped the N.A.L.U., and owed its origins to the inspiring effects of the London dock strike in Ipswich. Slightly further north, the newly-formed Norfolk and Norwich Amalgamated Labourers' Union, also saw itself as a

---

112 *Howkins*, op. cit.
113 *Burgess*, op. cit., p. 170, discussing the coal-mining industry, writes that »The Methodists seemed to offer a satisfying blend of hope in eternal salvation with a determination to tackle the problems of the real world«.
114 Especially once an initial foothold had been established.
115 *Burgess*, ibid., p. 170.
116 The connection could also run in the opposite direction, however inadvertently. It has been pointed out that the celebrated London dock strike of 1889 owed its success partly to the fact that it coincided largely with harvest time, and the employers found it more difficult than usual to recruit blackleg labour from country areas.
117 *Clegg, Fox and Thompson*, op. cit., p. 248.
118 See *Clegg, Fox and Thompson*, ibid., p. 179—80.
119 Arch's union recovered to around 15,000 in 1891—92.

general union[120], and did indeed acquire a membership, including women, in both brush and wire manufacturing.

But the better-known general unions, doubtless sensitive to the potential of farm workers as strike-breakers and competitors for unskilled jobs on the urban labour market, also penetrated large parts of the rural South and Midlands. The Dockers and the Gasworkers were both active, sometimes offering lower entrance fees for farm worker recruits. The Dockers had established almost sixty agricultural branches by 1891, nearly half of them in Oxfordshire[121], but finally decided at their Swansea conference the following year to abandon this rural work because of the disproportionately heavy expense incurred. An older historian cites an instance of the involvement of the rather less-well known Navvies' Union[122] in a strike at St. Faith's in Norfolk[123].

It may be that during the two or three years in question, the unions succeeded, sometimes by resorting to strikes, in winning small wage increases in the spring, and more or less holding on to these gains after the harvest. But a further fall in grain prices and intensified agricultural depression soon undermined their position. A serious defeat in West Norfolk in the winter of 1892—93 was symptomatic. By the mid 1890s trade unionism had been virtually extinguished — something which had never quite happened between 1874 and 1889.

Two distinctive aspects of these organizing activities both illustrate to some extent the dependence of farm workers on help from outside their own ranks. The touring campaigns of the Red Vans and Yellow Vans, representing respectively the English Land Restoration League and the Land Nationalization Society helped to start the first union branches in some villages[124]. Another, and more persistent feature of agricultural trade unionism was the active assistance of sympathizers with other occupations, or none. This could vary greatly in character. Horn has stressed the help received in rural Oxfordshire from members of Oxford University (mainly, of course, politically active Liberals), but also mentions postmen and shoemakers as holding branch office[125]. Many more examples could be found from Norfolk, including George Rix, an important figure in the history of trade unionism in the county, who was a shopkeeper, or at least a higgler[126]. A job outside agriculture had the crucial advantage of putting its holder beyond the reach of possible victimization by farmers or landowners. In some cases, alternative employment was originally undertaken by ex-farm workers for precisely this reason. Rix, for example, bought his horse and cart after losing a farm job because of union activity.

In the ten years between the mid 1890s and 1906 only one initiative met with any success, when the new and ambitious general union, the Workers' Union, built up more than twenty

---

120 Though its founder, George Edwards, was at this time as committed as Arch to the liberal connection.
121 *Horn*, op. cit., p. 123.
122 Navvies', Bricklayers', Labourers' and General Labourers' Union. Considered by Hobsbawm to be one of the general unions composed of the »genuinely floating, or mobile worker«. E. J. *Hobsbawm*, General Labour Unions in Britain 1889—1914, p. 184, in: Labouring Men, op. cit.
123 F. E. *Green*, A History of the English Agricultural Labourer 1870—1920, London 1920, p. 99.
124 *Green*, op. cit., pp. 97—98.
125 *Horn*, op. cit., pp. 121—23.
126 *Howkins*, op. cit. Rix was the first working man to be elected to the County Council, in 1889.

branches in rural Shropshire in 1899. None seems to have survived beyond 1900[127]. Revival proper came in Norfolk in 1906 in the shape of the Eastern Counties Agricultural Labourers and Small Holders Union, founded by Edwards, with an executive packed with his Liberal allies. In part the new organization was a response to the wave of victimization and evictions from cottages, on suspicion of having voted Liberal, which followed the general election[128]. It was also an attempt to put down firmer roots for Liberalism, going beyond mere electoral support, among agricultural workers. The union was largely confined to Norfolk, and ultra-moderate in character, with a gradualist perspective of long term improvement in conditions. The rank and file finally lost patience with this strategy in 1910[129] when strikes in the Norfolk villages of Trunch and St. Faith's precipitated a crisis in the union. At St. Faith's the settlement of a long dispute over the heads of the membership by leading figures on the executive was widely resented when it emerged that the terms meant no wage increase and the reinstatement of only a minority of the 75 strikers. The 1911 annual conference left only two of the old brigade on the executive, and elected a majority of socialists instead, including men with connections with the Independent Labour Party and with various Norwich-based trade unions[130]. Edwards himself made the transition to Labour politics soon afterwards, shortly before his retirement.

Defeat at St. Faith's led to change and growth in the union, including the new title from 1912 of National Agricultural Labourers' and Rural Workers' Union. A marked expansion of membership[131] in the dairying and market-gardening areas of Lancashire went some way towards justifying the change of name. It was a sign of the times, amidst the new boom in trade unionism nationally, that a strike by the Lancashire members in 1913 won both a wage rise and a Saturday half-holiday. Once again, outside assistance was a major factor, with local railwaymen refusing to handle farm produce.

The same union was engaged in many other disputes, often with success, in the years 1913 and 1914. Amongst these was the unique Burston School Strike[132] in South Norfolk, arising from the victimizsation of a village school teacher who was a prominent member of the N.A.L.R.W.U. There was also a successful strike on the Sandringham estate which popularized the slogan of »The King's Pay and the King's Conditions[133]«. Another strike and lockout involving around 400 men in six villages in North West Essex has been the subject of a recent local study[134]. This helps to confirm the continued relevance of external support, which was available from a variety of sources. Some unusually left-wing Christian Socialist

---

127 R. Hyman, op. cit., pp. 27—28.
128 »Protection from political persecution« was mentioned in the founding resolution; wages were not.
129 Again elections were important. The time spent by the union's officials on the two general elections and the county council election of that year drew attention to the union's relative neglect of wages.
130 *Howkins*, op. cit.
131 Mostly lost by secession in 1914, following internal controversy, and allegations of unfair domination of the union as a whole by the Norfolk branches. See *Newby,* op. cit., p. 214.
132 See the recent study by B. *Edwards*, The Burston School Strike, London 1974.
133 *Green,* op. cit., pp. 218—19.
134 M. *Sierakowski,* The 1914 Lock-out, paper given to the East Anglia History Workshop Conference on Farmworkers, October 1979, summarised in East Anglian History Workshop Bulletin no. 6, Colchester, 1979, pp. 2—4.

parsons helped to start one of the first trade union branches in the area[135], financial support came from the Dockers Union, and some nationally renowned speakers, including Ben Tillett, Sylvia Pankhurst and George Lansbury were imported into the district to address meetings. This assistance eventually brought a partial victory — some pay increase, payment in wet weather, and reinstatement of men originally dismissed, but no Saturday half-holiday. Analysis of the reasons for an outbreak of trade unionism in this particular corner of Essex, where pay was low by county standards, and indeed among the lowest in the whole country[136], suggests that some predictable and long-standing factors like a greater incidence of large farms were important. But also relevant was the impact of the physical lines of communication which passed through the district. There was the London road (A 11), and also a recently completed railway branch line, which meant that both direct support and an organizational model was available from the railwaymen[137].

The Workers' Union returned with some reluctance to the task of rural organization[138], beginning with a modest campaign in Herefordshire in 1912 which yielded 50 branches by 1914. The historian of the union emphasises that the first moves were made »in response to the initiative of the farm labourers themselves, who were beginning to react spontaneously to the decline in real wages[139]«. A merger with a smaller, purely agricultural union in the Midlands further broadened the rural base of the Workers' Union, but this was spreading rapidly in any case. By 1914 the union had about 150 agricultural branches, in at least 14 counties, containing perhaps 5,000 members[140]. A significant factor in the success of their approach may well have been a much greater willingness to decentralize, and to allow the members in each area to formulate their own demands, so as to take account of widely varying conditions. Accordingly a series of conferences was held early in 1914 in various local centres to draw up schedules of demands which were eventually sent out to the farmers. These were, in the main, ignored, and strikes took place in at least three counties in the summer. »By August 1914«, Hyman concludes, »farm workers appeared on the verge of their first national struggle for forty years[141]«.

This is inevitably to underline the slow and limited progress of unionization, for all the widespread evidence of the liveliness of the two main unions in 1914. The point is reinforced by the scale and speed of subsequent developments during the First World War[142]. It is perhaps not surprising that throughout the years 1890 to 1914 farm workers faced an uphill struggle merely to regain the organizational levels of the early 1870s. Their position was uniquely difficult, comprising a declining though still basic sector of the economy, and one dominated by small employers, geographical isolation from the main centres of trades unionism, and the formidable opposition of farmers and landowners who practised »multiple

---

135 Thaxted, a prominent centre of Christian Socialism, was nearby.
136 This was by no means always conductive to militancy. Some of the strongest strikes by farmworkers took place in areas where pay was high by rural standards, such as West Lancashire (see above p. 239).
137 *Sierakowski*, op. cit.
138 It was now the only general union operating in this sector.
139 *Hyman*, op. cit., p. 46.
140 Giving it probably a slight lead over NALRWU.
141 *Hyman*, ibid., p. 48.
142 *Newby*, op. cit., p. 216, comments »in a few months German submarines provided a bigger boost to trade unionism on the land than more than eighty years of indigenous agitation since the Tolpuddle martyrs«.

occupancy of authoritarian roles — they were not only employers, but also magistrates, councillors, landlords and school governors[145]«.

The emergence of »*new unionism*« was indisputably the key organizational development of the trade union expansion of 1889—92. Even by the latter date, the potential was perhaps more conspicuous than the achievement, and its fulfilment was to be subject to prolonged delay. Quantitatively it is not difficult to demonstrate the limited significance of new unionism within the labour movement as a whole. By 1892 it almost certainly amounted to fewer than 200,000 members out of a total of around one and a half millions, and after setbacks in the course of the nineties, it represented less than one tenth of all trade unionists. Clegg, Fox and Thompson are able to argue quite convincingly that during the nineties, available figures on disputes, and on recorded changes in wages (from 1893) are dominated by old unions operating in four major industrial groups, and to conclude decisively that »the central story of industrial relations in the last decade of the nineteenth century must be told in terms of the established craft societies in engineering, shipbuilding and building, and the flourishing unions of coal-miners and cotton operatives[144]«. They even claim that the single best-known event in the foundation phase of new unionism has been made too much of: »as a symbol the strike of the London dockers has won renown out of proportion to its size[145]«. It accounted for the loss of nearly 700,000 working days, in a year in which the vast majority of disputes were small in scale, and quickly settled, whereas over the next nine years, eleven strikes of greater dimensions took place. The biggest of these, the coal mining lock-out of 1893, lasted nearly four times as long, and resulted in the loss of thirty times as many working days.

However, even when allowance is made for the fact that the first stirrings can be detected some years earlier, it is hardly surprising that other historians have warned against any tendency to underestimate »the climacteric of 1889[146]«. This view is rooted in the consideration that the problems of less skilled trade unionists were basically different, and their industrial methods necessarily also different from those of skilled workers and their established unions. The distinction is neatly exemplified by a quotation from the Webbs, who wrote that »picketing, in fact, is a mark not of Trade Unionism, but of its imperfection[147]«. Saville believes that »it was the special characteristics of New Unionism that made it the immediate target of ruling-class fury[148]« , and goes on to examine the employers' counter-offensive of the 1890s. Certainly these points help to indicate why the years after 1889, and the arrival of new unionism, are regarded by many as a major turning point. If the spread of trade unionism to new regions, industries and types of labour implied basic changes in ideas, tactics and organization, and if some of the implications were applicable to older unions also, as they

---

143 *Newby,* ibid., p. 47.
144 *Clegg, Fox and Thompson,* op. cit., p. 98. The four industrial groups were metals, engineering, and shipbuilding; mining and quarrying; textiles; and building.
145 *Clegg, Fox and Thompson,* op. cit., p. 55.
146 *Saville,* p. 318, in: Briggs and Saville, op. cit.
147 *Sidney and Beatrice Webb,* Industrial Democracy, London 1911 edition, p. 719 (n), quoted in Saville, op. cit. The Webbs argued that when skilled, or well-organized trade unionists were involved in a dispute, both sides assumed that when work was resumed, the same employees would have to be re-engaged, and that the exclusion of scabs was therefore not an important issue.
148 *Saville,* op. cit., p. 318. These characteristics were, in the main, the dependence of new unions on militant tactics to exclude scabs, establish closed shops and enforce recognition if possible, rather than reliance on the scarcity value of members' skills.

felt the impact of economic and technical change, then the attention which this subject has received does not appear misplaced. Even Clegg, Fox and Thompson begin their discussion by acknowledging that new unionism »stands out as one of the most colourful and baffling phenomena in British trade union history[149]«.

Some explanation for the adjective »baffling« is given in the course of their analysis of »the nature of the new unionism«. They put together a composite portrait of new unionism derived from the assessments of contemporaries and other historians, and then produce a number of detailed, allegedly disqualifying objections which are held to render the picture inaccurate. The list reads »a membership of unskilled, low-paid labourers; a militant outlook; a readiness to employ coercion against non-unionists and blacklegs; low contributions allowing for the payment only of ›fighting‹ benefits; an acceptance of socialism; and a tendency to look to parliamentary and municipal action to solve labour's problems[150]«. Some of the qualifications embody important points, (though of course there was never any complete consensus over every term used in this identikit picture). For example the word »labourer«, particularly outside the craft trades, was often used loosely, and could cover many types of production or service workers whose jobs required experience and who were effectively semi-skilled[151]. Also the earnings of several groups participating in new unionism were either only slightly below the adult male average, or definitely above it[152]. Some new unions arguably adopted a conciliatory, non-militant approach to employers even from the earliest days[153]. Other new unions either paid certain benefits such as sickness or funeral grants from the beginning[154], or adopted them after a few years[155]. There were several new unions in which no obvious socialist influence was present at the foundation[156], and at least one which came out against the statutory eight hour day[157]. This listing of exceptions is so thorough-going that eventually the only allowable common features of new unionism are said to be heavy expenditure on administration[158], and »newness« per se — meaning primarily that these unions recruited among workers hitherto untouched by trade unionism, or affected only momentarily and unsuccessfully[159]. It can be argued that there was no common form of structure, on the grounds that some new unions deliberately confined themselves to organizing labourers only, within a given industry (and sometimes within a single locality), that others aspired to coverage of all, or nearly all, grades within a given industry (»industrial unions«), and that others still ignored industrial boundaries altogether (»general unions«). The final shape and extent

---

149 *Clegg, Fox and Thompson*, op. cit., p. 55.
150 *Clegg, Fox and Thompson*, ibid., p. 92.
151 Dock labourers, chemical labourers, seed-crushing labourers.
152 Dockers, seamen, London gas-stokers (when they were fully employed).
153 National Amalgamated Union of Labour, Birmingham Gasworkers.
154 Seamen, National Amalgamated Union of Labour.
155 National Union of Dock Labourers.
156 Seamen, National Union of Dock Labourers.
157 The Dockers' annual conference decided the eight-hour day was unsuitable for the docks soon after the T.U.C. adopted the policy.
158 This was not invariably true. In at least three years, 1892, 1899, and 1902, the Gasworkers spent more than half the union's income in dispute benefit. See *E. J. Hobsbawm*, General Labour Unions in Britain, 1889—1914, p. 189, in: Labouring Men, op. cit.
159 It is conceded that two characteristics were shown by a sufficient number of new unions to be accepted as common by press and public. These were general unionism, and militant and coercive tactics.

assumed by an individual union clearly owed a lot to chance and accident, as well as to any conscious plans, whether theoretically or empirically grounded, of the founders[160].

However, recognition of the role of accidental factors in helping to draw the irregular and illogical boundaries between different unions need not to obscure the importance, and on the whole, the novelty, of the principles which were implicit in attempts to extend organization so widely beyond its existing bases among those who were either traditionally skilled or strategically situated. This is not to imply that new unionism owed its impetus simply to new theories. As Hobshawm speculated thirty years ago, it seems probable that the larger general unions of 1889, those which deviated most strikingly from the existing norms of organization, were »the offspring of a marriage between the class unionism of the socialists and the more modest plans of the unskilled themselves[161]«. At its simplest, the basic idea was that those incapable of practising orthodox restrictive tactics, must aim at the recruitment of all potential blacklegs into a vast closed shop. This objective would imply a class unionism, attempting ultimately to unite all workers against all employers — obviously a socialist ideal. More modestly, socialism did offer a programme of combating sectionalism and concentrating on larger geographical and social units, which was highly relevant to the activities of the more ambitious new unions. This of course related to the common socialist emphasis on growing capitalist concentration, and consequent advocacy of a corresponding concentration and integration by trade unions. Hence not only was general unionism »a congenial form of organization to the socialist[162]«, but socialist ideas »attracted a quite extraordinary number and proportion of union activists«, because of the realism and relevance of socialist analysis of late nineteenth century economic change[163]. A further theme stressed by contemporary socialists was that mechanization and reorganization of production was tending to reduce the skilled to the level of the unskilled, and that craft-type unions urgently needed to revise their outlook and become less exclusive. Although highly compatible with the principles of new unionism, this point had a more direct bearing on the craft unions. Many working class converts to socialism had a craft background themselves, and worked for the transformation of their own organizations. Some of them also contributed heavily to the development of new unions. This fact has recently facilitated the suggestion that »new unionism, far from being a radical break from the old craft exclusivist unionism, developed in part from its womb. This becomes especially clear when one tries to account for the extraordinary propensity of members of the A.S.E. to work in and with the new unions and socialist organisations[164]«. But although a connection of sorts is thereby established between the craft tradi-

---

160 The discussion on the nature of new unionism in *Clegg, Fox and Thompson,* though packed with information, and nicely illustrating the difficulties of simple definition, seems so negative in conclusion, as to suggest that they have, to some extent, been baffled as much by their own nitpicking as by the instrinsic complexities of new unionism.
161 *Hobsbawm,* General Labour Unions, op. cit., p. 182.
162 *Lovell,* op. cit., p. 22.
163 *E. J. Hobsbawm,* Trade Union History, in: Economic History Review, XX, 2, 1967, a review of *Clegg, Fox and Thompson* op. cit. Hobsbawm estimates that the total number of organized socialists in the country did not exceed 11,000 by 1900.
164 *T. Lane,* The Union Makes Us Strong; The British Working Class, Its Trade Unionism and Politics, London 1974, p. 102. As examples of craft union members involved in the new unionism, Lane cites Mann and Burns of the A.S.E. with the London Dockers, a printer and an engineer with the Glasgow and Liverpool dockers, an ironmoulder with the Knights of Labour in Liverpool, a working jeweller with Liverpool tramwaymen, a photographer with various unskilled unions in Leeds.

tion and attempts to restructure the labour movement on socialist lines, it remains clear that only a minority of craft workers held such a perspective. The minority status of such ideas, though also something of their impact, is illustrated by an episode in the history of the A.S.E. which took place in East London in late 1889 very soon after Burns and Mann had helped to lead the dockers to victory. A strike of labourers at a firm in Silvertown which also employed 27 members of the A.S.E. raised in sharp form the question of whether the A.S.E. should call a strike of the skilled workers in support of the labourers. Although the committee set up to examine the case appeared to confront the issue directly by asking »Are we, or are we not prepared to march with the times and sacrifice our interests at one point in return for the support of bodies of men at other points who have nothing to gain by supporting us?«, the Council of the union nevertheless failed to make a positive response to the challenge of new unionism. Instead they »concluded their walk on the Silvertown tight-rope by keeping their members at work, giving £ 50 to the striking labourers and making an offer to the Management to act as arbitrators in the dispute[165]«.

The struggle for survival after the end of the brief boom in trade in 1892 forced both retreats and changes on the new unions. They were obviously more vulnerable in the downturn than the better-established unions which had also benefitted from the economic climate of the previous few years[166]. Indeed some early setbacks had been suffered even before the end of 1890, and the employers began to hit back whilst the boom was still in progress[167]. Saville has found signs of a decline in public sympathy for the new cause even during the last weeks of the London dock strike. A disastrous defeat for the port workers at Hull in the spring of 1893 after a seven week strike which the Dockers' leaders tried to avoid, and which ended in a surrender described by the »Times« as »abject«, was the most spectacular incident in an employers' counter-attack led by the newly-established Shipping Federation[168]. The impact of these events on the general unions was so severe that Hobsbawm offered a periodization of the development of their tactics in which the first two stages were »the old-fashioned general unionism of 1889—92«, and »the cautious, limited and conservative ›sectional‹ unionism of 1892—1910[169]«. During these years almost all the major new unions except the seamen survived as organizations, but did so on a new basis, temporarily renouncing under pressure of circumstances the aim of recruiting all unskilled workers. They relied for their defensive strength mainly on a number of secure footholds in particular industries, firms and local authorities, often in larger establishments, and frequently protected by employer recognition[170]. Thereby they probably came to consist, by and large, of »a stabler and more regular type of worker than they originally envisaged[171]«. In the terms of the thinking behind the form of organization, the implicit aim shifted from »one man, one ticket« to »one

---

165 *Jefferys*, op. cit., p. 108.
166 The A.S.E. for example had gained 14,000 new members between the end of 1888 and the end of 1890.
167 *Clegg, Fox and Thompson*, op. cit., pp. 66—78. It is claimed that »the most significant event of 1890« was that »Tillett's union was eased out of the docks with scarcely a ripple of public interest«. p. 71.
168 *Saville*, op. cit., pp. 317—330.
169 *Hobsbawm*, General Labour Unions, op. cit., p. 191.
170 The Dockers Union, which of course had made its initial breakthrough in London, found its strongest permanent bases around the Bristol Channel, among Bristol waterside and Welsh tinplate workers. The N.A.U.L. put down roots in the shipyards of the North East.
171 *Hobsbawm*, ibid., p. 187.

ticket, one job« — the creation of local job monopolies, where feasible, succeeded the constant struggles to build up temporary job control on behalf of ad hoc groups of highly mobile labourers. However, the same interpretation stresses that interest in fresh recruitment was never lost. Not only were any extra entrance fees and subscriptions always welcome, but if there was a solid core of stable branches, a considerable dispersion of membership allowed the spreading of risks, as it was not easy to predict which section of the union would be the next to face a major threat.

It follows therefore that new unions, whether of the general or industrial type, fell far short of the aspirations held by either their socialist mentors or their own activists. Furthermore, given the slow changes taking place in the old unions, there was a considerable convergence between new and old unionism over most aspects of their day-to-day activity, and a reduced level of friction between representatives of each type of organization. To some extent, an explanation of this narrowing gap can be found not only in the circumstances of the forced adaptation to adversity made by new unions in the 1890s, but also more basically in the changing relationship between skilled and unskilled which had become apparent by the time of the rise of the new unions. Hobsbawm had argued that the distinction between »artisan« and »labourer« — itself a descendant of the pre-industrial division between the actual maker of things and the assistant who fetched and carried — had by then become »conventional as much as real; and every industrial and technical change tended, on the whole, to increase its unreality[172]«. Many of those recruited by the new unions »commanded that power to make themselves scarce; to cause appreciable loss upon transference, or to be worth inducements for greater efficiency, which were the basis of orthodox bargaining strength«. Simultaneously changes in technology, management and social structure threatened the special position of skilled workers, which could no longer be defended simply by enforcement of their scarcity value, but came to require more complex strategic responses to dilution. So, as some groups of workers became organizable for the first time, others found themselves under pressure to modify substantially their existing forms of organization. In some cases, the same developments in mechanization could bring about both these distinct results.

The basis on which the nominally unskilled were able to exert effective bargaining power during the rise of new unionism is sometimes considerably clarified in studies of particular disputes or localities. In the case of the Liverpool docks, the only group of employees who had achieved organization of any strength or permanence by the late eighties was the coalheavers, »a specific, and exclusive, occupational group[173]«, whose work of loading coal on to Atlantic liners was »extremely exacting and demanded a measure of skill and experience such that they were not easily replaceable«. Entry into the union was strictly controlled, and cost an initial fee of £ 5[174]. There is some evidence that before 1889 the smaller employers at the south end of the docks were prepared to accept union terms, in this case from a small labourers' union, because uniform rates and hours might help to stabilise competition[175]. When the recently-founded National Union of Dock Labourers moved to establish a branch in Birkenhead in 1889 the entrance fee for a time was the modest sum of one shilling, but

---

172 *Hobsbawm*, ibid., p. 183.
173 See *R. Bean*, The Liverpool Dock Strike of 1890, in: International Review of Social History XVIII, 1973, p. 51—68
174 Equivalent to perhaps four weeks' wages for the average adult male worker.
175 Although trade had been expanding, average profits in Liverpool shipping were declining in the 1870s and 1880s and freight rates tending to fall.

this was soon raised to £ 1 when demand for membership seemed excessive[176]. As the union's intention was to change the employers' hiring procedure by imposing on them either a complete closed shop, or at least preference in employment for unionized dockers, with the aid of distinguishing badges or »buttons« issued to members, then the implications of this policy change were obviously negative for those dockers unable or unwilling to raise £ 1. The Liverpool branches of the same union also tried to establish a wage list which incorporated differential higher rates for certain jobs such as grain handling. It was, in fact, a strike by grain handlers which helped precipitate the main Liverpool dock strike of 1890. They demanded higher rates for their task of feeding or »trimming« the elevators which discharged grain from the holds of steamships. Grain handling had recently been partly mechanized, with the result that the work of about fifty »bushellers[177]« and sack carriers could now be performed by one elevator and six to eight men. Trimming the elevators was regarded as less skilled work, though it did still require some degree of skill and experience. But the men employed on an elevator were in a more strategic position, because a strike could halt the whole discharging operation. A further clue to the practical difficulties of replacing some dock workers at short notice is provided by the fact that many of the 13,000 blacklegs imported to break the strike were soon deterred by the exacting nature of the work. An employer later testified that they were only one third as efficient as regular employees, and had given »a painfully pantomimic representation of a docker's duties[178]«. The Liverpool strike ended with some definite gains, such as regular meal hours, and a nine hour night. The settlement was arranged through outside mediation, and although the N.U.D.L. failed to gain full recognition, it remained as a permanent organization to continue to challenge the owners' rights to unilateral control of employment.

If due weight is placed on such factors facilitating the organisation of the »unskilled«, then the appearance of new unionism begins to seem a less abrupt occurrence. Correspondingly the hopes entertained by some that even the most casual strata of the working class, the true »labourers« of Victorian convention, would soon be absorbed into the ranks of the modern labour movement, begin to look more obviously unrealistic. Engels, for example, normally a much more cautious observer, held the highest expectations as a result of the role of »the lowest of the outcast« in the London dock strike[179]. In fact, it was in London, where such hopes were first raised, that the performance of new unionism proved particularly disappointing. This was not so much because of the predictable failure to integrate the casual poor, but rather because of the weakness of the intermediate strata. In the capital city of one of the most advanced capitalist countries, it was still largely true, before the First World War, that »a few large plants were lost in an ocean of small workshops. Craftsmen faced labourers without the mediation of the factory«. The consequence, according to Stedman Jones, was »a sharp almost hermetic division between skilled and unskilled[180]«, which handicapped the growth of mass trade unionism and socialist politics alike.

---

176 In other respects the union conformed to the conventional model of general unionism. At the foundation meeting in Liverpool, nothing was said about friendly society benefits, and the emphasis was on the union's ability to prevent scabbing and organize boycotts at other ports.
177 Men who filled the grain bags with a large measure called a bushel.
178 Quoted in *Bean*, ibid., p. 63.
179 *Stedman Jones*, op. cit., pp. 346—47 quotes his »ecstatic reflection« in a letter to Bernstein, written August 1889.
180 *Stedman Jones*, ibid., p. 349.

The drama of 1889 did not evoke unlimited enthusiasm everywhere in the trade union world about the prospects for extending organization to the less skilled. In the same year it was proposed at the annual general meeting of the Amalgamated Society of Railway Servants that a new type of membership should be introduced, with weekly contributions of 3 d. instead of 5 d., in a clear bid to attract poorly paid grades like porters and platelayers. This move was narrowly defeated, after being opposed by a delegate who took the view that the proposed lower subscription would not add a single new member to the society. Within two months of this discussion within the A.S.R.S., a new organization, the General Railway Workers' Union, had been set up, and adopted a contribution rate of 3 d. a week, with no sickness or accident fund. It proceeded to recruit more than 10,000 members in the following twelve months, mainly among porters, vanmen, rulleymen and workers in the railway workshops, all areas where the A.S.R.S. had made little impact. Although it seems likely that the G.R.W.U. »acted as an important ginger group to stimulate the staider members of the A.S.R.S. into greater activity[181]«, the multiplication of separate organizations in limited competition with each other, was something of a setback for railway trade unionism. It was only with the greatest difficulty that a measure of industrial unionism, though still incomplete, was achieved with the merger of 1913. Such attitudes to the lower paid were by no means confined to the A.S.R.S. Even among other organizations with an orientation towards industrial unionism, there were parallels. In coal-mining, for example, the surface workers were not only less likely to be unionized, but their interests were liable to suffer from neglect by unions or union branches dominated by coal-face workers. The consequences were, however, less serious, in that separate associations to represent the lower grades were rare[182]. Surface workers generally remained unorganized for longer, but eventually joined the various affiliates of the M.F.G.B.

Resistance to change was naturally stronger in unions with a craft tradition, although in the case of the A.S.E. a determined attempt was made to broaden the basis of membership, challenging the existing domination of the whole society by fitters and turners. Members like John Burns and Tom Mann had from the mid-eighties made outspoken attacks on the inadequacies of old unionism, and pressed for the conversion of the A.S.E. into a genuinely industrial union. Despite Mann's narrow defeat in the 1891 elections for the post of general secretary, major constitutional changes ensued at the 1892 delegate meeting. Full membership of the society was made available to electrical engineers, roll turners, drop forgers and other groups. In addition special membership was introduced for workers between the ages of 30 and 55 who would previously have been ineligible on the grounds of age, infirmity, or low wages. Apprentices could be enrolled as probationary members at 18. Although understandably hailed as a victory for the socialists within the union, the Leeds conference of

---

181 *Bagwell*, op. cit., pp. 132—33. Ten years earlier, in 1879, the cautious outlook of the A.S.R.S., expressed in its failure to support strikers victimised by the Midland Railway, and its rejection of proposals to establish a protection (strike) fund, had been partly responsible for the formation of another separate union, A.S.L.E.F. But A.S.L.E.F. was of course a very different type of union from the G.R.W.U., catering as it did mainly for the most skilled and highly paid railway employees. It did not join with the A.S.R.S. and G.R.W.U. in 1913.
182 One exception was the »Hauliers and Wagemen of South Wales and Monmouth« formed in 1893, before South Wales became part of the federated area. The wages of grades like the hauliers averaged around 15/- a week after deductions in the early nineties, as against an average of around 23/- for all underground workers. See *Burgess*, op. cit., p. 211.

1892 took ten weeks of intense controversy before it was concluded, and many branches blatantly failed to act in the spirit of its resolutions. Most local officials responsible for carrying out the new policy of »comprehension« were still fitters and turners. Although the union now had more full-time organizers, arising from another decision of the 1892 conference, and these were often backed up by voluntary organising committees, nonetheless by January 1898 there were only 2,000 apprentices, and 4,500 members in the new special categories out of a total membership of over 91,000[183]. These events found numerous parallels in other craft unions in the 1890s and 1900s, such as the tailors and the boilermakers. A common pattern was that the executive, under pressure from socialist or »forward« members, would come to recognise the danger of their societies declining into tiny islands of craft skill cut off by an advancing tide of non-union labour. Accordingly they would make some move to open up the union to admit less skilled workers, and this in turn would encounter resistance from more conservative sections of the membership. Sometimes there was repetition of this scenario of reforming initiative from the centre, and obstruction from many of the branches. In the A.S.E. the Manchester delegate meeting of 1901 made a renewed attempt to broaden the union by opening a new section for machinists. Under these provisions semi-skilled workers with two years' experience in the trade who were paid 75 per cent of the district rate, were allowed to join on the basis of lower subscriptions and reduced benefits. The conference was deluged with hostile resolutions from branches in the course of the next few weeks, and only 4,000 new members were recruited into this section by 1904[184]. The general secretary of the union, himself a supporter of the change, acknowledged that »the average A.S.E. member has indicated in the most unmistakable manner that the A.S.E. shall remain an organization of the fully skilled and trained men[185]«. Yet a further change was attempted by the 1912 delegate meeting, regarded by the union's historian as »a still more revolutionary decision[186]« — this time to admit unskilled workers to a newly-formed section F. This aroused predictable antagonism, and achieved little before its abolition in 1917. But whilst the A.S.E. thus continued to maintain a largely exclusivist membership policy, there are grounds for considering that the union's trade policy lost a good deal of its craft purity. Members were unable to prevent employers from introducing machinery which made part of their skills redundant. They did not generally refuse to operate the new machinery, which would have left the field open to non-members. On the whole, as Hinton has argued, the engineers »followed the machine[187]«, and tried to enforce payment of the craft rate for de-skilled work, and to obtain preferential treatment for themselves in employment on the new equipment[188]. Although they could not prevent an expansion of semi-skilled employment paid at below craft rates, their policy was on the whole »remarkably successful[189]«. But in so far as the defence of the standard rate could no longer be assured by genuine craft bargaining

---

183 *Jefferys*, op. cit., pp. 136—38.
184 Although by 1914 this figure had increased to 10,700, or more than 6 per cent of total membership.
185 *Jefferys*, ibid., p. 166.
186 *Jefferys*, ibid., p. 166.
187 J. *Hinton*, The First Shop Stewards' Movement, London 1973, p. 61.
188 *Burgess*, op. cit., pp. 63—64, has pointed out that the socialist general secretary of the A.S.E., George Barnes could satisfy the existing membership only by pursuing such policies, even at the risk of alienating the majority of workers in the industry.
189 *Hinton*, ibid., p. 61.

power, then it could be said that the A.S.E. relied »increasingly on bluff«. And of course the use of bluff left the engineers vulnerable to a determined offensive by the employers, involving dilution by the large scale introduction of semi-skilled non-union labour.

Skilled A.S.E. members like fitters and turners who had to face the threat posed by the turret and capstan lathe and the new generation of specialised machine tools were a prime example of an artisan group generally considered, then and since, to have been members of a labour aristocracy[190]. The classical period of this stratum was between the 1840s and the 1890s, when many historians believe it played a decisive role in reducing the level of class antagonism. Differentials between »aristocratic« and »plebeian« trades may actually have widened between these dates, but thereafter the aristocracy came under heavy fire, arguably even disintegrating as a coherent grouping. It was obviously unable, therefore, to make the same contribution as before to the maintenance of political and social stability, and its decline could be considered among the possible long-range factors responsible for the crisis of 1910—14, or even of 1918—20. In the late nineteenth and early twentieth century the gap between skilled manual workers and the increasing and newly important numbers of managers, technicians and white collar workers tended to widen, at the same time as the artisan was being pushed closer to the lower strata of the working class. The labour aristocracy was being subjected to a process of social squeezing or relegation.

There is of course no definitional consensus as to the numbers or the precise composition of the labour aristocracy[191]. Employment of the concept in different senses and in varying contexts has given rise to some scepticism as to its usefulness in historical analysis[192], though few have questioned the existence of such a stratum[193]. It cannot be identified exactly with any given level or form of technical skill, or with the membership of the craft unions, though clearly there was a considerable overlap with the latter. The emphasis in Hobsbawm's most recent work on the subject is on »a certain level of predictability of income, a certain status, life-style (locally variable), and a relatively sharp differentiation from the ›unskilled‹ both socially and in pay differential[194]«. Attitudes and life-styles have been given greater weighting in some recent studies[195], and voluntary conformity to a norm of »respectability« has commonly been thought typical of »aristocratic« behaviour outside the workplace, but of course the distinctive attitudes were generally dependent on a good and secure income. In trade union terms, the classic expression of aristocracy was the craft strategy of controlling entry, which acted »as a mechanism for exclusiveness and superiority[196]«. Even when less skilled

---

190 The seminal article is by *E. J. Hobsbawm*, The Labour Aristocracy in Nineteenth Century Britain, (1954) in: Labouring Men, op. cit. See also the chapter »Trends in the British Labour Movement since 1850« in the same book.
191 See the discussion in *E. J. Hobsbawm*, The Aristocracy of Labour Reconsidered, in: *M. Flinn* (ed), Proceedings of the Seventh International Economic History Congress, Edinburgh 1978, pp. 457—466.
192 Some of the difficulties are raised in another recent survey by *J. Field*, British Historians and the Concept of the Labour Aristocracy, in: Radical History Review, no. 19, New York, 1978—79, pp. 61—89
193 An exception is *H. Pelling*, Popular Politics and Society in Late Victorian Britain, London 1968, pp. 37—61.
194 *Hobsbawm*, in: Flinn, op. cit., p. 459.
195 *R. Q. Gray*, The Labour Aristocracy in Victorian Edinburgh, London 1976. *G. J. Crossick*, An Artisan Elite in Victorian Society: Kentish London 1840—80, London 1978.
196 *Hobsbawm*, in: Flinn, op. cit., p. 460.

members gained admission, the intention was normally to assimilate them to established rates and conditions and maintain differentials over the mass of the »unskilled«. On the other hand, such activity had succeeded in building a collective anti-bourgeois consciousness based on the importance of establishing a uniform rate for every job regardless of individual differences. The labour aristocracy, though occupying a relatively privileged position, was still a proletarian one, and unable to relinquish its place within the working class. Furthermore it can be recognized that the class collaborationist tendencies sometimes identified in the stratum have often been exaggerated, and that its cultural distinctiveness cannot be simply equated with embourgeoisement. A recent suggestion is that »accommodation«, in the sense of »building defence shelters against wind and rain« would be a better characterization than »collaboration« of the heritage left by the labour aristocracy[197].

Perhaps of even more significance for the period after 1890 is the radicalization of many of the aristocrats, or ex-aristocrats, which often took place as their position came under threat, and as it came to be realized that traditional craft methods would provide an inadequate defence in the long run. By the mid nineties, Tom Mann, a radicalized aristocrat himself, claimed that »there is as large a proportion of carpenters, masons, engineers and cotton operatives avowed Socialists, as is to be found amongst the gas workers, dockers, chemical workers and general labourers[198]«. He may, of course, have been overstating the matter, and there was in any case a general difficulty in the way of any mass radicalization of craft workers. This was simply that changes in technology and management did not have anything like the same impact everywhere[199], or at the same time. It may be that in Britain a relatively slow transition from artisan methods of production sometimes allowed traditional, or only slightly modified, craft union methods of resistance to remain effective for longer. As Field has put it, »if some employers did effect a breach in older methods of craft control over production, it was a partial breach, leaving more than a vestige of control in the hands of skilled, and even semi-skilled workers[200]«.

It was, however, in Mann's own trade, engineering, that capital-intensive changes from the 1880s onwards were among the most menacing to the craftsman[201]. It was in this industry also that the response was sharpest, most combative and politicized, though the most spectacular development did not take place until after the outbreak of war, and until the process of dilution of craft skill had been taken a good deal further[202]. But even before 1914, Hinton is able to argue persuasively that a challenge to managerial prerogatives was implicit in craft unionism, the tradition of which embodied »a tenacious resistance to capitalist rationality[203]«, and that the craftsman's pride »rendered him hypersensitive to every increase in industrial discipline, to every tightening of social control«. This was because work attitudes were not merely instrumental and cash-oriented, and there was still a strong element of the

---

197 *Field*, op. cit., p. 74.
198 Quoted in *Clegg, Fox and Thompson*, op. cit., p. 294, originally written in the Labour Leader of 28 September 1895.
199 Even in engineering, for example, the »machine question« was a less important issue outside a minority of large firms.
200 *Field*, op. cit., p. 79.
201 *Jefferys*, op. cit., p. 169—70, discussing the »worsened position of the engineers« in the immediate pre-war period, says they were »no longer the ›aristocracy of labour‹ whether measured by wage rates, working conditions, or as leaders of the trade union movement«.
202 See *Hinton*, op. cit., part two »Wartime Struggles«.
203 *Hinton*, ibid., p. 99.

psychology of the producer, of belief that the worker's skill and discretion were his own property and could not be subjected completely to managerial supervision. Accordingly changes in production of the type introduced from the late nineteenth century could be experienced as attacks on self-respect, not merely on economic security, and as threats to turn the worker into »a living tool[204]«. Naturally socialist members of the A.S.E. normally owed the formation of their opinion at least in part to influences which were not specific to their own workplaces, but the ambiguous craft legacy could, under the circumstances of an employers' offensive, contribute powerfully to such a move to the left. Although this was common enough as an individual response, it is clear that the A.S.E. as a body did not figure prominently in the labour unrest of 1910—14, despite having long since taken such promising steps as the election of an avowed socialist as general secretary in 1896. This may be attributed to the general strength of the employers position in the industry, to the long-lasting effects of the severe defeat of 1897—98, and to the narrow base and continuing lack of real commitment of the union to recruiting in areas where the potential gains were greatest[205].

Many unions underwent significant changes in internal organization at some time after 1890, and not always smoothly, as a result of increasing size, new recruiting policies, or changing relationships with employers. The A.S.E., for example, had by the early nineties, grown to 70,000 members, whilst still employing no more than four full-time officials. It had also, like many other unions, managed hitherto without a fully representative national executive. The 1892 delegate meeting made decisive changes in both respects[206]. The number of full-time officials was increased at a stroke to 17, six to be organizing district delegates, and eight, elected by the same number of electoral districts, to form a new Executive Council, along with the three customary officers. In principle at least, the autonomy of district organization was curtailed, but the newly-constituted executive was intended to bring the official leadership and the rank and file closer together[207]. For more than forty years until 1892, the union had employed the common device of a local executive, composed in this case of working representatives of London branches[208]. In addition to practical considerations of time and expense, the acceptability of a local executive had rested on the fact that trade policy and the actual determination of wages would normally be settled at local level, and the responsibilities of the executive were primarily financial and administrative, largely matters of the enforcement of union rules. This division of responsibility was gradually overtaken by events, in particular by the effective widening of the scope of collective bargaining.

In the non-craft unions, representative executives had been more common from an early stage. The various regional miners' unions and the cotton unions, which all covered relatively small geographical areas, had developed both regular delegate conferences and elected executives. Both coal and cotton unions tended to have more full-time officials than the craft unions, and these sometimes dominated the executive. Full-time secretaries of the Lancashire cot-

---

204 This phrase is from the pamphlet written by *J. R. Campbell and W. Gallacher*, Direct Action, Glasgow 1919. The authors were among the leaders of the Scottish shop stewards movement, which had a strong base in engineering industry.
205 *Jefferys*, op. cit., refers to strong criticisms made at this time of the national leadership, and the »supine policy« followed, compared with that of the miners or railwaymen.
206 For other decisions taken by the 1892 conference, see above, p. 247 f.
207 *Burgess*, op. cit., p. 52.
208 At this time, the Boilermakers drew their executive from Tyneside, and the Typographical Association from Manchester, reflecting the location of the union's head office in both cases.

ton associations were generally selected by examination, and expected to have a very detailed knowledge of the industry's complex price lists. Other unions too had representative executives from an early date, like the Railway Servants, and others, like the National Union of Boot and Shoe Operatives made the switch from a local executive in 1888, not long before the engineers[209]. Some of the general unions later adopted the representative principle, but often with a heavy full-time official presence built in. The Gasworkers' constitution of 1908 provided for an executive with the general secretary plus two representatives from each district, one of whom was the full-time district official. As the executive met only at quarterly intervals, a great deal of business devolved on a sub-committee dominated by officials.

One factor which increased the concern of many union branches for direct representation at the top level was of course the development of collective bargaining institutions, sometimes regarded as »the outstanding feature of this period[210]«. Whereas in 1889 national agreements were confined to cotton weaving, by 1910 such arrangements between unions and employers' federations had extended to engineering, shipbuilding, cotton spinning, building, printing, iron and steel, and footwear[211]. Shipping and the railways followed in the next two years. A major qualification to the importance of this change is, however, embodied in the distinction which can be drawn between collective bargaining over substantive questions, such as wages and conditions of employment, which was still largely determined at local or district level, and national-level procedure agreements[212]. The latter mainly laid down a system by which disputes which were not settled at lower levels of negotiation had to be taken to a central conference before any strike action could be pursued. There was in practice some overlap, and industry-wide pay settlements, or at least a framework for them, were not unknown[213].

The spread of formal collective bargaining represented not merely the growth of trade unionism, but also the development of employers' associations as well. In some cases the first national agreements amounted to a definite success for the employers, as with the terms of settlement imposed on the engineers after the lock-out in 1898 by the new Employers' Federation of Engineering Associations[214]. Indeed there has been appreciation from various positions that such developments could reduce the influence of the rank and file membership over wage determination. Clegg, Fox and Thompson considered that »some of the national agreements represented a joint victory for employers and trade union leaders[215]« over a rank and file with different inclinations. And even whilst these changes were in progress, the Webbs had claimed that they »transformed the trade union official from a local strike leader to an expert industrial negotiator, mainly occupied with the cordial co-operation of the secretary of the Employers' Association and the Factory Inspector, in securing an exact observance of the

---

209 See *Clegg, Fox and Thompson*, op. cit., esp. pp. 37—43.
210 *Clegg, Fox and Thompson*, op. cit., p. 471.
211 Plus coal-mining, within the federated area.
212 *Lovell*, op. cit., pp. 41—42.
213 E. g. in shipbuilding, cotton-weaving, coal-mining.
214 See the summary of the terms in *Burgess*, op. cit., pp. 68—70. This sets out the three-stage procedure for avoiding disputes, and concludes that it was »intended to emasculate grass roots autonomy and strengthen the control of full-time union officials over policy.« Over the next ten years, in particular, engineering employers generally managed to settle disputes on terms favourable to themselves.
215 *Clegg, Fox and Thompson*, op. cit., p. 471.

Common Rules prescribed for the trade[216]«. Lane has noted that simply by involving union officials in more systematic contact with employers and managers, and also in the implementation of written agreements, the new forms of collective bargaining made them a target for rank and file suspicion[217].

The sheer volume and complexity of his work, with heavy commitments of time to travelling, interviewing members and employers, and collecting information, could seriously affect the style and nature of an official's duties. Jefferys believed that for the eight organizing district delegates of the A.S.E.[218], »organizing, as such, [. . .] became less and less possible«, and he quotes an election address of 1907 which dubbed their role one of »peace agent, mediator and commercial traveller[219]«. Another contemporary view, quoted by Hinton, put the point more strongly: »By slow, almost imperceptible degrees, trade union officialism has become a profession, and its members a social caste. A distinct interest, growing curiously apart from the general interest of the rank and file, and drifting more and more widely away from democratic sentiment and practice, has evolved[220]«. Hinton himself argues that the »increasingly apparent corollary of national collective bargaining« was »control by a collaborationist oligarchy[221]« and that the executive of the A.S.E. tried to increase its authority within the union through the operation of the centralised bargaining system imposed by the employers in 1898. Burgess has also detected changes in the behaviour and outlook of the union official as the A.S.E. became a larger and more complex organization — »He became steadily isolated from the everyday interests of members. His perspective was less the workplace but more the ›respectable‹ positions available at one or more stages removed from the problems of members. His intention in most cases was to contain rather than lead rank and file militancy[222]«.

It is clear then that there is a large body of support for the view that the articulation of collective bargaining procedures brought internal changes to many unions which were frequently unwelcome to sections of the membership, and that it was associated with an increase in the numbers and influence of full-time officials which was often equally unfavourably received. This was a source of continuing tension. It needs, of course, to be recognized that »centripetal« tendencies — towards centralization and professionalization — were not simply the result of the extension of formal collective bargaining, and also that the two tendencies are in any case distinct, though related. It is apparent, for example, that union recognition and formalized procedures had made relatively little headway in relations between the new unions and employers before 1914. Yet these unions quickly became vulnerable to accusations of oligarchic control and excessive central authority[223]. And even in unions where the national executive consisted of lay members rather than full-timers, there was still great potential for conflict between branches, or districts, and the national leadership of the union. Obviously some clashes of this kind may be more properly attributed to intrinsic difficulties of represent-

---

216 S. and B. Webb, Industrial Democracy, London 1897, vol. II, p. 825.
217 Lane, op. cit., p. 116.
218 Increased to 12 at the 1912 delegate meeting.
219 Jefferys, op. cit., p. 165.
220 F. Rose, Stop the Strike, London 1909, p. 9, quoted in Hinton, op. cit., pp. 82—83.
221 Hinton, op. cit., p. 82.
222 Burgess, op. cit., p. 72. See also his remarks in the introduction to this book, pp. ix-x.
223 More obvious factors conducive to these results were the greater difficulty of organizing a less stable and homogeneous membership, and also perhaps the less strong traditions of branch and workplace democracy among recruits to new unions.

ative trade union leadership than to the assertion of their own separate interests by full-time officials.

Nevertheless centralizing tendencies were real enough and were widely seen as a threat to union democracy and to local autonomy[224], that is the right of workplace groups, or districts to control trade policy for themselves. They were also resisted, and resistance was facilitated by growing opportunities for local bargaining in some industries. In the A.S.E., district committees had generally taken the initiative in most issues concerning wages and hours ever since their successful involvement in the nine hours' campaign in the 1870s. The links between district committees and workplaces were eventually strengthened by the growth in the number of shop stewards, and the growing bargaining activity of works committees, which were significant developments of the 1890s and 1900s. Originally the main factor promoting workshop bargaining was the steady extension of piecework, something traditionally strongly opposed by the union, but with decreasing success[225]. This was joined as a local bargaining issue by the machine question, and then by the rising incidence of disputes over discipline. The tradition of workshop delegates acting as deputations to employers had long been established, and was an accepted procedure after 1898. According to Hinton, »to an increasing extent before 1914 the ad hoc workshop deputation crystallized into a shop stewards' committee engaged in regular negotiations[226]. These developments boosted militant local autonomy, which was perhaps furthest developed on Tyneside during the 1900s, and made it more difficult for the executive to gain effective control of trade policy.

Shop stewards had first been granted official status in the A.S.E. by the 1892 delegate meeting, which had given district committees power to appoint them and to direct their activities. Standard duties at first would include checking membership cards, recruiting newcomers, receiving complaints from members, and reporting back to the district committee. Shop stewards were already established before 1892 in some districts like Tyneside, and there is evidence of their activities soon afterwards in other centres, including Manchester and Glasgow[227]. Apparently, »by 1909 some shop stewards had been elected in most of the major centres of the industry[228]«, and there was a steady increase after this date. Their importance was recognised by the 1912 delegate meeting which raised a steward's payment from two to three shillings a quarter[229]. The increase in expenditure for this purpose in the three major centres of Manchester, Leeds and Glasgow suggests that the number of shop stewards there approximately trebled between 1909 and 1914. Shop stewards had an acknowledged status in other unions before 1914[230], but it was in the engineering industry that their

---

224 See *Fox*, op. cit., pp. 332—33 for an account of unsuccessful attempts by the general secretary of N.U.B.S.O. to change several union rules so as to allow officials to make settlements without ratification by the members, to allow the executive to end local strikes without reference to the branch, and to forbid branches to give financial support to unofficial strikers.
225 *Jefferys*, op. cit., p. 129 states that »by 1914, forty-six per cent of the fitters, thirty-seven per cent of the turners and nearly fifty per cent of the machinemen in Federated shops were working under some system of payment by results«.
226 *Hinton*, op. cit., p. 80.
227 A five months strike against wage reductions on Tyneside in 1908, contrary to the wishes of the executive, led to the resignation of the general secretary, who tried and failed to assert the authority of the executive. He complained of the »mistrust of officials and officialdom«.
228 See *Clegg, Fox and Thompson*, op. cit., pp. 431—32 for various examples of complaints by employers about the activities of shop stewards.
229 *Jefferys*, op. cit., p. 165.
230 In 1889 the Gasworkers had a rule requiring shop stewards to make sure that new employees

role in workplace bargaining was most advanced, and it was in the same industry during and just after the war that the full potential of unofficial organization, based on shop stewards' committees in each factory, was eventually developed. An essential link between the two phases was bargaining over dilution and piecework.

It was soon established after 1910 that the capacity of workers for effective unofficial action was by no means to be measured in formal or institutional terms, such as the degree of autonomy possessed by branches, or the number of shop stewards. Regardless of the official distribution of power in the union, time and again, pressure from below pushed the leadership into action and inaugurated major, unplanned disputes. At an early stage in this course of events the Board of Trade official, Askwith, observed that »Official leaders could not maintain their authority«, and also that »often there was more difference between the men and their leaders than between the latter and employers[231]«. In fact it seems clear that already by 1910 there was »a rift between leaders and local militants[232]« in a number of unions, which was widening in part because the latter were much less satisfied than the former with the results of various collective bargaining and conciliation procedures. Only three years or so earlier, the prospects for these institutions had seemed far brighter from the standpoint of those who expected them to produce industrial harmony. Then in the depressed conditions of 1908, after almost ten years of relative peace, came major disputes in three industries, mainly arising from wage reductions, which emphasized the limitations of existing bargaining procedures as devices for the resolution of conflict.

But in addition to obvious dissatisfaction with falling real wages, there were many more specific grievances about the way in which collective bargaining was thought to be weighted in the employers' favour in several industries. In *coal-mining* the M.F.G.B. had established itself on the basis of the withdrawal of its affiliates from sliding scale agreements with the employers, and its success in raising basic rates by some 40 per cent between 1888 and 1893[233]. The »supreme test of the M.F.G.B.[234]« came in the summer of 1893 when the owners demanded a 25 per cent reduction in pay, pointing to the 35 per cent fall in coal prices since 1890. After a lock-out lasting almost four months, and involving 300,000 workers, the union was successful in resisting reductions. But the outcome, following intervention by Lord Rosebery, the Foreign Secretary, was the setting up of a joint conciliation board, with an »independent[235]« chairman, and with authority over the whole federated area. The new board rejected claims for a minimum wage, and also turned down proposals that it should take profits into consideration in fixing wage rates. The first reduction imposed under the new system was a 10 per cent cut in the summer of 1894, and what followed made it clear that the basic connection between wages and prices had not been severed. The miners were

---

joined the union before starting work, and the National Amalgamated Union of Labour called in 1904 for monthly returns by shop stewards (i. e. of the results of their card-checks) to branches, with quarterly visits by full-time officers to each shop steward. See *Clegg, Fox and Thompson*, op. cit., pp. 58 and 330.

231 Quoted in *Wigham*, op. cit., pp. 23—24.
232 *Clegg, Fox and Thompson*, op. cit., p. 473.
233 Membership had risen from around 36,000 at the foundation in 1888—89 to 200,000 by 1893.
234 *Burgess*, op. cit., p. 205.
235 The first one was a peer with coal-mining interests.

stuck with a disguised lagged version of a sliding-scale agreement[236] which prevented them from taking full advantage of periods of prosperity, and did little to prevent loss of earnings at other times because of frequent short-time working. The boom in the industry just around the turn of the century, when pay increases were limited by the conciliation board, brought many complaints and a number of unofficial strikes. Of course miners' earnings could vary considerably within the same coalfield, and the colliery price-list served as a focus for local militancy, with the strength of each lodge organization helping to decide the relationship of its members' earnings to district-wide norms[237].

Just as the effects of the apparent abolition of the sliding scale proved disappointing, one of the miners' greatest achievements before 1914, the winning of the statutory eight hour day, also turned rather sour. In South Wales in particular, the introduction of the shorter working day intensified a problem of declining productivity originally caused by geological difficulties[238]. The reaction of the owners was »an onslaught on established work practices and customs[239]«, as well as the exploitation of loopholes in legislation. This also highlighted various omissions in the existing wage agreements, such as the fixing of additional allowances for working »abnormal places[240]«, and also the issue of payment for small coal, for which miners received nothing[241].

Before 1910 the reputation of the South Wales miners was one of »relative quiescence and poor organisation[242]«. When a five-year district wage agreement was signed in April 1910 which made no satisfactory provision for abnormal places, this reputation came under acute strain. Although this settlement was ratified in a coalfield ballot, almost immediately afterwards an S.W.M.F. conference carried unanimously a motion calling for a national strike on the question of »abnormal places«. In October and November 1910 two separate large-scale strikes began — in the Aberdare district at several pits owned by the Powell Duffryn Company, and in the Rhonnda valley among workers employed by the Cambrian Combine. The Cambrian dispute arose out of a failure to agree allowances for working the stony Bute seam at the Ely colliery. A complex of issues was involved in the Aberdare dispute, but it has been called the »block« strike because one of the immediate causes was the sudden ending by the management of Lower Duffryn colliery of the forty-year old custom of allowing workers to take home »blocks« of waste wood for firewood. The total number on strike at the height of the two disputes was nearly 30,000, about one sixth of the total labour force in the South Wales coalfield. The executive of the S.W.M.F. was not moved however. On their advice, a majority of nearly 2 to 1 had already been obtained in a coalfield ballot for a policy of only

---

236 Changes in wage rates took place more slowly, or were »smoothed«, in response to changes in prices than under an explicit sliding-scale system.
237 See *Burgess*, op. cit., p. 214.
238 Though actual output fell only slightly in the first five years after the eight hours act.
239 R. *Merfyn Jones*, introduction, p. 4 to: The Miners' Next Step, London 1972 (originally published 1912).
240 Places where conditions were so difficult that normal piece rates would have given the workers very low earnings.
241 Workmen were paid for »clean large coal only« although much of the small coal they produced was actually saleable.
242 *Holton*, op. cit., p. 79. The South Wales Miners Federation had been established as an affiliate of the M.F.G.B. only in 1898, and the sliding scale committee had been replaced by a district conciliation board as recently as 1903. Between 1903 and 1910 the Conciliation Board mechanism failed to resolve 231 out of 391 disputes taken before it.

financial support for a localized strike in the Rhonnda, instead of a coalfield stoppage. The Aberdare strike received financial aid from the executive only when moves to spread it had failed, and when it was already near to collapse. The Cambrian strikers, even after six months, rejected by more than 20 to 1 terms negotiated for them by M.F.G.B. representatives, and the Aberdare men too, during their shorter dispute, were unimpressed by the arguments of the executive. But the crucial defeat for the militants of both areas occurred in late November 1910, when an unofficial coalfield conference, at which more than 70,000 miners were represented, voted narrowly against trying to extend the strikes to the whole of South Wales[243]. Both disputes ended in defeat, but played an important part in popularizing and generalizing the issue of a guaranteed minimum wage for the industry, which was taken up in the national coal strike of 1912. And within South Wales itself the two strikes helped to change the composition of the S.W.M.F. executive, and to stimulate the expression of some radical new ideas on trade union organization.

As in coal-mining, industrial relations on the *railways* showed a broadly similar pattern of mounting discontent over bargaining and conciliation arrangements, eventually culminating in a major strike initiated by the rank and file. On the railways, however, the institutions in question were more recent, had been even harder to achieve, and owed rather more to government intervention. The railway companies, with their rate-charging powers subject to statutory control, particularly the acts of 1888 and 1894, had come under increasing pressure from rising costs in the 1890s[244]. Although a few companies, including the North Eastern and the Taff Vale, had negotiated directly with the A.S.R.S. in 1890, opinion hardened, and co-operation improved among employers in reaction to the launching of the national all-grades programme by the A.S.R.S. in 1897[245]. The acceptance by the companies of the conciliation scheme of 1907, which avoided direct recognition of unions, was to a large extent »the outcome of a stick-and-carrot policy on the part of Lloyd George[246]«, who as the responsible minister hinted at a more favourable government attitude towards schemes of amalgamation which promised to reduce costs by eliminating competition[247]. The resulting concessions to the unions, although providing some permanent machinery for dealing with grievances where none had previously existed, and some element of arbitration, were made very unwillingly and interpreted harshly by the companies. The system was extremely slow-moving, and in the opinion of the A.S.R.S. general secretary, the application of awards left

---

243 For an account of this episode, and of the Aberdare strike as a whole, see *M. Barclay*, »The Slaves of the Lamp« — the Aberdare Miners' Strike 1910, Llafur, vol. 2, no. 3, 1978, pp. 24—42.
244 The ration of working expenses to gross receipts rose from 52 per cent in 1889 to 62 per cent in 1900. See *G. Alderman*, The Railway Companies and the Growth of Trade Unionism, Historical Journal, XIV, I, 1971, pp. 129—152.
245 It was agreed by most companies to resist claims for uniformity of pay and conditions, and to rule out arbitration.
246 *Alderman*, ibid., p. 140. The growth of railway trade unionism from 1906 also made the employers' previous policy more difficult to sustain.
247 Although the companies were not satisfied with the results, the historian of the union found »the years 1907—11 were remarkable for the virtual elimination of competition in railway transport in many areas of the country«. *Bagwell*, op. cit., p. 284. The union itself favoured a more radical solution to the same problem. It had advocated nationalization since 1894, and its sponsored MPs put forward bills to this effect in 1906 and 1908.

many men worse off than before[248]. The depressed trade conditions of 1908 and 1909, and the rising price of coal clearly did nothing to make the employers more generous.

Finally »the pot boiled over on the railways« in the hot summer of 1911, precipitated by unofficial moves in several different areas. In Liverpool, railwaymen were drawn into action in support of the dockers, and by their grievances against the Lancashire and Yorkshire Railway, which paid particularly badly. Altogether, the first national railway strike was »a ›soldier's battle‹ with 50,000 men, or about a quarter of the total force ultimately involved, already engaging the enemy before the General Staff belatedly took over control[249]«. Another notable feature of this dispute was that not only did members of the various railway unions find an unusual degree of unity in action, but also many non-unionists joined in as well. In fact it was the experience of solidarity during the 1911 strike which transformed the prospects for a merger of railway unions which finally took place in 1913. The strike was called off abruptly after government mediation and without any immediate pay increase[250]. After a Royal Commission had reported, the conciliation system was modified so as to concede the substance of union recognition, allowing union officials to represent workers on the conciliation boards[251]. Here again it seems that a major influence on the changing strategy of the employers was another phase of »stick and carrot« pressure from ministers. On the one hand the government was not prepared to back up the companies in a hard-line anti-recognition policy[252], given the proven effectiveness of union organization, but on the other hand they were prepared to offer a measure of relief for the economic problems of the railways. This promise was implemented in the Railway and Canal Traffic Act of 1913[253]. The settlement, however, was unpopular with union members because the main work of conciliation was left in the hands of sectional boards which dealt separately with different grades of railwaymen, thereby in itself accentuating grade consciousness and sectionalism. There was also anger at the decision of the A.S.R.S. leadership to accept the new scheme, and their refusal to publish the voting figures of a ballot held to determine whether the strike should be renewed. Over 100 A.S.R.S. branches tried unsuccessfully to call a special general meeting on the issue. Then at the 1912 annual general meeting a resolution was moved opposing »all such conciliation schemes as are now being imposed on the workers by the employing class and its capitalistic backers in the state, and instructs the E.C. to give the necessary notice to terminate the existing scheme at the earliest possible moment[254]«.

Workers in the *cotton spinning industry* also had unsatisfactory experience of their bargaining machinery, and again resentment of its operations was far more conspicuous among operatives than union officials. The Brooklands Agreement of March 1893 had been worked

---

248 *Bagwell*, ibid., p. 280. For examples of the working of the conciliation boards, see p. 278 and pp. 281—82.
249 *Bagwell*, ibid., p. 291.
250 In addition to recognition, demands had included a 2 shillings a week pay rise, and a cut of six hours in the working week. There were pay increases on nearly every major line in the first half of 1912.
251 Even under the 1907 system, union officials had been allowed to represent employers in arbitration, but not on the conciliation boards.
252 By now, obviously out of line with the attitude of leading employers in most other major industries.
253 *Alderman*, op. cit., pp. 146—55.
254 *Bagwell*, op. cit., p. 304. He considers that the minority vote for this motion (of 19 votes, against 37) »represented the peak of syndicalist influence in the union in the pre-war period«.

out at the end of a twenty-week lock-out of about 50,000 operatives which had aimed at imposing a 5 per cent wage cut[255]. Brooklands provided a lengthy bureaucratic procedure for all disputes[256], and was particularly slow and inadequate in dealing with the common issue of bad spinning. It also limited fluctuations in wage levels to a maximum of 5 per cent every twelve months, which arguably benefitted the employers in good times more than it helped their workers when trade was bad[257]. Among its other effects was the »isolation of official union leaders from the rank and file« and a strengthening of their position as »mediators of conflict between employers and employed[258]«. Possibly too, it led to further deterioration of relations between piecers and minders, and many unofficial disputes in the 1890s and 1900s were strikes by piecers, directed as much against the minders as against the owners. Disputes over »bad spinning« were a major source of conflict in the industry, and of course pre-dated Brooklands. They were normally demands for compensation for loss of earnings caused by excessive breakages attributable to low-quality cotton. In a sense the problem was the speed of the machine as much as the quality of the raw material. Bad spinning meant that mules were being run too fast for a given quality of cotton mixings or preparation. Its fundamental cause was the employers' desire to cut costs in response to foreign competition, especially on coarser counts of cotton, in a situation where the limits of productivity increase on the mule had already been reached[259].

The response to these and other problems[260] after 1910 was a strong one involving cotton workers in almost 250 strikes and lock-outs by 1914, with more than 3.5 million working days lost in the peak year of 1912[261]. The following year the spinners' union finally »took the unprecedented step of unilaterally withdrawing from the Brooklands Agreement[262]«. The period of heightened conflict had been inaugurated by a spinning trade lock-out in 1910 of about 100,000 operatives which actually hinged on a question of interpretation of the Brooklands Agreement. Novel features of the strike wave included instances of a cotton union calling a strike where all the workers affected were women[263]. And in the weaving section of the industry a four-week lock-out in 1911—12 followed the raising of the unprecedented demand for the closed shop by the Weavers' Amalgamation. Many of the strikes were official, but on the other hand, many were not, and it has been argued that »the frequency of wildcatting [. . .] appears to have been a most efficacious means of communicating with the union officials[264]«. The same authority has also suggested that cotton

---

255 The outcome was a compromise reduction of 2.9 per cent. But there was also a good deal of victimisation of union members after the settlement.
256 »In substance and spirit the Brooklands Agreement reads like a model agreement drafted by industrial-relations professors in the third quarter of the twentieth century.« Its objective was »the routinization of conflict«. See J. L. *White*, The Limits of Trade Union Militancy; The Lancashire Textile Workers 1910—1914, London and Westport, USA, 1978, pp. 79—80.
257 In a largely unionised industry like cotton spinning, wage rates tended to be relatively inflexible in a downwards direction.
258 *Burgess*, op. cit., pp. 286 and 288.
259 See *Lazonick*, op. cit., pp. 254—55.
260 During the 1908—09 recession earnings fell below the level of the early 1890s.
261 *White*, op. cit. These figures include weaving as well, but the spinners and piecers were in fact the most strike-prone group of workers in the whole industry.
262 *White*, ibid., p. 106.
263 Ring-spinners called out by the Cardroom Workers' Amalgamation.
264 *White*, ibid., p. 111.

industry disputes of these years call for the notion of the »counteroffensive« strike, motivated by desire to make up lost ground on the terrain of wages, and to make a positive advance[265]. However, sectionalism remained entrenched in both organization and attitudes, reflecting long-standing differences between skilled and unskilled, men and women, adults and youths. Weaker groups failed to improve their status, and significantly, renewed attempts from 1913 to establish separate unions for the piecers, as opposed to lowly subordinate status within the spinners' union, made very little progress[266].

In several industries during the years of the »labour unrest«, the most coherent force, both theoretical and practical, which promoted direct action and discounted the use of orthodox bargaining and conciliation machinery was undoubtedly *syndicalism*. As an influence on the events of 1910 to 1914 syndicalism is of particular interest in this context because it offered a new and very radical concept of working class organization. There are difficulties both in defining syndicalism as a set of ideas, and in isolating and measuring the contribution of syndicalists to particular episodes[267], especially if the term is stretched to cover »proto-syndicalist behaviour[268]«. It is sufficiently clear, however, that what was involved was »ouvrierism[269]«, a high level of class consciousness, an optimistic view of the potential of trade union organization, and an aggressive readiness to challenge the authority of both employers and the state. It should also be obvious that in the British case at least, syndicalism could not be dismissed as a reflex action from backward sectors of an industrializing economy. Nor does it seem any longer tenable to characterise it as an imported foreign theory of little consequence in Britain.

The clearest attempt to apply syndicalist ideas to specific problems of union organization was probably the publication of the pamphlet »The Miners' Next Step[270]« by the Unofficial Reform Committee[271] of South Wales miners in 1912. This document, which contained within it a proposed new constitution for the South Wales miners, sold extremely well, and had a major impact on other coalfields as well as in its area of origin. The main elements of the programme were industrial unionism, rank and file control of policy, and workers' control of the mining industry. It contained some concrete demands, for a minimum wage of eight shillings a day, and for a seven hour day in the mining industry, and also a vision of a society based on industrial democracy, in which each industry would be run by its own workers, with co-ordination provided by a »central production board«. There was a heavy emphasis on the organizational changes needed to make such aims feasible, with a whole section entitled »Workmen the ›Bosses‹, ›Leaders‹ the Servants«. The pamphlet was a plea for »the demo-

---

265 *White*, ibid., p. 179. In reaction to the poor performance of real wages in the years before 1910, and to the five-year freeze in wage rates agreed in 1910. Actual earnings did rise from late in 1910 to a peak in 1913, in conditions of high demand.
266 Previous attempts had been made in 1889 and 1908.
267 See the discussion in *Holton*, op. cit., especially the introduction, chapter 1, and the conclusions. The main organizations which were explicitly syndicalist were the Industrial Syndicalist Education League and the Industrial Democracy League.
268 *Holton*, ibid., p. 76. This refers to »forms of social action which lie between vague revolt and clear-cut revolutionary action«.
269 Roughly, rejection of leadership by outside experts or parliamentary intermediaries.
270 See *Jones*, op. cit.
271 Established 1911, between the Cambrian strike and the national coal strike. At the end of 1912 formed the basis of the Industrial Democracy League.

cratization of decision-making but also for the centralization of fighting power²⁷²« within the union. The authors failed to bring about the reorganisation of the S.W.M.F. which they sought, but they certainly contributed to the growth of industrial and political militancy in other areas and to the outbreak of the unofficially-led national coal strike of 1912.

The characteristic syndicalist emphasis on working class solidarity regardless of existing divisions within the labour movement found many opportunities during the labour unrest to express and advance itself. One of the most remarkable achievements, and one where syndicalist influence was indisputably present, was the organization of the multi-union strike committee in Liverpool during what was virtually a general transport strike in the city in the summer of 1911²⁷³. The authority of the strike committee, and the effectiveness of picketting were such that some employers, including large ones, were obliged to apply for permits to move goods — normally without success. The initiative in organizing the Liverpool dispute came from a sub-committee of the local Trades Council, as often the only formal body with official status which was equipped in any way to co-ordinate a multi-union strike²⁷⁴.

In other respects too, syndicalists were cutting with the grain during these years, as in promoting the principle of union organization by industry rather than by craft or grade. Obviously more orthodox trade unionists looking for an increase in the strength and bargaining power of their own organizations also supported such moves as the merger which created the National Union of Railwaymen in 1913²⁷⁵. Much the same was true of the tendency towards the construction of federations or alliances of different national trade unions which was another notable feature of the immediate pre-war period. The two main developments were the establishment of the National Transport Workers' Federation in 1910, linking more than twenty unions of dockers, cartners, bus workers and labourers, and the Triple Alliance of the M.F.G.B., N.U.R., and N.T.W.F., which was finally set up in 1915, but not tested until after the war. These arrangements owed a good deal to the realization that major strikes by some groups of workers affected the employment of others²⁷⁶, and the finances of their unions. They also preserved more or less completely the autonomy of the constituent unions, and the effective discretion of their national leaderships. A more positive attitude towards unity became widely diffused even among the unions least affected by the »labour unrest«, and led the A.S.E. to recommend to the Federation of Engineering and Shipbuilding Unions²⁷⁷ that its various affiliates should consider amalgamation. This was turned down in favour of »closer unity through federation«, but local amalgamation committees were set up in several centres to try to encourage interest in mergers among the membership of other unions²⁷⁸. And in 1913 Tom Mann again contested the election to choose the next general

---

272 *Jones*, ibid., p. 6.
273 Tom Mann, by now a leading syndicalist, was chairman of the strike committee.
274 See *A. Clinton*, The Trade Union Rank and File: Trades Councils in Britain, 1900—1940, Manchester 1977, p. 15. Local trades councils were also active in the Black Country strikes of 1913 and the Leeds municipal strike of 1913—14.
275 For an acknowledgement of syndicalist influence here, see *Bagwell*, op. cit., pp. 326—27.
276 For example, the interdependence of miners and railwaymen had been demonstrated in the strikes of 1911 and 1912.
277 Which the A.S.E. had joined without much enthusiasm in 1905, after fourteen years' abstention. The 1910 A.S.E. resolution stressed the strength and unity of the employers as a reason for amalgamation.
278 *Jefferys*, op. cit., p. 164.

secretary of the A.S.E., taking around a quarter of the vote on a platform of »One union for engineering, working class solidarity and direct action[279]«.

The conflicts of 1910 and 1914 inevitably drew attention to some of the inadequacies of existing trade union structures and practices. Whether under direct syndicalist influence or not, many union members supported moves towards industrial unionism, or amalgamation, or became involved for the first time in unofficial organization within their own workplace. These developments were informed by a critical attitude towards the opinions and conduct of their officials and leaders. Still more union members, without necessarily taking an active part in organizational initiatives, voted to reject the advice of their executives or officials on crucial questions[280]. It is also clear that the high levels of class consciousness attained during the critical disputes of this period often produced determined and imaginative improvisation which could overcome formal obstacles to unity in action. All the major strikes evoked an impressive level of solidarity from other workers not directly involved, some of whom were drawn into communal confrontations with the police and the armed forces of the state, as in South Wales, at Hull, and Liverpool[281]. Although, as the historian of British syndicalism acknowledges, there was no mass following for systematic revolutionary ideas during the labour unrest[282], there was certainly a sharp challenge to sectionalism, and to orthodox conceptions of trade union leadership.

It is possible therefore to argue that useful organizational change was taking place in the immediate pre-war years, particularly in the direction of industrial unionism and federation, and also, with much less planning, in the emergence of workplace organization. It is equally possible to emphasise the disappointing results (in terms of working class unity and strength) of most of these new developments, especially of the federal variety, the limitations of which came to be appreciated more readily after the collapse of the Triple Alliance in 1921[283]. Bearing in mind the considerable achievements of workers in building solidarity even with unchanged union structures, it might be tempting to devalue the importance of organizational issues.

This would, however, be a conclusion of dubious validity, since the need for organizational change was becoming more rather than less urgent, if the aspirations of the rank and file militants of the labour unrest were to be kept alive. The sheer increase in union size, especially of new unions with less democratic formal constitutions, was rapidly intensifying the problem of relations between leaders and members[284]. The struggle to establish, or re-establish internal democracy became increasingly crucial, and was to be fought on difficult ground within a more bureaucratized trade union movement after the First World War. Furthermore the

---

279 *Holton*, op. cit., p. 153.
280 The 1912 coal strike ended after almost a quarter of a million miners rejected the settlement proposed, which provided for district minimum wages fixed by district boards, rather than a true national minimum wage. The majority was, however, considered insufficient by the leadership to justify continuing the strike.
281 See *Holton*, ibid., part 2, for an account of these incidents. Also *McKenna*, op. cit., pp. 62—65.
282 *Holton*, op. cit., p. 77.
283 Although the alliance was invoked, the miners were at the last moment abandoned by their allies, and left to strike alone.
284 *Hyman*, op. cit., pp. 113—17, describes the evolution of the Workers' Union, the fastest-growing general union in 1910—14, from an open and fairly decentralised organization employing only one full-time official before 1910 to a complex bureaucratic machine with a hundred employees ten years later. There were about two dozen central staff in 1914.

most systematic advocates of radical reorganization before 1914, the syndicalists, are open, with hindsight, to numerous accusations of error and omission. They flirted with the unpromising strategy of dual unionism[285] and they largely failed to see any need, even as a long-term objective, for the building of a mass revolutionary political party, although of course they rejected the politics of existing labour parliamentarism. Perhaps rather more surprisingly they had little to say about the potential of independent workplace organization, based on links between shop stewards and workers' committees in different factories[286]. If questions of organization are to be regarded as primary, then the years before 1914 should perhaps be regarded not merely as a period of effective militancy, in which the downward trend in real wages was checked, and some challenging new concepts of trade unionism found a large following, but also as a time of lost opportunities.

---

285 In the building industry. See *Holton*, op. cit., pp. 154—163. Dual unionism was basically the promotion of separate unions in opposition to the existing bodies, and competing for the same membership.
286 This was to prove the main line of development for unofficial militancy during the First World War. See *Hinton*, op. cit. It may be that syndicalists neglected this point because they tended to be strongest in industries like coal-mining where the distinction between branch and workplace organization was least important.

Klaus J. Bade

Massenwanderung und Arbeitsmarkt im deutschen Nordosten von 1880 bis zum Ersten Weltkrieg

Überseeische Auswanderung, interne Abwanderung und kontinentale Zuwanderung

Walther Peter Fuchs zum 75. Geburtstag

FRAGESTELLUNG UND UNTERSUCHUNGSGANG

Gegenstand dieses Beitrags[1] ist das Wanderungsgeschehen auf dem landwirtschaftlichen Arbeitsmarkt der in Schaubild 1 wiedergegebenen deutschen Nordostgebiete in den drei Jahrzehnten vor dem Ersten Weltkrieg[2]. Sie waren in dieser Zeit zunächst Hauptausgangsräume der überseeischen Massenauswanderung, der gleichfalls zur Massenbewegung aufsteigenden internen Abwanderung und dann erste Hauptzielräume der über die östlichen Reichsgrenzen nachrückenden kontinentalen Zuwanderung. Innerhalb dieser vielgestaltigen Massenbewegungen in Ost-West-Richtung werden hier besonders herausgehoben: Amerikaauswanderung, interne Ost-West-Fernwanderung und transnationale Saisonwanderung aus dem östlichen Ausland. Gefragt wird nach sozialökonomischen Bestimmungsfaktoren, Entwicklungsbedingungen und Folgeerscheinungen überseeischer Auswanderung und interner Abwanderung und nach den strukturellen Hintergründen jener Wechselwirkungen zwischen der Abwanderung einheimischer und der Zuwanderung ausländischer Arbeitskräfte, die ein besonderes Konfliktpotential bildeten in den zeitgenössischen Kontroversen um das Wanderungsgeschehen auf dem landwirtschaftlichen Arbeitsmarkt der Nordostgebiete.
Der Zusammenhang von transnationalem und internem Wanderungsgeschehen im Untersu-

---

1 Der Beitrag gibt einige Ergebnisse einer größeren Studie, die demnächst unter dem Titel »Land oder Arbeit: Massenwanderung und Arbeitsmarkt im Deutschen Kaiserreich« erscheinen soll (vgl. hierzu auch die in Anm. 4 und 13 genannten Beiträge). Für hilfreiche Stellungnahmen zur Konzeption der Untersuchung danke ich den Professoren Walther Peter Fuchs, Hermann Kellenbenz, Wolfgang Köllmann, Günter Moltmann, Michael Stürmer und Gerhard Wurzbacher. Einzelne Bereiche dieser Thematik konnte ich auf verschiedenen Vortragsreisen in den USA zur Diskussion stellen: im April 1977 an der State University of California in Berkeley, im Dezember 1978 auf dem Jahreskongreß der American Historical Association in San Francisco, im Oktober und November 1979 an der Cornell University, der Yale University, der State University of New York in Buffalo und auf dem Jahreskongreß der Social Science History Association in Cambridge, Mass. Für Hinweise und hilfreiche Kritik in diesen Diskussionen danke ich besonders den Professoren Kathleen Neils Conzen, Gerald D. Feldman, Oscar Handlin, Michael R. Haines, Georg G. Iggers, Frederick Merck (†), David S. Landes, Frederick C. Luebke, Aidan Mcquillan, Otto Pflanze, Hans Rosenberg, Fritz Redlich (†), Alfred Vagts und Mack Walker.
2 Schablone bei *John Knodel*, The Decline of Fertility in Germany, 1871—1939, Princeton, N. J., 1974, passim; die räumliche Gliederung entspricht der in der Auswanderungsforschung seit den Arbeiten von *Wilhelm Mönckmeier*, Die deutsche überseeische Auswanderung, Jena 1912 und *Friedrich Burgdörfer*, Die Wanderungen über die deutschen Reichsgrenzen im letzten Jahrhundert, in: Allgemeines Statistisches Archiv 20, 1930, S. 161—196, 383—419, 536—551 geläufigen wirtschaftsgeographischen Einteilung.

Schaubild 1: Nordöstlicher Untersuchungsraum und Gliederung des Reichs nach Auswanderungsräumen (Gebietsstand 1900)

Nordostgebiete

1. Ostpreußen
2. Westpreußen
3. Pommern
4. Posen
5. Brandenburg
6. Mecklenburg

Südostgebiete

7. Schlesien
8. Kgr. Sachsen

Mitteldte. Gebiete

9. Thüringen
10. Prov. Sachsen
11. Braunschweig
12. Anhalt

Nordwestgebiete

13. Schleswig-Holstein
14. Hannover
15. Oldenburg

Westgebiete

16. Rheinland
17. Westfalen
18. Hessen-Nassau
19. Waldeck
20. Lippe

Südwestgebiete

21. Bayern
22. Baden
23. Württemberg
24. Hessen
25. Hohenzollern-Sigmaringen
26. Elsaß-Lothringen

Hansestädte

27. Bremen
28. Hamburg
29. Lübeck

chungszeitraum hat in der neueren wirtschafts- und sozialgeschichtlichen Forschung kaum mehr eingehendere Beachtung gefunden. Beiträge zur Geschichte des Wanderungsgeschehens selbst stehen im Zeichen einer forschungsgeschichtlich eingeschliffenen Trennung der drei Untersuchungsfelder: Auswanderung[3], Zuwanderung bzw. Ausländerbeschäftigung[4]

---

3 Wichtigste neuere Gesamtdarstellungen zur Geschichte der deutschen Überseeauswanderung im Untersuchungszeitraum nach der Monographie von *Mönckmeier* und dem demographisch-statistischen Längsschnitt von *Burgdörfer*, a. a. O. (S. 537 ff. auch ein Abriß der kontinentalen Einwanderung): *Mack Walker*, Germany and the Emigration, 1816—1885, Cambridge, Mass., 1964; *Peter Marschalck*, Deutsche Überseeauswanderung im 19. Jahrhundert. Ein Beitrag zur soziologischen Theorie der Bevölkerung, Stuttgart 1973; *ders./Wolfgang Köllmann*, German Emigration to the United States, in: Perspectives in American History 7, 1974, S. 499—554; Fallstudien zu einzelnen zentralen Problembereichen: *Günter Moltmann* (Hrsg.), *Deutsche Amerikaauswanderung im 19. Jahrhundert. Sozialgeschichtliche Beiträge*, Stuttgart 1976; *ders.*, Nordamerikanische »Frontier« und deutsche Auswanderung — soziale »Sicherheitsventile« im 19. Jahrhundert?, in: *Dirk Stegmann/Bernd-Jürgen Wendt/Peter-Christian Witt* (Hrsg.), *Industrielle Gesellschaft und politisches System. Beiträge zur politischen Sozialgeschichte. Festschrift für Fritz Fischer zum 70. Geburtstag*, Bonn 1978, S. 279—296; zur zeitgenössischen Diskussion der Auswanderungsfrage seit der Mitte des 19. Jahrhunderts: *Hans Fenske*, Die deutsche Auswanderung in der Mitte des 19. Jahrhunderts. Öffentliche Meinung und amtliche Politik, in: GWU 1973, S. 221—236; *Klaus J. Bade*, Friedrich Fabri und der Imperialismus in der Bismarckzeit: Revolution — Depression — Expansion, Freiburg i. Br. 1975.

4. Die zeitgenössische Literatur über Zuwanderung bzw. Ausländerbeschäftigung ist, im Gegensatz zur neueren Forschungsliteratur, außerordentlich umfangreich (Bibliographie in der in Anm. 1 genannten Arbeit); wichtigste Beiträge: *Max Weber*, Die Verhältnisse der Landarbeiter im ostelbischen Deutschland. Dargestellt auf Grund der vom Verein für Socialpolitik veranstalteten Erhebungen, Schriften des Vereins für Socialpolitik (Schriften VfS) 55, 1892; *ders.*, Die ländliche Arbeitsverfassung, in: Schriften VfS 58, 1893, S. 62—86; *Th. Freiherr v. d. Goltz*, Die ländliche Arbeiterklasse und der preußische Staat, Jena 1893; *H. Frankenstein*, Die Arbeiterfrage in der deutschen Landwirtschaft, Berlin 1893; *F. Stutzke*, Innere Wanderungen, die Ursache des Arbeitermangels in der preußischen Landwirtschaft und des Zuzugs ausländischer Wanderarbeiter, Heidelberg 1903; *J. v. Trciński*, Russisch-polnische und galizische Wanderarbeiter im Großherzogtum Posen, Stuttgart 1906; *Max von Stojentin*, Die Wanderarbeiter in der Provinz Pommern, Stettin 1909; *Stephan Schmidt*, Die Wanderarbeiter in der Provinz Sachsen und ihre Beschäftigung im Jahre 1910, Halle 1911; *Anton Knoke*, Ausländische Wanderarbeiter in Deutschland, Leipzig 1911; *P. Grund*, Die ausländischen Wanderarbeiter in ihrer Bedeutung für Oberschlesien, Leipzig 1913; *A. Mytkowicz*, Ausländische Wanderarbeiter in der deutschen Landwirtschaft, Posen 1914; *O. Becker*, Die Regelung des ausländischen Arbeiterwesens in Deutschland. Unter besonderer Berücksichtigung der Anwerbung und Vermittlung, Berlin 1918; *Wilhelm Andreas Henatsch*, Das Problem der ausländischen Wanderarbeiter unter besonderer Berücksichtigung der Provinz Pommern, Greifswald 1920; *G. Gross*, Ausländische Arbeiter in der Landwirtschaft und die Frage ihrer Ersetzbarkeit, in: Landwirtsch. Jb. 61, 1924, S. 1—63; *Werner Radetzki*, Der gegenwärtige Stand der landwirtschaftlichen Wanderarbeiterfrage in Deutschland, ebda. 63, 1926, S. 305—338; als für die Vorkriegszeit einzige neuere und erstmals auch auf Archivforschungen gestützte größere Darstellung: *Johannes Nichtweiss*, Die ausländischen Saisonarbeiter in der Landwirtschaft der östlichen und mittleren Gebiete des Deutschen Reiches. Ein Beitrag zur Geschichte der preußisch-deutschen Politik von 1890 bis 1914, Berlin [DDR] 1959; daneben noch die Hinweise bei *Hans-Jürgen Puhle*, Agrarische Interessenpolitik und preußischer Konservatismus im wilhelminischen Reich (1890—1914), Bad Godesberg 1966 (2., verb. Aufl., Bonn-Bad Godesberg 1975) und bei *Lawrence Schofer*, The Formation of a Modern Labor Force: Upper Silesia, 1865—1914, Berkeley 1975; für die Zeit des Ersten Weltkriegs im Anschluß an Nichtweiss: *Lothar Elsner*, Die ausländischen Arbeiter in der Landwirtschaft der östlichen und mittleren Gebiete des Deutschen Reiches während des 1. Weltkrieges. Ein Beitrag zur Geschichte der preußisch-deutschen Politik, Phil. Diss. Rostock 1961 (MS); *ders.*, Sicherung und Ausbeutung ausländischer Arbeitskräfte. Ein Kriegsziel im 1. Weltkrieg, in: ZfG 24, 1976, S.

und Binnenwanderung[5]. Zumeist wurden einzelne große Wanderungsströme untersucht, zeitgleiche andere nur parenthetisch erwähnt oder aber synoptisch beigeordnet, die jeweils thematisierten Bewegungen selbst ohne nähere Berücksichtigung der zeitgenössischen Auseinandersetzungen um das Wanderungsgeschehen auf dem Arbeitsmarkt verfolgt[6]. Die Konzentration auf einzelne Bewegungen hat das Bild von ihren Bestimmungskräften, Strukturen und Verlaufsformen sehr differenziert. Sie kann aber auch hinderlich sein für Analysen des Wanderungsgeschehens und seiner Konfliktmanifestation in der zeitgenössischen Diskussion, wenn sich im Untersuchungsfeld verschiedene Wanderungsbewegungen begegneten oder

---

530—546; ders. (Hrsg.), *Fremdarbeiterpolitik des Imperialismus*, H. 1—5, Rostock 1974—1979; *Friedrich Zunkel*, Die ausländischen Arbeiter in der deutschen Kriegswirtschaftspolitik des 1. Weltkriegs, in: *Gerhard A. Ritter* (Hrsg.), *Enstehung und Wandel der modernen Gesellschaft*. Festschrift für Hans Rosenberg zum 65. Geburtstag, Berlin 1970, S. 280—311; dagegen: *L. Elsner*, Liberale Arbeiterpolitik oder Modifizierung der Zwangsarbeitspolitik? Zur Diskussion und zu den Erlassen über die Behandlung polnischer Landarbeiter in Deutschland 1916/17, in: Jb. für die Geschichte der sozialistischen Länder Europas 22/II, Berlin [DDR] 1978, S. 85—105; über die Konfliktmanifestation der Ausländerbeschäftigung in Preußen bis zum Ersten Weltkrieg zuletzt: *Klaus J. Bade*, Politik und Ökonomie der Ausländerbeschäftigung im preußischen Osten 1885—1914: die Internationalisierung des Arbeitsmarktes im »Rahmen der preußischen Abwanderpolitik«, in: Geschichte und Gesellschaft, Sonderheft 6, 1980: »Rückblick auf Preußen«.

5 Einen trotz vieler Lücken nützlichen Überblick über die zeitgenössische Literatur zur Abwanderung aus der Landwirtschaft bietet: *Arbeitswissenschaftliches Institut der DAF* (Hrsg.), *Die Landflucht*. Eine Bibliographie, Berlin 1939; eine wichtige Zäsur in der Forschungsdiskussion um die »Landflucht« bildet die kritische Studie von *Peter Quante*, Die Flucht aus der Landwirtschaft. Umfang und Ursachen der ländlichen Abwanderung, dargestellt auf Grund neueren Tatsachenmaterials, Berlin 1933; im Anschluß an Quante, aber im Gegensatz dazu im Fahrwasser der nationalsozialistischen Lebensraumideologie, in das auch *Burgdörfer*, a. a. O., in den 1930er Jahren geriet: *H. Rogmann*, Die Bevölkerungsentwicklung im preußischen Osten in den letzten hundert Jahren, Berlin 1937. Die neuere Binnenwanderungsforschung ist in der Bundesrepublik vor allem ausgegangen von den richtungweisenden Studien *Wolfgang Köllmanns;* einige der hier wichtigsten Beiträge in: *ders.*, Bevölkerung in der industriellen Revolution. Studien zur Bevölkerungsgeschichte Deutschlands, Göttingen 1974; für den Untersuchungszeitraum jetzt auch: *Dieter Langewiesche*, Wanderungsbewegungen in der Hochindustrialisierungsperiode. Regionale, interstädtische und innerstädtische Mobilität in Deutschland 1880—1914, in: VSWG 64, 1977, H. 1, S. 1—40; zur Geschichte der internen Ost-West-Fernwanderung bes.: *Eberhard Franke*, Das Ruhrgebiet und Ostpreußen. Geschichte, Umfang und Bedeutung der Ostpreußeneinwanderung, Essen 1936; *Wilhelm Brepohl*, Der Aufbau des Ruhrvolkes im Zuge der Ost-West-Wanderung. Beiträge zur deutschen Sozialgeschichte des 19. und 20. Jahrhunderts, Recklinghausen 1948; *Hans Linde*, Die soziale Problematik der masurischen Agrargesellschaft und die masurische Einwanderung in das Emscherrevier, in: *Hans-Ulrich Wehler* (Hrsg.), *Moderne deutsche Sozialgeschichte*, Köln 1968, S. 456—470; *ders.*, Die Polen im Ruhrgebiet bis 1918, ebda., S. 437—455; *Christoph Kleßmann*, Polnische Bergarbeiter im Ruhrgebiet 1870—1945. Soziale Integration und nationale Subkultur einer Minderheit in der deutschen Industriegesellschaft, Göttingen 1978.

6 Den einzigen umfassenden Versuch einer Zuordnung von transnationalen und internen Massenwanderungen im Untersuchungszeitraum bietet die universalhistorische, in der Interpretation häufig allzu funktionalistische Studie *Alexander und Eugen Kulischer*, Kriegs- und Wanderzüge. Weltgeschichte als Völkerbewegung, Berlin 1932, hier S. 135—218; als gedrängte Synopse: *Köllmann*, Bevölkerungsgeschichte 1800—1970, in: *Hermann Aubin/Wolfgang Zorn* (Hrsg.), *Handbuch der deutschen Wirtschafts- und Sozialgeschichte (HbWS)*, Bd. 2, Stuttgart 1976, S. 9—50, hier S. 17—35; Skizze einer hilfreichen, die traditionellen Barrieren zwischen Binnen-, Aus- und Einwanderungsforschung durchbrechenden heuristischen Konzeption: *ders.*, Versuch des Entwurfs einer historisch-soziologischen Wanderungstheorie, in: *Ulrich Engelhardt/Volker Sellin/Horst Stuke* (Hrsg.), *Soziale Bewegung und politische Verfassung*, Stuttgart 1976, S. 260—269.

überschnitten und gerade ihre Koinzidenz, Kohärenz und Verschränkung im Mittelpunkt der zeitgenössischen Debatte standen. Das war im Untersuchungszeitraum der Fall.
Für eine sozialhistorische Interpretation von Wanderungsgeschehen und Wanderungsverhalten kann es in einem Untersuchungsfeld mit verschiedenen zeitgleichen, alternierenden, aneinander anschließenden und ineinander übergehenden Bewegungen nicht genügen, von der Verlaufs- und Strukturanalyse einzelner Ströme aus auf jeweils besondere »Wanderungsursachen« zurückzuschließen — ganz abgesehen davon, daß ein solches Verfahren immer Gefahr läuft, in einen hermeneutischen Zirkel zu münden[7]. Sozialhistorische Migrationsforschung wird, bei aller nötigen und legitimen Konzentration auf einzelne Bewegungen und Aspekte, 1. immer das gesamte Wanderungsgeschehen im Untersuchungsfeld im Auge behalten, 2. ausgehen von übergreifenden Bestimmungsfaktoren der Soziogenese latenter Wanderungsbereitschaft im Ausgangsraum[8] und 3. fragen nach spezifizierbaren Entwicklungsbedingungen für die sozial und regional unterschiedliche Umsetzung solcher Wanderungsbereitschaft in die verschiedenen zeitgleichen Wanderungsbewegungen. Sie wird ferner immer als international oder interregional vergleichende Sozialgeschichte arbeiten, die Lage der Wanderungspotentiale im Ausgangsraum in Bezug setzen zu derjenigen in den verschiedenen Zielgebieten. Ihr Gegenstand ist das Wanderungsgeschehen als historisches Phänomen und als zeitgenössisches Problem. Deswegen gehören in diesen interdisziplinären Kontext nicht nur im engeren Sinne wirtschafts- und sozialhistorische sowie historisch-demographische und demoökonomische Fragestellungen und Methoden, sondern auch solche der sozialen und politischen Ideengeschichte, der Rechts- und Verfassungsgeschichte. Ein so komplexes und tiefgestaffeltes Aufgabenfeld ist nicht als jeweils konkret erfüllbares Forschungsprogramm zu verstehen. Es dient als heuristischer Orientierungsrahmen nur dazu, bei der in aller Regel nötigen Konzentration auf Einzelaspekte die Vielschichtigkeit der Ereignis- und Problemzusammenhänge transparent zu halten und perspektivischen Verkürzungen zu wehren. Das wird im folgenden versucht.
Die Untersuchung geht aus vom transatlantischen Wanderungsgeschehen und führt von einer vergleichenden Zuordnung überseeischer Auswanderung und interner Ost-West-Wanderung über die integrale Interpretation von strukturellen Bestimmungsfaktoren, gruppenspezifischen Kollektivmotivationen und regionalen Entwicklungsbedingungen zur Analyse der Folgen beider Bewegungen für den Ausgangsraum. Dazu gehörte das Nachrücken der kontinentalen Zuwanderung aus dem östlichen Ausland. Sie kann hier nicht im Blick auf wanderungsbestimmende Schubkräfte in den ausländischen Herkunftsräumen einbezogen werden[9], sondern nur im Blick auf ihre Bedeutung für das Zielgebiet: Auf dem landwirtschaftlichen Arbeitsmarkt der Nordostgebiete tendierte sie dahin, die strukturellen Ursachen des Wanderungsgeschehens weiterzutreiben, deren Folge sie war. Dieser dialektische Wirkungszusammenhang von transnationalem und internem Wanderungsgeschehen wird abschließend zunächst im Zerrspiegel der zeitgenössischen »Verdrängungstheorie« erfaßt und dann eingeordnet in den

---

7 Zur Methodendiskussion: *Günter Albrecht*, Soziologie der geographischen Mobilität. Zugleich ein Beitrag zur Soziologie des sozialen Wandels, Stuttgart 1972, S. 33—170; vgl. ferner *Werner Langenheder*, Ansatz zu einer allgemeinen Verhaltenstheorie in den Sozialwissenschaften. Dargestellt und überprüft an Ergebnissen empirischer Untersuchungen über Ursachen von Wanderungen, Köln 1968; *Hans-Joachim Hoffmann-Nowotny*, Migration. Ein Beitrag zu einer soziologischen Erklärung, Stuttgart 1970.
8 Zum Begriff vgl. *Köllmann*, Wanderungstheorie, a. a. O.
9 Hierzu die in Anm. 1 genannte Arbeit.

schrittweise erarbeiteten Gesamtrahmen der wirtschafts- und sozialhistorischen Interpretation von Arbeitsmarktentwicklung und Wanderungsgeschehen im nordöstlichen Aus-, Ab- und Zuwanderungsraum.

1. BEWEGUNGSFORMEN UND ENTWICKLUNGSTENDENZEN IM TRANSATLANTISCHEN UND INTERNEN WANDERUNGSGESCHEHEN

1.1. Verlaufsformen und Strukturen überseeischer Auswanderung und interner Abwanderung

Schaubild 2[10] zeigt den wellenförmigen Gesamtverlauf der deutschen Überseeauswanderung, die im späten 19. und frühen 20. Jahrhundert vor allem Nordamerikaeinwanderung war. Während der ersten und schärfsten, Mitte der 1870er Jahre in Deutschland wie in den USA unmittelbar auf den Arbeitsmarkt durchschlagenden Phase (1873—1879) der Großen Depression (1873—1896)[11] waren die Auswandererzahlen von noch 110 438 im Jahr 1873 steil über 47 671 (1874), 32 329 (1875) und 29 644 (1876) auf 22 898 im Jahr 1877 abgestürzt. Das Ende der ersten, von schweren Rezessionserscheinungen begleiteten Stagnationsphase markierte 1879 (35 888) zugleich das Ende dieses durch Konjunktureinbruch, Krisenschock und Wanderungsstau gekennzeichneten Wellentales der Auswanderungsbewegung. Zu Beginn des Untersuchungszeitraums setzt mit 117 097 Auswanderern im Jahr 1880 abrupt die dritte, stärkste und längste Auswanderungswelle (1880—1893) des 19. Jahrhunderts ein, die bei einer Schwankungsbreite zwischen jährlich maximal 220 902 (1881) und minimal 83 225 (1886) über die zweite (1882—1886) bis in die dritte (1890—1896), in Deutschland schwächste Phase der Trendperiode wirtschaftlicher Wachstumsstörungen hinein anhielt: Allein im ersten Jahrfünft der 1880er Jahre wanderten mehr als 860 000 Deutsche nach Übersee aus. 1880 bis 1893 erfaßte die Reichsstatistik fast 1,8 Millionen, von denen sich 92 Prozent in die USA einschifften[12]. Mitte der 1890er Jahre lief

---

10 Datenquellen: *Burgdörfer*, a. a. O., S. 189, 192; Statistisches Jahrbuch 52, 1933, S. 49; der 2. Einbruch in der 2. Welle Ende der 1860er Jahre ist durch einen verkürzten Erhebungszeitraum bedingt; bereinigte Kurve für 1820—1910 bei *Moltmann* (Hrsg.), Amerikaauswanderung, S. 201.

11 Zur Kritik des von *Hans Rosenberg*, Große Depression und Bismarckzeit. Wirtschaftsablauf, Gesellschaft und Politik in Mitteleuropa, Berlin 1967, eingeführten Begriffs für die Trendperiode 1873—1896 bes.: *Alexander Gerschenkron*, Continuity in History and other Essays, Cambridge, Mass. 1968, S. 405 ff.; *S. B. Saul*, The Myth of the Great Depression, 1873—1896, London 1969; *Hans Mottek u. a.*, Wirtschaftsgeschichte Deutschlands, Bd. 3, Berlin [DDR] 1974, S. 175—180; *Knut Borchardt*, Wirtschaftliches Wachstum und Wechsellagen 1800—1914, in: HbWS, Bd. 2, S. 265—267; vgl. dazu *Rosenberg*, der in der 2. Aufl. seines Buches (Frankfurt 1976) als wirtschaftsgeschichtlich unmißverständlicheren Alternativbegriff »Große Deflation« erwägt; vgl. auch *ders.*, Machteliten und Wirtschaftskonjunkturen. Studien zur neueren deutschen Sozial- und Wirtschaftsgeschichte, Göttingen 1978, S. 22 f.; der wirtschaftshistorischen Kritik eingedenk, die die sozialhistorische und sozialpsychologische Tragfähigkeit der Rosenbergschen Gesamtkonzeption nicht in Frage stellt, wird hier am Begriff »Große Depression« festgehalten.

12 Langzeitreihen nach der Reichsstatistik bei *Mönckmeier*, S. 192 f.; *Burgdörfer*, a. a. O., S. 189; während die deutsche Auswanderungsstatistik Mindestangaben gibt, weil der Begriff Auswanderung eng gefaßt war und die Auswanderung über ausländische Häfen nicht immer in vollem Umfang erfaßt werden konnte, bietet die amerikanische Einwanderungsstatistik Maximaldaten, weil der Begriff Einwanderung weit gefaßt war und zum Teil auch Einwanderer deutscher Mutterspra-

Schaubild 2: Phasen im Bewegungsablauf der deutschen überseeischen Auswanderung 1830—1932

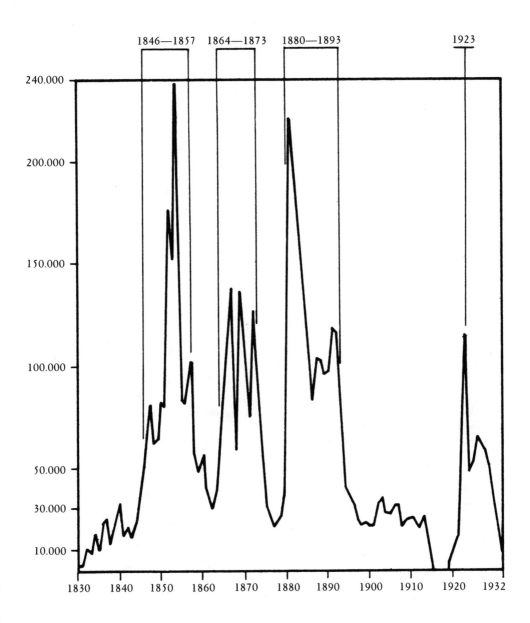

die säkulare Bewegung der überseeischen Massenauswanderung des 19. Jahrhunderts aus. Zu Ende der Großen Depression bzw. zu Beginn der — von den Störungen 1900/02 und 1907/08 abgesehen — bis zum Vorabend des 1. Weltkriegs anhaltenden Hochkonjunkturphase brach die dritte Auswanderungswelle fast ebenso abrupt zusammen, wie sie knapp anderthalb Jahrzehnte zuvor aufgestiegen war: Von noch 87 677 im Jahr 1893 fiel die Auswanderungsbewegung über 40 064 (1894), 37 498 (1895) und 33 824 (1896) auf 24 631 (1897) ab und torkelte damit in den beiden Vorkriegsjahrzehnten auf das Niveau der späten 1830er Jahre zurück, um im Verlauf des Weltkriegs dann vollends abzureißen. Die vierte, ebenso steile wie kurze Auswanderungswelle mit ihrem Gipfel im Jahr 1923 (115 431) ist nurmehr bedingt mit der Massenauswanderung des 19. Jahrhunderts vergleichbar, weil sie wesentlich im Zeichen unmittelbarer und mittelbarer Kriegsfolgen stand[13]. Während die agrarisch-gewerblichen Mischzonen des südwestlichen Ausgangsraums noch bis über die Jahrhundertmitte hinaus im Vordergrund des Auswanderungsgeschehens standen, waren, wie Schaubild 3 zeigt[14], die vorwiegend landwirtschaftlichen Nordostgebiete Hauptausgangsräume der transatlantischen Massenbewegung zur Zeit der dritten Auswanderungswelle. Im Gesamtverlauf der deutschen Überseeauswanderung tritt neben der Verlagerung der Ausgangsräume eine nicht minder deutliche, in den 1890er Jahren weitgehend durchgeformte Verschiebung in der Sozial- und Erwerbsstruktur zutage, die zuerst von Mönckmeier und besonders Burgdörfer aufgewiesen, von Köllmann und Marschalck schärfer gefaßt worden ist: von der Familien- zur Einzelwanderung und von der ländlichen Siedlungswanderung zur industriellen Arbeitswanderung. Die in ihrem Bewegungsablauf schwerfälligere ländliche Siedlungswanderung im Familienverband ist die historisch ältere Form der deutschen überseeischen Massenauswanderung und ragt über die Frühindustrialisierung hinweg noch in die Hochindustrialisierungsphase hinein. Sie überschneidet sich, bei rückläufiger Familienstärke, im Untersuchungszeitraum mit der historisch jüngeren, in ihrer Bewegung flexibleren Form der wesentlich vom konjunkturbedingt schwankenden sozialökonomischen Chancenangebot auf dem Arbeitsmarkt des Einwanderungslandes abhängigen, ökonomisch-spekulativen und stärker individuellen Arbeitswanderung, bis zur endgültigen und für den Arbeitskräfteaustausch zwischen entwickelten Industriegesellschaften mit verwandter Sozialverfassung und Arbeitsmarktstruktur charakteristischen Dominanz der industriellen Arbeitswanderung: Der Entwicklung im Verhältnis von Wirtschafts- und Bevölkerungsweise im Prozeß der demographischen Transition analog, gleicht sich im Übergang vom Agrar- zum Industriestaat phasenverschoben auch die Wanderungsweise der Wirtschaftsweise an[15].

---

che, aber fremder Staatsangehörigkeit als Deutsche aufgenommen wurden; Rohdaten und Diskussion über Erhebungsprobleme der Auswanderungsstatistik in: Zentrales Staatsarchiv, Potsdam (ZSTA I), RMI 18395 f.: Wanderungsstatistik 1872—1922; ebda., AA 29714—29741: Statistische Erhebungen über die deutsche Auswanderung aus außerdeutschen Häfen und Auswanderungsstatistik überhaupt 1881—1913; zum Problem: *Burgdörfer*, a. a. O., S. 194.

13 Hierzu neben *Karl C. Thalheim*, Das deutsche Auswanderungsproblem der Nachkriegszeit, Jena 1926, jetzt: *Hartmut Bickelmann*, Deutsche Überseeauswanderung in der Weimarer Zeit, Phil. Diss. Hamburg 1978 (MS); vgl. *Klaus J. Bade*, Arbeitsmarkt, Bevölkerung und Wanderung in der Weimarer Republik, in: *Michael Stürmer* (Hrsg.), *Die Weimarer Republik — belagerte Civitas*, Königstein Ts. 1980.

14 Datenquelle: Reichsstatistik nach *Mönckmeier*, S. 127—133; Diagramm ebda., S. 130.

15 *Ebda.*, S. 133—173; *Burgdörfer*, a. a. O., S. 401—410; *Köllmann*, Bevölkerung, S. 9 ff., 25 ff., 35 ff., 47 ff.; *Marschalck*, S. 72 ff., 96 ff.; zur Bevölkerungsgeschichte nach wie vor grundlegend: *Gunther Ipsen*, Bevölkerungslehre, in: *Handwörterbuch des Grenz- und Auslandsdeutschtums*, Bd. 1, Breslau 1933, S. 425—474.

Schaubild 3: Deutsche überseeische Auswanderung nach Gebietsgruppen 1871—1910

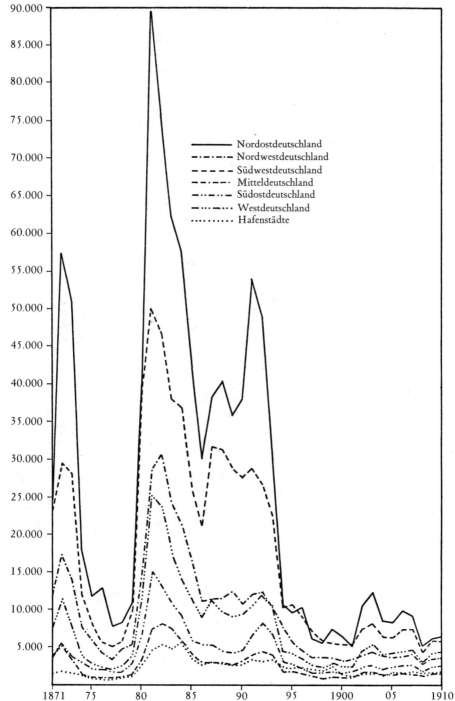

Innerhalb der Amerikaauswanderung aus den vorwiegend agrarischen Nordostgebieten können wirtschaftsgeschichtlich dementsprechend zwei Hauptformen unterschieden werden: die intrasektorale Auswanderung aus dem Primärbereich der Nordostgebiete in denjenigen des überseeischen Haupteinwanderungslandes und die intersektorale Auswanderung in die vorwiegend städtischen Sekundär- und Tertiärbereiche der USA. Dieser Unterscheidung können — um ein Begriffspaar aus Petersens Migrationstypologie[16] für die Zwecke dieser Untersuchung zu operationalisieren — im Blick auf die Wirtschaftsweise der Wanderungspotentiale im Ausgangsraum tendenziell »konservative« bzw. »innovative« Wanderungsabsichten zugeordnet werden: Als ökonomisch konservativ im weitesten Sinne soll hier die Absicht gelten, die im Ausgangsraum objektiv gefährdete, bedroht erscheinende oder nicht mehr befriedigende landwirtschaftliche Existenzgrundlage im Einwanderungsland zu rekonstruieren, also Wirtschaftsweise und sozialen Status zu exportieren. Als innovativ gilt die Absicht, die bisherige Existenzgrundlage aufzugeben und sich mit konkreten Zielvorstellungen oder aber offenem Erwartungshorizont dem allgemein für zuträglicher erachteten sozialökonomischen Chancenangebot des Einwanderungslandes anzupassen. Absicht und Ergebnis konnten dabei weit auseinanderklaffen: Im Extremfall konnte ein konservativer Auswanderungsentschluß zu einem letztlich innovativen Wanderungsergebnis führen, dergestalt, daß die im Einwanderungsland angetroffene Lage jene Veränderung in Wirtschaftsweise und sozialem Status erzwang, die zu vermeiden der konservative Auswanderungsentschluß gefällt worden war.

Wie bei der überseeischen Auswanderung sind auch bei der internen Abwanderung intra- und intersektorale Formen zu unterscheiden: Als intrasektorale gelten hier diejenigen Bewegungen der definitiven Abwanderung, der temporären Arbeitswanderung und der ortlosen Wanderarbeit, die den Primärbereich nicht verlassen; als intersektorale Bewegungen (»Landflucht«) gelten diejenigen, die definitiv, temporär oder pendelnd die Grenzen des primären Erwerbsbereichs überschreiten. Als intersektorale Bewegungen begegnen im Untersuchungszeitraum neben der säkularen, im hektischen Urbanisierungsprozeß der Hochindustrialisierungsphase beschleunigten Land-Stadt-Wanderung mit ihren vielfältigen Formen und Stufen[17] vor allem die Ost-West-Fernwanderung sowie die »berufliche Landflucht« (intersektorale berufliche Mobilität ohne Ortswechsel im Einzugsbereich sekundärer oder tertiärer Erwerbsangebote); als intrasektorale Bewegungen begegnen besonders die landwirtschaftliche Etappenwanderung in Ost-West-Richtung, die an den Grenzen zu den industriegewerblichen Ballungsräumen aus dem Primärbereich austreten konnte, und die landwirtschaftliche Saisonwanderung innerhalb der Nordostgebiete selbst. Als Wanderungspotentiale sind dementsprechend vor allem zu unterscheiden definitive oder temporäre intersektorale Ost-West-Wanderer (preußische »Ruhrpolen«, »Ruhrmasuren«), definitive intrasektorale Ost-West-Wanderer, saisonale intrasektorale Arbeitswanderer (»Sachsengänger«, »Rübenwanderer«, »Schnitter«) und die intrasektoral, häufig auch intersektoral pendelnden ortlosen Wanderarbeiter[18].

---

16 *William Petersen*, A General Typology of Migration, in: American Sociological Review 23, 1958, S. 256—266; vgl. *ders.*, Population, New York 1961, S. 619 (zur Kritik: *Langenheder*, S. 19 f.; *Marschalck*, S. 97 f.).

17 Hierzu jetzt *Langewiesche*, a. a. O.; *ders.*, Mobilität in deutschen Mittel- und Großstädten. Aspekte der Binnenwanderung im 19. und 20. Jahrhundert, in: *Werner Conze/Ulrich Engelhardt* (Hrsg.), *Arbeiter im Industrialisierungsprozeß*, Stuttgart 1979, S. 70—93.

18 Wesentlich ist dabei die Unterscheidung zwischen temporären Arbeitswanderern und ortlosen Wanderarbeitern, mit Hilfe derer zwei häufig verwechselte, nach ökonomischer Stellung, sozialem Status, Selbstverständnis und Selbstwertgefühl verschiedene Wanderungspotentiale auseinanderge-

Das Bild des transnationalen und internen Wanderungsgeschehens wird noch erheblich vielgestaltiger und überschreitet dabei zum Teil die Grenzen des materialiter noch Faßbaren, wenn berücksichtigt wird, daß überseeische Auswanderung und interne Abwanderung nicht nur selbst die verschiedenartigsten Erscheinungsformen hatten, sondern daß 1. konservative und innovative Wanderungsabsichten und -ergebnisse im Einwanderungsland wie im Auswanderungsland mit fließenden Grenzen ineinander übergehen und sich außerdem noch 2. überseeische Auswanderung und interne Abwanderung im Auswanderungsland selbst auf vielfältige Weise überschneiden konnten: 1. Eine Zwischenstufe mit fließendem Übergang zwischen transatlantischer Siedlungs- und Arbeitswanderung bildete in den USA die Einwanderung mittelloser ländlicher Gruppen, die mit ihren Ersparnissen nur Anreise zum Überseehafen und Passagekosten bestreiten konnten und im Einwanderungsland zunächst in sekundären und tertiären Beschäftigungsbereichen Arbeit nahmen, um mit den hier erworbenen Mitteln dann die erstrebte kleine farmwirtschaftliche Existenz zu begründen. Dem entsprach im Auswanderungsland das Wanderungsverhalten jener ländlichen Gruppen, die a) durch temporäre industriegewerbliche Arbeitnahme die Mittel zur letztlich erstrebten transatlantischen Siedlungswanderung zu verdienen suchten oder aber b) alljährlich außerhalb der Saison »in die Stadt« bzw. »in die Fabrik« oder, wie die erste Generation der »Ruhrmasuren« im Zuge der Ost-West-Fernwanderung, sogar »nach Westfalen« gingen, um dort die Mittel zur Stabilisierung bzw. Erweiterung der ererbten armbäuerlichen oder auch zur Begründung einer neuen kleinbäuerlichen Existenz zu verdienen. Auf beiden Seiten blieb, wie für die Amerikaeinwanderung noch zu zeigen ist[19], die zunächst nur auf Zeit geplante intersektorale Arbeitswanderung häufig und zunehmend in städtisch-industriellen Erwerbszweigen stecken. In ihrer Größenordnung gar nicht zu fassen ist schließlich 2. die nach Auskunft deskriptiver Quellen nicht unbeträchtliche Zahl derjenigen, deren Überseeauswanderung eine mehr oder minder lange Phase der intra- oder intersektoralen Etappenwanderung (»migration by stages«) vorausgegangen war, vom Aufbruch im Herkunftsgebiet bis zum Einmünden der internen in die transnationale Bewegung[20]. Gerade die vielgestaltigen Erscheinungsformen und Entwicklungstendenzen, Verschränkungen und Überschneidungen transnationalen und internen Wanderungsgeschehens aber sind charakteristisch für diese sozialhistorische Übergangszeit, in der die Überseeauswanderung aus den Nordostgebieten schließlich ganz hinter die interne Ost-West-Wanderung zurücktrat.

1.2. Die Ost-West-Fernwanderung als internes Pendant der Überseeauswanderung

Im Rahmen der Binnenwanderung über größere Distanzen, die in ihrem Volumen dasjenige der überseeischen Auswanderung bei weitem überstieg und von Köllmann treffend als »größ-

---

halten werden können: Der einzige Besitz des ortlosen Wanderarbeiters ist seine Arbeitskraft, die er auf dem Arbeitsmarkt gegen den höchstmöglichen Lohn verkauft, auch um den Preis mehrmaligen Ortswechsels innerhalb der gleichen Arbeitssaison. Während die Bewegung der ortlosen Wanderarbeiter dem reinen Lohnsog folgt, haben temporäre Arbeitswanderer einen festen Wohnsitz, nicht selten auch eine kleine, im Rohertrag unter der Subsistenzgrenze liegende familiäre Produktionsgemeinschaft, und sind deshalb in ihrem Wanderungsverhalten weniger mobil als die soziale Randgruppe der ortlosen Wanderarbeiter.

19 Über das Wanderungsverhalten der »Ruhrmasuren«: *Linde*, a. a. O.; für die intersektorale Mobilität der »German born population« in den USA vgl. oben, Kap. 1.3.

20 Das gilt innerhalb der Nordostgebiete besonders für Brandenburg mit Berlin (regional vergleichende Fallstudien über das Wanderungsgeschehen auf dem landwirtschaftlichen Arbeitsmarkt der einzelnen Nordostgebiete in der in Anm. 1. genannten Arbeit).

Schaubild 4: Interne Ost-West-Wanderung aus Ostpreußen, Westpreußen und Posen nach Rheinland-Westfalen 1880—1910

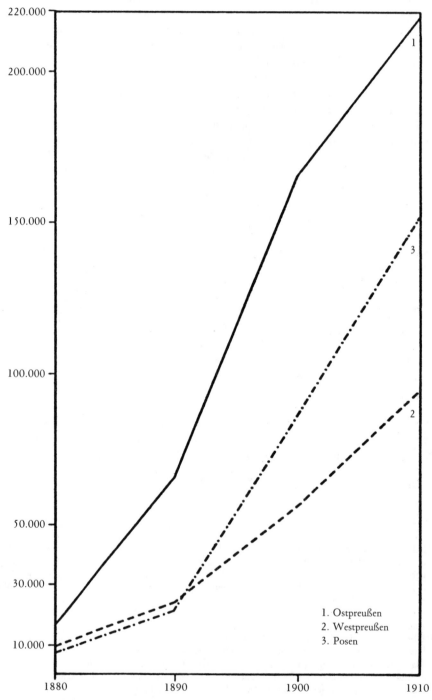

te Massenbewegung der deutschen Geschichte« bezeichnet wurde[21], ist hier von besonderem Interesse die Entwicklung der in Schaubild 4[22] am Beispiel von Ost-, Westpreußen und Posen wiedergegebenen intersektoralen Ost-West-Wanderung, die seit den 1880er Jahren zur Massenbewegung und damit zum internen Pendant der überseeischen Auswanderung aufstieg. Sie stieß zunächst in das Industriezentrum Berlin vor, griff in den 1870er Jahren in das mitteldeutsche Industriegebiet, in geringem Umfang auch schon ins Rheinland und nach Westfalen aus[23]. Seit den 1880er Jahren, in denen die massive montanindustrielle Arbeiteranwerbung auf dem landwirtschaftlichen Arbeitsmarkt der Nordostgebiete und die verbilligten Massentransporte auf dem Schienenweg einsetzten, und besonders seit den 1890er Jahren war die intersektorale Ost-West-Bewegung bestimmt durch die Fernwanderung aus den preußischen Ostgebieten ins Ruhrgebiet[24]. Als Massenbewegung lief die Ost-West-Fernwanderung, die zuletzt vor allem die Arbeitsplätze der aus dem Ruhrgebiet in den neuen polnischen Staat zurückflutenden bzw. nach Frankreich weiterwandernden, ehemals preußischpolnischen Arbeitskräfte auffüllte, Mitte der 1920er Jahre aus, während die Land-Stadt-Wanderung noch bis zur Weltwirtschaftskrise anhielt[25].

Die Überseeauswanderung aus den Nordostgebieten gehörte im Untersuchungszeitraum fast durchweg ebenso in den Bereich der »proletarian mass migrations«[26] wie die interne Ost-West-Fernwanderung, die freilich, im Gegensatz zur Überseeauswanderung, von Anbeginn an gleichbedeutend war mit einer massenweisen Umsetzung unterbäuerlicher Schichten vom Land- ins Industrieproletariat: Sie mündete — mit dem Hauptgewicht auf Bergarbeit, angelernter und ungelernter Industriearbeit — in der Rheinprovinz zu 86 Prozent und in Westfalen zu 94 Prozent in die Arbeiterschaft des Sekundärbereichs ein[27]. Die Ost-West-Fernwanderung aus den Nordostgebieten war die schärfste sozialgeschichtliche Bruchlinie im Wandel der Lebensformen beim Übergang zur modernen Industriegesellschaft im kaiserlichen Deutschland. Sie entwickelte sich im Untersuchungszeitraum nicht nur nach ihrem Volumen zum internen Pendant der Überseeauswanderung aus dem gleichen Ausgangsraum. Sie stand der transatlantischen Bewegung auch im Blick auf Akkulturations- und Assimilationsprobleme im Zielgebiet durchaus näher als anderen Formen der Binnenwanderung:

In der zeitgleichen Einwanderungsgeschichte der USA konnten bestimmte Siedlungsgebiete und Erwerbsbereiche schwerpunktmäßig nationalen Einwanderergruppen zugeordnet werden. Das galt weithin auch für die Siedlungs- und Erwerbsstruktur der aus Deutschland eingewanderten »German born population«, deren Zugehörige im Auswanderungsland längst als »Amerikaner«, ihrer Lebensformen halber im Einwanderungsland indes nach wie vor als

---

21 *Köllmann*, Bevölkerungsgeschichte, a. a. O., S. 20.
22 Datenquelle: *Kleßmann*, S. 260.
23 *Franke*, Ostpreußen, S. 26; *Brepohl*, S. 96; *Kleßmann*, S. 37 ff.
24 *Franke*, Ostpreußen, S. 28 ff.; *Christine Hansen*, in: Moltmann (Hrsg.), Amerikaauswanderung, S. 17; *Klaus Tenfelde*, Sozialgeschichte der Bergarbeiterschaft an der Ruhr im 19. Jahrhundert, Bonn-Bad Godesberg 1977, S. 230 ff., 384.
25 *Wehler*, Polen, a. a. O., S. 443 f.; *C. Bobińska/A. Pilch* (Hrsg.), *Employment-Seeking Emigration of the Poles World-Wide, 19th and 20th Century*, in: Universitas Iagellonica Acta Scientiarum Literarumque CCCCXII, Polonia extranea, Fasc. 1, 1975, S. 103 ff., 125, 128; *Kleßmann*, S. 150 ff., 161 ff.; *Köllmann*, Bevölkerung, S. 102, 104 f.
26 *Imre Ferenczi*, Proletarian Mass Migration, 19th and 20th Centuries, in: *F. W. Willcox* (Hrsg.), *International Migrations*, Bd. 1: Statistics, New York 1929 (Repr. 1969), S. 81 ff.; *ders.*, Kontinentale Wanderungen und die Annäherung der Völker, Jena 1930, S. 6.
27 *Köllmann*, Bevölkerungsgeschichte, a. a. O., S. 22.

»Germans« galten. Zur informellen Koloniebildung im Einwanderungsprozeß — im Gegensatz zu der in früheren Jahrzehnten und vor allem bis zur Jahrhundertmitte häufigeren Verpflanzung ganzer Dorf- oder Glaubensgemeinschaften in die Neue Welt[28] — führten nicht allein Sprachbarrieren, sondern im weitesten Sinne die soziokulturellen Diskrepanzen zwischen Aus- und Einwanderungsland. Im Einwanderungsprozeß, der zugleich ein Prozeß von Identitätskrise und »ethnogenesis« war, ließen sie Gemeinsamkeiten der »immigrant aliens« in materieller Kultur, Lebensformen und Mentalitäten um so deutlicher hervortreten, vielfach ihren Trägern selbst erst bewußt werden[29]. Und doch waren die Einwanderergruppen auch in ihren Siedlungsschwerpunkten durchaus nicht so homogen, wie dies nach außen hin erscheinen mochte. Das konnte, von der internen sozialen Stratifikation abgesehen, innerhalb der »German born population« in den USA etwa in einer gebietsweise deutlichen Gliederung nach den Herkunftsgebieten Ausdruck finden, die mit der Neuen Welt durch transatlantische Wanderungstradition und eine entsprechende transatlantische Kommunikation (»Auswandererbriefe«) zum Teil über Generationen verbunden blieben[30].

Die Studien von Brepohl und Franke bieten zahlreiche Belege dafür, daß auch die intersektorale Ost-West-Fernwanderung in ihrem Zielgebiet in einen echten Einwanderungsprozeß einmündete, nach Siedlungsweise und Arbeitnahme ebenso wie nach Gliederung und Stufung des Beschäftigungsangebots für die aus dem Osten zuströmenden unterbäuerlichen Schichten: Ähnlich wie im überseeischen Haupteinwanderungsland begegneten in Orts-, Berufs- und sogar Arbeitsplatzwahl der »Neuankömmlinge« im Ruhrgebiet und besonders in der Emscherlinie Züge einer zum Teil bis in die 1920er Jahre hinein stabilen informellen Koloniebildung (»Westfälische Ostmark«, »Klein-Ostpreußen«, »Neu-Masuren«, »Klein-Allenstein«), die hier noch in der zweiten Generation jene »Ostpreußen« beisammenhielt, die in ihrem Herkunftsgebiet schon in der ersten als »Westfalen« gegolten hatten. So wie etwa Gelsenkirchen als »Ostpreußen-Verteilerstelle« (Brepohl) das interne New York der Ostpreußen war, so gingen die in Massentransporten »auf Empfehlung hin« hier eintreffenden »Neuen« geradewegs in »ihre« Städtebezirke und »ihre« Betriebe der Montanindustrie[31]. Die von Franke[32] übernommenen Schaubilder 5 und 6 zeigen, daß im Zuge der internen Ost-West-Fernwanderung bestimmte ostpreußische Stadtregionen bestimmte Städtebezirke im Ruhrgebiet bevölkerten, während bestimmte Ostprovinzen noch in den 1920er Jahren bestimmte Zechen beschickten[33]. Während die früher oder aus den näheren Einzugsbereichen der Indu-

---

28 Hierzu zuletzt: *Walter D. Kamphoefner*, Transplanted Westfalians: Persistence and Transformation of Socioeconomic and Cultural Patterns in the Northwest German Migration to Missouri, University of Missouri, Ph. D. 1978 (MS).
29 *Andrew Greeley*, Ethnicity in the United States. A Preliminary Reconnaissance, New York 1974.
30 Als regionale Fallstudie: *Kathleen Neils Conzen*, Immigrant Milwaukee, 1836—1860: Accomodation and Community in a Frontier City, Cambridge, Mass., 1976, hier bes. S. 44 ff., 154 ff.; hierzu auch den großen Beitrag von Neils Conzen über die Lebensformen der eingewanderten Deutschen für die von *Oscar Handlin u. a.* hrsg. *Harvard Encyclopedia of American Ethnic Groups*, den ich im MS einsehen konnte.
31 *Brepohl*, S. 96 ff., 102 ff., 140 ff.; *Franke*, Ostpreußen, S. 25, 38 f., 50, 59 ff., 63, 73 ff., 86 ff.; O. *Mückeley*, Die Ost- und Westpreußen-Bewegung im rheinisch-westfälischen Industriebezirk, Gelsenkirchen 1926, S. 22; vgl. *Tenfelde*, S. 230 ff., 244 ff., 383 ff.
32 *Franke*, Ostpreußen, S. 40, 55.
33 *Ebda.*, S. 45 ff., 54 ff., 76 ff.; *ders.*, Die polnische Volksgruppe im Ruhrgebiet, in: Jahrbuch des Arbeitswissenschaftlichen Instituts der DAF 2, 1940/41, S. 319—404, hier S. 336 ff.; *Brepohl*, S. 104 ff.; *Mückeley*, S. 7 f.; *Kleßmann*, S. 40 f.; *Tenfelde*, S. 240 ff.

Schaubild 5: Wanderungstraditionen und interregionale Kommunikation in der internen Ost-West-Wanderung

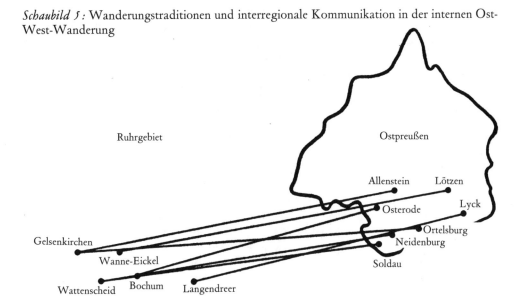

Schaubild 6: Interne Ost-West-Wanderung und Zechenbelegschaften im Ruhrgebiet 1920—1922

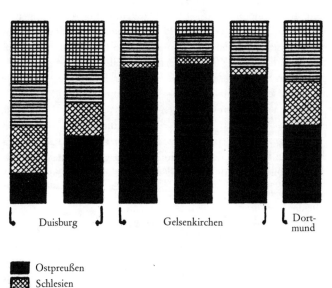

striestandorte Zugewanderten ihren sozialen Aufstieg im buchstäblich räumlichen Sinne, nämlich aus den Kohlenflözen, absolviert hatten, rückten »die Neuen« ebenso buchstäblich »ganz unten«, nämlich unter Tage, ein oder begannen als ungelernte Industriearbeiter auf den untersten, am wenigsten geschätzten Ebenen schwerindustrieller Tätigkeitsbereiche. Alteingesessene bzw. ältere Zuwanderergruppen und Zuwanderer aus dem Nahbereich der Industriestandorte dagegen arbeiteten, ähnlich wie in den USA, häufig als Gruppen- bzw. Kolonnenführer, Vorarbeiter, Meister und Steiger, auf Ebenen mithin, die für die ungelernten mittellosen »Ostlinge« — aus sprachlichen (preußische »Polen«) wie finanziellen Gründen (Bergbauschule beim Steiger) — ebenso schwer zu erreichen waren wie der Aufstieg in tertiäre Erwerbsbereiche[34].

All dies gehörte zum Hintergrund für die Herausbildung auch der »polnischen Kolonien« in der Siedlungsweise und der »Polenzechen« in der Gliederung lokaler montanindustrieller Erwerbsbereiche nach Zuwanderergruppen, wobei diese Zuschreibung auch hier häufig mehr der groben Einschätzung der eingesessenen Bevölkerung als der tatsächlichen Binnenstruktur von Kolonien und Zechenbelegschaften entsprach: Während »die Neuen« aus »dem Osten« in skeptischer Reserve nicht selten schlichtweg als »Polen« eingestuft, als solche in Siedlungsgebieten und am Arbeitsplatz zunächst weitgehend gemieden wurden, reagierten etwa die evangelischen Ostpreußen masurischer Muttersprache auf das historisch wie sprachlich deplazierte polemische Kennwort »Polack« ebenso allergisch wie Deutsche aus den Ostprovinzen, die — in den Jahren der aufsteigenden ost- und südosteuropäischen »new immigration« — im überseeischen Haupteinwanderungsland mit »East Europeans« verwechselt wurden, denen sie nach Lebensformen, Mentalität und schwerem Akzent verwandt erscheinen mochten, ohne es zu sein. Was deutschen Industriegewerkschaften — trotz allen Bemühens um die materielle, arbeits- und sozialrechtliche Gleichstellung ausländischer Arbeitskräfte — im Kampf um bessere Löhne und Arbeitsbedingungen die ungelernten »Wulacker«, »Lohndrücker« oder gar »Streikbrecher« aus den Ostprovinzen waren, waren den nicht minder auf Organisation, Kontrolle und schließlich auf scharfe Einwanderungsrestriktionen drängenden amerikanischen Gewerkschaften die vorwiegend ländlichen »unskilled immigrants« der Hochindustrialisierungsphase. Was sich auf den montanindustriellen Arbeitsmärkten des »deutschen Westens« innerhalb der Zuwanderergruppen als »Preußen« gegen »Polen« aus den gleichen Ostprovinzen abgrenzte, traf auf dem industriellen Arbeitsmarkt des amerikanischen Ostens in ähnlicher Weise aufeinander[35]. — Das Ruhrgebiet und besonders das Emscherrevier, in dem auch im Wanderungsgeschehen »die Dynamik der Entwicklung amerikanische Ausmaße annahm[36]«, war nach alledem eine Art internes Einwanderungsland mit allen Kennzeichen eines soziokulturellen Schmelztiegels, der in der Hochindustrialisierung den von Brepohl beschriebenen »Aufbau des Ruhrvolkes im Zuge der Ost-West-Wanderung« zustande brachte, die nur Binnenwanderung und doch zugleich eine Art interner Aus- bzw. Einwanderung war.

---

34 *Franke*, Ostpreußen, S. 63 f., 66 f.; ders., Poln. Volksgruppe, a. a. O., S. 338 f., 361 ff.; 402; Tenfelde, S. 253 ff.; Kleßmann, S. 68—72.
35 *Franke*, Ostpreußen, S. 20, 68; ders., Poln. Volksgruppe, a. a. O., S. 322, 347 f.; Brepohl, S. 104; *Wehler*, Polen, a. a. O., S. 441; Kleßmann, S. 20, 40; Kulischer, S. 178; *Victor R. Greene*, The Slawic Community on Strike: Immigrant Labor in Pennsylvania Anthracite, Notre Dame 1968; *A. T. Lane*, American Labor and European Immigrants in Late Nineteenth Cuntury, in: Journal of American Studies 11, 1977, S. 241—260
36 *Wehler*, Polen, a. a. O., S. 439.

1.3. Abstieg der transatlantischen und Aufstieg der internen Massenbewegungen

In einer richtungweisenden Interpretation haben Köllmann und Marschalck das Auslaufen der überseeischen Massenauswanderung mit dem Aufstieg der internen Ost-West-Fernwanderung zur Massenbewegung in Beziehung gesetzt. Die Interpretation, die eine Art deutschamerikanischer Frontier-These mit Ergebnissen vergleichender Konjunkturgeschichtsforschung verbindet, geht aus von dem aus den Gesamtdaten der Auswanderungsstatistik sprechenden Umbruch von der transatlantischen Siedlungswanderung im Familienverband zur stärker individuell geprägten industriellen Arbeitswanderung nach dem Ende der dritten Auswanderungswelle: Der Umbruch von der Siedlungs- zur Arbeitswanderung erscheint bei Köllmann als Folge »der faktischen Beendigung der freien Landnahme auf Regierungsland in den USA« Anfang der 1890er Jahre. Die wesentlich als ländliche Siedlungswanderung vorgestellte überseeische Massenauswanderung bricht deswegen Mitte der 1890er Jahre ab und schwenkt bei ständig zunehmendem industriellen Erwerbsangebot zu Beginn der an die Große Depression anschließenden Hochkonjunkturphase um in die internen Massenwanderungen auf die expandierenden industriellen Arbeitsmärkte: »Mit dem faktischen Ende der freien Landnahme in den USA wurde der nordostdeutsche Auswanderungsstrom dorthin in einen neuen Binnenwanderungsstrom, die deutsche Ost-West-Wanderung in das Ruhrgebiet, umgeleitet.«[37] Dem ganz entsprechend kommt Marschalck zu dem Ergebnis, daß »die nordostdeutsche Zuwanderung in das rheinisch-westfälische Industriegebiet nach 1890 als ›umgeschlagene‹, abgebrochene Auswanderungswelle bezeichnet werden« könne[38]. Zwei Differenzierungen müssen hier angebracht werden:

1. Den Übergang von der transatlantischen Siedlungs- zur Arbeitswanderung als Umbruch auf das Ende der dritten Auswanderungswelle festzulegen[39], ist demographisch-statistisch, im Blick auf die Gesamtdaten der Auswanderungsstatistik, zutreffend, geht aber auf Kosten der sozialhistorischen Tiefenschärfe: Vom Ende der zweiten (1864—73) bis zum Ende der dritten Auswanderungswelle (1880—93) stellten die Nordostgebiete bei jährlichen Anteilswerten zwischen 32 Prozent (1871) und 46 Prozent (1873) durchschnittlich 39 Prozent der deutschen überseeischen Auswanderung. Während der dritten Welle lag ihr durchschnittlicher Jahresanteil bei knapp 39 Prozent, stieg in den Jahren 1890—93 auf 42 Prozent an, stürzte dann 1893 abrupt auf knapp 27 Prozent ab und blieb bis 1910 auf einem Durchschnittsniveau von rund 28 Prozent. Die in Bevölkerungs- und Wanderungsweise im Vergleich zu agrarisch-gewerblichen Mischzonen und industriellen Ballungsräumen historisch ›verspäteten‹ ländlichen Auswanderungsgebiete prägen darum mit ihrem starken Anteil an der dritten Auswanderungswelle einseitig das Bild, das sich aus einer auf die Auswanderungs-

---

37 *Köllmann*, Bevölkerungsgeschichte, a. a. O., S. 20, 31; vgl. *ders.*, Bevölkerung, S. 39 f., 115.
38 *Marschalck*, S. 97; vgl. *ebda.*, S. 10, 12, 82; die über Köllmanns Hinweis auf das faktische Ende der Frontier in den 1890er Jahren hinausgehende Angabe Marschalcks: »1890 wird in den USA die freie Siedlung auf Regierungsland für beendet erklärt« (*ebda.*, S. 44) beruht sicher auf einem Irrtum, denn das Homestead-Gesetz wurde zwar de facto zusehends gegenstandslos, blieb aber de jure in Kraft.
39 *Ebda.*, S. 83: »Die Zeit von 1815—1895 ist die Zeit überwiegender Siedlungswanderung, die Jahre 1895—1914 sind durch Arbeitswanderung gekennzeichnet«; dazu in der Anm.: »Dieser aus der Struktur, den Gründen und den Zielen der Auswanderung gewonnenen Differenzierung wird hier der Vorzug gegeben gegenüber anderen denkbaren.« Die Aussagen über die »Struktur« der Bewegung sind aus Angaben der Auswanderungsstatistik über Herkunftsgebiete, berufliche Zusammensetzung und Familienstärke abgeleitet, die »Gründe« daraus hypostasiert.

statistik gestützten Strukturanalyse der Gesamtbewegung ergibt: Die Auswanderung aus den Nordostgebieten verzerrt mithin als retardierendes Moment den Strukturwandel der Überseeauswanderung in dem im Vergleich zur Wirtschaftsentwicklung phasenverschobenen Übergang von der vor- bzw. frühindustriellen zur industriellen Wanderungsweise. Die sukzessive und in ihren zahlreichen, regional unterschiedlich ausgeprägten Überschneidungs-, Zwischenformen und Übergangsstufen vielgestaltige Gewichtsverlagerung von der transatlantischen Siedlungs- zur Arbeitswanderung aber muß als eine langfristige Trendbewegung verstanden werden. Sie wurde durch das späte Hervortreten der ländlichen Nordostgebiete in der zweiten und besonders in der dritten Auswanderungswelle nur verschüttet, um dann bei ihrem Zurücktreten nach dem Ende der dritten Auswanderungswelle um so deutlicher zu erscheinen.

2. Aber auch im Blick auf die Gesamtbewegung der deutschen Amerikaauswanderung, unter Einschluß also auch des starken Anteils ländlicher Wanderungspotentiale, bedarf die These vom Übergang von der transatlantischen Siedlungs- zur Arbeitswanderung und deren Ableitung aus dem faktischen Ende der Frontier Anfang der 1890er Jahre einer differenzierenden Korrektur, wenn sie als Aussage über den Charakter der Auswanderungsbewegung verstanden werden und nicht nur potentielle Wanderungsabsichten hypostasieren soll: Potentielle Wanderungsabsichten können jenseits individueller Zeugnisse zu einem gewissen Grad hypothetisch aus den zumeist vagen bzw. lückenhaften Regional-, Sozial- und Berufsdaten der Auswanderungsstatistik erschlossen werden. Nicht zulässig indes sind Folgeschlüsse aus solchermaßen hypostasierten potentiellen Wanderungsabsichten auf den tatsächlichen Charakter der Auswanderungsbewegung. Solche Aussagen sind nur möglich, wenn auch das Wanderungsergebnis im Einwanderungsland einbezogen wird. Von wenigen Ausnahmen abgesehen, verlieren sich aber die Spuren der deutschen Auswanderer nach ihrer letzten Erfassung durch die amerikanische Einwanderungsstatistik in der Anonymität der dekadischen Blitzlichtaufnahmen in den Census-Daten über die »German born population« des überseeischen Haupteinwanderungslandes, dessen Binnenwanderungsgeschehen noch bei weitem schwieriger zu erfassen ist als dasjenige des Auswanderungslandes. Deswegen können regional oder sozial spezifizierte hypothetische Aussagen über potentielle Wanderungsabsichten nicht unmittelbar mit gruppenbezogenen Aussagen über faktische Wanderungsergebnisse korreliert werden. Ein Vergleich kann mithin zwar nur zu Tendenzaussagen von beschränkter Tragweite führen, gibt aber, wie die folgende Skizze zeigt, doch ein differenzierteres Bild vom tatsächlichen Charakter der transatlantischen Massenbewegung zur Zeit der dritten deutschen Auswanderungswelle:

Eine Kerngruppe der deutsch-amerikanischen ›Siedlungswanderung‹ (potentielle Wanderungsabsicht) bildeten jene klein- und armbäuerlichen, bei abhängiger Nebenerwerbstätigkeit proletaroiden Familien ländlicher Subsistenzproduzenten, die in Wirtschaftsweise und Sozialstatus bzw. nurmehr mentalem Statusanspruch gefährdet waren, den intergenerativen Zerfall der Existenzgrundlage (Realerbteilung im Südwesten) oder den drohenden Abstieg nachgeborener Söhne aus der familiären Produktionsgemeinschaft in unterbäuerliche Schichten (Anerbenrecht im Nordosten) vor Augen hatten und den Weg der Nachkommen in die industrielle Lohnarbeit gleichermaßen als soziale Degradierung einstuften. In der transatlantischen Siedlungswanderung sahen sie eine Chance, zur unabhängigen Subsistenzproduktion aufzusteigen oder zurückzufinden, und glaubten das dazu nötige Startkapital mit Hilfe von aus dem Verkauf des kleinen Anwesens erworbenen oder in abhängigem Nebenerwerb angesparten Mitteln beibringen zu können. Sie wählten diesen Fluchtweg, um Wirtschaftsweise,

Schaubild 7: Der Strukturwandel des Arbeitsmarkts in Deutschland im Spiegel der sektoralen Beschäftigtenanteile 1871—1913

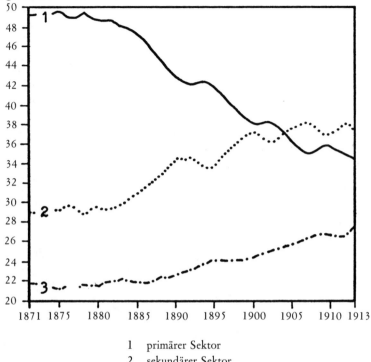

1 primärer Sektor
2 sekundärer Sektor
3 tertiärer Sektor

Sozialstatus und Familienverband in die Neue Welt hinüberzuretten. Der Entschluß zur Auswanderung war hier mithin wesentlich getragen von einer tendenziell konservativen Wanderungsabsicht, die in der Tat auch für Auswanderer mit relativ geringem Startkapital zur Zeit der dritten Auswanderungswelle noch eine gewisse Chance hatte. Diese Chance indes wurde gerade von diesen Gruppen häufig überschätzt, wenn sie nicht aus Regionen mit eingeschliffener Auswanderungstradition und dichter transatlantischer Kommunikation über Lage und Chancen im Einwanderungsland stammten. Der Traum von der freien Siedlung im Familienverband auf Regierungsland in den USA hatte schon zur Zeit der dritten deutschen Auswanderungswelle weithin Züge einer anachronistischen, deutlich agrarromantischen Sozialutopie. Die Frontier wurde weit weniger von Einwanderern als von Amerikanern nach Westen getragen, Land im Mittelwesten kostete Geld, und der Aufbau einer unabhängigen und im harten Konkurrenzkampf lebensfähigen Farmexistenz setzte ein für solche Gruppen immerhin beträchtliches Startkapital voraus.

Eine Umrechnung der Censusdaten zur Erwerbs- und Siedlungsstruktur der »German born population« in den USA zeigt, daß auch ein beträchtlicher Teil solch möglicherweise konservativ intendierter ländlicher ›Siedlungswanderungen‹ offensichtlich schon während der dritten deutschen Auswanderungswelle zu einem Ergebnis führte, das in deutlichem Gegensatz zur potentiellen Wanderungsabsicht stand: Der im Vergleich zur übrigen »foreign born population« der USA hohe landwirtschaftliche Beschäftigungsanteil der »German born

Schaubild 8: Sektoraler Zuwachs (in 1000) in der Erwerbsstruktur der »German born population« auf dem amerikanischen Arbeitsmarkt 1870—1890 (1870 = 0)

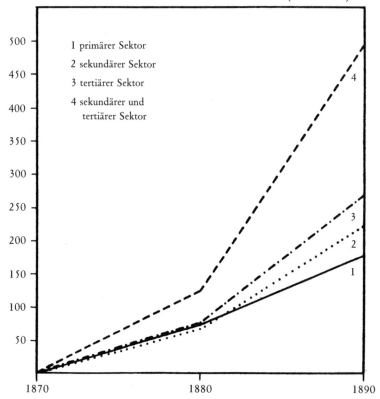

population« sank im Untersuchungszeitraum zwar erst langsam, wenn auch kontinuierlich, ab und lag 1920 noch bei rund 20 Prozent[40]. Unterdessen aber überrundeten in der Erwerbsstruktur der »German born population« bei steilem Anstieg von Gesamterwerbsquote und weiblicher Erwerbstätigkeit der sekundäre und besonders der tertiäre den primären Sektor erheblich früher und rascher als im Auswanderungsland. Obgleich sich die USA wie Deutschland im Untersuchungszeitraum gesamtwirtschaftlich zu einem Industriestaat mit anhaltend starker agrarischer Basis entwickelten und der bei weitem größte Teil der dritten deutschen Auswanderungswelle noch aus ländlichen Regionen stammte, war die »German born population« in den USA schon während und kurz nach der dritten deutschen Auswanderungswelle in weitaus stärkerem Maße in städtischen Sekundär- und Tertiärbereichen tätig, als dies bei den Erwerbstätigen im Auswanderungsland der Fall war. Diese in den USA im Vergleich zu Deutschland beschleunigte intersektorale Trendbewegung resultierte im Einwanderungsland wie im Auswanderungsland zunächst nicht aus einem Schrumpfen der — während der dritten Auswanderungswelle absolut sogar leicht wachsenden — Beschäftigungszahlen des primären, sondern aus dem sprunghaften Anstieg derjenigen des sekundären und tertiären auf

---

40 L. E. *Truesdell,* Farm Population of the United States (= Census Monographs, VI), Dept. of Commerce, Bureau of the Census, Washington 1926, S. 105.

Kosten des primären Sektors: Schaubild 7[41] gibt die Trendbewegung in der Verschiebung der sektoralen Beschäftigtenanteile im Auswanderungsland bis zum Ersten Weltkrieg, Schaubild 8[42] den sektoralen Zuwachs in der Erwerbsstruktur der »German born population« in den USA während der dritten deutschen Auswanderungswelle.

Zu einem ähnlichen Ergebnis führt ein Blick auf die Siedlungsstruktur der »German born population«: Während in Deutschland 1880 erst 16 Prozent und 1910 dann 35 Prozent der Bevölkerung in Städten mit mehr als 20 000 Einwohnern erfaßt wurden[43], lebten von der »German born population« in den USA 1890 bereits 48 Prozent und 1900 bereits 51 Prozent in Städten mit mehr als 25 000 Einwohnern[44]. Im Urbanisierungsgrad der »German born population« zeigt sich mithin im Vergleich zum Auswanderungsland der gleiche Entwicklungsvorsprung wie in der Erwerbsstruktur. Die Erwerbs- und Siedlungsstruktur der auswandernden Bevölkerung wurde also im Einwanderungsprozeß deutlich vom Primärbereich zu städtischen Sekundär- und Tertiärbereichen vorschoben: Die transatlantische Massenbewegung der dritten deutschen Auswanderungswelle, die, als Auswanderung betrachtet, weithin noch als intrasektorale Siedlungswanderung (potentielle Wanderungsabsicht) angesprochen werden mag, endete mithin, als Einwanderung analysiert, schon in den 1880er Jahren zu weiten Teilen als intersektorale Arbeitswanderung auf den vorwiegend städtischen Arbeitsmärkten des Sekundär- und Tertiärbereichs in den USA. Dies bedeutet, daß ein Großteil auch der ländlichen Auswanderergruppen seinen Platz im »urban employment« suchte oder fand, anders gewendet: Ein Großteil jener potentiell konservativen ›Siedlungswanderer‹ (Wanderungsabsicht), der den Weg in die USA in der Hoffnung angetreten haben mochte, in der Neuen Welt die verlorene alte wiederzufinden, tat damit jenen Schritt in die Moderne, den zu vermeiden die Auswanderung möglicherweise angetreten worden war.

Das Ende der dritten Auswanderungswelle und mit ihr das Auslaufen der transatlantischen Massenbewegung des 19. Jahrhunderts sollten nach alledem weniger mit dem faktischen Ende der freien Landnahme in den USA und dem — nicht abrupten, sondern langfristen — Übergang von der transatlantischen Siedlungs- zur Arbeitswanderung in Zusammenhang gebracht werden als mit jenem beschleunigten Aufholen des deutschen industriegewerblichen Beschäftigungsangebots gegenüber dem amerikanischen, das die Diskrepanzen zwischen Aus- und Einwanderungsland deutlich abschwächte und noch bestärkt wurde durch die konjunkturellen Dissonanzen der 1890er Jahre: Während die Anziehungskraft der industriellen Bal-

---

41 Datenquelle: *Walther G. Hoffmann*, Das Wachstum der deutschen Wirtschaft seit der Mitte des 19. Jahrhunderts, Berlin 1965, S. 205.
42 *Ninth Census 1870, Compendium*, Washington 1872, S. 598—602; *Eleventh Census 1890, Population II*, Washington 1897, S. CXLVI; dabei ist zu berücksichtigen, daß das beschleunigte Aufrücken der sekundären und tertiären auf Kosten der primären Beschäftigungsanteile in der Erwerbsstruktur der neu eingewanderten »German born population« sogar noch verschleiert wird, weil die amerikanische Erwerbsstatistik innerhalb der »German born population« auch die in früheren Jahrzehnten Eingewanderten und nach wie vor landwirtschaftlich Tätigen mitschleppt.
43 Statistisches Jahrbuch 1934, S. 11.
44 *Thirteenth Census 1910, Population I*, Washington 1913, S. 844, 902; vgl. *Fourteenth Census 1920, Abstract*, Washington 1923, S. 318; *Fifteenth Census 1930, Abstract*, Washington 1933, S. 131; *Population II*, Washington 1933, S. 232; die Angabe von *Knodel*, S. 193, daß nach Auskunft der Censusdaten 1900 bereits mehr als 70 Prozent der »German born population« der USA in Städten mit mehr als 25 000 Einwohnern lebten, geht wohl auf einen Auswertungsfehler zurück.

lungsräume Mittel- und insbesondere Westdeutschlands seit den 1880er Jahren beschleunigt und seit den 1890er Jahren rapide zunahm, wurde das entsprechende sozialökonomische Chancenangebot des überseeischen Einwanderungslandes gerade im ersten Jahrfünft der 1890er Jahre schwer erschüttert, weil die amerikanische Wirtschaft von der dritten Einbruchsphase in der internationalen Trendperiode wirtschaftlicher Wachstumsstörungen erheblich härter getroffen wurde (»panic of 1893«) als die deutsche[45]. Dies trug zusätzlich dazu bei, die intersektorale Ost-West-Wanderung vom internen Pendant zum Ersatz der überseeischen Auswanderung geraten zu lassen.

2. ÜBERSEEISCHE AUSWANDERUNG UND INTERNE ABWANDERUNG: STRUKTURELLE BESTIMMUNGSFAKTOREN UND GRUPPENSPEZIFISCHE KOLLEKTIVMOTIVATIONEN

Die Frage nach den »Ursachen« von überseeischer Auswanderung und interner Abwanderung aus den Nordostgebieten hat in der Forschungsdiskussion viele, im Erklärungsanspruch konkurrierende Antworten gefunden. Der Konsens über den Primat sozialökonomischer Bestimmungsfaktoren wird gebrochen vom Dissens über die Prioritätenfolge[46] und von tendenziell monokausalen Erklärungsversuchen, die vor allem auf besondere »Auswanderungsursachen« abheben[47]. Hohe und zum Teil extreme Wanderungsverluste indes hatten die

---

45 *Rending Fels*, American Business Cycles, 1865—1897, Chapel Hill 1959 (Repr. Westport, Conn. 1973), S. 179—219; vgl. *Wehler*, Bismarck und der Imperialismus, Köln 1969, S. 43 ff.
46 In der weitläufigen älteren Literatur über die Landarbeiterfrage in und die »Landflucht« aus den Nordostgebieten dominieren Versuche, aus einer Korrelation von Daten über Grundbesitzverteilung und Wanderungsintensität wanderungsbestimmende Push-Faktoren abzuleiten. Diese Traditionslinie geht vor allem zurück auf *Max Sering*, Die innere Kolonisation im östlichen Deutschland, Schriften VfS 56, 1893; ders., Die Verteilung des Grundbesitzes und die Abwanderung vom Lande, Berlin 1910. Vor Sering hatte zuerst *v. d. Goltz* auf diesen Zusammenhang hingewiesen, ohne dabei freilich jenes »Goltzsche Gesetz« in der Stringenz zu formulieren, in der es in der zeitgenössischen Diskussion aus seinen Schriften abgeleitet wurde: ders., Die ländliche Arbeiterfrage und ihre Lösung, Danzig 1872; ders., Die Lage der ländlichen Arbeiter im Deutschen Reiche, Berlin 1875; ders., Arbeiterklasse. Erst Anfang der 1930er Jahre wurde diese These im kritischen Rückgriff auf die ihr zugrundeliegenden Daten relativiert: *Peter Quante*, Die Abwanderung vom Lande und das Goltzsche Gesetz, in: Schmollers Jahrbuch 55, 1931, H. 1, S. 77 ff.; ebda., H. 2, S. 87 ff.; ders., Die Flucht aus der Landwirtschaft, S. 34—53; Quantes gleichermaßen statistisch belegte Gegenposition, »daß in keinem Falle [...] zwischen Abwanderung und Besitzverteilung ein Zusammenhang der behaupteten Art bestünde« (ebda., S. 207), erscheint indes nicht minder einseitig. Zuletzt hat sich, auf v. d. Goltz zurückgreifend, auch *Kleßmann*, S. 25 f., wieder der Auffassung angeschlossen, es lasse sich »ein unmittelbarer Zusammenhang herstellen zwischen der Bodenbesitzverteilung und der Intensität der Aus- und Abwanderung«. Die Grundbesitzverteilung, aus der ohnehin nicht generalisierende, sondern nur gruppenspezifische Aussagen über das Wanderungsverhalten hypostasiert werden können, wird hier im Gegensatz zu beiden Extrempositionen nur als einer unter anderen potentiell wanderungsbestimmenden Faktoren einbezogen.
47 Das gilt vor allem für die Studie von *Mönckmeier*, mit der Serings These Eingang in die Auswanderungsforschung fand. Weil die in ihrer Einengung auf das Auswanderungsgeschehen noch einseitigere These: »Je größer die Fläche ist, mit der der Großgrundbesitz an der Gesamtfläche beteiligt ist, um so stärker ist die Auswanderung« (ebda., S. 92, pass.) den Leitfaden der Mönckmeierschen Interpretation von Wanderungsgeschehen und Wanderungsverhalten bildet und andere potentiell wanderungsbestimmende Faktoren demgegenüber nur als abhängige Variablen erscheinen, ist seine Interpretation dort, wo die Kernthese offenkundig nicht trägt, stets auf disparate Hilfs- und Zusatzerklärungen angewiesen.

Nordostgebiete während und nach der dritten Auswanderungswelle allesamt zu verzeichnen[48]: Wo die überseeische Auswanderung schwächer ausgeprägt war, traten die verschiedenen Formen der internen Abwanderung um so deutlicher hervor. Deswegen muß zunächst nach beiden Bewegungen gemeinsam zugrunde liegenden Bestimmungsfaktoren gefragt werden. Die Tatsache, daß die beiden stärksten Ströme der transnationalen und internen Migration im Untersuchungszeitraum aus dem gleichen Ausgangsraum stammten und die interne Ost-West-Fernwanderung nach dem Absturz der dritten Auswanderungswelle nur um so stärker anschwoll, verweist ferner darauf, daß diese wanderungsbestimmenden Faktoren vor allem im Ausgangsraum selbst zu suchen sind.

Bei der Frage nach im Wanderungsprozeß wirkenden ökonomischen und außerökonomischen, materiellen und immateriellen Bestimmungsfaktoren müssen zwei Motivationsebenen unterschieden werden: die nur sehr begrenzt bzw. in Einzelfällen faßbare Summe unmittelbar entscheidungs- und handlungsbestimmender Motivationen von Individuen im Wanderungsprozeß und die wiederum nur hypostasierbaren überindividuellen Kollektivmotivationen von Wanderungsbewegungen als Massenphänomenen. Ein Wanderungsentschluß wird nicht in kritischer Auseinandersetzung mit überindividuellen, bewegungsbestimmenden Faktoren der Sozialgeschichte, sondern nach Maßgabe individueller Enttäuschungen, Hoffnungen und Erwartungen gefällt. Eine bloße Addition solch individueller Motive[49] indes würde nur ein ebenso disparates wie fragmentarisches Mosaik von nur für ihre Träger geltenden Informationen, nicht aber jenen Komplex überindividueller Kollektivmotivationen mit höherem Abstraktionsniveau und anderem Objektivitätsgrad ergeben, den erst sozialhistorische Interpretation ex post konturieren kann[50]. Der folgende Aufriß einer strukturgeschichtlich angelegten, integralen Interpretation bewegt sich, auch in seinen sozialen und regionalen Differenzierungen, vorwiegend auf dieser übergeordneten zweiten Ebene, zu deren Erarbeitung freilich in großem Umfang Quellen herangezogen wurden, die selbst auf der ersten anzusiedeln

---

48 »Ich habe [...] mit Befremden ersehen, daß nach dem Ergebnis der letzten Volkszählung die Bevölkerung im Regierungsbezirk Coeslin seit dem Jahr 1867 nicht nur nicht zugenommen, sondern sich sogar nicht unerheblich vermindert hat. Ich empfehle diese auffallende Erscheinung der besonderen Aufmerksamkeit des Staatsministeriums«, hieß es in einem Erlaß Wilhelms I. vom 23. 3. 1872, in: Zentrales Staatsarchiv, Merseburg (ZSTA II), Rep. 120, VII, 5, Nr. 3, Bd. 1, S. 160. Die »auffallende Erscheinung« breitete sich seitdem zunehmend aus: Während fast alle preußischen Provinzen westlich der Elbe in den Jahren 1871—1905 eine mehr oder minder deutliche Zunahme auch der Landbevölkerung zu verzeichnen hatten, pendelte die extrem negative Wanderungsbilanz in den Landgemeinden und Gutsbezirken der meisten ostelbischen Regierungsbezirke zwischen —75 Prozent und —100 Prozent. Zum Teil überstiegen die Wanderungsverluste mit mehr als 100 Prozent das natürliche Bevölkerungswachstum, so daß die Bevölkerungszahlen 1905 niedriger lagen als 1871. 1900 lag der Anteil der 16—30jährigen an der männlichen Bevölkerung in den preußischen Nordostprovinzen mit nurmehr 21,7 Prozent um 4,6 Prozent unter demjenigen in Rheinland-Westfalen (26,3 Prozent) und 3,1 Prozent unter dem Niveau der Reichsbevölkerung (24,8 Prozent); hierzu *Sering*, Grundbesitz, S. 5 f.; *Köllmann*, Bevölkerungsgeschichte, S. 21.

49 Vorzügliche Quellenedition hierzu: *Günter Moltmann* (Hrsg.), *Aufbruch nach Amerika*, Friedrich List und die Auswanderung aus Baden und Württemberg 1816/17. Dokumentation einer sozialen Bewegung, Tübingen 1979; zu der hier besonders wichtigen Quellengruppe der Auswandererbriefe jetzt: *Hansmartin Schwarzmaier*, Auswandererbriefe aus Nordamerika. Quellen im Grenzbereich von Geschichtlicher Landeskunde, Wanderungsforschung und Literatursoziologie, in: Zeitschrift für Geschichte des Oberrheins 126, 1978, S. 303—369.

50 *Jürgen Kocka*, Sozialgeschichte. Begriff — Entwicklung — Probleme, Göttingen 1977, S. 70 ff.

sind[51]. Ausgegangen wird von einem Gesamtkomplex langfristig wirkender sozialökonomischer Schubkräfte (Push-Faktoren) im Ausgangsraum, von denen im Vordergrund stehen: Grundbesitzverteilung, soziale Schichtung und Arbeitskapazität, Bevölkerungszuwachs und Wandel der ländlichen Arbeits- und Sozialverfassung unter dem Einfluß von struktureller Agrarkrise, Intensivierung der Bodenkultur, Rationalisierung der Produktionsorganisation und Saisonalisierung des Arbeitsmarkts. Diese Schubkräfte wirkten nicht als solche, allein und unmittelbar, sondern bildeten gemeinsam ein interdependentes Bedingungs- und Wirkungsgefüge, das bei konkurrierender Anziehungskraft überseeischer und interner Zielgebiete und Chancenangebote (Pull-Faktoren) latente Wanderungsbereitschaft stimulieren und zu wanderungsbestimmenden Kollektivmotivationen verdichten konnte. Die sozial und regional unterschiedliche Umsetzung dieser Wanderungsbereitschaft in überseeische Auswanderung oder interne Abwanderung wiederum hing wesentlich ab von gruppenspezifischen Differenzen in sozialer Ausgangslage, Betroffenheit, mentalen Prädispositionen des Wanderungsverhaltens, davon mitbestimmten Wanderungsabsichten und den materiellen Möglichkeiten, sie zu realisieren, sowie von regional ganz unterschiedlich ausgeprägten Wanderungstraditionen.

2.1. Grundbesitzverteilung und Sozialstruktur, Arbeitskapazität und Bevölkerungsdruck

Indikator sozialer Stratifikation in Wirtschaftsräumen mit agrarischer Monostruktur ist der Anteil am Bodenkapital. Durch die Besitzregulierungen im Gefolge der preußischen Agrarreformen und durch freien Verkauf expandierte das Gutsareal in den ostelbischen Provinzen auf Kosten von mittel- und kleinbäuerlichem Besitz und der wachsenden »neuen Klasse« (v. d. Goltz) der »depossedierten Arbeiter« (M. Weber) um rund zwei Drittel[52]. Die in Schaubild 9[53] wiedergegebene, extrem polarisierte Besitzstruktur spiegelte eine entsprechende Sozialschichtung von landwirtschaftlichem Großgrundbesitz mit hohem Anteil am gesamten Bodenkapital und einem vergleichsweise mäßigen Anteil von mittleren Bauernwirtschaften gegenüber einer hohen Zahl von proletaroiden, auf abhängigen Nebenerwerb angewiesenen klein- bzw. armbäuerlichen Subsistenzproduzenten und landlosen Erwerbstätigen, die im Schaubild ebensowenig erfaßt sind wie die gebundenen Gutstagelöhner mit ihren Landdeputaten. Die Grundbesitzverteilung im nordöstlichen Ausgangsraum bot das Gegenbild zur Lage im südwestlichen Ausgangsraum, in dem vor allem die Bodenzersplitterung infolge der Realerbteilung zu einer extremen Ansammlung von bäuerlichem Klein- und Kleinstbesitz an der Basis der agrarischen Sozialpyramide geführt hatte. Bodenbeschaffenheit und klimatische

---

51 Hierzu gehören neben den veröffentlichten zeitgenössischen Erhebungen zur Landarbeiterfrage besonders die umfangreichen, von der Wanderungsforschung bislang kaum berücksichtigten Aktenbestände über das Wanderungsgeschehen in den preußischen Ostprovinzen in ZSTA I und II, auf deren Auswertung sich die in Anm. 1 genannte Arbeit vor allem stützt.

52 *v. d. Goltz,* Arbeiterfrage, S. 6 f.; *Weber* in: Schriften VfS 58, 1893, S. 78; *Gunther Ipsen,* Die preußische Bauernbefreiung als Landesausbau, in: *Köllmann/Marschalck* (Hrsg.), Bevölkerungsgeschichte, Köln 1972, S. 154—189, hier S. 175—178; *Kleßmann,* S. 24 f.; *Puhle,* Politische Agrarbewegungen in kapitalistischen Industriegesellschaften, Göttingen 1975, S. 43 f.; *Hanna Schissler,* Preußische Agrargesellschaft im Wandel, Göttingen 1978, S. 159 ff.

53 Errechnet aus den bei *Mönckmeier,* S. 94 aus der Reichsstatistik (Betriebszählung von 1907; für die preußischen Provinzen anhand der Zahlen von 1895) gegebenen Daten; vgl. *Werner Sombart,* Die deutsche Volkswirtschaft im 19. Jahrhundert und im Anfang des 20. Jahrhunderts, Berlin 1927, S. 495, 514 f.; umfassende Darstellung: *E. Arndt,* Die Gestaltung der landwirtschaftlichen Betriebsgrößen in der Zeit von 1871 bis 1914 in Deutschland, Diss. Köln 1957.

Schaubild 9: Grundbesitzverteilung nach Größenklassen im nordöstlichen Auswanderungsraum (1), im Reichsgebiet (2) und im südwestlichen Auswanderungsraum (3)

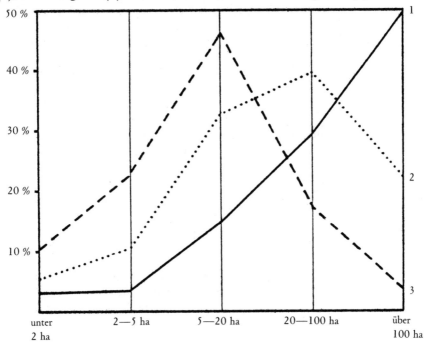

Bedingungen (späte Frühjahrsbestellung, frühe Herbstfröste) indes setzten für die eigenständigen bäuerlichen Wirtschaften im Osten ein beträchtliches Minimum an Anbaufläche voraus: Betriebe von rund 3 ha Anbaufläche zwangen in aller Regel zum abhängigen Nebenerwerb. Betriebe von 3—5 ha bei mittlerem und von 5—7 ha bei schlechtem Boden konnten zwar relativ selbständige Subsistenzproduktion ermöglichen; sie waren aber einerseits zu groß, um Arbeitskräften aus der familiären Produktionsgemeinschaft jenen Nebenerwerb im Tagelohn in nahegelegenen Großbetrieben zu gestatten, der bei Subsistenzproduktion ohne Marktgewinne nötig war für den Ankauf von Saatgut, Düngemitteln und, bei im Untersuchungszeitraum allgemein abnehmender handwerklicher Eigenbedarfsproduktion, auch von Geräten und Kleidung; andererseits wiederum waren solche Betriebe zu klein, um Marktproduktion zu gestatten, mit deren Hilfe überschießende Roherträge in Reinerträge umgewandelt und zur Rohertragssteigerung, vor allem in der Erntesaison, zusätzliche lohnabhängige Arbeitskräfte hätten bezahlt werden können. Deswegen lavierten Kleinstellenbesitzer, deren Anbaufläche und Arbeitskapazität zum ›Sterben‹ zu groß, zum unabhängigen ›Leben‹ zu klein war, an der wirtschaftlichen Existenzgrenze. Erst ab 7 — 8 ha Anbaufläche auf mittlerem Boden begannen im Osten selbständige und spannfähige kleinere Bauernwirtschaften[54]. Verschärfend kam hinzu, daß eine auf abhän-

---

54 *Mönckmeier,* S. 107; *Leidig,* Die preußische Auswanderungspolitik, in: Schriften VfS 52, 1892, S. 457, 461 f.; zur Lage der proletaroiden Subsistenzproduzenten vgl. jetzt auch *Jens Flemming,* Landwirtschaftliche Interessen und Demokratie. Ländliche Gesellschaft, Agrarverbände und Staat 1890—1925, Bonn-Bad Godesberg 1978, S. 62 ff.

gigen Nebenerwerb gestützte Aufrechterhaltung kleinbetrieblicher Subsistenzproduktion unterhalb solcher Grenzen hier weit schwieriger war als in agrarisch-gewerblichen Mischzonen, weil der im Nahbereich zumeist einzig gebotene Nebenerwerb im landwirtschaftlichen Tagelohn den proletaroiden Kleinproduzenten häufig zu Zeiten aus dem Eigenbetrieb abzog, zu denen er hier kaum abkömmlich war, wenn der ohnehin unzureichende eigene Rohertrag nicht noch weiter gesenkt werden sollte.
Die Verharschung der Grundbesitzverteilung in den Nordostgebieten wurde bestärkt durch die Geschlossenheit des Großgrundbesitzes (Fideikommiß), durch das Anerbenrecht und verschärft durch das Hypothekenrecht (Gesamthaftung des Grundvermögens für jede einzelne Hypothek) und die dadurch mitbestimmte einzigartige Gesamtverschuldung der Betriebe, die durch das billige Geld der Gründerjahre noch forciert worden war, dem »ländlichen Wucher« und der bürgerlichen Maklerbranche der »Güterschlächter« goldene Jahre bescherte. Das galt vor allem für klein- bis mittelbäuerliche Betriebe, denen vielfach auch das »Wuchergesetz« von 1880 und die seit den 1880er Jahren fortschreitende Entfaltung des ländlichen Kredit- und Genossenschaftswesens (Darlehenskassen, Bezugs- und Verkaufsgenossenschaften) nicht mehr zu Hilfe kommen konnten: Sie fanden um so weniger Kredit, je geringer das noch belastbare Gesamtvermögen war, und gerieten, von kreditär finanzierten Investitionen abgesehen, mit jeder Auszahlung von Erbanteilen näher an die Grenze des Zwangsverkaufs ihres nicht selten schon mit Schuldenlasten ererbten Anwesens; zumal dann, wenn vom dinglichen Erbe ausgeschlossene Nachgeborene ihre Ansprüche an Makler verkauften, um nicht selbst gegen den kleinen familiären Produktionsverband prozessieren zu müssen, dessen beschränkte Arbeitskapazität und Ertragslage sie zum Ausscheiden genötigt hatte[55].
Aus dieser Gruppe von an der betriebswirtschaftlichen Rentabilitätsgrenze torkelnden mittelbetrieblichen Marktproduzenten und an der wirtschaftlichen Existenzgrenze liegenden kleinbetrieblichen Subsistenzproduzenten, die bei freiwilligem Verkauf zur Regelung von Erbschaftsproblemen, wegen mangelnder Möglichkeiten weiterer Kreditaufnahme oder beim Zwangsverkauf unter dem Druck der Hypothekengläubiger noch hinreichendes Startkapital zum Aufbau einer kleinen bis mittleren Farmexistenz in den USA auslösen konnten, rekrutierte sich ein Teil der konservativen transatlantischen Siedlungswanderung (Wanderungsabsicht) aus den Nordostgebieten. Die Gruppe der selbständigen Produzenten aber war eine Minderheit. Und innerhalb dieser Gruppe von im Familienverband auswandernden selbständigen Kleinlandwirten stellten in den 1880er Jahren, wie Berichte verschiedener Erhebungen in klagen-

---

55 *A. v. Miaskowski,* Das Erbrecht und die Grundeigentumsverteilung im Deutschen Reiche, Bd. 2, Schriften VfS 25, 1884; *Weber,* Agrarstatistische und sozialpolitische Betrachtungen zur Fideikommißfrage in Preußen (1904), in: *ders.,* Gesammelte Aufsätze, Tübingen 1924, S. 323—393; trotz fragwürdigen Aufbaus nützliche Berichtsammlung: *Der Wucher auf dem Lande,* Schriften VfS 35, 1887; vgl. die Verhandlungen der Generalversammlung des VfS von 1888 über den ländlichen Wucher, Schriften VfS 38, 1889; *Sombart,* Volkswirtschaft, S. 337 ff.; *ders.,* Der moderne Kapitalismus, Bd. 3, II, München 1927, S. 973 ff.; *v. d. Goltz,* Geschichte der deutschen Landwirtschaft, Bd. 2, Stuttgart 1903 (Repr. 1963), S. 402 f.; *Mönckmeier,* S. 111; *G. Kreiß,* Ostpreußen, in: Schriften VfS 23, 1883, S. 293; *Rosenberg,* Depression, S. 43 ff. »Die Verschuldung der westpreußischen Landwirte« sei, hieß es in einem aus preußischen Innenministerium im September 1890 eingezogenen Lagebericht, »in weiter Ausdehnung eine so große, daß die Gläubiger nur durch die Hoffnungslosigkeit der Lage von einem den betreffenden landwirtschaftlichen Betrieb zerstörenden Versuch der Realisierung ihrer Forderungen Abstand zu nehmen pflegen« (ZSTA II, Rep. 120, VIII, 1, Nr. 106, Bd. 1, S. 27 f.).

dem Gleichklang meldeten, gerade die »besten« und »wohlhabendsten Familien«, die die Ertragschancen der familiären Produktionsgemeinschaft sinken, ihren Nachwuchs über die von Bodenkapital und Ertragsgrenze beschränkte Arbeitskapazität hinausdrängen, den wie auch immer bedingten Ruin bzw. sozialen Abstieg aber erst auf weite Sicht kommen sahen, noch ein beträchtliches Kontingent. Die Mehrzahl der ländlichen Auswanderer entstammte unterbäuerlichen Schichten und der Übergangsgruppe der landlosen Nachgeborenen[56]. Hier kam dem Andrängen des starken und anhaltenden ländlichen Bevölkerungszuwachses gegen die immobilen Grenzen von Grundbesitzverteilung und betriebswirtschaftlicher Arbeitskapazität eine wesentliche wanderungsbestimmende Schubkraft zu, zumal der Bevölkerungsdruck — der extrem unterschiedlichen Bevölkerungsdichte zwischen vergleichsweise menschenleeren, vorwiegend oder rein großbetrieblichen Wirtschaftsräumen und dichtbesiedelten mittel- bis kleinbetrieblichen Gemeindedistrikten wegen — einseitig auf den Landgemeinden lastete. Bis in die 1860er Jahre hatte in den preußischen Ostprovinzen, deren Landbevölkerung von 1816 bis 1871 um mehr als das Doppelte anwuchs, der Landesausbau den Bevölkerungszuwachs aufgefangen. In den großbetrieblichen Wirtschaftsräumen, deren Gütern die Agrarreformen Gewinn an Boden und Verlust an abhängiger Arbeitskraft (bäuerliches Scharwerk) eingebracht hatten, sog die neue gutswirtschaftliche Arbeitsverfassung nachgeborene Bauernsöhne und den Nachwuchs unterbäuerlicher Schichten durch das stark vermehrte Angebot von Insten-, Eigenkätner- und Tagelöhnerstellen auf[57]. Eine Umsetzung des Bevölkerungszuwachses aus den 1860er Jahren — die zu dieser Zeit Geborenen traten in den 1880er Jahren ins erwerbsfähige Alter ein — in eine Expansion von klein- und mittelbäuerlichen Betrieben fand ihre räumlichen Grenzen an den abgeschlossenen Gutsbezirken, ihre finanziellen an den in den goldenen Jahren der Agrarkonjunktur hochgetriebenen und in der Krise unter dem Schirm des Zollschutzes künstlich hochgehaltenen Grundwerten, Kauf- und Pachtpreisen. Ausnahmen bildeten die seit dem preußischen Ansiedlungsgesetz von 1886 forciert ausgebauten, parzellierten Siedlungsdistrikte (Geschlossenheit, Verschuldungs- und Veräußerungsbeschränkungen), die, gebietsweise verschieden ausgeprägt, als antipolnische Bollwerke, als Strombrecher gegen die Ost-West-Wanderung und als sichere Arbeitskräftereservoire von auf Nebenerwerb angewiesenen proletaroiden Subsistenzproduzenten für im Nahbereich gelegene gutswirtschaftliche Großbetriebe gedacht waren. Doch der erwartete Massensturm auf die Siedlerparzellen in den Grenzbezirken blieb in den erhofften Dimensionen aus[58]. Darüber hinaus schien, wie zeitgenössische Beobachter einhellig konsta-

---

56 *Sering*, Innere Kolonisation, a. a. O., S. 9; *Weber* in: Schriften VfS 55, 1892, S. 378, 696; 58, 1893, S. 67; *Conrad*, ebda., S. 108; *Paasche* in: Schriften VfS 24, 1883, S. 376; vgl. *Walker*, S. 187 ff.

57 *Ipsen*, Landesausbau, a. a. O., S. 158 ff.; vgl. *Werner Conze*, Vom »Pöbel« zum »Proletariat«. Sozialgeschichtliche Voraussetzungen für den Sozialismus in Deutschland, in: *Wehler* (Hrsg.), Sozialgeschichte, S. 111—136, hier S. 112; *Reinhard Koselleck*, Staat und Gesellschaft in Preußen, ebda., S. 55—84, hier S. 71; *Friedrich Lütge*, Geschichte der deutschen Agrarverfassung vom frühen Mittelalter bis zum 19. Jahrhundert, Stuttgart 1963, S. 231—236; *Schissler*, S. 105 ff.

58 Dazu die jährlichen Kommissionsdenkschriften zur »Ausführung des Gesetzes, betr. die Beförderung deutscher Ansiedlungen in den Provinzen Westpreußen und Posen vom 24. April 1886« in den Drucksachen des Preußischen Abgeordnetenhauses; vgl. auch: Königliche Ansiedlungskommission für Westpreußen und Posen, *Zwanzig Jahre deutsche Kulturarbeit*, 1907; Schriften VfS 55, 1892, S. 279 f., 488 f., 492; 58, 1893, S. 78 f., 82; zur Kritik der von der Ansiedlungskommission veröffentlichten Daten: *Quante*, S. 196 f., 373; vgl. *Puhle*, Agrarische Interessenpolitik, S. 246—254; zuletzt: *Roland Baier*, Der deutsche Osten als soziale Frage. Eine Studie zur preußi-

tierten, seit den 1880er Jahren aber auch der herkömmliche Weg des begrenzten sozialen Aufstiegs der Landlosen über den Gesindedienst zu Insten- und Eigenkätnerstellen bei weitem nicht mehr so gefragt zu sein wie noch eine Generation zuvor[59]. Eine ähnliche Tendenz zeichnete sich bei den freien Landarbeitern ab, die sich, von nachgeborenen Bauernsöhnen abgesehen, vorwiegend aus unterbäuerlichen Schichten rekrutierten. Auch die soziale Randgruppe der ortlosen Wanderarbeiter wurde in den immer stärker anschwellenden Strom aus dem Primärbereich der Nordostgebiete gerissen. 1849 noch hatte der Generalsekretär des preußischen Landesökonomie-Kollegiums, v. Lengerke, die Berichte zur »ländlichen Arbeiterfrage« dahin zusammengefaßt, daß fast allenthalben ein Mangel an landwirtschaftlichem Erwerbsangebot bzw. ein Überangebot an landwirtschaftlicher Arbeitskraft zu verzeichnen sei; v. d. Goltz, der ein Vierteljahrhundert später die Ergebnisse der nächsten, 1873/74 vom Kongreß deutscher Landwirte veranstalteten Erhebungen über »Die Lage der ländlichen Arbeiter im Deutschen Reich« publizierte, konstatierte bereits das Gegenteil, wachsenden landwirtschaftlichen Arbeitskräftemangel[60].
Auf allen Ebenen der abhängigen landwirtschaftlichen Erwerbstätigkeit, im Gesindedienst wie bei den gebundenen Gutstagelöhnern, bei freien Landarbeitern wie ortlosen Wanderarbeitern, klaffte in den 1880er Jahren die Schere zwischen Angebot und Nachfrage auf dem landwirtschaftlichen Arbeitsmarkt der Nordostgebiete immer weiter auseinander. Diese Tatsache und die entsprechenden, unisono »Leutenot« meldenden Alarmrufe besonders großbetrieblicher Marktproduzenten aus den Nordostgebieten weisen darauf hin, daß wanderungsbestimmende Schubkräfte in diesem Ausgangsraum von überseeischer Auswanderung und interner Abwanderung weder — im Gegensatz zu der vor allem von Sering ausgehenden Interpretationslinie[61] — in Grundbesitzverteilung, Erbrecht, Hypotheken und Schulden noch im Bevölkerungsdruck allein gefunden werden können. Der komplexe Bedingungs- und Wirkungszusammenhang von wanderungsbestimmenden Schubkräften wurde entscheidend verschärft durch den Druck der strukturellen Agrarkrise sowie durch die beschleunigte Deformation der agrarischen Arbeits- und Sozialverfassung im Zeichen von Intensivierung der Bodenkultur, Rationalisierung der Produktionsorganisation und Saisonalisierung des Arbeitsmarkts.

2.2. Strukturkrise der Landwirtschaft: das ökonomische »Kollektivschicksal« der Nordostgebiete

Die strukturelle Agrarkrise begleitete seit 1876 die Wachstumsstörungen im Sekundär- und Tertiärbereich, hielt über das Ende der Großen Depression hinaus an und wurde erst Ende der 1890er Jahre von dem langen Aufschwung der Agrarkonjunktur abgelöst. Auslösende Momente waren das Sinken der Agrar- und besonders der Getreidepreise unter dem internationalen Konkurrenzdruck bei gleichzeitig steigenden Wirtschaftskosten und der aus beidem

---

schen und deutschen Siedlungs- und Polenpolitik in den Ostprovinzen während des Kaiserreichs und der Weimarer Republik, Köln 1980, S. 48—90.
59 Hierzu oben, Kap. 2.4.
60 *Alexander v. Lengerke*, Die ländliche Arbeiterfrage, Berlin 1849 (nachträglich noch eingegangene Berichte in: Dietericis Mitteilungen des Statistischen Bureaus 5, 1852, S. 270—327); *v. d. Goltz*, Ländliche Arbeiter; vgl. *Friedrich Aereboe*, Agrarpolitik, Berlin 1928, S. 153 ff., 159 f.; *Schissler*, S. 177—185.
61 Vgl. Anm. 46.

resultierende Fall der landwirtschaftlichen Reinerträge, der in seiner marktwirtschaftlichen Komponente gemildert wurde durch den Agrarprotektionismus, der gleichbedeutend war mit einer Sozialisierung der Erzeugerverluste auf Kosten der Verbraucher. Und doch waren die Sprengsätze der Krise — trotz aller großagrarischen Gegenpropaganda, die den Schutzzoll als nationales Hilfsprogramm für unschuldige Krisenopfer zu legitimieren suchte — schon in den Jahren 1850 bis 1875 gelegt worden: durch die Steigerung von Güter-, Bodenpreisen und hypothekarischen Belastungen über den realen landwirtschaftlichen Ertragswert hinaus. Hoher Pachtzins kam den Grundbesitzern zugute, überreizte Bodenpreise ermöglichten weitere hypothekarische Belastungen. Das langanhaltende Wachstum der Reinerträge, das unwirtschaftliche Pacht- und Bodenpreise, produktive und unproduktive Überschuldung verschleierte, kam in der Krise an sein Ende. Um so schärfer schlugen jetzt die betriebswirtschaftlichen Sünden der voraufgegangenen Jahrzehnte vor allem auf die großbetrieblichen Marktproduzenten der Körnerwirtschaft in den Nordostgebieten zurück, die sich auch deshalb »in einem gedrückteren Zustande als in den mittleren und westlichen Bezirken« befanden[62].

Nach außen hin mochte auch die strukturelle Agrarkrise, wie die Große Depression, mehr als eine »Krise der reichen als der armen Leute« erscheinen[63]. Das galt vor allem für jene hochverschuldeten gutswirtschaftlichen Großbetriebe, die schon bei leicht schrumpfenden Reinerträgen aus der mühsam verdeckten betriebswirtschaftlichen Schräglage in den »Luzifersturz, in die dunkle Tiefe« (Sombart) abzukippen oder doch unter das Diktat ihrer Gläubiger zu geraten drohten und deswegen um so mehr an künstlicher Preisstabilisierung, Hochhaltung von Grundpreisen und Pachtzinsen interessiert waren[64]. Und doch bedarf die geläufige Auffassung, daß Großbetriebe die Opfer, bäuerliche Klein- bis Mittelbetriebe mehr oder minder unbeteiligte betriebswirtschaftliche Zeitgenossen, die Landarbeiter aber die eigentlichen Gewinner der Krise gewesen seien, einer differenzierenden Korrektur: Auf das »Kollektivschicksal der Landwirte« als Komponente des Krisenbewußtseins im »Zeitalter der Neurose« hat Rosenberg eindringlich hingewiesen[65]. Das kollektive Krisenbewußtsein indes ist nicht nur ideologisch, mental und sozialpsychologisch, sondern auch unmittelbar sozioökonomisch zu interpretieren. Hinter dem Ergebnis, daß »die Großbesitzer von der eingetretenen Krisis härter als die Bauern betroffen«[66] wurden bzw. »die Lage der kleineren bäuerlichen Wirte eine weniger gedrückte ist als die der Gutswirte«[67], stehen eine zu einseitige Konzentration auf Betriebs- und Lohnkostenrechnung und eine zu undifferenzierte Gliederung landwirtschaftlicher Betriebsgrößen in große Markt- und kleine Subsistenzproduzenten, wobei

---

62 *v. d. Goltz*, Landwirtschaft, Bd. 2, S. 414; vgl. *Heinz Haushofer*, Die deutsche Landwirtschaft im technischen Zeitalter, Stuttgart 1963, S. 207 f.; *Wilhelm Abel*, Agrarkrisen und Agrarkonjunktur, 2. Aufl., Hamburg 1966, S. 253 ff., 257 ff.; *Rosenberg*, Depression, S. 178 ff.; *Gerhard Schulz*, Deutschland und der preußische Osten. Heterologie und Hegemonie, in: *Hans-Ulrich Wehler* (Hrsg.), Sozialgeschichte heute. Festschrift für Hans Rosenberg zum 70. Geburtstag, Göttingen 1974, S. 86—103, hier S. 96 f.
63 *Julius Wolf*, Die gegenwärtige Wirtschaftskrisis. Antrittsrede an der Universität Zürich im Sommersemester 1888, Tübingen 1888, S. 23, zit. bei *Rosenberg*, Depression, S. 47 f.
64 *Sombart*, Volkswirtschaft, S. 363.
65 *Rosenberg*, Depression, S. 55 f.
66 *v. d. Goltz*, Landwirtschaft, Bd. 2, S. 408.
67 *Sombart*, Volkswirtschaft, S. 365 f.

bei den letzteren gerade von jenem Idealtyp des von Markt und Nebenerwerb vollkommen unabhängigen und zugleich lohnkostenfreien kleinen Subsistenzproduzenten ausgegangen wird, den es gerade in der Landwirtschaft der nordöstlichen Gebiete in dieser ökonomisch ›reinen‹ Form nur begrenzt gab:
Im Rohertrag unter der Subsistenzgrenze liegende Kleinbetriebe waren angewiesen auf abhängigen Nebenerwerb in nahegelegenen Großbetrieben und auf Zukauf am Markt. Bei Nebenerwerb im Tagelohn gerieten sie unter den Druck des in der Krise verschärften, von den größeren Gütern ausgehenden Strukturwandels der Arbeitsverfassung, von dem im Anschluß zu reden ist. Bei Zukauf am Markt waren sie abhängig von den durch den Zollschutz begünstigten Erzeugerpreisen. Mittlere Betriebe, die einen Teil ihres Rohertrags über den Markt verwerteten, unterschieden sich in ihrer Lage von Großbetrieben um so weniger, je größer und betriebswirtschaftlich entscheidender Marktproduktion, Reinertrag und Lohnkosten waren. Sinkende Reinerträge bei geringen Möglichkeiten zur Rohertragssteigerung über forcierten Düngemitteleinsatz — wegen vom mäßigen Bodenkapital begrenzter Möglichkeiten kreditärer Investitionsfinanzierung bzw. weiterer hypothekarischer Belastung der produktiv verschuldeten Wirtschaften — konnten mittelbetriebliche Marktproduzenten der Körnerwirtschaft, die nicht auf Hackfruchtbau (s. u.) auszuweichen vermochten, an den Rand des Ruins drängen. Deswegen, so pointierte der preußische Regierungsassessor Leidig 1892 den Zusammenhang von Getreideexport und Menschenimport im überseeischen Haupteinwanderungsland, Getreideimport und Menschenexport in den Nordostgebieten des Auswanderungslandes, »treibt sie die Konkurrenz Amerikas nach Amerika«[68]. Die höhere Flexibilität des kleinen Subsistenzbetriebs in der durch mäßige Ernten in der mitteleuropäischen Feuchtigkeitsperiode[69] verschärften Krise wiederum hatte ihren Grund zum einen darin, daß in der familiären Produktionsgemeinschaft keine Lohnkosten anfielen. Zum anderen wurde sie durch Konsumverzicht erkauft und war insofern nur eine Funktion der »Kontraktionsfähigkeit« des Subsistenzbetriebs in der Anpassung der Lebenshaltung an den Wirtschaftsertrag[70].

Die Tagegeldlöhne waren schon Anfang der 1870er Jahre in von Wanderungsverlusten betroffenen Regionen des Nordostraums kurzfristig angestiegen. Als das Durchschlagen der Rezession auf den industriegewerblichen Arbeitsmarkt nicht nur die Überseeauswanderung, sondern auch den »Zug in die Stadt« Mitte der 1870er Jahre »ins Stocken« und vereinzelt sogar einen »Rückfluß von Arbeitskräften nach dem Osten« in Gang brachte, rutschten die Landarbeiterlöhne in Posen, Pommern und Westpreußen wieder ab. Mit dem Aufstieg der dritten Auswanderungswelle und dem zeitgleichen Umschlag der internen Ost-West-Wanderung zur Massenbewegung in den 1880er Jahren stiegen die Löhne im Zeichen der »sich in Folge wachsender Abwanderung immer mehr zuspitzenden Leuteverhältnisse« erneut an[71]. Seit Ende der 1880er Jahre zogen sie auch Wirtschaftsräume mit bis dahin zurückgebliebenen Lohnkosten auf das gleiche, in der Tat »bisher noch nicht gekannte Niveau«. Dennoch ist die Auffassung, daß sich demzufolge »in der günstigsten Lage die landwirtschaftlichen

---

68 *Leidig* in: Schriften VfS 52, 1892, S. 462.
69 Vgl. *Mönckmeier*, S. 68—71.
70 *Michael Hainisch*, Die Landflucht, ihr Wesen und ihre Bekämpfung im Rahmen einer Agrarreform, Jena 1924, S. 99; *Quante*, S. 347 f.
71 *Paul Schütze*, Studien über die Entwicklung der Lohnverhältnisse ländlicher Arbeiter in Norddeutschland seit 1870, Phil. Diss. Königsberg 1914, S. 16—18.

Arbeiter« befunden hätten[72], zu einseitig an der reinen Geldlohnentwicklung orientiert und übergeht die tiefgreifenden Änderungen in der Arbeits- und Sozialverfassung der Nordostgebiete, die nicht nur die vorwiegend saisonale Geldlohnsteigerung aufwiegen, sondern darüber hinaus zu wanderungsbestimmenden Schubkräften geraten konnten — sofern die Bruttogeldlohnsteigerung nicht ohnehin nur aus der Umstellung vom betriebswirtschaftlich teuren Naturallohn auf den billigen Geldlohn resultierte[73]. Schließlich kam die Schutzzollpolitik selbst einseitig den großbetrieblichen Marktproduzenten, nur bedingt den selbständigen Kleinlandwirten und schon gar nicht jenen proletaroiden Subsistenzproduzenten und in ihren Lebenshaltungskosten marktabhängigen landwirtschaftlichen Lohnarbeitern zugute, aus denen sich das Gros der überseeischen Auswanderung und vor allem der internen Abwanderung zur Zeit der strukturellen Agrarkrise rekrutierte. Die Krisenzeit kannte nach alledem im nordöstlichen Ausgangsraum keine Gewinner, sondern, bei freilich unterschiedlicher Betroffenheit, nur Verlierer, zumal gerade die proletaroiden Subsistenzproduzenten und lohnabhängigen Erwerbstätigen, deren Budgetgestaltung und Reallohn der Agrarpreisverfall zugute zu kommen schien, zur gleichen Zeit in ihren sozialökonomischen Existenzbedingungen zu Opfern des Strukturwandels der agrarischen Arbeits- und Sozialverfassung wurden, den die strukturelle Agrarkrise zwar nicht hervorrief, aber doch beschleunigte und verschärfte.

2.3. Intensivierung der Bodenkultur und Saisonalisierung des Arbeitsmarkts

Rosenberg hat den Schutzzoll, der die strukturelle Agrarkrise nicht zur Reinigungskrise werden ließ, als ökonomisch retardierenden Schutzschild gegen den über den Weltmarkt induzierten Modernisierungsdruck beschrieben[74]. Die betriebswirtschaftlichen Innovationen und die damit einhergehende Produktivitätssteigerung, auch in den marktproduzierenden Großbetrieben der Körnerwirtschaft im Nordosten, traten in ihrer ganzen Breite in der Tat erst in den 1890er Jahren hervor und wurden seit dem Jahrzehntende getragen vom langen Aufschwung der Agrarkonjunktur. Aber auch schon in den 1880er Jahren, in denen überseeische Auswanderung und interne Abwanderung noch als Massenbewegungen nebeneinander herliefen, brachen sich, zunächst von einzelnen lokalen Brückenköpfen der partiellen Modernisierung ausstrahlend, Intensivierung der Bodenkultur und jene agrarkapitalistische Rationalisierung der Betriebsorganisation Bahn, die v. d. Goltz in skeptischer Reserve als die »neue realistische Richtung« der landwirtschaftlichen Betriebsführung umschrieb. Hier herrschte nicht der von Rosenberg herausgestellte und vom Schutzzoll geradezu »prämierte« betriebswirtschaftliche »Schlendrian«, nicht ein landadeliges »Noblesse oblige« mit beiläufiger Kenntnisnahme vom Rohertrag, sondern, wie Sombart scharf pointierte, ein agrarkapitalistisches »Argent oblige« mit profitorientiertem Interesse am scharf kalkulierten Reinertrag, der die Verzinsung des Investitionskapitals und darüber hinaus höchstmögliche Rendite zu gewährleisten hatte[75].

---

72 *v. d. Goltz,* Landwirtschaft, Bd. 2, S. 411.
73 Vgl. oben Kap. 2.4.
74 *Rosenberg,* Depression, S. 185 f.
75 *v. d. Goltz,* Landwirtschaft, Bd. 2, S. 360, 369, 398, 407 f.; *Sombart,* Volkswirtschaft, S. 328 f.

Am folgenschwersten für die Strukturverschiebung von Arbeits- und Sozialverfassung, deren Beobachtung weitere wanderungsbestimmende Schubkräfte abgewonnen werden können, waren Intensivierung der Bodenkultur, Rationalisierung von Produktionsweise und Betriebsorganisation und die dadurch forcierte Saisonalisierung von Arbeitsmarkt und Erwerbsangebot. Seit den 1880er Jahren setzte sich verspätet auch in den Nordostgebieten der Übergang vom ›extensiven‹ zum ›intensiven‹ landwirtschaftlichen Betrieb durch. Während der Übergang zur Veredelungswirtschaft unter dem Schutzdach der Zollpolitik zögernder in Gang kam, nahm zunächst die durch Steuervergünstigungen (Rohmaterialsteuer) und indirekte Exportsubventionen geförderte Hackfruchtkultur bzw. -verarbeitung stark zu, die zur Zeit der Agrarkrise profitabler war als die reine Körnerwirtschaft. Das galt für Kartoffelbau, Kartoffelbrennerei und Kartoffelspritexport, vor allem aber für den Zuckerrübenbau, für die in Deutschland erfundene — erste Rübenzuckerfabrik 1798 —, aber im Gegensatz zu Frankreich erst in den 1830er Jahren weiter ausgebaute Rübenzuckerfabrikation und den Rübenzuckerexport. Der Rübenbau war unabhängig von der Betriebsgröße und wurde deswegen von Großproduzenten wie von kleinen »Rübenwirten« gleichermaßen forciert[76]. »Hauptrübengebiete« des Reichs waren neben Braunschweig und Anhalt zunächst die Provinzen Sachsen (»Sachsengänger«), Schlesien, Hannover und Schleswig-Holstein, bis der Einsatz neuer Düngemethoden die Rübenkultur aus der Bindung an eine bestimmte Bodenqualität löste. In den vorwiegend Getreidebau betreibenden nordöstlichen Wirtschaftsräumen bildete sich, als letzte Stufe im langfristigen Übergang von der herkömmlichen Dreifelder-Wirtschaft über den Fruchtwechsel, statt reiner Hackfruchtkultur intensiver Fruchtwechsel mit starkem Hackfruchtbau heraus. Beides führte zu einem außerordentlich gesteigerten und zugleich extrem saisonalisierten Arbeitskräftebedarf: Das Vordringen der Dreschmaschine, die in großbetrieblichen Distrikten Pferdegöpel bzw. Dreschflegel ablöste und die »Drescher« außer Brot setzte, führte auf dem landwirtschaflichen Arbeitsmarkt zu einer deutlichen ›negativen‹ Saisonalisierung (Abflachen des Arbeitskräftebedarfs außerhalb der Erntesaison). Das Ausgreifen des Hackfrucht- und insbesondere des Zuckerrübenbaus brachte eine scharfe ›positive‹ Saisonalisierung (Anstieg des saisonalen Arbeitskräftebedarfs) mit sich[77]. Das Zu-

---

76 Hierzu und zum Folgenden: Statistisches Jahrbuch 12, 1891, S. 25; *Reinhard Spree,* Wachstumstrends und Konjunkturzyklen in der deutschen Wirtschaft von 1820 bis 1913, Göttingen 1978, S. 71; *Paasche* in: Schriften VfS 24, 1883, S. 372; *Karl Kaerger,* Die Sachsengängerei. Auf Grund persönlicher Ermittlungen und statistischer Erhebungen, in: Landwirtschaftliches Jahrbuch 19, 1890, S. 239—522, hier S. 241 ff., 441; *Sombart,* Volkswirtschaft, S. 324; *v. d. Goltz,* Landwirtschaft, Bd. 2, S. 336—340; *Aereboe,* S. 162 f., 327 ff.; *A. Sartorius Freiherr v. Waltershausen,* Deutsche Wirtschaftsgeschichte 1815—1914, 2. Aufl., Jena 1923, S. 454 f.; *Haushofer,* S. 181; *Lütge,* S. 512 f.; *August Skalweit,* Agrarpolitik, 2. Aufl., Berlin 1924, S. 65 ff., 74 ff.; *Nichtweiss,* S. 30—32; *Hans-Heinrich Müller,* Bäuerliche Wirtschaft und Industrialisierung am Beispiel der Zuckerindustrie in Deutschland, in: Studia Historiae Oeconomicae 10, 1975, S. 165—172, hier S. 170 f.; *Hainer Paul,* Landarbeiterleben im 19. Jahrhundert, Berlin [DDR] 1979, S. 150 ff.; *Bade,* Fabri, S. 272, 274.
77 Der in Arbeitstage umgerechnete jährliche Arbeiterbedarf, der in der Dreifelderwirtschaft bei 573 Männer- und 139 Frauentagen und beim Norfolker Fruchtwechsel bei 567 Männer- und 1 048 Frauentagen lag, schnellte in der Fruchtwechselwirtschaft mit starkem Rübenbau auf die Höhe von 774 Männer- und 2 405 Frauentagen (*F. Bensing,* Der Einfluß der landwirtschaftlichen Maschinen auf Volks- und Privatwirtschaft, Breslau 1897, S. 39). Dabei verzerrte das unterschiedliche landwirtschaftliche Erwerbsangebot in Sommer- und Winterarbeit die Statistik des landwirt-

sammenwirken beider Faktoren bei intensivem Fruchtwechsel mit starkem Hackfruchtbau führte in den Monaten der Hochsaison zu Arbeitskräftemangel und Überbeschäftigung bei Höchst- bzw. Akkordlöhnen, in den Wintermonaten zu Arbeitslosigkeit oder Unterbeschäftigung bei niedrigem Lohn, verschob so die agrarische Arbeitsverfassung und grub von hier aus weite Bereiche der Sozialverfassung an der Basis der agrarischen Sozialpyramide um. Es war dies jener Prozeß, den Weber schon 1893 als »Destruktion der Arbeitsverfassung des Ostens« durch die sozialen Kosten agrartechnischer und betriebswirtschaftlicher Innovationen beschrieb: »In materieller Beziehung führen zwei große Desorganisatoren diese Zersetzung in der augenfälligsten Weise herbei, der eine — unwichtigere — ist die Dreschmaschine, der andere die Zuckerrübe[78].«
Ergebnis der verschärften Saisonalisierung des Erwerbsangebots war eine außerordentliche Mobilisierung vor allem der im reinen Geldtagelohn stehenden freien Landarbeiter, deren Arbeitskraft zusehends zur disponiblen Saisonware geriet. Diejenigen unter ihnen, die den Winter nicht bei schmalem Lohn auf den Gütern »durchhungern« wollten, waren dort, wo Fischerei, Forsten, Straßen-, Kanal- oder Festungsbau keinen befristeten Ersatz im Nahbereich zu bieten vermochten, zu temporärer Arbeitnahme in industriegewerblichen Tätigkeitsbereichen genötigt, gerieten damit sukzessive in den Strom der Binnenwanderung aus dem Primärbereich oder sanken ab in jene soziale Randgruppe der ortlosen Wanderarbeiter, deren Schicksal im Zentrum der zeitgenössischen Diskussion um die Organisation der Wanderarmenfürsorge stand. Aber auch nebenerwerbstätige Subsistenzproduzenten, die in der Sommersaison auf dem eigenen Klein- bzw. Kleinstbetrieb unabkömmlich waren und vordem in Herbst und Winter als Drescharbeiter im Tagelohn benachbarter Großbetriebe gestanden hatten, sahen sich für den unabdingbaren Nebenerwerb auf Arbeitswanderung über größere Distanzen und häufig über die Grenzen des Primärbereichs hinaus verwiesen. Dadurch wiederum wurde die kleine familiäre Produktionsgemeinschaft in ihrem Selbstverständnis von innen her ausgehöhlt, wurden mentale Bindungen an den im Ertrag unzureichenden Boden gelockert, latente Bereitschaft zu definitiver Ab- oder Auswanderung bestärkt.[79]
Die Saisonalisierung der Lohnkosten war ein Mittel der relativen Lohnkostensenkung in der betriebswirtschaftlichen Gesamtrechnung. Auf dem freien landwirtschaftlichen Arbeitsmarkt war sie gleichbedeutend mit einer Saisonalisierung des Erwerbsangebots und konnte deswegen wanderungsbestimmende Schubkraft entfalten. Die Saisonalisierung von Lohnkosten, Arbeitsmarkt und Erwerbsangebot, die von Bezirken mit intensivem Fruchtwechsel und star-

---

schaftlichen Arbeitskräftebedarfs zu Extrempositionen: Während nach Sombart das Verhältnis der Sommer- zur Winterarbeit in Gebieten mit verbesserter Getreide- und Fruchtwechselwirtschaft bereits bei 1,6 : 1 und im Vergleich des arbeitsreichsten zum arbeitsärmsten Monat bei 2 : 1 lag, hatte der entsprechende Arbeitskräftebedarf in den Rübenwirtschaften eine Spannung von 2, 6 : 1, im Vergleich des arbeitsreichsten zum arbeitsärmsten Monat sogar von 4 : 1 (*Sombart*, Kapitalismus, S. 349; vgl. *Paul*, S. 167 ff., 192 ff.).

78 *Weber* in: Schriften VfS 58, 1893, S. 68 f.; 55, 1892, S. 9 f., 40; *Thiel* in: Schriften VfS 58, 1893, S. 118; vgl. *Haushofer*, S. 181 f.; zur Entwicklung des hier weniger wichtigen Maschineneinsatzes in der Landwirtschaft vgl. neben *Bensing* noch die Daten bei *Sartorius*, Landwirtschaft, S. 452; *Sombart*, Volkswirtschaft, S. 353; *Haushofer*, S. 194 f. und K. *Helfferich*, Deutschlands Volkswohlstand, 7. Aufl., Berlin 1917, S. 51.

79 *Weber* in: Schriften VfS 55, 1892, S. 781, 792; *v. d. Goltz*, Landwirtschaft, Bd. 2, S. 365; *Henatsch*, S. 1—16, 31—39; über die Entwicklung von der Wanderarmenfürsorge zur staatlichen Arbeitsverwaltung: *Bade*, Arbeitsmarkt (s. Anm. 13).

kem Hackfruchtbau ausging, verschärfte aber auch die intrasektorale Lohnkonkurrenz zwischen noch extensiv und schon intensiv wirtschaftenden Distrikten und Betrieben innerhalb der Nordostgebiete selbst und führte darum zu schweren Störungen im Arbeitskräfteangebot auch in Gebieten mit noch vorwiegend extensiven Kulturen und Produktionsformen: Sie steigerte die saisonalen Wanderungsverluste gerade in im Lohnniveau zurückgebliebenen, noch extensiv wirtschaftenden Distrikten und schlug dort über den Zwang zur tendenziellen Lohnangleichung mit gegenteiligem Effekt auf die Betriebskostenrechnung gerade der von der Krise am härtesten betroffenen, häufig hochverschuldeten und schon deswegen an der Rentabilitätsgrenze liegenden Marktproduzenten der reinen Körnerwirtschaft zurück: »Die extensiv betriebenen Wirtschaften«, prophezeite 1890 der Oberpräsident der Provinz Posen, würden durch die zunehmende intrasektorale Lohnkonkurrenz »von ihren zu intensivem Wirtschaftsbetriebe übergegangenen Landsleuten allmählich abgeschlachtet [...]. Die intensiv wirtschaftenden Landwirte der östlichen Provinzen ruinieren daher«, so das alarmierende Menetekel aus Posen, die »extensiv wirtschaftenden Landsleute und würden demnächst durch die Unfähigkeit, ihre Geldlöhne bis zur Höhe der im Westen üblichen Löhne steigern zu können, selbst ruiniert werden[80]«. Während sinkende Erzeugerpreise bei steigenden Betriebskosten in der Körnerwirtschaft die Reinerträge abrutschen und die Lohnkostenkalkulation zum neuralgischen Punkt in der Betriebskostenrechnung werden ließen, wirkte sich die betriebskostensenkende, indirekt reinertragssteigernde Saisonalisierung der Lohnkosten mithin auf der Arbeitsmarktseite tendenziell selbst entgegen: Sie erhöhte den saisonalen Zusatzbedarf gerade an jenen freien landwirtschaftlichen Arbeitskräften, die durch die zunehmende Saisonalisierung ihrer Erwerbschancen zu allererst zur »Landflucht« genötigt wurden.

Die von intensiv wirtschaftenden Großbetrieben bzw. »Rübenwirtschaften« in der Hochsaison gezahlten Spitzenlöhne saugten — zunächst vorwiegend in Gestalt der »Sachsengängerei« bzw. der »Rübenwanderungen« in die westlicher gelegenen »Hauptrübengebiete«[81], später dann auch innerhalb der Nordostgebiete selbst — freie landwirtschaftliche Arbeitskräfte aus noch extensiv wirtschaftenden Distrikten und Gütern ab. Sie zogen darüber hinaus zunehmend auch kontraktlich gebundene Gutstagelöhner (»Kontraktbrecher«) an und trugen wesentlich dazu bei, den Kontraktbruch in den 1890er Jahren zur Massenerscheinung werden zu lassen. Der Kontraktbruch — den großbetriebliche Marktproduzenten der Nordostgebiete vergeblich zum strafrechtlich verfolgbaren Delikt zu kriminalisieren suchten und doch vielfach zur Bewältigung der »Leutenot« durch zugelaufene »Kontraktbrecher« im eigenen Betrieb stillschweigend akzeptierten — war, wo er nicht ohnehin zur »Landflucht« überleitete, gleichbedeutend mit dem Überwechseln aus der Gruppe der gebundenen Gutstagelöhner in die der freien Landarbeiter, deren »Freiheit« in Gebieten mit stark saisonalisiertem Arbeitsmarkt gleichbedeutend war mit dem Zwang der wandernden Landproletarier zum best-

---

80 ZSTA II, Rep. 120, VIII, 1, Nr. 106, Bd. 1, S. 19—29.
81 Hierzu die grundlegende Studie von *Kaerger,* a. a. O. Mit dem Stichwort »Sachsengängerei« wurden nicht nur die intrasektorale Saisonwanderungen in die Rübendistrikte der Provinz Sachsen selbst, sondern auch die »Rübenwanderungen« in andere Gebiete umschrieben, wie etwa nach Hannover und Schleswig-Holstein, wo durch Aus- und Abwanderung entstandene Lücken im landwirtschaftlichen Arbeitskräfteangebot planmäßig durch die An- bzw. Abwerbung von Arbeitskräften aus den östlichen Provinzen geschlossen wurden; zu den Begleit- und Folgeerscheinungen dieser »Sachsengängerei« nach Hannover und Schleswig-Holstein vgl. *Leidig* in: Schriften VfS 52, 1892, S. 457. Daneben wurde der Begriff »Sachsengängerei« auch ganz allgemein für die interne, gelegentlich sogar für die im Untersuchungszeitraum erst in ganz geringem Umfang ausgeprägte transatlantische Zeit- bzw. Pendelwanderung (»überseeische Sachsengängerei«) verwendet.

möglichen Verkauf ihrer Arbeitskraft im Tagegeldlohn[82]. Die damit einhergehende Unsicherheit des Erwerbs, die Perspektivlosigkeit, die Aussicht, im Alter im Elend der Wander- bzw. Ortsarmen zu enden, und in Einzelfällen schließlich auch die direkte Konkurrenz mit den »halbnomadischen« (Weber) ausländischen Saisonarbeitern[83] veranlaßten gerade diese Gruppe, der häufig die Mittel zur Auswanderung fehlten, in zunehmendem Maß zur internen Abwanderung aus dem Primärbereich, wenn nicht ein von ausgewanderten Verwandten, überseeischen »Kolonisatoren« bzw. menschenhandelnden Arbeiterimporteuren gestelltes »prepaid ticket« den Weg aufs Zwischendeck der Auswandererschiffe eröffnete.

2.4. Rationalisierung der Produktionsorganisation und Verfall der gutswirtschaftlichen Arbeits- und Sozialverfassung

Während die Saisonalisierung des Erwerbsangebots die freie landwirtschaftliche Arbeitskraft mobilisierte und entscheidend beitrug zu Aus- und Abwanderung, beschleunigte die mit der Intensivierung einhergehende Rationalisierung der Betriebsorganisation die innere Zersetzung der gutswirtschaftlichen Arbeits- und Sozialordnung und stimulierte so auf gleiche Weise den »Wanderungsdrang« auch bei den gebundenen, sozial verschieden gestuften gutswirtschaftlichen Arbeitskräften. Das kann hier nur an einem zentralen Beispiel, dem Verfall der Instverfassung, entwickelt werden. Er hatte seinen Hintergrund im interdependenten Zusammenwirken des Strukturwandels in Wirtschaftsweise, Arbeits- und Sozialverfassung und war darüber hinaus nicht nur eine der Ursachen, sondern zugleich auch Folge der Aus- und Abwanderung jüngerer landwirtschaftlicher Arbeitskräfte:

Das Instverhältnis geriet als Kernbereich der gutswirtschaftlichen Arbeits- und Sozialordnung in deren langfristigem Strukturwandel im gleichen Maße in die Krise, in dem sich die herkömmliche Eingebundenheit der Instfamilie in den Gutsherrschaft und gebundene Gutstagelöhner umschließenden, sozial gestuften Produktions- und Konsumtionsverband der »Gutsfamilie« lockerte. Dieser Strukturwandel hatte vor allem zwei Antriebskräfte, die sich gegenseitig bedingten und beschleunigten: 1. wurde der mentale Fundamentalkonsens, der das gutswirtschaftliche Subordinationsgefüge trug, unterspült durch das Vordringen agrarka-

---

82 Im Blick auf kontraktbrüchige »Sachsengänger« betonte der Hallenser Landrat und Präsident des sächsischen Verbandes zur Besserung der ländlichen Arbeiterverhältnisse, v. *Werder*, ausdrücklich, daß man »bezüglich des Vertragsbruchs durchaus nicht die Schuld auf den Arbeitnehmer allein werfen« dürfe: »Im Gegenteil trifft eine große Schuld am Kontraktbruch den Arbeitgeber, nicht so sehr den Arbeitgeber, der den Mann beschäftigt, als den anderen Arbeitgeber, der ihn haben will, und das ist das schlimmste, daß es dagegen kein rechtliches Mittel gibt« (*ders.* in: Schriften VfS 58, 1893, S. 104). »Diese Zustände sind geradezu erbärmlich. Mir selbst ist schon dreimal vorgekommen, daß ich im Juni und Juli Knechte gemietet habe, welche seit Neujahr mit Weib und Kind und Sachen schon am 5. Orte ansässig gewesen waren«, klagte einer der Berichterstatter des VfS, um doch gleich anzufügen: »In der Regel bringen solche Leute gefälschte Zeugnisse oder sie geben an, ihr Dienstbuch verloren zu haben. Wenn man auch an diese vorgebrachten Sachen in der Regel nicht glaubt, so nimmt man die Leute doch an, wenn nicht Leute genug sind« (Schriften VfS 55, 1892, S. 632); vgl. *Kaerger,* a. a. O., S. 457: »Die Vertragsbrüche seitens der Wanderarbeiter würden sicherlich nicht in so großem Umfange erfolgen, wenn die Vertragsbrecher nicht überall Gelegenheit fänden, ohne Rücksicht auf ihr rechtswidriges Verhalten Arbeit zu bekommen; über Konventionalstrafen gegen Kontraktbruch *ebda.*, S. 300 ff.; über die immer wieder erhobene Forderung nach einer Kriminalisierung des Kontraktbruchs *v. d. Goltz*, Arbeiterfrage, S. 347—353; *Nichtweiss*, S. 130 ff.
83 *Weber* in: Schriften VfS 55, 1892, S. 781; vgl. oben Kap. 3.2.

pitalistischer Unternehmermentalität. Sie wandelte die vormals »intensive Interessengemeinschaft« (Weber) zwischen Guts- und Instwirtschaft in der patriarchalisch-autoritären vorkapitalistischen Gutsverfassung zum gebrochenen Sozialbezug von Besitzern, Pächtern oder Produktionsleitern eines landwirtschaftlichen Großbetriebs zu nurmehr über den Lohnvertrag gebundenen abhängigen Produzenten mit Konsumentenhaltung, Arbeitermentalität und wachsendem Arbeiterbewußtsein. Der häufig rasche Wechsel der Besitzer oder Pächter, der Betriebsleiter und ihrer Wirtschaftsbeamten beschleunigte diesen Entfremdungsprozeß; 2. zerbrachen ökonomischer Fundamentalkonsens und sozial gestufte Infrastruktur der gutswirtschaftlichen Arbeits- und Sozialordnung an agrartechnischen und betriebswirtschaftlichen Innovationen: Der zunehmende Einsatz der Dreschmaschine verkürzte die Dreschzeit, senkte das Dreschmaß, rückte an die Stelle des schrumpfenden Naturallohns (Dreschanteil) die im Instverhältnis niedrigen Tagelohnsätze und verschob damit sukzessive die Partizipation am mitproduzierten gutswirtschaftlichen Rohertrag zur Geldlöhnung aus dem Reinertrag. Der tendenzielle Fall der Getreidepreise unter dem Druck der strukturellen Agrarkrise war den Gutswirtschaften weithin Anlaß, den Dreschanteil ganz einzubehalten. Zugleich wurden die kleinen Eigenwirtschaften der Insten zu mißliebigen Störfaktoren rationeller großbetrieblicher Produktionsorganisation: In die Gutsfläche eingestreut, behinderten die Landdeputate eine großräumige, markt- und gewinnorientierte Bewirtschaftung der gesamten Gutsfläche. Daraus resultierte die Tendenz, die Nutzflächen der Insten durch dem Fruchtwechsel auf der gesamten Gutsfläche folgende Naturaldeputate, das Weiderecht durch Futterdeputate (Stallfütterung) und schließlich die »Leutekühe« selbst durch Milchdeputate zu ersetzen[84].
Solche Veränderungen, die der betriebswirtschaftlichen Gewinnkalkulation des Arbeitgebers entsprangen, mußten durchaus nicht mit einer Verschlechterung des Budgets der Instfamilie verbunden sein. Das bewilligte Naturaldeputat lag sogar nicht selten höher als der Rohertrag aus dem eingezogenen Landdeputat, weil die Insten hier auf indirektem Wege an der Rohertragssteigerung des landwirtschaftlichen Großbetriebs durch Rationalisierung und Intensivierung teilhaben konnten[85]. Und doch untergruben auch diese Veränderungen die herkömmliche materielle und mentale Basis der Instverfassung: Die ehemals halbselbständig produzierenden Insten näherten sich in Wirtschaftsweise und sozialem Status zunehmend den unteren Deputantenchargen, mit freilich noch ungesicherterer Einkommenslage. Die Naturaldeputate, die an die Stelle der Nutzungserträge rückten, waren dem Umfang der eingezogenen Landdeputate entsprechende Ernteanteile, in ihrer Zusammensetzung abgelöst von Bedarf und Planung der Instfamilie und ausschließlich abhängig von den Entscheidungen der Betriebsleitung über die Fruchtfolge. Die Insten wurden auf diese Weise zunächst zu abhängig-unselbständigen indirekten Marktproduzenten, weil sie den Teil der Naturaldeputate, der den Eigenbedarf überschoß, über den lokalen Markt verwerten mußten, um so die Mittel zu erwerben, mit deren Hilfe der übrige Eigenbedarf gedeckt werden konnte. Dort, wo schließlich an die Stelle der Naturaldeputate Zuschläge zum Tagelohn traten, mündete die Destruktion der Instverfassung ein in Lohnarbeitsverhältnisse mit langfristigen Kontrakten. Unter dem Druck dieser Veränderungen zerbrach der Fundamentalkonsens, der die Instverfassung getragen hatte, zum ökonomischen Interessengegensatz zwischen agrarkapitalistischen Arbeitgebern mit Interesse an Roh- und Reinertragssteigerung, an niedrigen Lohnkosten und

---

84 *Weber* in: Schriften VfS 55, 1892, S. 22, 778 ff.; *Knapp* in: Schriften VfS 58, 1893, S. 15; *Aereboe*, S. 157 ff.; *Flemming*, S. 53 ff.
85 *Schütze*, S. 43.

hohen Erzeugerpreisen und landwirtschaftlichem Lohnproletariat mit Gleichgültigkeit gegenüber gutswirtschaftlichem Roh- und Reinertrag, aber existentiellem Interesse an hohen Geldlöhnen und niedrigen Marktpreisen[86].

Der Attraktionsverlust des Instverhältnisses wirkte zurück auf den Gesindedienst, dessen Personal sich wesentlich aus den Nachkommen von Insten, Deputanten und nachgeborenen Bauernsöhnen rekrutierte. Diejenigen unter ihnen, die im Primärsektor zum selbständigen Kleinproduzenten aufsteigen wollten und dies wegen der hohen Bodenpreise im Herkunftsraum nicht konnten, betrachteten den Gesindedienst zunehmend als Gelegenheit, bei relativ guter Entlohnung und freier Station das Startkapital zum Aufbau einer kleinen farmwirtschaftlichen Existenz in den USA anzusparen. Andere, die diesen mit Konsumverzicht und Risiko verbundenen Weg nicht beschreiten wollten, gingen »in die Stadt« oder »in die Fabrik«. Die Flucht des landwirtschaftlichen Nachwuchses aus der Modernisierungskrise beschleunigte die Zersetzung der Instverfassung nur um so mehr. Insten, deren Nachkommen nicht mehr bereit waren, als Scharwerker einzutreten, waren genötigt, an ihrer Stelle fremde Dienstleute zu stellen, wenn es sie überhaupt gab: »Krüppel, Greise, gefallene Mädchen werden als solche angestellt«, meldete bereits 1892 die Enquete des Vereins für Socialpolitik über die Lage in Ostpreußen, wo nach Berichten der Provinzialbehörden schon 1890 über 6 000 Instwohnungen leerstanden. »Krüppel, Greise und Kinder waren es, die ich ihren Lohn empfangen sah«, berichtete auf Grund eigener Recherchen schon 1890 auch Kaerger[87]. Insten, die sich von der Scharwerkpflicht entbinden lassen konnten, mußten dafür wiederum eine Kürzung ihrer Deputate hinnehmen. All das stimulierte Wanderungsbereitschaft auch bei den Instfamilien selbst: »Der Arbeitermangel entsteht«, berichtete 1890 der Oberpräsident der Provinz Ostpreußen, »dadurch, daß einmal ganze Familien, namentlich der sogenannten Instleute, definitiv [. . .] nach dem Westen auswandern [. . .]. Viele Insthäuser [. . .] stehen leer oder sind mit alten invaliden Familien besetzt [. . .]. Andererseits verlassen aber auch die jungen Leute beiderlei Geschlechts bald nach erfolgter Konfirmation in großen Mengen ihre Heimat [. . .], so daß es den Landwirten nicht gelingt, die notwendigen Arbeitskräfte und auch den Instleuten nicht gelingt, das erforderliche Dienstpersonal (Scharwerker) sich zu beschaffen[88]«.

Kennzeichnend für den Bruch im ehemals tragenden gutswirtschaftlichen Fundamentalkonsens und das Emanzipationsstreben der Kontraktarbeiter aus der unmündigen Eingebundenheit in das herkömmliche Subordinationsgefüge war jener stumme soziale Protest, der sich in der sprunghaften Zunahme der »Sucht zum Kontraktbruch« bei Aus- und Abwanderung arti-

---

86 »Das ostelbische Deutschland zerfällt, soweit der Großbetrieb vorherrscht, nach seiner Arbeitsverfassung schon jetzt in einen vorwiegend patriarchalisch und einen vorwiegend kapitalistisch organisierten Teil«, faßte Weber 1892 die Berichte landwirtschaftlicher Arbeitgeber über die großbetriebliche Arbeits- und Sozialordnung im Nordosten zusammen: »Von Norden nach Süden fortschreitend, gelangt man aus dem ersteren in den letzteren.« In Mecklenburg, großen Teilen von Pommern, in der nördlichen und nordöstlichen Mark und in den Höhengegenden West- und Ostpreußens war das »patriarchalische System mit seiner Interessengemeinschaft« noch zu beobachten, in Posen und Schlesien hingegen bereits »fast gänzlich verschwunden« (*Weber* in: Schriften VfS 55, 1892, S. 790, 795); vgl. hierzu *Paul*, S. 111 ff.; bei alledem spielte der im Nordosten häufige Besitzwechsel der Güter, vor allem aus adeliger in bürgerliche Hand, eine erhebliche Rolle, hierzu *Weber* in: Schriften VfS 55, 1892, S. 187 f., 633 f.; *Abel*, Agrarkrisen, S. 256; *Puhle*, Agrarbewegungen, S. 43 f.
87 Schriften VfS 55, 1892, S. 185; *Kaerger*, a. a. O., S. 429.
88 ZSTA II, Rep. 120, VIII, 1, Nr. 106, Bd. 1, S. 40—45; vgl. Bd. 2, S. 233—242.

kulierte: Wo die Verschränkung von »intensiver Interessengemeinschaft« (Weber) und »gegenseitigem Vertrauensverhältnis« (Leidig) in der gutswirtschaftlichen Axiomatik nicht mehr trug, wo die »kapitalistische Desorganisation« (Weber) die gutswirtschaftliche Arbeits- und Sozialordnung und die Struktur des freien Arbeitsmarkts umgrub, agrarkapitalistische Unternehmermentalität und Profitorientierung auf der einen, Arbeiterbewußtsein und konsumorientierte Bedürfnisstrukturen auf der anderen Seite noch nicht in einer neuen Arbeits- und Sozialordnung aufgefangen werden konnten, endete der Zusammenbruch der gutswirtschaftlichen Ordnung im Desaster von Kontraktbruch und Zwangsrückführung, von Auswanderung, »Landflucht« und zunehmendem »Import« jener ausländischen landwirtschaftlichen Reservearmee, die die »Leutenot« an einheimischen Kräften kurzfristig dämpfte und langfristig weiter verschärfte[89].

2.5. Proletarisierung und Emanzipation: Wanderung als Sozialprotest

Polarisierung der Besitz- und Sozialstruktur, Saisonalisierung des Arbeitsmarkts, Deformation und Verfall von axiomatischem Normengefüge und gestufter Sozialordnung in der gutswirtschaftlichen Arbeitsverfassung, Proletarisierung und sukzessive Emanzipation der abhängigen Produzenten verschärften im nordöstlichen Ausgangsraum die latente Klassenspannung[90] der gespaltenen Agrargesellschaft in Krise und Übergang. Das war keine Entdeckung der Landarbeiteragitation oder des Vereins für Socialpolitik, sondern ein Prozeß, der aufmerksam beobachtenden landwirtschaftlichen Arbeitgebern selbst vor Augen stand, trotz aller sozialdefensiven Kriterien der Beurteilung. Und doch setzte sich die latente Klassenspannung nicht in offenen Antagonismus um, denn der nicht nur landadeligen, sondern auch bürgerlichen und großbäuerlichen »Rittergutsbesitzerklasse« (Rosenberg), die sich unter dem Zwang zur Organisation ihrer ökonomischen Interessen in der Krise neu formierte, fehlte als Pendant an der Basis noch das formierte Landproletariat: Während die Industriearbeiter Koalitionsrecht und gewerkschaftliche Organisation im Arbeitskampf erprobten, artikulierte sich der soziale Protest abhängiger Produzenten in den Nordostgebieten erst in Einzelfällen in spontanen und nur entfernt streikähnlichen Arbeitsniederlegungen, etwa in den Auseinandersetzungen um die Einführung des Geldakkordsystems, oder in der »indirekten Besteuerung unliebsamer seelischer Eigenschaften« von Arbeitgebern durch Lohnforderungen[91]. An Stelle kollektiver und offensiver Verweigerung, wie sie etwa im Bergarbeiterstreik 1889[92] zutage trat, dominierten hier noch Formen des individuellen stummen Protests, nicht offensiver Arbeitskampf, sondern Flucht und defensive Verweigerung: Kontraktbruch, Aus- und Abwanderung bzw. Rückgang der Saisonwanderung in Distrikte, deren Arbeitsbedingungen nicht mehr akzeptiert wurden. Das hatte seine Gründe 1. in arbeitsrechtlichen Barrie-

---

89 *Leidig* in: Schriften VfS 52, 1892, S. 460, 462; *Lindig,* ebda., S. 323; *Weber* in: Schriften VfS 55, 1892, S. 475, 631, 780 f.; *v. d. Goltz,* Landwirtschaft, Bd. 2, S. 365; vgl. oben Kap. 3.2.
90 Zum Begriff der »Klassenspannung« im Gegensatz zum »Klassenkonflikt«: *Jürgen Kocka,* Klassengesellschaft im Krieg. Deutsche Sozialgeschichte 1914—1918, Göttingen 1973, S. 3 ff.
91 *Stoeckel* in: Schriften VfS 23, 1883, S. 318; *Paasche* in: Schriften VfS 24, 1883, S. 374; *Weber* in: Schriften VfS 55, 1892, S. 191, 379, 460, 631 f., 635; *Schoenlank* in: Schriften VfS 58, 1893, S. 112; hierzu und zum Folgenden vgl. *Haushofer,* S. 190 f.; *Flemming,* S. 53—75; für Formen des individuellen Protests am Beispiel der Magdeburger Börde vgl. *Paul,* S. 311 ff.
92 *Tenfelde,* S. 487—597; für die Zeit zwischen Fall des Sozialistengesetzes und Erstem Weltkrieg vgl. *Klaus Schönhoven,* Gewerkschaftliches Organisationsverhalten im Wilhelminischen Deutschland, in: *Conze/Engelhardt* (Hrsg.), Arbeiter, S. 403—421.

ren, 2. in organisatorischen Problemen, 3. in mentalen Prädispositionen des unterbäuerlichen Protestpotentials, 4. darin, daß es für Landarbeiter ein alternatives Erwerbsangebot außerhalb des Primärsektors und 5. für landwirtschaftliche Arbeitgeber ein alternatives Arbeitskräfteangebot innerhalb des Primärsektors gab:
1. kannten die Landarbeiter im Nordosten Koalitions- und Streikrecht bestenfalls vom Hörensagen, ganz abgesehen von den gutswirtschaftlichen Kontraktarbeitern, die noch unter jenen Gesindeordnungen lebten, die dem linken Flügel des Vereins für Socialpolitik als »Schmach für unser Jahrhundert« galten[93]. Die arbeitsrechtliche Gleichstellung von Industrie- und Landarbeitern kam erst mit der Revolution 1918/19.
2. lagen auch die Anfänge der organisierten Landarbeiterbewegung jenseits des Untersuchungszeitraums: Erst mit der Zubilligung der Koalitionsfreiheit (Nov. 1918) und der Aufhebung der Gesindeordnung, der Verordnung über Tarifverträge (Dez. 1919) und der Landarbeiterordnung (Jan. 1919) wurden tragfähige Grundlagen gewerkschaftlicher Organisation auch im Primärsektor gelegt. Daß die ersten und zögernden Anfänge der Landarbeiteragitation zunächst kaum verfangen konnten, hatte seine Ursache indes durchaus nicht allein darin, daß eine kollektive Interessenorganisation zu ihrer Entfaltung just jener institutionellen Grundlagen bedurfte, die durch organisierten Protest erst erzwungen werden sollten. Bis zum Ersten Weltkrieg boten auch die Agrarprogramme der Sozialdemokratie wenig Ansätze zur Entfaltung landgewerkschaftlicher Aktivität. Die frühe Landarbeiteragitation, die ganz im Schatten der industriellen Arbeiterorganisation stand, kam trotz gelegentlicher Hinweise landwirtschaftlicher Arbeitgeber auf das Vorrücken der »sozialistischen Agitation« Anfang der 1890er Jahre zunächst kaum über einzelne Brückenköpfe im ländlichen Einzugsbereich städtischer Gewerbedistrikte hinaus und hatte sozial nur einige schmale Erfolge bei deklassierten Dorfhandwerkern und jenen temporären Arbeitswanderern oder ortlosen Wanderarbeitern zu verzeichnen, die zuweilen zwischen Land und Stadt, primären und sekundären bzw. tertiären Erwerbsbereichen pendelten. 1909 erst gründete der Kongreß Freier Gewerkschaften den »Verband der Land-, Wald- und Weinbergsarbeiter und -arbeiterinnen Deutschlands«, der sich schließlich 1913 als »Deutscher Landarbeiterverband« neu konstituierte, im gleichen Jahr, in dem die christlichen Gewerkschaften als Konkurrenzorganisation den »Zentralverband der Land-, Forst- und Weinbergsarbeiter Deutschlands« zustande brachten. Beide Landarbeitergewerkschaften freilich blieben bis zum Ersten Weltkrieg von ähnlich geringer Bedeutung wie G. Heims in Bayern gegründeter »Verein katholischer Dienstboten[94]«.
3. kam die Landarbeiteragitation auch deswegen zunächst nur schleppend voran, weil ihr Adressat nicht nur räumlich und sozial zersplittert, sondern auch mental noch ein höchst heterogener Sozialkomplex war: Die Proletarisierung und die im »sozialpsychologischen Prozeß der Mentalitätsveränderung« fortschreitende Emanzipation auch der Kontraktarbeiter aus der mentalen Eingebundenheit in das überkommene patriarchalische Ordnungsgefüge der gutswirtschaftlichen Arbeits- und Sozialordnung[95] waren durchaus nicht gleichbedeutend mit

---

93 *Schoenlank* in: Schriften VfS 58, 1893, S. 113 f.; *W. Wygodzinski*, Die Landarbeiterfrage in Deutschland, Tübingen 1917, S. 38 ff.
94 Schriften VfS 55, 1892, S. 191; *Sartorius*, S. 473 f.; *Wygodzinski*, S. 47 ff.; *Haushofer*, S. 190 f.; *Aereboe*, S. 532 ff.; *Skalweit*, S. 304 ff. *Klaus Saul*, Der Kampf um das Landproletariat. Sozialistische Landagitation, Großgrundbesitz und preußische Staatsverwaltung 1890—1903, in: AfS 15, 1975, S. 163—208.
95 *Wehler*, Polen, a. a. O., S. 438. »Loslösung aus der patriarchalischen Haus- und Wirtschaftsge-

dem Übergang zu sozialer Formation oder gar organisiertem Protest: Kennzeichen dieser sozialgeschichtlichen Übergangsphase war es hier gerade, daß das im Verfall der gutswirtschaftlichen Ordnung zunehmende und diesen Verfall beschleunigende Arbeiterbewußtsein auch der gebundenen Kontraktarbeiter zwar eine offen zutage tretende sozialökonomische, aber noch keine politisch-ökonomische Dimension hatte, daß gerade die aus der alten, sozial gestuften gutswirtschaftlichen Ordnung herrührenden, ihrer ökonomischen und axiomatischen Grundlagen zusehends beraubten gruppenspezifischen Kollektivmentalitäten fortwirkten als Barrieren einer Formation sozialökonomischer Interessen[96]. Das Landproletariat der Nordostgebiete war auch zur Zeit der dritten Auswanderungswelle noch weitgehend jenes heterogene »soziale Übergangsgebilde«, das v. d. Goltz Mitte der 1870er Jahre als wesentlich ex negativo definierte »ganz neue Klasse des Volkes« beschrieben hatte[97].

Für den Mangel an Formation zum Protest spielte 4. die Tatsache eine ausschlaggebende Rolle, daß es in den um Arbeitskräfte werbenden internen Zielgebieten nicht nur ein konkretes und im Gegensatz zur Überseeauswanderung für alle erreichbares sozialökonomisches Alternativangebot, sondern längst auch schon jene arbeitsrechtlichen Bedingungen gab, die im Ausgangsraum erst zu erstreiten waren. Dies wiederum war kaum geeignet, gerade jene besitzlosen Landarbeiter, die den Kern des Landproletariats bildeten, zu offensivem Beharren in aussichtsloser Position zu motivieren, zumal 5. diese Position im Ausgangsraum selbst zunehmend durch ein konkurrierendes ausländisches Arbeitskräfteangebot geschwächt wurde: Es war die seit den 1890er Jahren sprunghaft anwachsende, auf Abruf verfügbare saisonale Reservearmee der, im Gegensatz zu den »anspruchsvollen« einheimischen, »willigen« und »billigen« Arbeitskräfte aus dem östlichen Ausland. Die »ausländischen Wanderarbeiter« traten vor allem aus zwei Gründen so »willig« in von einheimischen Landarbeitern zusehends verabscheute Arbeitsbedingungen ein: a) weil ihre Lage in den Herkunftsgebieten so geartet war, daß Bedingungen, die für einheimische Arbeitskräfte zu wanderungsbestimmenden Schubkräften gerieten, für sie noch eine beträchtliche Anziehungskraft entfalten konnten; b) weil gerade die Saisonalisierung von Arbeitsmarkt und Erwerbsangebot, die auf dauerhafte Beschäftigung angewiesene einheimische Arbeitskräfte aus dem Primärsektor abdrängte, den transnationalen Saisonwanderern, die den Geltungsbereich des »Legitimationszwangs« in den Wintermonaten ohnehin zu verlassen hatten, einseitig zugute kam. Die saisonale Ein-

---

meinschaft um jeden Preis, auch um den des Übergangs zum heimatlosen Proletariat, ist die ausgeprägteste Tendenz gerade bei den tüchtigsten Elementen der Arbeiterschaft«, urteilte Weber: »Das Gesinde, welches die Hauswirtschaft des Herrn flieht, der Drescher, welcher die Verflechtung seiner Wirtschaft in den Gutsbetrieb zu lösen trachtet, der Kontraktarbeiter, welcher die materiell gesicherte Inststellung aufgibt und die weit kümmerlichere als ›freier‹ Tagelöhner aufsucht, der Kleineigentümer, der lieber hungert als fremde Arbeit aufsucht, die zahllosen Arbeiter, welche Grund und Boden um jeden Preis aus der Hand des Güterschlächters entgegennehmen und unter Wucherzinsen in schmählicher Abhängigkeit ihr Leben fristen, nur weil es ihnen die so ersehnte ›Selbständigkeit‹ bringt, d. h. die Unabhängigkeit von dem persönlichen Herrschaftsverhältnis, welches jeder ländliche Arbeitsvertrag mit sich bringt, es ist überall ein und dieselbe Erscheinung« (*Weber* in: Schriften VfS 55, 1892, S. 797).

96 Vgl. *ders.* in: Schriften VfS 58, 1893, S. 79: »Ein Instmann, ein Arbeiterpächter, ein Häusler, ein Büdner, ein besitzloser Tagelöhner und ein Wanderarbeiter — alle diese Kategorien können auf einem Gut vorkommen —, diese Leute können keine drei Schritte zusammen gehen, ohne daß ihre Interessen auseinanderlaufen.«

97 *v. d. Goltz,* Arbeiterfrage, S. 6 f.

satzreserve aus dem östlichen Ausland relativierte nicht nur die »Leutenot« an einheimischen Kräften im Gefolge von Aus- und Abwanderung so weit, daß sie im von der frühen Landarbeiteragitation gelegentlich propagierten Arbeitskonflikt kein zureichendes Druckmittel bot. Ihr massiertes Auftreten führte darüber hinaus im nordöstlichen Aus- und Abwanderungsraum zu einem bereichsweise deutlich internationalisierten und qualitativ gespaltenen, doppelten Arbeitsmarkt und damit zu einer zusätzlichen Fraktionierung des Landproletariats[98].
All diese Faktoren wirkten gemeinsam dahin, daß die mit Intensivierung, Rationalisierung, Saisonalisierung und mit dem Verfall der gutswirtschaftlichen Arbeits- und Sozialordnung einhergehende Proletarisierung und das dadurch forcierte Emanzipationsstreben weiter Teile des landwirtschaftlichen Arbeitskräftepotentials im Nordosten nicht einmündeten in eine Formation zum kollektiven Protest, sondern in die Flucht aus Bindungen und Bedingungen, die um so weniger akzeptiert wurden, je mehr sie in ihrer Qualität den für viele erreichbaren überseeischen und den allen offenstehenden internen Alternativangeboten gegenüber hintan zu stehen schienen. Um so mehr auch konnte jener »gewaltige und rein psychologische Zauber der ›Freiheit‹«, den Weber als »grandiose Illusion« beschrieben hat[99], wanderungsbestimmende Schubkräfte entfalten: Gerade die fortschreitende Proletarisierung des ländlichen Arbeitskräftepotentials, die nicht etwa nur Folge des Wegs in das Industrieproletariat war, sondern im Ausgangsraum selbst begann, ließ die mentalen Barrieren gegenüber diesem Weg ins Industrieproletariat schwinden, auf dem unterbäuerliche Schichten aus den Nordostgebieten in der Tat nichts mehr zu verlieren hatten, was nicht ohnehin schon verloren war. Vielmehr schien der industrielle Arbeitsmarkt seit den 1880er Jahren und vor allem seit Mitte der 1890er Jahre etwas zu bieten, was der verschärft saisonalisierte landwirtschaftliche mit seinem materiell deformierten und axiomatisch ausgehöhlten Subordinationsgefüge nicht zu bieten vermochte: saisonstabile Arbeitsplätze und die »Freiheit« des Gleichen unter Gleichen im industriellen Lohnvertrag.

2.6. Auswanderung oder Abwanderung: Wanderungsverhalten und intervenierende Faktoren

Die Umsetzung gruppenspezifischer wanderungsbestimmender Kollektivmotivationen in den Entschluß, aus- oder abzuwandern, wurde beeinflußt durch indirekt richtungbestimmende, materielle und immaterielle intervenierende Faktoren, die ebenfalls sozial differenziert werden können: Materiell wirkte hier vor allem die soziale Selektionsfunktion des Kostenfaktors, der das Wanderungsverhalten land- und mittelloser unterbäuerlicher Wanderungspotentiale doppelt tangierte, weil er die Auswanderung erschwerte und zugleich die Chance minderte, die Folgen eines gescheiterten Einwanderungsprozesses durch Rückwanderung aufzuheben. Die Entscheidung, »in die Stadt« bzw. »in die Fabrik« zu gehen oder sich der zur Massenbewe-

---

[98] Neben der subproletarischen Randgruppe der einheimischen ortlosen Wanderarbeiter schob sich auf der unteren Ebene des zunehmend internationalisierten doppelten Arbeitsmarkts eine ausländische neue »Arbeiterschicht zweiten Grades« ein, deren Zugehörige, wie Sartorius von Waltershausen pointierte, das waren, was »der Neger in den nordamerikanischen Oststaaten, der Chinese in Kalifornien, der ostindische Kuli in Britisch-Westindien, der Japaner in Hawaii, der Polynesier in Australien« war (*Sartorius*, Die italienischen Wanderarbeiter, in: *Festschrift August Sigmund Schultze*, Leipzig 1903, S. 51—94, hier S. 80).
[99] Weber in: Schriften VfS 55, 1892, S. 797; vgl. *v. Werder* in: Schriften VfS 58, 1893, S. 103.

gung aufsteigenden internen Ost-West-Fernwanderung anzuschließen, stand dagegen allen offen. Sie wurde — wo die Anreise nicht ohnehin vom montanindustriellen Arbeitgeber finanziert wurde — seit den 1880er Jahren noch erleichtert durch die verbilligten Massentransporte ins Ruhrgebiet und jene herabgesetzten Arbeiterfahrkarten, gegen die agrarische Interessenvertreter ebenso vergeblich kämpften wie gegen die industrielle Arbeiteranwerbung in den Nordostgebieten, die, im Gegensatz zu der seit 1873 in Preußen verbotenen Auswandererwerbung durch ausländische Agenten, nicht zu unterbinden war. — Als immaterieller Selektionsfaktor wirkte auf das Wanderungsverhalten besonders die mentale Schollengebundenheit ein. Sie trug wesentlich dazu bei, auf Nebenerwerb angewiesene klein- und armbäuerliche Subsistenzproduzenten, die mit dem Verkauf ihrer Kleinstelle das Startkapital zum Aufbau einer neuen Existenz in den USA hätten beibringen können, in den Bahnen der temporären Arbeitswanderung zu halten.

Von gleichermaßen indirekt richtungbestimmendem Einfluß waren die regional ganz verschieden ausgebildete transatlantische Wanderungstradition und die entsprechend unterschiedliche Dichte der transatlantischen Kommunikation (»Auswandererbriefe«). Auswanderungstradition und transatlantische Kommunikation wiederum konnten die soziale Selektionsfunktion des Kostenfaktors balancieren (»prepaid ticket«), die Hemmschwelle der mentalen Schollengebundenheit senken (Koloniebildung im Primärsektor der USA), den Entschluß zur Auswanderung ebenso erleichtern wie seine Ausführung und den Einwanderungsprozeß in Übersee. Auch lange Auswanderungstradition und dichte transatlantische Kommunikation indes vermochten seit den 1880er Jahren den Aufstieg der internen Ost-West-Wanderung auf Kosten der Überseeauswanderung aus den Nordostgebieten nicht mehr aufzuhalten. Vielmehr bildeten sich seit den 1880er Jahren in den Nordostgebieten auch im Zuge der internen Ost-West-Fernwanderung die schon erwähnten, regional ebenfalls ganz unterschiedlich ausgeprägten Formen einer stabilen interregionalen Wanderungstradition und einer gleichermaßen dichten interregionalen Kommunikation heraus, die ähnlich indirekt richtungbestimmenden Einfluß auf das Wanderungsverhalten haben konnten, wenn nicht — wie etwa in Brandenburg — über mittlere Distanz erreichbare industriegewerbliche Alternativangebote die Fernwanderung in Grenzen hielten oder entsprechende alternative Erwerbsangebote im Nahbereich die Umsetzung der Wanderungsbereitschaft in »berufliche Landflucht« ohne Ortswechsel beförderten. Das zeigt auch ein Blick auf das Wanderungsgeschehen in Mecklenburg und Ostpreußen, den innerhalb der Nordostgruppe westlichsten und östlichsten Randgebieten, in denen sich bei starkem Bevölkerungszuwachs die unterschiedlichsten Einflüsse in der Entwicklung von Grundbesitzverteilung — etwa im Vergleich von Ritterschaftsgebiet und Domanium in den Großherzogtümern —, von Arbeits- und Sozialverfassung, Bodenkultur und Produktionsweise zu wanderungsbestimmenden Schubkräften von ähnlicher Intensität verdichteten. Innerhalb der Nordostgebiete bildeten Mecklenburg und Ostpreußen die beiden sonderbarsten Entwicklungsverläufe im Wanderungsgeschehen heraus und bestätigten doch in ihrem Ausnahmecharakter nur auf besondere Weise die Regel:

In Mecklenburg hatte die überseeische Auswanderung während der ersten und vor allem der zweiten Auswanderungswelle extrem hoch gelegen und eine transatlantische Wanderungstradition gefestigt, die auch in der dritten noch fortwirkte. Mecklenburg verfügte über die dichteste transatlantische Kommunikation im nordöstlichen Ausgangsraum: 1892 berichtete der Schweriner Referendar Lindig in seinem Bericht über die Auswanderungsbewegung in Mecklenburg, daß »heute namentlich aus den Kreisen der ländlichen Bevölkerung wohl nur noch wenige Familien vorhanden sind, die nicht in Amerika ansässige Verwandte oder Be-

Schaubild 10: Überseeische Auswanderung aus den einzelnen Nordostgebieten 1871—1910

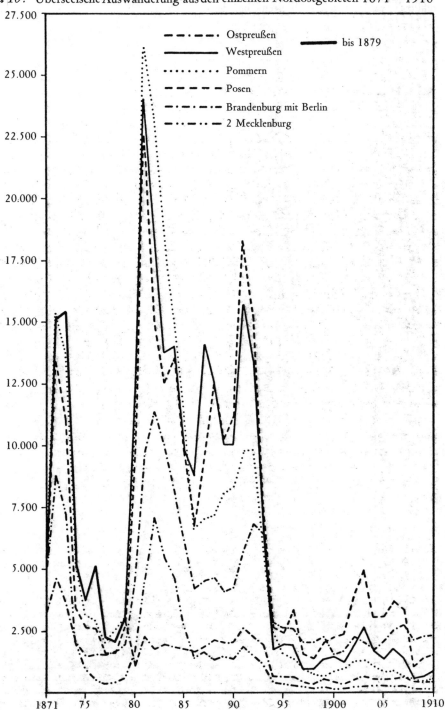

Schaubild 11: Überseeische Auswanderung auf 100.000 der mittleren Bevölkerung in gleitenden Fünfjahresdurchschnitten in den einzelnen Nordostgebieten und im Reich 1871—1914

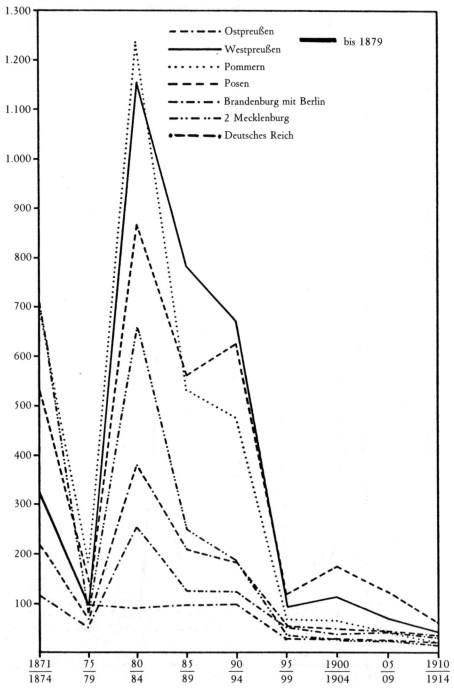

kannte haben¹⁰⁰«. Das relativierte die soziale Selektionsfunktion des Kostenfaktors Auswanderung, der hier ohnehin nur beschränkt wirken konnte, weil das Lohnniveau in Mecklenburg erheblich höher lag als in den östlichen Gebieten der Nordostgruppe und deswegen nicht nur schwedische Arbeitswanderer, sondern auch »Preußen« anzog¹⁰¹. Die dichte transatlantische Kommunikation ermöglichte hier eine nüchterne und realitätsbezogene, vergleichende Abwägung des sozialökonomischen Chancenangebots im überseeischen Haupteinwanderungsland. Sie hielt jene Anfälligkeit gegenüber vagen Gerüchten über das vermeintlich unbegrenzte Chancenangebot »in Amerika« in Grenzen, die in anderen Nordostgebieten noch zur Zeit der dritten Auswanderungswelle zur von kurzschlüssigen Auswanderungsentscheidungen getragenen, epidemischen Ausbreitung der als »Auswanderungsfieber« umschriebenen »Volkskrankheit« führen konnte¹⁰². Hier dominierte statt dessen ein Kalkül, das deutliche Züge eines zur Zeit der dritten Auswanderungswelle in den übrigen Nordostgebieten noch kaum begegnenden ökonomisch-spekulativen Wanderungsverhaltens trug. Darauf verweist auch die aus den Schaubildern 10 und 11¹⁰³ sprechende eigenwillige Ratio der

---

100 Schriften VfS 52, 1892, S. 325; hierzu und zum Folgenden vgl. *Erika Czalla*, Die Auswanderung aus Mecklenburg nach Nordamerika in der zweiten Hälfte des 19. Jahrhunderts, Phil. Diss. Rostock 1974 (MS).
101 *Paasche* in: Schriften VfS 24, 1883, S. 374; *Weber* in: Schriften VfS 55, 1892, S. 756; *Lindig* in: Schriften VfS 52, 1892, S. 327 ff.; über die schwedische Arbeitswanderung vgl. *Claudius H. Riegler*, Emigrationsphasen, Akkumulation und Widerstandsstrategien. Zu einigen Beziehungen der Arbeitsmigration von und nach Schweden, 1850—1930, in: *Hartmut Elsenhans* (Hrsg.), *Migration und Wirtschaftsentwicklung*, Frankfurt 1978, S. 31—69.
102 1845 lief etwa in Ostpreußen das Gerücht um, der preußische König wolle »in Amerika ein Reich gründen«. Allenthalben wurden Vorbereitungen zur Auswanderung getroffen, bis eine Kabinettsordre am 17. 10. 1845 dem folgenreichen Spuk ein Ende machte. Bis 1852 hielt sich in Pommern das kurz darauf entstandene Gerücht, »ein preußischer Prinz« habe Ländereien »in Amerika und Australien« erworben, gewähre freie Überfahrt und Unterstützungen für auswanderungswillige Preußen: »Daraufhin geht durch ganz Preußen eine lebhafte Auswanderungsbewegung, die Unglücklichen verlassen, zum Teil ohne jede Mittel, ihre Heimat und suchen nach Bremen zu gelangen, wo der Prinz für sie sorgen werde.« Hinter dem imaginären »König« bzw. »Prinzen« standen möglicherweise überseeische oder deutsche Auswanderungsagenten bzw. überseeische Arbeiterimporteure mit vorfinanzierten und im Einwanderungsland abzuarbeitenden Auswandererpassagen. Erscheinungen dieser Art begegneten aufs neue zur Zeit der dritten Auswanderungswelle und beleuchten schlaglichtartig die krassen Unterschiede in Mentalität, Sozial- und Protestverhalten zwischen dem Industrieproletariat der westlichen Zuwanderungsgebiete und unterbäuerlichen Schichten im nordöstlichen Aus- und Abwanderungsraum: 1889, als der Bergarbeiterstreik im Ruhrgebiet die öffentliche Diskussion beherrschte, hatte angeblich ein preußischer Prinz »Güter in Brasilien« erworben, forderte die Pommern zur Auswanderung auf, und wieder »ist die Bewegung so stark, daß ihr der königliche Erlaß vom 19. Februar 1890 entgegentritt«; *Lindig* in: Schriften VfS 52, 1892, S. 329; *Leidig*, ebda., S. 446 f.; vgl. hierzu auch die vom Baltischen Zentralverein zur Förderung der Landwirtschaft Ende 1872 im preußischen Landwirtschaftsministerium eingereichte Denkschrift »Die Massenauswanderung aus Pommern nach Nordamerika, die dadurch herbeigeführte Gefährdung der Gesamtinteressen der Provinz sowie Vorschläge zur Abwendung der drohenden Gefahr einer fortschreitenden Entvölkerung« mit Hinweisen auf jene »Agenten und Unteragenten, die leider aus Provisionsinteresse nur gute Nachrichten verbreiten«, ZSTA II, Rep. 120, VII, 5, Nr. 3, Bd. 1, S. 161—165; über die Rolle des »Auswanderungsunternehmers« in der Geschichte der deutschen Überseeauswanderung bereite ich eine kleinere Studie vor, die zunächst gemeinsam mit Fritz Redlich (†) konzipiert und vorbereitet wurde.
103 Schaubild 10: Diagramm nach der Reichsstatistik bei *Mönckmeier*, S. 113; Datenquelle für Schaubild 11: *Burgdörfer*, S. 394; vgl. das Diagramm bei *Marschalck*, S. 40.

Kurven von Auswanderungsintensität und -volumen in Mecklenburg, die rascher als diejenigen anderer Nordostgebiete auf Störungen im überseeischen Changenangebot und zurückhaltender auf deren Aufbau zu reagieren scheinen: Die Kurve der Auswanderungsintensität (Schaubild 11) stürzt vom höchsten Niveau innerhalb der Nordostgruppe zu Ende der zweiten Auswanderungswelle steil ab ins krisenbedingte Wellental der in Aus- wie Einwanderungsland schärfsten Einbruchsphase der Großen Depression und hebt sich zu Beginn der dritten Auswanderungswelle nur mehr auf im Vergleich zu Westpreußen, Posen und Pommern mittlere Werte. Die Kurve des Auswanderungsvolumens (Schaubild 10) durchläuft das Wellental nach dem Konjunktureinbruch bei breitem Ausschwingen auf dem tiefsten Niveau, verharrt im zweiten Jahrfünft der 1880er Jahre auf dem zu Ende des ersten, in Mecklenburg nur mehr mäßigen Wellengipfels erreichten Niveau, unterläuft bei unbedeutender Schwankungsbreite vollends den zweiten, in Westpreußen, Posen und Pommern unterschiedlich ausgeprägten Gipfel und flacht dann auf das innerhalb der Nordostgruppe niedrigste Niveau ab.

Die Tatsache, daß es neben der überseeischen Wanderungstradition hier auch eine nicht minder rege und stabile Tradition der internen Abwanderung — vor allem in preußische Gebiete mit deutlichem Entwicklungsvorsprung im gewerblichen Beschäftigungsangebot sowie nach Hamburg — gab, ließ überseeische Auswanderung und interne Abwanderung aus diesem Raum zur offenen Alternative geraten. Deswegen aber auch konnte sich hier der zusehends auf Kosten der Anziehungskraft des überseeischen Haupteinwanderungslandes wachsende Sog interner industriegewerblicher Erwerbsbereiche ungestört entfalten. Das Ergebnis spricht aus der Wanderungsstatistik: Die letzten größeren Auswanderungskontingente strömten Anfang der 1880er Jahre aus Mecklenburg in die Vereinigten Staaten ab. Dann riß die mecklenburgische Auswanderung inmitten der dritten deutschen Auswanderungswelle ab. Das kann nicht etwa mit einer Abnahme des Bevölkerungsdrucks allein erklärt werden, denn die Schubkraft wanderungsbestimmender Faktoren wirkte fort, ließ die Wanderungsverluste über das Schrumpfen der Überseeauswanderung hinweg anhalten und die landwirtschaftliche »Leutenot« weiter ansteigen. Dies bedeutet, daß sich Mecklenburg schon nach dem ersten Gipfel der dritten Auswanderungswelle vom Aus- zum Abwanderungsraum wandelte, daß mithin die Überseeauswanderung gerade in dem Gebiet mit der stärksten Auswanderungstradition und dichtesten transatlantischen Kommunikation zuerst in die interne Abwanderung aus dem Primärbereich überging — von Ostpreußen abgesehen, das über eine vergleichbare transatlantische Wanderungstradition und Kommunikation gar nicht verfügte, in dem das niedrigste Lohnniveau im gesamten Nordostraum herrschte und deshalb auch der Kostenfaktor Auswanderung eine erhebliche Rolle spielte:

Auswanderungsvolumen und -intensität lagen in Ostpreußen unvergleichbar niedrig. Nur die Kurve des mecklenburgischen Auswanderungsvolumens unterschreitet innerhalb der Nordostgebiete in der zweiten Hälfte der 1880er Jahre noch das Niveau der ostpreußischen, die der transatlantischen Bewegung während der dritten Auswanderungswelle nur in trägen Schwankungen folgt. Die Kurve der ostpreußischen Auswanderungsintensität bleibt nicht nur extrem unter dem Niveau des ganzen Nordostraums, sondern sogar erheblich unter dem Reichsdurchschnitt[104]. Um so auffälliger sind die extrem hohen zeitgleichen Verluste Ost-

---

104 Die in den 1880er Jahren auslaufende »nicht ganz unbedeutende Auswanderung nach Rußland«, über die es keine exakten Zahlen gibt, dürfte diese Relationen nicht ansatzweise verschoben haben (*Leidig* in: Schriften VfS 52, 1892, S. 455).

preußens durch interne Abwanderung: Die niedrige tatsächliche Bevölkerungszunahme trotz hoher natürlicher Zuwachsraten in dieser im Prozeß der demographischen Transition verspäteten »backward area« (Knodel) wurde mit einer Zuwachsrate von insgesamt nur 13,2 Prozent in den Jahren 1871—1910 innerhalb Preußens (62,7 Prozent) nur von Hohenzollern (7,6 Prozent), innerhalb des nordöstlichen Ausgangsraums nur von Mecklenburg-Strelitz (9,3 Prozent) und im Reich insgesamt (58,1 Prozent) nur noch von Waldeck (10,7 Prozent) unterschritten[105]. Während in den drei Jahrzehnten von 1881 bis 1910 nur 35 237 Überseeauswanderer aus Ostpreußen gezählt wurden, erreichte der gesamte Wanderungsverlust hier die Höhe von 629 649 Menschen, von denen 1910 in Rheinland und Westfalen allein 218 269 — mehr als das Sechsfache der gesamten ostpreußischen Überseeauswanderung von 1881 bis 1910 — erfaßt wurden[106]. Deswegen kann hier auch nicht von einem Umbruch der überseeischen Auswanderung in die interne Ost-West-Wanderung gesprochen werden: Ostpreußen trat bei ganz geringer transnationaler Wanderungsintensität überhaupt nicht in die dritte Auswanderungswelle, sondern direkt in die interne Ost-West-Wanderung ein, die hier eine der transnationalen in Mecklenburg durchaus vergleichbare interregionale Wanderungstradition und Kommunikation ausprägte. In Ostpreußen kam in den 1890er Jahren das »prepaid ticket« nicht aus den USA, sondern aus dem Ruhrgebiet.

3. Auswanderung, »Landflucht« und kontinentale Zuwanderung: Interdependenzen im Wanderungsgeschehen

3.1. »Leutenot« und Ausländereinsatz: Probleme, Funktionen, Konflikte

Gemeinsames Ergebnis überseeischer Auswanderung und interner Abwanderung war jene von großbetrieblichen Marktproduzenten der Nordostgebiete vielstimmig beklagte, einseitig auf absoluten Arbeitskräftemangel und den direkten Lohnsog »der Stadt«, »der Industrie« oder »des Westens« zurückgeführte »Leutenot«, die drei durchaus verschiedene Erscheinungsformen und Bedeutungsebenen hatte: 1. absolute »Leutenot« in von Verlusten durch definitive Aus- und Abwanderung getroffenen, noch vorwiegend extensiv wirtschaftenden Distrikten, die gleichzeitig wachsende, die Ernte gefährdende Saisonverluste deswegen zu verzeichnen hatten, weil Arbeitskräfte gerade in der Hochsaison von den Spitzenlöhnen bietenden, schon intensiv wirtschaftenden Distrikten abgesogen wurden; 2. relative »Leutenot« dort, wo definitive und temporäre Wanderungsverluste nicht zu absolutem Arbeitskräftemangel, sondern nur zum Schrumpfen des herkömmlichen Überangebots an billiger landwirtschaftlicher Arbeitskraft führten und zu Lohnsteigerungen nötigten, die die Betriebskosten erhöhten und die Reinerträge drückten; 3. schließlich konnte relative »Leutenot« auch resultieren aus dem Zusammentreffen der Folgen agrartechnischer und betriebswirtschaftlicher Innovationen mit diesem wanderungsbedingten Abbau des Überangebots an Arbeitskraft im Nahbereich: dort nämlich, wo der mit der Intensivierung der Bodenkultur einhergehende sprunghafte Anstieg des saisonalen Zusatzbedarfs auf dem lokalen Arbeitsmarkt nicht mehr abzudecken war.

---

105 *Köllmann*, Bevölkerungsgeschichte, S. 18; vgl. *Knodel*, S. 188—222.
106 *Mönckmeier*, S. 86 ff.; *Köllmann*, Bevölkerung, S. 56; *Kleßmann*, S. 260; vgl. Schaubild 4, S. 276.

In Mecklenburg umgehende Vorstellungen, man könne die »Leutenot« durch eine »Beförderung der Rückwanderung ausgewanderter Mecklenburger« dämpfen, erwiesen sich als Chimäre[107]. Im preußischen Osten gehegte Erwartungen, die strukturell bedingte Auswanderung werde durch das Verbot der ausländischen Auswandererwerbung und durch die verschärfte Überwachung des inländischen »Agentenunwesens« gebremst werden, wurden rasch ihrer Vordergründigkeit überführt[108]. Das Reichsgesetz über das Auswanderungswesen von 1897 enthielt keine Restriktionen und kam ohnehin zu spät, weil die überseeische Massenauswanderung zu dieser Zeit schon der Vergangenheit angehörte[109]. Episode blieb der schrille Proteste provozierende Gedanke, Wanderungsverluste im preußischen Osten durch jenen »Import« chinesischer Kulis zu balancieren, der schon in der zweiten Hälfte der 1880er Jahre in den deutschen Südseegebieten betrieben wurde. Das gleiche galt für den Gedanken an einen Einsatz von Eingeborenen aus dem neuen deutschen Kolonialimperium in Afrika, deren eifrig propagierte »Erziehung zur Arbeit« etwa in Kamerun gerade durch den schwunghaften Kolonialhandel mit dem Produkt jener ostelbischen Kartoffelspritbrennereien schwer behindert wurde, deren Besitzer dem tendenziellen Fall der Getreidepreise durch forcierten Hackfruchtbau zu entkommen suchten[110]. Versuche preußischer Agrarinteressenten schließlich, Staatsregierung und Provinzialbehörden zu restriktiven Eingriffen in das interne Wanderungsgeschehen auf dem Arbeitsmarkt zu bewegen, hatten keine Chance, zumal sich in dieser umkämpften Frage, die bis ins preußische Staatsministerium hinein Konfliktlinien aufriß, industrielle und agrarische Interessenpositionen gegenseitig blockierten[111]. Den einzigen Weg, die Folgen absoluter und relativer »Leutenot« für Roh- und Reinertragslage großbetrieblicher Marktproduzenten ohne beträchtliche materielle Zugeständnisse zu dämpfen, bot die Rekrutierung von absolut (Niedriglöhne) oder relativ (Saisonverträge) »billiger« ausländischer Arbeitskraft.

Anfang der 1870er Jahre noch waren saisonale Wanderzüge preußischer Landarbeiter aus den östlichen Grenzprovinzen bis tief nach Kongreßpolen und Galizien hinein zu beobachten gewesen[112]. Mit zunehmender Dorfarmut bei rapidem Zuwachs an landloser Bevölkerung im

---

107 *Lindig* in: Schriften VfS 52, 1892, S. 327 ff.
108 *Leidig*, ebda., S. 451, 467; *H. v. H. auf T.*, Vorschläge zur Beseitigung der Massenauswanderung, Berlin 1873; *v. d. Goltz*, Arbeiterfrage, S. 355 f.; vgl. auch die Klagen über die Rolle der »Exporteure von Menschenfracht« in der in Anm. 102 genannten Denkschrift und, ebda., S. 169, die Stellungnahme von Graf v. Itzenplitz vom 15. 1. 1873: »Daß das Auswanderungsfieber dadurch gemindert oder gar beseitigt werden könne, daß man überhaupt keine Agenten mehr konzessioniert, halte ich für eine Täuschung«; hierzu auch ZSTA II, Rep. 120, XIII, 20, Nr. 13: Die von Kaufleuten anscheinend versuchten Verleitungen zur Auswanderung und die dagegen zu treffenden Maßregeln, 1852—1878.
109 *Bade*, Fabri, S. 363.
110 *Kaerger* in: Schriften VfS 55, 1892, S. 98 f.; *Weber* in: Schriften VfS 58, 1893, S. 76; *Max Schippel*, Die Einwanderung farbiger Arbeiter, in: Sozialistische Monatshefte 14, 1910, II, S. 1006—1012; *R. Schenk*, Chinesische Arbeiter und Deutschlands Zukunft, in: Neue Gesellschaft, 1906/07, III, S. 207—209; *H. Schmidt-Stölting*, Ein Wort zur chinesischen Kulifrage, in: Der Tropenpflanzer, 1907, S. 529—538; *W. Paschen*, Die asiatische Einwanderung, in: Grenzboten, 1908, S. 109—114, 165—170; *Bade*, Fabri, S. 257 ff., 261 ff., 272 ff.; *ders.*, Colonial Missions and Imperialism, in: *John A. Moses/Paul M. Kennedy* (Hrsg.), *Germany in the Pacific and Far East, 1870—1914*, Brisbane 1977, S. 313—346, hier S. 325—331; zum geistesgeschichtlichen Hintergrund: *Heinz Gollwitzer*, Die gelbe Gefahr, Göttingen 1962, S. 68 ff., 163 ff.
111 Hierzu die in Anm. 1. genannte Arbeit.
112 Schriften VfS 55, 1892, S. 497, 581; 58, 1893, S. 71.

erwerbsfähigen Alter in Kongreßpolen und Galizien und bei fortschreitender »Leutenot« im Gefolge von Aus- und Abwanderung in den Nordostgebieten kehrte sich die transnationale Bewegung seit den 1880er Jahren um: Weit über die herkömmlichen Dimensionen des herbstlichen kleinen Grenzverkehrs der pendelnden polnischen »Kartoffelbuddler« hinaus wurden die preußischen Ostgrenzen zur Arbeiterschleuse für die übervölkerten landwirtschaftlichen Arbeitsmärkte im östlichen Ausland. Ersatz- und Zusatzbedarf wurden, zunächst vor allem in den Grenzdistrikten, abgedeckt durch das jenseits der Grenzen abrufbare Überangebot an landwirtschaftlicher Arbeitskraft. 1885 wurde dieser Zustrom im Zusammenhang von Polenausweisung und Zuwanderungsverbot für ein Jahrfünft abgeschnitten. Die massiven Proteste landwirtschaftlicher Arbeitgebervertretungen konnten ab 1890 die schrittweise Aufhebung der Zuwanderungsverbote erzwingen, zumal das für die Ausländerzulassung zuständige preußische Innenministerium schon 1890, zwei Jahre vor Veröffentlichung der umstrittenen Landarbeiterenquete des Vereins für Socialpolitik, eigene Recherchen über die Lage auf dem landwirtschaftlichen Arbeitsmarkt der Ostprovinzen eingeleitet hatte und sich im Ergebnis mit der übereinstimmenden Einschätzung der Oberpräsidenten konfrontiert sah, daß seit der »Abwehr des Zuzuges russisch-polnischer Arbeiter sich ein schon jetzt fühlbarer und voraussichtlich sich bis zur Lebensunfähigkeit der Landwirtschaft in den östlichen Provinzen der preußischen Monarchie entwickelnder Arbeitermangel ausgebildet hat[113]«. Bei zunehmend und von den verschiedensten Seiten organisierter Auslandsrekrutierung, Inlandsvermittlung und ständig verdichteter Ausländerkontrolle stieg der transnationale Zustrom aus dem östlichen Ausland rasch zur Massenbewegung auf.
Von den im Geltungsbereich des preußischen »Legitimationszwangs« — mit seinem »Rückkehrzwang« für ausländisch-polnische Arbeitskräfte in der winterlichen »Karenzzeit« — entwickelten Steuerungsinstrumentarien wurde die osteuropäische Zuwanderung, im Gegensatz zur sonstigen Ausländerbeschäftigung im Reich und in Preußen, weitgehend in den Bahnen einer jährlich fluktuierenden transnationalen Saisonwanderung gehalten. Die Kurvenverläufe in Schaubild 12 geben anhand der preußischen Legitimationsdaten die jährlichen Minima an Neulegitimierungen nach Ende der Karenzzeit sowie die saisonalen Maxima[114]. Die Gesamtzahl der vorwiegend aus Russisch-Polen und dem österreichisch-ungarischen Galizien (Polen und Ruthenen) stammenden »ausländischen Wanderarbeiter«, die als »Selbststeller« mit dem Risiko, ohne Vermittlungsvertrag abgewiesen zu werden, an die preußisch-deutschen Ostgrenzen kamen, von Gutswirtschaften und deren Beauftragten, von privaten Arbeitsvermittlern, den Arbeitsnachweisen preußischer Landwirtschaftskammern, vor allem aber von der halbamtlichen Preußischen Feldarbeiterzentrale und späteren Deutschen Arbeiterzentrale auf dem ausländischen »Menschenmarkt« im Osten rekrutiert und im Inland vermittelt wurden, stieg nach Erhebungen des preußischen Innenministeriums auf dem landwirtschaftlichen Arbeitsmarkt in Preußen bis 1906 auf 236 068 und über 308 953 im Jahr 1908 weiter auf

---

113 ZSTA II, Rep. 120, VIII, 1, Nr. 106, Bd. 1, S. 23; hierzu und zum Folgenden vgl. *Nichtweiss*, S. 27 ff., 74 ff.
114 Denkschrift über die Ein- und Auswanderung nach bzw. aus Deutschland in den Jahren 1910 bis 1920, 20. 3. 1922, in: *Sten. Ber. 1920/I*, Bd. 372, S. 4382 ff. Die Zahl der Neulegitimierungen zu Jahresbeginn und das maximale Legitimationsaufkommen in der Hochsaison sind nicht mit der erheblich höher liegenden Gesamtzahl der ausländischen Arbeitskräfte im Reich zu verwechseln; Neuberechnung der Zahl ausländischer Arbeiter in Preußen und im Reich vor dem 1. Weltkrieg in der in Anm. 1. genannten Arbeit.

Schaubild 12: Jährliche Fluktuation der kontinentalen Zuwanderung im Spiegel der Legitimationsdaten der Preußischen Feldarbeiterzentrale / Deutschen Arbeiterzentrale 1910—1920

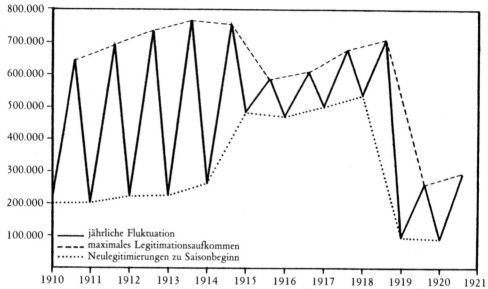

383 258 im Jahr des Kriegsausbruchs[115]. Davon entfielen die stärksten Anteile auf die preußischen Ostprovinzen, unter ihnen auch auf die nicht zu den hier abgegrenzten Nordostgebieten zählenden Provinzen Schlesien und Sachsen. Die Zahlen sind Mindestangaben, weil es auch nach der Verdichtung des »Legitimationszwangs« zum System der vermeintlich totalen Kontrolle für ausländische Arbeitskräfte noch immer Wege gab, sich unter Führung ihrer Inlandsagenten oder ausländischer Kolonnenführer (»Vorschnitter«) und in stillschweigendem Einvernehmen mit inländischen Arbeitgebern dem Zugriff der Ausländerkontrolle zu entziehen.

Wirtschaftsgeschichtlich hatte die kontinentale Zuwanderung in der Landwirtschaft der Nordostgebiete in struktureller Agrarkrise und langer Agrarkonjunktur vor dem Ersten Weltkrieg verschiedene Pufferfunktionen: Der kontinentale Zustrom balancierte die durch Wanderungsverluste ausgelösten Störungen in der gewohnten Angebot-Nachfrage-Relation auf dem landwirtschaftlichen Arbeitsmarkt. Er deckte darüber hinaus den steigenden saisonalen Zusatzbedarf, der einherging mit der seit den 1890er Jahren sprunghaft zunehmenden Intensivierung der Bodenkultur. Die kontinentale Zuwanderung rettete damit die großbetriebliche Agrarproduktion im Nordosten während der strukturellen Agrarkrise aus der seit

---

115 Nachweisungen über Zugang, Abgang und Bestand der ausländischen Arbeiter, 1905—1919, ZSTA II, Rep. 87 B, Nr. 261. Die in der zeitgenössischen Diskussion wie in der Forschung undifferenziert als »ausländische Wanderarbeiter« angesprochenen Arbeitswanderer (zum Begriff vgl. Anm. 18) waren eine nach ökonomischer Stellung und Soziallage im Herkunftsgebiet, nach Selbstverständnis und Selbstwertgefühl heterogene landwirtschaftliche Reservearmee, die in sich ebenso zersplittert war wie das Landproletariat der Nordostgebiete und nur äußerlich und nur auf Zeit, durch die Gleichschaltung vor Ausländer- und Arbeitsrecht, auf dem inländischen Arbeitsmarkt zum landwirtschaftlichen Subproletariat eingeschmolzen wurde.

Ende der 1880er Jahre in katastrophalen Dimensionen zutage tretenden absoluten und relativen »Leutenot« und beschleunigte dann ihren Aufschwung in der langen Agrarkonjunktur vor dem Weltkrieg, die den entscheidenden Modernisierungsschub brachte.
Und doch ist auch dieses Bild von der doppelten Pufferfunktion der hochmobilen ausländischen Reservearmee auf dem landwirtschaftlichen Arbeitsmarkt in Krise und Aufschwung noch zu grob, denn in dem von Intensivierung und Mechanisierung bestimmten Wandel der Wirtschaftsweise konnte sie mittelfristig forcierendes und retardierendes Moment zugleich sein, Motor wie Bremse der Modernisierung: Dort, wo Bodenqualität, Reinertrag und Betriebskapital die Umstellung auf intensive Bodenkultur noch nicht gestatteten, konnte angesichts des unbegrenzten Angebots an ausländischer Arbeitskraft und der damit ermöglichten Saisonalisierung der Lohnkosten extensiv weitergewirtschaftet werden, bis der erneute Anstieg der Erzeugerpreise über den Markt selbst jene Reinertragssteigerung brachte, die die kapitalintensive Modernisierung ermöglichte. Hier spielte die disponible ausländische Einsatzreserve dann deswegen eine so große Rolle, weil ihr Einsatz genau an der schwankenden Grenze der betriebswirtschaftlichen Arbeitskapazität kalkuliert werden konnte, ohne außerhalb der Saison unproduktive Lohnkosten zu verursachen. Ähnliches galt für den, vom Maschinendrusch abgesehen, zur Zeit der strukturellen Agrarkrise im Nordosten erst zögernd voranschreitenden und erst in der anschließenden Agrarkonjunktur sprunghaft zunehmenden Maschineneinsatz in Flächenpflege, Saatvorbereitung und Erntearbeit, in markt- und gewinnorientierter Aufbereitung und Versetzung bzw. Teilverarbeitung des Rohprodukts zur Veredelung über den Tiermagen: Wo die Reinerträge nur knapp über der Rentabilitätsgrenze gehalten werden konnten, Investitionskapital fehlte, produktive oder unproduktive Verschuldung eine kreditäre Investitionsfinanzierung blockierte und den kapitalintensiven ›großen Spurt‹ zum arbeitssparenden, roh- und reinertragssteigernden Maschineneinsatz verzögerte, war hinreichend ausländische Arbeitskraft verfügbar, deren Saisoneinsatz eine indirekte Reinertragssteigerung auf dem Umweg über die relative Senkung der Lohnkosten in der betriebswirtschaftlichen Gesamtrechnung ermöglichte. Das aber minderte von der Arbeitsmarktseite her den Rationalisierungsdruck und konnte gerade deswegen den Übergang zum kapitalintensiven Einsatz arbeitssparender Einrichtungen verzögern. Disponibilität und Kalkulierbarkeit des Kostenfaktors Arbeitskraft erreichten ein bis dahin nicht gekanntes Ausmaß. Und doch war die Lage nicht bestimmt von Konsens und Harmonie, sondern von Dissens und Konflikt. Die zeitgenössische Diskussion über die kontinentale Zuwanderung auf dem landwirtschaftlichen Arbeitsmarkt der Nordostgebiete stand von Anbeginn an im Zeichen scharfer ökonomischer, sozialer und politischer Interessengegensätze auf den verschiedensten nationalen und internationalen Ebenen:
Die Ausländerzulassung begünstigte in Preußen einseitig die Landwirtschaft im Osten und den oberschlesischen Montanbezirk, weil die antipolnische »Abwehrpolitik«, die einer weiteren »Polonisierung des Westens« durch den Einsatz ausländisch-polnischer Arbeiter in den vorwiegend montanindustriellen »Kolonien inländisch-polnischer Arbeiter« zu wehren suchte[116], die nichtlandwirtschaftliche Produktionsbereiche der Westprovinzen benachteilig-

---

116 Grundlegend hierzu die Denkschrift: Die Beschäftigung ausländisch-polnischer Arbeiter in Landwirtschaft und Industrie, o. D. (1906), ZSTA II, Rep. 120, VIII, 1, Nr. 106, Bd. 6, S. 112—132, hier S. 121; vgl. hierzu: *Bade*, Politik und Ökonomie (s. Anm. 4); zur Ausländerbeschäftigung im oberschlesischen Montandistrikt: *Schofer*, S. 22 ff.; über Bevölkerung und Wanderung: *Michael R. Haines*, Economic-Demographic Interrelations in Developing Agricultural Regions: A Case Study of Prussian Upper Silesia, 1840—1914, New York 1978.

te. Das führte zur Kollision zwischen nationalpolitisch und -ideologisch motivierten Interessen an einer Abdämmung des Zustroms aus dem Osten und dem ökonomischen Interesse an zusätzlicher und, im Gegensatz zum ›Saisonsektor‹ Landwirtschaft, dauerhafter Beschäftigung von Arbeitskräften aus dem östlichen Ausland auf dem expandierenden industriellen Arbeitsmarkt in den preußischen Westprovinzen. — Der »Legitimationszwang« band die Aufenthaltsgenehmigung an den Arbeitsvertrag, den ausländischen Arbeiter an den inländischen Arbeitgeber. Die Immobilisierung, arbeits- und sozialrechtliche Benachteiligung der ausländischen Arbeitskräfte und die daraus resultierende, als »Anspruchslosigkeit« und »Unterwürfigkeit« umschriebene Hilflosigkeit und Manipulierbarkeit, die wiederum die Position der Arbeitgeber stärkte und diejenige einheimischer Landarbeiter schwächte, gaben Anlaß zu Reibungen zwischen einheimischen und ausländischen Arbeitskräften, einheimischen Landarbeitern und landwirtschaftlichen Arbeitgebern, zu Protesten von Sozialdemokratie, Gewerkschaften und ausländischen Regierungsvertretern. — Im letzten Jahrzehnt vor dem Weltkrieg schließlich führte die Anwerbung von ausländischen Landarbeitern in ihren Herkunftsräumen zu erheblichen Störungen in der Angebot-Nachfrage-Relation auf dem landwirtschaftlichen Arbeitsmarkt. Das galt besonders für Gebiete, aus denen auch die neue Massenbewegung der osteuropäischen Amerikaauswanderung abströmte, die zu großen Teilen als Transitwanderung (»Durchwanderung«) auf dem Weg zu den Überseehäfen Reichsgebiet berührte, dort die schrumpfenden deutschen Auswandererpassagen ersetzte, in den 1890er Jahren schon um ein Vielfaches überstieg und deswegen in ihren Ausgangsräumen nur um so mehr auch von Agenten deutscher Transatlantiklinien umworben und indirekt forciert wurde[117]. Das Zusammentreffen von Auswanderung in die USA und transnationaler Saisonwanderung »nach Preußen« baute im Ausgangsraum das Überangebot an billiger landwirtschaftlicher Arbeitskraft stellenweise so stark ab, daß einzelne landwirtschaftliche Großproduzenten ihrerseits genötigt wurden, Arbeiter über Agenten anzuwerben. Das wiederum führte zu scharfen, über diplomatische Kanäle laufenden Protesten ausländischer agrarischer Interessenvertreter. — Zusätzlich schwelendes internationales Konfliktpotential, das die preußische Regierung dazu bestimmte, die vom Innenministerium eingezogenen Ausländerzahlen strikt geheim zu halten, erwuchs schließlich daraus, daß die Landwirtschaft im preußischen Osten und der oberschlesische Montandistrikt zusehends abhängiger wurden von ausländischer Arbeitskraft: 1898 schon hatte der Regierungspräsident in Breslau gewarnt, daß bei einer »Versagung der unentbehrlichen Vermehrung ausländischer Arbeitskräfte [...] Stillstand und Ruin der landwirtschaftlichen Produktion eintreten müßten«. 1906 bestätigte das preußische Landesökonomie-Kollegium, »daß durch eine Verhinderung oder Beschränkung des Zugangs ausländischer Wanderarbeiter der Landwirtschaft fast das Todesurteil gesprochen werden würde«. 1911 mußte auch der Regierungspräsident von Oberschlesien bekennen, »daß die oberschlesische Industrie tatsächlich ohne ausländische Arbeiter ihre Betriebe nicht aufrechterhalten kann«. Die tendenzielle, schließlich faktische und nurmehr hilflos dementierte Abhängigkeit von der Reservearmee aus dem östlichen Ausland war ein offenes Geheimnis und konnte deswegen als gefürchtetes Druckmittel (»russische Drohung«) in den Verhandlungen zwischen Berlin, Petersburg und Wien gerade am Vorabend des Weltkriegs eine

---

117 Hierzu neben der Studie von *Bernhard Karlsberg*, Geschichte und Bedeutung der deutschen Durchwandererkontrolle, Staatswiss. Diss. Hamburg 1922 (MS) jetzt *Michael Just*, Transitprobleme der osteuropäischen Amerikaauswanderung durch Deutschland Ende des 19. und Anfang des 20. Jahrhunderts, Magisterarbeit Hamburg 1977 (MS).

nicht zu unterschätzende Rolle spielen, bestätigte doch eine eigens eingesetzte Studienkommission: »Ein Ausbleiben der ausländischen Wanderarbeiter stellt die Volksernährung in Frage[118].« Von all diesen nationalen und internationalen Konfliktfeldern[119] kann hier nur ein einziger Problembereich der zeitgenössischen Diskussion herausgegriffen werden: die umstrittene Frage nach Wechselwirkungen zwischen der Abwanderung einheimischer und der Zuwanderung ausländischer Landarbeiter im Nordosten.

3.2. Zeitgenössische Verdrängungstheorie und strukturgeschichtliche Interpretation

Konsens besteht in der zeitgenössischen Debatte und in der Forschungsdiskussion über das transnationale Wanderungsgeschehen auf dem landwirtschaftlichen Arbeitsmarkt der Nordostgebiete in den beiden Jahrzehnten vor dem Ersten Weltkrieg nur im Blick auf den offen zutage tretenden ökonomischen Primäreffekt der kontinentalen Zuwanderung aus dem östlichen Ausland: Sie tendierte zunächst dahin, die durch Aus- und Abwanderung verursachte absolute und durch steigenden saisonalen Zusatzbedarf verschärfte relative »Leutenot« zu balancieren. Dissens kennzeichnet die Diskussion um den sozialen Sekundäreffekt der kontinentalen Zuwanderung, um die Frage, ob und inwieweit diese Zuwanderung jenseits der Deckung von Ersatz- und Zusatzbedarf zu Erscheinungsformen der internationalen Konkurrenz zwischen einheimischem und ausländischem Landproletariat führte. In dieser Diskussion konfligierten vor allem Vertreter und Gegner der sogenannten »Verdrängungstheorie«: Ihre Rezeption reicht von Weber, Knapp, v. d. Goltz und Frankenstein über Sering, Stieda, Knoke und Mönckmeier bis hin zu Skalweit, Aereboe, den Kulischers und Burgdörfer, biegt mit Rogmann ab in rassenbiologische Theoreme und den nationalsozialistischen Appell zur »Wendung der ganzen deutschen Volksfront nach Osten[120]« und dauert, bei tastender Neuanknüpfung an ihre Schöpfer, in der Forschung an[121]. Von kulturdefensiven bzw. sendungs-

---

118 ZSTA I, AA 27644, S. 50; AA 30004, S. 96 ff.; ZSTA II, Rep. 120, VIII, 1, Nr. 106, Bd. 2, S. 112, 115; Bd. 10, S. 109 f.; Bd. 11, S. 210—213, 295—304, 340 f., 386 ff.; Bd. 12, S. 1—52; *Verhandlungen der Budapester Konferenz betr. Organisation des Arbeitsmarkts, 7., 8. 10. 1910* (= Veröffentlichungen des Mitteleuropäischen Wirtschaftsvereins in Deutschland, H. 11), Leipzig 1911, S. 81, 84; *Mytkowicz*, S. 150; *Wygodzinski*, S. 60; *Henatsch*, S. 17; *Radetzki*, S. 305—311; *Nichtweiss*, S. 200—208.
119 Hierzu die in Anm. 1. genannte Arbeit.
120 *Weber* in: Schriften VfS 55, 1892, passim; 58, 1893, S. 70 ff.; *G. F. Knapp*, Die ländliche Arbeiterfrage, ebda., S. 6—23, hier S. 15 f., 18 (vgl. hierzu auch *Kaerger*, Die Arbeiterpacht. Ein Mittel zur Lösung der ländlichen Arbeiterfrage, Berlin 1893, S. 36 ff.); *v. d. Goltz*, Arbeiterklasse, S. 281 ff.; *Frankenstein*, S. 294 f.; *Sering*, Grundbesitz, S. 29; *Wilhelm Stieda*, Beschäftigung ausländischer Arbeiter (= Schriften des Verbandes deutscher Arbeitsnachweise, H. 8), Berlin 1911; *ders.*, Ausländische Arbeiter in Deutschland, in: Zeitschrift für Agrarpolitik 9, 1911, Nr. 9, S. 358—370, hier S. 360 ff. (dagegen: *O. Gerlach*, Ausländische Arbeiter in Deutschland, ebda., S. 494—498); *Knoke*, S. 59 ff.; *Mönckmeier*, S. 114, 187; *Skalweit*, S. 219, 261; *Aereboe*, S. 163 ff.; *Kulischer*, S. 159 ff.; *Burgdörfer*, a. a. O., S. 395, 538, 541; *ders.*, Volk ohne Jugend, Berlin 1934, S. 338 f. (»Europa steht im Begriff, ein vorwiegend slawischer Erdteil zu werden«); *H. Rogmann*, a. a. O., S. 85—88.
121 Die Rede von den »anspruchslosen [...] ausländischen Wanderarbeitern aus den Gebieten Russisch-Polens und aus Galizien« lebt fort bis zu *Friedrich-Wilhelm Henning*, Landwirtschaft und ländliche Gesellschaft in Deutschland, Bd. 2, Paderborn 1978, S. 140; vgl. *Max Rolfes*, Landwirtschaft 1850—1914, in: HbWS, Bd. 2, S. 509: »Es ist nicht möglich, über die Entwick-

ideologischen Traditionslinien, die das Bild »der Fremden« aus »dem Osten« bestimmten, abgesehen, nahm die ökonomische Verdrängungstheorie ihren Ausgang vor allem von den Beiträgen über die Lage im »ostelbischen Deutschland«, die Weber 1892/93 zur Landarbeiterenquete des Vereins für Socialpolitik beisteuerte: Für Weber war »der Import von Arbeitskräften aus Rußland mit seinem Druck auf Lohn- und Kulturniveau durchaus nicht bloß Wirkung, sondern Ursache der Sachsengängerei, überhaupt des Abzuges nach dem Westen und der Auswanderung«. Die »Mobilisierung der Arbeiterschaft durch Fortdauer des Importes fremder Arbeitskräfte« aus dem östlichen Ausland in die Nordostgebiete war ihm »wirtschaftlich und nationalpolitisch von Übel«, denn er sah mit der »Verdrängung der deutschen Arbeiterschaft [...] und mit dem Deutschtum und der Wehrkraft des sich entvölkernden Ostens auch das zur Kolonialisation berufene Menschenmaterial verlorengehen«. In wuchtiger sozialdarwinistischer Diktion beschrieb Weber die von ihm erkannte, ökonomisch begründete, kultursoziologisch interpretierte und zugleich hochideologisch eingefärbte Spannungslage zwischen deutschem und vornehmlich ausländisch-polnischem Landproletariat auf dem landwirtschaftlichen Arbeitsmarkt der Nordostgebiete als den Existenzkampf von »zwei Nationalitäten mit verschiedenen Körperkonstitutionen, verschieden konstruierten Mägen, um mich ganz konkret auszudrücken«. Kernargument seiner beharrlich vorgetragenen Warnung, Deutsche und Polen im preußischen Osten »als Arbeiter gänzlich frei konkurrieren zu lassen«, war der Hinweis auf eine unterschiedliche materielle und mentale Bedürfnisstruktur von deutschen und ausländisch-polnischen, aber auch preußisch-polnischen Landarbeitern, bei der er soziokulturelle Rücklagen zum Konkurrenzvorteil auf der internationalisierten unteren Ebene des qualitativ gespaltenen, doppelten landwirtschaftlichen Arbeitsmarkts geraten sah. »Verdrängung der deutschen Arbeiterschaft« und »Polonisierung des Ostens« durch den ökonomischen »Druck« der polnischen »Slawen« hatten in Webers Argumentation eine qualitative und eine quantitative Seite: 1. stünden die ausländisch-polnischen landwirtschaftlichen Arbeitswanderer auf dem gleichen niedrigen »Kulturniveau« wie die preußisch-polnischen gutswirtschaftlichen Kontraktarbeiter und Häusler in den östlichen Grenzprovinzen. Deswegen seien »die polnischen Instleute durch ihre niedrige Lebenshaltung gegen den zersetzenden Einfluß des Wanderarbeitertums relativ immun«, während die in den gleichen Gebieten lebenden deutschen »freien Arbeiter durch Zuzug aus dem Osten aus dem Lande gedrängt« würden; 2. ging Weber aus von einer Art doppeltem Stellenwert des »Drucks« aus dem Osten: »Der einzelne polnische Arbeiter verdrängt in der Ernährung auf heimischem Boden nicht etwa nur einen einzelnen deutschen Arbeiter, sondern eine Arbeiterfamilie [...]. Die Verdrängung umfaßt also auch rein ziffernmäßig ein Vielfaches der Zahlen.« Deswegen glaubte er in Gebieten, in denen nicht absolute, sondern nur relative »Leutenot« herrsche, die Zahl der ausländischen Arbeitswanderer mit der durchschnittlichen Kopfzahl einer deutschen Tagelöhnerfamilie multiplizieren und damit Schubkraft und Effekt der ökonomischen »Verdrängung« quantifizieren zu können[122]. Webers Theorie lebte fort in der von Knoke

---

lung der Löhne der ausländischen Wanderarbeiter Angaben zu machen, es kann nur gesagt werden, daß ihre Entlohnung einschließlich der überaus einfachen Unterbringung und Verpflegung geringer war als die der einheimischen Arbeiter. Sie wurden nicht zu Unrecht von diesen als Lohndrücker angesehen.« Angaben über die Entwicklung von Lohnlage und Lebensstandard ausländischer Arbeitskräfte im Vergleich zu einheimischen bei *Hagmann*, Löhne der einheimischen und der Wander-Arbeiter in Schlesien und der Rheinprovinz, in: Landwirtschaftliches Jahrbuch 40, 1911, S. 611—730 und in der in Anm. 1. genannten Arbeit.
122 *Weber* in: Schriften VfS 55, 1892, S. 491 f., 793, 802 f.; 58, 1893, S. 72 f., vgl. S. 75 f.: »Es

1911 formulierten und von den Kulischers in ihrer funktionalistischen Interpretation weitergetragenen Kettentheorie, nach der sich der »Druck« aus dem Osten staffelförmig in westlicher Richtung fortpflanzte[123].
Webers Theorie von der unmittelbar-direkten internationalen Verdrängungskonkurrenz auf dem landwirtschaftlichen Arbeitsmarkt der Nordostgebiete war in Sachaussagen und Interpretation treffend und verfehlt, realitätsbezogen und ideologisch zugleich: treffend und realitätsbezogen, soweit sie bei der auf empirische Bestandsaufnahme gestützten kritischen Analyse blieb; partiell verfehlt und ideologisch, soweit sie aus der Beobachtung kurzfristiger Entwicklungsabläufe langfristige Trendaussagen abzuleiten suchte, Teilwahrheiten verabsolutierte, in Interpretation und Einschätzung ihren sozialdarwinistisch-biologischen Implikationen, defensiv ›antislawischen‹ und aggressiv antipolnischen Komponenten erlag. Seine Theorie soll hier nicht ideologiekritisch analysiert, sondern nur historisch-empirisch überprüft werden. Dabei zeigt sich, daß die Über- bzw. Fehlinterpretation treffender Einsichten wesentlich mitbedingt war durch den in seiner prognostischen Tragfähigkeit überschätzten Informationswert des deskriptiven und quantitativen Beobachtungsmaterials in den Fragebögen und Generalberichten der Landarbeiterenquete:
Das gilt vor allem für den Kausalnexus von überseeischer Auswanderung und kontinentaler Zuwanderung. Wäre die kontinentale Zuwanderung auch nur mitbestimmende »Ursache« der überseeischen Auswanderung gewesen, dann erschiene es widersinnig, daß die Überseeauswanderung aus den Nordostgebieten in der dritten Auswanderungswelle ihre Extremwerte gerade in den 1880er Jahren erreichte, also vor dem Umschlag der kontinentalen Zuwanderung zur Massenbewegung, und daß sie innerhalb dieser Welle überdies ausgerechnet in dem Jahrfünft von Polenausweisung und Zuwanderungsverbot bis 1890 ihrem zweiten Maximum zustrebte, um dann 1893 mit dem Absturz der dritten Auswanderungswelle des 19.

---

ist nicht möglich für unsere Arbeiter mit den polnischen Arbeitern zu konkurrieren [...]. Es gibt eine gewisse Situation kapitalistisch desorganisierter Volkswirtschaften, unter welcher die höhere Kultur nicht überlegen, sondern schwächer ist im Kampf ums Dasein gegenüber der niedriger stehenden Kultur. In einer solchen Situation befinden wir uns zur Zeit.«

123 »Die deutschen Landarbeiter sind vollständig schutzlos dem Ansturm der Ausländer preisgegeben«, konstatierte Knoke 1911, »so zeigt sich denn oft, daß die Inländer durch die Ausländer verdrängt werden. In der östlichen Landwirtschaft z. B. sind, wie die Enquete des Vereins für Socialpolitik nachgewiesen hat, die ansässigen Arbeiter vielfach zur Hälfte durch Wanderarbeiter ersetzt worden, die unverheirateten Leute wanderten infolgedessen zu den Städten ab. Diese Entwicklung ist aber noch nicht beendet, auch heute, vielleicht in noch größerem Maßstabe als in den 90er Jahren des vorigen Jahrhunderts, müssen die Arbeiter im Osten den Wanderarbeitern weichen [...]. Die aus der östlichen Landwirtschaft durch die Massen der Ausländer verdrängten Landarbeiter gehen zur Industrie des Westens über oder zu Kanal-, Wege- und Eisenbahnbauten, wo sie dann im Verein mit den Ausländern wieder einen Druck auf die dortigen ansässigen deutschen Arbeiter ausüben [...]. Die deutschen Arbeiter [...] räumen nun nicht etwa freiwillig den Ausländern das Feld, wie man vielfach glauben machen will, nein, die einheimischen Arbeiter stehen nur gezwungen hinter den Ausländern zurück [...], man gebe ihnen nur [...] einen Lohn, wie er der Arbeitsleistung entspricht, so wird man sehen, daß Arbeiter genug vorhanden sind« (Knoke, S. 59—62; vgl. Kulischer, S. 195 f.). »Die ausländischen Wanderarbeiter«, polemisierte schließlich Aereboe 1928, »haben eine gesunde Teilnahme der einheimischen deutschen Landarbeiter an der Zunahme der Wohlhabenheit des ganzen deutschen Volkes verhindert und letztere in Scharen in die Großstädte getrieben, wo durch sie die Industriearbeiterlöhne ebenfalls niedrig gehalten wurden [...]. Die Zulassung der ausländischen Wanderarbeiter ist damit zu einem der folgenschwersten Verbrechen an der deutschen Volkswirtschaft geworden« (Aereboe, S. 164).

Jahrhunderts gerade zu Ende jenes ersten Jahrfünfts der 1890er Jahre zum Rinnsal zu schrumpfen, in dem die kontinentale Zuwanderung den Charakter einer temporären transnationalen Massenbewegung anzunehmen begann. Der Fehlinterpretation lag ein nachgerade klassischer prospektiver Trugschluß[124] zugrunde: 1891/92, als Weber an der Auswertung der Landarbeiterenquete arbeitete, jagten die Auswandererzahlen, gerade in den östlichen Hauptzielgebieten der neu zugelassenen kontinentalen Zuwanderung, steil ihrem dritten und letzten Gipfel innerhalb der dritten Welle entgegen. Daß sie auf Jahrzehnte hinaus die letzte bleiben und die deutsche Überseeauswanderung als Massenbewegung auch in den Nordostgebieten schon ab 1894 der Vergangenheit angehören sollte, vermochte Weber nicht abzusehen.

Wichtiger war Webers Hinweis auf das Ansteigen der gemeinhin als »Sachsengängerei« angesprochenen intrasektoralen Saisonwanderungen (»Schnitterzüge«, »Rübenwanderungen«) in Distrikte mit intensivem Fruchtwechsel und starkem Hackfruchtbau. Die kontinentale Zuwanderung war zwar ebenfalls nicht »Ursache« der traditionsreichen »Sachsengängerei« und ließ sie, was Weber ebensowenig absehen konnte, auch nur kurzfristig ansteigen, um sie dann um so rascher absteigen zu lassen. Und doch war es gerade diese rasche Folge im An- und Abstieg der von preußischen Provinzialbehörden mit Skepsis verfolgten »Sachsengängerei«, die seine Theorie kurzfristig bestätigte, denn im Wanderungsverhalten der temporären intrasektoralen Arbeitswanderer und ortlosen Wanderarbeiter lassen sich die nur kurzlebigen Erscheinungsformen unmittelbar-direkter Verdrängungskonkurrenz zwischen ausländischen und einheimischen Arbeitskräften am deutlichsten fassen: In noch extensiv wirtschaftenden, im Lohnangebot zurückgebliebenen Gebieten traten in den 1890er Jahren stellenweise Züge der direkten Lohnkonkurrenz deswegen zutage, weil ausländische Arbeitskräfte die Lohnforderungen einheimischer unterboten. Wenngleich sich das Lohnniveau der ausländischen bald auch hier dem der einheimischen Landarbeiter näherte, trug das Überangebot an ausländischer Arbeitskraft doch wesentlich dazu bei, den Lohndruck zu mindern und damit die Angleichung an im Lohnniveau fortgeschrittenere Gebiete zu verzögern. Die Lohnkonkurrenz verstärkte kurzfristig die saisonale »Sachsengängerei« in intensiv wirtschaftende, Spitzenlöhne zahlende Gebiete, bis einheimische intrasektorale Saisonwanderer und ortlose Wanderarbeiter, deren Bewegung dem Lohnsog folgte, auch hier von der nachrückenden ausländischen Reservearmee eingeholt und abgedrängt wurden: Die »ausländischen Wanderarbeiter« — von denen die polnischen in Preußen nicht im Familienverband, sondern nur als einzelne Arbeitskräfte zugelassen waren — traten hier zwar nicht zu niedrigeren Löhnen an, statt dessen aber, im eigenen ökonomischen Interesse, »willig« im saisonalen Geldakkord zu niedrigen, den Geldlohn steigernden Verpflegungssätzen und damit zu Arbeitsbedingungen, die von den Kolonnen einheimischer »Schnitter« und »Rübenwanderer« häufig nicht akzeptiert wurden[125]. Ihre Spuren verloren sich in der zur Massenbewegung aufsteigenden inter-

---

124 Zum Problem vgl. *Knut Borchardt,* Produktions- und Verwertungsbedingungen von Langfristprognosen in historischer Perspektive, in: Allgemeines Statistisches Archiv 63, 1979, H. 1, S. 1—25.

125 ZSTA II, Rep. 120, VIII, 1, Nr. 106, Bd. 1, S. 30—34; Bd. 6, S. 115; *Weber* in: Schriften VfS 55, 1892, S. 325, 373, 435, 438, 483, 492, 621, 581, 625, 635. Ortsgebundene einheimische Landarbeiter, die sich, im Gegensatz zu den hochmobilen ortlosen Wanderarbeitern und den temporären Arbeitswanderern, dem direkten Konkurrenzdruck nicht entziehen konnten, gerieten Anfang der 1890er Jahre bereichsweise vor die Alternative, am Ort zu bleiben und ihre Lohnforderungen zu senken oder abzuwandern, zumal ihnen ausländische Arbeitskräfte, ihrer »größeren Fügsamkeit« halber, nicht selten direkt vorgezogen wurden; vgl. hierzu einmal die

sektoralen Ost-West-Wanderung: In Mecklenburg, einem Zielgebiet der intrasektoralen Arbeitswanderung, fiel die Zahl einheimischer annähernd umgekehrt proportional zur steigenden Zahl ausländischer Arbeitskräfte ab: 1902 wurden dort noch 70 Prozent deutsche und schon 30 Prozent ausländische, 1906 nurmehr 38 Prozent deutsche und 62 Prozent ausländische Landarbeiter gezählt[126]. Ein verwandtes Bild zeigt die Bewegung der masurischen Arbeitswanderung: Seit den 1890er Jahren nahmen — ohne freilich ganz aufzuhören — die intrasektoralen Wanderzüge masurischer Eigenkätner und Losleute tendenziell im gleichen Maße ab, in dem die zunächst vorwiegend temporäre intersektorale Ost-West-Fernwanderung der »Ruhrmasuren« ins Emscherrevier anwuchs. Durch die französische Ruhrbesetzung 1923 und die zunehmende Einschränkung der interregionalen Mobilität auf dem Arbeitsmarkt durch restriktive Eingriffe der Arbeitsämter ins interne Wanderungsgeschehen immer mehr beschränkt, fanden masurische Arbeitswanderer erst in den Krisenjahren 1929—33 wieder zurück in die alten Bahnen der temporären intrasektoralen Arbeitswanderung, die sie nun, statt ins alte Zielgebiet der Magdeburger Börde, vor allem in die gutswirtschaftlichen Großbetriebe der Neumark, der Uckermark und Vorpommerns führte[127].
Für die Frage nach weitertreibenden »Ursachen« jenes »Abzuges nach dem Westen« insgesamt indes griff Webers Theorie von der unmittelbar-direkten internationalen Verdrängungskonkurrenz zu kurz. Und doch gab Weber selbst Hinweise auf eine wichtigere, strukturgeschichtliche Wechselwirkung von kontinentaler Zuwanderung und interner Abwanderung. Diese tieferliegende und differenziertere zweite — bei Weber vorwiegend zur Verifizierung der ersten eingeführte — Argumentationsebene schimmert nur stellenweise durch die wuchtigen Verstrebungen seiner Theorie von der unmittelbar-direkten Verdrängungskonkurrenz und wurde deswegen zumeist übersehen: Sie zentrierte in dem dialektischen Gedanken, daß die kontinentale Zuwanderung primär als »Wirkung«, sekundär aber »verstärkend auch als Ursache« der internen Abwanderung anzusehen sei[128]. Dahinter stand ein in immer wieder eingestreuten Fragmenten erkennbarer, aber nicht konzeptionell verdichteter strukturgeschichtlicher Interpretationsansatz, der sich, differenziert und ergänzt, gut einfügt in den hier erarbeiteten wirtschafts- und sozialgeschichtlichen Interpretationsrahmen:
Die kontinentale Zuwanderung tendierte auf dem landwirtschaftlichen Arbeitsmarkt des nordöstlichen Aus- und Abwanderungsraums dahin, die Ursachen weiterzutreiben, deren Folge sie war, weil sie die Schubkraft jener strukturellen Faktoren verstärkte, die entscheidend

---

Arbeitgeberberichte zur Landarbeiterenquete des VfS: Die erfreuliche »größere Bescheidenheit der einheimischen Arbeiter seit der Heranziehung der fremden«, wurde schon 1891/92 aus Pommern berichtet, sei »die Folge davon«, daß bei ihnen das anspruchssteigernde »Gefühl ihrer Unentbehrlichkeit« gewichen sei. Gerade auch im Blick auf »die Ansprüche« einheimischer temporärer Arbeitswanderer und deren »Neigung zum Kontraktbruch«, so ein zeitgleicher Bericht über die Lage in Posen, lasse »die prekäre Stellung der ausländischen Arbeiter [...] ihre Verwendung bequemer erscheinen«. Während »vor Zulassung der Russen die Arbeiter höhere Lohnforderungen durchsetzten«, hieß es aus dem Kreis Mogilno (Posen), seien solche Tendenzen jetzt »wieder applaniert« und »die Verhältnisse deshalb befriedigend« (Schriften VfS 55, 1892, S. 378, 435, 491); vgl. hierzu Anm. 98.

126 *Mytkowicz*, S. 44.
127 Schriften VfS 55, 1892, S. 114 f.; *Linde*, a. a. O., S. 469; *Kleßmann*, S. 150 ff., 161 ff.; *Sieglinde Bandoly* in: Hans-Jürgen Rach/Bernhard Weissel (Hrsg.), *Landwirtschaft und Kapitalismus. Zur Entwicklung der ökonomischen und sozialen Verhältnisse in der Magdeburger Börde vom Ausgang des 18. Jahrhunderts bis zum ersten Weltkrieg*, Bd. 1, Berlin [DDR] 1978, S. 246 ff.
128 *Weber* in: Schriften VfS 55, 1892, S. 482; vgl. *Mönckmeier*, S. 115, 186 f.; *Aereboe*, S. 164; *Kulischer*, S. 159.

waren für die Soziogenese latenter Wanderungsbereitschaft und wanderungsbestimmender Kollektivmotivationen bei der einheimischen Landarbeiterschaft: Die Saisonalisierung der Lohnkosten in der Betriebskostenrechnung verschärfte die Saisonalisierung von Arbeitsmarkt und Erwerbsangebot, die in Wechselwirkung stand mit Intensivierung der Bodenkultur, Rationalisierung der Produktionsorganisation und Verfall der gutswirtschaftlichen Arbeits- und Sozialordnung. Die vom ständig wachsenden Zustrom ausländischer Saisonarbeiter und besonders von ihrem Einsatz im saisonalen Geldakkord forcierte Saisonalisierung des Erwerbsangebots aber bedeutete für einheimische, auf möglichst dauerhafte Beschäftigung angewiesene Landarbeiter tendenziellen Lohnverfall: Auch steigende Saisonlöhne vermochten den Lohnverlust nicht auszugleichen, der einherging mit der Abnahme des Erwerbsangebots außerhalb der Saison[129]. Was Landlosen ehedem sichere Nahrung bot, der Gesindedienst und die Stellung der Insten und Deputanten, hatte in der Strukturkrise der Agrarverfassung zusehends an Anziehungskraft eingebüßt. Die Existenz der im reinen Geldtagelohn stehenden freien Landarbeiter aber wurde marktabhängiger, unstabiler und unsicherer noch als die industrielle Lohnarbeit. Die Folge war, daß das nicht nur höhere und schneller steigende, sondern auch ›saisonstabile‹ Lohnniveau städtisch-industrieller Arbeitsmärkte eine um so stärkere Sogkraft entfalten konnte.

Wanderungsbestimmende Schubkräfte im nordöstlichen Ausgangsraum indes wurden durch die kontinentale Zuwanderung nicht nur auf dem Umweg über die fortschreitende Saisonalisierung von Arbeitsmarkt und Erwerbsangebot verstärkt: Das unbegrenzte Saisonangebot an ausländischer Arbeitskraft beschleunigte bei gleichzeitigem Verbot, Wanderungsverluste im Gesindepersonal und unter den gebundenen Gutstagelöhnern dauerhaft durch Arbeitswanderer aus dem östlichen Ausland zu ersetzen, in den großbetrieblich strukturierten Distrikten der preußischen Ostprovinzen auch den Umbruch von der überkommenen gutswirtschaftlichen Arbeits- und Sozialordnung zur agrarkapitalistischen Wirtschafts- und Arbeitsverfassung. Deshalb wurde das Wanderungsgeschehen auf dem landwirtschaftlichen Arbeitsmarkt der Nordostgebiete durch die Einschaltung des saisonal fluktuierenden transnationalen Zustroms aus dem östlichen Ausland zwar in seinen Folgen für die Verschiebung der Angebot-

---

129 *Weber* in: VfS 55, 1892, S. 793: »Der Grund der Heranziehung der Wanderarbeiter auch da, wo einheimische Wanderarbeiter zu haben wären, ist teilweise — aber nur teilweise — in absolut niedrigeren Löhnen, die ihnen gezahlt werden, begründet, allgemein aber, abgesehen von der größeren Fügsamkeit der prekär gestellten Fremden, darin, daß eine Ausnutzung der Arbeitskraft im Sommer möglich ist, ohne die Notwendigkeit, auch im Winter für die Leute zu sorgen und namentlich ohne Übernahme der verwaltungsrechtlichen und sonstigen Verpflichtungen, welche einheimischen Arbeitern gegenüber bestehen. In *diesem* Sinne ist sie *immer* billiger für den Arbeitgeber«; vgl. *Grund*, S. 46; *Hagemann*, S. 701; *Mytkowicz*, S. 122; *Skalweit*, S. 284; *v. d. Goltz*, Landwirtschaft, Bd. 2, S. 366; *Quante*, S. 324 f.; *Nichtweiss*, S. 230 ff.; während der Ernteakkord die ›positive‹ Saisonalisierung des Erwerbsangebots forcierte, trieb der Ausländereinsatz die ›negative‹ Saisonalisierung selbst in noch extensiv wirtschaftenden Betrieben voran, in denen die mäßige Ertragslage den Übergang zum Dampfdrusch verzögert hatte. »Die Beschäftigung von Saisonarbeitern löst aber andererseits vielfach eine Wirkung aus, die den Wintererwerb der einheimischen Arbeiter noch mehr einschränkt«, berichtete Rogalewski über diese Entwicklung in Posen bis 1914: »Man sucht nämlich den Winterbedarf an Arbeitskräften dadurch auf ein Minimum herabzudrücken, daß man das Dreschen, diese ausgesprochene Winterarbeit, gleich nach der Ernte durch die im Betriebe tätigen Wanderarbeiter ausführen läßt. Bei dieser Art der Arbeitsverteilung wird der Saisoncharakter der Landwirtschaft nur noch verschärft, ein Umstand, der in starkem Maße wiederum auf die Abwanderung der ländlichen Arbeiter einwirken muß« (*Rogalewski*, S. 61).

Nachfrage-Relation äußerlich gedämpft, zugleich aber in seinen strukturellen Bestimmungsfaktoren weiter vorangetrieben. Deswegen konnte die zur Massenbewegung anschwellende kontinentale Zuwanderung zu einem zusätzlichen Antriebsfaktor von Mobilisierung und Abwanderung werden und mittelbar-indirekt die Verschiebung eines wachsenden Teils des einheimischen Landproletariats der Nordostgebiete ins Industrieproletariat beschleunigen.

Die in zeitgenössischer Debatte und Forschungsdiskussion lang anhaltende »heftige Polemik« darüber, ob die kontinentale Zuwanderung aus dem östlichen Ausland »Ursache oder Folge des Abzugs der deutschen Landarbeiter von der heimatlichen Scholle« gewesen sei[130], konnte zu keiner Einigung führen, weil die schon in der Streitfrage vorgegebene Alternative das Problem unlösbar verzerrte und die Analyse wesentlich ausging von einzelnen Erscheinungsformen des Wanderungsgeschehens, statt von den ihnen gemeinsam zugrunde liegenden strukturellen, wirtschafts- und sozialhistorischen Bestimmungsfaktoren und Entwicklungsbedingungen. Nur eine integrale Interpretation aber, zu der Weber hilfreiche Ansätze entwarf, läßt erkennen, daß die kontinentale Zuwanderung weder allein »Folge« noch allein »Ursache« der intersektoralen Abwanderung landwirtschaftlicher Arbeitskräfte aus den Nordostgebieten war, sondern phasenverschoben beides zugleich: primär Folgewirkung und sekundär, von Einzelformen der unmittelbar-direkten Verdrängungskonkurrenz abgesehen, zunehmend mittelbar-indirekt mitwirkende, zusätzlich wanderungsbestimmende Schubkraft in einem interdependenten Wirkungszusammenhang von transnationalem und internem Wanderungsgeschehen, dem gegenüber einseitige Erklärungsversuche zu kurz greifen mußten.

---

130 *Quante*, S. 323.

Marina Cattaruzza

»Organisierter Konflikt« und »Direkte Aktion«
*Zwei Formen des Arbeiterkampfes am Beispiel der Werftarbeiterstreiks in Hamburg und Triest (1880 — 1914)**

Die wirtschaftliche Entwicklung und die Zusammensetzung des Proletariats in den größten Hafenstädten des deutschen Kaiserreichs und der k.u.k. Monarchie, Hamburg und Triest, bieten für die Vorkriegszeit zahlreiche Analogien. Etwa zur gleichen Zeit, 1888 und 1891, wurde in beiden Städten mit dem Zollanschluß ein Prozeß eingeleitet, der ihre eigene Entwicklung immer mehr mit der nationalstaatlichen Ökonomie verband. Eine Ausdehnung der Hafenanlagen, das rapide Wachstum des Warenumsatzes und eine außerordentliche Bevölkerungszunahme waren die Folgen[1].
Auf dieser Grundlage wurden in Hamburg und Triest die Hafenarbeit, das Baugewerbe und die Werftindustrie zu tragenden Pfeilern der neuen Entwicklung. Die in diesen Branchen beschäftigte Arbeiterschaft war unterschiedlich qualifiziert; gemeinsame Merkmale waren ihre starke Abhängigkeit von den Witterungsverhältnissen, der saisonale Charakter der Arbeit und die durch die günstige konjunkturelle Entwicklung geförderte große Mobilität. Vom technologischen Entwicklungsstand her handelte es sich um »rückständige« Sektoren, in denen die physische Kraft, bestimmte Kenntnisse und manuelle Fähigkeiten der Arbeitskraft noch eine viel stärkere Rolle spielten als die Unterordnung unter die Rhythmen der Maschinerie.
Aus der Masse dieses männlichen, fluktuierenden Stadtproletariats stachen die Werftarbeiter mit ihrer hohen Qualifikation hervor. Bis 1913 blieb trotz erheblicher Investitionen und Rationalisierungsmaßnahmen die Qualifikation der Arbeitskraft auf den Werften unangetastet. In beiden Städten hatte zwar eine starke Mechanisierung der innerbetrieblichen Transportmittel stattgefunden, eine Erhöhung der Produktivität durch Einsatz von pneumatischen, elektrischen und hydraulischen Maschinen sowie eine gewisse Vereinfachung der Arbeitsverfahren in den mechanischen Werkstätten und Werften[2].

---

* Die vorliegende Arbeit wurde durch ein Stipendium der Alexander-von-Humboldt-Stiftung ermöglicht, der ich meinen Dank für die großzügige Förderung aussprechen möchte.
1 Einen Überblick über die wirtschaftliche Entwicklung Triests in der Spätgründerzeit (1896—1914) bietet das Werk von *Mario Alberti*, Trieste, Roma 1915; vgl. außerdem *Camera di Commercio e Industria di Trieste* (Hrsg.), *Relazione per l'anno... (1907—1914)*, Trieste 1908 ff. Zur Entwicklung Hamburgs vgl. *Ernst Baasch*, Geschichte Hamburgs 1814—1918, 2 Bde., Stuttgart/Gotha 1924/25.
2 Vgl. zur technischen Umstrukturierung bei Blohm & Voss die Berichte an den Aufsichtsrat (1892—1902), die Jahresberichte (1891—1902) und die Aufsichtsratssitzungen (1891—1914) im Vorstandsarchiv von Blohm & Voss, Hamburg (VAB & V/HH). Diese Bestände sind nicht katalogisiert. Zur technischen Ausrüstung der Hamburger Niederlassung des Stettiner Vulcan vgl. *Paul Ranft*, Die neue Werft der Stettiner Maschinenbau AG Vulcan in Hamburg I u. II, in: Zeitschrift des Vereins Deutscher Ingenieure (ZVDI), Bd. 53, Jg. 1909, Nr. 34—35. Wichtige Da-

Die Umstrukturierung der Arbeitsorganisation traf jedoch vorwiegend Arbeiter der ungelernten Berufe, wie die Schiffsbauhelfer, während die Facharbeiter bis zum Kriegsausbruch keine grundlegende Veränderung ihrer innerbetrieblichen Stellung erfuhren. 1913 galten in Hamburg noch 50 Prozent der etwa 20 000 Werftarbeiter als gelernte Arbeiter, und auch in der Donaumonarchie klagten die Werftdirektoren ständig über die Knappheit an qualifizierten Arbeitskräften und die daraus resultierenden hohen Löhne[3]. In beiden Städten verfügten die Werftarbeiter deshalb nach dem Ende der »großen Depression« über eine relativ günstige innerbetriebliche Machtposition.

Trotz zahlreicher Analogien nahmen jedoch die Entwicklung der Gewerkschaftsbewegung wie auch die Arbeitskämpfe in beiden Städten einen unterschiedlichen Verlauf: ausgeprägt starke Gewerkschaften hier, eine schwache, kaum verankerte Organisation dort; disziplinierte, mit riesiger Beteiligung geführte Streiks in Hamburg, eine ununterbrochene Kette von kleinen Konflikten und direkten Aktionen in Triest; eine Werftindustrie mit dem wohl höchsten Produktivitätsniveau in Europa an der Elbe, eine Arbeiterschaft, die sich erbittert gegen jede technologische Innovation zur Wehr setzte, an der Adria.

Mit diesen Unterschieden, die in beiden Städten das Machtverhältnis zwischen Arbeit, Kapital und Gewerkschaft einschneidend prägten, befaßt sich der folgende Vergleich.

I. Arbeitskonflikte in der Hamburger Werftindustrie 1880—1896

Zwei Momente haben die besondere Gestaltung der Beziehungen zwischen Arbeit und Kapital auf den Hamburger Werften geprägt: das zähe Überdauern der alten, zunftmäßigen Schiffszimmererorganisationen bis in das späte 19. Jahrhundert[4] und die Gründung des Werftbetriebes von Blohm & Voss (1877), der um die Jahrhundertwende schon zu den wichtigsten Schiffbauunternehmen in Deutschland gehörte[5].

Bis in die 70er Jahre, am Vorabend des Aussterbens des Holzschiffbaus, blieb die Macht der Hamburger Schiffszimmerer ungebrochen. Der aus der Schiffszimmerer-Zunft hervorgegangene Allgemeine Deutsche Schiffszimmererverein umfaßte damals 3 300 von etwa 6 000 ge-

---

ten zur Arbeitsorganisation und technischen Innovation auf den Triester Werften bringen die Sitzungsprotokolle des Verwaltungsrats des Stabilimento Tecnico Triestino (STT) (1897—1914), Archivio Cantieri, Museo del Mare Trieste. Alle Bestände des Archivio Cantieri sind unkatalogisiert.

3 Zur Qualifikation der Werftarbeiter vgl. *Hermann Rasch,* Die Hamburgische Industrie und ihre Arbeiterschaft, in: Der Arbeitsmarkt 15, 1912, S. 461. Zum Verhältnis zwischen der Knappheit an qualifizierten Arbeitern und der Steigerung der Löhne vgl. die umfangreiche Untersuchung der Marinesektion des österreichischen Kriegsministeriums über das Lohnniveau der Werftarbeiter in den verschiedenen Werften der Monarchie im Kriegsarchiv Wien, Marine Sektion 1912, 322/S.K.

4 Im Rahmen einer umfangreichen, angesichts des Flottengesetzes 1898 durchgeführten Untersuchung über den Zustand der deutschen Schiffbauindustrie wurde folgendes festgestellt: »[...] das Schiffszimmergewerbe war an den meisten Orten ein zünftiges Handwerk und bewahrte diesen Charakter gerade in Hamburg, dem Ausgangspunkte der modernen Arbeiterorganisation im Schiffbau besonders lange« (*Tjard Schwarz/Ernst von Halle,* Die Schiffbauindustrie in Deutschland und im Auslande, Berlin 1902, Bd. 2, S. 127).

5 Einige Fakten zur Entwicklung des Unternehmens finden sich in den Festschriften *Blohm & Voss — 1877/1927,* Hamburg 1927 und *Hans Prager,* Blohm & Voss — Schiffe und Maschinen für die Welt, Hamburg 1977.

lernten Schiffszimmerern[6]. Ihre hohe Qualifikation, die straffe Kontrolle der Organisation über die Lehrlingsausbildung und den lokalen Arbeitsmarkt und die relative Schwäche und Uneinigkeit der Inhaber der kleinen, dezentralisierten Holzwerften, der sog. Baase, begründeten die über Jahrzehnte anhaltende Machtposition dieser Arbeiteraristokratie der Hafenstädte[7].
Nach einem Streik der Schiffszimmerer auf allen Hamburger Werften, der sich gegen die Einstellung eines Arbeiters aus dem benachbarten Wilhelmsburg richtete[8], stellte der Inhaber der Reiherstieg-Werft, Gustav Godefroy, noch 1870 mit Entrüstung fest: »Nicht zu unserem Ruhme muß hier konstatiert werden, daß selbst seit dem Jahre 1866 [Einführung der neuen Gewerbeordnung des Norddeutschen Bundes und Aufhebung aller Zünfte] den hamburgischen Schiffszimmerleuten ein ausschließlicher Vorzug auf den hiesigen Werften verblieben ist und man sich diesem und noch manchem anderen mit der freien Entwicklung einer wichtigen Geschäftsbranche ganz unvereinbaren Übelstande um des lieben Friedens willen gefügt hat[9].« Nach einem 10wöchigen Streik stiegen 1872 die Löhne der Schiffszimmerer auf die Höhe von M 4,20 — damals ein absoluter Spitzenlohn[10].
In den folgenden Jahren vollzog sich in Hamburg der Übergang vom Holz- zum Eisenschiffbau endgültig: Schon in der zweiten Hälfte der 70er Jahre waren die Schiffszimmerer fast ausschließlich nur noch mit Reparaturen beschäftigt, während Holzneubauten immer seltener vorkamen[11]. Seit Anfang der 70er Jahre war eine Reihe von kleineren Werften vom Holz- zum Eisenschiffbau übergegangen. Blohm & Voss wurde bereits als Eisenschiffbaubetrieb gegründet. 1880/81 rüstete auch die Reiherstieg-Werft, damals der größte Schiffbaubetrieb in Hamburg, durch eine gewaltige Erweiterung und Umstrukturierung auf Eisenkonstruktionen um[12]. Die technische Seite dieses Übergangs bedeutete eine erhebliche Erweiterung der Helgen und sonstiger Anlagen, die Einführung von Kränen und den Neubau von Schmieden, Kesselschmieden und anderen Werkstätten[13]. Vor allem aber betraf er die Veränderung des Materials: Die Ersetzung von Holz durch Stahl und Eisen ermöglichte, wenn auch erst in Ansätzen, eine Standardisierung des Arbeitsprozesses und eine Trennung zwischen Planung und Ausführung[14].
Die daraus resultierende neue Situation auf dem Arbeitsmarkt und innerhalb des Produktionsprozesses schaffte die Vorbedingungen, um die überkommenen Verhältnisse zwischen Werftbesitzern und Arbeitern grundsätzlich in Frage zu stellen: Die Rekrutierung neuer Arbeiterkategorien, die den Erfordernissen der Eisenkonstruktion entsprachen, wurde zum Instrument der Zerstörung der organisatorischen Stärke und der außergewöhnlichen Machtposition der Schiffszimmerer.

---

6 Vgl. *Heinrich Grosz*, Geschichte der deutschen Schiffszimmerer, Hamburg 1907, S. 47. Vgl. auch *Heinrich Bürger*, Die Hamburger Gewerkschaften und deren Kämpfe von 1865 bis 1890, Hamburg 1899, S. 71 und *Schwarz/Halle*, Bd. 2, S. 128.
7 Vgl. zur Lage und Machtposition der Schiffszimmerer *Grosz*, S. 37 ff.
8 *Bürger*, S. 47.
9 *Ebda.*
10 *Grosz*, S. 44.
11 *Bürger*, S. 54; *Grosz*, S. 126 ff.
12 *Walter Kresse*, Aus der Vergangenheit der Reiherstiegwerft in Hamburg, Hamburg o. J., S. 49 ff.
13 *Ebda.*
14 Vgl. dazu *Richard Woldt*, Die Werft als kapitalistisches Kunstwerk, in: Neue Zeit, Jg. 32, 1913/14, S. 551 ff.

Der Prozeß der Verdrängung der Schiffszimmerer vollzog sich erstaunlich rasch: 1880 arbeiteten auf der Reiherstieg-Werft und bei Blohm & Voss 100 bzw. 132 Schiffszimmerer. Die Zahl der neuen Eisenschiffbauer aber — von den alteingesessenen Arbeitern als »Schwarze« bezeichnet — war damals schon auf 495 bzw. 304 Arbeiter gestiegen[15].
Dem innerbetrieblichen Machtverlust setzten die Schiffszimmerer eine Verhärtung ihrer zunftmäßigen Strukturen entgegen: Die Hamburger Schiffszimmerer spalteten sich 1880 vom Allgemeinen Deutschen Schiffszimmererverein ab und organisierten sich erneut in einem Lokalverband der Schiffszimmerer, in dem weder auswärtige Arbeiter noch Eisenschiffbauer zugelassen waren[16].

»Wir werden in Zukunft wieder hölzerne Segelschiffe zu bauen bekommen.«

Im folgenden Jahrzehnt leisteten die Schiffszimmerer einen heftigen und verzweifelten Widerstand gegen die Umgestaltung ihrer Arbeitsmethoden. Mit dem Streikzyklus 1881—1889 versuchten sie eine Machtposition wiederzuerlangen, die unwiderruflich verloren war. »Die Zeit der Erbauung eiserner Tröge ist bald vorüber«, verkündete ein Gewerkschaftsführer hoffnungsvoll, »wir werden in Zukunft wieder hölzerne Segelschiffe zu bauen bekommen[17].« Aber jede Etappe dieses Streikzyklus bestätigte nur die Machtverschiebung auf den Werften und wurde dazu benutzt, die Arbeitsbedingungen der Schiffszimmerer immer stärker an die der »Schwarzen« anzugleichen.

Die Streikwelle begann im Juli 1881, als sämtliche Schiffszimmerer von Blohm & Voss die Arbeit niederlegten. Sie reagierten damit auf den Versuch der Werftleitung, schlechter bezahlten Hilfsarbeitern traditionelle Schiffszimmererarbeit — das Anbringen der Spanten — zu übertragen[18]. Der Streik dauerte eine Woche und endete mit der vollständigen Niederlage der Schiffszimmerer. Das Debakel wurde durch folgenden Revers besiegelt, der die freie Verfügung der Unternehmer über die Arbeitskraft der Schiffszimmerer sanktionierte:

> »Die Schiffszimmerleute, die auf der Schiffswerft und Maschinenfabrik der Herren Blohm & Voss in Arbeit treten, unterwerfen sich den Anordnungen der Fabrik und führen, wie jeder andere Handwerker, die Arbeiten, die ihnen von ihren Meistern übertragen werden, aus, ohne sich ein Anrecht auf bestimmte Arbeiten vorzubehalten; sie arbeiten mit anderen Gewerkschaften zusammen, übernehmen nach vorhergegangener Preisfeststellung Accordarbeiten [...], können aber auch im Eisenschiffbau verwandt werden, sobald es den Betrieb der Fabrik befördert«[19].

Als 1884 die Schiffszimmerer von Blohm & Voss erneut, aus Protest gegen die Entlassung eines Kollegen, die Arbeit einstellten, blieb der Streik wiederum erfolglos. Die Werftdirektion nutzte die Gelegenheit, um anstelle des Tagelohns die stundenweise Bezahlung einzuführen[20]. Im Mai 1888 streikten sämtliche im Lokalverband organisierten Schiffszimmerer für

---

15 *Grosz*, S. 133.
16 *Ebda.*, S. 135 ff.
17 *Ebda.*, S. 135.
18 *Bürger*, S. 332; *Grosz*, S. 140.
19 *Grosz*, S. 140.
20 *Bürger*, S. 334 f.

höhere Löhne, aber der Ausstand scheiterte — nicht zuletzt deshalb, weil die im Allgemeinen Deutschen Schiffszimmererverein organisierten Kollegen jegliche Solidarität verweigerten[21]. Ein Jahr später blieben die lokal organisierten Schiffszimmerer weiterhin isoliert, als sie erneut mit der Forderung nach Lohnerhöhung und Wiedereinführung des Tagelohns die Arbeit niederlegten[22]. Die Widersprüche zwischen den Schiffszimmerern und dem neugegründeten Zentralverband der Werftarbeiter, der vor allem Eisenschiffbauer umfaßte, wurden diesmal direkt von den Werftbesitzern zur Niederkämpfung des Streiks ausgenützt. »Wir nehmen an, daß der Zentralverband der Werftarbeiter Deutschlands dieser Forderung [Lohnerhöhung für Überstunden] fern steht«, stellte Hermann Blohm sachlich richtig fest, »und ersuchen ihn, zur Vermeidung von Differenzen, seinen Einfluß geltend zu machen, daß die Zimmerleute diese Forderung fallenlassen[23].« Erneut erwies sich die geringe Bereitschaft der Eisenschiffbauer, für die Sache der Streikenden einzutreten, als Kehrseite der jahrelang von den Schiffszimmerern praktizierten Abgrenzung gegenüber den schlechter situierten Werftarbeitergruppen.

Mit dem Maikampf von 1890 und der im gleichen Jahr eintretenden konjunkturellen Abflachung endete dieser Streikzyklus der Schiffszimmerer. Fortan konnten sie den Rationalisierungsbemühungen der Unternehmer nur noch geringen Widerstand entgegensetzen. Während sich in der Hochindustrialisierungsperiode die Zahl der in Hamburg beschäftigten Werftarbeiter vervielfachte, wurden die Schiffszimmerer immer mehr zu einer qualitativ wie quantitativ unbedeutenden Randgruppe[24]. Sie behielten Überreste ihrer alten Sonderstellung — z. B. waren sie lange Zeit die einzige Berufsgruppe, mit der die Werftbesitzer Tarifverträge abschlossen, und ihr Lohnniveau blieb beachtlich[25] —, auf gesamtbetrieblicher Ebene spielten sie jedoch keine Rolle mehr.

Die Spaltung zwischen Eisenschiffbauern und Schiffszimmerern im Jahr 1880 wurde bis 1914 nicht rückgängig gemacht, und letztere führten ihre Auseinandersetzungen mit den Unternehmern ohne Verbindung zu anderen »Gewerken«.

Im Gegensatz zu den im Lokalverband organisierten Schiffszimmerern hatte die Minderheit der im Allgemeinen Schiffszimmererverein verbliebenen Arbeiter schon Anfang der 80er Jahre den Übergang vom Holz- zum Eisenschiffbau für unaufhaltsam gehalten. Aus dieser realistischen Einschätzung heraus bemühte sich der Allgemeine Schiffszimmererverein von Anfang an, die neue, durch die Eisenkonstruktion geprägte Werftarbeitergeneration in seine

---

21 Der Vorstand des Allgemeinen Deutschen Schiffszimmerervereins berief angesichts des Streiks eine Versammlung ein, in der einer Resolution gegen denselben zugestimmt wurde (*Bürger*, S. 318 f.).
22 *Bürger*, S. 321 ff.
23 Hermann Blohm an den Zentralverband der Werftarbeiter Deutschlands, Brief vom 14. 6. 1889, VAB & V/HH, Kasten Nr. 4, Kopiebuch Nr. 1, Herm. Blohm. Verband der Eisenindustrie. 15/11.1888—14/1.1890.
24 Im November 1908 waren z. B. in Hamburg auf den Werften etwa 6 500 Arbeiter beschäftigt, unter denen sich nur 483 Schiffszimmerer befanden (*Deutscher Metallarbeiter-Verband, Verwaltungsstelle Hamburg, Geschäftsbericht für das Jahr 1908*), Hamburg 1909, S. 13).
25 Vgl. dazu den am 25. 4. 1900 zwischen dem Verband der Schiffszimmerer und der Gruppe Schiffswerften des Verbandes der Eisenindustrie Hamburgs abgeschlossenen Vertrag, in: Staatsarchiv Hamburg, Politische Polizei (StA/HH, PP), S7850—64, Hauptakte. Noch 1908 hatten die Schiffszimmerer mit 54 Pf. die höchsten Stundenlöhne unter den auf den Werften beschäftigten Arbeitern (Der Schiffszimmerer, 2. 5. 1908). Zu den Löhnen der anderen Arbeitersparten vgl. Deutscher Metallarbeiter-Verband, *Lohn- und Arbeitsverhältnisse der auf den Werften beschäftigten Metallarbeiter*, Stuttgart 1907, S. 42 ff.

eigene gewerkschaftliche Struktur einzubeziehen: Hauptsächlich auf Initiative dieser Schiffszimmerergruppe wurde 1888 der Zentralverband der Werftarbeiter gegründet, in dem sich der Allgemeine Schiffszimmererverein auflöste[26].
So entwickelte sich in Hamburg die moderne gewerkschaftliche Organisation der Werftarbeiter fast bruchlos aus den herkömmlichen Verbänden der Holzschiffbauära. Anders als in den meisten Werftorten hatte es hier das Werftkapital mit einer *ab initio* organisierten Arbeiterschaft zu tun.

Blohm & Voss

Auf der Unternehmerseite war es vor allem die Werft Blohm & Voss, die entscheidende Initiativen ergriff, um gegenüber der konfliktbereiten und organisatorisch erstarkenden Arbeiterschaft ein Gegengewicht zu schaffen.
In den ersten Jahren nach der Gründung fristete das Unternehmen freilich noch ein Schattendasein; die mit veralteten englischen Maschinen ausgerüstete Werft beschäftigte nur einige hundert Arbeiter[27] und bildete keine ernsthafte Konkurrenz für die führenden deutschen Werftunternehmer[28].
Erst 1888/89 schaffte das Familienunternehmen den Sprung zum Großbetrieb: Durch eine erhebliche Erweiterung und Umstrukturierung der Helgen und Werkstätten stieg die Zahl der Beschäftigten von 968 auf 1 743. Im Jahr 1891 beschäftigte die Werft schon durchschnittlich 2 403 Arbeiter[29]. Ende 1913 arbeiteten bei Blohm & Voss 11 202 Mann[30].
Gewiß wurde dieses Wachstum durch die günstige Konjunktur, das Flottenbauprogramm der Regierung und die engen Beziehungen des Unternehmens zu führenden Hamburger Kaufleuten und Reedern gefördert[31]. Doch neben den wirtschaftlich-konjunkturellen Rahmenbedingungen und der staatlich forcierten Flottenpolitik spielte vor allem die entschlossene und konsequent durchgeführte Arbeiterpolitik des Gründers der Firma, Hermann Blohm, eine ausschlaggebende Rolle.
Anders als die meisten Unternehmer seiner Zeit ging Blohm systematisch an die Frage der Kontrolle über die Arbeitskraft heran: Von Anfang an setzte er konsequent Maßnahmen durch, die jeder Machtposition der Arbeiterschaft mit aller Härte entgegentraten. Nicht zufällig begann gerade auf der Werft von Blohm & Voss der Angriff gegen die traditionellen Arbeitsmethoden der Schiffszimmerer. Infolge der Streiks der 80er Jahre arbeitete das Unternehmen zielstrebig darauf hin, die Schiffszimmerer so weit wie möglich vom Produktionspro-

---

26 *Schwarz/Halle*, Bd. 2, S. 128; *Bürger*, S. 309 ff.; *Grosz*, S. 158 ff.
27 Vgl. VAB & V/HH, Bericht an den Gewerberat vom 28. 11. 1903, Kasten Nr. 131; außerdem *Ernst Voss*, Lebenserinnerungen und Lebensarbeit des Mitbegründers der Schiffswerft von Blohm & Voss, Berlin 1924.
28 *Kresse*, S. 67; *Schwarz/Halle*, Bd. 2, S. 17—19.
29 Daten über die erste Umstrukturierung des Betriebs sind im VAB & V/HH, Kasten Nr. 13, unter den Materialien der Kommission zur Untersuchung der Lage des Schiffbaus, in den unkatalogisierten Manuskripten der Werftgeschichte und dem Memoire von Rudolph Blohm zu finden.
30 VAB & V/HH, unkatalogisierte Liste des Brutto-Arbeiterbestands am letzten eines jeden Monats von 1901 bis 1926.
31 Das Familienunternehmen wurde 1891 nach der kostspieligen Erweiterung der Anlagen in eine Aktien-Gesellschaft verwandelt. »Die neue Firma hatte das große Glück, zwei Männer aus der hamburgischen Reederei, Carl Laeisz und später Adolph Wörmann als Vorsitzende ihres Aufsichtsrats zu gewinnen und dadurch die Beziehungen zu ihnen und ihren Firmen besonders angenehm zu gestalten« (*Blohm & Voss — Werftgeschichte 1877—1927*, S. 18).

zeß auszuschließen: Die Streiks wurden durch den Zuzug von englischen Kalfaktern und Arbeitern aus Rostock bekämpft; im Eisenschiffbausektor zog man es vor, ungelernte Arbeiter anstelle der Schiffszimmerer neu zu qualifizieren, und selbst in der Holzbranche wurden die ausgebildeten Schiffszimmerer durch angelernte Stellagemacher verdrängt[32]. Weniger technische Notwendigkeit als vielmehr das Interesse an der Wiederherstellung des innerbetrieblichen Friedens verbarg sich hinter folgender Äußerung der Firmeninhaber: »Da die Schiffszimmerleute als Eisenschiffbauer nicht zu brauchen sind, muß eine neue Klasse von Arbeitern geschaffen werden. Zu diesem Zwecke werden auch Handlanger ausgebildet[33].«
Bis 1884 konnte die Werftdirektion ohne größere Schwierigkeiten auf innerbetrieblicher Ebene mit dem isolierten Widerstand der Schiffszimmerer fertig werden. Als 1888/89 eine neue Streikwelle auf den Werften und in der gesamten Metallindustrie ausbrach, wurde Hermann Blohm zum Hauptverfechter der Bildung fester Zusammenschlüsse der Unternehmer.

Der »organisierte Konflikt«

Ende der 80er Jahre — die historische Niederlage der Schiffszimmerer war bereits weitgehend besiegelt — traten erstmals auch die gelernten Arbeiter des Eisenschiffbaus mit eigenen Forderungen und Kampfmaßnahmen hervor. Dem Werftkapital stand jetzt ein neuer Kontrahent gegenüber, der, nicht weniger als zuvor die Schiffszimmerer, die Wachstumsperspektiven der Schiffbauindustrie zu gefährden drohte. Im Januar 1889 konstatierte Blohm:

»Die Arbeiterverhältnisse hier in Hamburg haben sich seit Frühjahr 1888 für die hiesige gesamte Schiffbau-Industrie immer ungünstiger gestaltet, indem seit der Zeit fast ununterbrochen Streiks und Lohnerhöhungen stattgefunden haben, so daß die Konkurrenzfähigkeit Hamburgs auf diesem Gebiet stark bedroht ist[34].«

Neben den Schiffszimmerern streikten diesmal vorwiegend in den kleinen Bereichen Nieter und Schlosser für Lohnerhöhung und Arbeitszeitverkürzung[35], während hochqualifizierte Berufsgruppen der Metallbranche wie Kupferschmiede und Former durch die Errichtung eigener Arbeitsnachweisbüros versuchten, den Arbeitsmarkt in ihre Hand zu bekommen[36].
Die Durchsetzung dieser Pläne hätte für die Werftunternehmer einschneidende Folgen gehabt. Angesichts der ständigen Fluktuation der Arbeitskräfte zwischen der Schiffbauindustrie und ihren Zulieferungsbereichen drohte das Vorwärtsdrängen der Arbeiterschaft in den klei-

---

32 »Die Schiffszimmerer haben eine sehr stramme Organisation. Blohm & Voss haben schon Stellmacher angenommen, um sich von der Organisation unabhängig zu machen« (Äußerung des Gewerbeinspektors aus dem Protokoll der am 13. 11. 1899 in Hamburg abgehaltenen Sitzung der Kommission für die Hebung des Schiffbaus, Militärarchiv Freiburg, Reichsmarineamt [MtA/F,RM], 3/v10160). Zur Heranziehung von »fremden« Arbeitskräften vgl. Grosz, S. 344.
33 MtA/F,RM 3/v10160, Protokoll der am 28. 10. 1899 in Hamburg abgehaltenen Sitzung. Anderer Meinung war der Vorsitzende des Verbandes der Schiffszimmerer, W. Müller: »Der gelernte Schiffszimmermann ist [...] auch heute noch für den Eisenschiffbau ein geeigneter Arbeiter als der Eisenschiffbauer, weil er einen größeren Überblick und größeres Verständnis für die Konstruktion des Schiffskörpers hat als dieser« (MtA/F,RM 3/v10160, Protokoll der am 12. 11. 1899 in Hamburg abgehaltenen Sitzung).
34 VAB & V/HH, Kasten Nr. 1, Kopiebuch Nr. 4, Geheimbriefe 23/8.1888 — 29/3.1890, Brief vom 20. 1. 1890.
35 Bürger, S. 314 ff., S. 287 ff.
36 VAB & V/HH, Kasten Nr. 1, Kopiebuch Nr. 4, Geheimbriefe 23/8.1888 — 29/3.1890, Brief vom 29. 1. 1889.

nen und kompromißbereiteren Betrieben die Expansionsperspektive des Werftkapitals unmittelbar zu gefährden[37].

In dieser Situation entstand 1888 auf Initiative Blohms der Verband der Eisenindustrie. Unmittelbare Ursache der Neugründung war ein Streik der Schlosser, der unter den Unternehmern Uneinigkeit über die einzuschlagende Taktik hervorrief[38].

Bei der Gründung des Verbandes kristallisierten sich von Anfang an zwei Stoßrichtungen deutlich heraus. Einerseits lag von nun an die Führung von Verhandlungen bei Streiks und Aussperrungen in den Händen der neuen Organisation. Andererseits wurde ein Arbeitsnachweis gegründet, der mit seinen schwarzen Listen, häufigen Maßregelungen und der Heranziehung von Streikbrechern bald zum Schrecken der Hamburger Metallarbeiter und zum Vorbild für viele andere Unternehmerorganisationen avancierte[39]. Fortan war jeder einzelne Hamburger Metallunternehmer Teil der kollektiven Macht der stärksten und zielstrebigsten Fraktion der Hamburger Unternehmerschaft und konnte dabei auf ein raffiniertes Repressionsinstrumentarium zurückgreifen.

Durch die Entstehung des Verbandes der Eisenindustrie war in Hamburg auf den Werften und in den Metallwerkstätten die Auseinandersetzung zwischen Unternehmern und Arbeitern nunmehr ein ausgesprochen organisierter Konflikt geworden: Individuelle Verhandlungen mit den Arbeitern waren von nun an ausgeschlossen. Schon 1889 anläßlich des Ausstands der Schiffszimmerleute benachrichtigte Blohm den Zentralverband der Werftarbeiter Deutschlands, daß »alle die Schiffszimmerleute betreffenden Fragen nicht mehr auf den einzelnen Werften in Anregung gebracht, sondern vom Vorstand des Central-Verbandes der Werftarbeiter Deutschlands dem Vorstand des Verbandes der Eisenindustrie Hamburgs zur weiteren Veranlassung überwiesen werden sollten[40]«.

Daneben hatte die Verbandsgründung nicht nur eine Verstärkung der Position der Arbeitgeber bei Auseinandersetzungen mit der Arbeiterschaft, sondern auch eine tendenzielle Nivellierung der Arbeitsbedingungen und Lohnsätze zwischen den Betrieben der Eisenindustrie zur Folge. In dem Briefwechsel zwischen dem Vorsitzenden des Verbandes, Hermann Blohm, und den Mitgliedern wird die »Erhaltung möglichst gleichartiger Arbeitsbedingungen innerhalb eines Gewerks[41]« als erstrebenswertes Ziel formuliert. Das wurde auch gegen Abweichler in den eigenen Reihen durchgesetzt, wie der folgende Brief Hermann Blohms an den Werftinhaber Wichorst zeigt:

»Die Lohnkommission des Central-Verbandes der Werftarbeiter Deutschlands war heute Morgen bei mir und beklagte sich, daß die den Eisenschiffbauern von allen Werften gemeinsam zugesagten Lohnerhöhungen von 2 Pfennig pro Stunde auf Ihrer Werft nicht

---

37 Bezeichnend für das Verhältnis zwischen dem Eisenschiffbau und der Hilfsindustrie ist das Verhalten Blohms beim Formerstreik 1888. Obwohl auf seiner Werft keine Gießerei eingerichtet war und er infolgedessen keine Former beschäftigte, führte Blohm als Vorsitzender des Verbandes der Eisenindustrie den Kampf gegen die Former und ihr Arbeitsnachweisbüro mehr als ein Jahr lang mit großer Verbissenheit. Vgl. dazu VAB & V/HH, Kasten Nr. 4, Kopiebuch Nr. 1, Herm. Blohm. Verband der Eisenindustrie, 15/11.1888 — 14/1.1890. Zu den Machtunterschieden zwischen großen und kleinen Unternehmen in ihren Beziehungen zur Arbeiterschaft vgl. *Klaus Saul*, Staat, Industrie und Arbeiterbewegung im Kaiserreich, Düsseldorf 1974, S. 102.
38 *Bürger*, S. 299.
39 Vgl. *Saul*, S. 84 ff.
40 VAB & V/HH, Kasten Nr. 4, Kopiebuch Nr. 1, Herm. Blohm. Verband der Eisenindustrie, 15/11.1888 — 14/1.1890, Brief vom 14. 6. 1889.
41 Ebda., Brief vom 2. 4. 1889 an Schmidt-Söhne.

allgemein durchgeführt seien. Die Kommission hat mich um baldige Aufklärung hierüber ersucht mit dem Hinweis, daß ihre Arbeiter gewillt sind, die Arbeit niederzulegen, falls das gegebene Versprechen nicht gehalten wird, ich bitte daher um sofortige Mitteilung über die Lage der Sache. Jedenfalls ersuche ich Sie in unser aller Interesse, die versprochene Lohnerhöhung schon bei der Lohnzahlung in dieser Woche eintreten zu lassen, falls sie dieselbe bisher wirklich noch nicht gemacht haben[42].«

Das Arbeitsnachweisbüro

Mit dem Arbeitsnachweisbüro schufen sich die Unternehmer ihr zweifellos effektivstes Druckmittel gegen die Arbeiter. Zweck des Arbeitsnachweisbüros war, bei Streiks und Aussperrungen die ganze Eisenindustrie in Hamburg — und die durch »Gegenseitigkeitsverträge« verbundenen Unternehmen außerhalb Hamburgs[43] — »dicht« zu machen, mißliebige Gewerkschafter auszuschließen und »aufsässige Elemente« zu maßregeln[44].

»Das Arbeitsnachweisbüro der Arbeitgeber«, konstatierte Blohm 1889, »ist [...] das einzige wirksame Mittel, die Werkstätte von Aufrührern frei zu halten und den Streikenden ihr Vergehen fühlbar zu machen, und daß hierin der Schwerpunkt der ganzen Bewegung liegt, das zeigen die eifrigen Bemühungen der Arbeiter, überall den Arbeitsnachweis in ihre Hand zu bekommen[45].«

Die zentrale Rolle, die einer lückenlosen Kontrolle über den Arbeitsmarkt zukam, manifestierte sich auch in der Härte, mit der der Arbeitsnachweis der Unternehmer gegen die selbständigen Arbeitsnachweisbüros der Former und der Kupferschmiede schon unmittelbar nach seiner Gründung vorgegangen war[46]. Der Sekretär des Büros, Ludwig Thielkow, stellte 1899 mit Befriedigung fest:

»Vor Begründung des Nachweises hatten die Organisationen der Former, Gelbgießer und Kupferschmiede Arbeitsnachweise, an die sich die Unternehmer wenden mußten, um Arbeiter zu erhalten. Diese Nachweise [...] hat der Verband der Eisenindustrie unschädlich gemacht[47].«

Das Hamburger Arbeitsnachweisbüro wurde auch in anderen Teilen Deutschlands vielfach kopiert. Bald galten Arbeitsnachweisinstitute dieses Typs vielen Unternehmern als effiziente und »großartig organisierte Institute zur Streikverhütung und Streikbekämpfung[48]«. Dennoch erschöpfte sich ihre Funktion keineswegs in der Brechung von Streiks und Arbeitskonflikten. In Zeiten des »sozialen Friedens« diente das Büro in erster Linie der sorgfältigen

---

42 Ebda., Brief vom 15. 5. 1889.
43 Vgl. zu den außerhamburgischen Verbindungen des Arbeitsnachweisbüros des Verbandes der Eisenindustrie die Äußerungen von Ludwig Thielkow, Sekretär des Verbandes der Eisenindustrie, im Protokoll der Sitzung vom 14. 11. 1899 der Kommission für die Hebung des Schiffbaus, MtA/F,RM 3/v10160. Siehe auch *Thielkow*, Bericht über den Geschäftsgang des Arbeitsnachweises des Verbandes der Eisenindustrie Hamburg im Jahre 1897, Hamburg 1898.
44 *Ebda.*
45 VAB & V/HH, Kasten Nr. 1, Kopiebuch Nr. 4, Geheimbriefe 23/8.1888 — 29/3.1890, Brief vom 29. 1. 1889.
46 *Bürger*, S. 172 ff.
47 MtA/F,RM 3/v10160, Protokoll der am 14. 11. 1899 in Hamburg abgehaltenen Sitzung der Kommission für die Hebung des Schiffbaus.
48 *Saul*, S. 86.

Auslese von Arbeitskräften. Als der Arbeitsnachweis gegründet wurde, war die Knappheit an Arbeitskräften für die Hamburger Schiffbauindustrie besorgniserregend: Beim Übergang zur großbetrieblichen Produktion standen den Unternehmern aufsässige Metallarbeiter, kaum zu gebrauchende Schiffszimmerer und ungelernte Arbeiter, die erst mühselig zu Eisenschiffbauern angelernt werden mußten, zur Verfügung[49]. Das Arbeitsnachweisbüro konzentrierte sich darauf, die spontane Mobilität der Arbeiter einzugrenzen und neue Arbeitskräfte von auswärts heranzuziehen, um die Machtposition der Eisenindustriellen auf dem Hamburger Arbeitsmarkt zu festigen. Damit eng verbunden waren eine sorgfältige Auswahl von »geeigneten und fähigen« Arbeitskräften sowie der Ausschluß von »Trunkenbolden«, »Skandalmachern« und »Hetzern[49a]«. Wer abgewiesen wurde, so berichtete die Polizeibehörde, »verfällt dem Armenwesen oder dem Stromertum, und an seine Stelle treten auswärtige Arbeiter ohne Rücksicht auf die allgemeine Bevölkerungslage[50]«.

Damit waren schwerwiegende und langfristig wirkende Änderungen in Gang gesetzt, die sowohl die Struktur des Hamburger Arbeitsmarkts wie auch die Qualität der dort vermittelten Arbeitskräfte betrafen.

Der Aufbau der gegenseitig bedingten unternehmerischen und gewerkschaftlichen Strukturen ergänzte und vervollkommnete sich zwischen 1890 und 1896. Kurz vor der ersten Maifeier in der Geschichte der deutschen Arbeiterklasse entstand 1890, aus der Notwendigkeit, ein gemeinsames Vorgehen gegen die Arbeiter auf städtischer Ebene zu erreichen, der Arbeitgeberverband Hamburg-Altona, der durch vielfältige Querverbindungen mit dem Gesamtverband der Deutschen Metallindustriellen verbunden war. Als Rückwirkung dieses neuen Macht- und Organisationsniveaus erfolgte auch für 4 000 Werftarbeiter im Mai 1890 eine 19tägige Aussperrung[51].

Diese auf den Hamburger Schiffswerften frühzeitig und mit äußerster Konsequenz realisierte Strategie stand wiederum in enger Wechselbeziehung zur zunehmenden Stärke der organisierten Arbeiterbewegung auf den Werften. Nach der ökonomischen Krise in der ersten Hälfte der 90er Jahre, die in Hamburg von der Choleraepidemie zusätzlich verschärft wurde, schlossen sich die Reste des Verbandes der Werftarbeiter 1896 dem Deutschen Metallarbeiterverband (DMV) an[52].

Eine der bestorganisierten Unternehmergruppen Deutschlands hatte ein entsprechendes Organisationsniveau bei der Gegenpartei hervorgerufen und umgekehrt.

---

49 »Der Hamburger Arbeitsnachweis des Verbandes der Eisenindustrie hat von überall her Leute herangeholt. Seine Verbindungen erstrecken sich bis nach Flensburg, Berlin usw. [...] Allerdings sind *gute* Leute besonders unter den Nietern und Schiffbauern knapp« (Äußerungen von H. Blohm und E. Voss aus dem Protokoll der Sitzung vom 28. 10. 1899 der Kommission zur Hebung des Schiffbaus, MtA/F,RM 3/v1O16O). Rudolph Blohm berichtet in seinem Memoire (a. a. O.), daß Blohm und Voss sich 1891 bei dem Bürgermeister Versmann beklagt hätten, daß die Qualität der Arbeitskraft »erschreckend abgenommen habe«. Vgl. dazu auch Anm. 33.

49a Äußerungen von Ludwig Thielkow aus dem Protokoll der Sitzung vom 14. 11. 1899. Weiter heißt es: »Den Arbeitsuchenden, die sich an den Nachweis wenden, werden nicht nach der Reihenfolge der Meldungen, sondern nach ihrer Fähigkeit Arbeitsnachweisscheine erteilt [...] Nur 50 Prozent der Arbeitsuchenden finden überhaupt dauernde Beschäftigung.«

50 *Hans-Joachim Bieber,* Der Streik der Hamburger Hafenarbeiter 1896/97 und die Haltung des Senats, in: Zeitschrift des Vereins für Hamburgische Geschichte, Bd. 64, 1978, S. 91—148, Zitat S. 97.

51 *Bürger,* S. 464 ff.

52 *Schwarz/Halle,* Bd. 2, S. 128 f.

Ein Hauptmoment innerhalb dieses komplexen Prozesses war die seit 1900 zu beobachtende Taktik der Unternehmer, auf Teilstreiks mit allgemeinen Aussperrungen zu reagieren. In einer internen Einschätzung des Reichsmarineamts wird konstatiert:

»Die Organisation der Arbeitermassen schreitet rasch voran und wird durch die Aussperrungstaktik der Arbeitgeberorganisationen in denkbar stärkstem Maße gefördert. Diese hat zur unweigerlichen Folge, daß sich *alle Arbeiter organisieren müssen*. Denn wenn sie ohne ihr Verschulden auf Grund eines Befehls einer zentralen Arbeitgeberorganisation ausgesperrt werden können, so *müssen* sie sich organisieren, da die Organisationen für diesen Fall ihre Versicherungsanstalten sind, ohne welche sie überhaupt nicht mehr bestehen können[53].«

In der Zeit von 1896 bis zum großen Streik von 1910 kollidierten auf den Hamburger Werften zwei auf konträren Legitimationsprinzipien basierende Machtstrukturen. Weder konnten die Werftbesitzer das »Herr-im-Haus«-Prinzip aufrechterhalten, noch setzte der DMV seine Auffassung des »konstitutionellen Fabriksystems« endgültig durch. Aus der Auseinandersetzung — die sich zu einer Art Konkurrenz zwischen beiden Parteien entwickelte — entstand aber ein einzigartiges Kontroll- und Integrationssystem, das unbestreitbar als wesentliches Moment der sprunghaften Entwicklung der Werftindustrie Hamburgs vor dem Ersten Weltkrieg anzusehen ist.

II. »Organisierter Konflikt« in den Hamburger Werften unter der Ägide des DMV 1896—1914

Mit dem Beitritt in den DMV gelang es der Organisation der Werftarbeiter, in Hamburg fest Fuß zu fassen. Die Mitgliederzahl wuchs schnell auf 2 000 Mann und während des großen Streiks von 1900 auf 3 000[54]. Statistische Erhebungen aus dem Jahre 1907 ergeben für die Hamburger Werften ein Organisationsniveau von 78 Prozent der beschäftigten Arbeiter[55]. Beim Ausbruch des »wilden Streiks« 1913 waren alle 14 000 Streikenden Mitglieder gewerkschaftlicher Organisationen[56].

Selbstverständlich stellten sich dem DMV trotz seiner organisatorischen Stärke auf den Werften dieselben Probleme, die auch in allen anderen Gewerkschaften auf der Tagesordnung standen: Üblicherweise stieg die Zahl der Mitglieder vor und bei Streiks und Aussperrungen und sank danach[57]; die hohe Mobilität rief eine große Fluktuation in der Organisation hervor; die Ungelernten waren schwerer zu gewinnen als die Gelernten[58]. Es fehlte auch nicht an Spannungen zwischen »Massen« und »Führern«: Besonders am Ende von Streiks

---

53 Bericht des Werftdepartements des Reichsmarineamts vom 17. 8. 1910 über den Streik im Schiffbaugewerbe, MtA/F,RM 3/v3964.
54 StA/HH,PP, V 406b-5, Bd. III, Notizen.
55 Deutscher Metallarbeiter-Verband, *Lohn- und Arbeitsverhältnisse*, S. 25.
56 StA/HH, Senatsakten, Cl. XI, Gen. Nr. 2, Vol. 99, Bericht des Polizeipräsidenten über die Lohnbewegung der Werftarbeiter in Hamburg im Sommer 1913.
57 StA/HH,PP,V 406b-5, Bd. II, Polizeibericht über die Mitgliederversammlung des DMV, Sektion der Werftarbeiter, vom 6. 12. 1900; ebda., S 17010—73, Bd. II, Straßenvigilanz vom 24. 10. 1910.
58 StA/HH,PP, S 12700-59, Straßenvigilanz vom 9. 3. 1905; ebda., V 406b-5, Bd. II, Polizeibericht über die Mitgliederversammlung des DMV, Sektion der Werftarbeiter vom 27. 3. 1900; ebda., V 406b-5, Bd. III, Polizeiberichte über die Mitgliederversammlungen des DMV, Sektion der Werftarbeiter, vom 18. 5. 1904 und 28. 2. 1906.

wurden die Gewerkschaftsfunktionäre oft von enttäuschten Mitgliedern angegriffen, meist mit der Beschuldigung, von den Unternehmern korrumpiert worden zu sein[59]. Dennoch blieb die Verbindung zwischen dem gewerkschaftlichen Apparat und seiner »Basis« grundsätzlich solide. Die Glaubwürdigkeit der Freien Gewerkschaften als Vertretungsinstanz der Arbeiter wurde niemals ernsthaft in Frage gestellt.
Die Notwendigkeit, sich mit dem Organisationsniveau der Unternehmer zu messen, war zweifellos ein wichtiger Bestandteil der raschen Entwicklung und der zahlenmäßigen Stärke der Werftarbeitersektion des DMV. Andererseits war das Verhältnis zwischen den Werftarbeitern und der Organisation keine ein für allemal gegebene Bevollmächtigung: Die Glaubwürdigkeit der Gewerkschaft als Mittel zur Erlangung besserer Arbeitsbedingungen war *conditio sine qua non* für die Bezahlung der Beiträge. Gerade diese Glaubwürdigkeit geriet 1913 in eine Krise, als die Vorstände sich weigerten, den »wilden« Streik der Werftarbeiter in Hamburg zu unterstützen, obwohl Konjunktur und Arbeitsmarktlage günstig für die Erlangung von Verbesserungen waren[60]. Danach verließen in Hamburg Tausende von Mitgliedern die Freien Gewerkschaften, während sich auf den Werften die heftige Propaganda einer breiten Palette von »Ersatzorganisationen« — von den Syndikalisten bis zu den Werkvereinen — entwickelte, die allesamt hofften, von dem Hegemonieverlust der Freien Gewerkschaften zu profitieren[61].
Bis zum »Vertrauensbruch« von 1913 war es allerdings dem DMV gelungen, seine Hegemonieansprüche unter den Werftarbeitern weitgehend durchzusetzen. Er wurde in zunehmendem Maß zum Dreh- und Angelpunkt sämtlicher Verbesserungen der Arbeitsbedingungen auf kollektiver Ebene. Jede Verhandlung, jeder Streik, jede Auseinandersetzung wurde vom DMV systematisch dazu benutzt, seinen Spielraum auszudehnen und seine Macht zu vergrößern. Die Geschichte der gewerkschaftlichen Bewegung der Werftarbeiter ist bis 1910 die Geschichte eines erfolgreichen Balanceakts zwischen den Ansprüchen der Mitglieder und der Verselbständigung der Interessen der Organisation. Allerdings muß man in diesem Zusammenhang zwei Etappen unterscheiden. 1890 hatten die Hamburger Werftindustriellen ihre traditionelle »Herr-im-Haus«-Position erneut befestigt und zeigten bis 1905 keinerlei Bereitschaft, den DMV als Verhandlungspartner zu akzeptieren. In diesem Zeitraum versuchte der DMV, durch den Ausbau seiner Beziehungen zu den Behörden und zur Bürgerschaft — dem

---

[59] Vgl. dazu die Berichte über den stürmischen Verlauf der Versammlungen, in denen über das Ende des Streiks 1900 abgestimmt wurde (StA/HH, PP, S 7850-64, NA1, Bd. II, Polizeibericht über die Mitgliederversammlung des DMV, Sektion der Werftarbeiter, vom 20. 9. 1900). In einer Versammlung der Schmiede wurde Folgendes berichtet: »Es ist ein Schlag für die Organisation, wo sie schwer darunter zu leiden hat. Die Kollegen haben ihre Mitgliederbücher zerrissen und uns vor die Füße geworfen« (StA/HH, PP, S 7850—64 NA1, Bd. II, Polizeibericht über die kombinierte Versammlung der Schmiede vom 22. 9. 1900). Als die Leitung des DMV sich 1908 weigerte, einen Streik von Nietern in Stettin anzuerkennen und zu unterstützen, wurde dieses Verhalten von Arbeitern folgendermaßen kommentiert: »Es muß unter unseren Vorstandsmitgliedern einmal gründlich aufgeräumt werden, denn es besteht unter den Mitgliedern die allgemeine Ansicht, daß die Kerls mit dem Arbeitgeberverbande unter einer Decke stecken und daß sie sich von diesem in der Stettiner Sache haben bestechen lassen« (StA/HH, PP, S 15350-51, Straßenvigilanz vom 21. 8. 1908).
[60] Vgl. *Jahresbericht der Handelskammer zu Hamburg über das Jahr 1913,* Hamburg 1914.
[61] Vgl. *Volker Ullrich,* Die Hamburger Arbeiterbewegung vom Vorabend des Ersten Weltkrieges bis zur Revolution 1918/19, Bd. 1, Hamburg 1976, S. 139; außerdem die Broschüre des christlichen Metallarbeiter-Verbandes: *Wer trägt die Schuld an dem schmählichen Ausgang der Bewegung auf den Seeschiffswerften?,* Bremen o. J.

Hamburger Stadtparlament — eine indirekte Anerkennung als legitimer Vertreter der Werftarbeiter zu erlangen. Als die Werftindustriellen 1905 — infolge einer gewaltigen Streikwelle an der Unterweser — bereit waren, mit der Gewerkschaft in Unterhandlungen zu treten, konnte der DMV seine Vertreterfunktion voll entfalten.

Der Streik der Nieter 1900

Die erste allgemeine Arbeitsruhe auf den Hamburger Werften entwickelte sich aus einem zuerst begrenzten Streik von Nietern der Reiherstieg-Werft. Zuvor hatten die Gewerkschaften für alle Werftarbeiterkategorien Forderungen formuliert und um Verhandlungen gebeten[62]. Die Antwort der Unternehmer kennzeichnete das damalige Verhältnis beider Parteien beispielhaft: Die Werfteigentümer sahen »keine Veranlassung«, in Verhandlungen einzutreten, »da wir auf die uns von den anonymen Lohnkommissionen zugesandten Zirkulare ihrer anmaßenden Form und Inhalts wegen, nicht eingehen werden[63]«. Nachdem die Nieter, eine der bestorganisierten Arbeiterkategorien[64], daraufhin die Arbeit niedergelegt hatten, gab der DMV die Parole aus, jegliche Streikbrecherarbeit zu verweigern. Seine Bemühungen, einerseits die Ausständigen zu unterstützen, andererseits eine allgemeine Konfrontation zu vermeiden, waren zunächst von Erfolg gekrönt. Eine Arbeitergruppe nach der anderen weigerte sich, den Nietern der Reiherstieg-Werft in den Rücken zu fallen. Fast täglich vergrößerte sich auf diese Weise die Zahl der Streikenden[65]. Trotz der vielfältigen grundsätzlichen Differenzen zwischen Holz- und Metallarbeitern weigerten sich sogar die Schiffstischler von Blohm & Voss, Unterkünfte für die von auswärts herangezogenen »Arbeitswilligen« zu bauen, und wurden samt und sonders entlassen[66]. Trotz solch musterhafter gewerkschaftlicher Disziplin scheiterte die Taktik des DMV, den Streik und seine Auswirkungen auf die Gewerkschaftskassen zu begrenzen, als die Unternehmer nach einigen Wochen sämtliche noch in Arbeit verbliebenen Werftarbeiter aussperrten. Diese Maßnahme und der massive Einsatz von Streikbrechern durch das Arbeitsnachweisbüro besiegelten die Niederlage der Arbeiter[67].

Die Tatsache, daß es in der Endphase der Auseinandersetzung doch noch zu Gesprächen zwischen dem Verband der Eisenindustrie und Gewerkschaftsvertretern gekommen war, in denen freilich alle Forderungen der Arbeiter rundweg abgelehnt wurden, war für den DMV Grund genug, um den verlorenen Streik als einen »moralischen Erfolg« auszugeben[68]. In solchen Überschätzungen deutete sich bereits jene Verselbständigung gewerkschaftlicher Organisationsperspektiven an, die sich fortan wie ein roter Faden durch die weitere Entwicklung der Arbeiterbewegung auf den Werften zog. Anders als die Gewerkschaften und vermutlich realistischer beurteilte Hermann Blohm den Ausgang des Kampfes von 1900:

---

62 *Äußerungen des Verbandes der Eisenindustrie Hamburgs betreffs des Nieter-Streiks,* Hamburg 1900.
63 *Ebda.,* S. 10.
64 StA/HH,PP,V 406b-5, Bd. II, Polizeibericht über die Mitgliederversammlung des DMV, Sektion der Werftarbeiter, vom 27. 3. 1900.
65 Vgl. über den Verlauf des Streiks den Bericht des Polizeidirektors Roscher vom 10. 1. 1901 (StA/HH,PP,S 7850-64).
66 Polizeibericht über die öffentliche Versammlung der Schiffstischler vom 18. 8. 1900 (StA/HH, PP,S 7850-64 NA1).
67 Polizeibericht über die Mitgliederversammlung des DMV, Sektion der Werftarbeiter, vom 23. 9. 1900 (StA/HH,PP,S 7850-64 NA1, Bd. II).
68 Vgl. *Die Beendigung des Streiks der Werftarbeiter,* in: Hamburgischer Correspondent Nr. 447, 24. 9. 1900; *Zur Aussperrung der Werftarbeiter,* in: Hamburger Echo Nr. 223, 25. 9. 1900.

»Es hat sich auch in diesem Jahr wieder gezeigt, daß ein gewonnener Streik die aufgewandten Kosten reichlich wieder einbringt, durch die vermehrte Leistung der Arbeiter und die Herstellung der Disziplin und es ist eine Pflicht der Arbeitgeber den Beamten und Meistern gegenüber, die Autorität herzustellen, weil denselben sonst, dem Übermut der Arbeiter gegenüber, jede Arbeitsfreudigkeit genommen wird[69].«

Trotz gelegentlicher Kontakte zwischen Eisenindustriellen und dem DMV konnten die Unternehmer von 1890 bis 1905 ihr »Herr-im-Haus«-Prinzip weitgehend durchhalten. Die Gewerkschaftsführer mußten in diesem Zeitraum erkennen, daß ihre Fähigkeiten, größere Teile der Basis zu mobilisieren, beschränkt waren.

»Die Agitation auf den Werften wird den Delegierten sehr erschwert«, stellte 1902 ein Funktionär des DMV mit Bedauern fest. »Die Kollegen sind überall stur und tun nicht, was die Werkstattdelegierten anordnen. Ja, es ist schon vorgekommen, daß die Kollegen nicht mal die Mitgliedsbücher vorzeigen wollen[70].«

Die in diesen Jahren bestehende Kluft zwischen »gewerkschaftlicher Disziplin« und Verhalten der Arbeiter wird durch folgende, von einem DMV-Funktionär in einer Versammlung wiedergegebene Episode noch deutlicher:

»Vor einiger Zeit sind in die Kaffeehalle von Blohm und Voss zwei reiche, hervorragende Hamburger Herren gekommen, um die Verhältnisse der Arbeiter dort kennenzulernen, aber kaum waren sie (es war während der Mittagszeit) in die Halle mit ihren Cylindern hineingekommen, als ein Radau los ging und die Herren mit Kartoffeln usw. bombardiert wurden und raus mußten und ist da der Ausdruck gefallen ›und das wollen organisierte Arbeiter sein‹. [...] Aber ich kann nicht glauben, daß es organisierte Arbeiter gewesen sind und muß mich gegen die betreffende Äußerung verwahren, möchte sie aber auffordern bei derartigen Vorfällen den betreffenden Radaumachern auf die Finger zu klopfen[71].«

Nur wenn direkte Auseinandersetzungen mit der Gegenpartei auf der Tagesordnung standen, waren die Gewerkschaften in der Lage, die Mehrheit ihrer Mitglieder wie auch unorganisierte Arbeiter in Bewegung zu bringen. So war z. B. die Entlassung einer Gruppe von Kohletrimmern bei Blohm & Voss Anlaß, der Hunderte von Arbeitern aktivierte[72]. Als 1889 das Arbeitsnachweisbüro der Unternehmer, um Lohnforderungen vorzubeugen, begann, Nieter aus Danzig heranzuziehen, war die Mobilisierung auf den Werften so stark, daß die fremden Arbeiter es vorzogen, wieder in ihre Heimat zurückzukehren[73]. Andere Aktivitäten, etwa die Datensammlung für die Unfallstatistik oder die Versuche, durch Verhandlungen mit Bürgerschaftsmitgliedern den Fährverkehr im Hafen auszubauen[74], hatten dagegen nur ein wesent-

---

69 VAB & V/HH, Jahresbericht 1900/01.
70 StA/HH,PP,V 406b-5, Bd. II, Polizeibericht über die Mitgliederversammlung des DMV, Sektion der Werftarbeiter, vom 28. 1. 1902.
71 Ebda., Polizeibericht über die Mitgliederversammlung des DMV, Sektion der Werftarbeiter, vom 25. 2. 1902.
72 StA/HH,PP,V 406b-5, Bd. I, Polizeibericht über die Mitgliederversammlung der Werftarbeiter vom 19. 7. 1898; ebda., Polizeibericht über die Mitgliederversammlung des DMV, Sektion der Werftarbeiter, vom 2. 12. 1896.
73 Polizeibericht über die Mitgliederversammlung des DMV, Sektion der Werftarbeiter, vom 28. 6. 1898 (StA/HH,PP,V 406b-5, Bd. I).
74 Polizeibericht über die Mitgliederversammlung des DMV, Sektion der Werftarbeiter, vom 7. 8. 1901 (StA/HH,PP,V 406b-5, Bd. II); Polizeibericht über die Mitgliederversammlung des

liches Resultat: Sie dienten der Herausbildung eines kleinen, aber festen Stammes von Gewerkschaftlern, der in den folgenden Jahren auch in Zeiten ökonomischer Flaute die Kontinuität gewerkschaftlicher Organisation garantierte.

Die Gewerkschaften als Verhandlungspartner

Mit dem Jahre 1905 begann in den Beziehungen zwischen Unternehmern und Gewerkschaften, aber auch zwischen Arbeitern und Gewerkschaften eine neue Phase. Eine Besprechung zwischen den Werftbesitzern und führenden Mitgliedern des DMV besiegelte die offizielle Anerkennung des DMV als Vertretung der Arbeiter[75]. Hintergrund der gewandelten Haltung des Werftkapitals war eine ausgedehnte Streikwelle in verschiedenen Hafenstädten (Bremen, Bremerhaven, Flensburg)[76]. Obwohl die Unternehmer bei den Verhandlungen in Hamburg in der folgenden Zeit fast keinerlei Zugeständnisse gewährten, gelang es ihnen, die Werftbetriebe vor Arbeitsniederlegungen zu bewahren, während zur gleichen Zeit eine der größten Streikwellen des Kaiserreichs die deutsche Wirtschaft erschütterte[77]. Erneute Verhandlungen im Jahr 1907 fanden auf nationaler Ebene statt. Diesmal konnten die versammelten Funktionäre der verschiedenen auf den Werften vertretenen Gewerkschaften, die ihre Bereitschaft bekundeten, »den deutschen Schiffbau vor Beunruhigungen zu bewahren«, handfestere Erfolge vorweisen. Die Arbeitszeit wurde in allen deutschen Werftbetrieben von 60 auf 57 Stunden reduziert[78]. In diesen Vereinbarungen äußerte sich die Tendenz zur Angleichung der Arbeitsbedingungen zwischen den Werftbetrieben der Nordseeküste. Hamburg behielt freilich seine traditionelle Sonderstellung: Hier wurde bereits die 56-Stunden-Woche eingeführt[79]. Dieser neuen Ebene der Auseinandersetzung entsprach die Zentralisierung im Lager der Gewerkschaften. Acht verschiedene Gewerkschaften schlossen sich im Januar 1909 zur »Zentral-Werftkommission« zusammen[80]. Innerhalb der Arbeiterbewegung hatte die neue Institution eine erhebliche Verstärkung des Funktionärsapparates zur Folge. Der Vorstand des Holzarbeiterverbandes kommentierte befriedigt: »Von nun an wurde den früher so beliebten wilden Streiks das Wasser abgegraben, die Organisationen ließen sich nicht mehr gegeneinander ausspielen[81].«
Nach zehn Jahren sozialen Friedens mußte sich mit der Einberufung eines Streiks auf den

---

DMV, Sektion der Werftarbeiter, vom 28. 8. 1901 (ebda.). Vgl. auch StA/HH,PP,V 406b-5, Bd. III, Notizen.
75 *Deutscher Metallarbeiter-Verband, Verwaltungsstelle Hamburg, Geschäftsbericht für das Jahr 1905*, Hamburg 1906, S. 49 ff.
76 Vgl. Schiffbau, Jg. 1904/05, S. 708, S. 1013; ebda., Jg. 1905/06, S. 316; ebda., 1906/07, S. 33, S. 547.
77 So fanden beispielsweise zwischen 1905 und 1907 etwa 40 Streiks und Aussperrungen der Hamburger Hafenarbeiter statt.
78 *Deutscher Metallarbeiter-Verband, Verwaltungsstelle Hamburg, Geschäftsbericht für das Jahr 1907*, Hamburg 1908, S. 8.
79 Ebda., S. 10.
80 *Deutscher Metallarbeiter-Verband, Verwaltungsstelle Hamburg, Geschäftsbericht für das Jahr 1909*, Hamburg 1910, S. 26 ff. Die Zentralwerftkommission setzte sich aus den Vorständen folgender Organisationen zusammen: Deutscher Metallarbeiter-Verband, Deutscher Holzarbeiter-Verband, Zentralverband der Schmiede, Verband der Kupferschmiede, Verband der Schiffszimmerer, Verband der Heizer und Maschinisten, Verband der Maler, Fabrikarbeiter-Verband.
81 Verbandsvorstand des Deutschen Holzarbeiter-Verbandes, *Der Werftstreik 1913*, Berlin 1913, S. 21.

Hamburger Werften das neue Organisationsniveau der Gewerkschaften 1910 erstmals in einer direkten Konfrontation bewähren. Dabei zogen sich die Unternehmer wiederum auf ihre alten Positionen zurück und gingen zum Frontalangriff gegen die Gewerkschaften über. Die harte Reaktion der Werftindustriellen machte den Streik bald zu einer exemplarischen Kraftprobe. Der Konflikt entwickelte sich zum größten Werftarbeiterausstand des Wilhelminischen Reichs: Infolge des Streiks in Hamburg sperrten die Werftbesitzer 60 Prozent der Arbeiter in allen deutschen Werftbetrieben aus. Die »Zentral-Werftkommission« antwortete mit der Proklamierung des allgemeinen Werftarbeiterstreiks[82]. Dieser Gegenzug der Gewerkschaften trieb die Konfrontation zum Höhepunkt. Blohm erklärte in einer Unterredung mit einem hohen Beamten des Reichsmarineamts:

> »Die Schiffbauindustrie hat nicht die Absicht, sich dem Willen der Sozialdemokratie zu unterwerfen, sondern wird den ihr aufgezwungenen Kampf bis in die äußersten Konsequenzen durchführen. [...] Der Ausgang dieses Kampfes muß sein, daß die Arbeiter *nichts* erreichen, gleichviel, ob etwa die eine oder andere der Arbeiterforderungen eine sogenannte Berechtigung haben mag; am besten wäre sogar, wenn man nach Ausgang des Streiks die Arbeitsbedingungen verschlechterte, z. B. die Arbeitszeit verlängerte[83].«

Die Werftbesitzer mußten jedoch erkennen, daß sie alleine nicht in der Lage waren, diese Position durchzuhalten. Der Gesamtverband Deutscher Metallindustrieller (GDM) jedoch verhielt sich gegenüber dem Vorschlag, die Aussperrung auf die übrigen Metallarbeiter auszudehnen, äußerst zurückhaltend und machte seine Unterstützung von einem Einigungsversuch auf dem Verhandlungswege abhängig[84]. Damit war der Versuch der Werftindustriellen, dem Druck der Gewerkschaft mit einer weiteren Eskalation des Konflikts zu begegnen, gescheitert.

Die folgenden Verhandlungen führten zu einer Reihe von Zugeständnissen, die von den Gewerkschaftsführern als »großer Erfolg« eingeschätzt wurden. Weniger euphorisch verhielt sich die Gewerkschaftsbasis selbst. In Hamburg stimmte nur eine knappe Mehrheit für die Wiederaufnahme der Arbeit, in Stettin entschied sich auf einer Gewerkschaftsversammlung die Majorität der Anwesenden sogar für eine Fortsetzung des Streiks[85]. Die Kluft, die sich in dieser Situation zwischen den »Führern« und einem erheblichen Teil der »Basis« auftat, spiegelte exakt die Zwiespältigkeit des Abkommens selbst wider. Tatsächlich brachte der Verhandlungsabschluß in erster Linie einen beachtlichen Machtzuwachs für die Gewerkschaftsorganisation. Sie hatte nicht nur gegen den Widerstand der Unternehmer die Durchführung von Verhandlungen, sondern auch den Ausschluß der gelben Werkvereine[86] erkämpft. Schließlich konnte sie einen neuen Wahlmodus für die Arbeiterausschüsse durchsetzen, der diese *de facto* in gewerkschaftliche Betriebsvertretungen umwandelte. »Diesen bedeutungsvollen Machterfolgen gegenüber sind die *materiellen* Erfolge der Arbeiter verhältnismäßig ge-

---

82 *Gustav Becker,* Der Kampf auf den deutschen Schiffswerften II, in: Neue Zeit 29, 1910/11, Bd. I S. 84 ff.

83 Bericht des Werftdepartements des Reichsmarineamts vom 17. 8. 1910 über den Streik im Schiffbaugewerbe, S. 17 (MtA/F,RM 3/v3964).

84 *Gustav Becker,* Der Kampf auf den deutschen Schiffswerften III, in: Neue Zeit 29, 1910/11, Bd. I S. 196 f.

85 *Die Beendigung des Streiks auf den Werften,* in: Hamburger Echo Nr. 237, 9. 10. 1910.

86 Bericht des Werftdepartements des Reichsmarineamts vom 19. 12. 1910 über Streiks und Friedensschluß im Schiffbaugewerbe, S. 5 (MtA/F,RM 3/v3964).

ringfügig«, stellte das Reichsmarineamt in einer nüchternen Einschätzung des Ereignisses fest[87]. Die durchgesetzte Erhöhung des Stundenlohns um 2 Pf. betraf nur jenen kleinen Teil der Arbeiter, der nicht im Akkord beschäftigt war. Die in den Verhandlungen festgelegten Mindestlöhne bedeuteten in Hamburg nur für eine Minderheit von ungelernten Arbeitern eine wirkliche Lohnerhöhung[88]. Einige Arbeiterkategorien mußten nach Beendigung des Streiks sogar eine Reduzierung der Einstellungslöhne hinnehmen[89]. Auch die Verkürzung der Arbeitszeit erwies sich als zweischneidige Errungenschaft. Da die Akkordsätze nicht verändert worden waren, blieb dem Arbeiter nur die Wahl, die Verkürzung der Arbeitszeit durch Intensivierung des Arbeitsprozesses auszugleichen oder aber eine Reduzierung der Löhne in Kauf zu nehmen[90].

Der Streik von 1910 markierte den Höhepunkt gewerkschaftlicher Machtentfaltung auf den Werften. Zum erstenmal waren die Unternehmer mit ihrer stärksten Waffe, der Gesamtaussperrung, gescheitert. Die Freien Gewerkschaften hatten sich gegenüber den Besitzern der Seeschiffswerften nicht nur als alleiniger Verhandlungspartner, sondern auch als innerbetriebliche Arbeitervertretung etabliert. Jetzt, mit der Durchsetzung wesentlicher, jahrzehntelang von den Freien Gewerkschaften mit großer Zähigkeit verfolgter Ziele, konnte dem Problem nicht mehr ausgewichen werden, daß ein Zuwachs der institutionellen Macht der Gewerkschaften nicht automatisch mit einer Verbesserung der innerbetrieblichen Arbeitsbedingungen gekoppelt war.

Diese Konstellation barg die Keime der in den nächsten Jahren zwischen Gewerkschaftsführung und Werftarbeitern entstehenden Kluft.

Der »wilde« Streik 1913

In der Geschichtsschreibung zur deutschen Arbeiterbewegung gilt der Streik von 14 000 Hamburger Werftarbeitern als eklatantestes Beispiel für die in den Jahren vor 1914 sich entwickelnden Spannungen zwischen dem Gewerkschaftsapparat und der Mitgliederbasis. »Noch keiner der von den deutschen Gewerkschaften geführten Kämpfe hat einen derart unglücklichen Verlauf genommen wie der in diesem Jahr geführte Werftarbeiterstreik[91]«, kommentierte damals ein Bericht des DMV.

Paradoxerweise hatte gerade der gewerkschaftliche Sieg von 1910 die Weichen für diese Entwicklung gestellt. Damals waren sowohl die Werftbesitzer als auch der DMV auf immanente Grenzen ihrer zentralistischen Kampfführung gestoßen. Ab 1910 gaben die Werftbesitzer die kostspielige und im Effekt zweifelhaft gewordene Taktik auf, punktuelle Arbeitseinstellungen mit allgemeinen Aussperrungsmaßnahmen zu beantworten. Damit veränderte sich auch der Charakter der Auseinandersetzung auf den Werften. Streiks und Arbeitskon-

---

87 Ebda., S. 6.
88 Ebda., S. 7 f. Vgl. auch den Streikbericht der Politischen Polizei vom 28. 9. 1910: »Betreffs Erhöhung der Minimallöhne, sind besondere Einwendungen von den Vertretern der Arbeitgeber nicht gemacht, da die Mehrzahl der zur Einstellung gelangenden Arbeiter sofort mit Akkordarbeit beginnt, die wenigsten Arbeiter daher den Minimallohn erhielten« (StA/HH,PP,S 17010-73, Bd. I).
89 StA/HH,PP,S 17010-73, Bd. II, Straßenvigilanz vom 6. 10. 1910; vgl. auch Metallarbeiterzeitung Nr. 50, 10. 12. 1910.
90 Bericht des Werftdepartements vom 19. 12. 1910, a. a. O., S. 6 f.
91 *Deutscher Metallarbeiter-Verband, Verwaltungsstelle Hamburg, Geschäftsbericht für das Jahr 1913*, Hamburg 1914, S. 68.

flikte entwickelten sich von nun an vor allem auf innerbetrieblicher Basis, mitunter sogar in einzelnen Werkstätten.

Das verringerte naturgemäß die Bedeutung des DMV in erheblicher Weise. Bei kleineren und zeitlich begrenzten Ausständen waren die Streikenden weit weniger auf die gefüllten Kassen der Organisation angewiesen als bei den Massenaussperrungen der Vergangenheit. Zwischen 1911 und 1913 war die konjunkturelle Situation der Schiffbauindustrie günstig wie selten zuvor: 1909 war ein Hamburger Zweigwerk der Stettiner Vulcanwerft in Betrieb genommen worden[92]. Hier wurden 1913 mehr als 5 000 Arbeiter beschäftigt[93]. Die neue Konkurrenz trieb insbesondere Blohm & Voss zu erheblichen Rationalisierungsmaßnahmen[94]. Dennoch stieg auch hier die Zahl der Beschäftigten auf etwa 9 000[95]. In dieser Situation erwies sich der DMV als unfähig, die veränderte wirtschaftliche Lage zugunsten der Arbeiter auszunutzen. Verhandlungen mit den Werftbesitzern, in denen die Ergebnisse des Abkommens von 1910 konkretisiert und ausgebaut werden sollten, zogen sich über 2 Jahre hin und blieben weitgehend resultatlos[96]. Die Mißerfolge auf der Verhandlungsebene spiegelten jedoch keineswegs das wirkliche Machtverhältnis zwischen beiden Seiten wider: Ein von den Arbeitern geführter zäher Kleinkrieg verlief erstaunlich erfolgreich, obwohl der DMV jeden Streik mit dem Hinweis auf die laufenden Verhandlungen blockierte.

Mehrere Berufsgruppen legten für bessere Akkordsätze oder höhere Überstundenzulagen die Arbeit nieder, die Schlosser auf der Vulcanwerft verlangten die Entlassung eines Meisters, Maßregelungen von Vertrauensleuten — die zuvor meist fatalistisch hingenommen worden waren — verursachten nunmehr den Stillstand eines ganzen Betriebs[97].

Mit Entsetzen registrierte der DMV-Vorsitzende Schlicke die Aktivitäten einer außer Kontrolle geratenen Arbeiterschaft, die nicht nur wider alle Regeln gewerkschaftlicher Arbeit agierte, sondern dabei auch noch Erfolge erzielte:

---

92 *Ranft*, a. a. O.
93 Bericht des Polizeipräsidenten über die Lohnbewegung der Werftarbeiter in Hamburg im Sommer 1913, a. a. O.
94 VAB & V/HH, Sitzungen des Aufsichtsrats vom 18. 8. 1905, 18. 8. 1910, 25. 7. 1911, 22. 2. 1912, 8. 4. 1913.
95 Bericht des Polizeipräsidenten über die Lohnbewegung der Werftarbeiter in Hamburg im Sommer 1913, a. a. O.
96 *Deutscher Metallarbeiter-Verband, Verwaltungsstelle Hamburg, Geschäftsbericht für das Jahr 1911*, Hamburg 1912, S. 63 ff., *Geschäftsbericht für das Jahr 1912*, Hamburg 1913, S. 63 ff.
97 Vgl. über die Wiedereinstellung eines entlassenen Schlossers bei der Vulcanwerft StA/HH,PP,S 18030-49, Bericht der Hafenpolizei vom 11. 2. 1911; wenige Monate danach legten die Arbeiter der Maschinenbauabteilung bei Blohm & Voss die Arbeit nieder: »Bei Blohm & Voss [...] ist gestern und heute je ein Mann, wegen ungebührlichen Benehmens entlassen worden. Heute abend haben die Arbeiter unserer beiden Maschinenbauräume in einer abgehaltenen Versammlung beschlossen, die Arbeit niederzulegen, wenn diese beiden entlassenen Arbeiter von uns nicht wieder eingestellt würden. Dieser Beschluß wurde von etwa 1 000 gegen 46 Stimmen gefaßt, trotzdem der Verband erklärte, keine Streikunterstützung zahlen zu können« (StA/HH,PP,S 18030-49, Bericht der Schutzmannschaft vom 15. 5. 1911, Äußerung des Betriebsingenieurs Ebert). Über Teilstreiks der Nieter und Bohrer auf der Vulcanwerft vgl. StA/HH,PP,S 18030-49, Berichte der Politischen Polizei vom 1. 8., 4. 8. und 25. 9. 1911. Über einen Streik von Kranführern bei Blohm & Voss, der sich gegen die Entlassung eines Kollegen richtete, vgl. StA/HH,PP,S 18480-53, Polizeiberichte vom 2. 5. und 28. 5. 1912. Es folgten Teilstreiks der Schiffbauer bei Blohm & Voss gegen die Entlassung eines Kolonnenführers (StA/HH,PP,S 18480-53, Polizeibericht vom 4. 5. 1912) und der Stillstand der ganzen Vulcanwerft wegen der »Maßregelung« eines Vertrauensmannes (StA/HH,PP,S 18480-53, Polizeiberichte vom 30. 4. und 21. 5. 1912).

»Wie Bewegungen auf den Werften zustande kommen, sehen wir auf dem Vulcan in Hamburg. Durch den Elan von unten herauf legte man die Arbeit nieder, als der ›Imperator‹ fertig werden sollte; man forderte 35 Prozent Akkordgarantie und unter dem Druck gesteht die Direktion es zu [...] Bei einem anderen wilden Streik erklärten die Arbeiter, die aus der Werft hinausgetanzt waren, sie hätten gar nicht die Arbeit niedergelegt, sondern nur Generalurlaub genommen [...] In einem anderen Fall machten die Kollegen blau und marschierten mit Musik zur Werft; sie nehmen den Portier in die Mitte und marschieren zum Lohnbüro und verlangen dort Vorschuß. Es wird ihnen auch bewilligt[98].«

Ein Bericht der Politischen Polizei von 1911 zeigt ebenfalls, wie sehr die Werftarbeiter ihre durch die Forcierung des Flottenbauprogramms gewonnene Schlüsselrolle zur Erweiterung ihres innerbetrieblichen Spielraums zu nutzen wußten:

»Auch die Arbeiter auf den Werften sind trotz des Vertragsabschlusses am Ende des Werftarbeiterstreiks bisher nicht zur Ruhe gekommen. Fortgesetzt wird in Wirtschaftsgesprächen darauf hingewiesen, daß die beim vorjährigen Werftarbeiterstreik erzielten Zugeständnisse ungenügend seien und daß bei erneutem Angriff Weiteres zu erreichen sei [...] Nach den gemachten Beobachtungen zeigen sie ebenso wie die Metallarbeiter in den Landbetrieben große Unbotmäßigkeit und Mangel an Arbeitslust, so daß der gesamte Betrieb erschwert wird. Es soll vorkommen, daß ganze Trupps von der Arbeit fern bleiben. Hinzu kommen Fälle der Beschädigung des Werkzeuges [...]
Die Führer der Metallarbeiter wie der Werftarbeiter sind zwar bemüht, zu bremsen [...] doch haben diese Bemühungen wenig Erfolg, wobei die unerquicklichen Auseinandersetzungen über das Thema ›Massen und Führer‹ [...] von wesentlichem Einfluß sind. Mehr und mehr entgleitet die Leitung der Masse der Metallarbeiter den Gewerkschaftsbeamten [...][99].«

Unter dem Druck der Mitglieder trat der DMV 1913 mit neuen Forderungen an die Werfteigentümer heran. Aber während die Verhandlungen mit dem Verband der Eisenindustrie noch in Gang waren, legten die Arbeiter aller größeren Werftbetriebe die Arbeit nieder[100]. Trotz der Mahnung des Vorstandes, die Arbeit wieder aufzunehmen, verharrten sie im Streik und forderten seine nachträgliche Anerkennung durch die Organisation. Der DMV sah aber keinen Grund, seine mühselig erkämpfte Glaubwürdigkeit als zuverlässiger Verhandlungspartner der Unternehmer durch die nachträgliche Anerkennung eines »wilden« Streiks aufs Spiel zu setzen. Während einer aus Anlaß des Streiks einberufenen außerordentlichen Generalversammlung des DMV verwiesen die Funktionäre darauf, daß hier eine gegenüber der Mehrheit der Arbeiterklasse privilegierte Gruppe nicht nur die innerorganisatorische Disziplin gefährdete, sondern auch die Gewerkschaftskassen zu leeren drohte. Die Generalversammlung versagte die Anerkennung des Streiks[101]. Als daraufhin den Streikenden auch die

---

98 *Die Stellungnahme der außerordentlichen Generalversammlung der Metallarbeiter zur Werftarbeiterbewegung*, in: Hamburger Echo, Nr. 185, 9. 8. 1913.
99 StA/HH,PP,S 18480-53, Polizeibericht vom 10. 3. 1911.
100 Bericht des Polizeipräsidenten über die Lohnbewegung der Werftarbeiter in Hamburg im Sommer 1913, a. a. O.
101 *Die Stellungnahme der außerordentlichen Generalversammlung der Metallarbeiter zur Werftarbeiterbewegung*, in: Hamburger Echo, Nr. 185-186, 9./10. 8. 1913.

Verfügung über die Hamburger Lokalkassen gesperrt wurde, waren die Arbeiter gezwungen aufzugeben[102].

Der »wilde« Streik von 1913 bildete den Tiefpunkt des Verhältnisses zwischen Gewerkschaftsführern und Arbeitern. Als die Werftbesitzer die Wiedereinstellung der Ausständigen in die Länge zogen, kam es zu Protestdemonstrationen vor dem Gewerkschaftshaus[103]. Einige Tausend Werftarbeiter verließen die Organisation[104].

Die langfristigen Folgen des Streiks sind sicherlich schwer einzuschätzen. Dennoch kann kein Zweifel daran bestehen, daß die Dominanz linksradikaler und kommunistischer Strömungen auf den Werften nach der Novemberrevolution durch die Ereignisse von 1913 gefördert wurde[105]. Die tiefgreifende Wirkung dieses Erlebnisses wird beispielsweise eindrucksvoll von dem späteren linksradikalen Arbeiterschriftsteller Adam Scharrer geschildert:

> »Ich schloß mich schon früh der sozialistischen Arbeiterbewegung an, doch ich glaubte nicht an den Sozialismus [...] Als Tausende von der Werft gingen, als durch ihren Willen sich das Gesicht einer Stadt veränderte, als der regelmäßige Ablauf des alltäglichen Lebens unterbrochen wurde, als alle Zeitungen lobten, was bisher gewesen, und verdammten, was entstehen könnte, wenn es nach dem Willen der Rebellen ginge [...] begriff ich, daß der Sozialismus die kämpfende Tat der Arbeiterklase ist[106].«

Der Streik von 1913 markierte das vorläufige Ende einer jahrzehntelangen Kampfperiode. Bis 1910 waren die Auseinandersetzungen durch ein Konkurrenzverhältnis zwischen Gewerkschaften und Unternehmern geprägt, das auf beiden Seiten zu immer umfassenderen und perfekteren Organisationsformen führte. In den großen Kämpfen entwickelten die Gegenspieler eine immer effektivere Maschinerie: Es ging darum, ob die Aussperrungstaktik der Unternehmer oder die von den Gewerkschaften verhängte Sperre wirkungsvoller, ob die Kasse der Gewerkschaft oder die der Eisenindustriellen eher leer war. Solange der Konflikt nach solchen Regeln funktionierte, blieb das Verhältnis zwischen Werftarbeitern und Gewerkschaftsapparat notwendigerweise intakt. Angesichts der Aussperrungstaktik der Unternehmer erschienen die Stärkung der Organisation und die Disziplin gegenüber den Direktiven der Leitung als einzige Chance, um dem hochorganisierten Werftkapital entgegentreten zu können. Es war kein Zufall, daß bis 1910 unter den hamburgischen Werftarbeitern, im Gegensatz zu anderen Städten, kein Disziplinbruch vorkam: Zeitpunkt, Inhalt und Taktik

---

102 Die Unternehmer verbanden die Wiederaufnahme der Arbeit mit einer demonstrativen Demütigung der Streikenden. Jeder einzelne mußte vor Wiederaufnahme der Arbeit den Arbeitsnachweis der Eisenindustriellen passieren: »In Reih und Glied, zu fünf bis sechs Mann hintereinander, überwacht von einem Polizeiaufgebot von 15 bis 20 Mann, werden die Werftarbeiter abteilungsweise in den Arbeitsnachweis, der einem ›Bärenzwinger‹ gleicht, hineingelassen. Hier erhalten sie einen Schein zur Einstellung für die Werften ausgehändigt. Mancher, der da glaubt, endlich von dieser Tortur erlöst zu sein, indem er von der ihm zugewiesenen Werft eingestellt wird, wurde enttäuscht. Hunderte wurden auf den Werften abgestempelt, d. h. nicht eingestellt und müssen sich am anderen Tage wieder sechs bis sieben Stunden unter polizeiliche Aufsicht stellen« (Vorstand des Deutschen Holzarbeiter-Verbandes, *Der Werftstreik 1913*, S. 57).

103 *Eine Demonstration der Werftarbeiter*, in: Neue Hamburger Zeitung, Nr. 422, 9. 9. 1913.

104 *Ullrich*, Bd. 1, S. 138 f.

105 Zur Rolle der Werftarbeiter in der revolutionären Hachkriegskrise vgl. *Ulrich*, Bd. 1, insbesondere S. 691 ff.

106 Zit. bei: *Hans-Harald Müller*, Vom »Proletarier« zur »Roten Fahne«. Untersuchungen zur politischen Biographie und zum autobiographischen Roman »Vaterlandslose Gesellen« von Adam Scharrer, in: IWK 1/1975, S. 33.

des Kampfes wurden immer widerspruchslos zentral bestimmt. Aber gerade diese harte und konsequent durchgehaltene gewerkschaftliche Disziplin schuf die Bedingungen für ihre eigene Aufhebung. So schaffte der Kampf von 1910 die Voraussetzung, um in den folgenden Jahren durch eine Kette von »wilden« Teilstreiks die Gesetze des »organisierten Konflikts« zu sprengen. Mit diesem Kampfzyklus feierten die Arbeiter die Niederlage des Werftkapitals von 1910 und verschafften sich jene Verbesserungen der Arbeitsbedingungen, die damals ausgeblieben waren. Der Streik 1913 war der Höhepunkt dieser neuen Entwicklung. Gleichzeitig aber war er eine jener zähen allgemeinen Machtproben des alten Typs, die ohne soliden organisatorischen Hintergrund von vornherein aussichtslos waren. Das erklärt sein Scheitern. Diese Niederlage der spontanen Arbeiterbewegung bedeutete aber auch den Niedergang der gewerkschaftlichen Organisation in einer ihrer traditionellen Hochburgen.

III. »DIREKTE AKTION« DER WERFTARBEITER IN TRIEST 1880—1914

Auf den Triester Werften boten die Beziehungen zwischen Arbeitern und Gewerkschaft ein ganz anderes Bild als in Hamburg. In der Hansestadt bestand eine solide Verbindung zwischen Werftarbeitern und Freien Gewerkschaften: Die Verbände umfaßten die große Mehrheit der Beschäftigten und waren in der Lage, den Verlauf der Arbeitskonflikte bis 1910 fest im Griff zu halten. In Triest dagegen war die Verbindung zwischen Arbeitern und Verbänden weit weniger fest: Noch 1912 wurden die Werftarbeiter von der gewerkschaftlichen Presse als uneinig, gleichgültig und unachtsam gegenüber ihren Interessen, ihrer Gesundheit und ihrem Leben beurteilt[107].

In der Tat schaffte es der Metallarbeiterverband, die Unione Metallurgica, nie, sich auf den Triester Werften richtig einzubürgern. Während in den Jahren bis zum Ausbruch des Krieges auf den Triester Werften durchschnittlich etwa 5 000 Arbeiter beschäftigt waren, zählte der Metallarbeiterverband (MV) nie mehr als einige Hundert Mitglieder[108]. Die Arbeiter beklagten sich über die Höhe der Beiträge, und selbst unter den wenigen Organisierten machten sich lokalistische Strömungen breit[109].

So blieb das Verhältnis zwischen der gewerkschaftlichen Organisation und den im Schiffbau beschäftigten Arbeitern insgesamt in den Jahren vor dem Ersten Weltkrieg recht locker: Die Kommission der Fachvereine berief regelmäßig öffentliche Werftarbeiterversammlungen ein, in denen über Mißstände auf den Werften, die Konjunktur im Schiffbau, Rüstungsaufträge usw. berichtet wurde. Die beachtliche Mobilisierungskraft der Gewerkschaft, die bei solchen Aktivitäten mehr oder weniger als Vorfeldorganisation der Sozialdemokratischen Partei fungierte, erlahmte jedoch im allgemeinen vor den Toren der Betriebe selbst[110]. Die Bereitschaft, sich an öffentlichen Versammlungen zu beteiligen oder bei Arbeitskonflikten aktiv zu werden,

---

107 *La salute dei lavoratori nelle principali industrie di Trieste*, in: Il Lavoratore (Organ der italienischen Sektion der Sozialdemokratischen Partei in Österreich), 24. 7. 1912.
108 Vgl. dazu *Il nostro congresso*, in: Il Metallurgico (gewerkschaftliches Organ der Metallarbeiter), 1. 6. 1910; *Le organizzazioni degli operai metallurgici di Trieste, Istria, Friuli e Dalmazia*, in: Il Lavoratore, 18. 10. 1911; *L'attivita e i progressi delle Organizzazioni dei metallurgici a Trieste*, in: Il Lavoratore, 24. 5. 1913.
109 *Ennio Maserati*, Il movimento operaio a Trieste dalle origini alla prima guerra mondiale, Milano 1973, S. 227 ff.
110 Über die Durchsetzung der Sozialdemokratischen Partei in Triest vgl. *Marina Cattaruzza*, Lotte operaie a Trieste: 1897—1918, Diss. (Ms.) Trieste 1974, S. 134; *Giuseppe Piemontese*, Il movimento operaio a Trieste, Udine 1961, S. 233ff.

war für die Arbeiter keineswegs mit der formellen Mitgliedschaft in der Gewerkschaft verbunden.
Es wäre zu kurz gegriffen, diese Arbeiterschaft als »rückständig« oder »nicht klassenbewußt« einzustufen. Sinnvoller dürfte es sein, das unterschiedliche Verhältnis zur gewerkschaftlichen Organisation auf die unterschiedlichen Bedingungen zurückzuführen, unter denen sich die Auseinandersetzung zwischen Arbeitern und Unternehmern entfaltete. Der permanente Ausbau immer umfassenderer Organisationsstrukturen, der in Hamburg von Anfang an das Konfliktverhalten der Kontrahenten bestimmte, spielte in Triest keine wesentliche Rolle. Es war bezeichnend, daß die Werftbesitzer angesichts der Schwäche der Gewerkschaften in der Schiffbaubranche keinen Grund sahen, dem 1907 nach einem Hafenarbeiterstreik gegründeten lokalen Arbeitgeberverband beizutreten[111].
Die Auseinandersetzungen auf den Werften eskalierten deshalb nie zu einer straff organisierten, zentral geleiteten Konfrontation wie in Hamburg. Bei Differenzen lagen die Verhandlungen gewöhnlich in den Händen der einzelnen Unternehmensleitungen, ohne daß diese gezwungen waren, einer bestimmten kollektiven strategischen Linie zu folgen. Streiks dehnten sich selten über die Mauern eines Werftbetriebs aus und waren oft nur auf eine Werkstatt oder sogar auf eine Arbeiterkolonne begrenzt.
Die geringe Bedeutung der gewerkschaftlichen Organisation wirkte sich nicht nur auf die Ausdehnung der Arbeitskonflikte aus — im Gegensatz zu Hamburg überwogen in Triest kurze und spontane Teilstreiks —, sondern auch auf die Inhalte der Auseinandersetzungen. Zahlreiche, oft gewalttätige und unkontrollierte Arbeitskämpfe, die sich etwa gegen die Einführung neuer Arbeitsmethoden oder gegen unliebsame Meister richteten, belegen dies. Ein Äquivalent zu der in Hamburg über lange Zeit so ausgeprägt entwickelten Selbstdisziplin und Selbstkontrolle der Arbeiterschaft war in Triest nirgendwo sichtbar.

Erste Streiks im Eisenschiffbau

Der Übergang vom Holz- zum Eisenschiffbau vollzog sich in Triest relativ früh und ohne retardierende Widerstandsaktionen der Arbeiter von größerem Ausmaß. Die bescheidene Holzschiffbauindustrie der k.u.k. Monarchie war damals über die ganze Ostadria-Küste verstreut: Die niedrige organische Zusammensetzung des Kapitals, der bescheidene Umfang der Betriebe und die geringe Arbeiterkonzentration förderten eine dezentralisierte Struktur dieses Handwerks[112].
Um die Mitte des 19. Jahrhunderts waren in Triest nur zwei Holzwerften tätig[113]; die Stadt — die damals ihre goldene Zeit als Freihafen erlebte — gehörte niemals zu den bedeutenden Zentren des Holzschiffbaus.
In den 50er Jahren, begünstigt durch die mit dem Krimkrieg entstandene Hochkonjunktur, bildeten sich die ersten Eisenschiffbauunternehmen: Der österreichische Lloyd gründete 1853 ein hauptsächlich zu Reparaturzwecken bestimmtes eigenes Arsenal[114]. Der Stabilimento Tecnico Triestino (STT) — eine Maschinenfabrik, die zuvor Dampfkessel gebaut hatte — eröffnete 1857, einige Kilometer von Triest entfernt, die Werft S. Rocco in Muggia, um die

---

111 *Relazione della Camera di Commercio e Industria per il 1907*, Trieste 1908, S. 40.
112 Vgl. zum handwerksmäßigen Holzschiffbau die Festschrift von *Giovanni Gerolami*, L'Arsenale Triestino 1853—1953, Trieste 1953, S. 4 ff.
113 *Ebda.*, S. 18.
114 *Ebda.*, S. 21 ff.

Aufträge der Kriegsmarine bewältigen zu können. Die größte Holzschiffbauwerft der Stadt, S. Marco, ging 1860 zum Eisenschiffbau über, mußte aber nach Ausbruch der Gründerkrise Konkurs anmelden[115].

Im Entstehungsprozeß der neuen, mit der Eisenkonstruktion vertrauten Arbeiterschaft und ihrer Organisationen spielten die Schiffszimmerer keine wesentliche Rolle. Sie waren von Anfang an eine Arbeitergruppe, die, obwohl hochqualifiziert, wegen der marginalen Bedeutung des Holzschiffbaus keine besondere Machtposition auf dem lokalen Arbeitsmarkt innehatte[116]. Die Entwicklung der ersten Fachvereine der qualifizierten Werftarbeiterberufe vollzog sich in den 90er Jahren, ohne daß die traditionellen Arbeitergruppen als Katalysatoren wirkten. Die Neugründung ohne Rückgriff auf traditionelle Strukturen erschwerte und retardierte zweifellos den gewerkschaftlichen Organisationsprozeß auf den Werften.

Während der ersten Streikwelle in den 80er und 90er Jahren wurden die kleinen sozialistischen Gruppen zum wichtigsten Bezugspunkt für die Ausständigen. Im Gegensatz zu späteren Streikzyklen war diese erste Kampfphase seit der Einführung der Eisenkonstruktion (1883—1897) durch ihren Massencharakter gekennzeichnet: Wiederholt streikten die Belegschaften ganzer Betriebe und stellten dabei gemeinsame Forderungen über die Grenzen der unterschiedlichen Berufsgruppen hinweg; so traten 1883 mehr als 1 000 Werftarbeiter von S. Rocco in den Ausstand und forderten eine Abschaffung der von den Meistern betriebenen »Günstlingswirtschaft«. Auf dem Lloydarsenal brach im März 1889 ein Abwehrstreik gegen die Verlängerung der Winterarbeitszeit aus. Bei den Verhandlungen fungierte die sozialdemokratische »Confederazione operaia« als Vermittlungsinstanz. Ein neuer Streik entstand 1897 auf der Werft S. Rocco. Diesmal forderten die Streikenden Arbeitszeitverkürzung, Lohnerhöhung und einen Minimallohn auch bei Akkordarbeit. Sie wurden dabei von der drei Jahre zuvor gegründeten »Lega Socialdemocratica«, der Triester Sektion der Sozialdemokratischen Partei Österreichs, unterstützt[117]. Diese Zusammenarbeit hinterließ offenbar nachhaltige Spuren. Als einige Monate später der Sekretär der Lega, Riccardo Camber, festgenommen wurde, legten sämtliche Beschäftigten der Werft S. Rocco die Arbeit nieder und marschierten unter der Parole »Wir arbeiten nicht mehr, bis Camber wieder frei ist!« nach Triest[118]. Im Eisenschiffbau schufen diese ersten, kurzen und spontanen Streiks den höchsten Solidarisierungseffekt in der Vorkriegszeit. Die Forderungen nach mehr Lohn und Reduzierung der Arbeitszeit wirkten neben der schwerwiegenden Frage der Akkorde auf die Arbeiter insgesamt als Mobilisierungsmomente.

Die Auseinandersetzungen der folgenden Jahre waren dagegen in erster Linie Reaktionen der Arbeiter auf Rationalisierungsmaßnahmen der Unternehmer. Da die technologische Umstrukturierung immer nur einzelne Arbeitergruppen betraf, war dieser Kampfzyklus durch

---

115 Vgl. über die Anfänge der Eisenkonstruktion in Triest die Festschrift von *Giovanni Gerolami*, Cantieri Riuniti dell'Adriatico — Origini e sviluppo — 1857—1907—1957, Trieste 1957, S. 14 ff.
116 *Maserati*, S. 23. Erst nach dem Streik 1902, als in allen Wirtschaftsbranchen gewerkschaftliche Organisationen entstanden, wurde der Verband der Schiffszimmerer gegründet (vgl. *Resoconto stenografico del quarto Congresso della Sezione Italiana Adriatica del Partito Operaio Socialista in Austria*, Trieste 1904, S. 4).
117 *Maserati*, S. 92 ff.; *Piemontese*, S. 37, 51, 96; Handelsministerium — Arbeitsstatistisches Amt (Hrsg.), *Die Arbeitseinstellungen und Aussperrungen in Österreich während des Jahres 1897*, Wien 1898.
118 *Marina Cattaruzza*, La formazione del proletariato urbano, Torino 1979, S. 139 f.

eine Kette von Teilstreiks gekennzeichnet, die sich prinzipiell gegen die Folgen der Einführung neuer Arbeitsmethoden richtete.

Kleinkrieg auf den Werften

Die 1901 einsetzende, von den Gewerkschaften weitgehend unabhängige Streikbewegung begann mit einem Ausstand der Nieter. Die Triester Nieter, die sich primär aus dem slowenischen Hinterland rekrutierten, wehrten sich damit gegen die Einstellung von Nieterkolonnen aus Genua[119]. Ihre heftige Reaktion entsprang nicht nur unmittelbarer Furcht vor einer Überfüllung des Arbeitsmarkts: Tatsächlich war dieser Streik nur eine von vielen Episoden, bei denen die Spaltungen und Querelen unter den zahlreichen Nationalitäten, aus denen sich das Triester Proletariat zusammensetzte, zutage traten[120]. Die Streikenden, die übrigens ihr Ziel vollkommen erreichten, wurden in der sozialdemokratischen Presse als »bewußtlos« gebrandmarkt[121].

Denn gerade die multinationale Zusammensetzung der Arbeiterklasse in der k.u.k. Monarchie und die stets virulente Tendenz, sich auf der Basis von Nationalitäten zu organisieren und voneinander abzugrenzen, bildete eines der Haupthindernisse für die Entfaltung der sozialdemokratischen Arbeiterbewegung.

Genausowenig wurden die Streiks der Bohrer (1902), der Nieter und Schiffbauer (1909) und der Schmiedehelfer (1908) von der Sozialdemokratie gewürdigt. In allen Fällen handelte es sich um Bewegungen, die sich nicht nur durch ihre Inhalte, sondern auch in den von den Arbeitern gewählten Kampfformen von den traditionellen gewerkschaftlichen Konzepten der Konfliktregulierung unterschieden.

Die Bohrer hatten 1902 nach der Einführung elektrischer Bohrmaschinen Lohnerhöhungen gefordert und waren danach, ohne auf die Antwort der Direktion zu warten, in ihre Heimat, nach Istrien gefahren. »Die völlige Unsicherheit unserer Arbeitsverhältnisse macht jeden Plan illusorisch«, beklagte sich der technische Direktor der STT, Lendecke, »unsere Arbeitsverhältnisse, welche einfach trostlos sind, rauben uns eine Menge Zeit[122].« Die Vorstände weigerten sich, die Bewegung anzuerkennen, und überredeten das in Triest verbliebene Streikkomitee, die Kollegen zur Wiederaufnahme der Arbeit aufzurufen[123].

Im Mai 1908 traten die Schmiedehelfer der Werft S. Marco mit Lohnforderungen an den Werkmeister heran und kamen in den folgenden drei Tagen zwar in die Fabrik, lehnten aber jede Arbeit ab. Als sie daraufhin vor die Alternative gestellt wurden, die Fabrik zu verlassen oder zur Arbeit zurückzukehren, unterbrachen sie gewaltsam die Stromzufuhr, zerstörten einige Fenster und Lampen, verließen die Werft und wurden fortan nicht mehr gesehen[124].

---

119 STT (Hrsg.), *Relazione sulla gestione sociale e bilancio per l'anno 1901*, Trieste 1902; *Piemontese*, S. 99.
120 Zum Verhältnis von Nationalitätenkampf zum Klassenkampf in Triest vgl. *Marina Cattaruzza/ Giovanni Zamboni*, Trieste nella »Spätgründerzeit« — Il controllo sulla forza-lavoro nella fase del decollo economico, in: Bollettino dell'istituto regionale per la storia del movimento di liberazione nel Friuli — Venezia Giulia, Jg. III, 1975, S. 5—13.
121 *Piemontese*, S. 99.
122 Kriegsarchiv Wien, Marinesektion, 2/19-1902, Brief des Direktors des STT, Lendecke, vom 26. 4. 1902.
123 Handelsministerium — Arbeitsstatistisches Amt (Hrsg.), *Die Arbeitseinstellungen und Aussperrungen in Österreich während des Jahres 1902*, Wien 1904, S. 54 ff.
124 Il Piccolo (Organ der italienisch-liberalen Partei in Triest), 21. 5. 1908.

Die Nieter und Schiffbauer auf der Werft S. Rocco weigerten sich schließlich 1909, arbeitsintensivierende Innovationen zu akzeptieren: Die Nieter verlangten die Abschaffung der pneumatischen Nietmaschinen, während die Schiffbauer darauf bestanden, die alten handwerksmäßigen Methoden bei der Bearbeitung der Bleche beizubehalten[125]. Während solche Aktivitäten, in denen sich eine mehr oder weniger grundsätzliche Ablehnung neuer Technologien manifestierte, dem Verständnis der Gewerkschaften vom technischen Fortschritt widersprachen, konnten auf der Werft S. Rocco insbesondere anarchistische Gruppen bis etwa 1909 eine führende Rolle in dieser Bewegung übernehmen[126].
Dagegen spielten die Gewerkschaften in diesen Jahren nur bei zwei Arbeitseinstellungen eine bestimmende Rolle. Während eines Streiks von Schiffbauhelfern gelang es dem Sekretariat der Fachvereine, die Arbeiter zur Beendigung des Ausstands zu bewegen und danach in Verhandlungen mit der Direktion die geforderten Lohnerhöhungen durchzusetzen[127]. Schließlich war es 1911 der neugegründete MV selbst, der den bevorstehenden Stapellauf eines Schlachtschiffes zu nutzen wußte, um durch »passive Resistenz« (Verweigerung von Akkordarbeit und Überstunden) der Forderung nach Lohnerhöhungen für alle Arbeiter der S.-Marco-Werft Nachdruck zu verleihen[128]. Obwohl die Direktion auf diese Weise gezwungen wurde, einige Zugeständnisse zu machen, konnte der MV selbst keine Erfolge verbuchen: Seine Mitgliederzahl stagnierte weiter[129].

Die Anerkennung der Gewerkschaft im Maschinenbausektor

Die Streiks von 1912/13 im Maschinenbausektor des STT, die weitgehend von dem MV hegemonisiert wurden, bildeten den Höhepunkt eines langsamen, aber kontinuierlichen Machtzuwachses der Gewerkschaften in diesem Teilbereich der Werftindustrie. Zuvor, in den Jahren von 1907 bis 1910[130], hatten sich die wichtigsten Fachvereine der gelernten Metallarbeiter dem zentralen Metallarbeiter-Verband angeschlossen. Bei der offenkundigen Schwäche dieser Vereine sah es zunächst so aus, als sollte dies — wie schon einige Jahre zuvor[131] — eine rein bürokratische Maßnahme, ohne weitere Auswirkung auf die Situation der

---

125 Vgl. darüber die Protokolle Nr. 59-60 der Plenarsitzungen des Verwaltungsrates des STT vom 25. 1. und 23. 2. 1909 im Archivio Cantieri, Museo del Mare, Trieste. Als Vermittlungsinstanz für die Beilegung des Streits fungierten der Gewerbeinspektor, der Bürgermeister von Muggia und der Bezirkshauptmann, die sich bemühten, »die Leute zur Vernunft zu bringen, daß sie selbst die terroristischen [!] Elemente aus ihrer Mitte entfernen und sich den neuen Arbeitsmethoden akkomodieren« (Protokoll Nr. 60, S. 11 f.). Die Kommission der Fachvereine beteiligte sich dagegen in keiner Weise an den Verhandlungen.
126 Protokoll Nr. 60 der Plenarsitzung des Verwaltungsrates, a. a. O.
127 Die Forderungen der Schiffbauhelfer wurden in einer Situation großer innerbetrieblicher Instabilität bewilligt, in der die Streiks sich auf die ganze Werft zu erstrecken drohten. Vgl. Il Piccolo, 24. 4. 1902, und den Brief von Lendecke an die Marinesektion vom 26. 4. 1902, a. a. O.
128 M. Cattaruzza, La formazione del proletariato urbano, S. 121 f.
129 Le organizzazioni degli operai metallurgici di Trieste, Istria, Friuli e Dalmazia, a. a. O. Die von der Direktion bewilligten individuellen Lohnerhöhungen betrugen 600 000 Kronen pro Jahr.
130 Vgl. Ai colleghi localisti, in: Il Metallurgico, 1. 6. 1910; weitere Daten über den Beitritt der Verbände der Gießer und der Metallarbeiter in Muggia zum Metallarbeiterverband (MV) in: Il Lavoratore, 1. 1. und 12. 1. 1910.
131 Nach der gewaltigen Bewegung des Jahres 1902 stellte die Wiener Zentrale des MV in Triest einen Funktionär ein. 1904 wurde die Stelle wieder abgeschafft. Vgl. L'azione socialista (Organ der Lokalisten), 26. 11. 1909.

Metallarbeiter, bleiben. Der gewerkschaftliche Zentralisierungsprozeß fiel jedoch mit einer Verschärfung der Arbeitsbedingungen in der Maschinenbaubranche zusammen. Angesichts eines bedeutenden Auftrags der österreichischen Marine — vier Parsonsturbinen für die neuen Dreadnoughts — versuchte die Werftleitung durch eine Erhöhung der Arbeitsproduktivität den neuen Anforderungen gerecht zu werden, und setzte zu diesem Zweck Techniker aus Deutschland ein[132]. Deren Versuche, hauptsächlich in der Gießerei neue Arbeitsmethoden durchzusetzen, waren mit einer forcierten Disziplinierung der Arbeitskraft, häufigen Geldstrafen und Entlassungen verbunden. Auf die neu geschaffene Situation reagierten die Arbeiter mit einem Zyklus von Abwehrstreiks, Protestaktionen und Versammlungen. Auch direkte Angriffe gegen die verhaßten Exponenten deutscher Rationalität blieben nicht aus. Einer der Hauptleidtragenden war der deutsche Ingenieur Ostendorf. Schon bald nach seiner Ankunft wurde er von Arbeitern mit Erdklumpen beworfen, ohne daß es gelang, der »Übeltäter« habhaft zu werden. Ein paar Monate später verprügelte ihn ein Gießer, der mit Akkordabzügen bestraft worden war, mitten in der Werkstatt. Als Ostendorf fliehen wollte, traf ihn ein von einem Unbekannten geworfener Ziegelstein. Nachdem daraufhin zwei Gießer festgenommen wurden, traten sämtliche Arbeiter der Maschinenbauabteilung, insgesamt etwa 1 100 Mann, in den Ausstand. Die vom MV eingeleiteten Verhandlungen verliefen jedoch ergebnislos[133].

Nach den Gießern traten die Kesselschmiede in Aktion: Gegen die Einführung einer allgemeinen Pflicht zur Sonntagsarbeit beriefen sie mehrere Gewerkschaftsversammlungen ein, in denen beschlossen wurde, jegliche Sonntagsarbeit im gesamten Betrieb zu verweigern[134]. Zwei weitere Maßregelungen im August 1912 und März 1913 führten jeweils zur allgemeinen Arbeitseinstellung in der Maschinenbauabteilung. Auf diese letzte Arbeitsniederlegung antwortete die Direktion mit einer Aussperrung. Dank der finanziellen Unterstützung durch die Zentrale des Metallarbeiter-Verbandes konnten die Ausgesperrten so lange durchhalten, bis der Kampf nach Verhandlungen auf nationaler Ebene zwischen dem Bund der österreichischen Industriellen und dem Metallarbeiter-Verband in Wien mit einem für die Arbeiter günstigen Kompromiß beendet wurde[135]. Erstmals wurden damit Formen der Konfliktregulierung eingeführt, die über den traditionellen innerbetrieblichen und lokalen Rahmen hinausgingen.

Der Verlauf dieses Konflikts beschleunigte die endgültige Anerkennung der Gewerkschaft als offizielle Vertretung der Maschinenbauarbeiter. Kurz nach dem Ende der Auseinandersetzung wurden in allen Werkstätten Vertrauensleute gewählt, mit denen im Fall von Differenzen zu verhandeln die Werksleitung nunmehr bereit war[136]. Eine ganze Serie von Streiks, Rebellionen und direkten Aktionen hatte das jahrelang als unumstößliche Maxime geltende »Herr-im-Haus«-Prinzip in Frage gestellt: »Angesichts des fortdauernden Alptraums von Agitationen und Proteststreiks war eine effektive und reguläre Aktivität des Unternehmens unmöglich gemacht[137]«, erklärte ein Vertreter des Bundes der Industriellen bei den Verhand-

---

132 M. Cattaruzza, La formazione del proletariato urbano, S. 129 f.
133 Ebda.
134 Ebda., S. 131 f.
135 Lo sciopero di protesta degli addetti allo Stabilimento Tecnico, in: Il Metallurgico, 1. 9. 1912; La fine della serrata allo Stabilimento Tecnico, in: Il Metallurgico, 1. 4. 1913.
136 Per la nomina dei fiduciari allo Stabilimento Tecnico ed al Cantiere S. Marco, in: Il Lavoratore, 19. 7. 1913.
137 La fine della serrata allo Stabilimento Tecnico, a. a. O.

lungen in Wien. Auf die Integration des MV in einen neuen innerbetrieblichen Status quo setzten die Unternehmer die Hoffnung, Differenzen und Widersprüche nunmehr weniger auf der Ebene direkter Aktionen als vielmehr durch Verhandlungen und damit ohne größere Störungen des Arbeitsablaufs bewältigen zu können.

Die neue Funktion der Gewerkschaften im Betrieb erhöhte auch ihren Gebrauchswert für die Maschinenbauarbeiter, die im Lauf der Aussperrung von 1913 dem MV beigetreten waren[138]. Sie waren von nun an bereit, Gewerkschaftsbeiträge, die ihnen vorher als zu hoch erschienen waren, zu zahlen. Die Möglichkeit, die neu geschaffenen Vertretungs- und Verhandlungsorgane zu nutzen, war nur dann gegeben, wenn die Organisation gestärkt und die gewerkschaftliche Prozedur zur Austragung von Konflikten akzeptiert wurde. Einzelne Erfolge — so die Einführung eines garantierten Minimallohns für die im Akkord beschäftigten und von den Rationalisierungsmaßnahmen besonders betroffenen Gießer[139] — schienen den neuen Kurs zu bestätigen.

So herrschte auf den Triester Werften noch bis zum Kriegsausbruch die in Hamburg schon längst überwundene Spaltung zwischen einer hochqualifizierten und gut organisierten und einer geringer qualifizierten, minder organisierten und spontan rebellierenden Arbeiterschaft. Ausschlaggebend für das Weiterbestehen dieser Spaltung war nicht zuletzt die unterschiedliche Intensität, mit der die Rationalisierung in den beiden wichtigsten Sektoren der Werftindustrie erfolgte. Die qualifizierten Maschinenbauarbeiter des STT waren alle mehr oder weniger gleichmäßig von der Verschärfung der Arbeitsbedingungen betroffen. Aus dieser Betroffenheit entwickelten sie eine gemeinsame kämpferische Antwort, die teilweise zur Abwehr von Disziplinarmaßnahmen, zur Begrenzung der Sonntags- und Überstundenarbeit sowie zur Einführung von Minimallöhnen für Akkordarbeiten führte und als optimale Basis zur weiteren Verstärkung der Organisation diente.

Unter den eigentlichen Werftarbeitern bildete sich keine einheitliche Bewegung. Hier wurden von Rationalisierungsmaßnahmen nicht so sehr Gelernte, als vielmehr einzelne Gruppen von Ungelernten betroffen, die mit verzweifelten, den »Fortschritt« negierenden Teilstreiks reagierten. Zwischen diesem Streikzyklus und dem MV konnte kein Berührungsmoment gefunden werden: Arbeiter und Gewerkschaft bewegten sich objektiv in entgegengesetzten Richtungen. Die einen stellten gerade denjenigen Fortschritt in Frage, den die anderen mitlenken wollten. So scheiterte in Triest für die Mehrzahl der Arbeiter der Versuch, die Gewerkschaft als Vertretungsorgan und damit als effektives Disziplinierungsmittel »von unten« zu etablieren.

IV. Der Arbeitskonflikt in Hamburg und Triest — ein Vergleich

Der Vergleich zwischen Hamburg und Triest ergibt, daß die unterschiedliche Machtposition der Gewerkschaft ein Moment der Entwicklung zweier verschiedener Formen der Koexistenz von Arbeit und Kapital gewesen ist. Diese Unterschiede beginnen schon unterhalb der Ebene spektakulärer Konflikte, im Bereich des alltäglichen Arbeitsablaufs. Die in Triest praktizierte Kontrolle der Arbeitskraft erscheint als rückständig gegenüber dem hochentwickelten Netz von Disziplinierungsstrukturen, das die Hamburger Unternehmer seit Ende der 80er Jahre geschaffen hatten.

---

138 *L'attivita e i progressi delle organizzazioni dei metallurgici a Trieste*, a. a. O.
139 M. Cattaruzza, La formazione del proletariato urbano, S. 133.

Zwar setzten sowohl in Triest wie in Hamburg die Unternehmer auf das Akkordlohnsystem als wesentliche Grundlage der Erhöhung der Arbeitsintensität und Arbeitsmotivation. Darüber hinaus aber waren die innerbetrieblichen Machtmechanismen in Triest weitgehend »persönlicher Natur«. Sie beruhten auf einem Netz von Werkmeistern, die nach eigenem Gutdünken höhere oder niedrigere Akkordsätze bestimmten, die Verteilung der Arbeiter in den Werkstätten übernahmen, Arbeiter einstellten und entließen und Geldstrafen und Maßregelungen festsetzten[140]. Hier standen die Arbeiter weniger einer anonymen Macht gegenüber als vielmehr einzelnen »Unteroffizieren des Kapitals«, deren oft willkürliches und durch Günstlingswirtschaft geprägtes Regiment überschaubare und persönlich geprägte Abhängigkeitsstrukturen innerhalb der einzelnen Werkstätten schuf.

Das unveränderte Weiterbestehen solcher Machtverhältnisse wurde durch die Stagnation des Beschäftigungsniveaus gefördert: In Triest entwickelte sich die Schiffbauindustrie lange Zeit nur schwerfällig und mußte von der Regierung subventioniert werden. Erst mit der Verabschiedung der Rüstungsaufträge im Jahr 1911 erlebte dieser Sektor einen gewissen Boom[141].

In Hamburg hingegen trug die ständige Expansion des Arbeitsmarkts dazu bei, daß solche Mechanismen relativ frühzeitig überwunden oder besser gesagt: objektiviert wurden. Ein wichtiger Schritt zur Entmachtung der Meister war bereits die Übernahme der Arbeitsvermittlung durch das Arbeitsnachweisbüro des Verbands der Eisenindustrie gewesen[142]. Die willkürlichen Einstellungskriterien der Meister wurden durch ein rigides Auslesesystem nach den »objektiven« Kriterien einer optimalen Verwertung der Arbeitskraft ersetzt. Auch die Verhängung von Strafen und Maßregelungen war in Hamburg — insbesondere bei Blohm & Voss — durch detaillierte Vorschriften geregelt[143] und ließ den einzelnen Meistern selbst einen geringeren Spielraum als in Triest. Schließlich hatte die Direktion von Blohm & Voss schon relativ früh ein zentrales Akkordbüro eingerichtet, das die Lohnsätze für die verschiedenen Arbeitsgänge regulierte[144].

Die unterschiedlichen Formen der Arbeitsorganisation riefen auf der Seite der Arbeiter eine unterschiedliche Wahrnehmung der eigenen Lage wie auch der eigenen Widerstandsmöglichkeiten hervor. Die Macht der Unternehmer verkörperte sich in Triest unmittelbar, aber auch unmittelbar angreifbar in der Person einzelner Werkmeister. In Hamburg dagegen dominierte die abstrakte Rationalität eines übermächtigen Apparates, dem der einzelne Arbeiter weitgehend ohnmächtig gegenüber stand. Der »Rückständigkeit« im Bereich der innerbetrieblichen Herrschaftsstrukturen entsprach das Gefälle des technologischen Niveaus. So wurden beispielsweise pneumatische Nietmaschinen in Hamburg schon während des Streiks von 1900 eingeführt[145], in Triest hingegen erst neun Jahre später[146]. Auffällig ist die unterschiedliche Reaktion der beiden Arbeitergruppen auf die durch technologische Umstrukturierung bedingte Erhöhung der Arbeitsintensität und -produktivität. In Hamburg hatten die Unter-

---

140 *L'imponente comizio degli operai del Lloyd per il rispetto degli impegni del Lloyd e del Ministro del Commercio*, in: Il Metallurgico, 1. 11. 1911.
141 Vgl. die Äußerungen des deutschen Marineattachés, Bericht vom 12. 6. 1909, an das Reichsmarineamt, MtA/F, RM 3/v2983.
142 *Thielkow*, Bericht über den Geschäftsgang des Arbeitsnachweises des Verbandes der Eisenindustrie Hamburgs im Jahre 1897, Hamburg 1898, S. 7 f.
143 Vgl. *Arbeitsordnung der Firma Blohm & Voss*, Hamburg o. J.
144 Vgl. VAB & V/HH, Kasten Nr. 3, Kopiebuch Nr. 15, Geheimbriefe 13/7.1899-7/7.1900. Das Kopiebuch enthält mehrere Einstellungsbriefe von Angestellten für das Lohnbüro.
145 VAB & V/HH, 21. Bericht an den Aufsichtsrat, 7. 12. 1900.
146 *M. Cattaruzza*, La formazione del proletariato urbano, S. 125.

nehmer im Bereich der Eisenkonstruktion nur selten Schwierigkeiten, das Arbeitstempo bis an die Grenze der technischen Möglichkeiten zu beschleunigen. 1899 lehnte Blohm eine Verkürzung der Arbeitszeit mit dem Hinweis ab, daß die Maschinen »schon so rasch laufen, als es möglich ist[147]«. Ein völlig anderes Bild bot sich in Triest. Noch 1909 zeigt der Bericht eines deutschen Marineattachés, wie sehr hier jeder Schritt von der »formellen« zur »reellen« Subsumption der Arbeitskraft auf den Widerstand der Arbeiter selbst stieß:

»[. . .] die breite Masse der Arbeiter steht mit ihrer Trägheit und Bequemlichkeit jedem Fortschritt auf dem Gebiet der Kultur oder Sozialpolitik im Wege, indem sie sich zu der für Arbeitgeber wie Arbeiter gleich vorteilhaften kürzeren, aber intensiveren Arbeit nicht bewegen lassen will, und sie gegenwärtig im Sommer lieber bei einer 1/2stündigen Arbeitspause 13 Stunden pro Tag arbeitet, als sich den Bedingungen des Stücklohns zu fügen. Die hierdurch entstehende Arbeitsverteuerung bleibt natürlich nicht ohne Einfluß auf den Gesamtpreis der Neubauten [. . .][148].«

Diese »Mentalität« bildete den Hintergrund einer Reihe von Arbeitskämpfen in Triest, für die sich in Hamburg nach den Kämpfen der Schiffszimmerer in den 80er Jahren kein Äquivalent finden läßt. Der durch die Ablehnung neuer Maschinerie gekennzeichnete Widerstand gegen Arbeitsintensivierung und Freisetzung von Arbeitskräften war in Triest keine isolierte Episode, sondern prägte eine ganze Serie von Arbeitskämpfen, während zu gleicher Zeit in Hamburg seit der historischen Niederlage der Schiffszimmerer die »ehernen Gesetze« der Kapitalakkumulation nicht mehr praktisch in Frage gestellt wurden. Der wirtschaftliche und technologische Entwicklungsprozeß, den die Triester Werftarbeiter in ihrer Mehrheit erbittert bekämpften, wurde in Hamburg stillschweigend als Voraussetzung akzeptiert, um überhaupt eine Verbesserung der Arbeitsbedingungen erlangen zu können.
Als Erklärung dieser Kluft bieten sich verschiedene Momente an: der Eindruck der Niederlage, die die Hamburger Schiffszimmerer in den 80er Jahren trotz erbitterten Widerstandes erlitten hatten, die Möglichkeit der Unternehmer, über ihren Arbeitsnachweis die Zusammensetzung der Hamburger Werftarbeiterschaft zu gestalten, und schließlich die frühzeitige Durchsetzung eines gewerkschaftlichen Begriffs von Fortschritt, der sich von dem der Unternehmer nicht prinzipiell unterschied. Die innere Rationalität der kapitalistischen Entwicklung ist in Deutschland niemals ein strittiger Punkt zwischen Gewerkschaften und Unternehmern gewesen — umstritten war immer nur das Ausmaß der Partizipation der Arbeiterschaft und der Gewerkschaften an dieser Entwicklung.
Es wurde gezeigt, wie der sich gegenseitig verstärkende Aufbau machtvoller Organisationsstrukturen sowohl der Unternehmer als auch der Gewerkschaft die Form des Arbeitskampfes in Hamburg verändert hat. Das Entstehen eines umfassenden Systems kollektiver Vertretungsstrukturen verstärkte freilich auch die Abhängigkeit der Arbeiter von der Gewerkschaft. Wo jeder Konflikt zu einer umfassenden Machtprobe eskalieren konnte, die Tausende von Arbeitern und ihre Frauen und Kinder einbezog, waren die Werftarbeiter bei jeglicher Initiative zur Verbesserung ihrer Lage gänzlich auf die Unterstützung des Gewerkschaftsapparats angewiesen. Wenigstens teilweise mag so die erstaunliche Disziplin der Hamburger Werftarbeiter bis 1910 zu erklären sein. Denn gegenüber der Macht der Unternehmer besaßen sie

---

147 MtA/F,RM 3/v10160, Protokoll der Sitzung der Kommission für die Hebung des Schiffbaus vom 28. 10. 1899.
148 Über die »formelle« und »reelle« Subsumption vgl. *Karl Marx*, Das Kapital, Bd. 1, in: *Marx/Engels*, Werke, Bd. 23, Berlin [DDR] 1964, S. 531 ff.

lange Zeit nur zwei Möglichkeiten. Sie konnten sich im Rahmen der Gewerkschaftsstrategie am Aufbau einer den Eisenindustriellen ebenbürtigen Gegenmacht beteiligen oder aber sich individuell dem Zugriff der Werftgewaltigen entziehen. Beide Wege wurden nebeneinander beschritten; davon zeugt die hohe Mobilität der Werftarbeiter. 1906 etwa waren bei Blohm & Voss 4 630 Arbeiter und Techniker beschäftigt, nur 176 mehr als im Jahr zuvor. Im gleichen Zeitraum wurden jedoch 9 074 Arbeiter neu eingestellt, und 8 586 hatten gekündigt oder waren entlassen worden[149]. Einer Zunahme der Beschäftigten von 176 stand also ein Wechsel von 17 660 Arbeitern gegenüber. Die große Fluktuation der Arbeitskräfte einerseits und die ständige Zunahme der Zahl der Werftarbeiter andererseits begründeten die solide Position der in der Schiffbauindustrie Beschäftigten und erklären das relativ hohe Lohnniveau, trotz der bescheidenen Errungenschaften der Gewerkschaft.

Die Situation in Triest war eine fundamental andere. Weder die Arbeiter noch die Unternehmer verfügten über gut organisierte Interessenvertretungen. Das vergrößerte die Unabhängigkeit der Arbeiter gegenüber den Gewerkschaften. Der zähe, mit dem Mittel der »direkten Aktion« geführte Kleinkrieg, der bis zum Ersten Weltkrieg auf den Triester Werften stattfand, zeigte nur wenige Spuren gewerkschaftlichen Einflusses. Neben zahlreichen »wilden« Streiks war das Vorgehen dieser Arbeiterklasse besonders durch ihre unmittelbare Aggressivität gegen Meister und andere Aufsichtspersonen gekennzeichnet. Physische Attacken gegen unbeliebte Vorgesetzte oder sogar deren Ermordung sind in zahlreichen Einzelfällen dokumentiert und waren offenbar keineswegs das Werk isolierter Einzelgänger. Als 1905 ein Arbeiter den dänischen Ingenieur, der ihn kurz zuvor entlassen hatte, niederschoß und danach Selbstmord beging, nahmen mehrere tausend Arbeiter verschiedener Werften am Begräbnis des Attentäters teil[150]. Die Polizei beschlagnahmte einen Kranz, auf dem er als »Opfer der bürgerlichen Niedertracht« betrauert wurde[151]. Auffälligerweise distanzierten sich die Gewerkschaften nur in sehr vorsichtiger Form von derartigen Vorkommnissen; ihre Schilderung in den Gewerkschaftsblättern war in vielen Fällen durchaus geeignet, Verständnis für die »Täter« zu erwecken. Als Anfang 1914 einer der Direktoren des STT, der Ingenieur Pichler, von einem entlassenen Arbeiter ermordet wurde, berichtete der »Lavoratore« lakonisch über das Opfer, Pichler habe immer »die Arbeiterorganisation bekämpft« und habe es »vorgezogen, Disziplin mit Terror durchzusetzen, anstatt durch Respekt und gegenseitige Wertschätzung[152]«.

Die Vorsicht, mit der solche Taten in der sozialdemokratischen Presse eingeschätzt wurden, zeigt das Ausmaß, in dem die Arbeiterorganisationen Rücksicht auf bestimmte Stimmungen innerhalb des Proletariats nehmen mußten, um ihre schwache Position nicht noch zu verschlechtern. Dabei hat nicht zuletzt auch die Konkurrenz zu einer auf der Werft S. Rocco recht einflußreichen Gruppe anarchistischer Arbeiter eine Rolle gespielt.

Unter diesen Umständen verwundert es nicht, daß die Gewerkschaften in Triest — anders als in Hamburg — ihre »erzieherischen« Ansprüche gegenüber der Arbeiterklasse niemals wirklich realisieren konnten. Die Konfrontation zwischen traditioneller »Arbeiterkultur« und einer sozialdemokratischen »Arbeiterbewegungskultur« — deren disziplinierende Wirkung auch wesentlichen neuen Anforderungen an die Qualität der Arbeitskraft entgegenkam —

---

149 MtA/F,RM 3/v2983, Bericht vom 12. 6. 1909.
150 VAB & V/HH, ordentliche Generalversammlung vom 14. 8. 1907.
151 Il Lavoratore, 9. 5. 1905.
152 Ebda.

war in Triest viel zu schwach ausgeprägt, um entscheidende Veränderungen der Wertvorstellungen, der überlieferten Formen des sozialen Protestes und der Lebensführung in Gang zu setzen[153].

---

153 Il Lavoratore, 14. 2. 1914.
154 Zur Konfrontation von Arbeiterkultur und Arbeiterbewegungskultur in Deutschland vgl. demnächst: *Richard J. Evans* (Hrsg.), Roughness and Respectability in the German Working Class (Arbeitstitel), erscheint: London 1981.

Wolfgang W. Wittwer

Zur Entstehung und Entwicklung sozialdemokratischer Schulpolitik vor 1918
Programmatik und Agitation unter besonderer Berücksichtigung Preußens

1. Die Arbeiterbewegung als Bildungsbewegung

Die sozialdemokratische Arbeiterbewegung betrachtete es von ihren Anfängen her[1] als ein ganz besonderes Anliegen, für die Bildung der Massen einzutreten. Dieser aufklärerische Impetus kommt auf naive Weise in einer Strophe der sogenannten Arbeiter-Marseillaise aus dem Jahre 1864 zum Ausdruck, die das Vereinslied des Allgemeinen Deutschen Arbeitervereins wurde:

>»Der Feind, den wir am tiefsten hassen,
>der uns umlagert schwarz und dicht,
>das ist der Unverstand der Massen,
>den nur des Geistes Schwert durchbricht.
>Ist erst dies Bollwerk überstiegen,
>wer will uns dann noch widerstehn?«[1a]

Der Glaube an die große »Rolle der Bildung für die Befreiung des Proletariats«[2] war besonders von Lassalle genährt worden. Lassalle verstand sich als Lehrer der Arbeiterschaft[3], wobei er sich gern auf das Vorbild Fichtes als Volkserzieher berief[4], und propagierte den Wert der Wissenschaft für die Arbeiter[5]. Auf die Wissenschaftlichkeit seiner Agitation führte er seinen Erfolg bei den Arbeitern zurück[6]. Er bescheinigte den Arbeitern ferner einen Grad der Bildung, der sie zu politischer Gleichheit berechtige[7], nicht ohne diese Bildung wiederum auf seine Agitation zurückzuführen[8].

---

1 In dieser Darstellung wird die frühsozialistische Bewegung, werden Bund der Kommunisten und Allgemeine Deutsche Arbeiterverbrüderung ausgeklammert.
1a Vgl. *Gustav Radbruch*, Der innere Weg, Stuttgart 1951, S. 177 f.
2 So der Titel der Arbeit von *Hildegard Reisig*, Leipzig 1933.
3 *Ferdinand Lassalle*, Arbeiter-Lesebuch (1863), in: *ders.*, Gesammelte Reden und Schriften, hrsg. u. eingel. v. *Eduard Bernstein*, Berlin 1919, Bd. 3, S. 223: »Ich stehe lediglich in der Lage eines Mannes, der Sie unterrichten und belehren will und nicht, der sich verteidigt.«
4 *Ders.*, Fichtes politisches Vermächtnis und die neueste Gegenwart, *ebda.*, Bd. 6, S. 81 f.
5 *Ders.*, Die Wissenschaft und die Arbeiter (1863), *ebda.*, Bd. 2, S. 248: »Die Alliance der Wissenschaft und der Arbeiter, dieser beiden entgegengesetzten Pole der Gesellschaft, die, wenn sie sich umarmen, alle Kulturhindernisse in ihren ehernen Armen erdrücken werden — das ist mein Ziel, dem ich, so lange ich atme, mein Leben zu weihen beschlossen habe!«
6 *Ders.*, Die Presse, die Feste ... (1863), *ebda.*, Bd. 3, S. 439.
7 *Ders.*, Arbeiter-Lesebuch (1863), *ebda.*, Bd. 3, S. 252; *ders.*, Die Presse, die Feste ... (1863), *ebda.*, Bd. 3, S. 343.
8 *Ders.*, Ronsdorfer Rede (22. 5. 1864), *ebda.*, Bd. 4, S. 224.

In dieser Agitation wurde ein idealistischer Bildungsbegriff angewendet, der politische Reife im Sinne geistiger Befreiung meinte. Dieser Bildungsbegriff wirkte auf die Arbeiterbewegung stark, weil er geeignet war, deren primäres ökonomisches und sozialpolitisches Anliegen kulturell zu überhöhen und zusätzlich zu legitimieren. Deshalb wurde in der Geschichte der Arbeiterbewegung dieses Bildungsanliegen häufig wiederholt. Wilhelm Liebknecht formulierte: »Die Sozialdemokratie ist im eminentesten Sinne des Worts die Partei der Bildung[9].« 1887 gab er die Losung aus: »Agitiren, organisiren, studiren[10].« August Bebel forderte 1907: »Wir müssen studieren, wir müssen beobachten und wir müssen lernen, lernen und abermals lernen[11].« Er bescheinigte den Massen »den Hunger nach Wissen, nach Erkenntnis, nach höherer Bildung[12].« Zwar entwickelte Lassalle kein ausgesprochenes Schulprogramm, aber sein Hinweis, daß der eigentliche Zweck des Staates »die Erziehung und Entwicklung des Menschengeschlechtes zur Freiheit« sei[13], mußte auf Menschen wirken, die die Vorenthaltung wesentlicher Bildungs- und Erziehungschancen durch diesen Staat am persönlichen Schicksal ablesen konnten. Es war somit nur ein kurzer Schritt von der Propagierung der allgemeinen politischen Bildungsnotwendigkeit der Arbeiterschaft zu der Aufstellung von Forderungen an das bestehende, institutionalisierte Bildungssystem, Grundlagen dieser Bildung zu vermitteln oder aber zu untersuchen, warum das in den bestehenden Bildungsinstitutionen nicht geleistet wurde. Dabei mußten rasch Grundeinsichten in die politische Funktion der Schule gewonnen werden. Bereits Lassalle stellte fest, daß die höheren Klassen »von vornherein in eine prinzipiell feindliche Stellung zu der Entwicklung des Volkes, zu dem Umsichgreifen der Bildung und Wissenschaft, zu den Fortschritten der Kultur« gerieten[14]. Vierzig Jahre später formulierte Bebel die gleiche Ansicht folgendermaßen:
»Die herrschende Klasse ist bemüht, die Masse der Entrechteten in Unwissenheit über unsere Zustände zu erhalten, weil sie sich mit Recht sagt, daß man nur mit einem unwissenden, künstlich in der Zufriedenheit erhaltenen Proletariat diese Zustände noch aufrechterhalten kann[15].«
Die Herkunft der Beschäftigung der Sozialdemokratie mit dem Schulwesen aus dieser umfassenden politischen Bildungsvorstellung verweist sowohl auf die politische Bildung der Arbeiterschaft, die hier ausgeklammert wird[16], als auch auf die unmittelbaren Ansatzpunkte für eine Stellungnahme zu schulpolitischen Problemen.

---

9 *Wilhelm Liebknecht*, Wissen ist Macht — Macht ist Wissen, Leipzig 1873, benutzt in einer Ausgabe von 1888, S. 42.
10 *Prot. PT St. Gallen 1887*, S. 42.
11 *August Bebel*, Rede in Berlin, 16. 10. 1907, in: ders., Sein Leben in Dokumenten, Reden und Schriften, hrsg. v. *Helmut Hirsch*, Köln/Berlin 1968, S. 324.
12 *Prot. PT Essen 1907*, S. 315.
13 *F. Lassalle*, Arbeiterprogramm, in: Ges. Reden, Bd. 2, S. 198.
14 *Ebda.*, S. 192.
15 *A. Bebel*, Rede in Bamberg 1903, in: Sein Leben in Dokumenten, S. 273.
16 Vgl. *Heinrich Schulz*, Arbeiterbildung und Bildungsarbeit, Berlin 1913; ders., Politik und Bildung. Hundert Jahre Arbeiterbildung, Berlin 1931; ders., Das Wesen der Arbeiterbildung, o. J. (vor 1914). Zur Arbeiterbildung und der Jugendbildung als politischer Erziehung vgl. *Karl Christ*, Sozialdemokratie und Volkserziehung, Bern/Frankfurt a. M. 1975. Zu den Vorläufern der sozialdemokratischen Bildungsbestrebungen in den überwiegend liberalen Arbeiterbildungsvereinen vgl. *Karl Birker*, Die deutschen Arbeiterbildungsvereine 1840—1870, Berlin 1973. *Hugo Eckert*, Liberal- oder Sozialdemokratie, Stuttgart 1968, S. 87 ff.; *Wolfgang Schmierer*, Von der Arbeiterbildung zur Arbeiterpolitik, Hannover 1970.

Das konkrete sozialpolitische Programm der Partei wies solche Berührungspunkte auf. Die Forderung nach der Ausgestaltung des Kinderarbeitsverbotes, aufgestellt bereits im Eisenacher Programm[17] und als wesentliches Anliegen von der Partei wiederholt vorgetragen[18], war nicht nur ein Versuch zur Einschränkung der industriellen Reservearmee, sondern diente unmittelbar auch der Verbesserung der schulischen Möglichkeiten der betroffenen Kinder. Ebenso wurde der Kampf um die Verkürzung der Arbeitszeit auch unter dem Gesichtspunkt der Ausweitung des Zeitraumes »zur geistigen Ausbildung« geführt[19]. Der Einsatz der Gewerkschaften für die Verbesserung der materiellen Lage der Arbeiterschaft konnte als Kampf für die Schaffung der Grundlagen und des Freiraumes für geistige Betätigungen verstanden werden, wie sich aus vielen Äußerungen Carl Legiens belegen läßt[20].

Der Bildungsbegriff der Arbeiterbewegung verband sich mit der Bildungsutopie des verheißenen »Zukunftsstaates«, die den Anspruch der Sozialdemokratie untermauern sollte, eine neue, bessere, freiere Gesellschaft mit einem besseren Bildungssystem gestalten zu können. Der Sozialismus wolle »die Kultur [...] auf eine höhere und edlere Stufe« stellen[21], während der Liberalismus nur die »Sittenverwilderung und die Rohheit« gestärkt habe[22]:
»Solchen Zuständen gegenüber vertritt der Sozialismus die höhere Kultur, weil er allen Kindern des Volkes ohne Ansehen der Person eine gleiche und die möglichst vollkommene Bildung und Erziehung, und zwar möglichst weit ausgedehnt über das jetzige schulpflichtige Alter hinaus, angedeihen lassen will[23].«
Den Glauben an die Überlegenheit des Sozialismus in seinen Leistungen für die allgemeine Bildung vertrat Bebel auch in der sog. Rede über den »Zukunftsstaat« im Reichstag am 3. 2. 1893[24]. Die populärste und in der Arbeiterbewegung am weitesten verbreitete Ausmalung dieser zukünftigen allgemeinen Verteilung aller Bildungsgüter lieferte Bebel in »Die Frau und der Sozialismus[25]«. Nach Aufhebung des Staates werde ein Bildungswesen in demokratischer Selbstverwaltung unter maßgeblicher Beteiligung der Eltern, unter Ausschaltung aller

---

17 *Prot. PT Eisenach 1869*, S. 32 ff.
18 Vgl. im Zusammenhang mit der Vorlage eines Arbeiterschutzgesetzentwurfes im Reichstag am 8. 5. 1890: Die Tätigkeit des Deutschen Reichstages 1890—1893 in: *Die Sozialdemokratie im Deutschen Reichstag 1871—1893*, Berlin 1909, S. 484 ff. *Käthe Duncker*, Die Kinderarbeit und ihre Bekämpfung, 2. Aufl., Stuttgart 1910. *Handbuch der sozialdemokratischen Parteitage von 1910 bis 1913*, München o. J., Neudruck Leipzig 1972, S. 135 ff., S. 300 ff.
19 Vgl. die Beratungen über den »Normalarbeitstag«, *Prot. PT Dresden 1871*, S. 6 ff. (Zitat, S. 21).
20 *John A. Moses*, Gewerkschaftliche Kultur- und Klassenkampfaufgaben bei Carl Legien, in: *Deutschland in der Weltpolitik des 19. und 20. Jahrhunderts*. Fritz Fischer zum 65. Geburtstag, hrsg. von *Imanuel Geiss* und *Bernd Jürgen Wendt*, Düsseldorf 1973, S. 194 f. und 199.
21 *A. Bebel*, Die parlamentarische Tätigkeit 1874—1876. In: ders., Ausgewählte Reden und Schriften, Bd. 1: 1863—1878, hrsg. v. Institut für Marxismus-Leninismus beim ZK der SED, Berlin [DDR] 1970, S. 435.
22 *Ebda.*, S. 436.
23 *Ebda.*, S. 437.
24 *A. Bebel* in: Sein Leben in Dokumenten, S. 183: »Wenn wir nun die Erziehungsmittel, die Bildungsmittel im großartigsten Maßstabe in unseren Händen haben und organisiert anwenden, so werden wir das allgemeine Bildungsniveau der großen Masse in verhältnismäßig kurzer Zeit auf eine Höhe heben, von der wir heute keine Ahnung haben; und Sie, die Sie die entschiedensten Gegner einer solch allgemeinen Bildung sind, werden dann sehen, was ein Volk mit einem solchen Maß von Bildung auch in bezug auf seine materielle Lebenshaltung und die Besserstellung derselben zu schaffen vermag (Sehr gut! bei den Sozialdemokraten).«
25 *A. Bebel*, Die Frau und der Sozialismus, 61. Aufl., Berlin 1964, S. 488 ff.

sozialen und ökonomischen Benachteiligungen durch totale Unentgeltlichkeit und Schülerfürsorge, die der Reichtum der sozialistischen Gesellschaft ermöglichen werde, verwirklicht werden. Die Koedukation werde auch die Benachteiligung der Frau beseitigen.
Diese sozialistische Gesellschaft sollte völlige geistige Freiheit gewährleisten[26]. In einer weiteren Zukunftsstaatsvision wurde diese freie Entfaltung der Persönlichkeit beschrieben:
»Dadurch, daß der Sozialismus allen Anlagen Zeit und Gelegenheit zur Entfaltung gibt, wird vielmehr er der individuellen Eigenart, der ‚Persönlichkeit' den weitesten Spielraum bieten[27].«
Mit einem umfassenden Bildungsbegriff ausgestattet und mit dem handlungslegitimierend wirkenden Anspruch versehen, diese Bildung in einer neuen Gesellschaft verwirklichen zu können, war die Arbeiterbewegung von ihren Anfängen her auf die Kritik der bestehenden Schul- und Bildungssysteme und die Entwicklung eines Gegenprogramms verwiesen. Der das primäre sozioökonomische Anliegen der Sozialdemokratie überhöhende Anspruch, eine Kulturbewegung sein zu wollen, weist somit einen unmittelbaren Bezug zur Schul- und Bildungsdebatte in der Partei auf[28].
Im Verlauf der Parteientwicklung bildeten sich innerhalb der Partei besondere Gruppen, denen bildungspolitische Probleme ein besonderes Anliegen sein mußten. Die immer wieder in Frage gestellte Stellung der Intellektuellen und Akademiker in der Partei verwies unmittelbar auf die Kluft im Bildungssystem und warf vor allem Probleme der politischen Schulung auf, weil für die konkrete Zusammenarbeit der Nachweis der Verproletarisierung der Akademikerschaft nicht genügte[29]. Diese Intellektuellen betätigten sich als Redakteure und in der politischen Schulung. Auf Grund der gegebenen Ausnahmestellung der Sozialdemokratie waren aber nur ganz selten Personen in dieser Gruppe anzutreffen, die in Lehrämtern unmittelbare Erfahrungen in den Bildungsinstitutionen gesammelt hatten[30]. Auch Volksschullehrer bezahl-

---

26 Vgl. zu *Bebel* und *Kautsky* (Die Soziale Revolution, 1902) *Susanne Miller*, Das Problem der Freiheit im Sozialismus, 2. Aufl., Berlin/Bonn-Bad Godesberg 1974, S. 246 ff.
27 J. *Stern*, Der Zukunftsstaat, 5. Aufl., Berlin 1906, S. 13.
28 Vgl. *Eduard Bernstein* im Vorwort zu *David Koigen*, Die Kulturanschauung des Sozialismus, Berlin 1903, S. XI: »Die höchste Aufgabe aller Kulturbestrebungen, und nicht zuletzt der Kulturbestrebungen des Sozialismus, ist nicht irgendeine Eigentumsform oder Wirtschaftsmethode, sondern die Verwirklichung des freien Menschen.«
29 Vgl. »Was wir wollen«, in: *Der Sozialistische Akademiker* 1, 1895, S. 1. Das gebildete Proletariat und die Sozialdemokratie, ebda., S. 128 ff., S. 139 ff. *P. Ernst*, Das gebildete Proletariat in Deutschland, ebda., 2, 1896, S. 232 ff. *A. Bebel*, Akademiker und Sozialismus (1897), in: Sein Leben in Dokumenten, S. 89—108, begrüßte das Bündnis, auf dem PT Dresden 1903 dagegen war er sehr ablehnend aus ideologischen Gründen. Zur Wirkung der Dresdner Rede vgl. *Lily Braun*, Memoiren einer Sozialistin, München 1911, Bd. 2, S. 511, und *Julie Braun-Vogelstein*, Heinrich Braun, Stuttgart 1967, S. 162 ff. Nach *Karl Kautsky*, Das Erfurter Programm, 13. Aufl., Stuttgart 1919, S. 50 ff. wird im Kapitalismus die Bildung zur Ware. Der Anstieg der Zahl der Gebildeten hat die Inflation ihrer Bedeutung zur Folge, die zu einem Absinken der Masse der Gebildeten in das Proletariat führt.
30 Zu dem Privatdozenten und Physiker *Leo Arons*, der wegen seines Eintretens für die Sozialdemokratie 1898 ein preußisches Gesetz über die Unterstellung der nichtbeamteten Privatdozenten unter das Beamtendisziplinarrecht bewirkte, vgl. o. Verf.: Zur lex Arons, in: NZ 16/1, 1898, S. 577 ff. *Bruno Borchardt*, Die Stellung des Privatdozenten und die lex Arons, in: NZ 16/1, 1898, S. 618 ff. *Dieter Fricke*, Zur Militarisierung des deutschen Geisteslebens im wilhelminischen Kaiserreich. Der Fall Leo Arons, in: Zeitschrift für Geschichtswissenschaft 8, 1960, S. 1069 ff. Zur Verhinderung der Habilitation von *Heinrich Braun* in Jena vgl. *Braun-Vogelstein*, Heinrich Braun, S. 42 ff. Zu *Robert Michels* vgl. *Alexander Busch*, Die Geschichte der Privatdozenten, Stuttgart

ten ihr Eintreten für die Sozialdemokratie entweder mit dem Verlust ihrer Stellung, wie z. B. Heinrich Schulz und Otto Rühle und Clara Zetkin, die als Redakteure in die Arbeiterbewegung überwechseln mußten, oder aber ihr Eintreten für die Sozialdemokratie mußte verborgen bleiben[31].

Ein besonderes Interesse an Bildungsfragen entwickelten die Frauen, die der Sozialdemokratie folgten[32]. Waren sie bis zur Novelle des Reichsvereinsgesetzes 1908 gezwungen, sich zur Tarnung in scheinbar unpolitischen Frauenbildungsvereinen zu organisieren[33] und sich dort vor allem mit Bildungsfragen für Arbeiterinnen zu beschäftigen[34], so war es naheliegend, daß sie sich auch sehr stark mit familiären[35] und schulischen[36] Erziehungsfragen befaßten. Wesentlich war in diesen Aktivitäten der Grundsatz der Gleichberechtigung der Frau in Bildungs- und Berufsmöglichkeiten, der auf Antrag Clara Zetkins auf dem Parteitag in Gotha 1896 angenommen wurde[37].

Auch die Jugendorganisation der Partei setzte sich in besonderem Maße mit der Schule auseinander. Die Aufbauarbeit Karl Liebknechts auf diesem Gebiet war begleitet von ausführlichen Hinweisen auf die zunehmende Erfüllung der Schule mit militaristisch-propagandistischen Inhalten, die nach seiner Meinung eine wahre politische Bildung verhindern und den Kasernendienst vorbereiten sollten[38]. Der Aufbau einer außerschulischen antimilitärischen Erziehung im Rahmen einer proletarischen Jugendorganisation enthielt folglich ein Element konkreter Kritik an den Inhalten des bestehenden Schulsystems. In der Arbeiterjugend ent-

---

1959, S. 115 und zu der Kritik von *Max Weber* an dieser Behinderung: Brief Max Webers an Max Quarck vom 5. 2. 1907 in: AsD, NL Quarck, Nr. 68. Zu dem Ausscheiden des Oberlehrers *Eduard David* wegen seines Bekenntnisses zur Sozialdemokratie vgl. *Susanne Miller/Erich Matthias* (Bearb.), Das Kriegstagebuch des Reichstagsabgeordneten Eduard David 1914 bis 1918, Düsseldorf 1966, S. XIV.

31 Der Hamburger Volksschullehrer *Harro Köhnke*, der eine wichtige Rolle in der Hamburger Reformpädagogik spielte, konnte erst 1907 nach seiner Pensionierung offen für die SPD auftreten, vgl. *Prot. PT Würzburg 1917*, Anlage 1, S. 40. Der Hamburger Lehrer *Louis Biester* wurde nach eigenen Angaben 1912 Parteimitglied, vgl. *Prot. PT Weimar 1919*, S. 360. Die 27 Bremer Volksschullehrer, die 1910 Bebel zum 70. Geburtstag ein Telegramm sandten, mußten anonym bleiben, vgl. *Lutz Regener*, Das Bebel-Telegramm. Eine Dokumentation zur Schulpolitik in Bremen aus den Jahren 1909 bis 1910, in: *Pädagogik*, 1956.

32 *Annemarie Neumann*, Die Entwicklung der sozialistischen Frauenbewegung, München 1921. *Christa Söllner*, Clara Zetkin und die sozialistische Frauenbewegung in der Zeit von 1890 bis zum 1. Weltkrieg, Köln 1970. Vgl. die Berichte der Frauenkonferenzen in den Protokollen der Parteitage. AsD, NL Marie Juchacz, III, Ms. »Frauen ihres Jahrhunderts«.

33 Vgl. AsD, NL Gerda Weyl, Nr. 21.

34 Vgl. *Wally Zepler*, Welchen Wert hat die Bildung für die Arbeiterin?, Berlin 1910.

35 Vgl. *Käte Duncker*, Sozialistische Erziehung im Hause. in: *Prot. PT Nürnberg 1908*, S. 507—518. Auf diesem Gebiet arbeitete auch *Luise Zietz* (1865—1922), die in Hamburg eine Kindergärtnerinnenschule besucht hatte; vgl. AsD, NL Marie Juchacz, III.

36 Vgl. *Christa Söllner*, Clara Zetkin, S. 40, für »Die Gleichheit«. *Prot. PT Jena 1911*, S. 455 f. hielt Klara Weyl (Berlin) ein Referat, in dem sie Einsatzmöglichkeiten der Frauen für Schulverbesserungen auf kommunaler Ebene aufzeigte, auf der Frauenkonferenz im Anschluß an den PT Bremen 1904 hatte Clara Zetkin über die Bildungsfrage referiert, vgl. *Christa Söllner*, S. 30.

37 *Prot. PT Gotha 1896*, S. 175.

38 *Karl Liebknecht*, Rede auf dem Parteitag in Bremen, 19. 9. 1904. in: ders.: Gesammelte Reden und Schriften, hrsg. v. Institut für Marxismus-Leninismus beim ZK der SED, Berlin [DDR] 1958—1968, Bd. 1, S. 80 ff. *Ders.*, Militarismus und Antimilitarismus unter besonderer Berücksichtigung der internationalen Jugendbewegung (1907), *ebda.*, Bd. 1, S. 247 ff., zur Rolle der Schule S. 289, vgl. ferner *ebda.*, Bd. 3, S. 475.

stand in den Jahren eine große Organisation, die in besonderem Maße für die Aufnahme schulpolitischer Forderungen geeignet war.

2. Die Bildungs- und Schulpolitik in den programmatischen Kundgebungen der deutschen Sozialdemokratie vor dem 1. Weltkrieg

Das Eisenacher Programm bezeichnete »die Errichtung des freien Volksstaates« als Ziel der Sozialdemokratischen Arbeiterpartei und stellte Grundsätze für den proletarischen Befreiungskampf auf, in denen die Erringung der politischen Freiheit als Vorbedingung der ökonomischen Befreiung der arbeitenden Klassen benannt wurde. Zur Erringung dieser politischen Freiheit wurde für die Agitation eine Reihe von »nächsten Forderungen« geltend gemacht, unter denen an fünfter und sechster Stelle
»Trennung der Kirche vom Staat und Trennung der Schule von der Kirche
obligatorischer Unterricht in Volksschulen und unentgeltlicher Unterricht in allen öffentlichen Bildungsanstalten«
genannt wurden[39]. Die Formel für die Säkularisation des Schulwesens war unverändert aus dem Programmentwurf, den Bebel als Berichterstatter vorgetragen hatte[40], übernommen worden. Dagegen hatte Bebels Entwurf nur den »obligatorischen und unentgeltlichen Unterricht in Volksschulen« vertreten[41]. Die Nürnberger Delegierten Rüll und Böhm beantragten die Ausweitung der Unentgeltlichkeit auf »alle öffentlichen Schulen[42]«. Das Protokoll des Parteitages vermerkte, daß die Säkularisationsformel ohne Debatte angenommen, in der Frage der Unentgeltlichkeit aber die Ausweitung des Antrags Rüll/Böhm akzeptiert wurde[43]. Die offensichtliche Unauffälligkeit, mit der diese Programmforderungen angenommen wurden, bewies ihre periphere Bedeutung für die Gründung der neuen Partei. Die Einbeziehung schulpolitischer Forderungen in den Reformforderungskatalog war den versammelten Delegierten vertraut. Der Leipziger Programmentwurf des ADAV von 1866 hatte die
»Erzielung der größtmöglichen Volksbildung, namentlich durch gründliche Verbesserung der Volksschulen«,
gefordert. Jedoch wurde diese Forderung als ein »von der sogenannten ‚bürgerlichen Demokratie' gewöhnlich vorgeschlagenes Palliativmittel« gekennzeichnet, das seine volle Wirkung erst würde entfalten können, nachdem die Arbeiterschaft mit Hilfe des allgemeinen Stimmrechtes »den jetzigen Staat [...] ihren gerechten Ansprüchen gemäß umgestaltet« hätte[44]. Die hier anklingende Frage nach dem Verhältnis zwischen Erringung der politischen Macht und wirkungsvoller Schulreform fehlte dagegen im sog. Chemnitzer Programm der Sächsischen Volkspartei von 1866, das dafür aber in den Schulforderungen detaillierter und ausführlicher war:
»Hebung der leiblichen, geistigen und sittlichen Volksbildung. Trennung der Schule von

---

39 *Programme der deutschen Sozialdemokratie*, Hannover 1963, S. 73.
40 *Prot. PT Eisenach 1869*, S. 32. Dieser Entwurf war zuerst veröffentlicht worden in: Demokratisches Wochenblatt (Leipzig), Nr. 31 v. 31. 7. 1869, vgl. A. Bebel, Reden und Schriften, Bd. 1, S. 620.
41 *Prot. PT Eisenach 1869*, S. 32.
42 *Ebda.*, S. 32.
43 *Ebda.*, S. 36.
44 *Programme der deutschen Sozialdemokratie*, S. 66.

der Kirche, Trennung der Kirche vom Staat und des Staates von der Kirche, Hebung der Lehrerbildungsanstalten und würdige Stellung der Lehrer, Erhebung der Volksschule zu einer aus der Staatskasse zu erhaltenden Staatsanstalt mit unentgeltlichem Unterricht. Herbeischaffung von Mitteln und Gründung von Anstalten zur Weiterbildung der der Volksschule Entwachsenen[45].«

Das Eisenacher Programm bewies durch die Aufnahme der Schulforderungen in den 3. Teil, »die nächsten Forderungen«, einerseits den Verzicht auf eine Reflexion über das Verhältnis zwischen Inbesitznahme der politischen Macht und Durchführung einer Schulreform — darin glich es dem Chemnitzer Programm[46] —, andererseits stellte der Verzicht auf viele Detailforderungen im Vergleich zum Chemnitzer Programm eine gewisse Lösung von der dort zum Ausdruck gelangenden liberaldemokratischen Bildungsbewegung dar.

Die ersten programmatischen Formulierungen zur Schulpolitik innerhalb der deutschen Arbeiterbewegung berührten im wesentlichen drei Bereiche: das Verhältnis von Schule und Kirche, die Verbesserung der Volksschule und soziale Maßnahmen zur Zugänglichmachung gehobener Bildungsgänge. Als vierter Bereich wurde die Erwachsenenbildung im Chemnitzer Programm berücksichtigt. Die Programmerläuterung Wilhelm Liebknechts, daß die Sozialdemokratie »die höchstmögliche Bildung für alle und jeden« wolle, war ein Bekenntnis zu demokratisch verstandener Chancengleichheit[47] ohne Hinweis auf den Klassencharakter der Gesellschaft.

Die Stellung verschiedener Abänderungsanträge bereits auf dem Parteitag 1874 in Coburg bewies, daß die Fassung der Schulforderungen des Eisenacher Programms nicht voll befriedigte. Josef Dietzgen beantragte eine Verschärfung der Trennung der Kirchen vom Staat und eine Betonung der Pflege der Volksschulen, die er als Einheitsschule unter Einbeziehung der öffentlichen höheren Bildungsanstalten verstanden wissen wollte[48]. H. Vogel (Berlin) beantragte die Präzisierung der Trennung von Kirche und Schule durch ausdrückliche Abschaffung des schulischen Religionsunterrichts und wollte die Unentgeltlichkeit des Unterrichts für alle öffentlichen Bildungsanstalten bestätigt sehen[49]. Diese Anträge, die gegenüber den Formulierungen des Eisenacher Programms nichts wesentlich Neues darstellten, sondern sich in dem dort abgesteckten Rahmen von Weltlichkeit und Vereinheitlichung des Schulwesens bewegten, wurden auf dem Parteitag nicht inhaltlich beraten, sondern dem nächsten Parteitag überwiesen[50]. Auf diese Weise gerieten sie in die Beratungen über ein Einigungsprogramm, das am 14. und 15. Februar 1875 in Gotha von einer 16er-Kommission beider Parteien vorberaten wurde[51], an der für die Sozialdemokratische Arbeiterpartei wohl Wilhelm

---

45 *Ebda.*, S. 68.
46 Allerdings ist zu beachten, daß Bebel selbst als Berichterstatter in Eisenach u. a. die Rechtsprechungspraxis der Gerichte bei Verbotsvorgängen als Orientierung für die Programmabfassung empfahl, *Prot. PT Eisenach 1869*, S. 15.
47 Zit. bei *Susanne Miller*, Freiheit, S. 172.
48 *Prot. PT Coburg 1874*, S. 5: »Die Religion hat ebenso wenig Anspruch auf besonderen Staatsschutz, wie irgendeine andere theoretische Caprice. Dagegen soll uns die Pflege der Volksschule, der wir alle öffentlichen sogenannten höheren Bildungsanstalten beizählen, besonders angelegen sein.«
49 *Ebda.*, S. 8: »Trennung der Schule von der Kirche, Entfernung des Religionsunterrichts aus der Schule, obligatorischer Unterricht in Volksschulen und unentgeltlicher Unterricht in allen öffentlichen Bildungsanstalten.«
50 *Ebda.*, S. 78 f.
51 *Franz Osterroth/Dieter Schuster*, Chronik der deutschen Sozialdemokratie, 2. Aufl., Berlin/Bonn-Bad Godesberg 1975, Bd. 1, S. 49.

Liebknecht, nicht aber August Bebel beteiligt war[52]. Der dort ausgearbeitete Entwurf verlangte »als geistige und sittliche Grundlage des Staates«:
»1. Allgemeine und gleiche Volkserziehung durch den Staat. Allgemeine Schulpflicht. Unentgeltlichen Unterricht.
2. Freiheit der Wissenschaft. Gewissensfreiheit[53].«
Friedrich Engels bezeichnete bereits am 18./28. März 1875 in einem Brief an Bebel u. a. auch diese Forderungen als *»bürgerlich*-demokratisch[54]«. Karl Marx ging in den »Randglossen« in die Einzelheiten. Die politischen Forderungen des Entwurfs enthielten »nichts außer der aller Welt bekannten demokratischen Litanei[55]«. Der Grundsatz der »gleichen Volkserziehung« sei in einer Klassengesellschaft nicht zu erwarten: »Glaubt man, daß in der heutigen Gesellschaft (und man hat nur mit der zu tun) die Erziehung für alle Klassen *gleich* sein kann?« Die Forderung nach allgemeiner Schulpflicht hielt er für überflüssig, da diese in Deutschland bereits verwirklicht sei. Gegen den Grundsatz der Unentgeltlichkeit auch der höheren Schulen wandte er ein, daß damit den höheren Klassen die Bestreitung ihrer Erziehungskosten aus dem allgemeinen Steuersäckel erlaubt würde. Marx vermißte die Forderung nach theoretischen und praktischen technischen Schulen in Verbindung mit der Volksschule. Besonders scharf kritisierte er die Forderung nach »Volkserziehung durch den Staat«, weil dadurch im Klassenstaat die Volkserziehung zum Machtinstrument gegen das Volk würde: »Im preußisch-deutschen Reich [...] bedarf umgekehrt der Staat einer sehr rauhen Erziehung durch das Volk[56].« Diese Kritik richtete sich zugleich gegen den Aspekt des staatlichen Konzentrationsprozesses, der von ihm sonst im Sinne der historischen Entwicklung der kapitalistischen Gesellschaft positiv beurteilt wurde, vor allem um sich gegen die Staatslehre Lassalles abzugrenzen.

Die Kritik von Marx und Engels beeinflußte für die Forderungen zur Schulpolitik die Beratungen des Gothaer Vereinigungsparteitages nicht, wie sie einer breiteren Öffentlichkeit überhaupt erst 1890 bekannt wurde[57]. Der der Marxschen Kritik entsprechende Antrag von Sylvanus (Hamburg) auf Streichung des Satzes von der allgemeinen und gleichen Volkserziehung durch den Staat[58] wurde ohne Debatte abgelehnt[59], ebenso der Antrag H. Vogels (Berlin)[60] und ein Vorstoß Bebels[61] auf eine über die Forderung nach Trennung von Staat und Kirche hinausgehende Festlegung auf Trennung von Kirche und Schule. Bebel begründete diese Forderung mit dem taktischen Verhalten der »Ultramontanen« im Kulturkampf, die

---

52 *Geschichte der deutschen Arbeiterbewegung*, hrsg. v. Institut für Marxismus-Leninismus beim ZK der SED, Berlin [DDR] 1966, Bd. 1, Kap. III, S. 39: Bebel saß bis zum 1. 4. 1875 im Gefängnis.
53 *Prot. PT Gotha 1875*, S. 4.
54 *MEW*, Bd. 34, S. 126. *Bebel* zitierte diesen Brief in: Aus meinem Leben, 1946, Bd. 2, S. 264.
55 »Randglossen zum Programm der deutschen Arbeiterpartei«, Wilhelm Bracke übersandt am 5. 5. 1875; *MEW* 19, S. 15 ff., Zitat S. 29.
56 *Ebda.*, S. 31.
57 NZ 9/1, 1890/1891, S. 563 ff.
58 *Prot. PT Gotha 1875*, S. 8.
59 *Ebda.*, S. 40.
60 *Ebda.*, S. 10 f.: »Trennung der Kirche vom Staat und von der Schule. Entfernung aller religiösen Formeln aus dem öffentlichen Leben und des Religionsunterrichtes aus der Schule.« Es folgen die Schulforderungen in der Formulierung des Programmentwurfes.
61 *Ebda.*, S. 51.

wohl eine Trennung von Staat und Kirche befürworteten, ihre Machtstellung in der Schule aber behalten wollten. Liebknecht setzte sich mit dem redaktionellen Argument durch, daß durch die Forderungen nach Trennung von Staat und Kirche und Staatlichkeit der Erziehung die Trennung von Kirche und Schule mitbedingt sei, eine ausdrückliche Erwähnung also überflüssig sei. Damit war die Debatte über die Schulforderungen, die schon Liebknecht in seiner Berichterstattung nur kurz gestreift hatte[62], erschöpft, und die Schulforderungen des Entwurfs wurden fast unverändert angenommen. Nur die Forderung nach Unentgeltlichkeit wurde etwas präzisiert, indem sie auf »alle Bildungsanstalten« bezogen wurde[63]. Auch in diesem Punkt wurde also die Kritik von Marx nicht berücksichtigt. Die fast unveränderte Annahme der Schulforderungen des Entwurfs ließ Marx und Engels ihre Kritik aufrechterhalten. Engels sprach gegenüber Bracke am 11. 10. 1875 von »einer Reihe vulgärdemokratischer Forderungen, im Geist und Stil der Volkspartei aufgesetzt[64]«.
Vergleicht man die Schulforderungen des Gothaer Programms mit denen des Chemnitzer Programms der Sächsischen Volkspartei und des Eisenacher Programms der Sozialdemokratischen Arbeiterpartei, so bewegten sich diese Forderungen in einem begrenzten Rahmen, in dem Grundsätze der Staatlichkeit, Einheitlichkeit und Weltlichkeit angesprochen wurden, ergänzt um die Forderung nach Unentgeltlichkeit als Ausdruck angestrebter sozialer Öffnung höherer Bildungsgänge für die wirtschaftlich Schwachen. Das Verhältnis dieser Forderungen wie aller Forderungen, die in diesen Programmen als »nächste« Forderungen angestrebt wurden, zur Frage der Eroberung der politischen Macht blieb unklar, so daß der Eindruck möglich war, daß eine Verwirklichung auf reformerischem Weg für denkbar gehalten wurde. Das jedenfalls war Grundlage der Marxschen Kritik am Lassalleanismus, der in dieser Form aber nicht auf den ADAV begrenzt war. Zugleich bleibt festzuhalten, daß die Aussagen der Partei zur Bildung und Erziehung »lange Zeit verhältnismäßig dürftig gewesen« sind[65].

Das verbreitete Unbehagen über das Gothaer »Kompromißprogramm[66]«, vor allem aber die Erfahrungen aus der Zeit der Verfolgung unter dem Sozialistengesetz bei gleichzeitigem stimmenmäßigen Zuwachs der Partei und die in diesen Zeitraum fallenden Ansätze zu einer Popularisierung der Erkenntnisse und Folgerungen von Marx und Engels ließen 1890 beim Auslaufen des Sozialistengesetzes eine Neufassung des Parteiprogramms geboten erscheinen. Bereits auf dem Parteitag in Halle referierte Wilhelm Liebknecht über die Programmrevision, wobei er über die Gothaer Schulforderungen als »selbstverständlich« hinwegging, also eine Wirkung der Marxschen Kritik an ihnen nicht zu erkennen gab[67]. Dagegen verteidigte Liebknecht die Erklärung der Religion zur Privatsache ausführlich, weil dieses ein »kritischer, viel umstrittener Punkt« sei. Er trat für die Beibehaltung dieses Satzes ein, der die

---

62 *Wilhelm Liebknecht:* »Unentgeltlicher Unterricht ist selbstverständlich. Außerdem müssen wir aber ausdrücklich betonen, daß die Religion Privatsache ist, dann ist die Forderung nach ‚Gewissensfreiheit' überflüssig.« *Ebda.,* S. 37.
63 Der Delegierte *Tutzauer* drang mit seinem Vorschlag der Begrenzung auf »alle öffentlichen Bildungsanstalten« nicht durch, *ebda.,* S. 51. Die angenommene Präzisierung ging auf den Antrag Nr. 7 der Leipziger Parteigenossen zurück, *ebda.,* S. 12.
64 *MEW,* Bd. 34, S. 155.
65 *Susanne Miller,* Freiheit, S. 170.
66 So Liebknecht in Gotha 1875 als Berichterstatter der Programmkommission, *Prot. PT Gotha 1875,* S. 33.
67 *Prot. PT Halle 1890,* S. 174.

Trennung von Kirche und Staat bedeute und »selbstverständlich« die Trennung der Schule von der Kirche mit einschließe[68]. In seinem Schlußwort zur Debatte um ein neues Parteiprogramm in Halle erwähnte Liebknecht wohl die Kirchen, nicht aber die Schulen als Nebenkriegsschauplätze des Klassenkampfes und ordnete diese den Hauptaufgaben der Sozialdemokratie unter:

»Statt mit Nebensachen die Kräfte zu zersplittern, packen wir die ökonomische Basis an, auf welcher der heutige Klassenstaat mitsamt den Kirchen oder Konfessionen und dem Pfaffentum steht; fällt die Basis, dann fällt alles andere mit[69].«

Trotz dieser deutlich abgestuften Einordnung der Schulfrage durch Liebknecht gab es beim Zusammentritt des Erfurter Parteitages 1891 mehrere Änderungsvorschläge zu den Schulbestimmungen. Der Entwurf des Parteivorstandes[70] verstärkte die in Gotha nur indirekt ausgesprochene Absicht der Trennung der Schule von der Kirche durch die direkte Forderung nach »Weltlichkeit der Schule«. Die von Marx 1875 kritisierten Sätze über die allgemeine Schulpflicht und die Unentgeltlichkeit wurden im wesentlichen beibehalten. Durch die Betonung des »öffentlichen« Charakters des Schulwesens wurde auch der von Marx kritisierte Grundsatz der Staatlichkeit der Erziehung zwar umformuliert, aber aufrechterhalten[71]. Auch der Programmentwurf der Redaktion der »Neuen Zeit«, die kurz zuvor die Marxschen »Randglossen« von 1875 veröffentlicht hatte, wich in den Schulforderungen von dem Entwurf des Parteivorstandes nur in der Ausdehnung der Unentgeltlichkeit auf die Verpflegung in den öffentlichen Volksschulen und durch die Einschränkung der Unentgeltlichkeit an den höheren Bildungsanstalten auf begabte Schüler und Schülerinnen ab[72]. Dieser Entwurf beweist den Abstand auch derjenigen Sozialdemokraten, die marxistischen Grundsätzen zu diesem Zeitpunkt am nächsten standen, zu den Schulforderungen von Karl Marx. Die Verbindung der Volksschule mit theoretischem und praktischem gewerblichen Unterricht, die Marx 1875 gefordert hatte, tauchte in diesem Entwurf nicht auf. Obwohl sie in einem Einzelantrag von Hugo Landé (Elberfeld) vertreten worden war, spielte sie bei den Programmberatungen keine Rolle[73]. Der von Marx wegen seines nichtssagenden Charakters abgelehnte Satz von der allgemeinen Schulpflicht tauchte wieder auf, und die Marxsche Kritik an der generellen Unentgeltlichkeit der höheren Schulen wurde nicht angemessen begriffen, wenn eine Unentgeltlichkeit für alle Befähigten ohne Hinweis auf das weitere notwendige Kriterium der Unbemitteltheit[74] gefordert wurde. So deckte sich diese Forderung mit dem bürgerlichen Reformschlagwort vom »Aufstieg aller Tüchtigen«.

---

68 *Ebda.*, S. 176.
69 *Ebda.*, S. 202.
70 *Prot. PT Erfurt 1891*, S. 15: »6. Weltlichkeit der Schule. Obligatorischer Besuch der öffentlichen Volksschulen. Unentgeltlichkeit des Unterrichts und der Lehrmittel in allen öffentlichen Bildungsanstalten.«
71 Der Programmentwurf von *Albert Auerbach, Paul Kampffmeyer* und *Dr. H. Lux* (Magdeburg) übernahm wörtlich die Schulformulierungen des Entwurfs des Parteivorstandes, *ebda.*, S. 22.
72 *Ebda.*, S. 18: »Weltlichkeit der Schule. Obligatorischer Besuch der öffentlichen Volksschule. Unentgeltlichkeit des Unterrichts, der Lehrmittel und gleiche Unentgeltlichkeit in den höheren Bildungsanstalten für diejenigen Schüler, die kraft ihrer Fähigkeiten für Ausbildung in denselben bestimmt werden.«
73 Der Antrag *Landés* lautete (*ebda.*, S. 28): »5. Einheitsschule mit theoretischem und praktischem gewerblichem Unterricht.«
74 Dem Parteitag lag ein Antrag v. *Vollmars* vor (*ebda.*, S. 31), der neben der allgemeinen Unentgeltlichkeitsforderung zusätzlich den »Unterhalt bedürftiger Kinder aus öffentlichen Mitteln« forder-

Zwar lag dem Parteitag noch eine Reihe weiterer Programmanträge zum Thema Schule vor, jedoch bewegten sie sich alle in dem vorgegebenen Rahmen der Forderung nach ausdrücklicher Feststellung der Weltlichkeit der Schule, Beschreibung des obligatorischen Charakters der Volksschule und Aussagen zur Unentgeltlichkeit[75]. Etwas aus dem Rahmen, aber Forderungen des Chemnitzer Programms aufgreifend, waren Passagen zur Stellung der Lehrer[76], Forderungen zur Fortbildungsschule[77] und die Forderung nach grundsätzlicher und allgemeiner Chancengleichheit durch Arthur Stadthagen[78]. In den Beratungen um das Programm spielten alle diese Forderungen keine Rolle. Wilhelm Liebknecht als Berichterstatter stellte die Forderung nach »Weltlichkeit der Schule« heraus und begründete sie mit dem Gebot der Gewissensfreiheit als Konsequenz des allgemeinen staatlichen Schulzwanges[79]. Er gab zu, daß bei der Festlegung des Ausmaßes der Unentgeltlichkeit zwischen dem Vorstandsentwurf und dem Entwurf von Karl Kautsky und Eduard Bernstein ein Unterschied bestand, vertrat aber die Ansicht, daß mit der Begrenzung der Unentgeltlichkeit an den höheren Schulen auf die befähigten Kinder die Marxsche Kritik von 1875 berücksichtigt sei, und urteilte:
»Mit diesem Zusatz ist unser Schulparagraph so formuliert, daß er auch den weitestgehenden Anforderungen Rechnung trägt, ohne in phantastische Überschwenglichkeiten zu verfallen und den Boden der realen Verhältnisse zu verlassen[80].«
Tatsächlich gelangte in das endgültige Parteiprogramm ohne weitere Debatte die Schulformel des Entwurfs von Kautsky und Bernstein mit leichten stilistischen Veränderungen:
»7. Weltlichkeit der Schule. Obligatorischer Besuch der öffentlichen Volksschulen. Unentgeltlichkeit des Unterrichts, der Lehrmittel und der Verpflegung in den öffentlichen Volksschulen sowie in den höheren Bildungsanstalten für diejenigen Schüler und Schülerinnen, die kraft ihrer Fähigkeiten zur weiteren Ausbildung geeignet erachtet werden[81].«
Über diese wenigen programmatischen Forderungen gelangte die Gesamtpartei bis 1906 nicht hinaus, denn die Ausweitung auf den Bereich der Fortbildungs- und Fachschulen zumindest für den landwirtschaftlichen Bereich mißlang, weil der Agrarprogrammentwurf der vom Frankfurter Parteitag 1894 eingesetzten Agrarkommission in Breslau 1895 scheiterte[82].

---

te. Das war wohl eher als Forderung nach Erziehungsbeihilfen als nach einer nach Bedürftigkeit abgestuften Unentgeltlichkeit zu verstehen.
75 *Ebda.*, S. 30: Antrag von *Kölner Genossen* zur Ziffer 6 des Vorstandsentwurfes: »Unentgeltlicher wissenschaftlicher Unterricht in den Volksschulen. Unentgeltlichkeit der Lehrmittel; Unabhängigkeit der Lehrer. Ausschluß der religiösen Lehren und Übungen.« — *Ebda.*, S. 31: Genossen des *IV. Berliner Wahlkreises* beantragten: »Weltliche Erziehung der Jugend durch Staat und Kommunen. — Unentgeltlichkeit des Unterrichts und der Lehrmittel in allen öffentlichen Bildungsanstalten.« — *Ebda.*, S. 31: Genossen aus *Iserlohn* beantragten, statt »Weltlichkeit der Schule« zu setzen: »Abschaffung der Religion aus allen öffentlichen Schulen«. — *Ebda.*, S. 31: Antrag *H. Vogel:* »Weltlichkeit der Schule. Obligatorischer Besuch der einheitlichen öffentlichen Volksschule. Unentgeltlichkeit des Unterrichts und der Lehrmittel an diesen und an allen höheren Bildungsanstalten.«
76 Vgl. Anm. 75: Antrag der *Kölner Genossen* und *ebda.*, S. 28, Antrag *H. Landé* (Elberfeld): »Vermehrung der Zahl der Lehrer, Verbesserung ihrer Vorbildung und Erhöhung ihrer Gehälter.«
77 *Ebda.*, S. 31: Antrag *H. Landé:* »Obligatorischer Fortbildungsunterricht bis zum 18. Jahr.«
78 *Ebda.*, S. 31: Antrag *Stadthagen* auf Ergänzung des Vorstandsentwurfes um den Zusatz: »Die Zugänglichmachung aller Unterrichtsanstalten allen.«
79 *Ebda.*, S. 350 f.
80 *Ebda.*, S. 352.
81 *Programme der deutschen Sozialdemokratie*, S. 80.
82 Text nach *Gerhard A. Ritter*, Die Arbeiterbewegung im Wilhelminischen Reich, 2. Aufl., Berlin 1963, S. 141: »7. Weltlichkeit der Schule, obligatorischer Besuch der öffentlichen Volks- und

Ordnet man diese Forderungen nach den großen Leitlinien der Schulentwicklung des 19. und 20. Jahrhunderts in Deutschland Säkularisation, Verstaatlichung als Schritt zur Vereinheitlichung sowie Aufstiegsgerechtigkeit ein, so ist zu beobachten, daß die Formulierungen des Erfurter Programms nur zur Frage der Säkularisation Stellung nahmen. Der Grundsatz der Staatlichkeit war nicht präzise formuliert, da die höheren Bildungsanstalten nicht ausdrücklich als »öffentliche« gekennzeichnet wurden. Der Gedanke der Vereinheitlichung des Bildungswesens wurde durch das akzeptierte Nebeneinander von Volksschulen und höheren Bildungsanstalten vernachlässigt. Die Frage des Aufstiegs durch Bildung gerann zu einer Umschreibung des liberalen Standpunktes vom Aufstieg tüchtiger Individuen im Gegensatz zur Frage nach grundsätzlicher Verbesserung der Bildungsmöglichkeiten des Proletariats als Klasse. Der politische Charakter des Bildungswesens wurde nicht reflektiert, wie die Aufnahme des Paragraphen unter die »nächsten Forderungen« des Programms erwies. Diese praktischen Forderungen, die nach einer Reminiszenz Kautskys aus dem Jahre 1931 von Bernstein entworfen worden waren[83], klammerten ihren Bezug zur politischen Machtfrage aus. Die Oberflächlichkeit, mit der die Schulforderungen des Erfurter Programms behaftet waren, gab Kautsky selbst zu. Er ging in seinem weitverbreiteten und maßgeblichen Programmkommentar nur auf den grundsätzlichen ersten Teil des Programms ein und gestand dabei für den Katalog praktischer Forderungen ein, daß darin vieles stehe, was auch von der bürgerlichen Demokratie gefordert werde. Entschuldigend fügte er aber hinzu, daß nur eine proletarische Partei über das notwendige Durchsetzungsvermögen dafür verfüge, wobei er die Schulfrage ausdrücklich erwähnte[84]. Heinrich Schulz hielt anläßlich von Vorüberlegungen zur Programmrevision nach dem Weltkrieg den Punkt 7 des Erfurter Programms für eine »mehr beiläufige Behandlung des kulturellen Faktors der gesellschaftlichen Entwicklung« und entschuldigte diese Behandlung mit dem damaligen verständlichen Übergewicht der rein politischen Kampfaufgaben der Partei: »Dabei blieb für unmittelbare Beschäftigung mit den Kulturaufgaben der Gesellschaft nicht viel Zeit übrig[85].« Noch 1921 wurden die Schulforderungen des Erfurter Programms in der Partei für »rein demokratisch[86]« erklärt.

Fortbildungsschulen, Errichtung ausreichender gewerblicher und landwirtschaftlicher Fachschulen, Musterwirtschaften und Versuchsstationen; Abhaltung regelmäßiger landwirtschaftlicher Unterrichtskurse. Unentgeltlichkeit des Unterrichts, der Lehrmittel und der Verpflegung *in allen öffentlichen Unterrichtsanstalten,* auch in den höheren Bildungsanstalten für diejenigen Schüler und Schülerinnen, die kraft ihrer Fähigkeiten zur weiteren Ausbildung geeignet erachtet werden.« (Hervorhebung der Abweichungen vom Erfurter Programm d. d. Verf.). Bereits die Resolution des Stuttgarter Parteitages 1870 der Sozialdemokratischen Arbeiterpartei zur Grund- und Bodenfrage forderte vom Staat, »durch Errichtung entsprechender Bildungsanstalten die nötigen Kenntnisse unter der ackerbautreibenden Bevölkerung zu verbreiten«, vgl. *A. Bebel,* Aus meinem Leben, Bd. 2, S. 101. Zur Agrarpolitik und -programmatik vgl. *Hans Georg Lehmann,* Die Agrarfrage in Theorie und Praxis der deutschen und internationalen Sozialdemokratie, Tübingen 1970, zum Breslauer Parteitag 1895 ebda., S. 191 ff.

83 *Karl Kautsky,* Vierzig Jahre Erfurter Programm. in: Sozialistische Bildung, 1931, S. 261. Vgl. *S. Miller,* Freiheit, S. 201 ff.
84 *Karl Kautsky,* Das Erfurter Programm erläutert, 13. Aufl., 1919, S. 258.
85 *Heinrich Schulz:* Die Kulturaufgaben der Sozialdemokratie, in: *Das Programm der Sozialdemokratie,* Berlin 1920, S. 87.
86 *Richard Lohmann,* Das Schulprogramm der Sozialdemokratie und ihre Schulpolitik, Berlin 1921, S. 7. Zur entsprechenden Bewertung in der neueren »linken« Erziehungswissenschaft vgl. *Lutz v. Werder,* Sozialistische Erziehung in Deutschland, Frankfurt a. M. 1974, S. 76.

Oberflächlichkeit, mangelnde Präzision und »bürgerliche« Herkunft der programmatischen Aussagen der Partei zur Schulpolitik lassen es erforderlich erscheinen, zur Ergänzung einen Blick auf die Agitationspraxis zu diesem Thema zu werfen.

3. DIE AUSEINANDERSETZUNG MIT DEN REALEN SCHULVERHÄLTNISSEN

Ende 1876, als die Sozialdemokratie in Einzellandtagen und Kommunalparlamenten erst ganz vereinzelt vertreten war, widmete August Bebel in dem parlamentarischen Rechenschaftsbericht, der der Agitation für die Reichstagswahlen 1877 dienen sollte, der Auseinandersetzung mit den wirklichen Schulverhältnissen in Ländern und Gemeinden einen umfangreichen Abschnitt[87]. Die hier praktizierte schulpolitische Kritik wurde in ihrer Argumentationsweise für die Gesamtpartei vor dem Weltkrieg prägend. Bebel ging aus von den unterschiedlichen Bildungsmöglichkeiten, die dadurch entstanden seien, daß im Bildungswesen der Staat nur gewisse Mindestlasten übernommen hatte, es aber im übrigen den Kräften jedes einzelnen überließ, wie weit er die Kosten für Lehrmittel und Schulgeld aufbringen konnte[88]. Zusätzlich wirkte sich im Bildungswesen die unterschiedliche Pflege von Volks- und höheren Bildungsstätten aus, deren Folgen vielfältige Mängel des Volksschulwesens in Form gesundheitsschädigender und unzweckmäßiger Schulhäuser, veralteter und unzureichender Lehrmittel und Schulbibliotheken und unzureichend ausgebildeter, schlecht besoldeter und unfreier Lehrkräfte waren. Aus den auf die einzelnen Schularten bezogenen Ausgaben von Städten (Leipzig, Zwickau, Mittweida) und Einzelstaaten (sächsisches Staatsbudget 1875) wurden die krassen Unterschiede in den öffentlichen Aufwendungen für Volksschüler und Schüler höherer Lehranstalten aufgezeigt. Daß diese Feststellung auch für die von den Liberalen beherrschten Städte zutraf, diente der Zurückweisung der von diesen behaupteten Volksbildungsfreundlichkeit[89]. Neben der Analyse der Schulkosten wurde auch die unterschiedliche Lage der Lehrkräfte dargestellt. Die Diskrepanz in der Lehrer-Schüler-Relation zuungunsten der Volksschule in Sachsen, die große Zahl offener und unzureichend aushilfsweise besetzter Lehrerstellen, besonders in Preußen (1874 = 12 Prozent der 52 043 Lehrerstellen)[90], wurden als Beobachtungsdaten herangezogen. Bebel gebrauchte dann den in der sozialdemokratischen Schulkritik häufig wiederholten Vergleich der Aufwendungen für die Volksschule mit den Aufwendungen für das Heereswesen, um zu errechnen, daß in Preußen auf 85 Schüler ein Lehrer kam, aber auf 6 Soldaten ein Unteroffizier[91]. Ferner kontrastierte er die geringen preußischen Staatszuschüsse zur Volksschullehrerbesoldung mit den Zuschüssen für die Besoldung der Geistlichen und verglich das Lehrereinkommen mit dem der protestantischen Geistlichen. Alle diese Argumente, die mit erneuerten Zahlenbelegen in der Folgezeit häufig die so-

---

87 *A. Bebel*, Die parlamentarische Tätigkeit im Reichstag und in den Landtagen und die Sozialdemokratie, in: Reden und Schriften, Bd. 1, S. 341—349. Die Schrift erschien in einer Auflage von 6 000 Exemplaren und erlebte bis 1909 drei weitere Auflagen. (*ebda.*, S. 644, Anm. 112).
88 *Ebda.*, S. 388.
89 *Ebda.*, S. 389.
90 *Ebda.*, S. 391. Auch *W. Liebknecht* wertete die amtliche Schulstatistik von 1871 aus, um die finanzielle Benachteiligung der Volksschule in Preußen zu belegen: *W. Liebknecht*, Wissen ist Macht, Ausg. 1888, S. 55 ff.
91 *Bebel*, Reden und Schriften, S. 391. Bereits 1872 stellte *W. Liebknecht* diesen Vergleich an, um die angeblich kulturbewußte Fassade des modernen Staates zu entlarven: Wissen ist Macht (Ausg. 1888), S. 15. Der Parteitag in Gotha 1877 nahm einen Antrag an, wonach in Zukunft der Parteikalender »Der arme Conrad« auch »Angaben über die Ausgaben für das Heerwesen und die Volksschulen« enthalten sollte, *Prot. PT Gotha 1877*, S. 82.

zialdemokratische schulpolitische Kritik bestimmten, führten Bebel zu der Abgrenzung gegen den vermeintlich fortschrittsfreundlichen Liberalismus, der die Militärausgaben und Staatsaufwendungen für die Kirchen mittrug und damit eine echte Verbesserung der Lage der Volksschule verhindere[92]. Nur die Sozialdemokratie kämpfe wirklich für die höchstmögliche Entwicklung der Volksschule, die materielle Verbesserung der Lage der Volksschullehrer und die Verstaatlichung des Schulwesens zur Sicherung gleicher Entwicklungsmöglichkeiten[93].

Die hier in ihrer Bündelung erstmals gebrauchten Argumente bestimmten in der Folgezeit die sozialdemokratische Kritik besonders am preußischen Schulwesen. Diese Kritik wurde zunächst von der Reichstagsfraktion getragen. In einem Aufruf zur Reichstagswahl 1881 wurde die Ablehnung neuer Steuern mit ihrer überwiegenden Verwendung für Militärausgaben begründet und der biblische Vergleich zwischen dem unfruchtbaren und fruchtbaren Saatkorn herangezogen, um die Zweckmäßigkeit der Erhöhung der Aufwendungen für das Volksschulwesen und die Ablehnung des Militarismus zu belegen[94]. Zur Reichstagswahl 1893 wurden Daten der preußischen Schulstatistik von 1892 herangezogen, um die Zahl überfüllter Volksschulklassen und die Vernachlässigung der Fortbildungsschule durch Verweigerung ausreichender staatlicher Mittel mit der reibungslosen Bewilligung von Millionensummen für Heer und Marine zu kontrastieren[95]. Dadurch sollte die Bildungsfeindlichkeit des angeblichen »Kulturstaates« Preußen entlarvt werden[96]. Ursprünglich war dieser Bezug zwischen Schule und Armee noch unmittelbarer gedacht worden. Aus der demokratischen Tradition der allgemeinen Volksbewaffnung heraus trat die Partei für eine Verkürzung des Wehrdienstes durch Verlagerung bestimmter Ausbildungsbereiche in die Schule ein. »Wegfall der Schulübungen in der Armee durch entsprechende Hebung der Volksschule« wurde gefordert[97]. Dabei war vor allem an Übungen zur Leibesertüchtigung gedacht. Diese Forderung diente der Ausgestaltung der Programmforderung nach Erziehung zu allgemeiner Wehrhaftigkeit. Zur Reichstagswahl 1912 errechnete ein Aufruf im »Vorwärts« Pro-Kopf-Aufwendungen für einen Volksschüler von 53 Mark im Jahr, für einen Soldaten aber von 2 300 Mark. Die »Erziehung« in der Kaserne wurde mit der Erziehung in der Schule verglichen und die Vernachlässigung der Schule politisch-obrigkeitsstaatlich gedeutet[98].

Aber nicht nur in Wahlaufrufen, sondern auch in auf ein gewisses Argumentationsniveau bedachten Zeitschriften wurden die Schwierigkeiten des Schulwesens, die sich aus der Unausgeglichenheit zwischen enormem Bevölkerungswachstum und -verschiebungen und zurückbleibenden Schulaufwendungen ergaben und die in den amtlichen Schulstatistiken ihren Niederschlag fanden, ausgewertet[99]. Die preußische Schulstatistik von 1911 diente dem Nach-

---

92 *Ebda.*, S. 392 f.
93 *Ebda.*, S. 394.
94 Aufruf der sozialdemokratischen Fraktion zur Reichstagswahl am 27. 10. 1881. in: *Die Sozialdemokratie im Deutschen Reichstag 1871—1893*, S. 195.
95 Die Tätigkeit des Deutschen Reichstages 1890—1893, *ebda.*, S. 449 f.
96 Vgl. auch den Bericht der Reichstagsfraktion auf dem Parteitag 1900 in Mainz, *Prot. PT Mainz 1900*, S. 71.
97 Die Tätigkeit des Deutschen Reichstages 1890—1893, in: *Die Sozialdemokratie im Deutschen Reichstag 1871—1893*, S. 446.
98 »Schule und Kaserne«, in: Vorwärts vom 7. 1. 1912.
99 Notiz: Die öffentlichen Volksschulen in Preußen, in: NZ 6, 1888, S. 236 f. *H. Schulz*, Zehn Jahre preußischer Volksschulgeschichte in Zahlen 1886—1896, in: NZ 17/1, 1899, S. 769—780. Vgl. *A. Bebel* im Reichstag (221. Sitzung, 24. 11. 1902): *Sten. Ber. RT*, 10. Leg.per./2. Sess., Bd. 7, S. 6561 ff.

weis der ungenügenden Durchgliederung des Volksschulwesens[100], der Benachteiligung des flachen Landes[101] und der ungerechten pädagogischen Behandlung der Schüler infolge kraß abgestufter Klassenfrequenzen zwischen den Schularten[102], Diese Auswertungen wurden natürlich auch im Preußischen Landtag vorgetragen[103].
Die Ungenügsamkeit der herkömmlichen Schule hatten die Parteiführer meist am eigenen Leib erfahren, sofern sie aus proletarischem oder kleinbürgerlichem Elternhaus stammten. Bebel (geb. 1840) hatte zwar freundliche Erinnerungen an die Bürgerschule in Wetzlar, aber deren begrenzte Kenntnisvermittlung und die ökonomische Unmöglichkeit zu studieren machten ihn zum lesewütigen Autodidakten[104]. Paul Löbe (geb. 1875) erinnerte sich später an den heroisch-militaristischen Geschichtsunterricht und die Prügelwut der Lehrer. Er beklagte die Unsicherheit, die eine autodidaktische Weiterbildung bei ihm erzeugt habe[105]. Hermann Müller (geb. 1876) mußte nach dem Tode seines Vaters die Untersekunda eines Realgymnasiums in Dresden verlassen[106]. Aus dem gleichen Grund schied Philipp Scheidemann (geb. 1865) von einer höheren Bürgerschule in Kassel[107]. Wilhelm Kaisen (geb. 1887) erlebte in Hamburger Vororten zwar reformpädagogisch beeinflußte Lehrer, aber der Geschichtsunterricht war militaristisch-heroisch, und eine Umschulung warf ihn stark zurück, womit er noch in seinen Memoiren eine größere Einheitlichkeit des Schulwesens begründete[108].

Die Anfänge der selbständigen Organisation der Arbeiterbewegung und die frühen programmatischen Kundgebungen in Chemnitz, Eisenach und Gotha belegen eine enge Verwandtschaft mit den bürgerlichen demokratischen Schulreformprogrammen aus der Zeit von 1848/49 und der demokratischen Volksschullehrerschaft[109]. Die Herkunft der Führer der neuen Partei aus den liberalen Arbeiterbildungsvereinen[110], aber auch die Aufnahme von Aufsätzen des demokratischen Volksschullehrers Eduard Sack mit umfassender Kritik an den

---

100 Schulstatistik, in: *Paul Hirsch* (Hrsg.), *Der preußische Landtag.* Handbuch für sozialdemokratische Landtagswähler, 3. Aufl., Berlin 1913, S. 484: 1911 besuchten 47,63 Prozent der preußischen Volksschüler 6-8stufige Schulen, 12,65 Prozent 4-5stufige und 39,72 Prozent 1-3stufige Schulen.
101 *Ebda.*, S. 485: In ländlichen Orten besuchten 62,5 Prozent der Schüler 1-3stufige, 16,75 Prozent 4-5stufige und 20,75 Prozent 6-8stufige Volksschulen.
102 Schülerfrequenz, *ebda.*, S. 478: höhere Schule zwischen 30 und 50, Volksschule 70—80.
103 Bericht der preußischen Landtagsfraktion, *Prot. PT Preußen 1910*, S. 111 ff.; Bericht der Landtagsfraktion, *Prot. PT Preußen 1913*, S. 76 f.
104 *A. Bebel*, Aus meinem Leben, Bd. 1, S. 23 ff.
105 *Paul Löbe*, Der Weg war lang, 2. Aufl., Berlin 1954, S. 15 ff.
106 AsD, NL Hermann Müller, I, Nr. 121—130.
107 *Philipp Scheidemann*, Memoiren eines Sozialdemokraten, Berlin 1928, Bd. 1, S. 3 ff.
108 *Wilhelm Kaisen*, Meine Arbeit, mein Leben, München 1967, S. 17 ff.
109 *Robert Rissmann*, Geschichte des deutschen Lehrervereins, Leipzig 1908. Gründung des Allgemeinen Deutschen Lehrervereins am 28./30. 9. 1848 in Eisenach. *C. L. A. Pretzel*, Geschichte des deutschen Lehrervereins, Leipzig 1921.
110 *A. Bebel*, Aus meinem Leben, Bd. 1, S. 122: Im März 1866 beschloß eine Versammlung sächsischer Arbeiter- und Arbeiterbildungsvereine ein Aktionsprogramm, das u. a. Schulreform und »Erhaltung der Schulen durch den Staat« verlangte. *Ebda.*, S. 148, zum Chemnitzer Programm der Demokratischen Partei und zu den dortigen Schulforderungen. Vgl. zu diesen Bezügen *K. Birker*, Arbeiterbildungsvereine.

preußischen Schulverhältnissen in »Die Neue Zeit« beweisen diesen Zusammenhang[111]. In der Zerstörung der Legende von dem hohen Stand der deutschen Volksschule wirkte die sozialdemokratische Kritik keineswegs allein[112]. Auch die häufiger anzutreffende Berufung auf Adolf Diesterweg weist auf diese Tradition[113]. Noch nach den Erfahrungen der sozialdemokratischen Schulpolitik in den Anfängen der Weimarer Republik hielt der katholische Kirchenrechtler und langjährige Zentrumsabgeordnete im Reichstag, Georg Schreiber, die Forderung nach der Trennung von Kirche und Schule für das kulturpolitische Erbe des Alt-Liberalismus[114]. Dennoch ist das Urteil von Susanne Miller zu relativieren, vor dem Sozialistengesetz habe den bildungspolitischen Vorstellungen jede »klassenkämpferische Note« gefehlt[115]. Bereits ganz am Anfang selbständiger parteipolitischer Bemühungen stand die Abgrenzung der Führer gegen die vermeintliche liberale Bildungsfreundlichkeit. Schon Lassalle stellte 1862 »eine prinzipiell feindliche Stellung« der höheren Klassen zu der Entwicklung des Volkes durch Bildung und Wissenschaft fest und bewertete diesen Gegensatz zwischen egoistischen Standesinteressen und der kulturellen Entwicklung der gesamten Nation als »hohe und notwendige Unsittlichkeit[116]«. Wilhelm Liebknecht erklärte den Dresdener und Leipziger Arbeitern 1872:

»,Durch Bildung zur Freiheit', das ist die falsche Losung, die Losung der falschen Freunde«

und verwies auf den umgekehrten Weg der Eroberung der politischen Freiheit als Voraussetzung für die Verwirklichung der Bildungsfreiheit[117]. August Bebel bezeichnete die Bildungsfreundlichkeit der Liberalen als »reine Heuchelei[118]«. Neben diese wohl primär durch allgemeinpolitische Überlegungen begründete Abgrenzung trat die Gestaltung eines eigenen, in propagandistischer Vereinfachung wirksamen Bildes, das die bestehenden Schulverhältnisse anklagte und Verbesserung nur durch die demokratische Umgestaltung des Staates versprach. Bebel prangerte bereits 1869 die Ungleichheit im Bildungssystem an und führte sie auf den »Klassengegensatz in der Gesellschaft« zurück[119]. Auf dem Parteitag 1871 in Dresden erklärte Most in der Debatte über den Normalarbeitstag unter dem Beifall der Delegierten, er sei überzeugt,

---

111 *Eduard Sack,* Stand der deutschen Volksbildung, in: NZ 1, 1883, S. 28 ff.; ders., Über den Ruhm der deutschen Volksschule, ebda., S. 151 ff.
112 Ders., Wie die Wahrheit über die Volksbildung verborgen blieb, ebda., S. 297—306.
113 Vgl. *Susanne Miller,* Freiheit, S. 170 f.
114 *Gerhard Schreiber,* Deutsche Kirchenpolitik, in: Historisches Jb. 70, 1951, S. 300.
115 *Susanne Miller,* Freiheit, S. 172.
116 *F. Lassalle,* Arbeiter-Programm, in: Ges. Reden u. Schriften, Bd. 2, S. 192.
117 *W. Liebknecht,* Wissen ist Macht (Ausgabe 1888), S. 43.
118 *A. Bebel,* Die parlamentarische Tätigkeit im Reichstag 1874—1876, in: Reden und Schriften, Bd. 1, S. 394.
119 *A. Bebel,* Unsere Ziele (Dezember 1869), *ebda.,* (1970), S. 95: »Von zwei Knaben, die geboren werden, lächelt dem einen in der Wiege ein sicheres väterliches Vermögen von 25 000 Talern entgegen, dem anderen nichts. Der Reiche bleibt vielleicht, wenn er erwachsen ist, trotz aller auf ihn angewandten Mittel — was man so nennt — ein Dummkopf, der andere ist ein gescheiter, aufgeweckter Kerl. Welcher hat nun [...] die meiste Aussicht, ich will sagen, Hunderttausendtalermann zu werden?« — *Ebda.,* S. 69: »Das Volksbildungssystem beruht ebenfalls auf dem Klassengesetz in der Gesellschaft; die höheren Bildungsanstalten in Staat und Gemeinde absorbieren den Löwenanteil an den öffentlichen Budgets: d. h. aus der Tasche der Gesamtheit; für die Volksschulen geschieht sehr wenig.«

»daß die Schule nicht eher gebessert wird, bis wir die Macht im Staate haben, bis wir diktieren, bis wir die Schule schaffen werden[120]«.
In seinem Referat über das Stimmrecht in Einzelstaaten und Kommunen zog Bebel auch die Schule als Beweis für die gesellschaftliche Ungleichheit heran[121]. Besonders kraß kam für Bebel diese Ungleichheit in dem Einjährigen-Freiwilligen-Privileg für diejenigen, deren Väter für eine bessere Schulbildung bezahlen konnten, zum Ausdruck[122]. Die Ungleichheit der Bildungschancen wurde von ihm und auch von Yorck auf dem Parteitag 1874 zur Anklage gegen diejenigen, die diese Zustände zu verantworten hatten[123]. Schon in der Eröffnungsrede hatte ein Coburger Parteigenosse festgestellt, daß die Schule »zu einem Werkzeug gegen uns gemacht worden« sei[124].

Wegen seiner großen Verbreitung in der Partei durch viele Neuauflagen belegt besonders Wilhelm Liebknechts Rede vom Februar 1872 mit dem Titel »Wissen ist Macht — Macht ist Wissen« diese sehr rasch in der Parteiagitation anzutreffende Anschauung vom Klassencharakter des Schulwesens und der sich daraus ergebenden politischen Funktion[125]. Weil Wissen Macht sei, wolle man es den Arbeitern vorenthalten. »Das Wissen ist für die Herrschenden, die Unwissenheit für die Beherrschten[126].« Die Bildungsungleichheit erhalte die Ausbeutung. Die Einführung des allgemeinen Schulzwanges sei keiner philanthropischen Bildungsabsicht entsprungen, sondern dem Wunsch nach Festigung der Klassenherrschaft: »Der Hauptzweck der Schule ist aber entschieden, taugliches Rohmaterial für die Kasernen zu liefern[127].« Dem Klassencharakter der Bildung wurde das Bildungsideal der Arbeiterbe-

---

120 *Prot. PT Dresden 1871*, S. 25.
121 *Ebda.*, S. 33: »Daß unsere Schule heutzutage Einrichtungen besitzt, welche die Ungleichheit involvieren, daß Arm und Reich getrennt sind, daß für die Reichen besonders, für die Armen weit weniger gesorgt wird, das ist eine altbekannte Sache.«
122 *Ebda.*, S. 32 f.: »Ein Unterschied besteht zwischen Arm und Reich, ein Unterschied ausgedrückt in der *dreijährigen* Dienstzeit für die Söhne der Unbemittelten und in der *einjährigen* Dienstzeit für die Söhne der Bemittelten. Der Besitz des Geldes gibt den letzteren die Möglichkeit, sich eine höhere Bildung zu verschaffen und dadurch das Recht des einjährigen Freiwilligendienstes, während die Söhne der Unbemittelten die längere Dienstzeit mit all ihrem Leiden ertragen müssen. Eine solche Ungleichheit ist nur möglich in einer Gesellschaft, in einem Staat, wo die Klassenherrschaft existiert und von einer wirklichen Volksvertretung, von einer entscheidenden Einwirkung des Volkes auf die Angelegenheiten des Staates nicht im Mindesten die Rede ist.«
123 *Prot. PT Coburg 1874*, S. 48: »Ist es erst noch nöthig, den Bildungsjesuiten zu sagen, [...], daß [...] alle Schuld für die mangelhafte, oft elende Schulbildung der Arbeiter Diejenigen trifft, die das Heft der Gesetzgebung in der Hand haltend, mit Vorbedacht und systematisch die Aufklärung und bessere Bildung und Erziehung des Volkes durch gute Schulen und tüchtige berufstreue Lehrer verhindert haben?«
124 *Ebda.*, S. 16. Vgl. *A. Bebel*, Die parlamentarische Tätigkeit 1874—1876, in: Reden und Schriften, Bd. 1, S. 356: Die Schule hat die Aufgabe, »dem Volke den Glauben einzurichten, daß es das schönste Los sei, sich für Gott, König und Vaterland zur Schlachtbank führen zu lassen«.
125 *W. Liebknecht*, Wissen ist Macht — Macht ist Wissen. Vortrag, gehalten zum Stiftungsfest des Dresdner Arbeiterbildungsvereins am 5. Februar 1872 und zum Stiftungsfest des Leipziger Arbeiterbildungsvereins am 24. Februar 1872 (benutzt in einer Ausg. v. 1888). Vgl. *Werner Wendorff*, Schule und Bildung in der Politik von Wilhelm Liebknecht, Berlin 1978; *Hans-Wolf Butterhof*, Wissen und Macht. Widersprüche sozialdemokratischer Bildungspolitik bei Harkort, Liebknecht und Schulz, München 1978.
126 *W. Liebknecht*, Wissen ist Macht, S. 9.
127 *Ebda.*, S. 21.

wegung entgegengestellt. Die Arbeiterschaft sei »Verteidiger der Kultur gegen die kulturfeindliche alte Gesellschaft, welche dem Volke das Wissen vorenthält[128]«. Es hätte geradezu als Anwendung Marxscher Lehrsätze gelten können, wenn Liebknecht in der Beseitigung der Klassenherrschaft die Voraussetzung für eine Schulreform sah. Aber diese zu erstrebende neue Herrschaftsform nannte er den »freien Volksstaat[129]«, eine Formel, die von Marx in der Kritik des Gothaer Programms scharf abgelehnt worden war[130]. Der Bezug Liebknechts auf den »freien Volksstaat« als das politische Ziel der Arbeiterbewegung zeigt die Trennungslinie auf zwischen der Forderung nach Gleichberechtigung durch Aufhebung sozialer Benachteiligungen und Privilegierungen im Bildungssystem, eine aus dem Grundgedanken der Demokratie abzuleitende Forderung, und der marxistischen Zielvorstellung der Machtübernahme durch das Proletariat.

Andererseits muß aber auch gesehen werden, daß die real angeprangerten Mißstände und die frühe Art der Anklageerhebung, auch wenn sie nur das Ziel der Erringung demokratischer Gleichberechtigung gehabt haben sollten, Formen darstellten, die sich zur Ausfüllung mit marxistischen Inhalten anboten. Die agitatorische Behandlung des Schulproblems konnte die Aufnahme marxistischer Argumente ermöglichen[131]. Die spärlichen und keineswegs systematisch entwickelten Aussagen von Marx und Engels zu Erziehungs- und Schulfragen wurden in der Partei erst relativ spät verbreitet. Der »Anti-Dühring« von Engels, der in der Regel als ein wesentlicher Meilenstein der Verbreitung der Lehren von Marx und Engels angesehen wird, enthielt pädagogische Aussagen, die aber mehr verheißungsvoll für den sozialistischen Zukunftsstaat galten[132]. Er wurde 1877 als Artikelserie im »Vorwärts« veröffentlicht; aber z. T. wegen der Schärfe der Angriffe Engels' gegen Dühring, z. T. aus Ärger über die Länge und Schwierigkeit der Engelsschen Polemik beschloß der Parteitag 1877 in Gotha den Abbruch dieser weitere Verbreitung sichernden Veröffentlichungsweise[133]. Die Randglossen zum Gothaer Programm wurden erst 1891 in der »Neuen Zeit« veröffentlicht[134], die Marxsche Instruktion für den Genfer Kongreß der Internationale 1866 sogar erst 1894[135], und erst 1901 findet sich ein vereinzelter Artikel, in dem gewisse Elemente »marxistischer« Pädagogik aufgezeigt wurden[136]. Aus Textstellen aus dem 1. Band des »Kapital« über die Verbindung von produktiver Arbeit mit Unterricht und Gymnastik[137] und aus dem »Anti-Dühring« wurde hier, soweit man beobachten kann, erstmals versucht, das Arbeitsprinzip als grundlegende pädagogische Neuerung durch Marx herauszustellen. Dieses Arbeitsprinzip, das vom Handfertigkeitsunterricht einiger bürgerlicher Reformpädagogen unterschieden wurde, sollte den zentralen Platz, den das Anschauungsprinzip bei Comenius, Rousseau und

---

128 *Ebda.*, S. 37.
129 *Ebda.*, S. 43: »Durch Freiheit zur Bildung! Nur im freien Volksstaat kann das Volk Bildung erlangen. Nur wenn das Volk sich politische Macht erkämpft, öffnen sich ihm die Pforten des Wissens!«
130 MEW, Bd. 19, S. 27 f.
131 Zur Marxismusrezeption innerhalb der deutschen Sozialdemokratie vgl. neben *Susanne Miller*, Freiheit, vor allem *Hans Josef Steinberg*, Sozialismus und deutsche Sozialdemokratie, 2. Aufl., Hannover 1969, S. 25 ff.
132 MEW, Bd. 20, S. 263—264, S. 271—275.
133 *Prot. PT Gotha 1877*, S. 70 ff.
134 NZ 9/1, 1891, S. 563 ff.
135 Die Internationale und die Schule, in: NZ 12/2, 1894, S. 824—827.
136 *Ludwig Woltmann*, Sozialismus und Erziehung, in: NZ 19/1, 1901, S. 84—89.
137 MEW, Bd. 23, S. 506—521. Marx entwickelte dabei Gedanken Robert Owens.

Pestalozzi eingenommen hatte, ersetzen. Es ist aber, wie die systematische Betrachtung des
„»Arbeitsprinzips« in der sozialdemokratischen Schulreformdiskussion zeigen wird[137a], fraglich, ob diese Publikation Marxscher Thesen wirksam gewesen ist.

Neben der Auseinandersetzung mit den realen (vornehmlich preußischen) Schulverhältnissen war die Frage nach der Stellung der Kirchen in der Volksschule in Preußen ein zentrales Problem der Schuldiskussion in der Partei. Im Zusammenhang mit dem Abbau des Kulturkampfes und dem damit verbundenen Versuch, den katholischen Bevölkerungsteil positiv für die Regierungspolitik zu gewinnen, kam es zu Versuchen, den preußischen Verfassungsauftrag von 1850 (Art. 26) auf Schaffung eines Schulgesetzes zu erfüllen. Die Entwürfe des Kultusministers von Goßler (1890)[138] und des Kultusministers Graf von Zedlitz-Trützschler aus dem Jahre 1892 mit ihrer offensichtlichen Tendenz, die Schulanträge des Zentrumsführers Windthorst aus dem Jahre 1888 in bezug auf die Ausgestaltung des konfessionellen Charakters der Volksschule zu erfüllen, stießen auf großes öffentliches Aufsehen.
Bebel betrachtete den Entwurf von 1892 als willkommenen Agitationsstoff[139]. Die Sozialdemokratie befand sich in der Rolle eines Zuschauers, weil sie im preußischen Abgeordnetenhaus nicht vertreten war. Neben der Aufklärung über die klerikalisierende Tendenz widmete sich die »Neue Zeit« vor allem der Verächtlichmachung des Widerstandes der Liberalen gegen den Gesetzentwurf. Dieser Widerstand wurde als Heuchelei und Halbherzigkeit diffamiert, weil die Liberalen einerseits zwar gegen eine Klerikalisierung seien, andererseits aber sehr wohl die antisozialdemokratische Tendenz des Gesetzes erkannt und akzeptiert hätten. In dem Gesetz solle der Charakter der Schule als Herrschaftsmittel mit Hilfe der Kirche ausgebaut werden[140]. Die Polemik gegen die Liberalen gipfelte in der These, daß der Kultusminister von Zedlitz nicht wegen der energischen Opposition im Abgeordnetenhaus, sondern über eine willkürliche Entscheidung des Kaisers gestürzt sei[141]. Diese Diskussionsbeiträge wurden deshalb für die weitere Entwicklung der schulpolitischen Argumentation von Bedeutung, weil hier erstmals die Forderung nach Weltlichkeit des Schulwesens als Bestandteil des proletarischen Klassenkampfes begründet wurde, auch gegen den Liberalismus. Die Parole der Weltlichkeit diente sogar ausdrücklich der Abgrenzung gegen den Liberalismus, womit ein Trennungsstrich gezogen wurde, der für die Zukunft schulpolitische Koalitionen mit den reformwilligen Kräften des Bürgertums belasten sollte.
Von noch größerer Bedeutung für die Herausbildung der schulpolitischen Vorstellungen der Sozialdemokratie vor dem Weltkrieg wurde die Stellungnahme der Partei zum Entwurf des

---

137a Vgl. Kap. 5.
138 Von einem Lehrer: Der Entwurf eines Gesetzes betreffend die öffentliche Volksschule in Preußen, in: NZ 9/1, 1891, S. 350—358. Dieser Aufsatz ist insofern bemerkenswert, als ohne jeden klassenkämpferischen Habitus der Gesetzentwurf wegen seiner klerikalisierenden Tendenz und vor allem wegen seines Verzichts auf jede sichtbare Verbesserung der Stellung des Lehrers (mehr Unterrichtsfreiheit, geringere Klassenfrequenz, Besoldungsverbesserung) aus der Perspektive der preußischen Lehrerschaft kritisiert wurde.
139 August Bebels Briefwechsel mit Friedrich Engels, hrsg. v. *Werner Blumenberg,* The Hague/London/Paris 1965, S. 513 (Brief Bebels vom 27. 2. 1892), S. 525 (Brief Bebels vom 20. 3. 1892).
140 Nachwort der Redaktion: Der Kampf um die Volksschule. in: NZ 10/1, 1892, S. 718. Vgl. ferner o. Verf.: Des Pudels Kern, ebda., S. 641 ff.; 644; Dr. L. S.: Der Kampf um die Volksschule, ebda., S. 688—691.
141 o. Verf.: Zwischen den Klippen, in: NZ 10/2, 1892, S. 1—4.

preußischen Volksschulunterhaltungsgesetzes, der 1905 veröffentlicht wurde. Im Unterschied zu den früheren Gesetzentwürfen, die Regierungsentwürfe waren, beruhte dieser Entwurf auf Vorabsprachen zwischen Nationalliberalen, Konservativen und Freikonservativen im Abgeordnetenhaus. Deren gemeinsamer Antrag vom 13. Mai 1904 erweckte sofort die Aufmerksamkeit der Sozialdemokratie, die diesen Vorstoß als willkommene Gelegenheit für die Agitation zum preußischen Landtagswahlkampf aufgriff. Leo Arons referierte über die Schulgesetzfrage auf dem ersten Parteitag der preußischen Sozialdemokratie[142]. Weit zurückgehend in die Geschichte der preußischen Volksschule, zog er aus deren Rückständigkeit in der materiellen und personellen Ausstattung und ihrer obrigkeitsstaatlich-konfessionellen Orientierung den Schluß, daß sich die preußische Sozialdemokratie ganz auf die Forderung nach der Weltlichkeit konzentrieren solle, weil hier die Abgrenzung gegen schulreformerische Kräfte der Liberalen am klarsten möglich sei[143]. Bei aller Anerkennung der liberalen Reformforderungen, z. B. Naumanns, sei dies der Punkt, in dem man die Halbheit der Liberalen überwinden und entlarven könne[144]. Während der Aufruf der preußischen Sozialdemokratie zur Landtagswahl 1903 noch umfassendere Forderungen enthalten habe[145], gelte es jetzt,
»alle Kraft auf einen einzigen Punkt zu konzentrieren, und zwar auf den ersten: Trennung der Schule von der Kirche. Erst muß die konfessionelle Frage gelöst sein: vorher gibt es, wie hundertjährige Erfahrung in Preußen gelehrt hat, keinen irgendwie befriedigenden Fortschritt auf dem Gebiete des Schulwesens[146]«.

Die auf dem preußischen Parteitag 1904 angenommene Resolution[147] sah die Schule als Instrument der kapitalistischen Klassenherrschaft, deren Ausdrucksformen der Einfluß und die Herrschaft der Kirche, das nach sozialen Schichten trennende Schulsystem und die Dürftigkeit des Lehrstoffes der Volksschule seien. Zur Entlarvung der »Feigheit einer sich liberal nennenden Bourgeoisie« wurden gefordert an erster Stelle volle Weltlichkeit der Schule, ferner die Einheitsschule für alle schulpflichtigen Kinder, Unentgeltlichkeit, Senkung der Klassenfrequenz, Reform der Lehrerausbildung und -besoldung.

Das Gesetz[148] bestätigte die Konfessionalisierung der preußischen Volksschule durch die Festschreibung der Konfessionsübereinstimmung von Schülern und Lehrern, die Festlegung von Mindestschülerzahlen für die Neueinrichtung von Konfessionsschulen mit der Gefahr der Zersplitterung, vor allem aber durch die Amtsmitgliedschaft der Ortsgeistlichen in den Schuldeputationen und Schulvorständen. Die Sozialdemokratische Partei kritisierte außer-

---

142 *Prot. PT Preußen 1904*, S. 31 ff. Vgl. *Leo Arons*, Materialien zur Beurteilung der preußischen Volksschule, in: Sozialistische Monatshefte (SM) 10, 1904, S. 726—735; ders., Die preußische Volksschule, die bürgerlichen Parteien und die Sozialdemokratie, ebda., S. 791—801.
143 *Prot. PT Preußen 1904*, S. 42.
144 Betrachtet man die Haltung Friedrich Naumanns zum preußischen Schulgesetz, so war diese Einschätzung richtig, vgl. *Theodor Heuss*, F. Naumann, 2. Aufl., Stuttgart/Tübingen 1949, S. 270—273.
145 SM 10, 1904, S. 799: »Trennung der Schule von der Kirche; Hebung des Volksschulwesens durch möglichste Erhöhung der Leistungen für die körperliche und geistige Ausbildung; Vermehrung und materielle Besserstellung der Lehrer; Einheitsschule für alle schulpflichtigen Kinder; Unentgeltlichkeit des Unterrichts und der Lehrmittel; Einführung des obligatorischen Fortbildungsunterrichts für Stadt und Land; Übernahme der Kosten für die Volksbildung durch den Staat.«
146 Ebda.
147 *Prot. PT Preußen 1904*, S. 126 ff.
148 Text *Preußische Gesetzessammlung* 1906, S. 335.

dem die finanzielle Schonung der Gutsbezirke und den unzureichenden Staatsbeitrag bei der Schullastenaufbringung, ferner die Verstärkung ministerieller Eingriffsrechte in bisherige kommunale Rechte, vor allem in der Personalpolitik und bei der Besetzung der Schuldeputationen[149]. Angesichts der Einflußlosigkeit der Partei stand Heinrich Schulz den Landtagsberatungen »mit kaltem Hohne« und »mit zusammengekniffenen Zähnen« gegenüber und appellierte an die Hoffnung auf den Umsturz[150]. Leo Arons gab die Parole der Konzentration auf die Erringung des allgemeinen gleichen Wahlrechts in Preußen aus[151]. Der ehemalige Pastor Paul Göhre reagierte mit dem Vorschlag einer umfassenden Kirchenaustrittspropaganda, um auf diese Weise den Staat zu zwingen, den Besuchszwang des Religionsunterrichts zu liberalisieren[152]. Dabei fielen starke Worte: Durch das Gesetz werde die Volksschule als »eine Pflanzstätte der Reaktion, ein Instrument der Kirche, eine Anstalt der ausschließlich religiösen Dressur der Kinder des Volkes« befestigt. Das Gesetz sei »die Krönung eines seit nun fast einem Jahrhundert sich vollziehenden Attentats auf die geistige Freiheit des Volkes[153]«.

Ohne Zweifel führte das Engagement der Sozialdemokratie gegen das preußische Volksschulunterhaltungsgesetz zu einer Verhärtung in der Forderung nach Weltlichkeit der Schule und zu allgemeiner verbaler Verhärtung. Die Weltlichkeitsforderung war nicht nur eigener Orientierungspunkt, sondern wurde zugleich auch Ausdruck der Abgrenzung gegen den bürgerlichen Liberalismus in der Schulreformdiskussion. Zugleich veranlaßte die Erfahrung des Gesetzes eine Intensivierung der schulpolitischen Überlegungen in der Partei, die ihren Höhepunkt auf dem Mannheimer Parteitag erlebte[154].

4. DIE WEITERENTWICKLUNG DER SOZIALDEMOKRATISCHEN SCHULFORDERUNGEN

Der Radikalisierung in der weltanschaulichen Auseinandersetzung um die Stellung der Kirche in der Schule stand eine gegenläufige Tendenz entgegen, die sich vor allem in denjenigen Landtagen und Gemeindeparlamenten entwickelte, in die die Sozialdemokratie infolge gemäßigterer Wahlrechte hineingelangte. Mit dem Eindringen sozialdemokratischer Vertreter in die Stadt- und Gemeindevertretungen wurde es für die Partei notwendig, diesen Genossen »einheitliche leitende Gesichtspunkte für die Gemeindepolitik« in die Hand zu geben[155]. Auf dem Parteitag 1900 in Mainz mußte auch der Parteivorstand zugeben, daß »das Bedürfnis nach einem kommunalen Programm« gegeben sei, »damit Fehler einzelner vermieden würden und die Beschlüsse der Genossen der Kritik unter Zugrundelegung des Parteiprogramms standhielten[156]«. Der Vorstand nahm bereits existierende regionale Gemeindeprogramme

---

149 Vgl. *Leo Arons*, Die Volksschulvorlage im preußischen Landtag, in: SM 12, 1906, S. 3—11. *Heinrich Schulz*, Zum Kampf um die preußische Volksschule, in: NZ 24/2, 1906, S. 59—64, 120—130, 371—374. P. *Hirsch* (Hrsg.), Der preußische Landtag, 3. Aufl., 1913, S. 524—528 s. v. Volksschulunterhaltungsgesetz. Bericht Eduard Adlers über die »Tätigkeit des preußischen Landtages«, *Prot. PT Preußen 1907*.
150 NZ 24/2, 1906, S. 129 f.
151 SM 12, 1906, S. 11.
152 *Paul Göhre*, Zum Kampf um die Schule, in: SM 10, 1904, S. 950 ff.
153 Ders., Schule, Kirche, Arbeiter. Ein Vortrag, Berlin 1906, S. 6 f.
154 *H. Schulz* in: NZ 24/2, 1906, S. 374: »Sowohl unserem Wahlrechtskampf wird die Schulverpfaffung zugute kommen wie unseren Diskussionen über die Erziehungsfrage.«
155 So der Antrag Nr. 40 auf dem *PT Hannover 1899, Prot.* S. 61.
156 Bericht des Parteivorstandes, *Prot. PT Mainz 1900*, S. 22.

zur Kenntnis, äußerte sich jedoch nicht zu deren Inhalt und verzichtete auch auf eine Initiative zur Vereinheitlichung. Es ist wohl nicht fehlgegriffen, wenn die Ursache dieses Immobilismus in der ideologischen Problematik der Partei vermutet wird. Denn sehr früh wurde der sogenannte Kommunalsozialismus eine der stärksten Stützen des Revisionismus. Das fand auch seinen Niederschlag in der Behandlung der Schulpolitik in den Kommunalprogrammen. Bereits das erste, einen weiteren Bekanntheitsgrad erreichende Kommunalprogramm, das von sozialdemokratischen Gemeindevertretern der Provinz Brandenburg 1898 verabschiedet wurde[157], wiederholte zwar die Sätze des Erfurter Programms von der Weltlichkeit, dem obligatorischen Volksschulbesuch und der Unentgeltlichkeit der Volksschule und der höheren Schule für begabte Kinder, erweiterte diese Aussagen aber zugleich um ein ganzes Bündel von Forderungen, die, orientiert an der verfassungsrechtlichen Schulkompetenz der Gemeinde, praktische Verbesserungen der Schule beabsichtigten, die jeder echte Förderer der Schule unterstützen konnte. Der Bau von Schulkantinen für die Schülerverpflegung, der Aufbau einer schulärztlichen Betreuung, die Senkung der Klassenfrequenzen zur Ermöglichung »eines gedeihlichen Unterrichts«, Sonderklassen für Minderbefähigte, obligatorischer Fortbildungsschulunterricht für beide Geschlechter bis zum 18. Lebensjahr an Wochentagen während der Arbeitszeit, das alles waren Forderungen ohne jede Reflexion über die Funktion der Schule im Klassenkampf. Zehn Jahre später konnte Paul Hirsch für die Stadt Berlin feststellen, daß dort die Sozialdemokratie zum Teil durchaus erfolgreich für diese Forderungen eingetreten sei[158], und an den verschiedensten Einzelfragen aufzeigen, wie die sozialdemokratische Opposition durch das Anprangern von konkreten Mißständen Aktivitäten des Magistrats und der bürgerlichen Parteien herausgefordert hatte[159]. Mit dem praktischen Verbesserungskatalog war eine Orientierung ermöglicht, die die Beeinflussung und Zustimmung zu bürgerlicher Schulverbesserung zuließ. Den Wert und die politische Bedeutung dieser praktischen Orientierung veranschaulichte ein so prominenter sozialdemokratischer Kommunalpolitiker wie Hugo Lindemann, indem er die Forderung erhob, das Kommunalprogramm von der Forderung nach Weltlichkeit und Einheitlichkeit zu befreien, weil diese Fragen nicht in den Gemeinden, sondern nur in den Landtagen in Angriff genommen werden könnten[160]. Zugleich trat er, wohl aufgrund der in Preußen gegebenen Situation der durch das Wahlrecht bedingten Einflußlosigkeit der Sozialdemokratie im Landtag, sogar für eine Aufgabe der Forderung nach Staatlichkeit der Schule auf dem Gebiet der Schullasten ein, weil eine derartige Staatlichkeit die erfolgreiche Aufbauarbeit in den Städten zugunsten des flachen Landes nur gefährden würde. Eduard Bernstein verwies, als er eine Ausgestaltung und Erweiterung des praktischen Forderungskataloges des Erfurter Programms im Zuge seines Bekenntnisses zum Reformsozialismus um kommunalpolitische Forderungen vorschlug, ausdrücklich auf die praktischen Schulverbesserungspunkte des brandenburgischen Kommunalprogramms von 1898[161]. Die Konkretisierung praktischer Schulforderungen deutete somit direkt in die revisionistische Richtung. Auch das sächsische Gemeindewahlprogramm, das von einem Landesparteitag 1900 in Dresden beschlossen wurde, belegte diese Tendenz zur Ausweitung der

---

157 *Paul Hirsch*, 25 Jahre sozialdemokratische Arbeit in der Gemeinde, Berlin 1908, S. 301.
158 *Ebda.*, S. 302.
159 *Ebda.*, S. 303—402.
160 *Hugo Lindemann*, Zur Kritik der sozialdemokratischen Communalprogramme, in: SM 8, 1902, S. 285.
161 *Eduard Bernstein*, Die Voraussetzungen des Sozialismus und die Aufgaben der Sozialdemokratie, hrsg. v. *Günter Hillmann*, Reinbek 1969, S. 193.

dürftigen Forderungen des Erfurter Programms in Richtung auf einen Katalog praktischer Verbesserungsvorschläge ohne wesentliche theoretische und ideologische Ambitionen[162]. Die frühen Kommunalprogramme der Sozialdemokratie scheinen deshalb geeignet, zusammen mit den oberflächlich konzipierten Forderungen der frühen Parteiprogramme die These von der unmittelbaren Geltung der von Marx angedeuteten pädagogischen Grundsätze in der deutschen Sozialdemokratie anzuzweifeln, da hier eine Ausgestaltung des Schulprogramms vorgenommen wurde in Richtung auf unmittelbare Verbesserung des bestehenden Schulwesens in sozialpolitischer Absicht in kleinen Schritten.

Der Mannheimer Parteitag 1906 bildete einen wichtigen Einschnitt in der schulpolitischen Betätigung der Partei vor dem Weltkrieg. War der Zeitraum zuvor gekennzeichnet durch gewisse Orientierungsschwächen aufgrund der Defizite des Erfurter Programms und der nicht erfolgten Vereinheitlichung und Ausformulierung der kommunalen Programme, so machte das Vordringen der Partei in Gemeindevertretungen und Einzellandtagen eine Neufestlegung notwendig. Außerdem ließ die Vertiefung des Revisionismusstreites ein Überdenken der innerparteilichen Agitation und politischen Schulung in Presse, Bildungskursen und Veranstaltungen notwendig erscheinen. Vor allem aber mit der Schaffung eines preußischen Volksschulgesetzes wurde eine von Heinrich Schulz und Clara Zetkin auf dem Parteitag 1904 in Bremen eingebrachte Resolution begründet[163], in der die Zielsetzung der Weltlichkeit der Schule als Abgrenzung gegen »Verpfaffungsbestrebungen« der Konservativen, des Zentrums und der Nationalliberalen auf der einen Seite und andererseits gegen die liberale Agitation für die Simultanschule erneuert wurde. Die Grundsätze der Weltlichkeit und Einheitlichkeit unterlagen in dieser Resolution einer doppelten Begründung. Einerseits berief man sich auf die »vom Bürgertum verleugneten revolutionären Pädagogen des Bürgertums, insbesondere Comenius und Pestalozzi, ferner Goethe« und andererseits Karl Marx. Die Berufung auf letzteren wurde durch folgende These verstärkt:
>»Die Befreiung der Volksschule aus ihrer heutigen unwürdigen Stellung als Magd der herrschenden Klassen und der Kirche kann nur das Werk der Arbeiterklasse vermittels des Klassenkampfes sein.«

Die Resolution wurde vom Parteitag angenommen mit der Ankündigung, die Schulfrage auf einem späteren Parteitag ausführlich zu behandeln[164].
Auf dem Parteitag 1905 in Jena beantragten Schulz und Clara Zetkin, das Thema »Erziehung und Sozialismus« auf die Tagesordnung des nächsten Parteitages zu setzen[165]. Dem Parteitag in Mannheim legten Schulz und Zetkin ausführliche »Leitsätze« vor[166], die Schulz in einem Referat begründete. In diesen Leitsätzen wurde in einem ersten Abschnitt die Funktion der Volksschule aus der ökonomisch-gesellschaftlichen Entwicklungsstufe als »Hilfsmittel der kapitalistischen Produktion zum Zwecke einer elementaren technischen Abrichtung

---

162 *Handbuch sozialdemokratischer Landes-Parteitage in Sachsen von 1891—1914*, bearb. v. K. Schrörs, Leipzig 1914, S. 27 f.; vgl. *Fanny Imle*, Das Communalprogramm der sächsischen Sozialdemokratie, in: SM 6, 1900, S. 737 ff.
163 Antrag 144, *Prot. PT Bremen 1904*, S. 139.
164 *Ebda.*, S. 321. Mit dieser Ankündigung kam der Parteitag dem stark unterstützten Antrag Nr. 3 entgegen, der die sofortige Behandlung der Schulfrage verlangte, was aus Zeitgründen abgelehnt wurde. Auch dieser Antrag war durch die preußische Volksschulgesetzesfrage veranlaßt; vgl. die Geschäftsordnungsdebatte *ebda.*, S. 146 ff.
165 *Prot. PT Jena 1905*, S. 99, *ebda.*, S. 362 dem Parteivorstand überwiesen.
166 *Prot. PT Mannheim 1906*, S. 134—137.

der Arbeitermassen« abgeleitet. Auf Grund seines politischen Herrschaftsinteresses und seines Engagements in Militärausgaben und Kolonialpolitik sei der Kapitalismus unfähig und unwillig, die Volksschule wirklich zu verbessern. Das politische Herrschaftsinteresse erweise sich besonders deutlich in der einseitigen Förderung der höheren Bildungsanstalten bei gleichzeitiger Vernachlässigung der Volksschule, in der durch Religionsunterricht und Geschichtsunterricht »frühzeitig die Eigenschaften geistiger Demut und patriotischer Unterwürfigkeit« gezüchtet würden. Diesem aus der marxistischen Kapitalismusanalyse abgeleiteten Negativbild wurde entsprechend den historisch-materialistischen Entwicklungs- und Zukunftsvorstellungen das Erziehungsziel des Sozialismus entgegengestellt, das neben der Aufhebung des Gegensatzes zwischen Hand- und Kopfarbeit folgenden Inhalt haben sollte:

»Die zukünftige öffentliche Erziehung wird daher — ohne die kindliche Lebensfreude zu beeinträchtigen — beim Spiel anknüpfen und von hier aus Knaben und Mädchen in gemeinsamer Erziehung und in steter Anlehnung an den sozialen Arbeitsprozeß durch die Jahre körperlichen und geistigen Wachstums geleiten, bis sie als vollentwickelte Individuen und mit vollem Verantwortlichkeitsbewußtsein in die soziale Gemeinschaft übertreten, und zwar an die ihrer Individualität am besten entsprechende Stelle[167].«

Es ist nicht zu übersehen, daß dieses Erziehungsziel ausgesprochen dürftig im Sinne der Bestätigung einer besonderen sozialistischen Qualität der Erziehung ausfiel. Die Grundsätze der Erziehung vom »Kinde aus[168]«, der Koedukation, der Erziehung zu selbständigem Denken waren in der bürgerlichen reformpädagogischen Diskussion gängige Vorstellungen als Bestandteile einer Kritik der bestehenden überwiegenden Lernschule mit dem Ziel, diese an das Leben anzunähern. In dieser Hinsicht drückte die Berufung auf Comenius, Pestalozzi und Goethe die Nähe zur bürgerlichen Reformpädagogik aus. Vor allem die Akzentuierung der Wahrung der Individualität verwies in diese Richtung.

Dem Schema des Erfurter Programms folgend, beschränkten sich die Leitsätze aber nicht auf Grundsätze der Kapitalismuskritik und die Darstellung positiver sozialistischer Zielvorstellungen, sondern stellten in einem dritten Teil einen Katalog von »nächsten« Forderungen »im Interesse der Hebung der öffentlichen Erziehung« auf, der ein umfassendes konkretes Reformprogramm darstellte und als solcher die mageren Stichworte des Erfurter Programms und die an einen begrenzten Aktionsbereich gebundenen Forderungen der Kommunalprogramme erheblich ausweitete und abrundete:

»Von diesen Grundsätzen ausgehend, fordert die deutsche Sozialdemokratie im Interesse der Hebung der öffentlichen Erziehung zunächst:

Schaffung eines Reichsschulgesetzes auf der Grundlage der Weltlichkeit und Einheitlichkeit des gesamten Schulwesens.

Organische Angliederung der höheren an die niederen Bildungsanstalten. Unentgeltlichkeit des Unterrichts, der Lehrmittel und der Verpflegung in den öffentlichen Schulen. Beihilfe des Staates für die Weiterbildung befähigter, aber unbemittelter Schüler ohne Beeinträchtigung der bürgerlichen Rechte der Eltern.

Gleichberechtigung der Geschlechter in den Lehrkörpern und der Schulverwaltung. Mitwirkung der Eltern und der Lehrerschaft bei der Schulverwaltung. Fachschulaufsicht.

---

167 *Ebda.*, S. 135.
168 Allerdings hatte in einer Rezension *Wally Zepler* Ellen Keys Buch als zu idealistisch wegen der mangelhaften Berücksichtigung der gesellschaftlichen Dimension der kindlichen Persönlichkeitsentwicklung kritisiert, SM 9, 1903, S. 280 ff.

Errichtung von Erziehungs- und Verpflegungsanstalten für das vorschulpflichtige Alter (Kindergärten) weltlichen Charakters. Errichtung von Schulheimen, in denen die Kinder in den unterrichtsfreien Tagesstunden leibliche und geistige Fürsorge finden. Gründung von Sanatorien für schwächliche und kränkliche Kinder.

Errichtung von Fach- und Fortbildungsanstalten für die schulentlassene Jugend ohne Unterschied des Geschlechts. Obligatorischer Besuch dieser Schulen während der Tageszeit bis zum vollendeten 18. Lebensjahr.

Einführung des Arbeitsunterrichts in allen Schulen. Errichtung von Lehrwerkstätten. Pflege der künstlerischen Bildung.

Festsetzung der Klassenfrequenz und der Unterrichtszeit sowie Organisation des inneren Schulbetriebes ausschließlich nach pädagogischen Grundsätzen unter Mitwirkung der Lehrer und Lehrerinnen.

Errichtung von besonderen Klassen und Schulen für abnorme Kinder (schwachbegabte, viersinnige, epileptische usw.). Überwachung des Gesundheitszustandes der Kinder durch Schulärzte. Ferienkolonien.

Bau und Ausgestaltung von Schulgebäuden nach den Forderungen der Pädagogik, Schulhygiene und Kunst.

Errichtung von Bädern, Schwimm-, Wärme- und Speisehallen in den Schulen.

Errichtung von Volksbibliotheken, Lesehallen und Instituten für Volksbelehrung und -unterhaltung (Volkskonzerte, Volksvorstellungen usw.).

Materielle und soziale Hebung der Lage der Lehrer und Lehrerinnen entsprechend der Bedeutung ihrer Aufgabe und zur Erzielung der höchsten persönlichen Leistungsfähigkeit. Universitätsbildung für sämtliche Lehrer und Lehrerinnen an öffentlichen Volksschulen[169].«

Die dreiteilige Resolution wurde von ihrem Verfasser Heinrich Schulz[170] auf dem Parteitag ausführlich erläutert. Schulz berief sich für die Kritik am kapitalistischen Erziehungswesen und die Begründung des sozialistischen Erziehungsideals auf Äußerungen zur Schul- und Erziehungsfrage von Marx in den Instruktionen für den Genfer Kongreß der Internationalen Arbeiterassoziation 1866[171] und von Engels[172]. Wurde damit ein konsequent aus den Schriften von Marx und Engels abgeleitetes Schulprogramm für die deutsche Sozialdemokratie propagiert[173]? Schulz selbst wies auf die Nähe seiner konkreten Forderungen zu bürgerlichen Schulreformkonzepten hin:

»Diese Forderungen sind auch sämtlich zu verwirklichen innerhalb der heutigen Gesellschaftsordnung. Zum Teil sind die Forderungen alte Forderungen der bürgerlichen Demokratie, die von ihr in den Glasschrank gestellt worden sind[174].«

Das erschien als das Eingeständnis einer bestehenden Gemeinsamkeit, aber es folgte die schon aus der Abgrenzung der Oppositionshaltung zwischen Sozialdemokratie und Fort-

---

169 *Prot. PT Mannheim 1906*, S. 135.
170 *H. Schulz* als Berichterstatter. *Ebda.*, S. 323. Clara Zetkin verfaßte die Abschnitte über Familienerziehung und politische Arbeiterbildung.
171 *Ebda.*, S. 324, vgl. *MEW*, Bd. 16, S. 193—195.
172 *Prot. PT Mannheim 1906*, S. 335, vgl. *Friedrich Engels*, Die Lage der arbeitenden Klasse in England, in: *MEW*, Bd. 2, S. 338—344, ferner *ders.*, Herrn Eugen Dührings Umwälzung der Wissenschaft, in: *MEW*, Bd. 20, S. 271 ff. über die Aufhebung der Arbeitsteilung.
173 *Hinrich Wulff*, Heinrich Schulz, in: Bremisches Jb. 48, 1962, S. 334 bezeichnet Schulz zur damaligen Zeit als orthodox-revolutionären Marxisten.
174 *Prot. PT Mannheim 1906*, S. 346.

schrittspartei gegen das preußische Volksschulunterhaltungsgesetz bekannte These von der Unfähigkeit der bürgerlichen Gesellschaft, diese Reform zu verwirklichen. Das Bürgertum gebe das für die Schulreform notwendige Geld für den Militarismus aus und sei gehemmt durch das Bewußtsein, daß eine solche Schulreform vor allem dem Proletariat nutzen werde[175]. Da niemand die Hoffnung hegen könne, daß in absehbarer Zeit diese Schulforderungen durch die bürgerliche Gesellschaft erfüllt würden, bleibe nur die Hoffnung auf die Beseitigung des Klassengegensatzes: »[...] erst die Beseitigung des Klassengegensatzes beseitigt auch die klaffenden Gegensätze im geistigen Leben des Volkes.« Diese Argumentationskette ist ein eindringlicher Beweis dafür, wie die Reform- und Integrationsunfähigkeit des sozioökonomischen und politischen Systems der Kaiserzeit zur Begründung für radikale Ablehnung herangezogen wurde. Dabei überwucherte dieser Radikalismus dann auch ursprüngliche und mögliche Berührungspunkte und Übereinstimmungen mit integrierten Teilen dieser Gesellschaft. Die Reformbereitschaft des liberaldemokratischen Bürgertums und der Volksschullehrerschaft wurde negiert und auch diese Kräfte mit der »einen reaktionären Masse« identifiziert.

Über die Mannheimer Leitsätze wurde vom Parteitag infolge der Erkrankung der Korreferentin Clara Zetkin und infolge Zeitmangels nicht abgestimmt, es fand auch keine Debatte statt[176]. Lediglich die Verbreitung der Leitsätze und der Referate in Broschürenform wurde beschlossen. Insofern gibt es keinen unmittelbaren Beleg für die Akzeptierung dieser Thesen und ihrer Begründungen in der Partei. Max Quarck stellte in einem nachträglichen publizistischen Diskussionsbeitrag zum Mannheimer Parteitag die These auf, daß die Partei genug Kritik an den bestehenden Schulverhältnissen geleistet habe, was als Ablehnung der Herleitung der politischen Funktion der Schule durch Schulz gewertet werden kann. Er forderte mehr »tätiges Schaffen« auf schulpolitischem Gebiet, z. B. durch die Einrichtung sozialistischer Kindergärten. Er vertrat den gegen die Weltlichkeitsforderung verstoßenden Gedanken, daß die Arbeiter dort für die Simultanschule eintreten sollten, wo diese als Alternativschule zur Konfessionsschule, wie z. B. in Hessen-Nassau und in den östlichen Gebieten Preußens, bestand. Ferner verwies er auf die Unruhe in der Volksschullehrerschaft als einen Verbündeten in der Schulreform, widersprach also auch der Schulzschen generellen Ablehnung der bürgerlichen Reformbewegung[177]. Demnach scheinen Zweifel an der Gültigkeit der Leitsätze angebracht.

Wenn jedoch diese Leitsätze in der Folgezeit als Erziehungsprogramm der Partei betrachtet worden sind, so war das eine Folge des Aufstiegs von Heinrich Schulz zum Sekretär für Bildungsfragen im Parteivorstand und der Verbreitung seines Referats in der Partei[178]. Selbstbewußt sah Schulz die Verhandlungen des Mannheimer Parteitages als Meilensteine in der Entwicklung einer sozialistischen Schultheorie neben den Genfer Verhandlungen der Internationalen Arbeiterassoziation[179]; aber sichtbarer Ausdruck der Problematik, die in dem Gegensatz zwischen marxistischer Klassenkampfherleitung und eigentlich bürgerlich-demokratischem Reformprogramm lag, war die Tatsache, daß Schulz erst vier Jahre später eine aus-

---

175 *Ebda.*, S. 347.
176 *Ebda.*, S. 359.
177 *Max Quarck*, Volksbildung und Sozialdemokratie, in: SM 12, 1906, S. 754 ff.
178 *Heinrich Schulz*, Sozialdemokratie und Schule, 1. Aufl., Berlin 1907, 2. Aufl. 1919, mit noch ausführlicheren Begründungen für den ersten und zweiten Teil der Mannheimer Leitsätze.
179 *Ebda.* (2. Aufl., 1919), S. 7 f.

führliche Herleitung und Darstellung des Programms der nächsten Forderungen vorlegte[180]. Dort wurden auf die Frage, wer die Schulreform durchführen solle, die in Mannheim vorgetragenen Vorstellungen wiederholt. Die bürgerlichen Parteien könnten reformieren, aber sie wollten nicht:

»Die Sozialdemokratie ist nicht eine beliebige Partei neben den anderen, sondern sie ist die einzige Partei, die allen anderen einzeln und in ihrer Gesamtheit gegenübersteht.«

Folglich gebe es bei der Schulreform keine Verbündeten im gegnerischen Lager, was eine gerade für diesen Zeitraum beachtliche Behauptung war, wenn man an die Bewegung der Volksschullehrer, die pädagogische Wissenschaft und die linksliberalen Parteien denkt. Schulz sah zwar eine bürgerliche Schulreformbewegung, bemühte sich aber sehr, deren Bedeutung herunterzuspielen. Die bürgerliche Reform wolle die Grundlagen nicht verändern, sondern nur oberflächliche Mißstände beseitigen: »[...] jede Reformtätigkeit der Arbeiterklasse dient in letzter Linie dem einen großen Streben: die menschliche Gesellschaft von Grund aus zu erneuern durch die Sozialisierung der Produktionsmittel.« Dieser Abgrenzung standen zugleich jedoch auch Aussagen gegenüber, die die Möglichkeit gemeinsamer Schritte aus unterschiedlichen Motiven zuließen:

»Die proletarische Reform dagegen stellt sich nur widerwillig und der Natur gehorchend auf den Boden der gegebenen Zustände; und auch das geschieht nur dort, wo die Möglichkeit vorhanden scheint, durch eine entschlossene Reform einen Schritt weiter aus der kapitalistischen Gegenwart herauszukommen; und nur soweit interessiert uns eine Reform, wie sie diesem Zwecke entgegenkommt[181].«

Hier wurde ein schmaler Pfad geöffnet für ein gemeinsames Wirken mit der bürgerlichen Schulreformbewegung, aber dieser Pfad wurde zugleich belastet durch die emphatische Hervorhebung des eigenen Endziels und die kräftige Abwertung der möglichen Verbündeten: Die Volksschullehrer glaubten, die eigentliche Schlacht werde in der Schulstube geschlagen. Das sei eine »schöne Phrase[182]«, entscheidend seien der Staat und die politischen Parteien. Der Linksliberalismus wolle mit seinem Schulprogramm nur Leichtgläubige einfangen, um sie zu betören[183]. Die Furcht vor der Arbeiterbewegung sei viel zu groß, um eine wirkliche Schulreform zu unterstützen.

Immerhin wurde der Wert einer Schulreform auf der Grundlage der bestehenden Verhältnisse gesehen. Weil der Klassenkampf große Anforderungen an die körperliche, geistige und seelische Leistungsfähigkeit des Arbeiters stelle, sei jede unmittelbare Verbesserung zu unterstützen: »Diesem unmittelbaren Ziele vermag die Hebung des Schulwesens in der Gegenwart mannigfache Dienste zu leisten[184].« Diese Überlegung eröffnete die Perspektive für den Einsatz der Sozialdemokratie für die konkrete Schulverbesserung an allen Stellen, wo sie zu erreichen war. Das sozialdemokratische Schulideal wurde zum »verheißungsvollen Endziel«, für das der Einsatz in kleinen Schritten erlaubt und sinnvoll war. Es scheint, als sei hier die

---

180 *H. Schulz*, Die Schulreform der Sozialdemokratie (1. Aufl., Dresden 1911 und 2. Aufl., Berlin 1919). Der Text der beiden Auflagen ist bis auf Einleitung und Schlußteil identisch. Die »Linke« *Käte Duncker* besprach das Buch sehr positiv und nannte es »eine gute wissenschaftliche Grundlage für unsere praktische Schulpoltik«, in: NZ 29/2, 1911, S. 697 ff., Zitat S. 704.
181 *Schulz*, Schulreform (1. Aufl., 1911), S. 3.
182 *Ebda.*, S. 234.
183 *Ebda.*, S. 253.
184 *Ebda.*, S. 227.

schulpolitische Variante des »Zentrismus« zu erkennen[185]. In dieser Position, die trotz der Beschwörung marxistisch-revolutionärer Prinzipien reformistische praktische Politik betreiben kann, dient die Berufung auf marxistische Grundsätze der bewußten Abgrenzung gegen bürgerliche Zielsetzungen. Faktisch allerdings wird die Annäherung in der praktischen Politik möglich.

Die Mannheimer Leitsätze und die Schriften von Schulz erwecken den Eindruck, als leiteten sie eine neue Phase schulpolitischer Aktivitäten der Partei ein. 1907 wurde ein Antrag über verstärkte Agitation auf dem Gebiet des Volksschulwesens angenommen[186]. Dieser Eindruck täuscht. Bereits auf dem Parteitag 1910 wurde ein Antrag, der die Vernachlässigung der Schulfragen in der Taktik der Partei kritisierte und eine verstärkte Agitation forderte, auf Vorschlag von Schulz an den Parteivorstand überwiesen[187]. Auch 1911 wurde die verstärkte Propaganda für das Schulprogramm der Partei gefordert[188]. Neben den erwähnten Schriften von Schulz kann die Verbreitung von Broschüren des ehemaligen Volksschullehrers Otto Rühle als Versuch gelten, diesen Wünschen entgegenzukommen[189].

Die Mannheimer Leitsätze und die Schriften von Schulz waren nicht geeignet, letzte Zweifel an der tatsächlichen Durchsetzung einer an den Äußerungen von Marx orientierten »marxistischen« Schulpolitik zu beseitigen. Auch Heinrich Schulz behielt in dieser Phase gewisse Verbindungslinien zur bürgerlichen Schulreformbewegung aufrecht. Er schwankte zwischen pauschaler Abwertung dieser Bestrebungen und dem Eingeständnis möglicher Gemeinsamkeiten. Das war auch nicht verwunderlich, denn viele seiner praktischen Reformforderungen waren entweder direkt aus der Lehrerbewegung und der reformpädagogischen Wissenschaft übernommen oder entstammten zumindest gemeinsamen Vorläufern.

Gemäß der Verfassungsordnung des Kaiserreiches konnte eine schulpolitische Betätigung der Sozialdemokratie in parlamentarischen Vertretungsorganen sinnvollerweise nur in den Ländern und Gemeinden erfolgen, da das Reich keine schulpolitische Kompetenz besaß. Durch die dort praktizierten ungleichen Wahlrechte war allerdings eine angemessene politische Vertretung in Landtagen und Gemeindevertretungen vor dem Ersten Weltkrieg nicht gegeben. Während Bebel bereits auf dem Parteitag in St. Gallen die Teilnahme an allen Landtagswahlen u. a. wegen der Bedeutung der Landtage für die »Gesetzgebung über die Schule und Kirche« empfohlen hatte[190], hatte sich für Preußen zunächst die von Wilhelm Liebknecht vertretene Auffassung durchgesetzt, sich nur dort an den Wahlen zu beteiligen, wo Erfolgsaussichten bestanden[191]. Der Parteitag in Köln 1893 faßte einen entsprechenden Beschluß. Dieser wiederum wurde 1897 in Hamburg aufgehoben, aber erst der Parteitag in Mainz 1900 beschloß für Preußen die Wahlteilnahme für die Landtagswahlen 1903[192]. Erst die Landtags-

---

185 *Erich Matthias*, Kautsky und der Kautskyanismus, in: Marxismus-Studien, Bd. 2, 1964, S. 151—197.
186 *Prot. PT Essen 1907*, S. 166 u. 408.
187 *Prot. PT Magdeburg 1910*, S. 176 u. 475.
188 *Prot. PT Jena 1911*, S. 159, 402 f.
189 *Otto Rühle*, Die Volksschule wie sie ist, 2. Aufl., Berlin 1909. *Prot. PT Magdeburg 1910*, S. 48 vermerkt eine Auflage von 5 000 Exemplaren. *Otto Rühle*, Die Volksschule wie sie sein sollte, 2. Aufl., Berlin 1911.
190 *Prot. PT St. Gallen 1887*, S. 13.
191 *Ebda.*, S. 28.
192 Vgl. *Paul Hirsch*, Der Weg der Sozialdemokratie zur Macht in Preußen, Berlin 1929, S. 26, hielt diese Verzögerung für einen »schweren politischen Fehler«.

wahl 1908, durch den zweiten Parteitag der preußischen Sozialdemokratie 1907 besser vorbereitet, brachte der Sozialdemokratie sieben Mandate, von denen eines bei Nachwahlen verlorenging. Bei den Landtagswahlen 1913 wurden zehn Mandate errungen. Als Sprecher zu schul- und kulturpolitischen Fragen profilierten sich Karl Liebknecht (seit 1908), Adolf Hoffmann (seit 1910) und Konrad Haenisch (seit 1913)[193]. Insgesamt waren in 22 Landtagen deutscher Einzelstaaten Anfang 1914 220 sozialdemokratische Abgeordnete tätig[194]. Wenn man ferner beachtet, daß 1913 die Partei in 3 482 Gemeinden 11 681 Vertreter und in 185 Gemeinden insgesamt 320 Magistratsmitglieder stellte[195], so ist erklärlich, daß hier eine breite Basis für die Auseinandersetzung mit den realen Verhältnissen im Schul- und Bildungswesen vorhanden war.

Die Gegenäußerung Marx Quarcks unmittelbar nach dem Mannheimer Parteitag 1906 und das Zugeständnis an eine reformistische Praxis in Schulz' Schrift »Die Schulreform der Sozialdemokratie« 1911 waren Hinweise dafür, daß die Leitsätze und ihre Begründung in der Partei nicht unumstritten waren. Es stellte sich nämlich immer deutlicher heraus, daß auf dem Gebiet des Schulwesens, nicht zuletzt bedingt durch die technologisch-ökonomische Entwicklung, auch bei den politischen Gegnern begrenzte Reformeinsichten entstanden, die konkrete Verbesserungen zuließen. Die Gefahr, daß die bürgerliche Reformbewegung tatsächlich die Geister verwirren könnte, war zu groß, als daß man in einer Position prinzipieller Opposition hätte verharren können. Ein aktiver, auf Emanzipation, d. h. Gleichberechtigung, abzielender Teil der Arbeiterbewegung wollte nicht vom Endziel schwärmen, sondern hier und jetzt konkrete Möglichkeiten ausnutzen, sofern sich diese ergaben.
Als Ausdruck dieser Politik auf schulpolitischem Gebiet kann das Kommunalprogramm der preußischen Sozialdemokratie aus dem Jahre 1910 gewertet werden[196]. Zwar wurde hier in der Präambel noch einmal betont, daß »nur durch die Aufhebung der Klassenherrschaft die demokratische Organisation der Gemeinde vollendet werden kann[197]«; aber »zur Erreichung dieses Zieles sind *auf dem Gebiet der Gesetzgebung* durchgreifende Änderungen erforderlich[198]«; Zu dieser Vorstellung von der auf gesetzlichem Wege durchführbaren Aufhebung der Klassenherrschaft wurde zusätzlich, und das bildete den eigentlichen Inhalt des Kommunalprogramms, aufgezeigt, was »auch unter den heutigen Gesetzen« zur Ausgestaltung der kommunalen Sozialpolitik »in der Richtung des Sozialismus« möglich sei. Gegenüber dem Staat wurden die allgemein bekannten Schulforderungen Weltlichkeit, fachmännische Schulaufsicht, Einführung der obligatorischen »konfessionslosen Einheitsschule mit gemeinsamem Unterbau und einem nach verschiedenen Bildungszielen gegliederten Oberbau«, Übernahme sämtlicher Schullasten, kommunale Schulverwaltung und obligatorische Fortbildungsschule gefordert[199].
Während die Forderung nach Weltlichkeit die traditionelle Identität sozialdemokratischer

---

193 Vgl. *ebda.*, S. 28.
194 *Prot. PT Würzburg 1917*, Anlage I: Bericht des Parteivorstandes für den (ausgefallenen) Parteitag 1914, S. 19. Die stärksten SPD-Landtagsfraktionen saßen in Bayern (30), Sachsen (25), Hamburg (20), Württemberg (17).
195 *Handbuch der sozialdemokratischen Parteitage 1910—1913*, S. 157.
196 Paul Hirsch (Bearb.), *Das Kommunal-Programm der Sozialdemokratie Preußens*, Berlin 1911.
197 *Ebda.*, S. 3.
198 *Ebda.*, S. 3 (Hervorhebung d. d. Verf.).
199 *Ebda.*, S. 3.

Schulforderungen wahrte, scheute sich Paul Hirsch als Kommentator nicht, die Einheitsschulforderung in dieser Fassung auch als Forderung bedeutender bürgerlicher Kommunalpolitiker zu begründen[200]. Wesentlich für die an konkreten Reformmöglichkeiten orientierte Tendenz des Programms waren die Forderungen an die Gemeinden, die ausdrücklich als möglich im Rahmen der bestehenden Gesetze gekennzeichnet wurden[201]. Der Ausbau der Volksschule durch innere Differenzierung nach Begabungen wurde empfohlen, obwohl es sich hierbei um Modelle handelte, die von Kommunalpolitikern der Freisinnigen Partei z. B. in Charlottenburg und Elberfeld eingerichtet worden waren[202]. Sozialdemokratische Vertreter sollten die Hebung der Volksschule durch den Kampf gegen die Vorschulen und die Mittelschulen vorantreiben, weil besonders die Mittelschulen den Ausbau der Volksschule verhinderten und bei einer verbesserten Volksschule auch keine Berechtigung mehr hätten. Bei der Vervollkommnung der Unentgeltlichkeit der Volksschule, die im wesentlichen als verwirklicht angesehen wurde, wurde für den Bereich der Lernmittel auf die demokratische Bündnisfähigkeit hingewiesen[203]. Selbstverständlich wurden auch Maßnahmen zur Senkung der Klassenfrequenzen, zur Überwachung der Schulgesundheit, zur Schulspeisung, als im Rahmen der Gesetzgebung mögliche und zum Teil schon praktizierte, aber ausbaufähige Aufgabenfelder der Kommunen benannt[204]. Für den vielfach noch verhinderten freien Aufstieg für alle »befähigten« Kinder in den höheren Schulen könnten die Kommunen durch mehr Freistellen und Erziehungsbeihilfen einiges leisten[205]. Da in Preußen ein Landesgesetz über die Fortbildungsschule bisher gescheitert war, sollten die Kommunen den legalen und bisher üblichen Weg über Ortsstatute ausnutzen[206]. Dieses Programm atmete einen anderen Geist als die Mannheimer Leitsätze insofern, als hier unter weitgehendem Verzicht auf grundsätzliche klassenkämpferische Ableitungen Wege zu konkreten Verbesserungen auf der bestehenden Rechtsgrundlage gesucht wurden[207]. Die »nächsten Forderungen« der Mannheimer Leitsätze waren in den Mittelpunkt der Bestrebungen gerückt. Die Gesamttendenz des im Ja-

---

200 *Ebda.*, S. 47.
201 *Ebda.*, S. 5 f., S. 67 ff.
202 *Ebda.*, S. 68 ff.
203 *Ebda.*, S. 71.
204 *Ebda.*, S. 73 ff.
205 *Ebda.*, S. 84. Vgl. *Prot. PT Preußen 1910*, S. 184: Während die Programmkommission nur die »Öffnung der höheren Schulen für die befähigten Kinder der unbemittelten Klassen durch die Bereitstellung von Freistellen« fordern wollte, beschloß der Parteitag gemäß einem Antrag aus Köln: »Ermöglichung des Besuchs der höheren Schulen für alle befähigten Kinder« (*ebda.*, S. 122). In dieser Nuance wurde ein emanzipatorischer Anspruch deutlich, der nicht Almosen für Angehörige des Proletariats wollte, weil darin eine Bestätigung der Ausnahmestellung gesehen wurde, sondern prinzipielle Gleichbehandlung.
206 P. *Hirsch* (Bearb.), *Kommunal-Programm* (1911), S. 84.
207 *Karl Liebknecht* legte dem Parteitag »Leitsätze zur Verwaltungsreform in Preußen« vor, die auf der Grundlage dieses Kommunalprogramms die Reformmöglichkeiten durch die Demokratisierung der Schulverwaltung durch Bildung von Deputationen, die der demokratisch organisierten Volksvertretung verantwortlich sein sollten, verstärken sollten (*Prot. PT Preußen 1910*, S. 132 f.). Die Vorlage dieser Leitsätze, die vom Parteitag der preußischen Landtagsfraktion »als Material« überwiesen wurden (*ebda.*, S. 264), begleitete er mit Feststellungen über die politische Funktion des Bildungswesens, das im Klassenstaat neben den direkten Machtmitteln Justiz, Polizei und Militär die Funktion eines »Täuschungs- und Verdummungsmittels« habe, vgl. *Karl Liebknecht*, Reden und Schriften, Bd. 2, S. 361 f.

nuar 1910 von der preußischen Sozialdemokratie angenommenen Kommunalprogramms[208] kann trotz des Lippenbekenntnisses in der Präambel als durchgehend reformistisch gewertet werden. Es scheint, daß in der Schulpolitik diese Tendenz vor dem Weltkrieg die bestimmende werden sollte, denn auch ein von Heinrich Schulz formulierter Resolutionstext, den der Landesparteitag der sächsischen Sozialdemokratie 1910 einstimmig annahm[209], enthielt eine am Klassenkampf orientierte Präambel, in der die Schule

»in den kapitalistisch regierten Staaten der Gegenwart nicht ein wirksames Organ wahrhafter Volksbildung, sondern nur ein Hilfsmittel der kapitalistischen Ausbeutung der Arbeitermassen und zugleich ein Herrschaftsinstrument zur Förderung der politischen Interessen des Kapitals«

genannt wurde, aber den wesentlichen Teil dieses Programms machten die praktischen Forderungen der Mannheimer Leitsätze aus. Begründet wurde dieser Katalog, »um die klassenstaatliche Volksschule im Sinne des sozialistischen Erziehungszieles vorwärts zu entwikkeln[210]«. Diese Formulierung erkannte den reformerischen Weg als möglichen Weg an. Das sozialistische Erziehungsziel sollte nach diesem Programm übrigens sein die Anerkennung des Kindes als »das werdende Glied der sozialen Gemeinschaft freier Arbeiter, dessen geistige und körperliche Fähigkeiten in seinem eigenen und im gesellschaftlichen Interesse zu möglichst hoher Vollendung zu entwickeln sind«.

Versucht man, zu einer zusammenfassenden Einordnung der schulpolitischen Programmentwicklung zwischen 1868 und dem Weltkrieg zu gelangen, so sind zwei gegenläufige Tendenzen deutlich zu beobachten. Auf der einen Seite wurden die unklaren und lückenhaften Forderungen der frühen Parteiprogramme sowohl in der politischen Agitation als auch auf programmatischer Ebene mit ideologischem Gehalt aufgeladen, d. h. unmittelbar in die marxistische Kapitalismuskritik einbezogen. Andererseits aber führte die Konkretisierung der Auseinandersetzung mit den realen Schulverhältnissen und der bürgerlichen Reformbewegung infolge des allgemeinen Wachstums der Partei und der dadurch gegebenen Differenzierung der Aktionsfelder zu vertieften Überlegungen zur Verbesserung der Schule auf den bestehenden sozioökonomischen und politischen Grundlagen. Diese gegenläufigen Tendenzen gingen quer durch die einzelnen Schulprogramme, aber auch durch einzelne schulpolitisch besonders engagierte Parteigenossen hindurch. Solange die tatsächliche Einflußnahme auf die Schule minimal war, mochte dieses Nebeneinander bestehen können, sobald aber Einflußnahmen geboten wurden, mußten Kräfte frei werden für die Beteiligung an konkreten Reformschritten unter Zurückstellung der politischen Machtfrage. Überwölbt wurde dieser Gegensatz allerdings zum Teil durch eine fortgesetzte radikale Agitation.

In dieser Agitation vor der Parteimitgliedschaft und in den Landtagen in den Jahren vor dem Weltkrieg findet sich die verschärfte Ablehnung des bestehenden Schulsystems, seiner Inhalte und Zielsetzungen. Die Bildungsfeindlichkeit konservativer preußischer Politiker wurde durch Verbreitung charakteristischer Zitate in der Partei entlarvt[211]. Die Absichten der Jun-

---

208 *Prot. PT Preußen 1910*, S. 212.
209 *Handbuch sozialdemokratischer Landesparteitage in Sachsen* (1914), S. 96 ff.
210 *Ebda.*, S. 97.
211 *Hugo Heimann* als mündlicher Berichterstatter der Landtagsfraktion zitiert aus der Beratung des Kulturetats 1909 den freikonservativen Abgeordneten v. Zedlitz, *Prot. PT Preußen 1910*, S. 161: »Es ist das charakteristische Merkmal der preußischen Schule, daß sie nicht ausschließlich,

ker, durch die Niedrighaltung des Bildungsniveaus billige und gutwillige Arbeitskräfte zu erhalten und einen möglichst großen Teil der Volksschullasten von den Gutsbezirken abzuwälzen, wurden gegeißelt[212]. Die Erziehung zu Hurrapatriotismus und Untertanengesinnung, die besonders im Geschichtsunterricht der höheren Schulen erfolgte, wurde verurteilt[213]. Besonders deutliche Fälle parteipolitischer Betätigung von Lehrern wie die Verteilung von Propagandamaterial des »Reichslügenverbandes« brachte Karl Liebknecht vor das Plenum des Abgeordnetenhauses[214]. Andererseits wurde die Schikanierung fremdnationaler Minderheiten wie der Polen und Dänen auf schulpolitischem Gebiet zurückgewiesen[215].
Dem obrigkeitsstaatlichen Zwangscharakter der Schule, der durch die politischen Tendenzen der verschärften Schulaufsicht betont wurde, stellte Karl Liebknecht die Forderung nach »Freiheit und Selbstverwaltung der Schule im weitesten Umfang, Loslösung ihrer Aufgabe von aller politischen und religiösen Zweckbestimmung« entgegen. Nur die Sozialdemokratie wolle die »wissenschaftliche, pädagogische Selbständigkeit der Schule[216]«. Die parteipolitische Verwendung des Schulwesens gegen die Sozialdemokratie sei »im höchsten Grade unmoralisch[217]«.
Der radikalen Agitation Karl Liebknechts im preußischen Abgeordnetenhaus stand eine andere Richtung innerhalb der Partei entgegen, die in den Kommunen und in einzelnen Landtagen zu wirken versuchte: Zwar diente auch dort wie z. B. in Berlin ein Teil des Einsatzes der Bloßstellung reform- und verbesserungsunwilliger politischer Gegner, aber durch das Aufzeigen begrenzter und konkreter Übelstände konnten durchaus der Gegenseite Verbesserungen abgerungen werden. Zwar wurden dadurch keine Strukturprobleme gelöst, aber die nicht erfolglose Arbeit bestärkte doch diejenigen, die nicht in bloßer Anprangerung verharren wollten[218], sondern aktiv reformieren wollten, auch wenn das nur in Kompromissen und unter Beiseitestellung manchen Parteigrundsatzes möglich war[219]. Die Frage, ob Leistungen für das Bildungswesen als so positiv zu bewerten seien, daß sie die Zustimmung zu Etats rechtfertigten, war deshalb auf verschiedenen Parteitagen hart umstritten. Auf dem Parteitag 1894 in Frankfurt a. M. verteidigte der bayerische Landtagsabgeordnete Grillenberger seine Zu-

---

    nicht einmal in erster Linie berufen ist, den Kindern diejenigen Kenntnisse beizubringen, die sie für ihr Leben bedürfen, sondern daß sie vor allem den Beruf hat, die Kinder zu guten Menschen, zu guten Christen, zu guten Patrioten zu erziehen.«
212 *Paul Hirsch* (Hrsg.), *Der Preußische Landtag* (1913), S. 515 ff., s. v. Volksschule und Junkertum, *ebda.*, S. 302, s. v. Gutsbezirke.
213 Bericht der Abgeordnetenfraktion *Prot. PT Preußen 1910*, S. 113. *Karl Liebknecht* forderte einen wirklichen staatsbürgerlichen Unterricht, in dem der Schüler über seine Rechte gegenüber der Verwaltung informiert werde, nicht aber »patriotisch-monarchistische Gesinnungszüchterei« betrieben werde. (Rede auf dem preußischen Parteitag 1910, *K. Liebknecht*, Reden und Schriften, Bd. 2, S. 411 ff.). *Carl Severing* sprach in einer Parteiversammlung 1899 von der Züchtung des »Mordspatriotismus« durch falsche geschichtliche Darstellung in den Schulbüchern, AsD, NL Severing, Mappe 1, Nr. 28.
214 Rede am 22. 3. 1912. in: *Karl Liebknecht*, Reden und Schriften, Bd. 5, S. 141 ff.
215 *Karl Liebknecht*, Rede im preußischen Abgeordnetenhaus am 21. 1. 1910. in: *ders.*, Reden und Schriften, Bd. 2, S. 434 ff. Vgl. *Prot. PT Preußen 1907*, S. 41 *(Eduard Adler*/Kiel, S. 66 f., *Bruhns*/Kattowitz).
216 Rede im preußischen Abgeordnetenhaus am 9. 5. 1914, in: *K. Liebknecht*, Reden und Schriften, Bd. 7, S. 228.
217 Rede im Abgeordnetenhaus am 13. 3. 1911, in: *K. Liebknecht*, Reden und Schriften, Bd. 4, S. 195.
218 *Paul Hirsch*, 25 Jahre sozialdemokratischer Arbeit in der Gemeinde (1908), S. 304—402.
219 *Emanuel Wurm* auf dem *Parteitag Jena 1913*, Prot., S. 440.

stimmung zum Budget mit dem Argument, daß in Ländern und Gemeinden die Zustimmung zu Leistungen für die Kultur, das Schulwesen u. a. erlaubt sein müsse. Wenn man nach den Vorstellungen des Parteivorstandes handele, würden die Abgeordneten durch ihre prinzipiell ablehnende Haltung »direkt die kulturellen Interessen schädigen[220]«. In seiner Erwiderung gab Bebel zwar zu, daß der zweite Teil des Programms Punkte enthalte, »die verwirklicht werden können, ohne daß die bürgerliche Gesellschaft in Frage gestellt ist«. Aber die Budgetverweigerung in den Landtagen sei eine Prinzipienfrage[221]. 1908 zog Bebel die reaktionäre Gesamttendenz der bayerischen Schulpolitik heran, um die Budgetbewilligung als Fehler zu kennzeichnen[222]. Die konstruktive Mitarbeit der Sozialdemokratie im badischen Landtag erläuterte auf dem Parteitag 1910 in Magdeburg Ludwig Frank. Durch diesen Einsatz seien im badischen Schulgesetz von 1910 »wertvolle Verbesserungen« erreicht worden[223]. Man habe eine Verlängerung der Schulpflicht für Mädchen von 7 auf 8 Jahre erreicht, ferner Ansätze für ein schulärztliches Überwachungssystem und eine erhebliche Erhöhung der Lehrergehälter. Als das Zentrum wegen der Befreiung von Dissidentenkindern vom Religionsunterricht auf Antrag des Vaters das ganze Gesetz abgelehnt habe, habe die sozialdemokratische Landtagsfraktion durch ihre Zustimmung dieses Stück Gewissensfreiheit gerettet. Auch die antragsweise Bewilligung der Lernmittelfreiheit für bedürftige Kinder habe die SPD erreicht. Frank fragte: »Sind wir damit nicht den Weg gegangen, der zur Erfüllung unseres Schulideals führt?« und erhielt dafür auch Zustimmung[224]. Er sah den Vorteil der erreichten Gewissensfreiheit für Dissidentenkinder und stellte fest, daß man bei Ablehnung ihnen die Förderung der Klerikalisierung der Volksschule zu Recht hätte vorwerfen können. Diese Haltung des Strebens nach konkreten Verbesserungen unter Zurückstellung eines auf absehbare Zeit unerreichbaren Schulideals stieß auf dem Magdeburger Parteitag auf lebhaften Widerspruch. Rosa Luxemburg machte die Schulgesetzverbesserung, auf die die badischen Genossen stolz waren, wegen ihrer Geringfügigkeit lächerlich und hielt es für nicht gerechtfertigt, dafür Grundsätze preiszugeben[225]. Selbst der eher gemäßigte Max Quarck forderte, daß die badischen Genossen lieber das schlechtere Gesetz zur Agitation hätten benutzen sollen, anstatt faule Kompromisse einzugehen[226]. Bebel wies auf die immer noch ablehnende Haltung der badischen Lehrer gegen das Gesetz hin. Diese Lehrer waren also radikaler als die zustimmungsbereiten Genossen. »Daraus entsteht für die Partei die große Gefahr der allgemeinen Versumpfung.« Der Gegensatz zu den badischen Genossen wurde besonders deutlich in der Forderung Bebels, daß die Partei die »grundlegende Umgestaltung der Gesellschaft« zu verlangen habe und nicht »kleine Konzessionen[227]«. Einen entsprechenden Verurteilungsantrag gegen die badischen Landtagsabgeordneten nahm der Parteitag an[228].

---

220 *Prot. PT Frankfurt a. M. 1894*, S. 120. *Ebda.*, S. 127, widersprach *Ignaz Auer* mit dem Hinweis, daß die Etats ja auch immer arbeiterfeindliche Posten enthielten (Militärausgaben u. a.).
221 *Prot. PT Frankfurt a. M. 1894*, S. 115 f.
222 *Prot. PT Nürnberg 1908*, S. 293.
223 *Prot. PT Magdeburg 1910*, S. 264 ff. Die Zustimmung zu einem Schulgesetz im württembergischen Landtag durch die SPD-Fraktion rechtfertigte *H. Mattutat*, Die Volksschulreform in Württemberg, in: SM 15, 1909, S. 241—246. Dabei wurde auch erläutert, daß die SPD mit Anträgen zur Weltlichkeit und Beseitigung der geistlichen Schulaufsicht unterlag.
224 *Prot. PT Magdeburg 1910*, S. 265.
225 *Ebda.*, S. 304 f.
226 *Ebda.*, S. 312.
227 *Ebda.*, S. 345 f.
228 *Ebda.*, S. 487 f.

Hier wurden am Beispiel der Schulpolitik die unterschiedlichen Positionen in der Beurteilung der bestehenden Verhältnisse und ihrer Veränderungsmöglichkeiten deutlich. Während die eine Richtung in der Partei ihre eigenen Agitationsthesen gegen das bestehende Schulsystem wörtlich nahm und deshalb nur in einer Haltung genereller Ablehnung verharren konnte, sahen andere Sozialdemokraten in Gemeinden und einzelnen Landtagen die reale Möglichkeit der Einflußnahme in Richtung auf konkrete Verbesserungen. Für sie war auch das Schulwesen nicht absolut schlecht, sondern sie konnten in der allgemeinen Schulpflicht und in der weitgehenden Staatlichkeit der Erziehung Errungenschaften sehen, die die Arbeiterschaft an den nationalen Staat banden[229] und die im Interesse der Arbeiterschaft auszubauen waren, wenn der Grad der Demokratisierung dieser die politische Einflußnahme gewährte[230]. Dann konnte die »Bewegung«, d. h. die Reform, wichtiger werden als das »Endziel[231]«, d. h. das sozialistische Schulideal. Der Einsatz für die konkrete Verbesserung des Bildungswesens für die Arbeiterschaft entsprang der Einsicht, daß die sozialistische Gesellschaft nicht auf einen Schlag entstehen werde, sondern in fließendem Übergang[232]. Eine verbesserte Bildung der Arbeiterschaft in der Schule und in der außerschulischen Schulungsarbeit der Bewegung werde die Kampffähigkeit der Arbeiterschaft für eine sozialistische Gesellschaft stärken[233].

Einzelne Revisionisten begannen sogar, das schulpolitische Dogma vom Klassencharakter des Schulwesens, der sich insbesondere zwischen Volks- und höherer Schule niederschlage, in Frage zu stellen. Hugo Lindemann[234] und Bruno Borchardt[235] wiesen die unter sozialdemokratischen Gemeindevertretern verbreitete Ansicht zurück, es sei richtig, Schulgelderhöhungen zu fordern und zu bewilligen, weil dadurch die Besitzenden zur Finanzierung ihrer Klassenschule herangezogen würden. In den höheren Schulen säßen nicht mehr nur die Kinder der Reichen, sondern auch des Mittelstandes und einzelne Arbeiterkinder. Borchardt ging so weit, die Empfehlung auszusprechen, daß man die höheren Schulen nicht einfach als Klassenschulen ablehnen solle, sondern sie als Teil der Kultur akzeptieren und für die Erleichterung des Zuganges zu ihnen kämpfen solle[236]. Die Rechtfertigung dieser revisionistischen Einstellung in der Schulpolitik der Partei ist in der tatsächlich vorhandenen Möglichkeit zur Einflußnahme auf das Schulwesen zu suchen. Die Revisionisten sahen diese gegeben und beriefen sich beispielsweise auf die Verbesserungen, die Nationalliberale, Freisinnige und Sozialdemokraten im sächsischen Landtag an einem Schulgesetzentwurf der Regierung erreicht hatten[237]. Der Erörterung dieses Verhältnisses des sozialdemokratischen Schulprogramms zur bürger-

---

229 *E. Bernstein*, Die Voraussetzungen des Sozialismus und die Aufgaben der Sozialdemokratie (1969), S. 175.
230 *Ebda.*, S. 154, mit Hinweis auf das Beispiel Englands nach der Wahlreform 1867.
231 *Ebda.*, S. 209.
232 *Simon Katzenstein*, Arbeiterschaft und Bildungswesen, in: SM 9, 1903, S. 511.
233 *Ebda.*, S. 512.
234 *Hugo Lindemann*, Unsere Forderungen an die Communen, in: SM 8, 1902, S. 437 ff.
235 *Bruno Borchardt*, Die Stellung der Sozialdemokratie zu den höheren Schulen, in: SM 9, 1903, S. 206 ff.
236 *Ebda.*, S. 210 bzw. 213. Die linke Gegenposition zu dieser Einschätzung der höheren Schule zeigte sich 1911 in der »Neuen Zeit«, als Schadenfreude über eine kaiserliche Kritik am humanistischen Gymnasium (o. Verf.: Ein kaiserlicher Vorstoß, in: NZ 29/2, S. 425—428) und die Forderung nach dessen Beseitigung als eines Stückes des Klassencharakters des Bildungswesens geäußert wurden: *Heinrich Schulz*, Was kümmert uns das humanistische Gymnasium? in: NZ 29/2, 1911, S. 725—734.
237 *Otto Uhlig*, Die liberal-sozialdemokratische Arbeitsgemeinschaft als Förderer in der Kulturarbeit in Sachsen, in: SM 19, 1913, S. 88—95.

lichen Schulreformbewegung seien zunächst einige systematische Bemerkungen zu den einzelnen Forderungen des Schulprogramms vorausgeschickt.

5. SCHWERPUNKTE DES SCHULPROGRAMMS

Die Forderung nach der *Trennung von Kirche und Staat und damit auch von Kirche und Schule* trat bereits in den frühesten Proklamationen der selbständigen Arbeiterbewegung auf. Sie stammt aus der bürgerlichen historischen und materialistischen Kirchenkritik vor allem von Edgar und Bruno Bauer, Ludwig Feuerbach und David Friedrich Strauß, die auch den jungen Marx stark beeinflußt hatte[238]. Der Kulturkampf wurde zum Anlaß, diese grundsätzlich ablehnende Stellung weiter auszubauen. Nach August Bebel wollten die Liberalen nur die Unterwerfung der katholischen Kirche unter den Staat und seien deshalb in der Lage, die politische Verfolgung der katholischen Kirche mit der Aufrechterhaltung der Staatszuwendungen für die Kirchen zu verbinden[239]. Die katholische Kirche sollte ebenso wie die protestantische zu einem staatlichen Machtinstrument zur Erziehung »nützlicher Staatsbürger« geformt werden. Wenn der Staat und die Liberalen dem Klerus wirklich den Nährboden entziehen wollten, dann sollten sie die finanziellen Zuwendungen streichen und ihn aus der staatlichen Volkserziehung ausschalten[240]. Im übrigen könne man Ideen nicht mit Gewalt in Form von Ausnahmegesetzen unterdrücken, sondern, weil Glaube Aberglaube sei, sei dieser am besten durch die energische Förderung »der Bildung und Aufklärung des Volkes« zu bekämpfen. Die wissenschaftliche und pädagogische Hebung der Lehrerausbildung werde in kurzer Zeit allem »Pfaffeneinfluß« ein Ende bereiten. Aber der Bismarckstaat könne sich diese Hebung der Volksbildung gar nicht leisten, weil er im Interesse seiner Erhaltung die Schule als »ein Verdummungsinstitut und eine Dressuranstalt« benötige. Weder Bismarck noch die Bourgeoisie wollten diese »wirkliche Volksaufklärung«, jener nicht, weil sie »den Untergang des ganzen Regierungssystems« bedeuten werde, diese nicht, weil sie die Arbeiterschaft fürchte. Die Ablehnung sowohl von Religion als auch von Kirchen als fortschrittsfeindlich[241], als Aberglauben und Instrument zur Aufrechterhaltung von Unwissenheit[242] wurde für die sozialdemokratische Bewegung über weite Strecken ihrer Geschichte prägend. Die Beseitigung des kirchlichen Einflusses aus den Schulen erschien als das wirksamste Mittel zur Aufhebung dieser für schädlich gehaltenen Wirkung und zugleich als wirksames Mittel zur Hebung der Volksbildung in wissenschaftlicher Hinsicht. Die Forderung nach völliger Trennung von Kirche und Schule war geeignet, die Sozialdemokratie radikal von allen anderen Parteien —

---

238 Vgl. *Susanne Miller*, Freiheit, S. 161 ff. *Heiner Grote*, Sozialdemokratie und Religion. Eine Dokumentation für die Jahre 1863 bis 1875, Tübingen 1968.
239 *A. Bebel*, Die parlamentarische Tätigkeit 1871—1874, in: Reden und Schriften, Bd. 1, S. 264.
240 *Ebda.*, S. 266; *ders.*, Die parlamentarische Tätigkeit 1874—1876, *ebda.*, S. 398: »Beherrscht die Geistlichkeit das Volk, so ist das die Folge des Erziehungssystems, das der Staat gehegt und gepflegt hat und bei dem er die Geistlichkeit als die vornehmste Stütze verwandte und dafür gut bezahlte.«
241 *A. Bebel*, Die parlamentarische Tätigkeit 1874—1876, *ebda.*, S. 399: »Jeder Fortschritt untergräbt ihre Macht, deshalb haßt sie ihn und verfolgt ihn, wo sie die Macht dazu hat.«
242 *W. Liebknecht*, Wissen ist Macht (Ausg. 1888), S. 14: »Das Kirchentum, gleichviel in welcher Verkleidung, ist der Kultus des Aberglaubens und der Unwissenheit.«

auch von den liberalen Kulturkampfparteien — zu unterscheiden, was in der Partei häufig als gewünschte Nebenwirkung hervorgehoben wurde[243].

Die Stellungnahme der Sozialdemokratie zu Religion und Kirche war nicht nur geprägt durch eine rein theoretische und weltanschauliche Auseinandersetzung, in der es um radikale Verwirklichung des Menschenrechts auf Glaubens- und Gewissensfreiheit ging[244] oder in der rationale Wissenschaftlichkeit gegen den Glauben als irrationales Moment stand[245], sondern sie war durchaus auch Bestandteil der grundlegenden Machtfrage. Die Inhalte der Religion stabilisierten die bestehenden, von der Sozialdemokratie bekämpften, politischen und sozialen Verhältnisse:

»Die Kirche will die Schulbildung nicht, damit die Massen nicht zum Bewußtsein ihrer Menschenwürde und ihrer Klassenlage kommen. Der Sohn eines armen Mannes soll dazu verurteilt sein, dem Reichen zu dienen und ewig ein armer Teufel zu bleiben[246].«

Karl Liebknecht erklärte im preußischen Abgeordnetenhaus, daß die Kirche ein politisches Instrument sei »zur Aufrechterhaltung der Staatsautorität im Interesse der herrschenden Klassen[247]«. Die soziale Parteinahme der Kirche gegen die Arbeiterschaft widerspreche dem Evangelium, und die Folge sei die Massenflucht der Arbeiter aus der Kirche, wogegen auch der Religionsunterrichtszwang gegen die Schulkinder keine Abwehr sein werde.

Die Ablehnung der Kirchen durch die Sozialdemokratie wurde nicht nur durch den weltanschaulichen Gegensatz und durch die überwiegend konservative politische Funktion der Kirchen bestärkt, sondern auch durch die inneren Veränderungen innerhalb der Kirchen selbst. Die Erneuerung des Katholizismus nach dem 1. Vatikanischen Konzil schlug sich auch auf schulpolitischem Gebiet nieder. Im Antrag des Zentrumsführers Windthorst im preußischen Abgeordnetenhaus 1888 auf Ausführung des Artikels 24 der Preußischen Verfassung fand diese neue Einstellung ihren Ausdruck, wurde doch hier eine Konfessionsschule mit neuer und intensiver konfessioneller Durchdringung in Form kirchlicher Einflußnahme auf die Lehrerernennung und verstärkter kirchlicher Kontrolle des Religionsunterrichts gefordert[248]. Der Antrag des Zentrumsabgeordneten Dauzenburg 1898 ging noch einen Schritt weiter und sah die Volksschule insgesamt als »christliche Erziehungsanstalt« und verlangte, daß nicht nur der Religionsunterricht, sondern der gesamte Unterricht in der Volksschule »die religiöse Erziehung nicht aus dem Auge« lasse[249]. Das preußische Volksschulunterhaltungsgesetz von 1906 besiegelte viele Einzelheiten dieses Anspruchs. Die Sozialdemokratie mußte sich die starke Machtstellung der katholischen Kirche in der Schule und in der familiären Erziehung eingestehen[250], wollte diese jedoch nicht akzeptieren. Die verstärkten innerparteilichen Bildungs- und Agitationsbemühungen nach dem Mannheimer Parteitag waren auch daraus zu

---

243 *Most* auf dem PT Mainz 1872, Prot., S. 11.
244 *A. Bebel*, Rede in Bamberg 1903, in: ders., Sein Leben in Dokumenten, S. 283: »Die Religion soll Privatsache eines jeden einzelnen und die Erhaltung der Kirche und ihrer Diener Sache der Gläubigen sein, der Staat aber soll die vollkommenste Religionsfreiheit gewähren.«
245 *Anton Pannekoek*, Religion und Sozialismus, Bremen 1906, S. 9 ff.
246 *A. Bebel*, Rede in Bamberg 1903, in: ders., Sein Leben in Dokumenten, S. 283.
247 *K. Liebknecht*, Rede zum preußischen Kultusetat am 9. 3. 1911, in: ders., Reden und Schriften, Bd. 4, S. 175 ff.
248 Vgl. s. u. Konfessionsschule. in: *P. Hirsch* (Hrsg.), *Der Preußische Landtag*, 3. Aufl., 1913, S. 363. Text bei *H. Schulz*, Der Leidensweg des Reichsschulgesetzes, Berlin 1926, S. 20 f.
249 *P. Hirsch* (Hrsg.), *Der Preußische Landtag*, 3. Aufl., 1913, S. 363.
250 Vgl. *Bebel*, Prot. PT Jena 1905, S. 289.

erklären, daß man die Stagnation der Sozialdemokratie im katholischen Teil der Arbeiterschaft erkennen mußte[251]. Die Forderung nach der Weltlichkeit diente somit auch der Brechung dieses Einflusses als eines Hindernisses für die Einigung des Proletariats.
Auch gegenüber der evangelischen Kirche galt der Vorwurf des politischen Konservativismus und des Mangels an einer Soziallehre, die auch für die Arbeiterschaft annehmbar gewesen wäre[252]. Zudem wurden nach 1871 zunehmend nationalistische und militaristische Tendenzen neben dem selbstverständlichen Monarchismus in der protestantischen Geistlichkeit deutlich, die in der sogenannten »Kriegstheologie« während des Weltkrieges ihren Höhepunkt fanden. Die orthodoxe Richtung des Protestantismus arbeitete in einer Vielzahl von Vereinen und Organisationen an der Übertragung des katholischen Konfessionsschulzieles auf die protestantischen Verhältnisse[253], damit einen Zweifrontenkampf gegen die Sozialdemokratie[254] und die liberalen Theologen führend, die einen entdogmatisierten Religionsunterricht forderten und sich dabei mit den Forderungen der Volksschullehrer trafen[255].
Auch aufgrund dieser dogmatisierenden Entwicklungen in den Kirchen hielt der überwiegende Teil der Sozialdemokratie von Eduard Bernstein bis Karl Liebknecht an der Forderung nach Trennung von Staat und Kirche fest[256], auch wenn die liberale Wurzel dieser Forderung ihnen bewußt war[257]. Die Forderung nach der Weltlichkeit wurde deshalb so wichtig, weil sie sofort nach der Novemberrevolution einen großen Teil der schulpolitischen Aktivität der Sozialdemokratie absorbierte und letztlich das Hauptfeld schulpolitischer Auseinandersetzungen in der Weimarer Republik wurde.
Die *Forderung nach grundsätzlicher Staatlichkeit des Schulwesens*, abgeleitet aus der allgemeinen Schulpflicht, bildete im sozialdemokratischen Schulprogramm das Bindeglied zwischen der Forderung nach Weltlichkeit des Schulwesens und der Forderung nach der Einheitsschule. Konkret bezweckte die Forderung nach Staatlichkeit des Erziehungs- und Schulwesens die Beseitigung der Beteiligung von Geistlichen an der Schulaufsicht. Durch diese Einrichtung erschien den Sozialdemokraten die Staatsschule in Wirklichkeit als Kirchenschule[258]. Der Grundsatz der Staatlichkeit richtete sich zugleich gegen die katholische Auffassung vom Primat des Rechtes der Eltern auf die Bestimmung der Erziehung der Kinder[259]. In der Forde-

---

251 Vgl. *G. A. Ritter*, Die Arbeiterbewegung im Wilhelminischen Deutschland, S. 70.
252 *Gottfried Mehnert*, Evangelische Kirche und Politik 1917—1919, Düsseldorf 1959, S. 12 ff.
253 Vgl. *Gerhard Kropatscheck* in: *Kirchliches. Jb. für die evangelischen Landeskirchen Deutschlands* 45, 1918, S. 265 ff.
254 Laut *P. Hirsch* (Hrsg.), *Der Preußische Landtag*, 3. Aufl., 1913, S. 364, nannte bei der Beratung des Volksschulunterhaltungsgesetzes der Freiherr *von Manteuffel* im Herrenhaus die »Volksschule auf konfessioneller Basis eines der sichersten Mittel zur Bekämpfung der Sozialdemokratie«.
255 Vgl. *Gerhard Kropatscheck* in: *Kirchl. Jb.* 45, 1918, S. 225 ff. Der Deutsche Bund für Reform des Religionsunterrichts (F. Niebergall) stand gegen orthodoxe Vereine wie z. B. den Verband evangelischer Schul-, Lehrer- und Lehrerinnenvereine.
256 Vgl. *E. Bernstein*, Die Voraussetzungen (1969), S. 193.
257 *Bebel* bezeichnete diese Forderung 1876 ausdrücklich als »eine alte liberale Forderung, die seit Jahrzehnten im Programm der liberalen Partei gestanden, aber seitdem sie zur Herrschaft gelangt ist, in die Rumpelkammer geworfen wurde«. *Susanne Miller*, Freiheit, S. 115. *P. Hirsch* (Hrsg.), *Der Preußische Landtag*, 3. Aufl., 1913, S. 350 f., verwies auf die Beschlüsse der Verfassungskommission der Preußischen Nationalversammlung 1848 als Wurzel für diese Forderung.
258 *Johannes Hoffmann*, Volksschule und Sozialdemokratie, München 1910, S. 1.
259 Vgl. Hirtenbrief des deutschen Episkopats 1917, zit. bei *G. Kropatscheck* in: *Kirchl. Jb.* 45, 1918, S. 247 f.

rung nach Staatlichkeit der Schule trafen sich Sozialdemokratie und große Teile der Volksschullehrerschaft. Bereits 1874 sah Bebel in der Verstaatlichung des Lehrerstandes und einer damit verbundenen materiellen Verbesserung die Voraussetzung dafür, daß die Lehrer ihre »Menschheitsaufgabe« erfüllen könnten. Bebel verwahrte sich dagegen, daß der Staat die Freiheit der Erziehung zugestehen, d. h. die Erziehung den gesellschaftlichen und kirchlichen Gruppen überlassen dürfe[260]. Zweifellos stand hinter dieser sozialdemokratischen Auffassung die Vorstellung Lassalles, daß es der Zweck des Staates sei, »die Erziehung und Entwicklung des Menschengeschlechts zur Freiheit« zu bewerkstelligen[261], eine Vorstellung, die wiederum auf die deutsche idealistische Philosophie zurückverwies. Die Staatlichkeitsforderung erschien zugleich als ein Weg, die Schulreform in die politischen »nächsten« Ziele der Sozialdemokratie einzuordnen. War der bestehende Staat nämlich zur Demokratie umgestaltet, konnte dieser das Bildungswesen im demokratischen Interesse organisieren.

In der praktischen Politik machte die Sozialdemokratie den Versuch, den Grundsatz der Staatlichkeit im Reichstag voranzutreiben, wo ihr aufgrund des Wahlrechts noch die stärkste Repräsentanz gegeben war. Aus der Staatlichkeitsforderung wurde die Vorstellung von der »Verreichlichung« des Schulwesens. Auf dem Mainzer Parteitag 1900 war die Ausarbeitung eines Reichsvolksschulgesetz-Entwurfes beantragt worden[262]. Heinrich Schulz vertrat 1902 gegenüber Hugo Lindemann, der für die Kommunalhoheit über das Schulwesen eingetreten war, die Auffassung, daß der öffentliche Charakter der Volksschule die Reichshoheit über das Schulwesen erfordere. Nur auf Reichsebene sei die Trennung von Kirche und Schule durchzusetzen, und nur durch Reichshoheit könnten die schulischen Unterschiede zwischen Stadt und Land ausgeglichen werden[263]. 1903 wurde dann erstmals bei der Etatberatung des Reichsamtes des Innern beim Titel »Reichsschulkommission« der Ausbau dieser Institution, die als einzige bildungspolitische Stelle des Reiches die Schulen mit der Einjährigen-Freiwilligen-Berechtigung registrierte[264], zu einem Reichsschulamt gefordert, das gewisse Mindestanforderungen für das Volksschulwesen zu überwachen habe[265]. Diese sich nun alljährlich anläßlich der Etatberatungen wiederholenden Vorstöße wurden durch Heinrich Schulz seit 1912 intensiviert[266]. Dadurch wurde der Aufbau einer Reichskompetenz für das Schulwesen zum Thema für den Reichstag, wenn auch die Sozialdemokratie dabei zunächst keine Unterstützung im Reichstag fand. Die Fortschrittspartei bewegte sich erst kurz vor dem Krieg in eine ähnliche Richtung[267]. Der Weg von dem Staatlichkeitsgrundsatz zu der Zuweisung von

---

260 *A. Bebel,* Glossen zu Guyots und Lacroix' »Die wahre Gestalt des Christentums« (geschrieben 1874, veröff. 1878), in: Reden und Schriften, Bd. 1, S. 477.
261 *F. Lassalle,* Arbeiter-Programm (1862), in: Reden u. Schriften (1919), Bd. 2, S. 198; vgl. *Susanne Miller,* Freiheit, S. 90 ff.
262 *Prot. PT Mainz 1900,* S. 90. Der Antrag wurde von *Kurt Eisner* und Genossen 1909 wiederholt, *Prot. PT Leipzig 1909,* S. 221, aber abgelehnt, *ebda.,* S. 364.
263 *Heinrich Schulz,* Wer ist Schulherr: Reich, Staat oder Gemeinde? in: NZ 20/1, 1902, S. 692 ff.
264 Zur Reichsschulkommission vgl. *Carl Heinrich Becker,* Kulturpolitische Aufgaben des Reiches, Leipzig 1919, S. 7.
265 Bericht der Reichstagsfraktion, *Prot. PT Dresden 1903,* S. 89.
266 *H. Schulz,* Schuldebatten im Reichstag, in: NZ 32/1, 1914, S. 822—827; *ders.,* Der Weg zum Reichsschulgesetz (1920), S. 48—143. Vgl. Fraktionssitzungen 28. 2. 1912 und 11. 12. 1912 in: *Erich Matthias/Eberhard Pikart* (Hrsg.), *Die Reichstagsfraktion der deutschen Sozialdemokratie 1898 bis 1918,* Düsseldorf 1966, Bd. 1, S. 266 und 283.
267 Vgl. Bericht der Reichstagsfraktion für den (ausgefallenen) Parteitag 1914, in: *Prot. PT Würzburg 1917,* Anlage II, S. 16 ff. und S. 51.

Schulkompetenzen an das Reich in der Weimarer Reichsverfassung war damit eingeschlagen. Unabhängig von der Erfolglosigkeit dieser Bemühungen vor und im Weltkrieg waren diese Versuche aber auch in anderer Hinsicht beachtenswert. Wurde doch der Versuch gemacht, die Hoheit des bestehenden Staates durch ein Reichsschulamt und durch ein Reichsschulgesetz zu stärken. Insofern war es gerechtfertigt, wenn Schulz 1915 diese sozialdemokratischen Initiativen im Reichstag als Beleg für das längerfristige Bemühen der Sozialdemokratie um positive Mitarbeit im Staate heranzog[268], hatte er doch schon 1912 in einem Reichsschulgesetz ein wichtiges Element zur Sicherung der »inneren Einheit und Deutschlands Wehrhaftigkeit nach außen« gesehen[269].
Die Sozialdemokratie trat ferner für die *Einheitlichkeit des Bildungswesens* ein und bewegte sich damit in der Tradition liberaler Schulreformpläne[270] und auch in unmittelbarer Nähe zu den zeitgenössischen Reformforderungen der Volksschullehrerschaft. Heinrich Schulz verstand diese geforderte Einheitlichkeit als Entwicklung in mehrfacher Hinsicht. Weniger die starre vollständige Zusammenlegung der verschiedenen Schularten sei beabsichtigt — also eine grundlegende Umwandlung des äußeren Aufbaus des Schulsystems —, sondern »eine sinnvolle und zweckmäßige Ordnung« anstelle der »zusammenhanglosen Buntscheckigkeit der heutigen Schulorganisation[271]«. Die durch historische Zufälligkeiten bedingte Vielfalt der Typen höherer Schulen, das Verhältnis zwischen Volks- und höheren Schulen und die Sonderstellung des Mädchenschulwesens seien auf ihren Sinn hin zu prüfen und, »soweit sie als erprobt und brauchbar gelten können«, in »eine einzige organische Gesamtheit zusammenzufassen«. Das Eingeständnis, daß es unter den bestehenden Schularten auch »brauchbare« geben könne, und die Vorstellung von der »organischen« Zusammenfassung, hinter der durchaus eine begrenzte Autonomie der einzelnen Glieder stehen konnte, zeigen die reformistische Gesamttendenz dieser Einheitsschulkonzeption. Orientierungspunkt für die zu schaffenden Verbindungen und Übergänge zwischen den Organen, d. h. Gliedern, sollte sein »das unbedingte Recht jedes einzelnen auf jede Schulgattung [...], ein Recht, das nur an der persönlichen Leistungsfähigkeit eine Grenze findet[272]«. Zwischen dieser individualistischen Zielsetzung und den Schlagworten der bürgerlichen Schulreform wie »Freie Bahn dem Tüchtigen« oder »Freier Aufstieg für alle Begabten« ist kein Unterschied zu erkennen. Die Schulzsche Konzeption der Einheitsschule, die die ausführlichste innerhalb der Sozialdemokratie vor dem Weltkrieg war, berief sich ausdrücklich auf diesen Individualismus:

»Eine solche Einheitsschule [...] umfaßt alle Kinder, und sie gestattet jeder Individualität jeden berechtigten Spielraum; sie ist ferner so gegliedert, daß sie die höchstmögliche Entwicklung aller Individualitäten zum Wohle der Gesamtheit nicht nur zuläßt, sondern sie unmittelbar fördert[273].«

Dieses individuelle Aufstiegs- und Entfaltungsprinzip stand im Widerspruch zur Forderung

---

268 H. Schulz, Die Schule nach dem Krieg, in: *Friedrich Thimme/Carl Legien* (Hrsg.), *Die Arbeiterschaft im neuen Deutschland*, Leipzig 1915, S. 207.
269 Aus seiner Reichstagsrede vom 13. 3. 1912, zit. ebda., S. 207.
270 Vgl. *Helmut Sienknecht*, Der Einheitsschulgedanke, Weinheim/Berlin 1968, ohne Berücksichtigung der Sozialdemokratie vor dem Weltkrieg.
271 H. Schulz, Die Schulreform der Sozialdemokratie, 2. Aufl., 1919, S. 50.
272 Ebda., S. 51; ebda., S. 50, heißt es von der Einheitsschule: »Sie wird ferner alle Bildungsmöglichkeiten, die sie zu bieten hat, allen offenhalten, die Neigung und Können dazu treibt.«
273 Ebda., S. 61.

des Aufstiegs der Klasse als pädagogische Konsequenz der Anwendung der Klassenkampfinterpretation auf das bestehende Schulsystem.

Für die einzelnen Glieder dieser Einheitsschule forderte Heinrich Schulz einen vierjährigen obligatorischen »Kindergarten« vom 4. bis zum 7. Lebensjahr, eine »allgemeine Elementarschule« vom 8. bis zum 14. Lebensjahr und eine »Mittelschule« vom 15. bis zum 18. Lebensjahr, die in einen praktischen und einen theoretischen Zweig gegliedert sein sollte. Der praktische Zweig sollte Berufslehre, Fortbildungs-, Fach- und technische Mittelschulen ersetzen. Schulz bemühte sich redlich, seine »allgemeine Elementarschule« gegen die Forderung der Volksschullehrerverbände nach einer »allgemeinen Volksschule« abzugrenzen[274]. Zwar setzte Schulz in der Tat andere Altersgrenzen, aber praktisch bestand in der organisatorischen Absicht der Beseitigung der Vorschulen Übereinstimmung. Der praktische Zweig der Mittelschule ähnelte Kerschensteiners Plan eines technischen Gymnasiums. Im Grunde aber lief die Argumentation von Schulz darauf hinaus, die Eigenständigkeit seines Schulreformplanes gegenüber den Vorstellungen bürgerlicher Schulreformer nicht durch die Konzeption des äußeren Aufbaus, sondern durch den Hinweis auf innere Prinzipien wie Arbeitsunterricht und soziale Grundsätze wie Unentgeltlichkeit und besonders Weltlichkeit zu belegen. Aber auch in den Prinzipien Arbeitsunterricht[275] und Unentgeltlichkeit war diese Reformforderung nicht ohne bürgerliche Konkurrenz. Eigentlich war nur die Weltlichkeitsforderung geeignet, sozialdemokratische Eigenständigkeit zu demonstrieren.

Schulz gab selbst zu, daß die Einheitsschule keine sozialistische Gesellschaft voraussetze, wohl aber ein demokratisch organisiertes und verwaltetes Staatswesen[276]. Deshalb entwickelte er eine Reihe praktischer Reformforderungen als Teilschritte zur Einheitsschule, die »den heutigen autokratischen und bureaukratischen Regierungen und den ihnen ergebenen Parteien« abgetrotzt werden könnten. Neben der Beseitigung der Vorschulen der höheren Schulen, der Einführung der Koedukation und der Entwicklung der Kostenfrage für den Schüler zu der von der Sozialdemokratie geforderten totalen Unentgeltlichkeit betrachtete er besonders vorschulische Erziehungseinrichtungen[277] und die Berufsschule[278], um hier mögliche praktische Verbesserungen aufzuzeigen. Gerade dieser Teil seiner als Programm gedachten Darstellung zeigte in seiner Ausführlichkeit, in der auf konkrete Unzulänglichkeiten und Wege zu deren Ausbesserung eingegangen wurde, die Bereitschaft, auf der Grundlage der bestehenden Verhältnisse[279] für Verbesserungen der einzelnen getrennten Schularten einzutreten.

Selbst die antisozialdemokratische Tendenz in dem preußischen Fortbildungsschulausbau könne die Sozialdemokratie »nicht daran hindern, alle wirklichen Verbesserungen der Fortbildungsschule nach Möglichkeit zu stärken und für die Erziehung der proletarischen Jugend

---

274 Ebda., S. 55 ff.
275 *Hugo Gaudig,* seit 1896 in Leipzig, *Berthold Otto,* seit 1906 in Berlin-Lichterfelde.
276 *H. Schulz,* Schulreform, S. 62.
277 Ebda., S. 125 ff.
278 Ebda., S. 135 ff.
279 Ebda., S. 125: »Jetzt dagegen will ich die Notwendigkeit und Nützlichkeit des Kindergartens für die *heutige* Schule darlegen.« (Hervorhebung im Original). — Ebda., S. 135: Die heutige Fortbildungsschule sei zwar nur »Stückwerk und Flickwerk«, aber: »Sie sucht immerhin ein klaffendes Loch der heutigen öffentlichen Erziehung zuzustopfen, ein Bemühen, das ihr bei der Schadhaftigkeit des Ganzen und der Unzulänglichkeit des Flickens zwar nur unvollkommen gelingt, das aber von der sozialdemokratischen Schulreform mit allen Kräften gefördert werden muß.«